全本全注全译丛书

中华经典名著

尤学工　翟士航　王　澎◎译注

读通鉴论 一

中华书局

图书在版编目(CIP)数据

读通鉴论/尤学工,翟士航,王澎译注. —北京:中华书局,
2020.7(2023.5 重印)
(中华经典名著全本全注全译丛书)
ISBN 978-7-101-14622-6

Ⅰ.读… Ⅱ.①尤…②翟…③王… Ⅲ.①中国历史-古代
史-编年体②《资治通鉴》-研究 Ⅳ.K204.3

中国版本图书馆 CIP 数据核字(2020)第 112386 号

书　　名	读通鉴论(全五册)	
译 注 者	尤学工　翟士航　王　澎	
丛 书 名	中华经典名著全本全注全译丛书	
责任编辑	王守青　宋凤娣　周梓翔　张　敏　肖帅帅　刘胜利	
责任印制	管　斌	
出版发行	中华书局	
	(北京市丰台区太平桥西里 38 号　100073)	
	http://www.zhbc.com.cn	
	E-mail:zhbc@zhbc.com.cn	
印　　刷	北京盛通印刷股份有限公司	
版　　次	2020 年 7 月第 1 版	
	2023 年 5 月第 4 次印刷	
规　　格	开本/880×1230 毫米　1/32	
	印张 119¾　字数 2450 千字	
印　　数	19001-24000 册	
国际书号	ISBN 978-7-101-14622-6	
定　　价	288.00 元	

总　目

第一册

目 录

前言

一　作者简介

　　《读通鉴论》，明清之际学者王夫之著。王夫之（1619—1692），字而农，号姜斋，又号夕堂，晚年自署船山病叟，故学者多称其为"船山先生"，湖广衡州府衡阳县（今湖南衡阳）人。他自幼聪敏好学，在父兄的指导下博览群书，关注政治时局和社会现实，格外用心研究历史。崇祯五年（1632）十三岁的王夫之即考取秀才，到二十二岁时又考中乡试。崇祯十六年（1643）春他北上参加会试，然而此时农民起义的烽火已经燃遍中原，赴京的道路被阻，他无奈返乡，其后还一度身陷于张献忠起义军之手。一年后，甲申巨变，李自成攻陷北京城，崇祯帝自缢身亡。时年二十五岁的王夫之，听闻巨变，椎心泣血，数日不食，作《悲愤诗》一百韵。

　　随后清军入关，天下鼎沸，明朝残存的宗室纷纷在各路官员拥立下称帝，王夫之满怀复国热忱，积极参加抗清武装斗争，并加入了南明永历政权，获封行人司行人，负责传达命令和信息。但永历政权内部充斥着勾心斗角、尔虞我诈，王夫之深陷其中，险些丢了性命。他看透了永历朝廷根本无法承担反清复明的重任，深感失望，决意隐遁。尽管如此，他也不向清廷屈服，誓不剃发，藏身于山野密林之中，以躲避清军搜捕，同时坚持高强度的阅读与思考，即使断粮几日，仍手不释卷。从抗清到流亡,经过这段坎坷生活的考验和锻炼,王夫之得以广泛接触社会,积累了一些政治和军事方面的经验,思想日益趋于成熟。

晚年,王夫之在衡阳石船山麓定居,潜心从事著述。其著作涉及哲学、政治、历史、文学各方面,多达百余种,较重要者有《周易外传》《黄书》《尚书引义》《永历实录》《春秋世论》《噩梦》《读通鉴论》《宋论》等。康熙三十一年(1692)正月,王夫之与世长辞。生前他已为自己撰写了墓志铭,称"有明遗臣行人王夫之,字而农,葬于此","其铭曰:抱刘越石(刘琨)之孤愤,而命无从致;希张横渠(张载)之正学,而力不能企。幸全归于兹丘,固衔恤以永世",对自己一生的政治抱负和学术活动作了自我鉴定和总结。王夫之逝世百余年后,其思想价值和学术贡献逐渐受到后世学者的重视,被赞誉为"南国儒林第一人",与顾炎武、黄宗羲并称"明清之际三大思想家"。

二　成书过程

《读通鉴论》是王夫之晚年的史学代表作之一,也是其最受推崇的史论著作。梁启超认为,该书和《宋论》虽然"不是船山第一等著作,但在史评一类书里头,可以说是最有价值的"。根据《船山公年谱》,该书始撰于1687年,那一年王夫之已经六十九岁了,久病缠身,但他仍倾尽心血,在研读司马光《资治通鉴》的基础上,结合当时的社会政治现实,系统地评论自秦至五代之间千余年的历史,分析历代成败兴亡、盛衰得失,臧否人物,总结历史经验,阐述自己的见解、主张和思想认识。直到其离世前一年,即1691年,这部六十余万字的煌煌巨著才宣告完成。从时间上看,该书与《宋论》(成书于1691年)是王夫之生命最后阶段完成的两部作品,可谓是王夫之一生思考的最后成果,因而特别值得后人重视和研究。

王夫之逝世后,此书同他的其余作品一并被收入《船山遗书》,但其子王敔在湘西草堂所刻《船山遗书》部帙不全,仅有零种单行,其板早绝,因而《读通鉴论》在很长一段时间里湮没无闻,仅有一些抄本零星流传。清道光年间,王夫之的后裔王世全试图汇刻整部《船山遗书》,由湖南新化学者邓显鹤主持其事,但只刻成经部十八种,旋即因战乱而毁板。到同治初年(1862),曾国藩、曾国荃兄弟又在金陵设局刊印较完备的《船山遗书》,由刘毓崧、张文虎等参与校雠,《读通鉴论》亦在校雠刊刻之列,于同治四年(1865)告竣,《读通鉴论》至此正式面世。囿于当时的政治环境,书中凡触及当时政治忌讳的文字,或加改窜,或留空格。此金陵书局刻本《读通鉴论》问世后,诵习者众多,流传颇广,坊间多有翻刻,石印、排印不一而足,皆以金陵书局刻本为底本。进入民国后,较重要的印本尚有商务印书馆《万有文库》本、中华书局《四部备要》本、太平洋书店《船山遗书》本等。1975年,中华书局出版繁体字本,系由舒士彦先生以金陵书局刻本为基础,参考衡阳刘氏、邵阳曾氏等《船山遗书》抄本若干种,复加校补整理而成,是目前最为完整的通行版本。

三　本书的性质与主要内容

《读通鉴论》全书共约六十余万字,分为30卷,其中秦1卷,西汉4卷,东汉4卷,三国1卷,晋4卷,宋、齐、梁、陈、隋各1卷,唐8卷,五代3卷,另附《叙论》4篇于卷末。

就性质而言,《读通鉴论》首先是王夫之阅读另一部历史巨著《资治通鉴》的笔记。一方面,《资治通鉴》所载史实是王夫之撰著的出发点和基本依据,书中每一节内容均为针对《资治通鉴》所载某一段史实而发的议论,若不参照《资治通鉴》而单读《读通鉴论》,就很难全面准确地理解王夫之的观点、把握其思想和旨趣。另一方面,《读通鉴论》的撰述具有明显的历时性,并非下笔之初即有定论,而是随着阅读与写作的进程不断迸发出思想的火花,故而对许多问题的看法不断丰富化、立体化,呈现出动态色彩;即使书中所论有前后龃龉或重复之处,王夫之也均未加以修裁规整,"宁为无定之言,不敢执一以贼道",保持着本书作为笔记的基本样貌。

其次,《读通鉴论》毫无疑问是一部卓越的历史评论著作。书中围绕历史人物、历史事件而展开议论,在突出的问题意识引领下,议题设置广博,涉及历代王朝的政治、经济、文化等各个领域,立论精当,新见迭出,笔势纵放,文采飞扬。更难能可贵的是,在对具体史实的评论中,王夫之始终能够将历史的整体趋势作为参照坐标与基准,再经由个案与整体的互动,不断深化对于历史整体趋势的理解与阐释,并在此基础上去体认和揭示贯穿于历史之中的“道”与“理”。同时,他也非常警惕这种提炼总结流于死板、教条的潜在风险,强调“就事论法,因其时而酌其宜”,绝不试图“立一成之例”,“强天下以必从其独见”。

再者,《读通鉴论》也具备历史解释著作的性质。如台湾学者杜维运所指出的那样,该书具备极为高明的历史解释艺术,接近于西方史学中的历史解释。王夫之对于历史问题的解释路径,“一曰渊源之追溯也,二曰原因之阐释也,三曰背景之分析也,四曰变迁之缕述也,五曰影响之探究也”,五者的有机结合,使其解释兼具广度与深度。王夫之尤其擅长阐述历史因果关系,致力于“推其所以然之繇,辨其不尽然之实”,常能洞察幽微、启人益智,而因果关系的认定、评估和解释,正是历史学所要处理的最重要问题之一。当然也必须承认,《读通鉴论》也存在解释体系不够严密、完整的弱点。

最后,《读通鉴论》也是一位思想家的历史沉思录。王夫之经过明清之际血与火的洗礼,将对家国命运与时代变迁的深邃思考融入《读通鉴论》的撰述之中,希望能“推本得失之原”,以烛照后世,服务于“治身治世”,“肆应而不穷”,因而书中处处反映着王夫之各方面的思想倾向,处处浸透着强烈的现实关怀,也寄寓着对于未来道路的思索与展望。某种意义上,本书建构起了一条历史与现实乃至未来的对话渠道,从而使读者得以不断借助此书聆听这一对话,获取智慧、受到启迪。

就内容而言,《读通鉴论》所关注和讨论的对象,主要包含四个层次：

其一是"人"。马克思曾说，人是历史的剧作者，又是历史的剧中人。王夫之对历史的考察与评论，首要的着眼点就在于"人"这一历史活动的主体。他既关注政治舞台上的主角帝王将相，着力分析其功过、品评其得失；也关注下层民众，注意展现其疾苦与诉求，揭示人心向背的力量与影响；还格外留意自身所属的士人群体，反复探讨士人面对不同的历史环境，应何以自处、何以有所作为。在评论历史人物时，王夫之既注重对其行迹、作为的评判，也十分重视对其心理、情感的描摹与剖析，将人的动机、欲望视为重要的历史驱动力。这样自然就能够展现出历史进程中人的主观能动性所发挥的巨大作用，从而诠释"吉凶之消长在天，动静之得失在人"的真意，不使历史评论沦为空洞抽象的教条。

其二是"事"，主要体现为措施与制度。《资治通鉴》本身即以记述历代制度得失、提供国家治理之鉴戒为要旨，《读通鉴论》深得此中精髓，对历代王朝的各项制度设施加以认真细致的考察，举凡封建、郡县、田制、赋税、选举、学校、礼乐、兵制之事，皆被纳入本书的讨论范围。王夫之对于制度设施的考察，绝非片面和静态的分析，而是"因其时，度其势，察其心，穷其效"，将制度设施置于具体的历史情境和变动的历史进程中加以全面审视。在他看来，一项制度没有绝对的好坏之分，只有合适与否，不存在完美和普适的制度，制度的订立者是否能因应时代特点、民众诉求而灵活变通，才是决定制度成效的关键。

其三是"势"。王夫之重视具体的"人"与"事"，但同时也没有因一时一事的琐碎而忽视对整体历史进程的考察与阐释。恰恰相反，从历史流变过程的整体来看待具体的历史始终是王夫之论史的底色。"势"，即历史演进的宏观趋势与潮流，既是王夫之在本书中审视具象历史的参考坐标系，也通过众多具体的"人""事"而显现，并经由王夫之的剖析而得到阐发和诠释。同时，在王夫之的认知体系中，"势"也并非一成不变，"时移势易""势异局迁"，王夫之在阅读《通鉴》、撰写笔记的过程中,自身也时刻在感知、捕捉这种变动的"势",将恒常与流变之间的张力带入了《读通鉴论》书中。

其四是"理",即贯穿于历史之中的客观规律和道理。王夫之相信,"理"内在于历史进程之中,具有隐蔽性,"不可得而见",也非"一成可执"之物,只有充分发挥人的主观能动性,通过身体力行的求索与体认,才能够认知。故而他在书中对于"理"的追索与揭示,始终是与对"势"的考察与阐发相伴的,即所谓"于势之必然处见理"。透过这种考察,王夫之看到,"势之顺者,即理之当然者矣","理当然而然,则成乎势","势相激而理随以易"。正是基于二者关系的深刻体察与领悟,王夫之提出了其历史哲学中最为核心的观点——"理势合一"。

四　本书的主要价值

《读通鉴论》一书的核心价值在于其思想性。中国古代史学昌盛发达,史家众多,但是具有思想家地位的人则很少。许多以思想家著称的人,在历史方面未必有非常重要的著作或建树。一般认为,孔子曾加工和删订《春秋》,这是思想家从事史学撰述的最早、最经典案例,但是孔子和《春秋》是不是肯定存在直接而紧密的关系,学界其实还存在争论。司马迁可以称之为思想家,但他的思想散落在《史记》当中,零散而不易归纳。司马光也称得上是思想家,但《资治通鉴》中所体现的他的思想,相对比较平面化,不够立体和丰富,他显然并没有将自身思想的精髓完全贯注于《通鉴》中。南宋朱熹毫无疑问是大思想家,他的《资治通鉴纲目》影响也很大,但这部书主要是采取《春秋》笔法来表达他的观点,正面、系统的思想论述相对较少。相较而言,有公认的思想家地位,且对中国古代历史发表过系统而正面论述的,当首推王夫之。作为一位思想家、哲学家,王夫之对中国历史的看法,与一般史家存在明显的不同,这正是《读通鉴论》一书中最值得读者关注的地方。

《读通鉴论》一书问世后的遭际,也能充分说明该书作为思想渊薮的价值：最初以曾国藩为首的一批晚清士人重视王夫之及《读通鉴论》，主要是因为王夫之总体来说属于"程朱理学"派学者，反对"陆王心学"，而曾国藩本人也是程朱理学的信徒，觉得王夫之理学水平比较高，对很多历史、思想问题探讨比较深入，就开始推崇他。到19世纪末20世纪初，反清的革命党人则发现王夫之具有很强的民族主义思想，《读通鉴论》等书中很重视"华夷之辨"，而且持论相当激烈和严格，这与他们反清反帝的诉求若合符节，因而认为他值得表彰。再到20世纪前期，一批左派思想家，包括受马克思主义思想影响的不少学者、思想家，都推崇王夫之和《读通鉴论》，是因为王夫之被认为具有唯物主义思想。新中国成立以后，《读通鉴论》被当作学术研究的对象，许多学者从各自学科、领域的视角和立场出发，对于《读通鉴论》的思想进行了梳理和发掘，认为该书在史学、哲学、政治、经济、军事、伦理等方面都具备很高的思想价值；也有学者从整体着眼，将《读通鉴论》中王夫之的思想归纳为经世思想、民族思想、演进思想、人道思想。综上可见，《读通鉴论》具备丰富的思想面相，从不同的角度可以看到不同的内容与价值，所以连续几代人都推崇此书，这是相当难得的。

相较于中国古代其他的史论著作，《读通鉴论》有四方面的突出优长：

一是兼具广度与深度。王夫之颇具宏观视野，研究历史问题不拘泥于局部或断代，往往把眼光放得很长，善于做长时段的分析，因而能摆脱就事论事的窠臼；同时王夫之自身具备深厚的经学和子学功底，对于儒学的精通自不待言，对于老庄、申商、杨墨之学，尽管并不赞同其主张，却仍有深入的把握和理解。由于对这些中国传统文化核心内容做过系统深入的研究，王夫之对于传统文化与社会的理解远比其他人深刻，在研究历史的过程中，也就能够充分运用这一长处，其见解往往给人以犀利和通透之感。

二是具备敏锐的问题意识与强烈的现实关怀。王夫之的思想嗅觉非常敏锐,能看到其他人看不到的问题,故而《读通鉴论》在议题的选取和设置方面常常出人意料,每每于读者读史"不疑"之处抛出问题,发人所未发,言人所未言。而且,《读通鉴论》中提出的问题并不是泛滥无归的,所有的问题实际上都围绕着"上下古今得失兴亡之故"而展开,无不浸透着王夫之强烈的现实关怀,映射出一位明朝遗民面对现实剧变而生发出的深沉困惑与对答案的执着探寻。这自然使《读通鉴论》得以摆脱其他史论作品所惯有的无的放矢、炫博立异、浅薄空洞等弊病。

三是具备极强的思辨能力。作为一位哲学家,王夫之擅长讨论抽象问题,能够辨明古代哲学范畴中的诸多概念,并娴熟地运用这些概念工具服务于自己的历史阐释。在《读通鉴论》中,他从"理"与"势"开始,上溯"天"与"道",下连"时"与"几",并联系其他范畴如"象"与"数"、"隐"和"显"、常和"变"等,组成了一个博大而精密的解释体系,由此得以超越一般史论的碎片化困境,将历史评论与解释提升到了哲学的层次。

四是强烈的批判意识和质疑精神。王夫之不迷信史书,经常以怀疑和批判的态度看待历史记载,甚至表现出一定程度的后现代意识。对于《资治通鉴》、二十四史等史书中的记载,他会首先考虑作者的身份、地位和所处社会环境对记载的影响,注意剥离史书作者的主观因素,从而更为客观地作出评判。其次,他还会考虑逻辑和情理,从而指出历史记载中不合逻辑、不近情理之处。正因为这种拒绝"听人穿鼻"的怀疑精神和批判能力,《读通鉴论》得以避免人云亦云、老调重弹,从而为认知中国古代历史提供了新的思路和观点。

以上四点是《读通鉴论》超越古代其他史论的地方。不过,《读通鉴论》也不可避免地存在一些问题和不足。较为突出的有三点:

一是常站在后见之明的立场上苛责古人。王夫之重视历史的整体趋势,常以"势"作为坐标和参照系来评判具象历史,这本来无可厚非,但有时候难免出现把握不好尺度的情况,将自己所看到的历史演进趋势强加于古人身上,反过来指责身在历史现场的古人看不清趋势、逆潮流而动;或者干脆"倒放电影",以事件的结果为基准来揣测身在事中的历史人物的动机,并加以批判。这都导致王夫之在评价历史人物方面标准过高、缺乏同情之理解。

二是囿于自身思想倾向而持论偏激。较为突出的,首先是民族(种族)主义情绪太过强烈,过于强调华夷之辨、夷夏大防,并将夷夏大防作为超越其他标准的历史评判准则,时常过分贬损少数民族政权和人物;其次对女性存在严重的歧视和不信任,尤其激烈地反对女性参政或干政,甚至不惜使用侮辱性的词汇。

三是有时会过度发挥、偏离本题。王夫之的宏观视野本来是优点,但在具体问题的讨论过程中,也会出现思维跳跃性过大、天马行空的情况,使论述变得浮夸枝蔓,最终偏离预设主题,令读者如坠云里雾里。

当然,《读通鉴论》的这些缺点,有的是王夫之个人原因造成的,更多的则是时代环境的局限造成的,也不宜苛责。整体而言,瑕不掩瑜,无损于《读通鉴论》的价值和地位。

五　整理与注译说明

笔者本次注译《读通鉴论》,以舒士彦先生的整理本(即中华书局繁体竖排本)为底本,另参考岳麓书社2011出版的《船山全书》(修订版)第十册中的《读通鉴论》,吸收其部分校勘成果。中华书局本目录仅以帝王为次第,而无其下之篇目,清末湖南经元书局、大文书局、澹雅书局之刻本中曾存在一共同细目,系将每一帝王之下各论另标题目,岳麓书社《船山全书》本修订版目录即系据此细目加以校订补充,较为完善。为便利读者阅读检索,本书亦吸收、采纳这一修订补充过的细目。

本次注释翻译,也发现了中华书局整理本和岳麓书社《船山全书》本中均未能纠正的一些错误,分为以下几种情况:

其一,原文中的形近错讹字,尤以年号、地名、姓名居多。如卷七

"安帝一五"条:"建元中,守相坐赃,禁锢二世。刘恺以谓'恶恶止其身,《春秋》之义,请除其禁',持平之论也。"东汉并无"建元"年号,汉安帝倒是有年号为"建光"。查《资治通鉴》卷五十"建光元年"条目,下有记载云:"甲子,以前司徒刘恺为太尉。初,清河相叔孙光坐赃抵罪,遂增禁锢二世。至是,居延都尉范邠复犯赃罪,朝廷欲依光比;刘恺独以为:'《春秋》之义,善善及子孙,恶恶止其身,所以进人于善也。如今使赃吏禁锢子孙,以轻从重,惧及善人,非先王详刑之意也。'"可知此"建元"确为"建光"之误。"光"与"元"字形相近,或为传写、刊刻之误。又如卷七"安帝一"条:"殇帝夭,庆子祐终嗣天位。"庆子祐,指刘庆之子、汉安帝刘祜。"祐"当为"祜",《后汉书》《后汉纪》皆载安帝名"祜",此处显系王夫之笔误或传写、刊印致误。对于这类错误,本书在原文中仍保留原貌,而在注释中予以改正和说明。

其二,王夫之因记忆疏失而导致的用典错误。如卷四"宣帝一三"条云:"举四海耕三余九之积,用之一隅,民虽劳,亦不得不劳。"语本《礼记·王制》:"三年耕必有一年之食,九年耕必有三年之食,以三十年之通,虽有凶旱水溢,民无菜色。"此处"耕三余九"显为"耕九余三"之误。又如卷二十八"五代上一二"条:"中行衍说匈奴不贵汉之缯帛……然其以贻毒中国者,不如中行衍之强匈奴即以安汉也。"此二处"中行衍"应为"中行说"。据《刘向·新序》,中行衍乃先秦时期传说中的人物,与匈奴并无关联;而中行说,据《史记·匈奴列传》,系西汉文帝、景帝时人,原为官廷宦官,后来因汉文帝强迫中行说陪送公主到匈奴和亲,对汉王朝怀恨在心,转而投靠匈奴,成为老上单于、军臣单于的谋主。结合文意,王夫之这里本意显然是指"中行说"而非"中行衍"。对于这类错误,同样保留原文原貌,在注释中予以说明,以便读者理解。

其三,因语意理解不当而导致的标点错误。如卷二"文帝十"条中有"文帝赦而徙之,与蔡叔、郭邻之罚等"一句,这是误以为"郭邻"是人名,实际上"郭邻"是地名,《尚书·蔡仲之命》云:"囚蔡叔于郭邻。"所以此处顿号应略去。又如卷二十六"宣宗四"条："伤哉斯言！所以惩李相、朱崖之祸，而叹宣宗之不可与有为也。"此处"李相、朱崖之祸"应为"李相朱崖之祸"。李相指李德裕，朱崖并非人名，而是地名，即今海南琼山，泛指海南。朱崖之祸，指李德裕被宣宗贬为崖州（今海南三亚）司户。对于这类标点错误，一律直接予以改正，不出校记，也不予以专门说明。

　　此外，本书在简繁转换方面基本上以中华书局简体横排版为准，但也有个别地方的处理与其不完全一致。如中华书局简体横排本版中"雠"字皆作"仇"，但"雠"字同时也是"酬"字的通假字，这层含义显然非"仇"字所能囊括，故而本书中"雠"字皆保留原字；又如"柰"字是"奈"的异体字，中华书局简体横排版保留了"柰"字，本书则为规范计，按照异体字一般取最常见字的原则，一律改作"奈"。

　　注释方面，以人名、地名、专有名词、相关制度和史实为重点，字词只注难解者，虚词一般不出注。同一卷内，同一字词一般不重复出注。相隔较远而重复出注者，亦不再注音。翻译方面，尽量依照原文字句加以直译，但王夫之行文中多有省略，其语法与现代汉语的表达方式也有很大不同，完全直译有时不便于读者理解，所以在翻译中也会把原文省略的内容加以适当补充，视情况调整语序。注释翻译过程中参考了伊力先生主编的文白对照全译《读通鉴论》、刘韶军先生译注的《宋论》，以及"汴水观鱼"博客的部分博文内容，在此一并谨致谢忱！张桂、赵亚军等同志，或参与了本书的文字校对，或对部分内容提出了中肯的意见，付出了辛勤的劳动，笔者深表谢意！

　　王夫之的思想广博精深，文笔深奥，思维和行文的跳跃性强，所以其书向以难解著称。笔者虽反复揣摩文意、斟酌字句，以求忠实传达王夫之的意图和思想，但限于自身水平，难免有诸多差误，恳请学界师友和读者朋友们批评指正！

注译者

2019 年 12 月

秦始皇

【题解】

《读通鉴论》起首第一篇,评论的是中国第一个专制主义大一统王朝的缔造者——秦始皇嬴政(前259—前210)。本篇主要讨论了郡县制和秦始皇焚诗书、禁私学的政策,以及秦二世而亡的原因。

秦始皇攻灭六国以后,将郡县制推向全国。这是巩固秦帝国统治、建立专制主义中央集权制度的一项重大举措。王夫之充分肯定了郡县制的进步意义,指出郡县制代替分封制不仅是大势所趋,而且是理所必然,有利于国家的长治久安。他从人才选拔、百姓福祉的角度详细阐释了郡县制的优长,并且指出,秦始皇废除诸侯王而推行郡县制,是出于使天下私有的私心,但却在客观上有利于天下的安定和百姓的福祉。他还认为,地方官吏鱼肉百姓,历代不绝,但这是选举不慎之过,不能归咎于郡县制本身。王夫之对郡县制的论述,充分显示了他卓越的历史见识,一直为后世所重视。

秦始皇听从李斯等人的建议,焚诗书,禁私学,实行文化专制。王夫之以孔鲋藏书为切入点,阐释了自己对于士人处世之道的看法。他认为,士人要善于顺应所处的局势,懂得进退存亡;君子之道在于"储天下之用,而不求用于天下",也就是在注重自我修养和提高的同时,在乱世中秉持正道以使自己安全,谨慎地结交朋友以远离世俗危险,从而为日后的成功打下良好基础。

　　秦始皇统一天下,他所缔造的秦朝却二世而亡。王夫之通过考察历史指出,王朝初建,天下人心未定,出现继承波折实属正常。然而商、周、汉、唐、宋、明等王朝都最终度过了继承危机,秦却因此而导致灭亡。究其原因,王夫之认为,是秦始皇"好谀",太喜欢阿谀奉承的话,从而导致判断失误,托国于权宦赵高之手,最终断送了秦的天下。

一　变封建为郡县

　　两端争胜①,而徒为无益之论者,辨封建者是也②。郡县之制③,垂二千年而弗能改矣,合古今上下皆安之,势之所趋,岂非理而能然哉?天之使人必有君也,莫之为而为之。故其始也,各推其德之长人、功之及人者而奉之,因而尤有所推以为天子。人非不欲自贵,而必有奉以为尊,人之公也。安于其位者习于其道,因而有世及之理,虽愚且暴,犹贤于草野之罔据者④。如是者数千年而安之矣。强弱相噬而尽失其故⑤,至于战国⑥,仅存者无几,岂能役九州而听命于此数诸侯王哉⑦?于是分国而为郡县,择人以尹之⑧。郡县之法,已在秦先⑨。秦之所灭者六国耳⑩,非尽灭三代之所封也⑪。则分之为郡,分之为县,俾才可长民者皆居民上以尽其才⑫,而治民之纪,亦何为而非天下之公乎?

【注释】

①两端:两头,两方。这里是指赞成分封制和反对分封制的两派。

②封建:本义是封土建国,这里指分封制度,即由共主或中央王朝将土地和人口分封给宗族姻亲、功臣和先代贵族等的政治制度。

分封制以西周最为典型,周灭商和东征以后,分封同姓和功臣为
诸侯,诸侯的君位世袭,在其国内拥有统治权,但对天子有定期
朝贡和提供军赋、力役等义务。秦始皇统一全国后废除分封制,
实行郡县制。汉初实行郡国并行制。七国之乱平定之后,封国
的官吏全由中央任免,诸侯只征收租税,封国名存实亡。魏晋以
后,历代王朝也还有分封制,其性质不全相同。

③郡县之制:古代中央集权体制的地方管理制度,将全国划分为
郡、县两级,郡、县长官均由朝廷任免,代表皇帝或国王对地方进
行管理。

④草野之闻据者:意指出身低微而自立为王的人。草野,指出身低
微的人。闻,无,没有。据,凭借,依据。这里指所凭借的正
当性。

⑤噬(shì):吞食。

⑥战国:指战国时期,是中国春秋之后的一个诸侯争霸时期,与春
秋在历史上并无明确时间界限,一般以公元前453年三家分晋
为起始标志,至公元前221年秦统一六国为止。这一时期,诸多
中小诸侯国已被吞并,余下的秦、楚、燕、韩、赵、魏、齐七国最为
强大,相互征战不休,史称"战国七雄"。

⑦九州:古代分中国为九州。说法不一。根据《尚书·禹贡》记载,
古代中国人将全国划分为九个区域,即冀州、兖州、青州、徐州、
扬州、荆州、豫州、梁州和雍州。后以"九州"泛指天下,全中国。

⑧尹:古代管理某一政权机构或地区的长官。这里用作动词,意思
是治理。

⑨郡县之法,已在秦先:郡县制在秦始皇统一天下之前就已经产
生。春秋时期已有县、郡的设置。楚武王灭掉权国,将其改建为
县,是为设县之始。郡的设置要较县为晚。根据《左传》,秦穆公
九年(前651),晋公子夷吾对秦国使者谈到"君实有郡县",为秦

国设郡的最早记载。而后，晋、赵、吴相继设置了郡。至战国末年，各国郡县的设立已很普遍。

⑩六国：指"战国七雄"中除了秦以外的楚、燕、韩、赵、魏、齐六个诸侯国。

⑪三代：指夏、商、周三个朝代。

⑫俾(bǐ)：使。长(zhǎng)民：管理民众。

【译文】

历史上，围绕分封制的问题，赞成和反对的两派为了战胜对方而相互激烈辩论，实际上这种争论是白费力气而毫无益处的。郡县制迄今已经实行了将近两千年而没有谁能改变或废除它，从古到今的人们都接受和适应了这种制度，这种制度能够成为整个局势发展的趋向，难道不正是因为它具备内在的合理性和必然性？上天一定要让人间拥有君主，即便没有人愿意做君主也不行。所以，起初人们各自推举他们中间德高望重、有功于众人的人奉之为主，然后再从这些人中推选德行最高、功劳最大的一人做天子。人们并非不想使自己处于尊贵的位置，然而却一定要推举别人奉为尊长，正是出于人们的公心。那些长期地处于统治地位的人熟悉治理国家的道理，所以就形成了君主世袭的制度，即使是愚蠢而又残暴的国君，也比那些出身低微而自立为王者强得多。像这样的君主制，已经延续数千年，早已深入人心，根深蒂固了。后来，列国相互争斗，弱肉强食，完全改变了原来的局面，到了战国时期，幸存的国家已寥寥无几，怎么能够强迫天下的人都俯首听命于这几个小小的诸侯王呢？于是统治者将国土划分为若干郡县，并且选派官吏去加以治理。郡县制在秦始皇之前早就存在。秦始皇所灭亡的，仅仅是齐、楚、燕、韩、赵、魏等六国而已，并不是把夏、商、周三代所封的诸侯国全都灭掉了。那么，秦朝把天下分为郡、县，让那些有才能治理民众的人去掌管这些郡县，以充分施展其才干，这样的做法难道不算是天下为公吗？

古者诸侯世国①，而后大夫缘之以世官②，势所必滥也。士之子恒为士，农之子恒为农，而天之生才也无择，则士有顽而农有秀③；秀不能终屈于顽，而相乘以兴，又势所必激也。封建毁而选举行④，守令席诸侯之权⑤，刺史牧督司方伯之任⑥，虽有元德显功，而无所庇其不令之子孙。势相激而理随以易，意者其天乎！阴阳不能偏用，而仁义相资以为亨利⑦，虽圣人其能违哉！选举之不慎而守令残民，世德之不终而诸侯乱纪，两俱有害，而民于守令之贪残，有所藉于黜陟以苏其困⑧。故秦、汉以降，天子孤立无辅，祚不永于商、周⑨；而若东迁以后⑩，交兵毒民，异政殊俗，横敛繁刑，艾削其民⑪，迄之数百年而不息者亦革焉，则后世生民之祸亦轻矣。郡县者，非天子之利也，国祚所以不长也；而为天下计，则害不如封建之滋也多矣。呜呼！秦以私天下之心而罢侯置守，而天假其私以行其大公，存乎神者之不测⑫，有如是夫！

【注释】

①世：世袭，世代承袭。

②大夫：官名。周代的诸侯国中，国君下有卿、大夫、士三级，"大夫"可以世袭，且有封地。

③顽：指愚顽、愚妄的人。秀：指特别优异的人。

④选举：古代通过推选或科举考试的方法选拔官吏的制度。

⑤席：座位，这里引申为占有。

⑥方伯：夏、商、周时期一方诸侯的首领。唐以后地方长官的泛称。

⑦亨利：亨通顺利。

⑧黜陟(zhì)：偏义复词，这里偏重罢免的意思。黜，罢免。陟，提升。苏：死亡而复生，这里引申为从苦难中得到解救。

⑨祚(zuò)：福。这里指王朝的寿命。

⑩东迁：指公元前770年周平王把都城由镐京迁到洛邑的历史事件。一般认为这是东周开始的标志。

⑪艾削：剥削，摧残。艾，通"刈"，割。

⑫存乎神者：处于神秘莫测中的事物。

【译文】

古时候诸侯世代承袭君位，然后作为诸侯之臣的大夫也由此世代承袭他们的官爵，这就势必会造成官职泛滥的局面。士的儿子永远是士，农民的儿子永远是农民，然而上天降生人才时是不选择门户的，所以士中也有愚顽之辈而农夫中不乏优秀之才；优秀之才不可能始终屈居于愚顽之辈之下，于是不断有人乘势而起以改变自己的处境，这样一来就势必引起激烈的冲突。结果分封制被破坏而选举制开始施行，从此太守、县令占有了诸侯的权位，刺史、州牧、都督掌管了方伯的职责，即使他们德高望重、功勋显赫，也无法庇护其不成器的子孙，使他们承袭自己的爵位。在形势的激烈推动下，事物发展的道路也随之改变，想来这就是天意吧！阴阳两端不能偏用，而仁和义也必须相辅相成才能亨通顺利，即使是圣人难道能够违背这个道理吗？实行选举制如果用人不慎，就会造成郡守、县令等地方官残害百姓的后果；而实行世袭制，如果诸侯不能继承先代的美德，就会造成违法乱纪的恶果。两者都有弊端，不过对于地方官的贪婪残暴，百姓尚且可以借助朝廷罢免或贬降官吏的方法以缓解自己的困境。所以，从秦汉以后，天子因没有诸侯辅助而孤立无援，王朝的寿命也不及商、周时代长；至于周王室东迁以后，战火连绵，生灵涂炭，各国政令不同而风俗各异，统治者横征暴敛，施行严刑峻法，残酷地剥削、摧残人民，这种延续了数百年而未停息的灾难，在实行郡县制后就消除了，因而后世百姓所遭到的灾祸也就减轻了。

实行郡县制，对天子来说并不十分有利，所以王朝的寿命就不会太长久；然而如果为整个天下的利益考虑，实行郡县制的弊病就远不如分封制所滋生的危害严重。唉！秦始皇为了使天下成为私有而废除诸侯王，设置郡守、县令，但是上天却利用他的私心而施行了公道，事情变化的神妙莫测，竟到了如此的地步！

世其位者习其道，法所便也；习其道者任其事，理所宜也。法备于三王①，道著于孔子，人得而习之。贤而秀者，皆可以奖之以君子之位而长民②。圣人之心③，于今为烈④。选举不慎，而贼民之吏代作⑤，天地不能任咎，而况圣人！未可为郡县咎也。若夫国祚之不长，为一姓言也⑥，非公义也。秦之所以获罪于万世者，私己而已矣。斥秦之私，而欲私其子孙以长存，又岂天下之大公哉！

【注释】

①三王：夏、商、周三代的开国君主，即夏禹、商汤、周文王和周武王。

②君子之位：这里指官位。君子，对统治者和贵族男子的通称。

③圣人之心：指古代圣人"选贤举能"的心愿。

④于今为烈：语出《孟子·万章下》："殷受夏，周受殷，所不辞也，于今为烈，如之何其受之？"指某件事过去已经有过，现在程度更严重。

⑤贼民之吏：残害百姓的官吏。贼，害，伤害。

⑥一姓：一朝，一代。

【译文】

世袭官位的人熟悉治国之道，这是更为方便的治国方法；熟悉治国之道的人能胜任工作，这是理所当然的。治国方法经过夏禹、商汤、周文王、周武王的制定已经很完备了，治国之道经过圣人孔子的阐发已经很清楚了，因而后人都能学习和研究它们。贤能而优秀的人，都可以奖给官位而使其管理民众。圣人选贤举能的良苦心愿，在今天更加受到重视。选举如果不慎重，就会使得残害百姓的官吏一批又一批地出现，天地也不能承担这样的责任，更何况是圣人呢！所以，不能把一切过错都归咎于郡县制。至于王朝寿命不长，这只是从一家一姓的角度而言，不是为整个天下的利益着想。秦始皇之所以获罪于千秋万代，不过是因为太自私自利了。有些人一面指责秦始皇自私自利，另一面却又想让他的子孙永远私有天下，这又怎么能算是为整个天下考虑的大公无私之心呢？

二　孔鲋以无用储天下之用

孔鲋藏书①，陈馀危之②。鲋曰："吾为无用之学，知吾者为友。秦非吾友，吾何危哉？"呜呼！能为无用之学，以广其心而游于乱世，非圣人之徒而能若是乎？

【注释】

①孔鲋（fù）藏书：秦始皇焚书坑儒，禁止民间私藏诸子百家著作，违令者弃市。孔子的八世孙孔鲋将其家中所藏的《论语》《尚书》《孝经》等书，藏于孔府旧宅的墙壁中，至死没有取出。汉景帝时，这批藏书才被发现，后世称为"鲁壁藏书"或"孔壁藏书"。孔鲋（约前264—前208），字子鱼，亦字甲。博通经史，与魏国的张耳、陈馀交好。晚年投奔陈胜，在与章邯的战斗中战死。

②陈馀（？—前204）：大梁（今河南开封）人，魏国名士。大泽乡起义后投奔陈胜，跟随武臣占据赵地。武臣死后与张耳共同拥立

赵歇为赵王。后来项羽分封诸侯时封其为侯，陈馀不满，联合齐
王田荣击走张耳，复立赵歇为赵王，他被立为代王。井陉之战中
为韩信所败，被斩杀。传见《史记·张耳陈馀列传》。

【译文】

孔鲋不顾秦朝禁令，私藏了不少儒家著作，陈馀认为这样做十分危
险。孔鲋说："我研究无用的学问，理解我的人是我的朋友。秦君不是
我的朋友，我有什么危险呢？"唉！能够研究无用的学问，以开阔其胸怀
从而邀游于乱世之中，如果不是圣人的门徒，谁能够做得到这样呢？

《诗》曰："握粟出卜，自何能谷①。"谷者，在我而已，何用
卜为？屈其道而与天下靡②，利在而害亦伏；以其道而与天
下亢③，身危而道亦不竞④。君子之道，储天下之用，而不求
用于天下。知者知之，不知者以为无用而已矣。故曰"其愚
不可及也"⑤。秉道以自安，慎交以远物，存黄、农、虞、夏于
盗贼禽兽之中⑥，奚不可谷，而安用卜为！庄周惩乱世而欲
为散木⑦，言无用矣，而无以储天下之大用。握粟忧深而逃
羿彀⑧，其有细人之情乎⑨！知进退存亡而不失其正，易简以
消天下之险阻⑩，非圣人之徒，其孰与归？

【注释】

①握粟出卜，自何能谷：语出《诗经·小雅·小宛》，意思是拿着小
　米去问卜，自己怎样才能得到成功？能谷，能成功。谷，原意指
　禾谷，禾谷的生长，只有在雨水充盈的年份，籽粒才能成熟、饱
　满，所以"谷"又有丰收、成熟之意，这里引申为成功、成就。

②靡：消靡，消沉。

③亢：同"抗"，对抗，匹敌。

④竞：本义是互相争胜，这里指弘扬、光大。

⑤其愚不可及也：这是孔子的话，语出《论语·公冶长》："宁武子邦有道则知，邦无道则愚；其知可及也，其愚不可及也。"意思是宁武子那种国家安定有道时就发挥自己才智的智慧是一般人可以赶得上做得到的，但他在邦无道时就装傻的智慧则不是一般人能做到的了。王夫之此处引用孔子这句话，意在说明在天下无道时要善于保存自己，以备将来之大用。

⑥黄：黄帝。农：神农。虞：虞舜。夏：夏禹。以上四人皆是传说中的圣王。

⑦庄周：即庄子，宋国蒙（今河南商丘）人。战国中期著名思想家，与老子并列为道家学派主要代表人物。散木：无用而享天年的树木。典出《庄子·人间世》：古时有一棵很大的栎树，枝叶能遮荫上千只牛，树干有百尺围。看的人很多，但有一个姓石的匠人不去看。他的徒弟问他为什么这样好的木材却不去看一看。他说："已矣，勿言之矣！散木也，以为舟则沉，以为棺椁则速腐，以为器则速毁，以为门户则液樠，以为柱则蠹。是不材之木也，无所可用，故能若是之寿。"意思是"算了，不要再说它了！这是一棵什么用处也没有的树，用它做成船定会沉没，用它做成棺椁定会很快朽烂，用它做成器皿定会很快毁坏，用它做成屋门定会流脂而不合缝，用它做成屋柱定会被虫蛀蚀。这是不能取材的树。没有什么用处，所以它才能有如此长寿。"后世因此用"散木"比喻全真养性、不为世用之人。

⑧羿（yì）彀（gòu）：羿的弓矢所及。语出《庄子·德充符》："游于羿之彀中，中央者，中地也，然而不中者命也。"王先谦《集解》云："以羿彀喻刑网，言同居刑网之中，孰能自信无过，其不为刑网所加，亦命之偶值耳。"后以"羿彀"指刑网或人间的危机。羿，后羿，传说中射日的神箭手。彀，张满弓弩，彀中指弓箭射程范围

之内。

⑨细人：见识短浅的人。

⑩易简：平易简约。语出《周易·系辞上》：“乾以易知，坤以简能，易则易知，简则易从……易简而天之理得矣，天下之理得，而成位乎其中。”

【译文】

《诗经》中说：“握粟出卜，自何能谷。”成功与否，在于自己，占卜算卦有什么用呢？委曲自己的道而与天下人一同消靡，有利同时也隐含着祸害；坚持自己的道而与天下人对抗，就会身陷危境，而道也不能发扬光大。君子之道，是为成为对天下有用之人做好充分的准备，而不是追求被天下任用。理解他的人当然深知他的才能，不理解的人只不过是把他当作无用之人罢了。因此孔子说：“其装傻是其他人赶不上的。”秉持正道以使自己安全，谨慎地结交朋友以远离世俗危险，即使是将黄帝、神农氏、虞舜、夏禹等圣王置于盗贼和禽兽之中，他们又怎么会不能成功？哪里用得着占卜呢！庄周因苦于乱世而想做散木，就是说做不成才的无用之人，可这样也就无法为成为对天下有大用之人做准备了。占卜时有深刻的忧虑而逃离危险的境地，难道他也有见识短浅之人的情感吗？懂得进退存亡而不偏离正道，平易简约以消除天下的危险阻碍，如果不是圣人的门徒，还有谁能做得到呢？

三　胡亥杀兄而亡

商始兴而太甲放①，周始兴而成王危②，秦并天下而扶苏自杀③，汉有天下而惠帝弗嗣④，唐则建成死于刃⑤，宋则德昭不令其终⑥，汔乎建文之变而憯尤烈⑦。天下初定，人心未靖，则天命以之不康⑧，汤、武且不能弭⑨，后代勿论已。然而胡亥杀兄，旋以死亡⑩；太甲、成王，终安其位；则伊尹、周公之与赵高,相去不但若霄壤也①。

【注释】

① 商始兴而太甲放:太甲是商朝开国君主商汤的孙子,商代第二位
君主。据《史记·殷本纪》记载,太甲即位三年,性情暴虐,不遵
守商汤成法,昏乱无德,于是宰相伊尹将他流放到桐宫。其间伊
尹摄政当国,以朝诸侯。太甲居桐宫三年,悔过自责,诚心向善,
于是伊尹迎回太甲,把政权还给他。太甲从此励精图治,百姓安
宁。事见《左传·襄公二十年》。

② 周始兴而成王危:周成王姬诵是周武王的儿子,即位时年幼,由
叔叔周公旦摄政。商纣王的儿子武庚和周公的弟弟管叔、蔡叔
阴谋叛乱,散布周公有野心、要篡夺王位的谣言,镐京因此人心
惶惶,连成王也怀疑起周公来。后来周公平定了叛乱,在成王成
年后还政于他。事见《尚书·金縢》。

③ 扶苏自杀:扶苏(?—前210),秦始皇长子。秦统一后,扶苏反对
实行焚书坑儒等严峻政策,因而触怒秦始皇,秦始皇便将其派去
协助蒙恬抵御匈奴。公元前210年,秦始皇在巡游途中病逝,中
车府令赵高和丞相李斯等人害怕扶苏登基后对他们不利,于是
伪造诏书,扶持嬴政幼子胡亥登基,并逼令扶苏自杀而死。事见
《史记·秦始皇本纪》。

④ 惠帝弗嗣:汉惠帝刘盈(前210—前188),汉高祖刘邦与吕后之子,
西汉第二位皇帝。惠帝生性柔弱,在位期间政权由吕后把持,在
位七年抑郁而终。惠帝死后,其子前少帝刘恭和后少帝刘弘先后
即位,吕后继续临朝称制。吕后死后,大臣周勃、陈平讨灭诸吕,
宣称刘弘等并非惠帝的亲生儿子,将他们处死,迎立惠帝的弟弟
刘恒为皇帝。至此,惠帝一脉绝嗣。事见《史记·吕太后本纪》。

⑤ 唐则建成死于刃:李建成(589—626),小字毗沙门,唐高祖李渊

长子。李渊称帝后立建成为太子。随着秦王李世民的战功日益显著，兄弟二人间摩擦不断，矛盾日益激烈。最终，在公元626年，李世民发动玄武门之变。李建成被射死，五子一并遇害。事见新、旧《唐书·尉迟敬德列传》。

⑥宋则德昭不令其终：赵德昭（951—979），字日新，宋太祖赵匡胤次子，母亲是贺皇后。宋太祖死后其弟赵光义即位，赵德昭处境日益微妙。据《宋史》记载，太平兴国四年（979），赵德昭跟随宋太宗攻打幽州。高粱河之战宋军惨败，太宗乘驴车逃走，军中不知道宋太宗身在何处，有人谋议立赵德昭为帝，宋太宗得知此事后很不高兴。回到京师后，赵德昭遭到宋太宗训斥，退朝后忧惧不已，自刎而死。事见《宋史·宗室列传》。令，善。

⑦汔（qì）：终竟，一直。建文之变：建文即指明建文帝朱允炆（1377—?）。朱允炆是明太祖朱元璋的孙子，其父懿文太子朱标早逝，朱允炆作为皇太孙在朱元璋死后即位。朱允炆推行削藩政策，其叔父燕王朱棣起兵反抗，发动靖难之役，于公元1402年攻下南京，宫中火起，建文帝不知所终。事见《明史·成祖本纪》。憯（cǎn）：惨痛，伤痛。

⑧康：安宁。

⑨汤、武：指商朝开国君主商汤和周代开国君主周武王，两人均是后世推崇备至的圣王。

⑩胡亥杀兄，旋以死亡：胡亥（前230—前207），嬴姓，秦始皇少子，扶苏之弟。秦始皇死后，胡亥伪造诏书即位并逼死扶苏，又诛杀兄弟姐妹二十余人。即位不久，陈胜、吴广起义爆发，胡亥于公元前207年被赵高逼迫自杀。

⑪霄壤：天和地，比喻相去极远，差别很大。霄，天空。壤，土地。

【译文】

商朝刚建立不久商王太甲便被放逐，周朝刚建立而成王就身陷危机，秦朝统一天下后公子扶苏竟被逼自杀，西汉统一全国而惠帝竟然血脉断绝，唐高祖太子李建成死于刀剑之下，宋太祖之子赵德昭不得善终，到了明朝初年建文帝朱允炆遭遇靖难之役，其命运就更悲惨了！天下刚刚平定，人心不安，天命因此也不安定，连商汤和周武王这样的圣明君主都尚且无法避免或预防此类的灾难，后世的君主就更不用说了。然而秦二世胡亥杀死兄长扶苏后不久就丧命，太甲与周成王却最终安然于君位。可见，胡亥的辅臣赵高与太甲、成王的辅臣伊尹、周公相比，其差距更甚于天壤之别。

秦始皇之宜短祚也不一，而莫甚于不知人。非其不察也，惟其好谀也。托国于赵高之手，虽中主不足以存，况胡亥哉！汉高之知周勃[1]、宋太祖之任赵普也[2]，未能已乱而足以不亡。建文立而无托孤之旧臣[3]，则兵连祸结而尤为人伦之大变。徐达、刘基有一存焉[4]，奚至此哉？虽然，国祚之所以不倾者，无谀臣也。

【注释】

①汉高之知周勃：周勃（？—前169）是西汉开国功臣，屡立军功，深得汉高祖刘邦信任。据《史记·高祖本纪》记载，刘邦临死前吕后询问丞相人选，刘邦评价周勃说："周勃重厚少文，然安刘氏者必勃也。"后来周勃果然与陈平等人联合，平定了诸吕叛乱，维护了西汉政权。

②宋太祖之任赵普：赵普（922—992）是北宋开国功臣，早年即担任宋太祖赵匡胤的掌书记一职，北宋建立后他被拜为宰相，辅佐宋太祖削夺藩镇之权、罢禁军宿将兵权、实行更戍法、改革官制、制定守边方略，功绩卓著，巩固了北宋政权。事见《宋史·赵普列传》。

③建文立而无托孤之旧臣：据《明史》记载，明太祖朱元璋晚年性情猜忌，为了消除潜在的威胁，利用胡惟庸案和蓝玉之案对功臣大加屠戮，以致功臣宿将死亡殆尽。建文帝即位后，靖难之役起，除了长兴侯耿炳文等极少数宿将外，几乎无人可用，这是导致建文帝最终失败的重要原因。

④徐达（1332—1385）：字天德，濠州钟离（今安徽凤阳）人，元末明初军事家。跟随朱元璋征战，为人谨慎，善于治军，多次被朱元璋委以统军重任，战功显赫，为明朝开国第一功臣。传见《明史·徐达列传》。刘基（1311—1375）：字伯温，浙江青田（今浙江青田）人。他通经史、晓天文和兵法，辅佐朱元璋建立明朝，朱元璋多次称赞他为"吾之子房"。传见《明史·刘基列传》。

【译文】

　　秦始皇建立的秦朝短命的原因不止一条，而最重要的莫过于不知人善任。秦始皇并非不能明察，只是他太喜欢听阿谀奉承的话了。他死前把国家托付给赵高，在这种情况下，即使是中等才能的君主也难以保全江山社稷，更何况是愚顽无知的胡亥呢！汉高祖刘邦信任周勃，宋太祖赵匡胤任用赵普，尽管他们不能止息祸乱，却足以使国家不至于灭亡。建文帝继位后缺少托孤老臣的辅佐，因而引发了靖难之役，造成兵连祸结的局面，最终落得身死家破、皇位被叔父朱棣篡夺的结果，实在是人伦的大变故。假使开国元勋徐达、刘基等人中有一个活着，建文帝又怎么会落得如此下场？尽管如此，大明政权也没有倾覆，这主要是因为当时朝中没有阿谀奉承之臣。

二　世

【题解】

秦二世嬴胡亥(前230—前207)作为秦始皇嬴政的少子,在沙丘政变中依靠赵高和李斯的帮助登上皇位。他甫一上台,即大肆诛戮自己的兄弟姐妹,实行严酷暴虐的统治,终于激起了陈胜、吴广起义,六国旧贵族的复国运动也风起云涌。秦二世托国于赵高之手却反被赵高逼迫自杀,秦也因此成为二世而亡的短命王朝。

李斯和赵高是将胡亥送上皇位的重要推手,在二世统治时期先后担任丞相,结局却都是身死人手。王夫之对这两个人的态度不尽相同。对于李斯,王夫之更多是认为其可悲,指出李斯无所顾忌地向二世提出"行督责之术"这样犯众怒、惹众怨的建议,不顾廉耻地公然"导谀劝淫",实际上是因为"畏死患失之心迫而有所不避"。李斯的悲剧实源于自身,所以王夫之指出"辨人于早,不若自辨于早也",这无疑是值得读者借鉴的警言。对于赵高,王夫之则毫不掩饰自己的鄙夷和厌恶,目之为小人的典型。对于赵高弑杀胡亥以图侥幸的做法,王夫之认为这体现了小人"利亦有所不喻,而无所不逞"的特点,他正告后世君主,"狎及小人,而祸必发于小人",对于有"难测之心"的小人唯有始终加以严密防范才能免祸。

历史上一般认为秦朝推行法家学说。王夫之对于推崇刑名的"申商之术"颇不以为然,认为后世名臣如诸葛亮、王安石、张居正等对"名法"多有继承,乃是出于难以克服的"逸豫之情",推行"申商之术"的后果必然是"人主安而天下困"。同时,王夫之还从曹咎帮项梁脱罪一事中敏锐地意识到,秦虽律法严苛,法网密布,其法律的实际执行效果却很差。之所以如此,乃是因为"法愈密,吏权愈重",基层小吏利用手中的执法权进行权力寻租,造成了贿赂风行的局面,从根本上消解了法律的效力。基于此,王夫之认为,严刑峻法无助于统治,唯有实行宽简之法,才能减少基层小吏徇私舞弊的空间。这一见解无疑值得后世思考。

在秦末农民战争中,各方势力纷纷登场,自立或拥护旧王室的举动颇为常见。王夫之将"义"作为评价这些举动的标准,认为同样是拒绝自立,自觉以大义为标准的周市就比母亲启发才放弃称王的陈婴要高明。对于项氏与楚怀王所结下的君臣关系,王夫之剖析了双方所存在的根深蒂固的利益冲突及其表现,指出其君臣关系的破裂绝非偶然,推而论之,任何君臣关系都绝非仅仅基于名义而维系,天命、君臣双方性情、人心安定的需求等因素都直接关系到君臣关系能否长期持续下去。

一 周市辞不王魏

陈婴之不自立也①,周市之不王魏也②,其情均也,而周市贤矣。市曰:"天下昏乱,忠臣乃见。"义之所不敢出,害不敢自之而远。居尊以为天下不义之魁,"负且乘,致寇至"③,灼然易见,而人不能知。非不知也,无志义以持其心,流俗之蛊之者进矣。陈婴非幸而有其母,亦殆矣哉!市之一言,所谓"大浸稽天而不溺,疾雷破山而不震"者乎④!陈馀自矜儒者,而不能守义以自王⑤。周市虽死而如生。陈馀碌碌以死，又何称焉？

【注释】

①陈婴之不自立：陈婴（？—前183）是秦末东海东阳（今安徽天长）人，最初担任县令史，为人诚实谨慎，较得人心。陈胜吴广起义爆发，东阳少年杀县令以响应，强行推举陈婴为首领，并打算立他为王。陈婴的母亲认为陈婴并无显赫的家族背景，贸然做头面人物是危险的事，坚决阻止称王之举。陈婴因此没有称王，后来率部归属项梁和项羽。项羽死后，陈婴又归降刘邦，参与平定豫章、浙江，因功被封为堂邑侯。事见《史记·项羽本纪》。

②周市之不王魏：周市是原魏国人，参加陈胜吴广起义军，后来受陈胜之命带兵夺取原来魏国的土地。魏地平定后，众人打算拥立周市为魏王，但周市辞谢不肯接受，认为只有立魏国王族之后才符合道义。于是他向陈胜请求放回魏王后裔宁陵君魏咎，并立他为魏王，自己担任相国。后来秦将章邯进攻魏国，魏王派周市到齐、楚求援，三国组成联军与章邯交战，被章邯击败，周市战死。事见《史记·魏豹彭越列传》。

③负且乘，致寇至：语出《周易·解卦》爻辞："六三：负且乘，致寇至，贞吝。"意思是卑贱者背着人家的财物，又坐上大马车炫耀，就会招致强盗来抢。后以此言比喻居非其位，才不称职，就会招致祸患。

④大浸稽天而不溺，疾雷破山而不震：大浸稽天而不溺，语出《庄子·逍遥游》："之人也，物莫之伤：大浸稽天而不溺，大旱金石流土山焦而不热。"意思是即使滔天的大水也不能淹没他，比喻不为外物所动。稽，至。疾雷破山而不震，语出《庄子·齐物论》："至人神矣！大泽焚而不能热，河汉冱而不能寒，疾雷破山、风振海而不能惊。"意思是即使迅疾的雷霆劈山破岩也不能令他震

惊，比喻不为外界事物所动。

⑤陈馀自矜儒者，而不能守义以自王：陈馀（？—前204），魏国大梁
（今河南开封）人。本是魏国名士，参加陈胜起义军后，跟随武臣
占领赵地，鼓动并非赵王后裔的武臣自立为赵王。武臣在内变
中被杀后，陈馀与张耳共同拥立赵国王族后裔赵歇为赵王。后
来项羽分封诸侯，徙封赵歇为代王，封陈馀为侯，陈馀非常不满，
起兵反抗，复立赵歇为赵王，赵王立陈馀为代王。后来韩信与张
耳一同攻赵，陈馀战败后被斩杀。事见《史记·张耳陈馀列传》。

【译文】

陈婴不在东阳自立为王，周市不愿在魏地称王，两人的事迹相似，
但是相比之下周市更为贤明。周市说："天下混乱之时，忠臣才能显现
出来。"为了道义而不敢出于人前，那么灾难也就不敢自找上门而是远
遁它处。高居尊位而成为天下不义的首领，正如《周易》所言"卑贱者背
着人家的财物，又坐上大马车炫耀，就会招致强盗来抢"，灾祸是显而易
见的，常人却不能看到这一点。实际上并非不能看到，只是由于缺乏志
向和气节而难以坚持自己的本心罢了，因此庸俗而能蛊惑其心的人才
得以趁虚而入。陈婴如果不是幸好有一位睿智的母亲，他的前途也是
很危险的呀！周市的这句话，难道不正是所谓"即使滔天的大水也不能
淹没他，即使迅疾的雷霆劈山破岩也不能令他震惊"的表现吗？陈馀向
来以儒者自居，却不能坚守道义而是自立为王。周市为道义而死，虽死
而犹生，陈馀碌碌无为而死，又有什么值得称道的呢？

二 李斯言古今人所不忍言

李斯之对二世曰①："明主灭仁义之涂②，绝谏争之辩，荦
然行恣睢之心③。"尽古今概贤不肖，无有忍言此者，而昌言
之不忌。呜呼！亦何至此哉！斯亦尝学于荀卿氏矣④，亦尝

与始皇谋天下而天下并矣。岂其飞廉、恶来之所不忍言者而言之不忌⑤，斯之心其固以为然乎？苟非二世之愚，即始皇之骄悖，能受此言而不遣乎？斯抑谓天下后世之不以己为戒首而无所恤乎⑥？无他，畏死患失之心迫而有所不避耳。

【注释】

①李斯（？—前208）：字通古，战国末期楚国上蔡（今河南上蔡）人。以客卿身份出仕秦国，协助秦始皇攻灭六国。秦朝建立后被任命为丞相，参与制定法律和统一车轨、文字、度量衡制度。秦始皇死后与赵高合谋立嬴政少子胡亥为帝，是为秦二世。为巩固权位，他向二世提出"督责之术"，实行严刑酷法和君王独断。后来遭到赵高陷害，被腰斩于咸阳。传见《史记·李斯列传》。

②涂：途径，道路。

③荦（luò）然行恣睢（suī）之心：毫不掩饰地随心所欲，为所欲为。荦然，明显的样子。恣睢，放纵，放任。

④荀卿氏：即荀子（前313—前238），名况，时人尊而号为卿。战国后期赵国人。先秦儒家代表人物之一，著名思想家。李斯、韩非都曾跟随他学习。传见《史记·孟子荀卿列传》。

⑤飞廉、恶来：飞廉，亦作蜚廉，商代人，恶来之父。恶来，一作"恶来革"，商纣王的宠臣。父子两人皆以勇力效忠殷纣王。后世认为这两人助纣为虐，陷害忠良。后来武王伐纣，两人被杀。

⑥戎首：出自《礼记·檀弓下》："毋为戎首，不亦善乎？"意思是发动战争的主谋、祸首。比喻首先挑起事端或带头做坏事的人。

【译文】

李斯对秦二世说："圣明的君主斩断仁义之路，堵塞臣民直言规劝之口，毫不掩饰地随心所欲，为所欲为。"自古至今，无论是圣贤还是不肖之徒，没有谁忍心说出这样的话，而李斯却直言不讳，无所忌惮。唉，他又怎么能做到这样的地步！李斯也曾跟随儒学大家荀子学习，也曾与秦始皇一起谋划过统一六国的大计，并且成功地统一了天下。为什么连飞廉、恶来这样的恶人都不忍心说的话，李斯却能够无所顾忌地说出来呢？难道他的内心真是本来就这样认为的吗？假如李斯面对的不是愚蠢的秦二世，那么即使是像秦始皇那样骄横、狂悖的人，难道能够听完李斯的这番话而不加以谴责吗？李斯莫非是认为天下后世不把自己视为主谋而无所顾忌吗？其实李斯这样做没有别的原因，只不过是他贪生怕死、患得患失之心太重太急，因而不顾一切罢了。

夫死亦何不可畏也。失不可患，而亦何必于失也。前所以自进者非其道，继所以自效者非其功，后所以自保者非其术，退所以自置者无其方，则失果可患而死果可畏。欲无畏无患以不言其所不忍言，又奚得乎[①]！天下无必死之涂，而亦无可几幸之得[②]。正志于早而后无所迫，则不忍不敢之心以全。早不能图度于正[③]，迫其后失有形、死有机[④]，虽欲不为此言而不得。不待上蔡东门之叹[⑤]，肺肝先已自裂[⑥]。斯岂果无人之心哉？《易》曰："履霜，坚冰至[⑦]。"辨人于早，不若自辨于早也。

【注释】

①奚：何，怎么。

②几幸：期望和侥幸，比喻非分企求。几，通"冀"，期望。

③图度：揣测，揣度。

④迫：等到。形：形势。机：时机，机会。

⑤上蔡东门之叹：据《史记·李斯列传》记载，李斯因遭赵高陷害，被判腰斩于咸阳市。临刑前他对儿子说："吾欲与若复牵黄犬俱出上蔡东门逐狡兔，岂可得乎！"意思是：我想和你再牵着黄狗一同出上蔡东门去打猎追逐狡兔，又怎能办得到呢！于是父子二人相对痛哭。后世因此以"上蔡东门"或"东门黄犬"作为官遭祸、抽身悔迟之典。上蔡，战国楚地名。在今河南上蔡西南。李斯是上蔡人。

⑥肺肝：肺和肝，比喻内心深处。

⑦履霜，坚冰至：语出《周易·坤卦》爻辞："初六，履霜，坚冰至。"意思是踩到霜，就想到结冰的日子快要到来。比喻看到事物的苗头，就对它的发展有所警戒。

【译文】

其实死亡又怎么会不值得畏惧呢？如果失去不值得忧虑，那人们又怎么会执着于避免失去呢？李斯当初的进身之道并非正道，接着他得以效命之处并不是他自己所建的功绩，后来他借以自保的措施也不是正确的策略，最后他赖以安置自身的方法更不是合适的方法。在这种情况下，对他来说，失去的确是值得忧虑的，而死也的确是值得畏惧的。要想让他没有畏惧和忧患，不说出别人所不忍说的话，他又怎么能够做得到呢！天下没有必死之途，但也没有可以凭期望、侥幸而得到的幸福。早早端正自己的志向而后就不会落到被逼迫的境地，而不忍不敢之心因此得以保全。如果不能早日将思虑用于正道，等到后来有利形势和时机都丧失，即使想不说这样的话也不可能了。不用等到发出上蔡东门之感叹，内心早已崩溃了。难道李斯真的是没有人的良知吗？《周易》中说："踩到霜，就想到结冰的日子快要到来。"与其早早地辨清他人，不如早日辨清自己。

三　李斯以督责之术导谀劝淫

人皆有不忍人之心①，而众怒之不可犯，众怨之不可任，亦易喻矣。申、商之言②，何为至今而不绝邪？志正义明如诸葛孔明而效其法③，学博志广如王介甫而师其意④，无他，申、商者，乍劳长逸之术也。无其心而用其术者，孔明也；用其实而讳其名者，介甫也；乃若其不容掩之藏，则李斯发之矣。李斯曰："行督责之术，然后绝谏争之路。"申不害曰："有天下而不恣睢，命之曰以天下为桎梏⑤。"谏争绝，桎梏脱，则虽日劳于刑名文籍之中，而耽酒嗜色、佚游骄乐，可晏享而不辍。苟未忘逸豫之情者，恶能不以此为两得之术哉⑥！

【注释】

①人皆有不忍人之心：语出《孟子·公孙丑上》。意思是每个人都有怜悯体恤别人的本性。

②申、商之言：指以申不害、商鞅为代表人物的法家学说，主张实行法制，循名责实，慎赏明罚，提倡中央集权。申不害（前385—前337），郑国京（今河南郑州）人。战国时期法家创始人之一，其思想以"术"著称。曾在韩国为相十五年，在韩昭侯支持下进行改革，使韩国强盛起来。传见《史记·老子韩非列传》。商鞅（约前390—前338），姬姓，公孙氏，又称卫鞅、公孙鞅。战国时期卫国人。法家代表人物，政治家、思想家。在秦国主持变法，使秦国成为富裕强大的国家。传见《史记·商君列传》。

③诸葛孔明：即诸葛亮（181—234），字孔明，琅邪阳都（今山东临沂）人。三国时杰出政治家。辅佐刘备建立蜀汉政权，长期担任蜀汉丞相，对内安抚百姓，以法度治国，期间数次北伐曹魏，后病死于军中。传见《三国志·蜀书·诸葛亮传》。

④王介甫：即王安石（1021—1086），字介甫，号半山。抚州临川（今江西临川）人。北宋著名政治家、文学家。宋神宗时他两度拜

相,以富国强兵为目的主持变法,推行青苗法、保甲法、方田均税法等,后因守旧派反对,加之所用非人,改革被迫终止,他自己也被罢相,晚年退居江宁。传见《宋史·王安石列传》。

⑤桎梏:脚镣和手铐,比喻束缚。

⑥恶(wū):疑问词,哪,何。

【译文】

每个人都有怜悯体恤别人的本性,懂得这个道理,则众人的愤怒不可冒犯,众人的怨恨不可听任,也就容易理解了。申不害、商鞅的学说,为什么至今仍传承不断呢?像诸葛亮那样志向端正而深明道义的人也效法他们的法令,像王安石这样博学而志向宏阔的人也学习他们的思想,这没有别的原因,只是由于申、商的学说是一种起初辛劳而后长久安逸之术。诸葛亮是没有申、商之心而用申、商之术,王安石是用申、商之实而讳言申、商之名,而李斯则是第一个直言不讳、毫不掩饰的人。李斯说:“使用督责之术,而后就可以断绝谏诤之路。”申不害说:“拥有天下而不随心所欲,这就叫以天下为镣铐。”断绝了谏诤,挣脱了桎梏,则即使终日劳碌于刑律公文之中,而美酒女色、放荡骄纵的快乐,可以尽情安享,一天也不中断。假如是一个没有忘记安逸享乐之情的人,怎么能不把此法作为两全其美的策略呢?

任法,则人主安而天下困;任道,则天下逸而人主劳。无一切之术以自恣睢①,虽非求治之主,不能高居洸潒于万民之上②,固矣。以孔明之淡泊而尽瘁也,以介甫之土木其形而好学深思也③,然且乐奉名法者,何也?俭以耳目④,勤以耳目⑤,而心思从其康逸也。贤者且然,况令狐绹、张居正之挟权势者哉⑥!使读李斯之言,知其为导谀劝淫之术也,能勿觍然而汗下与⑦?

【注释】

①一切：权宜，临时。

②洸漾(huàng yǎng)：原指水面浩荡广阔，这里引申为恣肆、放纵。洸，通"滉"，水深广貌。漾，广阔无边。

③土木其形：原指外形像泥塑木雕一样，缺乏灵性。比喻不加修饰，不修边幅。

④俭以耳目：指生活简朴，不追求声色犬马之类的视听之娱。耳目，这里指视觉和听觉的享受。

⑤勤以耳目：指勤于用耳朵倾听民意、用眼睛观察世事。

⑥令狐绹(táo)：生卒年不详。字子直。京兆华原(今陕西铜川)人。唐宣宗时宰相。他为人迟缓懦弱，在与唐宣宗相处时小心翼翼，因而颇得宣宗信任，被委以朝政，居宰相之位十年之久。传见新、旧《唐书·令狐绹列传》。张居正(1525—1582)：字叔大，号太岳。江陵(今湖北荆州)人。明代著名政治家、改革家。万历皇帝登基后，他以皇帝老师的身份出任内阁首辅达十年之久，实行了一系列改革措施，推行"一条鞭法""考成法"等，史称"张居正改革"。后为万历皇帝所忌，卒于任上，去世后被抄家，至明熹宗天启年间才恢复名誉。传见《明史·张居正列传》。

⑦觍(tiǎn)然：羞愧脸红的样子。觍，惭愧。

【译文】

以法治国，则君主安逸而天下困苦；以道治国，则天下安逸而君主劳顿。没有权宜之计以放纵自己、为所欲为，即使不是励精图治的君主，也不能耀武扬威地高坐在万民之上，这是显而易见、理所当然的。像诸葛亮那样淡泊名利而为国家鞠躬尽瘁的人，像王安石那样不修边幅而又好学深思的人，尚且乐于奉行法家学说，这是为什么呢？因为他们虽然不追求声色犬马之类的耳目之娱，又勤于倾听民意、观察世事，但内心深处终归是追求安逸的。贤德的人尚且如此，何况是令狐绹、张居正这样倚仗权势的人呢！假如让他们读了李斯的言论，知道这是引导阿谀奉承、鼓励骄奢淫逸的方法，能不感到羞愧难当而汗如雨下吗？

四　范增立楚王说无与于兴亡

怀王之立①，非项氏之意也②，范增之说③，以为从民望而已。臣主之名立，而其心不相释，项氏成而怀王固不能有楚。怀王念此至悉，故一乘项梁之败而夺上将军之权以授宋义④；义适遇其际而获怀王之心，故与计事而大悦。非悦其灭秦之计，悦其夺项之计也。宋义壁于安阳而项羽斩之⑤，非愤其救赵之迟，愤其夺己之速也。义之壁安阳而不进也，非欲乘秦、赵之敝，欲得当以收项羽之兵也；其遣子相齐而送之无盐也⑥，非不恤士卒之饥寒以自侈，为怀王树外援于齐而因以自固也。

【注释】

①怀王：即楚怀王熊心（？—前205）。芈姓，熊氏。秦末楚国贵族，战国时楚怀王熊槐之孙。楚国灭亡后，流落民间为人牧羊。项梁起兵后，采纳范增的建议，立熊心为王，以从民望。项梁战死后迁都彭城，旋归并项羽、吕臣军，由他统一调度。项羽入关后自称西楚霸王，尊他为义帝。旋被羽暗杀。其事见于《史记·项羽本纪》。

②项氏：即项氏一族，主要指项梁与项羽叔侄。项氏一族是楚国贵族，世代为将，受封于项，后用为姓氏。项梁的父亲项燕曾任楚军最高统帅，击败秦将李信的伐楚军队。后来秦派王翦攻楚，楚军战败，项燕战死。楚国灭亡后，项梁带项羽到吴中躲避，暗中积蓄力量。大泽乡起义爆发后，项梁杀死会稽守令，起兵响应，

并拥立楚怀王的孙子熊心为怀王。后来项梁在与章邯的战斗中战败而死于定陶。项羽在巨鹿之战取胜以后进入关中，凭借军事实力自立为西楚霸王，并分封诸侯。后来，刘邦起兵与项羽争夺天下，历时四年，最终项羽战败自杀。事见《史记·项羽本纪》。

③范增（前277—前204）：居鄛（今安徽桐城）人。秦末农民战争中项羽的主要谋士。他平素好奇计，项梁起兵后，年逾七十的他前往投奔，并建议项梁应该顺从民众愿望，扶立楚王的后裔。项梁于是寻访到为人牧羊的楚怀王之孙熊心，拥立为怀王。项梁战死后范增为项羽出谋划策，被项羽尊为"亚父"。鸿门宴上曾建议项羽杀掉刘邦，未果。后来刘邦使用离间计挑拨他和项羽的关系，范增愤而向项羽辞官，回乡途中背上生毒疮发作而死。

④宋义（？—前207）：原为楚国令尹，项梁起兵后前往投奔。定陶之战前，曾力劝项梁不要轻敌，但未被采纳。项梁死后，宋义受到楚怀王赏识，被任命为上将军。章邯攻赵时，宋义奉楚怀王命令，统率各路部队前往解救，号"卿子冠军"。后来因宋义率军长期逗留不进，项羽假借怀王命令发动兵变，将其斩杀。

⑤壁：军营的围墙，这里引申为驻军。安阳：今山东曹县。

⑥遣子相齐：指宋义派他的儿子宋襄去齐国为相。无盐：战国时齐邑。在今山东东平东。又作"毋盐"。

【译文】

楚怀王被立为王，并非项氏叔侄的本意，按照范增的说法，这样做不过是为了顺应民众的期望而已。君臣的名分虽已确立，而项氏内心却并未释然，与怀王互不信任，一旦项氏叔侄成功，则怀王肯定无法继续拥有楚国。怀王对此知道得很清楚，所以当项梁战败身死后，他立即乘机将项梁上将军的职权授予宋义；宋义正好遇到了这一良机而获得了楚怀王的信任，所以怀王与他商议大计后非常高兴。楚怀王并不是赞赏宋义的灭秦方略，而是赞赏他夺取项氏一族权力的计策。后来，宋义率军救赵时在安阳驻留不进，项羽愤而杀死了宋义，他这样做并不是对宋义救赵迟缓感到愤怒，而是对于宋义那么快就夺取了自己的权力感到愤怒。宋义率军在安阳逗留不进，并非是想等秦、赵双方都疲惫不堪以后坐收渔翁之利，而是为了寻找适当时机夺取项羽的兵权；他派自己的儿子宋襄去齐国做相国，并且亲自送他到无盐，这并不是不体恤士兵饥寒交迫之苦而讲排场，而是为了给楚怀王在齐国树立外援，从而借此巩固自己的地位。

　　宋义死，诸将慴然曰①：“首立楚者，将军家也。”羽之情见矣，义之情亦见矣，怀王之不能终安于项氏，情亦见矣。救赵则命宋义，入关则命沛公②，梁死羽孤，为偏裨于宋义旌牙之下③，为怀王谋项者之计得矣，而抑无以服楚人之心。幸而秦之君二世也，其相赵高也④，其将章邯、王离也⑤，无有能乘臣主之隙以间楚耳。不然，虽沛公且无以自持，况义之浅谋、羽之徒勇者乎！

【注释】

①慴然：惶恐害怕的样子。慴，恐惧，害怕。

②沛公：即汉高祖刘邦（前256—前195）。字季。沛县丰邑（今江苏丰县）人。西汉开国皇帝。传见《史记·高祖本纪》《汉书·高帝纪》。

③偏裨：偏将，裨将。将佐的通称。旌牙：军中主将的旗帜和营帐。旌，军旗。牙，牙帐。

④赵高（？—前207）：秦始皇时任中车府令，兼行符玺令事。秦始皇死后，赵高发动沙丘政变，与李斯合谋，矫诏赐死公子扶苏，立秦始皇少子胡亥为帝，自任郎中令。其后，他设计除掉李斯，被

秦二世任命为丞相，独揽朝政大权。后来他逼迫秦二世自杀，立子婴为秦王。不久被子婴设计杀掉，诛灭三族。其事见于《史记·秦始皇本纪》。

⑤章邯(? —前205)：秦朝将领。秦二世时任少府，受命率骊山刑徒及奴产子迎击陈胜起义军周文部，屡战屡胜，逼迫周文自杀，并在陈郡击败陈胜，后又在定陶之战中击败项梁。巨鹿之战中败于项羽，漳纡之战中再次被项羽击败而投降，随项羽入关，封雍王。后来与刘邦军屡战不利，退保废丘，城破自杀。其事见于《史记·项羽本纪》。王离：秦朝将领，名将王翦之孙、王贲之子。受封武城侯，继其父担任将领，率兵戍边备胡。秦末农民起义爆发后，与章邯一起统率秦军与起义军作战。巨鹿之战中兵败被俘。其事见于《史记·秦始皇本纪》。

【译文】

宋义死后，诸将惶恐地对项羽说："首先拥立楚王的，是将军您的家族。"项羽的勃勃野心显现了出来，宋义的真正居心也显现出来，而怀王因为项氏一族的存在而终究不能安于其位的情势也显露无遗。怀王派兵救赵时任命宋义为主帅，进攻关中时则派沛公刘邦入关，项梁死后项羽孤立无援，只好屈居于宋义的帐下做偏将。宋义为怀王所出的夺取项氏军权的计策，可以说是取得了成功，但他却无法令楚人心服口服。幸而秦朝的君主是昏庸的秦二世，丞相是奸诈的赵高，主将是无能的章邯、王离，没有谁能设计利用楚国君臣之间的不和来挑拨离间他们的关系。不然的话，即使是刘邦也无法自保，更何况是谋略平庸的宋义和有勇无谋的项羽呢！

　　于是而知君臣之非独以名为义也，天之所秩①，性之所安，情之所顺，非是则不能以终日。范增立楚之说，董公缟素之谋②，不足与于兴亡久矣。

【注释】

①天之所秩:上天规定的等级次序。秩,次序。

②董公缟素之谋:董公是秦末洛阳新城乡里一位掌管教化的小吏。公元前205年,刘邦抵达洛阳,准备进攻项羽的都城彭城。董公在路上拦下刘邦的车驾向他进谏,他认为刘邦师出无名,必须公布敌人的罪状,占据道德优势,敌人才可能被打败;而项羽素来无道,又杀主弑君,可谓罪大恶极。因此他建议刘邦为义帝发丧,令全军身穿白色的丧服,并传檄诸侯,共同讨伐项羽。刘邦采纳了他的建议。事见《史记·高祖本纪》。缟素,白色丧服。

【译文】

由上述情况可以知道,所谓君臣并不是仅仅以名号为大义,它必须是上天所规定的等级秩序,合乎人的天性,顺应情理,如果不是这样,那么君臣关系连一天也维持不下去。范增主张立楚怀王的言论,董公劝刘邦为义帝发丧戴孝的计谋,早已表明他们没有资格参与关系国家兴亡的大计。

五　赵高约楚灭秦宗室

秦之所殄灭而降辱者①,六王之后也;戍之徒之而寡其妻孤其子者,郡县之民也;而剚二世之首②,欲灭宗室,约楚降而分王关中者③,赵高也。故怨在敌国,而敌国或有所不能;怨在百姓,而百姓或有所不忍;狎及小人④,而祸必发于小人。故曰"唯女子与小人为难养也"⑤。圣人且难之,况中主以降乎!

【注释】

①殄(tiǎn)灭:消灭,灭绝。殄,尽,绝。降辱:屈身受辱。

②剸(tuán)：割断，截断。

③关中：秦汉时指函谷关以西地区，中心地带为渭河平原，位于今陕西省中部，包括西安、宝鸡、咸阳、渭南、铜川等市。关中南倚秦岭山脉，渭河从中穿过，土地肥沃，物产丰富。四面都有天然地形屏障，易守难攻，从战国时期开始就有"四塞之国""金城千里"的美誉。

④狎(xiá)：亲近，接近。

⑤唯女子与小人为难养也：语出《论语·阳货》："子曰：'唯女子与小人为难养也，近之则不孙，远之则怨。'"意思是只有女人和小人是最难以相处的了。

【译文】

其国家被秦始皇消灭而被迫屈身受辱的，是六国君主的后代；被秦帝国用以戍边、罚做苦力，从而造成其妻子守寡、儿女孤苦无依的，是郡县的百姓；而割掉秦二世的首级，想消灭秦朝皇室，与楚军约定投降以换取自己在关中地区称王承诺的，是赵高。所以说，结怨于敌国，敌国想报复而或许力不能及；结怨于百姓，百姓想起来反抗而或许有所不忍心；亲近小人，则灾祸必定会从小人而起。所以孔子才会说："只有女人和小人是最难以相处的。"圣人尚且觉得与小人相处是困难的，更何况是中等的君主，甚至是下等的君主呢？

小人之心，智者弗能测也，刚者弗能制也。料其必不能，而或能之矣；料其必不欲，而或欲之矣。项羽之暴也，沛公之明也，章邯之怨方新也①，尽天下欲食高之肉而寝处其皮也。使高灭嬴氏之宗，开关以讲于诸侯，岂能免于刀俎②，而况受纳地之封乎？则以智者料高，而固知其与秦相终始；以愚者料高，而亦决其与秦同齑粉也③。然而必弑胡亥以徼幸于一得④,岂徒胡亥之愚,矢入幄而不觉哉?明而熟于计者,未有谓为且然者矣。祸福之外,有无藉之欲焉⑤;死生之外,有无方之谲焉⑥;俄顷之间,有忽变之情焉。利亦有所不喻,而无所不逞,而后君子莫能为之防。故圣人且犹难之,诚哉其难之也!"濡有衣袽,终日戒⑦。"终日者,无竟之辞也⑧。舍褆躬慎微而求驭之之术⑨,不堕其阱中者鲜矣。

【注释】

①章邯之怨方新也:秦二世三年(前207),章邯在钜鹿之战中失利而退军,秦二世听信丞相赵高之言,派人责备章邯,章邯恐惧,派长史司马欣去咸阳请示,但赵高拒绝接见,不信任他。司马欣觉察出危险而逃走,果然遭到赵高追杀。司马欣于是对章邯说:"赵高用事于中,将军有功亦诛,无功亦诛。"章邯本就对赵高不满,经此事件更加怨恨他,后来愤而投降项羽。事见《史记·秦始皇本纪》。方,正,刚刚。

②刀俎(zǔ):本指刀和砧板,原为宰割的工具,现比喻生杀之权掌握在他人手里,自己处于被人宰割的地位。

③齑(jī)粉:细粉,粉末。比喻物体粉碎。

④徼(jiǎo):通"侥",侥幸。

⑤无藉:没有根据,无所凭借。

⑥无方:变化无穷。谲:欺诈,玩弄手段。

⑦濡有衣袽(rú),终日戒:语出《周易·既济卦》爻辞:"六四,濡有衣袽,终日戒。""濡"一作"繻",王弼注曰:"繻宜曰濡,衣袽所以塞舟漏也。"意思是舟船漏水则濡湿,需要准备破衣服或棉絮来堵塞漏洞,要终日防备祸患。濡,濡湿。袽,烂衣服或破旧棉絮。

⑧无竟:没有穷尽,没有边际。竟,终了。

⑨禔（zhī）躬：安身，修身。

【译文】

　　小人的心思，聪明人难以预测，刚强的人也无法将其制服。估计他必定不能做的事情，或许他就做了；料定他一定不会想要的东西，或许他却想要。项羽刚强暴躁，刘邦精明强干，章邯刚结下对赵高的怨恨，全天下的人都想生吃赵高的肉，剥下他的皮铺着睡觉。在这样的形势下，即使赵高能够消灭秦朝宗室，打开函谷关与诸侯讲和，难道能免于做刀下之鬼吗？更不要提什么因献土有功而受封为诸侯了。若以聪明人来预料，赵高必定要与秦朝相始终；即使以愚蠢的人看来，赵高也肯定会与秦朝同归于尽。然而赵高却一定要弑杀胡亥，以图那万分之一的侥幸，难道只有胡亥愚蠢透顶，直到箭射进其帷幄却仍然毫无察觉吗？聪明睿智且熟悉计谋的人，没有人会认为是这样的。在祸福之外，存在着超越本分、无所凭据的欲望；生死之外，存在着变化无穷的诡谲；瞬息之间，存在着突然变化的可能。小人对于利益或许也有所不明白之处，但却可以为了利益而无所不为，因而其后君子无法对其加以防备。所以连圣人都认为小人难养，这种难的确是实情啊！《周易》中说："舟船漏水则濡湿，需预先准备破衣服或破棉絮来堵塞漏洞，要终日防备祸患。"所谓"终日"，就是没有止境的意思。如果舍弃了修养自身、谨慎小心、防微杜渐，转而去寻求驾驭小人的方法，很少有不落入他们圈套的。

六　法密不能胜天下

　　孰谓秦之法密，能胜天下也？项梁有栎阳逮①，蕲狱掾曹咎书抵司马欣而事得免②。其他请托公行、货贿相属而不见于史者③，不知凡几也。项梁，楚大将军之子，秦之所尤忌者，欣一狱掾，驰书而难解。则其他位尊而权重者，抑孰与御之？法愈密，吏权愈重；死刑愈繁，贿赂愈章④；涂饰以免罪罟⑤，而天子之权，倒持于掾史⑥。南阳诸刘屡杀人而王莽不能问⑦，皆法密吏重有以蔽之也。

【注释】

①栎（yuè）阳：古地名，战国初期秦国都城，在今陕西西安阎良区。逮：捉拿，抓捕。

②蕲（qí）狱掾曹咎书抵司马欣而事得免：曹咎，楚汉时期项羽手下大臣，因写信给栎阳令司马欣，设法免除了项梁的罪，因此受到项氏的信任，后被项羽任命为大司马，封海春侯。蕲，秦代县名，在今安徽宿州。狱掾，狱曹的属吏，一说即典狱长。司马欣（？—前204），秦汉之际项羽所封诸侯王。做过狱掾、长史，陈胜起义后辅佐章邯作战，后随章邯投降项羽，被封为塞王。后来在成皋被汉军击败而自杀。

③相属：指相接连、相继。

④章：明显，显著。

⑤涂饰：文过饰非。罟（gǔ）：法网。

⑥掾史：掾与史的合称，泛指基层小吏。

⑦南阳诸刘屡杀人而王莽不能问：此事未见诸史书。南阳诸刘，指西汉末年居于南阳的汉朝宗室后裔，以舂陵的刘縯、刘秀为代表。王莽（前45—23），字巨君，魏郡元城（今河北大名）人。新朝开国皇帝。其姑姑是汉元帝皇后王政君。王莽以外戚身份逐渐掌握了西汉政权，并利用符命、谶纬和舆论，于公元8年代汉建新，建元“始建国”，并推行复古改革，史称“王莽新政”。但改革并未取得成效，反而激化了社会矛盾，导致天下大乱。新莽地皇四年（23），更始军攻入长安，王莽死于乱军之中。传见《汉书·王莽传》。

【译文】

　　谁说秦朝的法令严密，足以控制整个天下呢？项梁曾经在栎阳犯法被通缉，蕲县狱掾曹咎给栎阳狱掾司马欣写了一封求情信，就使项梁得以平安无事了。至于其他公开以私情请托、以财物贿赂成风而史书未曾记载的，不知道有多少呢。项梁是楚国大将军项燕的儿子，是秦朝廷尤为忌惮的人物，司马欣作为一个小小的狱掾，收了别人一封求情信，就使项梁逃过了犯法带来的灾祸，那么其他地位高、权力重的人物如果要徇情枉法，谁又能够阻拦呢？法令越严密，官吏的权力就越重；死刑越繁多，贿赂就越公开盛行。官吏文过饰非来使人免于法网，而天子的权力，反而掌握在基层小吏的手中了。新莽时期南阳的刘姓宗室后裔屡次杀人而王莽没有追究，都是因为法令严密、官吏权重从而包庇了他们。

　　设大辟于此^①，设薄刑于彼，细极于牛毛，而东西可以相窜。见知故纵，蔓延相逮^②，而上下相倚以匿奸。闰位之主^③，窃非分而癙寝不安^④，藉是以钳天下，而为天下之所钳，固其宜也。受天命，正万邦^⑤，德足以威而无疚愧者，勿效尔为也。宽斯严^⑥，简斯定。吞舟漏网而不敢再触梁笱^⑦，何也？法定于一王^⑧，而狱吏无能移也。

【注释】

①大辟：古代五刑之一，死刑。

②逮：连及，接续。

③闰位：非正统的帝位。闰，偏，副。

④癙：同"梦"。

⑤万邦：所有诸侯封国。这里引申为天下，全国。

⑥斯：则，就。

⑦吞舟漏网：本指大鱼漏网，后常以喻罪大者逍遥法外。吞舟，能
　　吞下舟船的大鱼。梁笱（gǒu）：泛指捕鱼用具。这里引申为法
　　律。梁，水中所筑捕鱼之坝。
⑧法定于一王：《史记·太史公自序》中云："孔子之时，上无明君，
　　下不得任用，故作《春秋》，垂空文以断礼义，当一王之法。"意思
　　是孔子作《春秋》裁断礼义，以为万世之法。王夫之在此化用这
　　一典故，意在说明要制定宽简而符合儒家大义的律法。

【译文】

　　秦朝的律法规定此种情况下应判死刑，而彼种情况下应判轻刑，条
文规定比牛毛还要细密，而基层的官吏却可以根据自己的利益随意解
释法律，明知有人犯法却故意纵放，或者任意株连无辜，百姓和官吏上
下相互倚靠以藏匿包庇作奸犯科的人。得位不正的君主，由于非分地
窃取了国家政权而不能安睡，于是想借严苛的法律来钳制天下，结果却
反被天下所牵制，这是自作自受、罪有应得。承受天命，匡正天下，德行
足以立威而无所愧疚的人，千万不要仿效这种做法。宽缓刑罚则能使
秩序严整，简化律法则能使民心安定。正像能吞下舟船的大鱼被大网
漏过，却再也不敢触碰捕鱼用具一样，人们在宽简的法律下不会轻易犯
法，这是为什么呢？因为这种法律的制定符合孔子作《春秋》所宣扬的
"一王之法"，而基层狱吏之流无法钻空子营私舞弊。

卷二

汉高帝

【题解】

汉高祖刘邦（前256—前195）是西汉的开国皇帝。他原为秦朝泗水亭长，因私自释放刑徒而亡匿于芒砀山。陈胜起义爆发后，刘邦集合三千子弟响应起义，攻占沛县等地，称沛公。后来率军投奔项梁，受楚怀王的命令经武关进攻关中。公元前206年十月，刘邦进军霸上，秦王子婴投降，宣告秦朝灭亡。项羽率大军入关后，他被封为汉王。不久，刘邦起兵与项羽争夺天下，历时四年多，击败项羽，统一天下，于公元前202年即皇帝位，建立西汉。他在位七年，于公元前195年去世。

汉高祖刘邦既是平定天下的开创之君，也为西汉政权的各方面政策定下了基调。对于刘邦在平定和治理天下过程中所运用的方略，王夫之整体上是比较赞赏的。比如，刘邦在击败项羽后迅速回收兵权，并遣散大部分军队，使其回归乡里从事生产，休养生息。王夫之称赞这一做法是从根本上解决问题的"拔本塞源"之道，有利于迅速稳固政权。在分封问题上，刘邦优先分封地处偏远而反秦有功的长沙王吴芮、闽粤王无诸，王夫之认为这是出于"制治于未乱"的深思熟虑，也符合"大公"之道。在君臣关系的处理上，刘邦能够做到"无所偏任"，坦诚以待，所以夺韩信兵权而韩信不怨，与矢志为韩国复仇的张良也相处愉快，这一点王夫之也颇为赞赏。不过，王夫之对于汉高祖也有严厉的批评，主要集中在对匈奴的政策方面。王夫之认为,汉高祖在韩王信问题上处置失当而导致其与匈奴勾结,危害中原,是贻害后世的大错;至于听信娄敬主张而行和亲之策,既是"无耻"之举,也是严重的短视之误。

对于汉高祖时期的几位名臣,王夫之也做出了自己的评判。对于历史上颇受同情的韩信,王夫之主要持负面态度,认为他在与汉高祖的君臣关系中过分注重"利"而忽视了君臣之义,其忠诚度令人怀疑;伐齐的过程中也因"贪功"而导致生灵涂炭,这些都为他日后的悲惨结局埋下了伏笔,也就是所谓"毒天下而自毒"。这一评价是否公允,自然需要读者见仁见智。对于张良,王夫之肯定他敢于向汉高祖表明为韩复仇之志的坦诚,欣赏其"履虎尾而不疚"的智慧。对于樊哙劝谏汉高祖勿做富家翁,王夫之认为这一明智之言值得后世君王深思。对于萧何饱受诟病的"非壮丽无以示威"之言,王夫之却指出了其中的合理成分,提示后世要善用"壮丽之威"。叔孙通历仕十主而面谀,王夫之却不仅肯定了他制礼乐的正当性,也借他劝谏汉高祖的骨鲠之举提示后人,只要政治开明,善加引导,"佞者可忠,柔者可强"。这些别出心裁的议论,饱含深思卓见,值得读者细心体味。

从秦汉之际的历史中,王夫之还提炼出了一些值得思考的重大问题。比如,《管子》中所提倡的"衣食足而后礼义兴"是否就是颠扑不破的真理? 王夫之对《管子》的这一观点提出了挑战,他结合汉初叔孙通制礼乐的事迹,指出单纯地将"衣食足"和"礼义兴"视为先后次序的关系是极不妥当的,休养生息与礼乐制度的建设完全可以同时推进,忽视后者而单纯休养生息,会给世风带来严重的问题。其他像公财与私财的问题、名与义的关系问题等,王夫之也都给出了自己的思考和见解。这些问题尽管有一定的时代局限性,但时至今日,仍有值得我们深入思考的价值。

一　沛公欲留居咸阳

有天下者而有私财,业业然守之以为固,而官天地、府万物之大用①，皆若与已不相亲，而任其盈虚。鹿桥、钜台之愚②，后世开创之英君，皆习以为常③，而贻谋不靖④，非仅生长深宫、习奄人污陋者之过也⑤。灭人之国，入其都，彼之帑皆我帑也⑥，则据之以为天子之私。唐克西京⑦，而隋氏之有在唐；宋入周宫，而五代之积在宋；蒙古遁，而大都之藏辇而之于南畿⑧。呜呼！奢者因之以侈其嗜欲，俭者因之以卑其志趣，赫然若上天之宝命、祖宗之世守，在此怀握之金赀而已矣⑨。祸切剥床⑩，而求民不已，以自保其私，垂至其亡而为盗资，夫亦何乐有此哉！

【注释】

①官：管制，管理。府：原指府库、府藏、治理，引申为管理、开发。大用：很大的用处，这里指关乎国计民生的大事。

②鹿桥、钜台：这里是王夫之用典有误，应为"鹿台、钜桥"。鹿台是商纣王所建宫苑建筑，在今河南淇县，其内多积钱财、珠玉，后来武王伐纣，纣王在此自焚而死。钜桥是商纣王用于存储粮食的仓库，故址在今河北曲周。

③习以为常：此处"习"原作"席"，据舒士彦先生校记改。

④贻谋：父祖对子孙的训诲。贻，遗留，留下。不靖：不安宁，骚乱。

⑤习：习染，沾染。奄人：宦官。奄，同"阉"。

⑥帑(tǎng)：府库里的钱财。

⑦西京：指隋朝都城大兴城，在今陕西西安。

⑧大都：元代都城，在今北京。辇(niǎn)：运载，运送。南畿(jī)：指明初都城南京。

⑨赀(zī)：通"资"，财货。

⑩祸切剥床：大祸已经迫在眉睫。典出《周易·剥卦》象辞："剥床

以肤,切近灾也。"意思是"床头剥落完了,又开始剥落床面",是说已经迫近灾祸了。因为床面剥落损坏,必将危及床上之人,所以说迫近灾祸了。

【译文】

拥有天下的人却占有私财,世世代代兢兢业业地死守这份私财,以此作为稳固自身的方法,而对管理天下、开发万物这样关系国计民生的大财政,却好像与自己毫不相关一样地不管不问,听任其自然地盈亏消长。商纣王修筑鹿台和钜桥仓的愚蠢行径,后世的开国明君们却都习以为常,没有将其作为教训告诫子孙,从而埋下了不安宁的祸根。这就不仅仅是那些生长在深宫中、被宦官的污陋所沾染的继承人们的过错了。灭掉别的国家,长驱直入其都城,敌方府库里的钱财全都变成了我方的,则统治者自然会占据这些钱财作为天子的私藏。唐军攻占西京长安后,隋朝所积累的财富都被唐朝占有;宋军进入后周的宫殿,五代的积蓄全归宋人所有;蒙古远遁漠北后,大都的府藏都被运往明朝都城南京。唉! 本性奢侈的人因此而更加放纵自己的嗜好和欲望,本来节俭的人因此而降低了自己的志趣,赫然就像上天所眷顾的、祖宗世代所守护的,仅仅就是自己手中所掌握的这点资财而已。大祸已经迫在眉睫,而统治者仍在不停地盘剥民众,以维持自己的私产,等到政权覆灭之际,这些资财却全都成为了造反强盗的囊中之物。既然如此,当初得到这些私财又有什么值得高兴的呢?

汉王之入秦宫而有艳心[1],见不及此。樊哙曰[2]:"将欲为富家翁邪?"英达之君而见不及哙者多矣。范增曰:"此其志不在小。"岂徒一时取天下之雄略乎! 以垂训后嗣,而文、景之治,至于尽免天下田租而国不忧贫,数百年君民交裕之略,定于此矣。

【注释】

①艳心：艳羡之心。艳，羡慕。

②樊哙（？—前 189）：泗水沛县（今江苏沛县）人。西汉开国元勋，早年以屠狗为业，与汉高祖刘邦交情深厚，后追随刘邦起事，多建战功，曾在鸿门宴上解救刘邦。西汉建立后因功被封为舞阳侯，死后谥武侯。传见《史记·樊郦滕灌列传》。

【译文】

汉王刘邦进入秦朝的宫殿，看到其帷帐、珠宝、美女众多而产生了艳美之心，不愿离去，可见他还没有认识到占有私财的害处。樊哙劝谏说："您这样是只想当一个富家翁吗？"刘邦是英明通达的君主，在这个问题上的见识却远不如樊哙。范增说："这说明刘邦的志向不小。"刘邦的志向难道仅仅是一时夺取天下吗？他将这一事件的教训谆谆教诲子孙后代，所以到了文景之治的时候，政府全部免除百姓的田租而国家也不必担心财政困难，汉朝数百年君主和民众共同富裕的方略，正是汉高祖在此时定下的。

天子而斤斤然以积聚贻子孙，则贫必在国；士大夫斤斤然以积聚贻子孙，则败必在家；庶人斤斤然以积聚贻子孙，则后世必饥寒以死。周有大赉①，散之唯恐不速，故延及三十世，而亡之日，上无覆宗之惨，民亦无冻馁攘夺之伤②。后之王者，闻樊哙富翁之诮③，尚知惩乎④！

【注释】

①大赉（lài）：重赏。赉，赐予，给予。

②馁（něi）：饥饿。攘（rǎng）：侵夺，偷窃。

③诮（qiào）：责备。

④惩：引以为戒。

【译文】

　　帝王如果斤斤计较地敛钱聚财以便留给子孙，则国家必定贫困；士大夫如果斤斤计较地敛钱聚财以便留给子孙，则家族必定败落；百姓如果斤斤计较地敛钱聚财以便留给子孙，则其后代必定会因为饥寒而死。周代有重大的赏赐，统治者唯恐不能尽快地将赏赐物分散到各家各户，所以周朝的政权能延续到三十代；而国家灭亡之日，统治阶层没有宗族覆灭的悲惨，普通百姓也没有遭受冻饿和掠夺之苦。后世的君王听了樊哙称刘邦为富家翁的责备后，能够引以为戒吗？

二　项羽重爵赏非失

　　韩信数项羽之失曰①："有功当封爵者，印刓敝②，忍不能予。"谬斯言也③，信之所以徒任为将而不与闻天下之略，且以不保其终者，胥在是矣④。封爵者，因乎天之所予而隆之，非人主所以市天下也。且爵赏亦岂必其足荣哉？荣以其难得而已。人主轻之，天下猎之；人主重之，天下荣之。宋艺祖许曹彬下江南授使相⑤。彬早知不得而安焉，故封爵不侈而彬服。非然，则更始之侯林立⑥，而不救其亡，期于必得之不足歆也。羽不惜屈己以下人，而靳天爵⑦，何遽非道而必亡乎⑧？汉高天下既定之后，侈于封矣，反者数起，武帝夺之而六宇始安⑨。承六王之敝，人思为君，而亟予之土地人民以恣其所欲为⑩，管、蔡之亲不相保⑪，而况他人乎！以天下市天下而已乃为天子，君臣相贸，而期报已速，固不足以一朝居矣。

【注释】

①韩信(? —前196)：淮阴(今江苏淮安)人。西汉开国功臣，杰出的军事家，"汉初三杰"之一。早年家贫，常从人寄食。秦末参加反秦起义而投奔项羽，因不受重用而转投刘邦，被拜为大将军。楚汉战争中，他率汉军出陈仓、定三秦、击魏、破代、灭赵、降燕、伐齐，平定齐地后被封为齐王，在垓下之战中击败项羽。汉朝建立后被徙封为楚王。因收留锺离眜而被刘邦设计逮捕于云梦，贬为淮阴侯。后因被人告发与陈豨串通谋反而被吕后杀害。传见《史记·淮阴侯列传》。

②刓(wán)敝：亦作"刓弊"，摩挲致损。刓，磨损。

③繇(yóu)：通"由"，从，自。

④胥(xū)：都，全。

⑤宋艺祖许曹彬下江南授使相：宋艺祖，即宋太祖赵匡胤，"艺祖"一词出自《尚书·舜典》，指有才艺文德的祖先，后来用作开国皇帝的美称。曹彬(931—999)，字国华，真定灵寿(今河北灵寿)人。北宋开国功臣，先后率军攻灭后蜀和南唐，并参与征伐北汉和辽的战争。谥号"武惠"。使相，唐代中期凡为宰相者必曰同中书门下平章事，故称加同中书门下平章事官衔的节度使为使相。五代沿用此制，实际上不行使宰相的权力。宋代，在亲王、留守、节度使等加侍中、中书令、同平章事者，都称为使相。事见《宋史·曹彬列传》。

⑥更始之侯林立：新莽末期，更始帝刘玄被绿林起义军推举为皇帝，后来起义军攻入长安，灭亡了新莽政权。为笼络人心，刘玄便大封起义将领和刘姓宗室为王侯。

⑦靳：吝惜，不肯给予。

⑧遽(jù)：遂，就。

⑨六宇：指天下。

⑩亟(jí)：急切。

⑪管、蔡之亲不相保：周武王灭商后，分封自己的弟弟管叔和蔡叔
　到管、蔡两国。武王去世后，其子成王年幼即位，由周公辅政。
　管叔、蔡叔不满周公执政，借口周公有不臣之心而联合商纣王之
　子武庚发动叛乱，最终被周公平定，管叔被杀，蔡叔被放逐。

【译文】

　　韩信历数项羽的过失说："有些人因功劳应当封爵，但项羽将印绶
都摩挲损坏了，也舍不得授予别人。"由这句话可以看出，韩信之所以名
义上被任命为大将，却根本不能参与天下大计的制定，而且最终难以保
全自身的原因全在于此。封赏爵位，应当是遵循上天的意愿赐给有功
之人，以表彰和推崇他们，而不是作为君主收买天下人心的手段。而且
封爵一定都能使人荣耀吗？封爵之所以能使人荣耀，在于其难以获得。
如果君主轻易将其授人，那么普天之下的人都会想侥幸猎取它；如果君
主慎重封赏，那么天下之人都会把它视为莫大的荣耀。宋太祖许诺曹
彬，如果他能率军攻下江南就任命他为使相。曹彬早知道这不可能所
以安之若素，后来江南平定，宋太祖给曹彬的封赏并不很高而他也没有
怨言。与此相反，更始帝刘玄分封的诸侯众多，却没有人出来挽救他的
危亡，这是因为众人认为更始帝的爵位太容易得到，即使得到了也不值
得高兴。项羽不惜委屈自己，礼贤下士，却吝惜代表上天意愿的爵位，
不愿轻易授人，这难道就是不合乎道义而必定走向败亡吗？汉高祖刘
邦在天下平定后大行封赏，却数次发生诸侯王反叛朝廷的事件，直到武
帝通过推恩令削夺诸侯实权，天下才得以安定下来。西汉建国时承继秦
末六国蜂起的局面，英雄豪杰都想自己做君王，刘邦考虑不周而急于将
土地和人口分封给诸侯，使他们尽情享受、为所欲为，他忘记了西周初年
成王的亲叔父管叔、蔡叔都会发起叛乱，更何况是其他人呢！以天下的
土地、财富收买天下之人而使自己登上皇位，君臣之间相互交易，都期望
对方迅速给予回报，这样的君臣根本就不能在同一朝廷中和谐相处。

　　抑信之为此言也,欲以胁高帝而市之也。故齐地甫定,即请王齐,信之怀来见矣。挟市心以市主,主且窥见其心,货已雠而有余怨①。云梦之俘②,未央之斩③,伏于请王齐之日,而几动于登坛之数语④。刀械发于志欲之妄动,未有爽焉者也。信之言曰:"以天下城邑封功臣,何所不服。"为人主者可有是心,而臣子且不可有是语。况乎人主之固不可以是心市天下乎! 言不必信,行不必果。宋祖之慎,曹彬之明,保泰居盈之道得之矣⑤。奚必践姑许之言而亵天之景命哉⑥!

【注释】

　①雠(chóu):售,给价。

　②云梦:即云梦泽,湖北江汉平原地区古代湖泊群的统称,南以长江为界。

　③未央:即未央宫,西汉皇城中的主要宫殿建筑群,既是举办重要朝会等仪式的正宫,也是皇帝的居所。

　④几:苗头,预兆。

　⑤保泰居盈:也作"保泰持盈",指保持安定昌盛的局面。泰,平安,安定。盈,盛满。

　⑥景命:大命。指授予帝王之位的天命。

【译文】

　　也许韩信说这番话是想要挟刘邦,以求换取更大的利益。所以齐地刚刚平定,他就请求做齐王,韩信的内心想法由此可见一斑。韩信怀着一颗商人之心想与君主做交易,刘邦一眼就看穿了他的用心,所以韩信虽然以功劳换得了好处,却也额外得到了怨恨。他后来在云梦被俘,在未央宫被杀,其祸根就埋藏于请求做齐王之日,而苗头则萌动于登坛拜将时的这番话。杀身之祸起源于欲望膨胀导致的轻举妄动,从没有出现过例外的情况。韩信说:"用天下的城邑分封功臣,有什么人不心服口服呢?"做君主的人可以有此心,而做臣子的人不应当说这样的话。况且,做君主的人本来就不应该用这种心理去赢得天下呢!君主所说的话不一定都要讲信用,所做的事不一定都要有结果。宋太祖的谨慎,曹彬的开明,足以表明他们懂得如何保持安定昌盛之局面。国君何必一定要履行姑且许下的诺言从而亵渎上天的意旨呢?

　　若夫项羽之所以失者,非吝封爵之故。信之说,不如陈平之言之允也①。陈平曰:"项王所任爱,非诸项、即妻之昆弟,虽有奇士不能用。"故羽非尽不知人,有蔽之者也。琐琐姻亚②,踞腼仕③,持大权,而士恶得不蔽?虽然,亦有繇尔。羽,以诈兴者也;事怀王而弑之,属宋义而戕之④,汉高入关而抑之,田荣之众来附而斩艾掠夺之⑤。积忮害者⑥,以己度人而疑人之忮己。轻残杀者,大怨在侧而怨不可狎。左顾右眄⑦,亦唯是兄弟姻党之足恃为援。则使轻予人以权,己且为怀王,己且为宋义。惴惴慄慄,戈戟交于梦寐,抑恶能不厚疑天下哉?然而其疑无救也。为汉王之腹心者项伯也,其兄弟也⑧;追而迫之到者吕马童也⑨,其故人也。从之于大败之余者三十余骑,而兄弟姻亚不与焉。怀愍求援⑩,而终以孤立。非刓印不与者鸷己而贼之⑪,其亲戚之叛已久矣。

【注释】

①陈平(?—前178):三川阳武(今河南原阳)人,西汉开国功臣。秦末起义时初从魏咎,后归项羽,刘邦还定三秦时前往投奔。作

为谋士在楚汉战争、讨伐异姓诸侯王的战争以及平城之战中为刘邦屡献奇策,深受信赖,先后受封户牖侯和曲逆侯。吕后时期任丞相,与周勃合谋平定诸吕之乱,迎立汉文帝。文帝二年病逝,谥号献。传见《史记·陈丞相世家》。

②琐琐:平庸、卑微状。姻亚:也作"姻娅",指有婚姻关系的亲戚。

③膴(wǔ)仕:重要的官位。膴,厚。

④戕(qiāng):杀害。

⑤田荣(？—前205):齐国狄县(今山东高青东南)人。故齐王田氏宗族。秦末陈涉起义后,与其兄田儋在齐地响应,复立齐国,任丞相。田儋战死后,田荣收集余部,立田儋之子田市为齐王。后因不满项羽的分封,自立为王,逐田都,攻杀田市、田安,占据齐国故地。项羽率军征伐,田荣战败逃奔平原,被当地人杀死。其事见于《史记·田儋列传》。

⑥忮(zhì):嫉妒,忌恨。

⑦盻(xì):看,瞪。

⑧为汉王之腹心者项伯也,其兄弟也:王夫之此处说法疑有误,学界一般认为项伯是项羽的叔叔,而非兄弟。项伯(？—前192),名缠,字伯,项燕幼子。下相(今江苏宿迁)人。早年与张良相友善,曾在鸿门宴中保护刘邦。汉王朝建立后,刘邦为感念项伯当年在鸿门宴时的解救之恩,赐其刘姓,封射阳侯。事见《史记·项羽本纪》。

⑨追而迫之到(jǐng)者吕马童也,其故人也:项羽兵败垓下,被汉军追击至乌江边,恶战重伤,见汉追兵中的骑司马吕马童,乃曰:"若非吾故人乎?"又曰:"吾闻汉购我头千金,邑万户,吾为若德。"乃自刎身死。吕马童(？—前170),西汉开国功臣,项羽故交。在关中以郎骑将身份加入刘邦军队,先后参与潍水之战、垓下之战等战役,垓下战役中率骑兵追击项羽,项羽自刎后与其他

将领共同分割项羽尸体,因功受封中水侯。到,用刀割颈。事见
《史记·项羽本纪》。

⑩慝(tè):奸邪,邪恶。

⑪惎(jì):憎恨,怨恨。

【译文】

至于项羽之所以失败的原因,并不是吝惜封爵。韩信的说法,不如
陈平的说法公允。陈平说:"项王所喜爱、重用的人,不是项氏一族,就
是妻子的兄弟,除此之外即使有奇才也不能重用。"所以项羽并非完全
不知人,只是有人蒙蔽了他。平庸猥琐的众亲戚们,高高地占据重要的
官位,掌握着大权,士人们又怎么能够不被排挤和抑制呢? 虽然如此,
项羽这么做也是有原因的。项羽是靠奸诈而崛起的,他以臣子身份侍
奉怀王却杀死了他,在宋义帐下做副将却杀害了他,看到汉王刘邦抢先
入关便极力压制他,田荣的人马前来归附,项羽却杀害、掠夺他们。项
羽之所以接连因嫉妒而残害别人,是因为他以小人之心度君子之腹,怀
疑别人都在嫉妒、陷害自己。轻率地残杀他人的人,必定会在自己周围
招来十分怨恨自己的仇人,而这些仇人自然是不能亲近和任用的。他
左顾右盼,发现周围也只有自己的兄弟和姻亲值得信赖,可以重用以作
为辅弼。如果轻率地把大权交给其他人,那么自己就可能成为第二个
楚怀王,成为第二个宋义。所以他每天惴惴不安、战战栗栗,在睡梦之
中也能看到戈与戟相交的格斗情景,又怎么能够不对天下人抱有深深
的猜疑呢? 然而他的猜疑并不能挽救他覆亡的命运,在楚阵营中作刘
邦内应、被刘邦引为心腹的是项伯,他是项羽的兄弟;穷追不舍,将项羽
逼迫到乌江自刎的是吕马童,他是项羽的老朋友。在惨败之后仍然跟
随项羽的有三十多名骑兵,其中却没有一个是项羽的兄弟姻亲。项羽
怀着奸邪之心想求得亲友援助,最终却落得众叛亲离、孤立无援的下
场。并不是项羽舍不得封赏的那些人因为怨恨而贼害他,实际上项羽
的亲戚们早已背叛他很久了。

不疚于天,则天无不祐;不愧于人,则人皆可驭。正义以行乎坦道,而居天下之广居①;无所偏党,而赏罚可以致慎而无所徇;得失之几,在此而不在彼,明矣。不然,舍亲贤,行诱饵,贱名器②,以徇游士贪夫之竞躁,固项羽之所不屑为者也。

【注释】

①广居:宽大的住所,儒家用以喻仁。语出《孟子·滕文公下》:"居天下之广居,立天下之正位,行天下之大道。"孙奭《孟子注疏》曰:"孟子言能居仁道以为天下广大之居。"朱熹《孟子集注》曰:"广居,仁也。"

②名器:名号与车服仪制。指用以别尊卑贵贱的等级。

【译文】

不愧于天,则上天没有不保佑的;不愧于人,则人人都可以被驾驭。坚持正义,直行于仁义的坦途,就可以居于天下宽广的住所;不偏不倚,则可以使赏罚更加谨慎、公平而无法徇私情。得失的先兆,在于不行仁义而不在于吝惜封爵,是显而易见的。相反,如果舍弃亲近贤臣,以封爵为诱饵,滥封爵位而使其价值降低,从而曲从于贪婪的游说之士们的竞相追逐,本来就是连项羽都不屑于做的事情。

三　为义帝发丧无关大计

名义云者,因名以立义,为可繇不可知之民言也①。不知义矣,为之名以使之顾而思,抑且欲其顾而思而不但名也,况君子之以立民极而大白于天下者哉!谓董公说高帝为义帝发丧为汉之所以兴者,率天下后世而趋于伪,必此言夫!

【注释】

①可繇不可知：语出《论语·泰伯》："子曰：'民可使由之，不可使知之。'"孔子这句话的断句和理解学界存在一定争议。钱穆先生在《论语新解》中解释这句话的意思是："在上者指导民众，有时只可使民众由我所指导而行，不可使民众尽知我所指导之用意所在。"大多数学者比较认同这种理解。

【译文】

所谓名义，依名分而确立道义，是针对"可使由之，不可使知之"的普通民众而言的。民众不理解义，所以为他们立下名分关系从而使他们产生眷顾之情，并思考君主的恩德，或者说是想让他们眷顾、感念君主的恩德，而不仅仅是徒有其名分。庶民尚且如此，何况是要为民众树立最高准则并使其彰显于天下的君主呢！有人说董公劝汉高祖为义帝发丧是汉朝之所以兴盛的根源，我认为，将天下及后世引向虚伪的，必定是这种说法。

忠孝非人所得而劝也。如其劝之，动其不敢不忍之心而已。心生而后有事，事立而后有礼，礼行而后有名。名者，三累之下。天下为之名，而忠孝者不欲自居。高帝无哀义帝之心，天可欺乎？人可愚乎？彭城之败①，几死几亡，而缟素之名②，不能为之救；则涂饰耳目以故主复雠之名③，无当于汉之兴，明矣。

【注释】

①彭城之败：汉二年（前205），刘邦率大军向项羽都城彭城进击，正在齐地作战的项羽留下诸将攻齐，自率精骑三万疾驰南下，在彭城近郊从侧后方袭击汉军，汉军大乱，被斩杀十余万人，项羽猛

烈追击逃跑的汉军,再斩杀十余万人,刘邦仅带十几名骑兵突围而逃,其父、妻被楚军俘获,诸侯也纷纷背汉向楚。事见《史记·项羽本纪》。

②缟素:丧服。这里指刘邦命部下身穿丧服为义帝发丧。

③雠:仇恨,怨恨。

【译文】

忠孝并不是经过别人的劝说就能做得到的。如果一定要劝说,也不过是令他的不敢不忍之心发挥作用而已。有了心以后才会行动,有行动以后才能有礼,有了礼以后就会有名分。名分,是排在心、行动和礼这三个层次之下的。即使天下都只盲从于名分,真正的忠孝之人也不愿意让自己仅安于名分之中。刘邦并没有哀悼、怜悯义帝的感情而非要打出为义帝复仇的旗号,难道上天可以欺骗吗?难道人民可以愚弄吗?刘邦在彭城遭遇惨败,差一点就性命难保,而为义帝戴孝的名号,却丝毫不能解救他的危难。由此看来,刘邦以为故主复仇的名号来掩人耳目,对汉朝的兴起并无帮助,这是显而易见的。

虽然,以此正项籍之罪,使天下耻戴之为君长也则有余。何也?籍者,芈氏之世臣也①。援立义帝者,项梁之以令诸侯者也。刘氏世不臣于楚,其屈而君怀王也,项氏制之耳。高帝初无君怀王之心,则可不哀怀王之死。为天下而讨弑君之贼,非人弑己君而有守官之责者也。故发丧之后,高帝亦终不挟此以令天下;而数羽之罪,不嫌以背约不王己于秦为首②。则董公之说,亦权用之一时,而高帝亦终不以信诸心。呜呼!貌为君子者,日言心而以名为心,日言义而以名为义,告子恶得不以义为外而欲戕贼之乎③?

【注释】

①芈(mǐ)氏：芈姓是春秋战国时期楚国王室的祖姓，后分为熊、屈、昭、景等氏。王夫之这里用芈氏指代楚国王族。

②不嫌以背约不王己于秦为首：指汉高帝四年(前203)，汉军再次收复成皋后，据险坚守，楚汉双方于广武(今河南荥阳东北)相持未决。项羽想要和刘邦单独挑战，刘邦数落项羽，直列项羽十条罪状。其中，以项羽未遵守率先入定关中之人于关中封王的盟约、而将自己封于蜀汉作为项羽的第一条罪状。事见《史记·高祖本纪》。

③告子：战国时期思想家，与墨子、孟子是同时代的人。其生平事迹不详，仅在《墨子·公孟篇》中有零星记载。《孟子·告子》记载有他和孟子关于人性问题的讨论。告子认为人性"无善无不善"，义是外在于人性的。

【译文】

尽管如此，刘邦的做法用来辨正项羽的罪过，使天下的人都耻于拥戴他做君主还是绰绰有余的。为什么呢？因为项羽是楚国王族芈氏的旧臣，扶立义帝则是项梁对诸侯发号施令的前提和途径。刘氏并非世世代代都是楚国的臣民，刘邦之所以屈从于义帝而将其奉为君主，是因为项梁叔侄的强制。刘邦既然刚开始就没有拥戴楚怀王之心，自然也不会为了怀王的死而感到哀伤。刘邦是为了夺取天下而讨伐弑君的贼臣，而不是因为自己的君主被别人弑杀，有责任和义务去讨伐贼臣。所以为义帝发丧以后，刘邦最终也没有借此号令天下；而在罗列项羽罪过的时候，也不避嫌疑地将项羽背弃怀王之约而不让自己在关中称王作为第一条。可见，董公的建议，也不过是权且用于一时，而刘邦在心里也从未真正相信为义帝复仇这回事。唉！表面上看是君子的人，每天谈心却把名当作心，整天谈义却把名当作义，告子怎么能不把义当作人性外在的东西而想毁坏它呢？

秦灭六国,互相噬而强者胜耳。若其罪,莫甚于殄周。楚幸不亡于秦,而楚且为秦。非其世臣,非其遗胄,抑何必戴楚以为君。戴楚者,项氏之私义也。汉亦何用引项氏之义以为己义乎!此义不明,但有名而即附诸义焉。李嗣源[1],夷裔也,名为唐而唐之;李昪[2],不知其为谁氏之子也,名为唐而又唐之。有名而无义,名为义而义不生于心,论史者之乱义久矣。中国立极之主,祖考世戴之君,明明赫赫在人心而不昧;臣子自有独喻之忱[3],行其不敢不忍者,而岂但以名哉!

【注释】

[1] 李嗣源(867—933):即后唐明宗,原名邈佶烈,称帝后改名李亶。沙陀族,生于应州金城(今山西应县)。少年时代即成为晋王李克用的养子,以骁勇知名,屡立战功。后辅佐庄宗李存勖建立后唐。庄宗晚年失政,叛乱四起,李嗣源受命镇压邺都兵变,却与变兵合流,反攻洛阳。庄宗被乱军所杀后,李嗣源即皇帝位。他在位七年间,政治清明,号称小康。其事见于《新五代史·唐本纪·明宗》。

[2] 李昪(biàn,889—943):原名徐知诰,字正伦,小字彭奴,徐州彭城(今江苏徐州)人。五代十国时期南唐的建立者。他原是南吴政权大将徐温的养子,后掌握南吴朝政,累加至太尉、中书令,封齐王。公元937年,李昪称帝,国号齐。939年,又改国号为唐,史称南唐。传见《新五代史·南唐世家·李昪》。

[3] 独喻之忱:只有自己才明白的、不为外界所知的热忱心意。忱,真诚的心意。

【译文】

　　秦国攻灭六国,只不过是战国七雄互相吞并而强者取得了最后胜利罢了。若说秦的罪过,没有比灭周更严重的了。如果楚国有幸不被秦国灭亡,那么它就可能成为第二个秦国,统一天下。如果既不是世代作为它的臣民,或者其王室的子孙后裔,为什么一定要拥戴楚人为君王呢? 拥戴楚王室后裔为君,是出自项氏一族的私义,刘邦的汉政权又何必援引项氏一族的私义作为自己的义呢? 这就是对义理解得不清楚,只要看见名号就将其攀附到义上去。李嗣源本是少数民族的后裔,仅仅因为其国号为唐,后人便将其视为唐的延续;李昪,不知道他是谁的儿子,仅仅因为他将国号定为唐,后世就将其也视为唐的延续。空有名号却没有真正的大义,名义上是为了义而这种义却不出自本心,谈论历史的人将义的内涵搞混淆已经很久了! 真正的在中国称帝的君主,祖、父历代都拥戴的君主,其光辉的形象赫然屹立在人们心中而不会变得晦暗;臣民心中自然有唯独自己才明白的热忱忠贞,使自己的不敢不忍之心发挥作用,从而效忠于君王,又怎么可能仅仅是出于名分呢?

四　韩信贪功击齐

　　毒天下而以自毒者,其唯贪功之人乎! 郦生说下齐①,齐已受命,而汉东北之虑纾,项羽右臂之援绝矣。黥布盗也②,一从汉背楚而终不可叛。况诸田之耿介③,可以保其安枕于汉也亡疑。乃韩信一启贪功之心,从蒯彻之说④,疾击已降,而郦生烹,历下之军⑤,蹀血盈野⑥,诸田卒以殄其宗。惨矣哉! 贪功之念发于隐微,而血已漂卤也⑦。

【注释】

　　①郦生说下齐:指郦食其(yì jī)为汉王刘邦出使齐国,劝齐王田广

归汉,齐王乃放弃战备,以七十余城降汉。事见《史记·郦生陆贾列传》。郦食其(？—前203),陈留高阳(今河南开封)人。秦末著名策士。刘邦兵临陈留时,郦食其归顺刘邦,成为重要谋士。公元前203年,由于韩信突然袭击已经答应投降的齐王田广,田广认为被骗,遂烹杀郦食其。传见《史记·郦生陆贾列传》。

②黥布(？—前196):即英布,九江六县(今安徽六安)人。秦末汉初名将。初属项梁,后为项羽帐下将领之一,封九江王。后叛楚归汉,汉朝建立后封淮南王,与韩信、彭越并称汉初三大名将。前196年起兵反汉,因谋反罪被杀。传见《史记·黥布列传》。

③诸田:指旧齐王田氏宗族后裔,主要包括田儋、田荣、田广、田横、田安、田都等人,这里是指田广、田横。

④蒯彻:因避汉武帝讳也称蒯通。秦末汉初著名辩士。范阳(今河北定兴)人。辩才高超,善于陈说利害,曾为韩信谋士,先后献灭齐之策和三分天下之计。韩信死后,他被刘邦捉拿,经过巧妙辩解后被释放,后成为相国曹参的宾客。其事见于《史记·淮阴侯列传》。

⑤历下:在今山东济南。

⑥蹀(dié)血:同"喋血"。意思是流血很多,踏血而行。形容杀人之多。

⑦漂卤:同"漂橹"。意思是血流浮起大盾牌。形容杀伤极多。

【译文】

祸害天下最终却害了自己的,大概也只有贪功劳的人啦！郦食其成功劝降齐国,齐王田广已同意归顺刘邦,由此汉东北方向的威胁得以消解,项羽的右臂之援助也被断绝。黥布曾经做过盗贼,一旦背弃楚国、归顺刘邦后就再也没有反叛过。何况是耿直的田氏兄弟呢！毫无疑问,他们肯定可以安分地作汉朝的臣民,绝不会反叛。然而韩信却忽然产生了贪功之心，听从蒯彻的劝说，突然袭击已决定投降的齐国，结果使郦食其被齐人烹杀，齐国历下的军队血流成河，田氏一族最终被灭宗。真惨啊！贪功的念头起源于隐约细微之处，却造成了血流漂橹的严重后果。

　　龙且亦犹是也①，军于高密②，客说以深壁勿战，令齐王招散民，反汉而归己，汉客兵不容于久留而必溃败，以全三军奠楚势而保齐，岂不贤于浪战以死亡乎？且则曰："救齐，不战而降之，吾何功？"虽其后胜败不同，而且之心亦信之心也。信以其毒毒齐，而齐民骈死③，田氏以亡；且以其毒自毒，而潍水涌流④，楚军大覆，田氏不救。举人之宗社人民存亡生死之大，而不满怼人之溪壑⑤，毒螫人而蜂虿亦死⑥。信幸破齐以自请王齐，而未央之诛已伏于此，且亦以其身毙于潍水之上。然则贪功而毒人，亦自髡其项领而速之斩也⑦。悲哉！愚不可瘳已⑧。

【注释】

①龙且(jū,？—前203)：秦末西楚名将。深受项羽信赖，随项羽参加多次重要战争，曾率军击败反叛项羽的九江王英布。韩信破齐后，项羽派龙且率军北上齐地出击韩信。双方在潍水对阵，韩信假装败退，引诱龙且渡河追击，趁其半渡之机掘开早已布置在潍水上游的沙囊，龙且军大乱，韩信趁机猛烈攻击，楚军大败，龙且被斩杀。其事见于《史记·淮阴侯列传》。

②高密：在今山东。

③骈(pián)死：并列而死，一起死去。骈，两物并列。

④潍水：今称潍河，在山东东部。

⑤溪壑（xī hè）：原指溪谷，后来借喻难以满足的贪欲。

⑥螫（shì）：有毒腺的虫子刺人或动物。蜂虿（chài）：蜂和虿。都是有毒刺的螫虫。虿，蝎子一类的毒虫。

⑦斲（zhuó）：斩断。

⑧瘳（chōu）：病愈。

【译文】

　　龙且的心理也与韩信相似，他率楚军驻扎在高密，有人劝他坚守营地不要出战，同时让齐王去召集散落的兵民，反抗汉而归属楚国，汉军作为远道而来的客兵，失去依托肯定无法长期驻留齐地，不久必然溃败而逃散，这样就可以保全三军，稳定楚国阵营的局势，并且可以使齐国得救。这一计谋难道不比轻率作战而损兵折将高明得多吗？而龙且却说："我奉命来救援齐国，如果不作战就使敌人败降，我有什么功劳呢？"尽管后来战斗胜败的结果不同，但龙且的心思和韩信的心思是完全相同的。韩信以其恶毒之心残害齐国，结果使得齐国兵民大量死亡，田氏宗族被消灭；龙且以恶毒之心坑害了自己，结果在潍水之战中被韩信用水攻之法击败，楚军大败而几乎覆灭，而田氏却坐视不救。即使以别人的宗室社稷和人民的生死存亡之大，也不能填满贪婪之人的欲壑，难道不知道蜂、蝎子等毒虫以毒刺螫人后自己也会很快死去吗？韩信幸而击破了齐国，于是自请加封为齐王，殊不知他日后在未央宫被杀的祸根已经就此埋下了，龙且最终也在潍水边被敌军斩杀而身死。由此可见，贪图功劳而残害别人，就等于是自己伸长脖子等候被屠刀砍，以求速死。真是可悲啊！这些人实在是愚蠢透顶而无可救药了。

　　李左车下全燕而燕不叛①，随何收九江而黥布无疑②。善用人者，亦何利有贪功之人，以贼天下而多其衅哉③！汉虽有齐而力已疲，楚覆救齐之兵而项王大惧，恃人不黜而能定天下④，未之有也。

【注释】

①李左车下全燕而燕不叛：指李左车向韩信献策，派人送信给燕王臧荼，以兵威说降燕国。李左车，赵国名将李牧之孙，秦末著名谋士。最初辅佐赵王歇，被封为广武君。后来韩信攻赵，李左车自请率赵军从间道出其后，断绝汉军粮草，但未被采纳。井陉之战中李左车被俘虏，但韩信以礼相待，李左车遂为其献计说降燕国。事见《史记·淮阴侯列传》。

②随何收九江而黥布无疑：指刘邦派其军中谒者随何前往说服九江王英布降汉，随何以其高超的口辩之才说动英布叛楚归汉，又以当机立断的果敢作风抓住有利时机，促使英布跟自己从隐蔽的小道逃归汉国。事见《史记·黥布列传》。

③衅(xìn)：罪过，过失。

④忮(zhì)：嫉妒，忌恨。

【译文】

　　李左车献计以书信说降燕国而燕国再未背叛，随何用辩才收服九江王英布而英布不存疑虑。善于用人的人，又有什么理由任用贪功之人，从而残害天下人民、增加自己的罪过呢？汉虽然占有了齐地但军队已然疲惫而实力受损，楚国救援齐国的大军全军覆没，使得项羽大为恐惧。不罢黜好嫉妒、有害人之心的人却能平定天下，这样的事情从来也没有过。

五　汉王能收韩信军

　　韩信下魏破代而汉王收其兵，与张耳破赵而汉王又夺其兵①，何以使信帖然听命而抑不解体以颺去哉②？此汉王之所以不可及也。制之者气也，非徒气也，其措置予夺之审有以大服之也。结之者情也，非徒情也，无所偏任，无所听荧^③,可使信坦然见其心也。吾之所为,无不可使信知之矣。信固知己之终为汉王倚任而不在军之去留也,故其视军之属汉也无以异于己。无疑无怨,何所靳而生其忮愭乎^④？假使夺信军而授之他人,假使疑信之反而夺其军以防之,项王一印之刓而信叛,三军之重,岂徒一印之予夺乎!

【注释】

①张耳(？—前202):大梁(今河南开封)人。战国末期曾任魏国外黄县令。秦末参加反秦起义,与陈馀共同拥立赵王歇。项羽分封诸侯时,张耳被封为常山王。楚汉战争中归属刘邦而被封为赵王。卒谥景。传见《史记·张耳陈馀列传》。

②解体:比喻人心离散。飏(yáng)去:扬长而去。飏,飞扬,飘扬。

③听荧:语出《庄子·齐物论》:“是黄帝之所听荧也,而丘也何足以知之!”成玄英疏:“听荧,疑惑不明之貌也。”亦作“听萤”“听莹”。惶惑的意思,这里指心存疑虑。

④忮愭(zhì jì):忌恨。

【译文】

韩信攻下魏国、击破代国后,刘邦将其麾下精兵调往自己帐下;后来韩信与张耳一起攻破赵国后,刘邦又夺走了他的兵权。刘邦如此对待韩信,为什么能使他俯首帖耳地听从命令而不是离心离德、扬长而去呢？这正是刘邦超过常人、令人望尘莫及的地方。制伏韩信的是气,不仅是气,而且刘邦审慎周密的安排和赏罚予夺中有令韩信非常心服口服的地方。笼络韩信之心的是情,刘邦用人无所偏任、对所用之人不存疑心,因而可以使韩信明明白白地看到他的用心。他的所作所为没有不可以让韩信知晓的。韩信清楚地知道自己始终都被刘邦所倚重,军权一时的去留并没有太大的关系,所以他觉得军权收归刘邦与掌握在自己手中并没有什么区别。没有疑虑也没有不满，韩信还会因为吝惜什么而产生嫉妒、怨恨之心呢？假如刘邦夺取韩信的军权而授予他人，假如刘邦怀疑韩信谋反而收回其兵权作为防范，韩信又怎么会无动于衷呢？项羽因为舍不得一颗印信而使韩信愤然背楚归汉，那么统帅三军的兵权之重，难道是一颗印信的予夺可以相比的吗？

心不可使人知者，以柔用之而败，以刚用之而速亡。有所偏听、怙党而疑人者①，不能制之而死于其人，能制之而其人速叛以去。武王曰②："予有乱臣十人，同心同德③。"十人之同乎武王，武王同之也。

【注释】

①怙（hù）：依仗，凭借。

②武王：即周武王姬发，西周开国君主。

③予有乱臣十人，同心同德：语出《尚书·泰誓》："受有亿兆夷人，离心离德；予有乱臣十人，同心同德。"意思是商纣王受辛有亿万臣民，却与他离心离德；我有治国能臣十人，与我同心同德。

【译文】

心中所想不能让别人知道的人，如果以柔术驾驭众人，则必然败亡；如果以强硬手段驾驭部下，则必然迅速败亡。偏听偏信、依靠周围小圈子组成党羽而喜爱猜疑的人，如果不能制御这些党羽，则必然死在他们手中；如果能制御党羽，则部下必定会迅速背叛离开。周武王说："我有治国能臣十人，与我同心同德。"十个人之所以与武王同心同德，是因为武王与他们同心同德。

六　汉王速夺韩信军

汉王甫破项羽，还至定陶①，即驰夺韩信军，天下自此宁矣。大敌已平，信且拥强兵也何为？故无所挟以为名而抗不听命，既夺之后，弗能怨也。如姑缓之，使四方卒有不虞之事，有名可据，信兵不可夺矣。夺之速而安，以奠宗社，以息父老子弟，以敛天地之杀机，而持征伐之权于一王，乃以顺天休命②，而人得以生。

【注释】

①定陶：在今山东。

②顺天休命：语出《周易·大有卦》象辞："君子以遏恶扬善，顺天休命。"意思是顺从上天的美好意旨。休命，美善的命令，多指天子或神明的旨意。

【译文】

刘邦刚刚击败项羽，回到定陶，就疾乘马车到韩信军营，夺走了他的兵权，天下从此安宁无事了。大敌已灭，韩信仍手握重兵还有什么用呢？所以，他无法找到合适的借口来抗令不遵，而且被剥夺兵权之后也不能心生怨恨。假如刘邦的行动有所迟缓，一旦四方突然发生了什么不测事件，韩信有了借口可以利用，那他的兵权就剥夺不了了！剥夺兵权迅速而平和，可以稳固刘氏的宗庙社稷，可以减轻天下父老子弟的负担，可以收敛天地之间的杀机，从而使征伐大权集中在君王一个人的手里，这样就可以顺应上天美善的旨意，使人民得以活命。

　　且信始不从蒯彻之言与汉为难者，项未亡也。参分天下①，鼎足而立，蒯彻狂惑之计耳。昔者韩尝以此持天下之纵横②，然吞于秦而不救，其覆轨矣。信反于齐，则张耳扼其西，彭越控其南③，鼎足先折而徒为天下蝥贼④。信知其不可而拒彻，计之深也。项王灭，汉王倦归于关中，信起而乘之，乃可以得志。彻之说，信岂须臾忘哉？卞庄子小死大毙一举而两得之术⑤，俟时而发，发不旋踵矣⑥。其曰"不忍背汉"者，姑以谢彻耳。削王而侯，国小而无兵，尚欲因陈豨以发难⑦；拥三齐之劲旅⑧，西向而虎视⑨，尚谁忌哉？

【注释】

①参：通"叁"，三的大写。

②韩：即韩国，周朝的诸侯国，战国七雄之一。与魏国、赵国合称三晋。公元前 403 年正式得到周王室承认而位列诸侯，公元前 230 年被秦国灭亡。

③彭越（？—前 196）：字仲，昌邑（今山东巨野）人。西汉开国功臣、诸侯王，与韩信、英布并称汉初三大名将。秦末聚兵起义，初在魏地起兵，后率兵归刘邦，屡立功勋。西汉建立后封为梁王。后因被告发谋反而被杀。传见《史记·魏豹彭越列传》。

④蟊（máo）贼：比喻危害国家或人民的人。蟊，一种吃庄稼的害虫。

⑤卞庄子小死大毙一举而两得之术：卞庄子是春秋时期鲁国卞邑（今山东泗水）大夫，著名勇士。据《战国策》《史记》等记载，卞庄子想要去刺杀老虎，旅店里的仆人制止他说："两只老虎正在吃一头牛，吃得有滋味后必定会争斗，那么争斗的结果是大虎受伤，小虎死亡，你再朝着受伤的老虎刺去，一个举动就能收到杀死两只老虎的名声。"卞庄子依计而行，过一会儿，两只老虎果然斗起来了。大虎负了重伤，而小虎死了，卞庄子朝那只受伤的大虎刺去，果然获得刺杀两只老虎的功劳。

⑥踵（zhǒng）：脚后跟。

⑦陈豨（？—前 195）：宛朐（今山东菏泽）人。秦末战争中跟随汉高祖刘邦，汉高帝七年被封为列侯，统帅赵国、代国北部边境的军队。高祖十年，与王黄等人一同反叛，自立为代王，刘邦率兵亲

征。期间,韩信以告病为由未随刘邦亲征,有人告发其与陈豨勾
结谋反,遂被吕后设计诛杀。高祖十二年冬,陈豨在灵丘被樊哙
军队杀死。其事见于《史记·韩信卢绾列传》。

⑧三齐:古地区名,泛指今天山东的大部分地区。秦末农民战争
中,项羽分封诸王,以田都为齐王,都临淄,田市为胶东王,都即
墨,田安为济北王,都博阳,合称为三齐。

⑨虎视:如老虎般凶猛的注视。

【译文】

　　况且,韩信当初之所以不听从蒯彻的游说而反叛刘邦,是因为项羽还没有灭亡。要韩信与刘邦、项羽三分天下,像鼎之三足一样并立,不过是蒯彻狂妄昏惑的计策罢了,根本不可行。从前韩国也曾经试图采用这种计策来应对各诸侯国之间的合纵连横,结果被秦国吞并而没有其他国家来救援,这是韩国覆灭的轨辙,可作为前车之鉴。如果韩信真的在齐地谋反,那么张耳扼守在其西方,彭越控制其南部边境,这样鼎足就先折断而自己也白白地当了天下的害人虫。韩信知道蒯彻的计谋不可行,所以坚决拒绝,这是他深谋远虑的表现。项羽灭亡以后,刘邦疲惫不堪地回到关中,韩信趁此良机起兵反汉,才能如愿以偿地取得成功。蒯彻的劝告,韩信每时每刻何曾忘记? 他采用的是下庄子小死大毙、一举而两得的策略,伺机而动,一旦时机成熟,就立即举起反旗发难。韩信之所以说"不忍心背叛汉王",只不过是暂时推辞拒绝蒯彻的话罢了。后来韩信被削去楚王封号而改封淮阴侯,封国弱小而且没有军队,尚且想要借陈豨叛变之机而发难;可以想见,当年他拥有齐地的劲旅,向西对着关中虎视眈眈,心中难道还会忌惮谁吗?

　　或曰宋太祖之夺藩镇也类此①。而又非也。信者,非石守信、高怀德之俦也②。割地而王,据屡胜之兵,非陈桥拥戴之主也③。故宋祖惩羹吹齑而自弱④,汉高拔本塞源以已

乱⑤,迹同而事异。其权不在形迹之间也。

【注释】

①宋太祖之夺藩镇:指宋太祖即位后,接受赵普建议,解除武将兵权。建隆二年(961),宋太祖召石守信、王审琦等宿将饮酒,劝谕他们释去兵权,结果石守信等人皆罢中央军职。开宝二年(969),太祖又宴请节度使王彦超等人,劝使罢镇改官,从而消除藩镇割据的隐患。史称"杯酒释兵权"。

②石守信、高怀德:两人皆是北宋开国功臣,也是赵匡胤信任的心腹。北宋建立后受命统帅禁军,位高权重。后来经过宋太祖的暗示,二人秉宋太祖意图带头自请解除兵权,出为节度使。俦(chóu):同类,同辈。

③陈桥:即陈桥驿,在今河南封丘东南。公元960年,赵匡胤在此地发动陈桥兵变,推翻后周,建立北宋。

④惩羹(gēng)吹齑(jī):语出《楚辞·九章·惜诵》:"惩于羹者而吹齑兮,何不变此志也?"意思是被热汤烫过嘴以后,连吃切碎的齑时也要先吹一吹。比喻鉴于以往的教训,遇事过于小心。羹,用肉、菜等煮成的汤。齑,切碎的冷食肉菜。

⑤拔本塞源:拔掉树根,塞住水的源头。比喻从根本上解决问题。本,树根。源,水流的源头。已:停止。

【译文】

有人认为宋太祖削夺藩镇军权的做法与刘邦夺韩信军权相似,这种说法是不正确的。韩信并不是石守信、高怀德之流所能比拟的。而割地以分封诸侯王、统率屡战屡胜的军队的,也不是在陈桥兵变中被将士拥戴而黄袍加身的赵匡胤。所以,宋太祖杯酒释兵权,是鉴于以往的教训,过于小心而削弱了自己,汉高祖则是从根本上解决问题以防止叛乱,两人的做法看起来相似而实际上大相径庭。这其中的关键并不在表面形迹之间。

七 汉王首封破秦之吴芮无诸

汉王初即皇帝位，未封子弟功臣，而首以长沙王吴芮、闽粤王无诸①，此之谓"大略"。二子者，非有功于灭项者也，追原破秦之功而封之。以天下之功为功，而不功其功，此之谓"大公"。楚、汉争于北，而南方无事，久于安则乱易起，立王以镇抚之，此之谓"制治于未乱"②。以项羽宰天下不公为罪而讨之，反其道而首录不显之绩，此之谓"不遐遗，得尚于中行"③。若此者，内断之心，非留侯所得与④，况萧何、陈平之小智乎⑤！量周天下者，事出于人所不虑，若迂远而实协于人心，此之谓"不测"。

【注释】

①吴芮(? —前202)：汉初诸侯王。本为秦吏，大泽乡起义后举兵响应，被项羽封为衡山王。汉朝建立后，改封为长沙王。卒谥"文"。无诸：姓驺氏，越王勾践后裔，世代为福建地区越人君长。秦末参加反秦战争，协同诸侯灭秦。汉高祖五年(前202)二月，封为闽越王，管辖闽中故地。

②制治于未乱：语出《尚书·周官》："若昔大猷，制治于未乱，保邦于未危。"意思是在国家没有产生动乱之前，就订立各种法令制度进行治理。

③不遐遗，得尚于中行：语出《周易·泰卦》爻辞："九二，包荒，用冯河，不遐遗；朋亡，得尚于中行。"整句话的意思是：有笼括荒凉原野的胸怀，能涉越长河，不遗漏遥远地方的贤人；不结党营私，这样公正的行动会得到尊崇。

④留侯：即张良（？—前185或前189），字子房。秦末汉初著名谋士，与萧何、韩信并称"汉初三杰"。本是韩国贵族，韩亡后曾试图刺杀秦始皇，遭追捕而隐于民间。后参加反秦起义，作为刘邦最重要的谋士，以出色的智谋，协助刘邦击败项羽，建立汉王朝，被封为留侯。传见《史记·留侯世家》。

⑤萧何（？—前193）：沛县丰邑（今江苏丰县）人。秦末汉初政治家，西汉首任丞相。早年任秦朝沛县县吏，反秦起义爆发后追随刘邦，被刘邦委以政务。楚汉战争时，他留守关中，使关中成为汉军的巩固后方，不断地输送士卒粮饷支援作战，为刘邦的胜利做出了重要贡献。汉朝建立后出任丞相，制定律令制度，推行与民休息的政策。卒谥文终侯。传见《史记·萧相国世家》。

【译文】

汉王刘邦刚登上皇帝之位，尚未分封宗室子弟和功臣，却先封长沙王吴芮和闽粤王无诸，这就叫"大略"。这两个人首先被分封，并不是因为他们在消灭项羽的过程中有功劳，而是追溯他们参与推翻暴秦的功劳。刘邦将别人为天下所立的功劳作为功劳，而不是仅仅将支持自己的功劳作为功劳，这就叫"大公"。楚、汉在北方地区征战不休，南方地区却安定无事，一个地区如果长期安定就容易出现动乱，所以刘邦通过封王来镇抚此地，这就叫"制治于未乱"。刘邦曾将项羽主持分封天下不够公正作为罪名来讨伐他，现在反项羽之道而行，首先封赏并不显著的功绩，这就是所谓"不遐遗，得尚于中行"。这样的做法，都是出自刘邦的主见和独断，连足智多谋的张良也未能参与，何况是只有小聪明的萧何、陈平呢？心里装着整个天下的人，行事常常貌似迂远而实际上却十分高明而能得到人心，这就叫"不测"。

八　兵出于农易罢

秦、项已灭，兵罢归家，何其罢归之易而归以即乎安？

古者兵皆出于农，无无家者也，罢斯归矣。汉起巴蜀、三秦之卒①，用九江、齐、赵之师②，不战其地，不扰其人，无闾井之怨③，归斯安矣。后世召募失业之民，欲归而无所归，则战争初息而遣归之也难。善师古者，旁通而善用之。则汉抑有"民相聚山泽不书名数者，复其故爵田宅，教训而优恤之"之诏④，是可为后世师者也。无所侵伤于民，而禁其仇杀；非有官爵田里，而为之授以隙地⑤；宽假以徭役，而命为稍食之胥卒⑥。以此散有余之卒，熟计而安存之，奚患亡术哉？高帝甫一天下，而早为之所。国不糜，农不困，兵有所归。下令于流水之源，而条委就理⑦，不谓之有"大略"也得乎！

【注释】

①巴蜀：今四川和重庆地区。三秦：今陕西关中地区，因项羽在关中分封章邯为雍王、董翳为翟王、司马欣为塞王而得名。

②用九江、齐、赵之师：指刘邦在楚汉战争后期，依靠齐王韩信、九江王英布、赵王张耳等诸侯王的军队完成对项羽的战略合围，并最终击败项羽。

③闾井：居民聚居之处。闾，里巷的大门，后指人聚居处。

④"民相聚山泽不书名数者，复其故爵田宅，教训而优恤之"之诏：此诏书发布于汉高祖五年五月，诏书内容详见《汉书·高帝纪下》。

⑤隙地：这里指无主或未开垦的荒地。

⑥稍食：指官府按月发给的官俸。胥卒：基层的小吏和办事人员。

⑦下令于流水之源，而条委就理：出自《史记·管晏列传》："下令如流水之原，令顺民心。"意思是国家下达政令就像流水的源头，顺应民心。指从根本入手解决问题，就像找到了流水的源头，而能下达合适的政令。

【译文】

秦朝和项羽已经灭亡,汉高祖下令大部分军人解甲归田,为什么将他们遣散回家如此容易而且归乡之后他们就能安居乐业呢？因为古时候军中士兵皆出自农家,没有无家可归的,所以一旦解散,他们便欣然回家了。汉朝凭借巴蜀和关中地区的士兵起家,利用九江、齐、赵等地的士兵争夺天下,不在这些士兵的家乡作战,不会骚扰那里的人民,因此不会被当地的百姓怨恨,所以这些士兵一旦回家就可以安居乐业。后世的君主往往招募无业游民作为士兵,这样的士兵一旦解甲便无家可归,所以战争刚一结束就遣散他们是非常困难的。善于效法古人的人,能够触类旁通并合理地运用其智慧。在汉高祖遣散军队的诏书中有“聚逃于山泽之中以避秦乱,未列入户籍的百姓,现在可以各归本里,恢复原有的爵级与土地房屋,各地官吏要按照法令来晓喻义理,对他们从优抚恤”这样的内容,正是非常值得后世效法和学习的地方。刘邦对百姓没有侵犯伤害,而且禁止百姓相互仇杀；对于没有官爵田宅的百姓,则授予他们荒地来开垦耕种；设法减轻百姓的徭役负担,任命一些退伍士卒为吃朝廷俸禄的基层官吏、差役。用这样的方法分散安排多余的士兵,经过深思熟虑而能妥善地安置他们,何愁没有办法呢？汉高祖刚刚平定天下,就为解散多余军队的问题做出了周密细致的安排。结果国家没有浪费钱财,百姓没有因增加负担而导致困顿,退役士兵都有其归宿。刘邦这是从根本入手解决问题,就像找到了流水的源头,而能下达合适的政令,顺应时势而使得各项大事都处理得有条不紊,不称他为有“大略”之人能行吗？

九　斩丁公忘恩非义

以大义服天下者,以诚而已矣,未闻其以术也；奉义为术而义始贼①。义者,心之制也,非天下之名也。心所勿安而忍为之,以标其名,天下乃以义为拂人之心而不和顺于理。夫高帝当窘迫之时，岂果以丁公为可杀而必杀之哉^②？当诛丁公之日，又岂果能忘丁公之免己而不以为德哉？欲惩人臣之叛其主，而先叛其生我之恩，且嚣然曰是天下之公义也^③。则借义以为利，而吾心之恻隐亡矣。

【注释】

①贼：邪恶，不正派。

②丁公（？—前202）：名固，薛（今山东滕州）人。项羽部将，彭城之战中受命追击因战败而逃跑的刘邦，刘邦向其求情，丁公于是带兵返回，使刘邦得以突围。项羽失败后，丁公投奔刘邦，却被刘邦带到军队中游行示众，指责他作为项羽臣子而不忠，将其斩杀。其事见于《史记·季布栾布列传》。

③嚣然：傲慢轻狂的样子。

【译文】

用大义来使天下归服的人，依靠的仅仅是诚心而已，没有听说过是靠权术的；如果尊奉大义却使用权术，那么义也就变得不正派了。所谓义，是用来制约心的，而不是作为向天下标榜的名义的。如果心中不愿意而勉强去做，以向天下标榜自己的名声，那么天下人就会觉得义是与人心相违背而不合乎情理的。当刘邦处境窘迫的时候，难道果真会认为丁公应当处死而一定要杀死他吗？当他诛杀丁公的时候，难道果真能忘记丁公曾解救自己于危难，而不把这看成丁公对自己的恩德吗？刘邦想惩戒臣子背叛君主的罪过，却先背叛了这个臣子曾经救自己一命的大恩，而且还理直气壮地宣称这是出于天下的公义。这实质上是借义的名义来谋取私利，而自己心中的恻隐之情早就消失殆尽了。

夫义，有天下之大义焉，有吾心之精义焉。精者，纯用其天良之喜怒恩怨以为德威刑赏，而不杂以利者也。使天下知为臣不忠者之必诛而畏即于刑，乃使吾心违其恩怨之本怀，矫焉自诬以收其利①。然则义为贼仁之斧而利之囮也乎②？故赦季布而用之③，善矣，足以劝臣子之忠矣。若丁公者，废而勿用可也；斩之，则导天下以忘恩矣。恩可忘也，苟非刑戮以随其后，则君父罔极之恩，孰不可忘也？呜呼！此三代以下，以义为名为利而悖其天良之大慝也。

【注释】

① 矫焉：虚假的样子。

② 囮（é）：诱骗，讹诈。

③ 季布：秦末汉初楚地人。曾作为部将效力于项羽，多次击败刘邦军队。项羽败亡后，被刘邦悬赏缉拿而藏匿于游侠朱家处。后在滕公说情下，被刘邦赦免，并拜为郎中。汉惠帝时，官至中郎将。汉文帝时，任河东郡守。季布以信守诺言、讲信用而著称，所以民间有"得黄金百斤，不如得季布一诺"之说法。传见《史记·季布栾布列传》。

【译文】

所谓义，有天下的大义，也有自己心中的精义。所谓精义，是指纯粹用出于自己天良的喜怒和恩怨来作为展示恩德和威势、给予赏赐和惩罚的依据，而不会在其中混杂私利。让天下的人都知道，作为臣子而不忠诚于君主就必然会受到诛杀，从而使臣民畏惧刑罚而不敢不忠，这就是让他们自己的心违背自身恩怨的本意，虚假地自我诬陷以获取好处。如果这样的话，义不就做了戕害仁的大斧而成为私利的诱饵吗？所以刘邦赦免并任用季布，是很好的，足以激励臣子忠君报国了。至于丁公，将他废黜不用就可以了；杀了他，就是引导天下人忘恩负义了。

若是恩情可以忘记,假如没有刑罚杀戮紧随其后,那么君父浩荡无极的恩德,又有什么不能忘记的呢? 唉! 这就是从夏商周三代以后,以义为名,以义为利,从而违背了天良的极丑恶的现象啊!

一〇　留侯从赤松子游非为保身

留侯欲从赤松子游^①,司马温公曰^②:"明哲保身^③,子房有焉。"未足以尽子房也。子房之言曰:"家世相韩,为韩报雠^④。"身方事汉,而暴白其终始为韩之心,无疑于高帝之妒。其忘身以伸志也,光明磊落,坦然直剖心臆于雄猜天子之前^⑤。且曰:"愿弃人间事,从赤松子游。"视汉之爵禄为鸿毛,而非其所志。忠臣孝子青天皎日之心,不知有荣辱,不知有利害,岂尝逆亿信之必夷、越之必醢^⑥,而廑以全身哉^⑦! 抑惟其然,而高帝固已喻其志之贞而心之洁矣,是以举太子以托之,而始终不忮。

【注释】

①赤松子:中国神话传说中的人物,据说是神农氏时的雨师。被道家和道教推崇为得道的仙人。

②司马温公:即司马光(1019—1086),字君实,晚年号迂叟。陕州夏县(今山西夏县)人。北宋著名政治家、史学家。历仕宋仁宗、英宗、神宗、哲宗四朝。在政治上,他反对王安石变法,因此在宋神宗年间退居洛阳,宋哲宗上台后被高太后召回朝廷任宰相,主持废除了王安石新法。史学方面,主持编纂了中国第一部编年体通史《资治通鉴》,并著有《稽古录》《涑水记闻》等。卒赠太师、温国公,谥文正。传见《宋史·司马光列传》。

③明哲保身:语出《诗经·大雅·烝民》:"既明且哲,以保其身。"意

思是明智的人善于保全自己。哲，聪明智慧的人。

④雠：仇敌。

⑤臆：胸。

⑥逆亿：猜想，预料。夷：消灭，诛灭。醢(hǎi)：古代的一种酷刑，把
人杀死后剁成肉酱。

⑦廑：通"仅"。

【译文】

张良想追随赤松子云游天下，司马光在《资治通鉴》中评论说："明智的人善于保全自己，张良就做到了。"这个评价不足以全面概括张良的智慧。张良自己说过："我家世世代代做韩国的宰相，我的志向是要为韩国报仇。"当时他刚开始为汉王刘邦效劳，就公开袒露了自己始终为韩国服务的决心，丝毫不顾忌这会引起好嫉妒的刘邦的猜疑。他不顾凶险地表明自己的志向，光明磊落，心地坦然地将自己的心意和胸怀直接剖开在好猜忌的天子面前。并且他还说："我愿意捐弃人世间的俗事，追随赤松子云游天下。"他把汉朝的爵位、俸禄看得轻如鸿毛，不知道有荣辱，不知道有利害，难道会因曾预料到韩信必定会被诛杀、彭越必定会被剁成肉酱，因此仅以这种策略保全自己的性命吗？也正是由于张良这样光明磊落，所以汉高祖早就知道他志向坚贞，心地纯洁，因而将太子托付给张良辅佐，始终不曾对他产生猜忌和加害之心。

呜呼！惟其诚也，是以履虎尾而不疚①。即不幸而见疑，有死而已矣，弗能内怀忠而外姑为佞也②。曹操之甚毒也③，徐庶怀先主之知④，终始不与谋议，而操无能害，况高帝之可以理感者乎！若夫未忘故主，而匿情委曲以避患，谢灵运之所以身死而名辱⑤。"本自江海人，忠义感君子"⑥，孰听之哉？

【注释】

①履虎尾而不疚：语出《周易·履卦》卦辞："履虎尾，不咥(dié)人，亨。"履虎尾，即跟在老虎尾巴后面小心行走。疚，得疚，遭祸。

②佞(nìng)：巧言谄媚。

③曹操(155—220)：字孟德，一名吉利，小字阿瞒。沛国谯县(今安徽亳州)人。东汉末年著名政治家、军事家、文学家。曹操因讨伐董卓而起兵，其后以汉天子的名义征讨四方，消灭袁绍、袁术、吕布、刘表等割据势力，基本统一了北方，为曹魏政权奠定了基础。死后其子曹丕建立曹魏政权，追尊他为武皇帝，庙号太祖。与其子曹丕、曹植并称"三曹"，是建安文学的代表人物。传见《三国志·魏书·武帝纪》。

④徐庶：字元直，颍川(今河南禹州)人。东汉末年名士。刘备屯驻新野时，徐庶前往投奔，并向刘备推荐诸葛亮。后因母亲被曹操所掳获，徐庶为保全母亲而不得已辞别刘备，进入曹营。魏文帝时曾任右中郎将、御史中丞。其事见于《三国志·蜀书·诸葛亮传》。

⑤谢灵运(385—433)：原名公义，字灵运，以字行于世，小名客儿，世称谢客。祖籍陈郡阳夏(今河南太康)，生于会稽始宁(今浙江绍兴)。南北朝时期著名诗人、文学家。谢灵运历仕东晋、刘宋，在宋文帝时期因不受重用，心有不平，常常称自己有病不上朝，数度归隐，后因兴兵拒捕而犯下死罪。文帝爱其才，降死一等，流放广州，流放期间被文帝以再次"叛逆"的罪名杀害。传见《宋书·谢灵运列传》。

⑥本自江海人，忠义感君子：出自谢灵运的《自叙诗》："韩亡子房奋，秦帝鲁连耻。本自江海人，忠义感君子。"意思是张良、鲁仲连本是浪迹四方、放情江海之人，但他们的忠义之举足以感动君子。这首诗将刘宋王朝比作暴秦政权，讴歌张良、鲁仲连的义

举,透露出对东晋的怀念和对现政权的严重不满。

【译文】

　　唉! 正是由于张良的诚实坦然,使得他跟在老虎尾巴后行走也不会为此而遭遇祸患。即使不幸遭到猜疑,张良宁可一死,也不会在心中怀着对故国的忠诚却在外表现出巧言谄媚的样子。曹操是特别狠毒的,但徐庶感念刘备的知遇之恩,始终不愿意为他出谋划策,曹操尚且不能加害于他,何况是可以用道理感化的汉高祖呢? 至于心里尚未忘记故主,却将自己的真实情感隐藏起来,曲意逢迎以求避祸,这正是谢灵运身死人手而名声受辱的原因所在。他的诗中说:"本自江海人,忠义感君子。"可是又有谁听他的呢?

一一　中国有北胡之祸始韩王信之叛降

　　中国夷狄之祸①,自冒顿始②。冒顿之阑入句注、保太原③,自韩王信之叛降始④。信失韩之故封而徙于太原,其欲甘心于汉久矣⑤。请都马邑⑥,近塞而易与胡通;数使之胡求和,阳为汉和而阴自为降地;畜不逞以假手于冒顿⑦,不待往降之日,而早知其志在胡矣。

【注释】

①夷狄:古称东方部族为夷,北方部族为狄。后常用以泛称除华夏族以外的各族。

②冒顿(mò dú,? —前 174):秦汉之际匈奴首领。他在公元前 209 年杀其父头曼单于而自立为单于,在位期间灭东胡,征服楼烦等国,首次统一了北方草原,并夺取河套地区,建立起庞大强盛的匈奴帝国。传见《史记·匈奴列传》。

③阑入:擅自闯入,侵入。句注:指句注塞,即山西代县雁门关,是

抵御北方游牧民族的重要关塞。太原：即太原郡，秦庄襄王时始
设置，汉高祖二年（前205）沿用秦制置太原郡，郡治晋阳（今山西
太原），辖今山西中北部地区。高祖六年（前201），废太原郡，以
郡所辖二十一县置韩国。

④韩王信（？—前196）：本名韩信，为与名将韩信相区分，故称"韩
王信"。西汉初年异姓诸侯王，战国时期韩襄王姬仓庶孙。秦末
参加反秦起义，后受刘邦之命攻取韩国故地，封韩王。汉高祖六
年（前201），刘邦徙封韩信到山西中北部，仍称韩王。不久，韩国
都城被匈奴包围，韩信多次派使者到匈奴处求和，遭汉朝廷申
斥，韩王信在惶恐之下献城投降匈奴，并率军攻打太原，被刘邦
亲率军队击败而逃到匈奴。后韩王信游说陈豨谋反，并率军进
攻汉朝边境，被汉将柴武击杀。传见《史记·韩信卢绾列传》。

⑤其欲甘心于汉久矣：韩王信被迁徙离开故地，殊非所愿，到太原
后又数次派人与匈奴沟通，"其志在胡"。甘心，快意。

⑥请都马邑：韩国始都晋阳，韩王信上书说晋阳离边境远，不利于
防御匈奴，请求将都城迁到马邑。马邑，今山西朔州。

⑦畜：蓄意，积蓄，存心。不逞：作乱，叛变。假手：假借他人力量以
达到自己的目的。

【译文】

中原地区遭受夷狄入侵之祸，是从匈奴冒顿单于时期开始的。冒
顿南下侵入句注塞、迫使中原政权退保太原郡，是从韩王信背叛汉朝、
投降匈奴开始的。韩王信失去了韩国原来的封地，被迁徙到太原郡，他
想要报复汉朝已经很久了。他请求迁都到马邑，是因为此地接近边塞，
容易与匈奴相互沟通来往；他多次派遣使者到匈奴求和，表面上是为了
汉朝而与匈奴谈和，而实际上是暗地里为自己投降匈奴预留后路；他心
存叛变作乱之心，为此而借助冒顿的力量来对付汉朝，因此不必等到韩
王信真的投降匈奴的那一天，很早就能知道他的打算是投降匈奴了。

非韩信则冒顿不逞，非石敬瑭则邪律氏不横①。求如郭子仪与吐蕃、回纥有香火缘而无贰心者②，今古无两人。然则以狡焉不逞之强帅置之边徼③，未有不决堤焚林以残刘内地者也④。饥鹰猘犬⑤，不畜之樊圈，而轶之飐飞蔓走之地⑥，冀免祸于目前，而首祸于千古。甚哉高帝之偷也！

【注释】

①石敬瑭(892—942)：即后晋高祖，五代十国时期后晋政权的创立者。早年追随晋王李克用、后唐明宗李嗣源作战，屡立战功。李嗣源即位后，他被任命为河东节度使。后因与后唐末帝李从珂相互猜忌而起兵反叛。为取得契丹的支持，他向契丹允诺割让幽云十六州，并尊辽太宗耶律德光为"父皇帝"，自称"儿皇帝"。在契丹军队帮助下灭亡后唐，建立后晋。传见《旧五代史·晋书·高祖纪》。邪律氏：即耶律氏，契丹皇族姓氏，这里代指契丹。

②郭子仪(697—781)：华州郑县(今陕西渭南)人。唐代名将，是平定安史之乱的重要功臣。曾率军收复长安、洛阳；击败吐蕃、党项的入侵，威服回纥。曾任太尉、中书令等职，封汾阳郡王，被唐德宗尊为"尚父"。死后追赠太师，谥忠武。传见新、旧《唐书·郭子仪传》。吐蕃：由藏族在青藏高原建立的政权，唐代时极盛，屡次入侵长安，对唐朝形成巨大威胁。回纥：也称回鹘，本是铁勒部落的一支，大业元年(605)因反抗突厥的压迫，与仆固、同罗、拔野古等成立联盟，总称回纥。公元840年，回纥汗国瓦解。香火缘：佛教用语，也作"香火因缘"。香和灯火都是供佛的，因此佛教称彼此意气相投为"香火因缘"，比喻彼此契合。

③边徼(jiào)：边境。

④残刘：残杀。刘，杀，戮。

⑤猘(zhì):疯狂的。

⑥轶:散失。飏:飞扬,飘扬。奰(bì):怒而作气的样子。

【译文】

如果没有韩王信,那么冒顿的野心就无法得逞;如果没有石敬瑭,那么契丹就不可能横行于华北地区。像郭子仪那样与吐蕃、回纥有着密切关系却从未对唐朝产生二心的人,自古至今也不可能找到第二个。然而如果把凶狠狡猾而又心怀不轨的强悍将帅安排到边境地区,则没有不像掘毁堤坝、焚烧山林那样残害华夏中原地区的。饥饿的鹰、发狂的狗,不关在笼子里或养在篱笆圈中,而是散放到可以一飞冲天或纵横驰骋的地方,希望借此躲过眼前的灾祸,结果却首开祸害华夏中原地区的先河。汉高祖实在是太苟且偷安、鼠目寸光啦!

一二 鲁两生惑于管子衣食足而后礼义兴之邪说

鲁两生责叔孙通兴礼乐于死者未葬、伤者未起之时①,非也。将以为休息生养而后兴礼乐焉,则抑管子"衣食足而后礼义兴"之邪说也②。子曰:"自古皆有死,民无信不立③。"信者,礼之干也;礼者,信之资也。有一日之生,立一日之国,唯此大礼之序、大乐之和不容息而已④。死者何以必葬?伤者何以必恤?此敬爱之心不容昧焉耳。敬焉而序有必顺,爱焉而和有必浃⑤,动之于无形声之微,而发起其庄肃乐易之情,则民知非苟于得生者之可以生,苟于得利者之可以利,相恤相亲,不相背弃,而后生养以遂。故晏子曰⑥:"唯礼可以已乱。"然则立国之始,所以顺民之气而劝之休养者,非礼乐何以哉?譬之树然,生养休息者,枝叶之荣也;有序而和者,根本之润也。今使种树者曰待枝叶之荣而后培其本根,岂有能荣枝叶之一日哉？故武王克殷,驾甫脱而息贯革之射⑦,修禋祀之典⑧,成《象武》之乐⑨。受命已末⑩,制作未备,而周公成其德,不曰我姑且休息之而以待百年也。

【注释】

①鲁两生责叔孙通兴礼乐于死者未葬、伤者未起之时:汉高祖令叔孙通试作朝仪,叔孙通从其故乡鲁地征召儒生三十余人与自己共同制礼,有两位儒生不愿意应召,并责备叔孙通说:"公所事者且十主,皆面谀以得亲贵。今天下初定,死者未葬,伤者未起,又欲起礼乐。礼乐所由起,积德百年而后可兴也。吾不忍为公所为。公所为不合古,吾不行。公往矣,无污我!"事见《史记·刘敬叔孙通列传》。叔孙通,薛县(今山东滕州)人,秦末汉初著名儒士。秦时以文学征召为待诏博士。秦末乱起,逃归鲁地,先后追随项梁、项羽,后转投刘邦。汉统一后,他杂采古礼和秦代制度与儒生共立朝仪。任奉常。后又担任太子太傅,曾劝谏刘邦不要更换太子。传见《史记·刘敬叔孙通列传》。

②管子(? —前645):即管仲,春秋时期齐国政治家,辅佐齐桓公成为春秋第一位霸主。事见《史记·管晏列传》。其后,不少后学继承和发展了他的治国理念,形成"管仲学派"。战国时期,稷下学者将管仲学派的思想、学说加以整理,撰成《管子》一书。衣食足而后礼义兴:语出《管子·牧民》:"仓廪实则知礼节,衣食足则知荣辱。"意思是百姓的粮仓充足,丰衣足食,才能顾及礼仪,重视荣誉和耻辱。

③自古皆有死,民无信不立:语出《论语·颜渊》。意思是自古人都必有一死,但如果没有人民的信任,就不能够立足了。

④大礼之序、大乐之和:出自《礼记·乐记》:"大乐与天地同和,大礼与天地同节……乐者,天地之和也;礼者,天地之序也。和,故

百物皆化;序,故群物皆别。"大礼,指君臣之间的行为规范,一说指祭祀天、地、鬼神等礼。大乐,指典雅庄重的音乐。用于帝王祭祀、朝贺、燕享等典礼。

⑤浃:深入,融洽。

⑥晏子(? —前500):即晏婴,春秋时期齐国政治家,历相齐灵公、庄公、景公三朝,辅政长达五十余年。后世学者根据史料和民间传说,辑录的晏婴和事迹,撰成《晏子春秋》一书。传见《史记·管晏列传》。

⑦贯革之射:一种军中的习射活动,以射穿多重铠甲为优,主要用来训练射手的射术。

⑧禋(yīn)祀:古代祭天的一种礼仪。

⑨《象武》:周武王时代两种乐曲的合称。《荀子·儒效》:"于是《武》《象》起而《韶》《濩》废矣。"

⑩受命已末:语本《礼记·中庸》:"武王末受命,周公成文武之德,追王大王、王季,上祀先公以天子之礼。"郑玄注:"末,犹老也。"

【译文】

鲁国的两个儒生指责叔孙通在死者尚未安葬、伤者尚未痊愈的情况下就开始制订礼乐制度,这是没有道理的。认为应该先让百姓休养生息,然后才能开始兴礼作乐的观点,大概也是受了管子所谓"衣食足而后礼义兴"之类歪理邪说的影响。孔子说:"自古人都必有一死,但如果没有人民的信任,就不能够立足了。"信用,是礼的主干;礼,则是信用的凭藉。只要生活在世上一天,只要一天有国家存在,那么就唯独维系天地秩序的大礼、调和天地的大乐是不可一日中断的。死了的人为什么一定要安葬?受伤的人为什么一定要抚恤?因为敬爱之心不容许人昧着良心不这样做。因为出于尊敬所以秩序一定可以理顺,因为出于热爱所以一定可以将天地调和得非常融洽,在无形无声的细微之处打动他们,激发起他们的庄严肃穆、和乐平易之情,则百姓就会知道,并非苟且偷生的人可以生，苟且得利的人可以得利，大家相互帮助、相互亲近，不相背弃，这样休养生息才会变得顺遂。所以晏子说："只有礼才能止息动乱。"既然如此，那么在立国之初，用来理顺民气并鼓励它们休养生息的，除了礼乐还能是什么呢？譬如树木，休养生息，可以使其枝繁叶茂，但要其生长得有序而和谐，则需要树根被滋润。现在要求种树的人说"等到树木枝繁叶茂以后再培育其树根"，难道能够有人在一天之内就使树木枝繁叶茂吗？所以周武王在成功灭商以后，刚解下车马就下令停止军中贯穿革甲的射礼，施行祭天的礼仪，制定《象》《武》等音乐。武王直到晚年才承受天命，很快就去世了，他所制定的礼仪制度还不完备，于是周公继承他的遗志并最终完成了它，周人并没有说我暂且休息一下，等百姓休养生息百年以后再兴礼作乐。

　　秦之苛严，汉初之简略，相激相反，而天下且成乎鄙倍[1]。举其大纲，以风起于崩坏之余，亦何遽不可？而非直无不可也；非是，则生人之心、生人之理日颓靡而之于泯亡矣。唯叔孙通之事十主而面谀者，未可语此耳。则苟且以背于礼乐之大原，遂终古而不与于三王之盛[2]。使两生者出，而以先王安上治民、移风易俗之精意，举大纲以与高帝相更始，如其不用而后退，未晚也。乃必期以百年，而听目前之灭裂[3]，将百年以内，人心不靖，风化未起，汲汲于生养死葬之图，则德色父而诟语姑[4]，亦谁与震动容与其天良，而使无背死不葬、捐伤不恤也哉？

【注释】

　①鄙倍：浅陋悖理。倍，通"背"。

　②终古：往昔，自古以来。

③灭裂:草率,粗略。

④德色父而谇语姑:语出《汉书·贾谊传》载贾谊《治安策》:"借父耰锄,虑有德色;母取箕帚,立而谇语。"意思是儿子借农具给父亲,脸上就显出给父亲恩德的表情;婆母前来拿簸箕扫帚,儿媳站在一旁口出恶言。德色,自以为对别人有恩德而流露出来的神色。谇,责骂。

【译文】

秦朝的政治严苛,汉朝初年的政治简略,二者相激相反,而天下却在汉初看似浅陋悖理的政策下得到了治理。抓住政治治理的大略纲目,从而迅速地在天下大乱之后恢复秩序,又有什么不可以的呢?而且不仅没有什么不可以的,若不是这样,那么天下人民的本心、天下人民的义理,就都会一天天颓废消靡而至于泯灭了。只是唯独叔孙通这种先后侍奉过多个主人而且喜欢当面奉承君王的人,不能说出这样的话罢了。但是如果甘于苟且而违背了礼乐的根本旨趣,那么从古至今也就不可能达到夏、商、周三代开国君王时代的兴盛局面了。假如鲁国的这两个儒生当时能够出山,并且能够用先王圣贤安定国家、治理百姓、移风易俗的精辟道理,为汉高祖树立治理的大纲从而使天下除旧布新,如果高祖拒不采纳,再退隐山林也不算晚。他们却一定要等到百年以后才开始兴礼作乐,而听任现在草率粗略的局面长期维持。如果百年之内,民心仍然无法安定,道德风化也没有起色,政府的精力都集中在安葬死者、抚养生者上,而百姓都对借锄的父亲显示出有恩德于他的脸色,对借笤帚簸箕的婆婆恶语相加,那么有谁能够震撼、感动他们的天良,从而使他们不会不安葬死者、抚恤伤者呢?

卫辄之立①,乱已极矣。子曰:"礼乐不兴,则刑罚不中,民无所措手足②。"务本教也。汉初乱虽始定,高帝非辄比也。辄可兴而谓高帝不可,两生者,非圣人之徒与?何其与孔子之言相剌谬也③！于是而两生之所谓礼乐者可知矣：谓其文也，非其实也。大序至和之实，不可一日绝于天壤。而天地之产，中和之应，以瑞相祐答者④，则有待以备乎文章声容之盛⑤，未之逮耳。然草创者不爽其大纲⑥，而后起者可藉，又奚必人之娴于习而物之给于用邪！故两生者，非不知权也，不知本也。

【注释】

①卫辄（zhé）：即卫出公，姬姓，卫氏，名辄。卫灵公之孙，其父卫国太子蒯聩因得罪卫灵公夫人南子而出逃国外，卫灵公死后卫辄被公子郢推举继位，拒不接纳父亲蒯聩回国。后来蒯聩胁迫孔悝发动政变，登上王位，卫辄出逃。数年后蒯聩被杀，公子斑师、公子起先后被立为国君，又先后被废黜或杀害，卫辄得以回国复位。后来贵族褚师比等人联合工匠暴动，卫辄再次出逃，最终客死越国。

②礼乐不兴，则刑罚不中，民无所措手足：出自《论语·子路》。意思是礼乐不能兴盛，刑罚的执行就不会得当。刑罚不得当，百姓就不知怎么办好。

③剌谬（là miù）：违背，乖误，悖谬。

④瑞相：吉祥的征兆。祐：护佑，佑助。

⑤文章：德行事功、礼乐法度。

⑥爽：差错，失误。

【译文】

卫国的卫辄被立为国君，标志着卫国政治的混乱已达到了极致。孔子说："如果礼乐不能兴盛，刑罚的执行就不会得当；如果刑罚不得当，百姓就不知怎么办好。"这是在告诫统治者必须注重从根本上教育百姓。西汉初年，虽然战乱刚刚被平定，但汉高祖的英明不是卫辄可以比拟的。卫辄尚且可以兴礼乐,两个儒生却说汉高祖做不到,他们难道不是圣人孔子的门徒吗?为什么他们的话和孔子的话如此相悖呢?由此这两个儒生所谓的礼乐就可想而知了,他们指的是礼乐的外壳,而不是礼乐的实质。维系天地秩序、调和天地阴阳关系的礼乐实质,一天也不可以在天地之间断绝;而天地秩序井然后的产物、阴阳调和后的符应,以祥瑞之兆来彰显上天的护佑,则需要等到礼乐法度、国家声势都达到鼎盛的时候才会出现,一开始是不可能达到的。然而,只要草创之君所立的礼乐大纲没有大的差错和失误,后世可以拿来作为改进的参考,那么又何必要求等到人人都娴熟礼乐、物资充足的时候呢?所以说这两个鲁国儒生不是不懂得顺应时势的权变,而是不懂得礼乐的根本。

一三 萧何以壮丽示威

萧何曰:"天子以四海为家,非壮丽无以示威。"其言鄙矣,而亦未尝非人情也。游士之屦①,集于公卿之门,非必其能贵之也;蔬果之馈,集于千金之室,非必其能富之也。释、老之宫②,饰金碧而奏笙钟,媚者匍伏以请命③,非必服膺于其教也,庄丽动之耳。愚愚民以其荣观④,心折魂荧而戢其异志⑤,抑何为而不然哉!特古帝王用之之怀异耳。

【注释】

①屦(jù):古代用麻葛制成的一种鞋,这里用来指代游士的足迹。

②释、老之宫:即佛教的庙宇和道教的宫观。释,指释迦牟尼,后用来代指佛教。老,指老子,代指道教。

③匍(pú)伏:也作"匍匐"。指跪伏,趴伏。

④荣观:指宏伟壮丽的宫阙。

⑤荧：眩惑。戢(jí)：收敛。

【译文】

萧何说："天子以四海为家，如果其宫室不够宏伟华丽就不足以向天下展示威严。"他的这句话很鄙俗，但也未尝不是人之常情。游士的足迹，集中在公卿贵族的家门，这并不是因为公卿一定能够使他们变得尊贵；蔬菜瓜果等礼品，堆集在拥有千金家产的富裕之家，并不是因为富翁们一定能使送礼的人富裕起来。佛教的庙宇和道教的宫观，装饰得金碧辉煌而且用笙钟演奏着动人的音乐，谄媚的人们跪伏在地上以祈求保佑，不一定是因为他们衷心信奉宗教，而是被庙宇宫观的庄严肃穆、宏伟华丽所感染。统治者用宏伟壮丽的宫室来愚弄愚民，使他们内心折服而收敛自己的异心，与此又有什么区别呢？只是上古时代的帝王用这种策略的意图有所不同罢了。

　　古之帝王，昭德威以柔天下，亦既灼见民情之所自戢①，而纳之于信顺已。奏九成于圜丘②，因以使之知天；崇宗庙于七世，因以使之知孝；建两观以县法③，因以使之知治；营灵台以候气④，因以使之知时；立两阶于九级⑤，因以使之知让。即其歆动之心⑥，迪之于至德之域⑦，视之有以燿其目⑧，听之有以盈其耳，登之、降之、进之、退之有以诒其安⑨。然后人知大美之集，集于仁义礼乐之中，退而有以自惬⑩。非权以诱天下也。至德之荣观⑪，本有如是之洋溢也⑫。贤者得其精意，愚不肖者矜其声容。壮丽之威至矣哉！而特不如何者徒以宫室相夸而已。

【注释】

①灼见：洞察，看清楚。

②九成:九阕,指乐曲演奏九遍,每遍都有变化。乐曲终止称为成。

　圜(yuán)丘:帝王祭天的场所,圆形的高丘。

③两观:古代官门前的双阙。县:挂。

④灵台:古时帝王观察天文星象、妖祥灾异的建筑。

⑤两阶:宫廷的东、西阶梯。主人走东阶,客人走西阶。

⑥歆动:欣喜动心。

⑦迪:开导,引导。

⑧耀:照耀,炫耀。

⑨诒(yí):遗留,保留。

⑩惬(qiè):满足,称心。

⑪荣观:荣耀,荣名,荣誉。

⑫洋溢:充分流露、显示、传播。

【译文】

上古时候的帝王,通过昭示威势与德行来驯服天下,也就是说,在清楚地洞察到民心得以安定归附的途径后,将其引导到忠信和顺从上来而已。在祭天的圆形高丘上演奏九首乐曲,从而使百姓懂得敬畏天;在宗庙里祭祀祖先时上溯七世,从而使百姓们懂得孝;在宫室前建高耸的双阙以悬挂法令,从而使百姓们知道治理之道;营造灵台以观测天象,从而使百姓们懂得顺应时令;在宫殿前设立东西两条九级台阶,从而使百姓们懂得礼让。利用百姓们的欣喜之心,将他们启迪、引导到最高的道德境界,使他们有的听、有的看,无论是升还是降,无论是进还是退,都能平心静气地予以接受。这样人们才能知道,大美集中在仁义礼乐之中,当他们退居家中时,也能够有足以使自己称心如意的凭藉和享受。这并不是以权宜之计来诱骗天下人,极致德行的荣耀,本来就是通过这种方式来充分彰显的。贤能的人能够从中看到治国之精粹,愚蠢的不肖之徒也能崇敬其外在的声势、容貌。壮丽的威力可真大呀!只有那些不如萧何的人,才会仅仅以宫殿的宏伟壮观来夸耀于世。

不责何之弗修礼乐以崇德威,而责其弗俭。徒以俭也,俭于欲亦俭于德。萧道成之鄙吝①,遂可与大禹并称乎②?

【注释】

①萧道成之鄙吝:萧道成(427—482),字绍伯,小名斗将。东海兰陵(今山东兰陵)人。南北朝时期南齐开国皇帝,公元479年受刘宋禅让而即皇帝位,在位四年后去世,庙号太祖,谥曰高皇帝。萧道成提倡节俭自奉,宫廷中原以金、铜制作的器具全部用铁器替代,并禁止民间使用各种华丽饰物,不能用金、铜铸像,甚至不准织绣花裙,不准穿着锦鞋等。这种要求和做法"历代所未有"。事见《南齐书·高帝本纪》。

②大禹:上古时代与尧、舜齐名的贤圣帝王,夏代开国君主。

【译文】

汉高祖不指责萧何不修礼乐来尊崇天子的德行和威势,却指责萧何不俭朴。如果仅仅是追求俭朴,那欲求固然有所约束,但同时道德也就无法借助礼乐之盛来彰显了。像萧道成那样的过分吝啬,怎么可以与圣王大禹相提并论呢!

一四　高帝重挫贾人为知政本

国无贵人,民不足以兴;国无富人,民不足以殖①。任子贵于国②,而国愈偷③;贾人富于国,而国愈贫。任子不能使之弗贵,而制其贵之擅;贾人不能使之弗富,而夺其富之骄。高帝初定天下,禁贾人衣锦绮、操兵、乘马,可谓知政本矣。

【注释】

①殖:兴财生利。

②任子：世袭的贵族或高官。

③偷：苟且，怠惰。

【译文】

国中如果没有贵人，那么就不足以激励民众上进；国中如果没有富人，就不足以鼓励民众兴财生利。世袭的贵族如果比国家还尊贵，那么国家会愈加苟且偷安，不思进取；富人如果比国家还富，那么国家就会愈加贫穷。对于世袭的贵族，不能不让他们尊贵，但要防止他们专擅尊贵；对于商人，不能不让他们富裕，但要杜绝他们因富裕而产生的骄横之气。汉高祖刚刚平定天下，就禁止商人穿丝绸衣服、携带兵器、骑马，可以称得上是懂得治理国家的根本了。

呜呼！贾人者，暴君污吏所呕进而宠之者也。暴君非贾人无以供其声色之玩，污吏非贾人无以供其不急之求，假之以颜色而听其辉煌①，复何忌哉！贾人之富也，贫人以自富者也。牟利易则用财也轻，志小而不知裁②，智昏而不恤其安，欺贫懦以矜夸，而国安得不贫、民安得而不靡？高帝生长民间而习其利害，重挫之而民气苏。然且至孝文之世，后服帝饰如贾生所讥③，则抑末崇本之未易言久矣④。

【注释】

①辉煌：显著非凡的样子。

②裁：减免，这里指节制、收敛。

③后服帝饰如贾生所讥：指贾谊在《治安策》所指出的富人衣着奢侈华丽，甚至超越帝王服饰的现象，其文称："帝之身自衣皁绨（zào tí），而富民墙屋被文绣；天子之后以缘其领，庶人孽妾缘其履。"贾生，指贾谊（前200—前168），洛阳（今河南洛阳东）人。西

汉初年著名政论家、文学家。少有才名,二十余岁即出任太中大夫,对文帝多有劝谏,所撰《过秦论》《治安策》等皆为传世名篇。后来被朝中老臣排挤,出任长沙王太傅、梁王太傅,抑郁而终。传见《史记·屈原贾生列传》《汉书·贾谊传》。

④抑末崇本:即重农抑商,古人以农桑为本业,以工商等为末业。

【译文】

唉! 商人是暴君和贪官污吏最急于进用和宠爱的一类人。暴君如果没有商人就无法供给他的声色犬马之类玩好,贪官污吏如果没有商人就无法供应他们的奢侈需求,暴君和贪官污吏对商人和颜悦色,听任商人们摆出一副显著非凡的姿态,商人们还会有什么可忌惮的呢? 商人们的财富,正是穷人用以使自己富裕的东西。商人们牟利容易所以用起钱来也很随意而不珍惜,志向短浅而不知道收敛自己,利令智昏而不知道安抚民众,一味地欺压贫穷弱小的人,这样国家怎么能不贫穷,人民怎么能不困顿呢? 汉高祖长期生活在民间,深知其中的利害关系,所以沉重地打击商人的势力,从而使民气逐渐得到复苏。然而仅仅到了汉文帝时期,就像贾谊所指出的那样,商人们穿着的服饰竟然比皇帝、皇后还要奢侈华丽,由此可见重农抑商的政策实施之难,已经持续很久了。

一五　娄敬祸天下

娄敬之小智足以动人主①,而其祸天下也烈矣! 迁六国后及豪杰名家居关中,以为强本而弱末,似也。遣女嫁匈奴②,生子必为太子,谕以礼节,无敢抗礼,而渐以称臣,以为用夏而变夷③,似也。眩于一时之利害者,无不动也。乃姑弗与言违生民之性,就其说以折之,敬之说恶足以逞哉!

【注释】

①娄敬：西汉初齐（今山东淄博）人。本为戍卒，前往陇西途中在同乡引荐下见刘邦，力陈都城不宜建洛阳而应在关中，刘邦最终采纳了这一建议，并赐其国姓改名刘敬，拜为郎中，号奉春君。后曾建议刘邦与匈奴和亲，并将六国旧贵族与地方豪族迁往关中。因功封建信侯。传见《史记·刘敬叔孙通列传》。

②匈奴：中国古代北方少数民族。历史悠久，秦汉之际逐渐强大起来，控制了西域，屡次攻汉边境，对西汉政权造成了强大的威胁。汉武帝时接连派卫青、霍去病等越过大漠攻击匈奴，匈奴战败而退居漠北，分裂为五部。东汉时分裂为南北匈奴，南匈奴归汉，北匈奴被窦宪等击败后西迁。匈奴族在五胡十六国时期建立了前赵政权。

③用夏而变夷：以诸夏文化影响中原地区以外的僻远部族。夏，诸夏，古代中原地区周王朝所分封的各诸侯国。夷，指中原地区以外的各族。

【译文】

娄敬的小聪明足以打动君王的心，但他对天下的祸害却太大啦！将原来的六国王族之后和地方上的豪强大族都迁移到关中居住，认为这样可以强本而弱枝，这看起来似乎是很高明的。派遣王室之女嫁到匈奴去和亲，所生的儿子一定可以被匈奴立为太子，向他灌输礼义之道，使他不敢与汉朝廷分庭抗礼，那么匈奴就会渐渐向汉朝称臣，这种以夏变夷的策略看起来也像是高明的。被一时的利害所迷惑的人，没有不被这两条似是而非的计策所打动的。姑且不说娄敬的计策违背了民众的本性，仅就他的计策本身来批驳，他的"高招"又怎么能得到施行呢？

富豪大族之所以强者，因其地也。诸田非勃海鱼、盐之利①,不足以强;屈、昭、景非云梦泽薮之资②,不足以强;世家非姻亚之盛、朋友之合、小民之相比而相属,不足以强。弃其田里,违其宗党,夺其所便,拂其所习,羁旅寓食于关中土著之间③,不十年而生事已落④,气焰沮丧。曹子桓云⑤:"客子常畏人⑥。"谅矣哉! 畏人者尚能自强以为国强邪? 固不如休息余民而生聚之也。故贫民尚可徙也,舍其瘠土而移其窳俗⑦,可使强也。豪杰大族,摧折凋残而日以衰。聚失业怨咨之民于辇毂之下⑧,弱则靡而悍则怼⑨,岂有幸乎? 而当时之为虐甚矣。

【注释】

①勃海:即渤海。

②屈、昭、景:皆出自楚国芈姓王族,在楚国被称为三闾贵族。泽薮(sǒu)大泽。薮,湖泽的通称。

③羁旅:客居异乡。寓食:寄食,寄居在别人家里生活。

④生事:生计,境遇。

⑤曹子桓:即魏文帝曹丕。

⑥客子常畏人:出自曹丕《杂诗二首》:"吴会非我乡,安得久留滞。弃置勿复陈,客子常畏人。"意思是游子客居他乡,人地两生,孤立无援,落脚与谋生都不能不向人乞求,看人眼色。

⑦瘠(jí):土地不肥沃。窳(yǔ)俗:恶劣或粗劣的习俗。

⑧怨咨:怨恨嗟叹。辇毂(niǎn gǔ):皇帝的车舆,代指京城。

⑨怼:怨恨。

【译文】

　　富家大族之所以强盛,是因为占有地利。齐国的田氏如果没有渤海的鱼盐之利,就不足以强盛;楚国的屈、昭、景三大家族如果没有云梦泽的丰富资源,就不足以强盛;世袭爵禄的家族,如果没有姻亲的人多势众、朋友的大力合作、小民的纷纷归附,就不足以强盛。迫使六国的王族后裔和富家大族离开家园,抛弃他们的宗族乡党,剥夺他们感到便利的生活环境,改变他们熟悉的生活方式,客居在关中地区,寄食于当地土著居民之中,不到十年他们的生计就已经没有了着落,气势也变得沮丧低落了。曹丕诗中曾说:"客子常畏人。"这话说得真对呀! 看人眼色而害怕别人的人又怎么能够自强起来,从而使国家强盛呢? 还不如当初就让这些六国遗民休养生息,安心地繁殖人口、积聚财富。所以贫民尚可以迁徙,以便让他们离开贫瘠的土地,改变鄙陋粗俗的风俗,从而逐渐地富强起来。而豪杰大族被迁徙后,饱受摧残凋零,元气大伤,实力一天天衰落下去。将这样一大批失去产业、心怀不满的人集中到天子脚下,个性暗弱的会萎靡不振,个性强悍的则会心怀怨恨,伺机报复,这样做会有什么好处吗? 因而这些人在当时就已经为害很严重了。

匈奴之有余者,猛悍也;其不足者,智巧也。非但其天性然,其习然也。性受于所生之气,习成于幼弱之时。天子以女配夷,臣民狃而不以为辱①,夷且往来于内地,而内地之女子妇于胡者多矣。胡雏杂母之气,而狎其言语,骘戾如其父②,慧巧如其母,益其所不足以佐其所有余。故刘渊、石勒、高欢、宇文黑獭之流③,其狡狯乃凌操、懿而驾其上④。则礼节者,徒以长其文奸之具⑤,因以屈中国而臣之也有余,而遑臣中国哉⑥!

【注释】

①狃(niǔ):因袭,拘泥。

②骘戾(zhì lì):蛮横凶暴。

③刘渊(？—310)：字元海，新兴(今山西忻州)人。匈奴族，十六国时期汉国建立者。石勒(274—333)：字世龙，上党武乡(今山西榆社)人。羯族，十六国时期后赵政权的建立者。高欢(496—547)：鲜卑名贺六浑，世居怀朔镇(今内蒙古固阳)人，成为鲜卑化汉人。东魏丞相、北齐政权的实际奠基者。宇文黑獭：即宇文泰(507—556)，字黑獭，代郡武川(今内蒙古武川)人。鲜卑人，西魏的实际掌权者、北周政权的奠基者。

④狡狯(kuài)：狡猾。操、懿：指曹魏政权的奠基者曹操和西晋政权的奠基者司马懿。

⑤文奸：文饰奸邪。

⑥遑：本义指闲暇，这里有"何况"之意。

【译文】

匈奴这类少数民族的人所富余的，是勇猛强悍之气；他们所不足的，是智慧和灵巧。不仅是他们的天性如此，而且他们的传统和习惯也造就了这种后果。天性源自他们所生长环境的地气，习惯则形成于幼小之时。天子将公主下嫁给少数民族，天下臣民们因袭仿效这种行为，不以为耻辱，夷狄之人还不断来往于内地，而内地的女子嫁给胡人为妻的也越来越多。胡人娶汉族妻子所生的孩子身上沾染母亲的气息，熟悉学习母亲的语言，长大后像他们父亲一样蛮横凶暴，像他们母亲一样聪颖智慧，这就弥补了他们原有的不足而强化他们原本就有富余的东西。所以刘渊、石勒、高欢、宇文泰之流，他们的狡狯竟然还在曹操、司马懿之上。可见礼节被胡人当成文饰奸邪的工具，借以使华夏民众屈服而向他们称臣则有余，哪里谈得上让他们向华夏称臣呢？

凡斯二者，皆敬之邪佞，以此破之，将孰置喙①？而徙民之不仁，和亲之无耻，又不待辨而折者也。

【注释】

①置喙(huì)：插嘴，参与议论。

【译文】

这两条，都是娄敬的奸邪巧言之处，如果以此来揭穿他，他又哪里能够对国家大计插嘴呢？而迁徙民众之举的不仁，和亲之策的无耻，又都是无须辩论就昭然若揭的。

一六　常山郡守尉失城不诛

陈豨之反，常山郡亡其二十城①。周昌请诛其守尉②，高帝曰："是力不足，亡罪。"守尉视属城之亡而不效其死力，昌之请诛，正也。虽然，有辨。寇自内发，激之以反，反而不觉，觉而匿不以闻，不为之备，不亟求援，则其诛勿赦也无疑。寇自外发，非其所激，非所及觉，觉而兵已压境，备而不给③，待援不至，其宥也无疑④。故立法者，无一成之法，而斟酌以尽理，斯不损于国而无憾于人。陈豨之反，非常山之所能制而能早觉者也。故周昌之按法，不如高帝之原情。虽然，止于勿诛而已矣，其人不可复用也。所谓"近死之心不可复阳也"⑤。

【注释】

①常山郡：原名恒山郡，因避汉文帝刘恒之讳而改称常山郡。学界一般认为，秦灭赵国后在恒山以南的河北、山西北部地区设置了恒山郡，汉朝建立后沿置，郡治所在东垣县(今河北石家庄东)。

②周昌(？—前192)：沛(今江苏沛县)人。西汉开国元勋，汉朝建立后任御史大夫，封汾阴侯。为人耿直敢言，也以口吃著称。传见《史记·张丞相列传》。守尉：郡太守和郡尉。

③不给：不暇，来不及。

④宥（yòu）：宽容，饶恕，原谅。

⑤近死之心不可复阳也：语出《庄子·齐物论》："近死之心，莫使复阳也。"意思是心态已经接近死亡的状态，不可能再恢复生机了。

【译文】

陈豨反叛的时候，常山郡失陷了二十座城池。周昌上奏请求皇帝处死常山郡的太守和郡尉，汉高祖说："这是力量不足的缘故，郡守和郡尉无罪。"太守和郡尉坐视其郡所管辖的城池失陷而不拼死挽救，周昌请求诛杀他们，是完全正当的。虽然如此，还是要具体问题具体分析。如果贼寇从内部起事，是太守和郡尉将他们激反的，激反以后没有及时察觉，察觉以后又隐匿情况不报告朝廷，不采取防备事态恶化的措施，事发后也不立即请求外援，那么太守和郡尉应该被处死而不能赦免，是确定无疑的。如果贼寇从外部起事，不是太守和郡尉将他们激反的，也不是他们能够及时察觉的，察觉以后敌军已经大兵压境，预先防备已经来不及，等待外援又等不到，那么太守和郡尉应该被赦免，这也是确定无疑的。所以，法律的执行没有一成不变的，必要时应该斟酌变通以尽情理，这样就可以既不损害国家利益也不冤屈当事人。陈豨的反叛，并不是常山郡能够控制并及时察觉的，所以，周昌主张的依法处置，不如汉高祖推究事物情由的处理允当。尽管如此，常山郡的太守和郡尉充其量只能免于被处死而不能继续任用，这就是所谓的"心态已经接近死亡的状态，不可能再恢复生机了"。

一七　面谀之叔孙通谏易太子

　　叔孙通之谏易太子也，曰："臣愿伏诛以颈血污地。"烈矣哉！夫抑有以使之然者：高帝之明，可以理喻也；吕后之权足恃也①；留侯、四皓之属为之羽翼②，而诡随者惮高帝而不敢竞也③。通知必不死,即死而犹有功,何惮而不争? 呜呼! 以面谀事十余主之通,而犯颜骨髓也可使如此。上有明君,下有贤士大夫,佞者可忠,柔者可强,天下岂患无人材哉! 匪上知与下愚,未有不待奖而成者也④。

【注释】

①吕后(前241—前180):字娥姁(xū),通称吕后,或称汉高后、吕太后。单父(今山东单县)人。是汉高祖刘邦的皇后、汉惠帝刘盈的生母。惠帝死后,临朝称制,提拔吕氏外戚,打压刘氏宗室,但她死后不久,吕氏势力即在功臣和宗室发动的政变中被铲除。传见《史记·吕太后本纪》。

②留侯、四皓之属为之羽翼:四皓,即商山四皓,包括东园公唐秉、夏黄公崔广、绮里季吴实、甪(lù)里先生周术。他们本为秦朝博士,后来为躲避战乱而隐居商山。汉高祖曾征召他们,皆不应诏。后来汉高祖有废太子刘盈的想法,吕后向张良求救,张良献计让太子派人高车驷马“卑辞厚礼”去邀请四皓,四人接受了太子的邀请。后来刘邦在宴会上见到太子身边的四皓,感叹太子羽翼已丰,于是打消了更换太子的想法。事见《史记·留侯世家》。

③诡随:诡谲善变。竞:争辩。

④奖:劝导,鼓励。

【译文】

叔孙通劝谏汉高祖不要更换太子,说:“我愿意被陛下杀死,用我脖子上的血溅污地面。”真刚烈啊! 不过他这样做也是有原因的:汉高祖比较贤明,可以用道理来使他明白;吕后的势力足可以依赖;张良和商山四皓作为太子的羽翼都支持他,而那些诡谲善变的主张废太子的人因为忌惮汉高祖,而不敢公开出来与叔孙通辩论。叔孙通知道自己肯定不会死，即使死了也是有功的，他还会有什么顾虑而不去抗争呢？
唉！连曾经侍奉过十几位主人、喜欢当面阿谀奉承的叔孙通，竟然也可
以这样刚直地犯颜直谏。如果上有英明的君主，下有贤能的士大夫，那
么奸佞的人也可以变得忠诚，软弱的人也可以变得坚强，这样，天下还
怎么会担忧没有人才呢？除了特别聪明和特别愚蠢的人，没有不依靠
劝导、鼓励而能成功的。

惠　帝

【题解】

　　汉惠帝刘盈(前210—前188)是汉高祖刘邦的嫡子,高祖二年(前205)立为太子,十二年即帝位。惠帝在位期间,任用曹参为相国,推行清静无为、与民休息的政策,促进了社会经济的复苏和发展。不过,惠帝生性柔弱,在位期间朝廷实权由其母吕太后把持,在位仅七年就因病去世。

　　汉惠帝所任用的相国曹参因袭萧何所立制度而少有改动,史称"萧规曹随"。对于曹参的这种施政方针,王夫之进行了全面深入的剖析:一方面,他结合惠帝朝的政治局势指出,在太后干政、外戚擅权的险恶情势下,曹参的政治发挥空间是十分有限的,任何过激的变革都可能带来风险,招致吕后势力的攻击,从而危及政权的稳定。所以,"萧规曹随"有出于现实政治考量的因素,某种程度上是不得不为之举;另一方面,他从汉高祖到汉武帝时期历史发展的整体脉络着眼,认为惠帝朝处于从草创期到发展繁荣期的过渡阶段,在这一阶段中清静无为、储蓄人才、待时而动,是符合社会发展的总体趋向的,因此"萧规曹随"值得充分肯定。

　　惠帝在位期间吕氏外戚逐渐掌握了京城南北军的统帅权,吕太后死后,诸吕凭借军权试图作乱,险些倾覆刘氏政权。这一事件引发了王夫之对于国防安排问题的思考:"聚劲兵于皇城"这种内重外轻的国防安排是否合适? 换言之,"居中驭外"与"内轻外重",哪种策略更佳? 这一问题无疑是关乎国家安危和稳定的全局性问题。王夫之结合两汉、唐、五代时期的史实,用宦官、外戚、将领因把持禁军统帅权而专擅朝政、废立皇帝甚至改朝换代的教训,说明了"聚劲兵于皇城"策略的弊端,从而否定了内重外轻的国防思想,进而提出了"兵在外而守在夷"的国防设想。这种国防思想是否过于理想化,自然需要读者见仁见智。但必须承认,王夫之思考问题的这种全局性、历史性特点,很值得读者借鉴。

一　惠帝时曹参不得不因

曹参因萧何之法而治①,非必其治也,唯其时之不得不因也。高帝初崩,母后持权于上,惠帝孱弱而不自振②,非因也,抑将何为哉? 鲁两生曰:"礼乐百年而后兴。"唯惠帝之时言此为宜尔。周公之定礼也,流言未靖,东郊未定③,商、奄未殄④,不遑及也。参非周公之德而值其时,乃欲矫草创之失以改易一代之典,则人心不宁而乱即于此起。《易》于《益》之初曰:"利用为大作,元吉,无咎⑤。"无吉而后无咎,利者非其利也。风淫于上而雷迅于下⑥,其吉难矣。

【注释】

①曹参(? —前190):字敬伯,沛县(今江苏沛县)人。秦末汉初政治家,西汉开国功臣。早年任秦朝沛县县吏,反秦起义爆发后追随刘邦,身经百战,屡建战功。西汉建立后分封功臣,曹参功居第二,赐爵平阳侯。汉惠帝时期接替萧何出任丞相,一遵萧何旧制,史称"萧规曹随"。传见《史记·曹相国世家》。

②孱(chán)弱：懦弱，怯懦。

③东郊：指西周东都成周以东的郊外，周灭商后，将商朝遗民迁徙
到这里。

④商、奄：商指商纣王之子武庚的封国殷(都城在今河南安阳)，周
武王灭商以后将武庚封在这里以安抚和管理商朝遗民。奄指方
国奄(都城在今山东曲阜旧城东)，疆域与后来的鲁国大致相同。
周武王死后，武庚联合奄、徐等东方部族发动叛乱，史称"商奄之
变"。

⑤利用为大作，元吉，无咎：语出《周易•益卦》爻辞："初九，利用为
大作，元吉，无咎。"意思是应当利用形势作大事业，非常吉利，必
定没有灾祸。

⑥风淫于上而雷迅于下：《周易•益卦》的卦象是上巽下震，巽即
风，震即雷，风雷相激。一般认为益卦是大吉之卦，但王夫之在
这里对卦象做了别出心裁的解释，意在表明曹参所处的环境十
分险恶，并不利于他"大作"，即有大的变革。淫，过度，泛滥，这
里指不止息地吹。迅，快速猛闪。

【译文】

曹参因袭萧何制定的成法来治理天下，这并不是因为沿用成法一
定能够使天下大治，而是因为在当时的形势下不得不因袭。当时，汉高
祖刚去世，吕太后在朝中把持着大权，惠帝懦弱而不能使自己振作起
来，这种情况下不因袭成法，又能怎么办呢？鲁地的两个儒生说："礼乐
制度要等到休养生息百年以后再兴起。"只有在惠帝时期说这番话才是
合适的。周公制订礼乐制度时，关于他擅权篡位的流言还未平息，成周
的东郊也尚未安定下来，商、奄等叛乱的方国也还未消灭，因为当时没
有闲暇顾及这么多。曹参没有比得上周公的德行，却遇到了与周公相
似的时势，如果想纠正草创制度的失误而更改一代之大典，那么人心就
会不安，从而导致祸乱随之而起。《周易•益卦》的初爻说："应当利用

形势作大事业,非常吉利,必定没有灾祸。"非常吉利然后才能保证没有灾祸,否则所谓的有利也就变得不利了。如果正如《益卦》的卦象所示,风不停地在上面刮,雷不停地在下面猛闪,那么想吉祥也实在太难了。

夫饬大法、正大经、安上治民、移风易俗①,有本焉,有末焉,有质焉,有文焉。立纲修纪,拨乱反正,使人知有上下之辨、吉凶之则者,其本也。缘饰以备其文章②,归于允协者③,其末也。末者,非一日之积也。文者,非一端之饰也。豫立而不可一日缓者④,其本质也。俟时而相因以益者⑤,其末文也。

【注释】

①饬(chì):整顿,使整齐。大经:常道,常规。

②缘饰:修饰,粉饰。

③允协:和洽,和谐。

④豫:预先,事先。

⑤俟(sì):等待。

【译文】

在整顿国家大法、匡正伦常制度、上安天子下治民众、移风易俗的措施中,既有本也有末,既有文也有质。确立和整顿纲纪,消除混乱局面,恢复正常秩序,使百姓们知道上下之分别、吉凶之法则,这就是本。对礼乐典章进行修饰以使其完备,从而归于和洽,这就是末。所谓末,不是一天两天的积累。所谓文,也不是一处两处的修饰。需要预先确立规划而不能够延缓一天的,是本和质。需要等待合适的时机,与其他措施相辅相成从而有益于国家的,是末和文。

高帝之时，不可待也，而两生之说非矣。无以植其本，则后起者无藉也，而锢人心风俗于简略慢易之中①，待之百年而民俗益偷。虽有其志而无其征②，虽有其主而无其臣。故迄乎武帝，仅得董仲舒之疏漏③；而曲学阿世之公孙弘者且进也④，不足以有为矣。此高帝不夙、两生不出之过也⑤。

【注释】

①锢(gù)：禁锢。慢易：怠忽，轻慢。

②征：征引，征求。《论语·八佾》中孔子云："夏礼吾能言之，杞不足征也；殷礼吾能言之，宋不足征也。文献不足故也。足则吾能征之矣。"这里化用了孔子的话，以"征"来指代可供征引的文献（即记录礼乐制度的典籍和通晓礼乐制度的贤人）。

③董仲舒(前179—前104)：广川（今河北景县）人，西汉思想家。曾向汉武帝提出"罢黜百家，独尊儒术"的主张，被武帝采纳。其所著《春秋繁露》一书系统阐述"天人感应"思想，对后世影响深远。传见《汉书·董仲舒传》。疏漏：轻率，不严谨。

④阿(ē)世：迎合世俗。公孙弘(前200—前121)：字季，一字次卿，菑川薛（今山东滕州）人。汉武帝时因精通儒学而进用，官至丞相。传见《史记·平津侯主父列传》。

⑤夙(sù)：本意指天不亮就起来做事情，表示早。这里引申为早做筹谋，以为后世参考之资。

【译文】

在汉高祖时期，草创基本的礼乐制度是不容许等待的，所以那两个鲁地儒生的观点是错误的。如果没有像种树埋下树根一样建立基本制度，那么后世也就没有可以拿来作为凭藉以兴起礼乐的东西了，而人心、风俗就将被禁锢在简单粗略、轻慢懈怠之中，等到百年以后，民心只会更加苟且。即使有想要兴礼乐的志向，也没有可以征引参考的典籍和贤人了；即使有想兴礼乐的君王，也没有能够辅助和执行的臣子了。所以，直到汉武帝时期，也只得到了董仲舒这样轻率不严谨的臣子来建设礼乐制度；而公孙弘这样歪曲学术以迎合世俗的人却日益得到重用，所以汉武帝不足以有所作为。这都是汉高祖不早做筹谋、两位鲁地儒生不愿出山的过错。

　　惠帝、曹参之时，不可不因也。有周之遗文，六国之遗老，虽有存者，可与厘定萧何之法、叔孙通之礼①，以折衷三代②，昭示来兹③；而母后悍，权奸张，内难且作，更张未几，而祸发于中，势将指创制显庸为衅端④，天下抑且以修明制作为戒。其弊也，诗书道圮⑤，俗学苟容，人心趋靡，彝伦日斁⑥，渐渍以益流为偷薄⑦，所必然矣。

【注释】

①厘定：整理订定。厘，整理。

②折衷：亦作"折中"。调和太过与不及，使之合理得当。

③来兹：将来。

④显庸：显明，显著。《国语·周语中》："更姓改物，以创制天下，自显庸也。"

⑤圮(pǐ)：塌坏，倒塌。

⑥彝(yí)伦：常道，伦常。斁(dù)：败坏。

⑦渐渍(zì)：渍染，感化。

【译文】

　　在汉惠帝、曹参时期，是不能不因袭前人成法的。周代的文献、六国的遗老，在汉初虽仍能见到，可以用来整理订正萧何制定的法律、叔孙通制定的礼制,从而折中调和三代的制度,以昭示后人。但惠帝的母亲吕太后强悍专权,被宠幸和重用的奸臣们气焰嚣张,内乱一触即发;这个时候如果改弦更张,则必然会引起祸乱,奸臣们肯定要指责这种创立新制以昭明天下的行为是挑起事端的祸首,整个天下的人也会将修明法度的行为当成禁戒。如此一来,必然会导致的弊端就是:诗书之道塌坏,世俗流行的学问苟且求荣,人心渐渐趋于萎靡,天地伦常一天天地败坏,渐渐地滋长成日益严重的苟且、浅薄之世风。

　　呜呼!方正学死①,而读书之种绝于天下,则汉之犹有贾、董、臧、绾以存古道于百一者②,非曹参有以养之乎?故唯曹参者,可以因也,时也。前此而为高帝,当敦其质③,后此而为文、景④,必致其文,时也。两生傲而不出,文、景让而不遑,违乎时,违乎道矣。

【注释】

①方正学:即方孝孺(1357—1402),宁海人,字希直,一字希古,号逊志,因在汉中府任教授时,蜀献王赐名其读书处为“正学”,故世称“正学先生”。明朝大臣、著名学者。在建文帝一朝出任翰林侍讲及翰林学士,朱棣发动靖难之役攻占南京后,方孝孺拒不投降,也不肯为朱棣起草即位诏书,因此被杀害,株连十族。传见《明史·方孝孺传》。

②贾、董、臧、绾:即贾谊、董仲舒、王臧、赵绾。四人皆为汉初著名儒学家。

③敦:推崇,崇尚。

④文、景:汉文帝、汉景帝。

【译文】

唉！自从明初方孝孺被杀后，读书的种子就在天下灭绝了，而汉朝还有贾谊、董仲舒、王臧、赵绾这些儒学家，能够将古代的"道"保存百分之一，如果没有曹参，还有谁能蓄养、保护他们呢？所以只有曹参可以因袭前人成法，这是当时的历史条件决定的。在曹参之前的汉高帝，应当抓住关键，致力于"质"的建设；在曹参之后的文帝、景帝时期，则必须致力于"文"的建设，这也是由时势决定的。所以，鲁地的那两位儒生清高自傲不肯出山，文帝、景帝一味谦让而无暇顾及"文"的建设，这都是违背时代潮流、不合乎治国之道的。

二　汉不当聚劲兵于南北军

语曰："明王有道，守在四夷①。"制治保邦之道至矣。《书》曰："迪惟有夏，乃有室大竞②。"竞以德也，非竞以兵也。《诗》曰："邦畿千里，惟民所止③。"民所止也，非兵所聚也。易萃之象曰："除戎器，戒不虞④。"萃聚二阳于四五，而分四阴于上下。阳，文德也；阴，武功也。近九五者阳，而屏阴于外，内文外武而不虞以戒矣。

【注释】

①明王有道，守在四夷：语出《淮南子·泰族训》："故天子得道，守在四夷。"贾谊《新书》中云："天子有道，守在四夷"，含义相同。意思是普天之下，莫非王土，如果天子是有道明君，那么四夷就会为天子守土尽责。

②迪惟有夏，乃有室大竞：语出《尚书·立政》："古之人迪惟有夏，乃有室大竞，吁俊尊上帝，迪知忱恂于九德之行。"意思是古人传说，在夏朝的时候，诸侯竞相招揽贤人（一说是诸侯竞相修德以

自强）。

③邦畿千里,惟民所止:语出《诗经·商颂·玄鸟》:"邦畿千里,维民所止。"意思是都邑周边千里远,都是商民居住地。

④除戎器,戒不虞:语出《周易·萃卦》象辞:"泽上于地,萃;君子以除戎器,戒不虞。"整句话意思是,沼泽高出大地之上,这就是萃卦。君子由此领悟,要修治兵器,警戒意外状况。

【译文】

古语说:"明王有道,守在四夷。"这句话将治国安邦之道讲得太深刻到位啦!《尚书》中说:"迪惟有夏,乃有室大竞。"竞是比德,而不是比拼武力的。《诗经·玄鸟》中说:"邦畿千里,惟民所止。"国家的疆域是由臣民所居住的范围决定的,而不是取决于武力所到达的范围。《周易·萃卦》的象辞说:"要修治兵器,警戒意外状况。"萃卦的卦象是将两个阳爻汇聚在中间第四和第五的位置上,而将四个阴爻分列于上下两端。阳爻,代表文德;阴爻,代表武功。靠近九五之尊的是阳爻,而将阴爻作为屏障放置在外面,也就是说,对内兴文教而对外保持武备,这样不测的事件就可以得到有效戒备了。

汉聚劲兵于南北军①,而兵积强于天子之肘腋②,以是为竞王室、巩邦畿、戒不虞之计焉③。然天子岂能自将之哉?必委之人。而人不易信,则委之外戚,委之中官④,以为昵我而可无虞者。乃吕禄掌北军⑤,吕产掌南军⑥,吕后死,且令据兵卫宫以遂其狂逞,而刘氏几移于吕。其后窦、梁、何进与中官迭相握符⑦,而恣诛杀以胁天子者,蹀血相仍。即其未乱也,人主之废立,国事之措置,一听命于大将军,而丞相若其府史⑧。使利器不操于其手,则三公九卿持清议于法宫之上⑨,而孰敢恣睢以逞乎?天下散处而可以指臂使者也。

兵者,卫四夷而听命于帅者也,近在肘腋而或掣之矣。周勃傥得而成⑩,窦武傥失而败⑪,人主赘立于上⑫,而莫必其操纵,则亦危矣。

【注释】

①南北军:西汉初设置在长安城内的禁卫军。南军属卫尉统领,北军属中尉统领。南军驻扎在未央、长乐两宫之内的城垣下,负责守卫两宫;北军则负责守卫长安城中除宫城以外的其他地区。

②肘腋:胳膊肘和腋窝,比喻非常近的地方。

③竞:强,这里指强化、保护。

④中官:指宦官。

⑤吕禄(? —前180):单父(今山东单县)人。吕太后的侄子,吕后临朝称制期间大力提拔外戚,吕禄被封为赵王,并统领北军。吕太后去世,周勃、陈平等人发动兵变,夺取禁军控制权,吕禄被逼交出兵权,不久被周勃、刘章等斩杀。其事见于《史记·吕太后本纪》。

⑥吕产(? —前180):单父(今山东单县)人。吕太后的侄子。吕后大封诸吕,吕产先后被封为吕王、梁王,入掌禁军。后来在周勃、陈平等人发动的兵变中被朱虚侯刘章杀死。其事见于《史记·吕太后本纪》。

⑦窦、梁:皆为东汉著名外戚。窦指汉和帝时期的窦氏外戚,主要包括窦宪、窦笃等人。梁指汉冲帝、质帝时期的梁氏外戚,主要指梁冀。何进(? —189):字遂高,南阳宛(今河南南阳)人。东汉灵帝时外戚,其妹为汉灵帝皇后。黄巾起义爆发后,被任命为大将军,掌握军权。汉灵帝死后,他与袁绍等人密谋尽诛宦官,但事情泄露,反被张让等宦官杀死。传见《后汉书·窦何列传》。

⑧府史：指州郡长官的属吏。

⑨三公：中国古代朝廷中最尊显的三个职位的合称。周以太师、太傅、太保为三公。秦、西汉以丞相、太尉（大司马）、御史大夫为三公，东汉以太尉、司徒、司空为三公。其后历代三公所指或有差异，但大体不出此范围。九卿：古代中央各部门长官的合称。汉代以太常、光禄勋、卫尉、太仆、廷尉、大鸿胪、宗正、大司农、少府为九卿。法宫：宫室的正殿，帝王处理政事之处。

⑩周勃（？—前169）：沛（今江苏沛县）人，西汉开国功臣。因追随刘邦平定天下的功劳而被封为绛侯。惠帝时任太尉。吕后去世后，与陈平合谋智夺吕禄兵权，联合刘章等人，一举诛灭吕氏诸王，拥立文帝，被封为右丞相。死后谥武侯。传见《史记·绛侯周勃世家》。佹：欺诈。

⑪窦武（？—168）：字游平，扶风平陵（今陕西咸阳）人。东汉外戚，长女窦妙是汉桓帝的皇后。窦武年轻时以善习经术、有德行而著名，得到士大夫的拥护。灵帝继位后被拜为大将军，辅佐朝政。他与太傅陈蕃共同谋划铲除宦官，但谋划泄露，遭宦官反扑，结果兵败自杀，被枭首。事见《后汉书·窦何列传》。

⑫赘（zhuì）：多余。

【译文】

汉朝将精兵聚集在南北军，从而使强大的兵力集中在天子脚下，以此作为保护王室、巩固京城、防备不测事件的策略。然而，天子难道能亲自统领这些军队吗？所以他必定要把南北军交给别人统领。而外人不能轻易信用，所以天子宁愿把军权交给外戚，交给宦官，自以为这些亲近自己的人值得信赖，可以保证平安无事。于是外戚吕禄掌握了北军，吕产掌握了南军，吕太后去世前，还命令他们率军拱卫皇宫以实现其疯狂的阴谋，刘氏的江山差一点就要被吕氏篡夺了。后来，东汉的外戚窦氏、梁氏、何进等人与宦官相继掌握禁军兵权，肆意诛杀以胁迫天子的事件层出不穷。即使在国家并未大乱的时期,皇帝的废立,国家大事的处置,也全都听命于大将军,而作为百官之首的丞相就像是他的属吏一样唯命是从。假使大权不操纵在他们手中,那么三公九卿在朝堂上从容公正地议论国事,有谁还敢肆意妄为呢?君王只要把军队分散到全国各地,就可以轻松地指挥和使用他们,就像用胳膊支配手指那样。军队是听命于将帅而防御周边少数民族的,如果将他们大量地集结在京师,那么天子就有可能反被他们控制。周勃用欺诈手段得到军权从而取得政变成功,窦武被别人用欺诈手段夺取军权而最终失败,君主多余地高居于庙堂之上,如果不能有效地控制军队,其处境也是很危险的。

　　唐当天宝之前①,无握禁兵于辇毂者,故扑二张、诸武如缚雏之易②。借曰不竞,然且安、史犯阙而旋踵以平③。贞元以后④,鱼朝恩、吐突承璀、王守澄、刘季述所挟以骄⑤,而废主弑君如吹枯而振槁⑥,其所恃者,岂非天子所欲聚以自竞之兵乎?垂及五代,郭氏攘于前⑦,赵氏夺于后⑧,不出郊关而天下以移。究所以御夷狄而除盗贼者,又不藉此也。则天子未能有兵,聚兵以授人之乱而已。

【注释】

①天宝:唐玄宗李隆基的第三个年号,使用时间为 742 至 756 年。

②二张:指武则天晚年的宠臣张易之和张昌宗兄弟,在张柬之等人发动的神龙政变中被杀。诸武:指武则天的侄子武承嗣、武三思等人。武三思在景龙政变中为李重俊所杀。

③安、史犯阙:指安禄山和史思明发动叛变,史称"安史之乱",叛军曾一度攻陷长安和洛阳。阙,宫阙。旋踵:掉转脚后跟,比喻时

间极短。

④贞元：唐德宗李适的年号，使用时间为 785 至 805 年。

⑤鱼朝恩：唐肃宗、代宗时期的擅权宦官，统领神策军，后被宰相元载设计杀死。吐突承璀（？—约 821）：唐宪宗时期统领神策军的权宦，后被唐穆宗杀死。王守澄（？—835）：活跃于唐宪宗、穆宗、敬宗、文宗四朝的权宦，不仅统领禁军，还数度参与拥立皇帝之事。后因失势而被唐文宗酖杀。刘季述（？—901）：唐末宦官，曾任枢密使，统领神策军。勾结藩镇势力发动政变，囚禁唐昭宗，拥立太子李裕，最后在宰相崔胤策划下，被神策军将领孙德昭杀死。

⑥振槁(gǎo)：击落枯枝干。比喻事情极易成功。

⑦郭氏攘于前：指后汉大将郭威在夺取实权后，北上抵御契丹途经澶州时，被部下拥立而黄袍加身，建立了后周政权。事见《旧五代史·周书·太祖纪》。攘，侵夺，偷窃。

⑧赵氏夺于后：指后周禁军大将赵匡胤在陈桥驿发动兵变，黄袍加身，取代后周而建立了北宋政权。事见《宋史·太祖本纪》。

【译文】

唐代在玄宗天宝时期以前，没有人能够在京城天子脚下掌握禁军统帅大权，所以消灭张易之、张昌宗兄弟和武三思等武氏势力的时候，就像捆小鸡一样容易。如果说没有人在皇帝身边统领禁军会使中央力量不够强大，可是安史之乱发生后没多久，唐政府军就把叛乱平定了，说明事情并非如此。唐德宗贞元时期以后，鱼朝恩、吐突承璀、王守澄、刘季述等人骄横跋扈，而且废立甚至弑杀皇帝就像摧枯拉朽一样容易，他们所凭借依仗的，难道不正是皇帝聚集在身边、希望借以自强的禁军吗？到了五代时期，先是郭威夺取了后汉的江山，建立后周；后是赵匡胤篡夺了后周的天下，建立北宋。他们都是还没率军走出都城四郊的关门就实现了改朝换代。实际上，国家抵御周边少数民族、剪除国内叛乱时所凭借的,并不是聚集在京城的禁军。由此可见,天子将精兵聚集在京城,并不能使自己实际掌握军权,只不过是把军队集中起来交给别人去犯上作乱罢了。

　　边徼之备不修,州郡之储不宿,耀武于法宫明堂之侧,舍德而欲以观兵①,弃略而欲以炫勇,天子之服天下,岂以左矛右戟、遥震遐方而使詟乎②!唯兵在外而守在夷也,则外戚奄宦辽远而不相及,利不足以相啖,威不足以相灼,怵然畏天下之议其后而无挟以争③。即有逆臣猝起以犯顺,亦互相牵曳而终以溃败。推而大之,舜、禹之舞干而三苗效顺④,亦惟不与天下竞勇而德威自震,胥此道焉耳矣。呜呼! 聚兵于王室以糜天下于转输,祗以召乱而弗能救亡,岂非有天下者之炯戒哉⑤!

【注释】

①观兵:原指阅兵,后引申为向别人显示和炫耀军力。《左传·宣公十二年》:"观兵以威诸侯。"《国语·周语上》:"先王耀德不观兵。"

②遐(xiá)方:远方。詟(zhé):惧怕,被震慑。

③怵(chù)然:害怕的样子。

④舞干:指文德感化。三苗:黄帝至尧、舜、禹时期南方氏族部落集团,又称"苗民""有苗"。

⑤炯戒:也作"炯诫",十分明显的警戒或鉴戒。

【译文】

　　边境的防御设施不完备,州郡的战略物资储备不够持久,却在朝堂之侧炫耀武力,舍弃德行的修养而去向天下显示军力,放弃法度方略的建设而去炫耀武勇,天子使天下归心,靠的难道是左手持矛、右手执戟,声威震慑远方从而使他们因畏惧而归附吗? 只有将军队放在边境上抵御少数民族,才能使外戚、宦官都鞭长莫及,其中的利益不足以使其相互倾轧,威势不足以使其相互争斗,他们每天都战战兢兢,惧怕天下人在背后指指点点地议论,因而不敢拥兵相互争斗。即使有逆臣贼子敢冒天下之大不韪,突然发动叛乱,也会因为相互牵制而最终溃败。由此推而广之,舜和大禹修文德而使三苗部落效忠归顺,也并不是与天下比拼武力,却能够以德行和威势震动天下,用的也只是这种方法而已。唉! 将精兵聚集在王室周围而使得天下因为转运庞大的军需物资而疲惫凋敝,最终只能招致祸乱而不能挽救国家危亡,这难道不是统治者们最好的前车之鉴吗?

文　帝

【题解】

　　汉文帝刘恒(前203—前157)是汉高祖刘邦之子,公元前180年在诸吕之乱平定后被周勃、陈平等大臣迎立为皇帝。文帝即位后,继续推行清静无为的政策,轻徭薄赋,恢复和发展生产,提倡节俭,废除肉刑,使汉朝进入了比较强盛安定的时期,史称"文景之治"。在位二十三年。

　　汉文帝历来被认为是古代君王中的有道明君,王夫之对于文帝整体上给予了较高的评价,但对于其一些具体的施政举措也提出了批评。对于轻徭薄赋、废止肉刑的政策,王夫之没有停留在颂扬文帝德行的层次,而是从历史发展的大趋势指出了这些"善政"背后的历史进步轨迹及其出现的历史前提;对于汉文帝时期的重大挑战——诸侯王问题,王夫之从历史大势上反复申述分封制在汉初的"复兴"是短暂的,从长远来看分封制的社会基础已经瓦解,不可能再长期维持下去。基于这一前提,王夫之充分肯定了汉文帝持静待变的方略,认为这是其知天命、顺应历史趋势的表现。对于汉文帝放开民间铸钱之禁、合将相为一的政策,王夫之结合汉以后的史实,指出这两项措施有欠妥当,其实际效果与文帝制定政策的动机相违背;对于文帝用人方面的失策,如误信袁盎、轻召季布,王夫之则直接予以了批评。

　　对于汉文帝时期的名臣——贾谊、晁错和袁盎,王夫之也做出了自己的评论。对于历史上被普遍视为怀才不遇之典型的贾谊,王夫之用了相当的篇幅评论其向文帝提出的各项方略,但评价不高,如贾谊治安策中制御匈奴的"三表五饵"之术,被王夫之视为"婴稚之巧";"众建诸侯而少其力"的削藩之策也被王夫之认为是"不参古今之理势"的短视之术。王夫之认为贾谊"不闻道而只为术",这一评论是否合宜,需要读者见仁见智,但一味以后见之明指责贾谊所提方略过于急切,则未免少了些对具体历史情境下人物的"同情"之心。对于晁错,王夫之颇为赞赏其提出的贵粟和徙民实边之策;对于袁盎,则难掩厌恶之情,直斥其阴险邪僻、居心叵测。

在本篇中,王夫之的史论充分显示了其博学与通识。一方面,在国防、赋税、铸币、礼制等关乎国计民生的问题上,皆能有理有据地结合史实对文帝政策进行分析,条陈利害,指明得失,并给出自己独到的见解,这建基于他对于军事、经济、文化等方面知识的广博涉猎和思考。另一方面,尽管是以评论汉初历史为主,眼光却始终洞贯古今,提炼出古代社会的共通性问题,如论汉文帝合将相为一,即能引申出历代军政关系的处理这一问题,肯定宋之枢密院制而批评明代阁臣督师之制;论汉文帝将周勃下狱,即能关照到历代对待大臣之方式与士风变化之间的关系,雄辩地指出辱大臣即为辱国。这种博学与通识,无疑是王夫之史论的独特魅力所在。

一 袁盎谏帝待周勃谦让

诚以安君之谓忠,直以正友之谓信,忠信为周。君子周而上下睦,天下宁矣。周勃平诸吕,迎立文帝,而有德色;非有罔上行私之慝也[①],不学无术而忘其骄耳。袁盎与俱北面事君[②],尊卑虽殊,固有同寅之义[③];规而正之,勃岂遽怙而不改[④]。藉其不改而后廷折之[⑤],勃过不掩而文帝之情亦释矣。

乃弗规弗折而告文帝曰："丞相骄,陛下谦让,臣主失德。"斯言出而衅忌生⑥,勃之祸早伏而不可解,险矣哉!

【注释】

①慝(tè):邪恶。

②袁盎(? —前148):《汉书》中称爰盎,字丝,楚人,文帝、景帝时大臣。袁盎直言敢谏,曾任中郎、吴国相等职。七国之乱起,袁盎向景帝建议诛杀晁错以退叛军,被景帝采纳,命他担任与叛军交涉的任务。后因反对立梁王刘武为皇储,被梁王派刺客暗杀。传见《史记·袁盎晁错列传》。

③同寅:同僚,共事的官吏。

④怙:坚持。

⑤藉:假设,假使。折:批评,争辩。

⑥衅:裂痕,裂隙。

【译文】

真诚恳切,能够使君王安定,称之为"忠";正直无私,能够匡正朋友的过失,称之为"信",忠信兼备就叫"周"。君子如果能做到"周",那么君臣上下就会和睦,天下也就安宁了。周勃平定了吕氏的叛乱,迎立汉文帝,自居有功而流露出有恩德于文帝的神色。这并不是因为他有欺君罔上、营私舞弊的奸邪之心,而是由于他不学无术所以忘记了戒骄戒躁。袁盎和他一起作为朝臣侍奉君王,虽然尊卑悬殊,但是并不影响两人应有同僚之义的事实;如果袁盎能在私下里指出周勃的过错,规劝他改正,周勃难道会坚持错误不肯悔改吗? 万一他真的不思悔改,那么就在朝堂上公开批评他,这样既不掩饰周勃的过错,也可以消除文帝的疑虑。然而,袁盎既不私下规劝也不公开批评,而是对文帝说:"丞相周勃恃功而骄,陛下却一味谦让,这样臣子和君主各自都失去了应有的德。"此言一出,汉文帝立即对周勃产生了猜忌之心,周勃的灾祸于是早在这里就埋下了，最终也无法破解，袁盎的用心真是险恶啊！

　　帝之谦，非失德也，尊有功而礼大臣，亦何非太甲、成王之盛心^①？而导之以猜刻，此之谓不忠。谅其心之无他^②，弗与规正，而行其谗间，此之谓不信。盎之险诐^③，推刃晁错而夺之权^④，于勃先之矣。小人之可畏如此夫！

【注释】

①盛心：深厚美好的情意。

②谅：明白。他：异心。

③险诐（bì）：亦作"险陂"。阴险邪僻。诐，偏颇，邪僻。

④晁错（前200—前154）：颍川（今河南禹县）人。西汉政治家。汉文帝时任太子家令，上书主张"纳粟授爵""移民实边"。太子刘启即汉景帝上台后任命他为内史，后又擢升御史大夫。晁错力主削藩，因而触怒诸侯王利益，吴楚等国发动"七国之乱"，宣言"清君侧，诛晁错"。汉景帝在军事压力下听从袁盎计策，将晁错腰斩于东市。传见《史记·袁盎晁错列传》。

【译文】

　　帝王的谦让并不是失德。尊重有功之人，礼遇德高位重的臣子，难道不是像商王太甲、周成王那样深厚美好的情意？而把帝王的谦让之心导向猜忌刻薄，就叫不忠。明白对方虽有错但并无异心，却不加以规劝指正，而是私下里进谗言挑拨离间，这就叫不信。袁盎的阴险邪僻一以贯之，后来他挟仇报复、力劝景帝诛杀晁错并夺取他的权力，从周勃这一事件中就已经可以看到先兆了。小人就是如此可怕呀！

　　乃抑有奸不如盎者，浅而躁，褊迫而不知大体^①，击于目即腾于口②,贻祸臣主,追悔而弗及,非盎类而害与盎等。故人主之宜远躁人,犹其远奸人也。则亲亲尊贤之道,其全矣乎!

【注释】

①褊(biǎn)迫:见识狭小。褊,狭小。

②击:碰,接触,这里指目击。腾:张口放言。

【译文】

还有一些不如袁盎奸邪的人,浅薄急躁,见识偏狭而不识大体,一旦看见什么,不等搞清缘由就迫不及待地宣扬出来,结果给君臣都带来了灾祸,追悔莫及。这种人虽然与袁盎不属于同类,但危害却是相同的。所以,君王应该远离急躁偏狭之人,就如同远离奸险邪恶之人一样。如果能做到这样,那么孝敬亲人、尊敬贤人之道,大概也就齐备了吧!

二　文帝伪谦不终

《易》曰:"谦:亨。君子有终①。"君子而后有终,非君子而谦,未有能终者也。故"扐"也、"鸣"也、"劳"也,而终之以"侵伐"②。虽吉无不利,而固非以君子之道终矣。君子之谦,诚也。虽帝王不能不下丘民以守位③,虽圣人不能不下刍荛以取善④。理之诚然者,殚心于此⑤,而诚致之天下。见为谦而非有谦也,而后可以有终。故让,诚也;任,亦诚也。尧为天下求贤,授之舜而不私丹朱⑥,与禹之授启、汤之授太甲、武王之授成王一也,皆诚也。舜受于尧,启受于禹;与泰伯之去句吴、伯夷之逃孤竹一也⑦,皆诚也。若夫据谦为柄,而"扐"之,而"鸣"之,而"劳"之;则姑以此谢天下而不自居于盈,则早已有填压天下之心,而祸机伏而必发,故他日侵伐而无不利。黄、老之术,离诚而用伪久矣。取其"鸣谦"之辞,验其"侵伐"之事,心迹违,初终贸⑧,抑将何以自解哉!故非君子,未有能终其谦者也。

【注释】

① "谦:亨"几句:出自《周易·谦卦》卦辞。意思是有谦德的君子会亨通顺利,有始有终。

② 故"扨(wéi)"也、"鸣"也、"劳"也,而终之以"侵伐":分别出自《周易·谦卦》爻辞:"六四:无不利,扨谦。""六二:鸣谦,贞吉。""九三:劳谦,君子有终,吉。""六五:不富以其邻,利用侵伐,无不利。"扨,辅佐。鸣,言谈。劳,功劳。

③ 丘民:百姓。

④ 刍荛:割草打柴的人,借指地位低微之人。

⑤ 殚心:竭尽心力。

⑥ 丹朱:据《史记·五帝本纪》等记载,是尧的儿子。

⑦ 泰伯之去句(gōu)吴、伯夷之逃孤竹:泰伯之去句吴,泰伯也称太伯,是周太王古公亶父长子,因太王有意传位给小儿子季历,为成全父亲,太伯携其弟仲雍逃到吴地,建立吴国。事见《史记·吴太伯世家》。伯夷之逃孤竹,伯夷是商纣王时期孤竹国国君的长子,国君欲以三子叔齐为继承人,国君死,叔齐让位于伯夷,伯夷不肯违背父命,因而出逃,叔齐也随其出逃。事见《史记·伯夷列传》。

⑧ 贸:改变,不一致。

【译文】

《周易》中说:"有谦德的君子会亨通顺利,有始有终。"只有君子的谦让才能有始有终,如果不是君子而谦让,没有能得到善终的。所以,在辅佐时谦虚、言谈时谦虚、有功劳时谦虚,最终的归宿却是"侵伐"。虽然吉祥,没有不利之处,但这本来就不是以君子之道而善终的。君子的谦虚,是诚恳真挚的。即使是帝王也不能不屈身善待百姓来稳固自己的地位,即使是圣人也不能不礼遇割草打柴的普通人来取得善果。这是理所固然的要求,如果能为此竭尽心力,那么就可以依靠诚恳来招致天下。厉行谦虚而不自居谦虚,这样才能得到善终。所以,谦让是诚恳的,自任也是诚恳的。尧为天下求贤才,将天下传给贤明的舜,而不是私自授给自己的儿子丹朱。他的这种做法,与大禹传位给儿子启、商汤传位给儿子太甲、周武王传位给儿子成王一样,都是出于至诚。舜从尧那里得到天下、夏启从大禹那里得到天下,与泰伯前往吴地、伯夷逃离孤竹一样,都是出于至诚。如果将谦虚作为资本,广为散布,沽名钓誉,据为自己的功劳,那么即使姑且能对天下保持谦抑而不骄傲自满,也早就有了镇压天下之心,祸根已然埋下,到了一定的时刻祸患必然会降临人世,所以他日如有侵伐,没有不利的。黄、老之术,舍弃诚而用伪,由来已久了。拿"鸣谦"这一辞藻,来验证"侵伐"之事,心意与行动相违背,开头与结尾不一致,又将怎样为自己辩解呢? 所以,如果不是君子,没有能够始终如一保持谦虚的。

　　有司请建太子①,文帝诏曰:"楚王,季父也;吴王,兄也;淮南王,弟也。"诸父昆弟之懿亲②,宜无所施其伪者。而以观其后,吴濞、楚戊、淮南长无一全其躯命者③。尺布斗粟之谣④,取疚于天下而不救。然则诏之所云,以欲翕固张之术⑤,处于谦以利用其忍,亦险矣哉!

【注释】

　　①有司请建太子:指文帝即位后有关部门请求早立太子,文帝认为

自己不够贤德，人民尚未满意，且诸侯王和宗室、兄弟及有功之臣多有德义，应该推举有德之人继承社稷，而非急于立太子。然而大臣们坚决请求文帝立自己的儿子为继承人，最终文帝才答应。事见《史记·孝文本纪》。

②懿(yì)亲：至亲。

③吴濞：指吴王刘濞(前215—前154)。汉高祖刘邦之侄、汉文帝的堂兄。文帝死后，以"清君侧"名义发动七国之乱，最终兵败被杀。传见《史记·吴王濞列传》。楚戊：指楚王刘戊(？—前154)。汉高祖刘邦四弟楚元王刘交之孙，楚国第三代君主。追随吴王发动七国之乱，最终战败自杀。传见《史记·楚元王世家》。淮南长：指淮南王刘长(前198—前174)。汉高祖刘邦少子，汉文帝异母弟。文帝时期他在国中骄横不法，图谋叛乱，事泄被拘。朝臣议以死罪，文帝赦免了他，废王号，谪徙蜀郡，途中不食而死。传见《史记·淮南衡山列传》。

④尺布斗粟之谣：指淮南王刘长因谋反被其兄汉文帝废黜王位、迁徙途中绝食而死后，民间为此事创作的歌谣："一尺布，尚可缝；一斗粟，尚可春；兄弟二人不相容。"

⑤欲翕(xī)固张：语出《老子》第三十六章："将欲歙之，必固张之。"意思是想要收敛它，必先扩张它。翕，合，聚。

【译文】

有关部门请求早立太子，文帝下诏说："楚王，是我的叔父；吴王，是我的兄长；淮南王，是我的弟弟。"以叔父、兄弟这样的至亲关系，按理说不应当心怀异志、图谋不轨。但从后面的事实来看，吴王刘濞、楚王刘戊、淮南王刘长三人，没有一个不身首异处、死于非命的。正如民间流传的讽刺宗室至亲不能相容的尺布斗粟之歌谣那样，他们对天下犯下了大罪而没有谁能救他们。但是文帝诏书中的说法，是用欲翕固张的策略，自身尽量做到谦恭而利用对方的残忍，也是很危险的呀！

　　且夫言者,机之所自动也。吴、楚、淮南闻斯语而歆动其妄心,则虽欲扑之而不得。故曰"火生于木而焚生火之木"①,自生而自克也。文帝亦何利焉? 至于侵伐,而天下亦殆矣。君子立诚以修辞,言其所可行,行焉而无所避,使天下洞见其心,而鬼神孚之②。兵革之萌销于心,而机不复作,则或任焉而无所用谦,或让焉而固诚也,非有伪而托于"鸣"者也。何侵伐之利哉!

【注释】

①火生于木而焚生火之木:《阴符经》云:"火生于木,火发必克。"唐李荃《阴符经解》云:"火生于木,火发而木焚。"意思是火产生于木,却反过来焚烧了生火的木头,比喻玩火自焚。

②孚:信服。

【译文】

　　语言,是引发行动或事件的导火索。如果吴王、楚王、淮南王听了文帝的这番话而欣然动起了不正当的心思,那么即使想要消灭他们也不可能。所以说"火产生于木,却反过来焚烧了生火的木头"。这叫自生自克,文帝又能得到什么好处呢? 一旦与各诸侯王发生军事冲突,那么天下也就变得很危险了。君子立于至诚而注意修饰自己的文辞,所说的话都是切实可行的,所做的事也都无须避开他人,使天下的人都可以洞见他的心,连鬼神也会信服他。战争的萌芽消弭于心底,而且类似的念头不会再产生。如此则有时自任而无须谦让,如果谦让他人也一定是出于至诚,并非是虚情假意而出于言语上虚假的谦让。所以侵伐有什么好处呢?

三　贾谊欲兴礼乐宜先劝文帝以学

　　汉兴,至文帝而天下大定。贾谊请改正朔、易服色、定官名、兴礼乐①,斯其时矣。鲁两生百年而后兴之说谬矣。虽然,抑岂如谊之请遽兴之而遂足以兴邪? 武帝固兴之矣,唐玄宗欲兴之矣,拓拔氏、宇文氏及宋之蔡京亦皆欲兴之矣②。文帝从谊之请,而一旦有事于制作,不保其无以异于彼也。于是而兴与不兴交错,以凋丧礼乐,而先王中和之极遂斩于中夏③。

【注释】

①正朔:历法。服色:车马和祭牲的颜色。历代各有所尚。

②拓拔氏、宇文氏:分别代指北魏和北周。蔡京(1047—1126):字元长,兴化仙游(今福建仙游)人。北宋权相、书法家。宋徽宗在位期间,蔡京先后四次任相,共达十七年之久,因大兴花石纲之役等劣迹而被时人称为“六贼”之首。宋钦宗上台后,蔡京被贬到岭南,途中死于潭州。传见《宋史·奸臣列传》。

③斩:断绝。中夏:华夏,中国。

【译文】

汉朝建立后,直到文帝时期天下才完全安定。贾谊请求改订历法、更换服色、制定官名、兴礼作乐,此时正是合适的时机。那两名鲁国儒生主张等到百年以后再兴礼作乐的说法是完全错误的。尽管这样,如果要按照贾谊的建议立即兴礼作乐,难道就能很快兴得起吗? 汉武帝固然兴礼作乐了,唐玄宗也想兴礼作乐,连北魏、北周这些少数民族政权和宋代奸相蔡京都想兴礼作乐,但却未必能取得成功。如果汉文帝接受贾谊的请求,而在短时间内迅速制礼作乐,其结果难保不和历史上那些失败的案例一样。于是兴礼乐与不兴礼乐交错相杂,礼乐制度渐渐凋落丧失,而先王的中和之道就在华夏渐渐断绝了。

　　夫谊而诚欲兴也。当文帝之世,用文帝之贤,导之以中和之德,正之于非僻之萌,养之以学问之功,广之以仁义之化,使涵泳于义理之深。则天时之不可逆,而正朔必改;人事之不可简,而服色官名之必定;至德之不可亵,而礼乐之必兴;怵惕而不安于其心①,若倦于游而思返其故。抑且有大美之容,至和之音,髣髴于耳目之间②,而迫欲遇之。则以文从质,以事从心,审律吕于铢絫之间③,考登降于周旋之际④,一出其性之所安,学之所裕,以革故而鼎新,不待历岁年而灿然明备矣。谊之不劝以学而劝以事,则亦诏相工瞽之末节⑤,方且行焉而跛倚⑥,闻焉而倦卧,情文不相生,焉足以兴? 故文帝之谦让,诚有歉于此也,固帝反求而不容自诬者也。礼乐不待兴于百年,抑不可遽兴于一日,无他,惟其学而已矣。

【注释】

①怵(chù)惕:恐惧警惕。

②髣髴(fǎng fú):隐约,依稀。

③律吕:本意指古代校正乐律的器具,比喻准则、标准。铢絫(lěi):一铢一絫,比喻微小之物。絫,古代计量单位,十絫为一铢。

④登降:指登阶下阶进退揖让之礼。

⑤诏相:古代一种礼仪人员,负责教导行礼的言辞与礼节。工瞽(gǔ):古代乐官。

⑥跛倚:偏倚,偏向某一方。

【译文】

　　贾谊确实是诚心想兴礼乐的,他处在汉文帝在位时期,利用汉文帝的贤能,用中和的品德来引导他,在他萌生邪恶的念头时及时加以矫正,用学问的功夫来滋养他,用仁义感化来拓宽他的胸怀,使他沉浸在义理的精深奥妙之中。如此一来,则天时不可以违逆,所以历法一定要更改;人事不可以简陋,所以车马、祭牲的颜色和官名必须要精心制定;至高的德行不容败坏,所以必须兴礼作乐。由于恐惧和警惕,他的内心时常不安,就如同游子厌倦漂泊而想要返回故乡一样。况且有大美的礼容、极度和谐的音乐,仿佛就在耳目之间,因而急切地想遇到它。如此则以外在的文来跟从内在的质,以具体行动来服从于心,在非常精细的尺度上考订音律,在周旋进退之间考订登阶下阶的礼仪细节,完全出于其性情的安然于此、学问的深厚积累,以此来革除旧弊,创立新制,用不了一年就可以卓有成效,纲纪法度都变得明确完备。贾谊不劝文帝先修学问,却劝其先做具体的事情,这也是属于诏相、乐工之类的人负责的细枝末节,刚要行动便有所偏倚,令人听到就疲倦地卧在床上,内容与形式不能共生,礼乐怎么能够兴起呢? 所以,文帝的谦让,实在是由于在学问这方面有所欠缺,他宁愿自身继续努力也不容许自欺欺人。礼乐不可以等到百年以后再兴起,但是也不可能在一天之内就迅速兴起,这没有别的原因,只是由于受到学识的局限而已。

　　或曰:成王幼冲①,德未成而周公亟定宗礼,何也? 曰:周公之自定之也,非成王之能也。迨其后成王日就月将而缉熙于光明②,乃以用周公之所制而不惭。谊固非周公,藉令其能如周公,而帝以黄、老之心行中和之矩范,自顾其不类而思去之,又奚能以终日乎?

【注释】

①幼冲:年龄幼小。

②日就月将而缉熙于光明:语出《诗经·周颂·敬之》:“日就月将,

学有缉熙于光明。"意思是日日有所收获,月月有所进步,不断地学习,就能达到无比光明的境界。缉熙,光明,光辉。

【译文】

有人说:"周成王年龄幼小,德行还未成而周公就迅速制定了宗庙祭祀的整套礼仪,这是为什么呢?"回答是:"这是周公自己制定的,而不是成王本人能够制定的。等到后来,成王不断地学习,日日有所收获,月月有所进步,从而达到光明的境界后,仍然继续使用周公所制定的礼仪制度,没有丝毫感到不满意。贾谊本来就不是周公,即使他的能力和德行能比得上周公,而汉文帝以信奉黄、老之道的心来推行儒家中和之道的规范,自己就会深感不伦不类而想要放弃它,又怎么能够整天坚持贾谊的教导呢?"

四　文帝罢卫将军军及太尉官合将与相为一

文帝罢卫将军军[①],不欲使兵之冗集于京师也[②];罢太尉官属丞相,不欲兵柄轻有属也;合将与相而一之,故匈奴侵上郡而灌婴以丞相出将[③]。以是为三代文武同涂之遗制与[④]!抑论之:罢卫军,罢太尉,未尝不宜也。天子者,不待拥兵以为威;假待之以为威,则固不可更授其制于一人。乃若合将相于一,而即相以将,则固不可。灌婴者,可将者也,非可相者也;其可相者,则又非可将者也。故三代之制,不可行于后世者有二:农不可兵,兵不可农;相不可将,将不可相也。

【注释】

①卫将军:汉初官职名,汉高祖时王恬启曾任卫将军,汉文帝即位后,任命宋昌为卫将军,总领南北军,是京城军队的最高统帅。

汉文帝前二年,下诏罢卫将军一职。后来历代时有复置,职掌不尽相同。

②冗(rǒng):多余。

③上郡:战国秦汉时期郡名,魏国始置。西汉初年,其统辖范围包括今陕西北部、内蒙古自治区乌审旗等地区,郡治所在肤施(今陕西绥德)。灌婴(? —前176):睢阳(今河南商丘)人。西汉开国功臣,以英锐骁勇著称,作为骑兵将领屡立战功。文帝即位后,灌婴因拥立有功而被封为太尉。后来文帝撤销太尉一职,他改任丞相。卒谥"懿"。传见《史记·樊郦滕灌列传》。

④涂:道路。与:语气词。表感叹。

【译文】

汉文帝罢除卫将军一职及其所辖军队,是不想让军队过多地聚集在京城;罢太尉一职而将其职权转属丞相,是不愿意让兵权轻易地掌握在别人手里。他把将和相的职掌合而为一,所以匈奴入侵上郡时,灌婴以丞相的身份率军出征。汉文帝认为这是夏、商、周三代文武同途的遗制。如果仔细讨论的话,罢除卫将军、罢除太尉,也没有什么不合适的。天子本来就不必拥重兵来显示威风。如果必须靠拥重兵来显示威风,那么军权当然不应该轻易地授给别人。至于把将和相合而为一,而以将军充任丞相,则是根本不可行的。灌婴可以做将军,却不可以做丞相;可以做丞相的,则又不一定能做将军。所以,三代的制度中,后世不可行的有两种:一是农民不能做士兵,士兵不能做农民;二是丞相不可做将军,将军不可做丞相。

    且夫古之将相合一者,列国之事尔。楚之令尹①,楚之帅也;晋之将中军,晋之相也。所以然者,何也?列国无议礼、制度、考文之事②,无百揆、四门、大麓之典③;其执政者,不必有燮阴阳、兴教化、叙刑赏之任④。而其为帅也,亦邻国之不辑⑤，相遇于中原，以一矢相加遗，而犹有礼焉；非如后世之有天下者，与夷狄盗贼争社稷之存亡也。其谓之将相者，今一郡之倅判而已⑥；又其小者，一县之簿尉而已⑦。若天子，则吉甫、山甫、方叔、南仲各任其任而不相摄⑧。然则三代且不然，而况后世统万方之治乱，司边徼之安危者乎！

【注释】

①令尹：楚国在春秋战国时代的最高官衔，入则领政，出则统军。

②无议礼、制度、考文之事：语出《礼记·中庸》："非天子不议礼，不制度，不考文。"考文，考试辞章。

③百揆（kuí）：百官。四门：学校名，即四门学。大麓（lù）：总领政务之职，领录天子之事，犹后世之尚书。

④燮（xiè）：协和，调和。叙：评议等级次第。

⑤不辑：不和。辑，和睦。

⑥倅（cuì）判：州郡长官的副职。

⑦簿尉：主簿和县尉，县令的副职。

⑧吉甫、山甫：指西周宣王时期的贤能宰辅尹吉甫、仲山甫，二人皆能文能武。方叔、南仲：皆是西周宣王时期的卿士，曾领兵征伐荆楚和猃狁（xiǎn yǔn）。

【译文】

　　况且古代将相合一，本是列国时期的事情。楚国的令尹，是楚军的统帅；晋国中军的主将，也是晋国的宰相。之所以这样，是为什么呢？因为列国时期没有议论礼制、制作法度、考试辞章的事情，没有百官、学校、总录政事的典章制度；当时的执政官，不必负责调和阴阳、兴办教育、奖惩赏罚等事务。他们做将帅，也不过是在与邻国不和的时候，率军相遇于原野，即使相互射出一矢一箭，也仍然不失礼仪；而不是像后世的天下君王那样,必须不断地跟夷狄、盗贼来争夺社稷的存亡。古时候所谓的将相,不过相当于今天一郡的副贰官员罢了;其中更小的,仅仅相当于一县的主簿、县尉而已。至于天子,其手下的大臣如尹吉甫、仲山甫、方叔、南仲等都是各司其职而互不统属。由此可见,连三代时期都尚且不这样将相合一,更何况是后世统帅天下万方的治乱、负责边境的安危的人呢!

盖相可使之御将,而不可使为将;将可与相并衡,而不可与六卿并设①。宋之以枢密司兵而听于相②,庶几近之矣。以枢密总天下之戎务,而兵有专治;以宰相司枢密之得失,而不委以专征③。斟酌以仿三代之遗意,而因时为节宣④,斯得之与!阁臣督师⑤,而天下速毙。呜呼!殆矣夫!

【注释】

①六卿:《周礼》执政官员分为六官,亦称"六卿",是国君身边最显贵和重要的官员。后世往往称吏、户、礼、兵、刑、工六部尚书为六卿。

②枢密:指枢密院。枢密院制度唐代始设立,长官枢密使由宦官充任,负责接受表奏及向中书门下传达帝命。宋代改革枢密院制度,枢密使由文官出任,主管军事方面的事务。

③专征:受命自主征伐。

④节宣:指或裁制或布散以调适之,使气不散漫,不闭塞。后来也泛指增减调整。

⑤阁臣:明清时期作为内阁成员的大学士的别称。

【译文】

大概而言,可以让宰相统御将帅,却不能让他做将帅;将帅可以与宰相并驾齐驱,却不能和六卿同时设立。宋朝的时候以枢密院掌管军事,枢密院听命于宰相,差不多接近古制了。以枢密使统管天下的军事事务,则军队就有了专门的人和机构来主管;以宰相来监督枢密使的得失,但不将专征的权力委托给宰相。经过深入斟酌研究以仿效三代的遗制,并且因时制宜地加以增删调整,宋代人可以说是做到啦!如果像明代那样由阁臣来督军,则天下会迅速灭亡。唉,危险啊!

五　审食其死汉大臣无敢请治淮南

审食其之死①,文帝伤淮南王长之志,赦而弗治,亦未为失也。汉廷之大臣,无有敢请治之者,国无人矣。张释之为廷尉②,虽在食其已死之后,而追请正邢侯、雍子之刑③,抑非事远而不可问;姑市其直于太子、梁王之行驰道④,而缄口于淮南?则其直也,盖“见可”“知难”之直⑤,畏强御而行于所可伸者也。天子诎于情⑥,而廷臣挫于势,故其后王安欲反⑦,而谓汉廷诸臣如吹枯振落之易。其启侮于诸侯久矣,张释之其尤乎!

【注释】

①审食其(yì jī,?—前177):沛(今江苏沛县)人。初任刘邦舍人,楚汉战争中与吕后同时为项羽所俘,渐成为吕后亲信。汉高祖六年被封为辟阳侯,惠帝时期曾任左丞相。文帝前三年,淮南王刘长因恨其当初没有尽力保全其母赵姬,前往审食其府上将其锤杀。其事散见于《史记·吕太后本纪》《史记·淮南衡山列传》等。

②张释之:字季,南阳堵阳(今河南方城)人。西汉大臣,曾长期担任廷尉,以执法公正不阿闻名。传见《史记·张释之冯唐列传》。

③追请正邢侯、雍子之刑:据《左传·昭公十四年》记载,邢侯与雍

子争田,雝子将女儿嫁给断案的官员叔鱼以求在裁判时获利。等到断案的时候,叔鱼果然偏袒雝子而压抑邢侯,邢侯愤而杀死了叔鱼和雝子。晋执政大夫韩宣子向叔向请教处理意见,叔向认为邢侯、雝子、叔鱼皆有罪,邢侯闻讯逃走,韩宣子于是劾捕邢侯家族,并将雝子、叔鱼的尸体放在市场上示众。王夫之引用这一典故,意在说明张释之理应追究淮南王的责任。

④太子、梁王:指后来的汉景帝刘启和其同母弟梁孝王刘武。

⑤"见可""知难":即见可而进,知难而退。比喻根据实际情况决定前进和退却。

⑥诎(qū):折服,屈服。

⑦王安:指淮南王刘安。

【译文】

审食其被淮南王刘长杀死一事,文帝同情淮南王为母亲报仇的志向,赦免了他的罪过,不予追究,这种做法也算不上失误。但汉朝廷的大臣中,没有敢请求依法追究淮南王罪过的人,说明国家没有正人君子了。张释之作为廷尉,虽然任职时审食其已死,但完全可以像叔向追究邢侯、雝子的罪责一样事后追请治淮南王的罪,又不是事情太过遥远而无法究问了;但他抓住太子和梁王疾行于驰道而违背礼制一事不放,大做文章,以此来博得正直的名声,却对淮南王杀人一事闭口不言?可见张释之的正直,大概也只是"见可而进""知难而退"的正直罢了,他畏惧强暴,不敢触犯横行跋扈的权势人物,只敢在可行的范围内伸张正义。皇帝是碍于亲弟弟的情面,而朝廷大臣则是畏惧淮南王的权势,所以后来刘长的儿子刘安准备谋反的时候,竟认为对付汉朝廷的诸位大臣像摧枯拉朽一样容易。朝廷的大臣们自取其辱于诸侯王们已经很久了,张释之难道是其中最严重的吗?

六　文帝以誉毁召遣季布未足为病

以一人之誉而召季布,以一人之毁而遣季布,天下将窥其浅深①。虽然，何病？人主威福之大权，岂以天下莫能窥为不测哉！布之悻悻于罢去，而仰诘人主以取快，其不足以为御史大夫，明矣。使酒难近之实②，自露而不可掩矣。文帝之失，轻于召布也，非轻于罢布也。慎用大臣而不吝于改过，闻人之言，迟之一月，而察其非诬，默然良久，而曰："河东吾股肱郡③，故特召君。"所以养臣子之耻也，非惭也。如其惭邪，抑以轻于召布而愧其知人之不夙也。

【注释】

①"以一人"几句：指季布为河东郡守，汉文帝听人说他很有才能，便召见季布并打算任命他做御史大夫。然而，又有人说他借着酒意放纵性情，使人难以接近。季布居京一月，被文帝召见后便令其回原郡。季布对文帝说，因他人的赞誉和诋毁就随意加以召见和遣回，担忧别人知道此事后就窥探出文帝为人处事的深浅了。事见《史记·季布栾布列传》。

②使酒：借着酒意放纵性情。

③河东：郡名，战国时期始置，辖今山西中南部，郡治所在安邑（今山西夏县）。股肱（gōng）：腿和胳膊，引申为辅佐君主的大臣。

【译文】

　　汉文帝因为一个人的称赞而召见季布，又因为一个人的毁谤而将他遣回河东，天下人因此能够窥探到皇帝城府的深浅。即便如此，又有什么危害呢？君主赏罚的大权，难道是以天下没有人能窥探到为不测吗？季布对自己被遣回河东郡感到悻悻不乐，于是通过诘责君王而逞一时之快，这清楚地表明他不适合当御史大夫。他借着酒意放纵性情、使人难以接近的事实，已经充分地自行暴露而无法掩饰了。汉文帝的过失，是轻易地召见季布，而不是轻易地将季布遣归河东。他慎重任用大臣而不吝惜改正自己的过错，听到别人关于季布的负面言论后，过了一个月才发现并非诬陷之词，沉默良久后却说："河东郡是我的战略要地，所以特地召见你。"这实际上是在隐藏臣子的耻辱，而不是出于自己的惭愧之情。如果文帝果然感到惭愧，那也应当是为了自己轻率地召见季布而为不能及早看清别人感到羞愧。

七　贾谊之学不纯与陆贽互有低昂

贾谊、陆贽、苏轼[①]，之三子者，迹相类也。贽与轼，自以为谊也；人之称之者，亦以为类也。贽盖希谊矣[②]，而不能为谊，然有愈于谊者矣。轼且希贽矣，而不能为贽，况乎其犹欲希谊也。

【注释】

①陆贽(zhì，754—805)：字敬舆。嘉兴(今浙江嘉兴)人。唐代政治家、文学家。唐德宗时期曾担任宰相，指陈弊政，废除苛税，后遭构陷后罢相。有《翰苑集》《陆氏集验方》传世。传见新、旧《唐书·陆贽列传》。苏轼(1037—1101)：字子瞻，又字和仲，号东坡居士，世称苏东坡。眉山(今四川眉山)人。北宋著名文学家、书法家，"唐宋八大家"之一。政治上对王安石新法有所不满而不见容于新党，因而屡遭贬谪。其文学成就对后世影响深远。传见《宋史·苏轼列传》。

②希：仰慕。

【译文】

贾谊、陆贽、苏轼这三个人，事迹、经历非常相似。陆贽和苏轼都自以为是贾谊再世；别人称许他们时，也都认为他们与贾谊非常类似。实际上，陆贽很仰慕贾谊，却不能成为贾谊那样的人，然而在某些方面却超过了贾谊。苏轼则很仰慕陆贽，却不能成为陆贽那样的人，何况他还很仰慕贾谊而想成为他那样的人呢！

奚以明其然邪？谊之说：豫教太子以端本①，奖廉隅以善俗②，贽弗逮焉。而不但此，傅梁怀王，王堕马毙，谊不食死，贽弗能也。所以知其不能者，与窦参为难之情③，胜于忧国也。顾谊之为学，觕而不纯④，几与贽等。而任智任法，思以制匈奴、削诸侯，其三表五饵之术⑤，是婴稚之巧也；其削吴、楚而益齐，私所亲而不虑贻他日莫大之忧，是仆妾之智也；贽之所勿道也。故辅少主、婴孤城⑥、仗节守义，以不丧其贞者，贽不如谊；而出入纷错之中，调御轻重之势，斟酌张弛以出险而经远也，谊不如贽。是何也？谊年少，愤盈之气，未履艰屯⑦，而性之贞者略恒疏，则本有余而末不足，斯谊与贽轻重之衡，有相低昂者矣。

【注释】

①豫教：教育，感化。端本：端正根本。

②廉隅：棱角。比喻端方不苟的行为、品性。

③窦参（734—793）：字时中，扶风平陵（今陕西咸阳）人。唐德宗时期曾任宰相，恃权贪婪，与陆贽不和，陆贽多次向德宗报告窦参贪污纳贿。后来窦参被举报交通藩镇，被德宗贬谪，不久赐死。传见新、旧《唐书·窦参列传》。

④觕(cū)：粗浅。

⑤三表五饵：指贾谊向汉文帝陈献的防御匈奴之策。"三表"指立信义、爱人之状和好人之技；"五饵"指赐之盛服车乘、盛食珍味、音乐妇人、高堂邃宇府库奴婢和亲近安抚。

⑥婴：绕，围绕。

⑦艰屯：艰难。

【译文】

怎么能够证明确实是这样呢？贾谊的主张——教育太子以端正根本，奖励端方不苟的行为以改善风俗，是陆贽所比不上的。不仅如此，贾谊在做梁怀王太傅的时候，梁王从马上摔下来死了，贾谊为此不食而死，这也是陆贽所做不到的。之所以知道陆贽做不到，是因为陆贽与窦参相互敌对、争斗的情绪，胜过了忧国忧民的感情。贾谊做学问，粗而不纯，几乎与陆贽相同。而贾谊使用智力和法令，想制服匈奴、削弱诸侯，他的"三表五饵"之术，不过是小孩子的花招罢了；他削弱吴国和楚国来增强齐国，为了照顾自己的私人感情而不顾虑为将来留下巨大的祸患，这是臣妾之人的小智。这些做法陆贽都是不会认同的。所以，辅佐少主、固守孤城、仗节守义，而不丧失其忠贞之志，陆贽比不上贾谊；而出入于纷乱交错的局势之中，调节控制轻重之势，斟酌事务的缓急、张弛来摆脱危险局面，做长远谋划，贾谊比不上陆贽。为什么如此呢？因为贾谊年轻气盛，心中充满愤世嫉俗之气，没有经历过艰难困苦，而性格坚贞的人在方略上常常较为疏阔，因而根本有余而具体细节上有所不足，由此可见，贾谊与陆贽相比，各有所长，互有高低。

　　若夫轼者，恶足以颉颃二子乎①！酒肉也，佚游也②，情夺其性者久矣。宠禄也，祸福也，利胜其命者深矣。志役于雕虫之技，以耸天下而矜其慧。学不出于揣摩之术③，以荧天下而雠其能④。习于其父仪、秦、鞅、斯之邪说⑤，遂欲以揽天下而生事于平康之世。文饰以经术，而自曰吾谊矣；诡测夫利害，而自曰吾贽矣；迷失其心而听其徒之推戴，且曰吾孟子矣。俄而取道于异端⑥，抑曰吾老聃矣⑦，吾瞿昙矣⑧。

若此者,谊之所不屑,抑贽之所不屑也。绛、灌之非谊曰^⑨：
"擅权纷乱。"于谊为诬,于轼允当之矣。藉授以幼主危邦,
恶足以知其所终哉！乃欲推而上之,列于谊与贽之间,宋玉
所云"相者举肥"也^⑩。

【注释】

①颉颃(xié háng)：原指鸟上下翻飞,引申为不相上下,互相抗衡。

②佚游：放纵游荡而无节制。

③揣摩之术：战国时的游说术。指揣度国君心思,使游说投合其
本旨。

④荧：迷惑。雠：对应,这里指显示。

⑤仪、秦、鞅、斯：指张仪、苏秦、商鞅、李斯。

⑥俄而：忽而,不久。

⑦老聃：即老子。

⑧瞿昙：释迦牟尼的姓,佛的代称。

⑨绛、灌：指绛侯周勃和灌婴。

⑩宋玉(约前298—约前222)：又名子渊,鄢(今河南鄢陵)人。战国
时期楚国文学家,善辞赋,有《九辩》《风赋》《高唐赋》《神女赋》
《登徒子好色赋》等作品传世。相者举肥：出自宋玉《九辩》："变
古易俗兮世衰,今之相者兮举肥。"意思是相马只选肥壮者,比喻
荐士只举有财势者。

【译文】

　　至于苏轼,又哪里有资格与贾谊、陆贽二人相提并论呢！他嗜好酒
肉,喜欢放荡而无节制,被逸乐之情夺去其本性已经很久了。他追逐宠
幸与富贵,趋福而避祸,他的逐利之心已经深深压抑了他的自然气质。
他致力于雕虫小技,以耸动天下来夸耀自己的聪慧。他做学问不出于
揣摩之术,以此来迷惑天下而炫耀显示自己的才能。他熟练学习他父

亲关于张仪、苏秦、商鞅、李斯的学说,于是便想以此来包揽天下大事,因而在太平盛世中四处生事。他以经术来装饰门面,而自称是贾谊;私下里诡测利害,就自称是陆贽;迷失了自己的本心而听任自己门徒的推崇拥戴,就自称为孟子。忽而又从异端邪说中求取所谓的"道",便又自称是老子,是佛了。像这些事,贾谊不屑做,陆贽也不屑做。周勃、灌婴指责贾谊,说他"擅权纷乱",这对于贾谊来说是诬陷,但对于苏轼来说则是公允恰当的评价。假使将君主年幼、国家危难的局面交给苏轼来处理,又哪里知道他会落得个什么样的下场呢?他竟然还想抬高自己,跻身于贾谊和陆贽之间,这正是宋玉所说的"相者举肥"。

王安石之于谊,似矣,而谊正。谊之于方正学,似矣,而正学醇。正学凌谊而上之,且不能以戡祸乱,而几为咎首^①。然则世无所求于己,己未豫图其变,端居臆度,而欲取四海而经营之,未有能济者也。充谊之志,当正学之世,尽抒其所蕴,见诸施行,殆可与齐、黄并驱乎^②!贽且不能,而轼之淫邪也勿论已。故抗言天下者^③,人主弗用而不足惜。惟贽也,能因事纳忠^④,则明君所衔勒而使驰驱者也^⑤。

【注释】

①咎首:罪魁祸首。

②齐、黄:指齐泰、黄子澄。二人皆是建文帝所信用的大臣,主持削藩事务,靖难之役后为朱棣所杀。

③抗言:高声而言,比喻高谈阔论。

④因事纳忠:这是司马光在《资治通鉴》中称赞张良的话,意思是能够利用各种条件和事情向皇帝进献忠言。

⑤衔勒:原指马嚼口和马络头,后来引申为控制、驾驭。

【译文】

王安石与贾谊相似,而贾谊更正直。贾谊与方孝孺也很相似,而方孝孺更纯粹。方孝孺的为人和才识凌驾于贾谊之上,尚且不能以此来平定、制止祸乱,却反而差一点成为罪魁祸首。由此可见,如果世人对自己没有所求,自己也没有预先谋划可能出现的变故,仅凭自己的主观臆测,就想取天下而治理之,没有能够成功的。以贾谊那样的志向,处在方孝孺的时代,尽情抒发心中所蕴藏的治国方略,使之付诸实践,差不多可以与齐泰、黄子澄并驾齐驱吧!陆贽尚且不能做到,而淫邪的苏轼就更不用提了。所以高谈阔论天下的人,君主不任用他也不值得惋惜。只有陆贽,能够利用各种条件和事情向皇帝进献忠言,是明君所能够驾驭并且驱使其驰骋的人才。

八　文帝使民得自铸钱不知利权宜制之自上

文帝除盗铸钱令,使民得自铸,固自以为利民也。夫能铸者之非贫民,贫民之不能铸,明矣。奸富者益以富,朴贫者益以贫,多其钱以敛布帛、菽粟、纻漆、鱼盐、果蓏①,居赢以持贫民之缓急②,而贫者何弗日以贫邪!耕而食,桑苎而衣③,洿池而鱼鳖④,圈牢而牛豕,伐木艺竹而材,贫者力以致之,而获无几;富者虽多其隶佣,而什取其六七焉。以视铸钱之利,相千万而无算。即或贷力于贫民,而雇值之资亦仅耳,抑且仰求而后可分其波润焉⑤。是驱人听豪右之役也⑥。

【注释】

①菽(shū)粟:豆和小米,泛指粮食。纻(zhù)漆:漆器。纻,苎(zhù)麻纤维织成的布,是用夹纻法制作漆器的重要材料。果蓏(luǒ):瓜果的总称。

②居赢:囤积居奇。赢,盈满,多。

③桑苎:种植桑树与苎麻。

④洿(wū)池:水塘。

⑤波润:余润。

⑥豪右:豪门大族。

【译文】

文帝废除禁止私自铸钱的法令,使百姓可以自己铸钱,他坚信这一政策可以利民。可是能自行铸钱的人都不是贫民,贫民没有能力铸钱,是很明显的事情。奸诈的富人更加富裕,朴实的贫民愈加贫穷,富人通过铸钱有了更多的钱来收敛布帛、粮食、漆器、鱼盐、瓜果等物资,囤积居奇以等候贫民急需的时候高价卖出,如此一来贫民又怎么能够不一天比一天更贫困呢?耕地种田而得到粮食吃,种植桑树和苎麻而得到布来做衣服穿,开挖池塘来养鱼鳖,修建圈栏来养猪牛,伐木种竹来获取木材,贫民靠力气来生产,所获却寥寥无几;富人虽然多有佃户和佣工,却能够拿走他们十分之六七的收获。以此来看富人和贫民在铸钱方面的收益,相差何止千万倍!即使铸钱的富人雇佣贫民作为劳动力,贫民得到的工钱也少得可怜,而且还要仰求于人才能分到一点残余利润。所以文帝的政策实际上是在驱使贫民去听从豪门大族的剥削和奴役。

故先王以虞衡司山泽之产而节之①,使不敢溢于取盈,非吝天地之产,限人巧而使为上私利也。利者,公之在下而制之在上,非制之于豪强而可云公也。推此义也,盐之听民自煮,茶之听民自采,而上勿问焉,亦名美而实大为蠹稗于天下②。

【注释】

①虞衡：古代掌山林川泽之官。

②莨稗(tí bài)：莨、稗为二草名，似禾而果实较小，亦可食，但口感不佳。《孟子·告子上》云："五谷者，种之美者也；苟为不熟，不如莨稗。"这里引申为无益、有危害。

【译文】

所以先王任命虞衡来掌管山泽的物产而加以节制，使人们不至于过度采伐，并非吝惜天地所生的物产，而是限制有些人巧取豪夺以便利用这些资源为上位者谋取私利。利，应当公平地分布在下层民众中而使控制权掌握在朝廷，并不是控制在豪强手中就算公正了。推而广之，如果食盐听任人民自煮，茶也听任人民自采，而朝廷不加以过问，这也只是一种听起来美好而实际上对天下有严重危害的政策。

或曰：盐可诡得者也。茶之利，犹夫耕之粟，而奚为不可？曰：古之耕也以助①，今之耕也以贡。助以百亩为经，贡以户口为率。法圮于兼并，而仍存其故。茶之于民也，非赖以生如粟也。制于粟而不制于茶，即有劚山之劳，而亦均于逐末。故漆林之税，二十而五，先王不以为苛。恶在一王之土，食地之力，可任狡民之舍稼穑以多所营，而不为之裁制邪？抑末以劝耕，奖朴而禁奸，煮海种山之不可听民自擅；而况钱之利，坐收逸获，以长豪黠而奔走贫民，为国奸蠹者乎②！

【注释】

①助：指中国古代借民力助耕公田的一种劳役租赋制度。据说始行于殷代，即每户平民领田七十亩为私田，另外为官府贵族耕种

七亩公田;其剥削率为"什一"。

②奸蠹(dù):对国家社会有害的不法之徒。蠹,蛀蚀器物的虫子。

【译文】

有人说:"盐可以通过不法途径获得。种植茶的利益,就如同耕种粮食一样,为什么不可以听任其发展呢?"回答是:"古时候是以借民力帮助耕种公田的方式征收田赋,而当今是以缴纳贡品的方式来征收。助耕以百亩为标准,贡赋则以户口为依据。古法被兼并破坏而崩溃,但今天仍保留了一些旧制的残余。对于民众来说,茶并非像粮食那样是赖以生存的物资,如果政府控制粮食生产却不控制茶业,那么即使把整片山野都开垦为耕地,其利益也会被从事商业的人瓜分。所以漆木林的税,税率是二十分之五,而先王并不认为太重了。在同一个君王的国土上,同样是靠种田吃饭,怎么能够允许一些狡猾的人放弃农业而去搞其他经营以获取更多利润,而国家却不加以制裁呢?抑制商业以鼓励农业,奖励质朴的行为而禁止奸猾之举,煮海制盐、开山种茶的事情就不能听任百姓随意进行;更何况铸钱的利润是坐收利益,少劳而多获,助长了豪强们的奸邪狡诈,驱使贫民奔走跋涉、备受磨难,从而严重侵害了国家的利益呢!"

金、银、铅、锡之矿,其利倍蓰于铸钱①,而为争夺之衅端。乃或为之说曰:听民之自采以利民。弄兵戕杀而不为禁,人亦何乐乎有君?

【注释】

①蓰(xǐ):五倍。

【译文】

开采金、银、铜、铁等矿产,其利润五倍于铸钱,因而成了争夺的对象和造成流血冲突的导火索。但是竟然还有人为此辩护说:"听任百姓开采来利民。"民间大动干戈、相互杀害而朝廷不加以禁止,人民要君主还有什么用处呢?

九　制钱宜重以精

铸钱轻重之准,以何为利? 曰:此利也,不可以利言也,而利莫有外焉矣。如以利,则榆荚线缳尚矣①,殽杂铅锡者尚矣②,然而行未久而日贱,速敝坏而不可以藏。故曰此利也,不可以利言也。

【注释】

①榆荚:指榆荚半两钱。西汉早期货币,因形如榆荚而得名。一般甚为轻薄,轻重不一。线缳:即线缳钱,也称"綖环钱"。是指钱币的内圈被剪去,只剩下肉和外轮,多见于五铢钱。

②殽(xiáo)杂:掺杂,混杂。

【译文】

铸钱轻重的标准,以什么为有利呢? 回答是:这里的有利,不可以单纯从利润角度而言,此外则没有比这更有利的了。如果单纯从利润出发,那么榆荚钱、线缳钱的利润高。掺杂铅锡的钱币利润也高,但是发行不久就会日渐贬值,很快就会磨损腐坏,不能长久贮藏。所以说铸钱的有利标准,不能单纯从利润角度而言。

且夫五谷、丝枲、材木、鱼盐、蔬果之可为利①,以利于人之生而贵之也。金玉珠宝之仅见而受美于天也,故先王取之以权万物之聚散。然亦曰以是为质,可以致厚生之利而通之,非果以为宝,而人弗得不宝也。然既仅有仅见,而因天地自然之质也。铜者,天地之产繁有,而人习贱之者也;

自人制之范以为钱，遂与金玉珠宝争贵，而制粟帛材蔬之生死；然且不精不重，则何弗速敝坏而为天下之所轻。其唯重以精乎！则天物不替而人功不偷，犹可以久其利于天下。

①丝苎：丝绸和麻布。

【译文】
五谷、丝麻、木材、鱼盐、蔬菜瓜果这些物资之所以能产生利润，是因为他们对人们的生存有大利而被看重。金玉珠宝非常稀有，而且是承受上天美意而被自然造就的，因此先王用它们来衡量万物的聚散。然而先王也说是以此为本，可以求得人民生活富裕之利，所以才使其流通，并非是真的将其本身当宝贝，可是民众却不能不把它们当成至宝。然而既然金玉珠宝本身非常稀有罕见，所以这也算是顺应了天地自然的本质。铜在天地间有丰富的蕴藏量，所以人们习惯于轻视它；而自从人们将铜冶炼出来制成铜钱以后，它就开始与金玉珠宝争夺贵重之位，而控制了粮食、布帛、木材、蔬果的生死。如果铜钱不精致、重量不足，又怎么能够不迅速磨损腐坏而被天下人轻视呢！所以铜钱大概只有靠精致来体现贵重了。如果上天所赋予的材质不加更替，而人力制作不偷工减料，那么它还可以长久地有利于天下。

故长国家者，知天人轻重之故，而勿务一时诡得之获。一钱之费，以八九之物力人功成之，利亦未有既也。即使一钱之费如一钱焉，而无用之铜化为有用，通计初终，而多其货于人间，以饶益生民而利国，国之利亦溥矣①。一钱之费用十之八九，则盗铸无利而止。钱一出于上，而财听命于上之发敛，与万物互相通以出入，而有国者终享其利。故曰不

以利言,而利莫有外也。则"五铢"之轻②,不如"开元"之
重③;毂杂铅锡,不如金背漆背之精④。通计之而登耗盈虚之
数见⑤,非浅人所易知也。以苟且偷俗之情,与天地之德产
争美利,未有能胜者也。

【注释】

①溥(pǔ):广大。

②五铢:即五铢钱,是用重量作为货币单位的钱币,重量较轻,使用
时间为西汉至唐初。

③开元:即开元通宝,唐代第一种货币,也是发行量最大、沿用时间
最长的货币。重量比五铢钱重。

④金背:明代民间对钱背上涂以铜粉的制钱的俗称。漆背:指"火
漆钱",以火熏钱币背而使之黑亮。

⑤登耗:增减。

【译文】

　　所以,拥有天下的人,应该知晓天人轻重的缘故,而不要只看重一
时诡诈得来的不正当获利。一钱重的铜钱,用八九分的人力物力制成,
终究还是有利润的。即使一钱重的铜钱制作成本等同一钱,看起来无
利可图,但把无用的铜化为了有用之物,从整体上计算,这种铜钱在民
间使用得多了,可以使百姓富足而有利于国家,国家所得的利也足够大
了。如果铸造一钱的费用达到十分之八九,那么盗铸钱币的人就会因
为无利可图而停止盗铸。当钱币由国家统一铸造时,财富的聚散流动
就完全听命于君主,钱币与万物相交换而有出有入,国君就可以始终享
有钱币带来的好处。所以说铸钱不能单纯从利润角度出发,此外则没
有比这更有利的了。所以五铢钱的轻,不如开元通宝的重;掺杂铅锡的
钱,不如金背、火漆钱的精致。整体统计得失,则增减盈亏的数量就显
现出来了,这不是知识浅薄的人所容易理解的。以苟且浅薄之情,想和

上天的德产争美夺利,没有能取胜的。

一○　淮南王长死袁盎请斩丞相御史

淮南王长反形已具,丞相、御史奏当弃市①,正也。所谓"人臣无将,将则必诛"者也②。文帝赦而徙之,与蔡叔郭邻之罚等③,臣子法伸而天子之恩纪不斩。长愤恚不食而死④,"怙终贼刑"⑤,免于讨,足矣。袁盎请斩丞相、御史,恔人之心⑥,不可穷诘,有如此者!或者其欲以恩私外市诸侯而背天子,挟庄助外交之心⑦,以冀非望,未可知也。抑或憎妒大臣之轧己,而欲因事驱逐,以立威于廷,而攘人位,未可知也。文帝避杀弟之名,置盎不遣而参用其说。盎之无惮以逞,面欺景帝,迫晁错而陷之死,终执两端,与吴、汉交市,而言之不衷也显矣。盎,故侠也;侠者之心,故不可致诘者也⑧。有天下而听任侠人,其能不乱者鲜矣!

【注释】

①弃市:死刑的一种,指在闹市将犯人处死。

②人臣无将,将则必诛:语出《春秋公羊传·庄公三十二年》:"君亲无将,将而诛焉。"意思是作为臣子对于君王不能存叛逆之心,若有就要诛灭。将,反,逆乱。

③蔡叔郭邻之罚:据《尚书·蔡仲之命》记载,蔡叔与管叔、武庚一起发动叛乱,被周公镇压而失败,蔡叔被囚禁于郭邻(一作"郭凌"),至死不赦。

④愤恚(huì):痛恨,怨恨。

⑤怙终贼刑:语出《尚书·舜典》:"眚(shěng)灾肆赦,怙终贼刑。"

意思是对于怙恶不悛、始终坚持作恶的人要施以极刑。

⑥恓(xiān)：奸邪。

⑦庄助(？—前122)：《汉书》避汉明帝刘庄讳，作"严助"。会稽吴（今江苏苏州）人，汉武帝时期大臣、辞赋家。曾奉命出使淮南，与淮南王刘安交好，后来刘安谋反，庄助也被御史张汤指控交结藩王、参与谋反，最终被杀。传见《汉书·严助传》。

⑧致诘：究问，推究。

【译文】

淮南王刘长谋反的行迹已经显现出来，丞相和御史大夫上奏说应当将其处死弃市，这是正确的。这正是所谓的"作为臣子对于君王不能存叛逆之心，若有就要诛灭"。文帝赦免了他的死罪而将其流放到蜀地，与当初周公将蔡叔囚禁到郭邻的惩罚相同，这样臣子受到了法律的惩罚而天子也没有断绝对骨肉同胞的恩情。刘长对这一处罚甚为怨恨，绝食而死，《尚书》中说"对于怙恶不悛、始终坚持作恶的人要施以极刑"，刘长能够得以免于死刑，已经足够侥幸了。袁盎竟趁机请求处斩丞相和御史大夫，奸邪之人的用心，无法深究，居然到了这样的地步！或许袁盎是想以私恩来暗中收买诸侯王的心从而背叛天子，怀着庄助对外结交诸侯之心以图谋不轨，这也说不定。或许袁盎是憎恨重臣们都排挤自己，想借此事的机会驱逐他们，以便在朝廷中树立威名，且夺取别人的位置，这也说不定。文帝为了避免落下杀弟之名，对袁盎不加以谴责，反而采纳了他的建议。袁盎从此更加肆无忌惮地搞阴谋诡计，竟至于当面欺骗汉景帝，将晁错推入死亡的深渊；他始终脚踏两只船，与反叛中央的吴国和朝廷都有频繁的往来，其言不由衷是显而易见的。袁盎以前是游侠，游侠的心是不可以究问的。拥有天下的人如果听任游侠横行，那么国家很少能有不走向混乱的。

一一　贾生不当贬道以诱君

呜呼！自汉以后，治之不古也有自矣。太甲、高宗、成王之姿①，非必其轶文帝而上之；然而伊尹之训，傅说之命②，周公之告，曰"无安厥位惟危"③，曰"不惟逸豫，惟以乱民"④，曰"所其无逸"⑤，未尝贬道以诱之易从也。岂其如贾生之言曰："使为治，劳志虑，苦身体，乏钟鼓之乐，勿为可也。乐与今同，而欲立经陈纪，为万世法。"斯其为言，去李斯之言也无几。何也？以法术制天下，而怙以恬嬉，则其法虽异于秦之法，而无本以立威于末，劳天下而以自豫，其能以是一朝居乎！使天下而可徒以法治而术制焉，裁其车服而风俗即壹⑥，修其文辞而廉耻即敦，削夺诸侯而政即咸统于上，则夏、商法在，而桀、纣又何以亡⑦？

【注释】

①太甲、高宗、成王：指商王太甲、商高宗武丁和周成王姬诵。姿：通"恣"，恣意放纵。

②傅说(yuè)：古虞国（今山西平陆）人。殷商时期著名贤臣，商王武丁时期的丞相，辅佐武丁中兴商朝。

③无安厥位惟危：语出《尚书·太甲下》："无轻民事惟难，无安厥位惟危，慎终于始。"这是伊尹训诫太甲的话，意思是不要安于自己的君位，要有居安思危的忧患意识。

④不惟逸豫，惟以乱民：语出《尚书·说命中》。这是傅说劝谏武丁的话，意思是不要安逸享乐，要始终想着治理百姓的事。

⑤所其无逸：语出《尚书·无逸》："君子所其无逸。"这是周公训诫成王的话，意思是君王在位，切不可贪图安逸享乐。

⑥壹：统一，一致。

⑦桀、纣：指夏朝亡国之君桀和商代亡国之君纣，两人皆是著名的无道暴君。

【译文】

　　唉！自汉朝以后，治国之道日渐不淳是有原因的。商王太甲、商高宗武丁和周成王姬诵的放纵，并不一定超过汉文帝而在其之上，但是伊尹之训、傅说之命、周公之告，却说"不要安于自己的君位，要有居安思危的忧患意识"，"不要安逸享乐，要始终想着治理百姓的事"，"君王在位，切不可贪图安逸享乐"。他们都不曾贬低治国之道来劝诱君王，使其更轻易地听从自己的话。怎么会像贾谊所说的那样："假如为治国而劳心损智，疲苦身体，荒废了钟鼓之乐的话，不那样做也是可以的。古时候的圣明君主，其享受快乐与今日相同，也可以建立纲纪、制定各项制度，为后世千秋万代所效法。"贾谊的这番话，与李斯劝秦二世绝谏诤之道、行督责之法的言论相差无几。为什么呢？因为若以法律和权术来控制天下，自己却沉湎于安逸享乐，那么即使其法与秦法有所不同，却都会因为缺失治国之本源而无法在具体为政举措上树立威信，使天下人劳苦而满足自己的享受，这样做君王难道能够保有天下哪怕一天吗？假如天下可以单纯用法律来治理、用权术来控制，裁定车马服饰的标准而风俗就可以统一，修饰文辞而天下人的廉耻之心就会变得敦厚，削夺诸侯权力而后君王就可以统辖一切，那么夏朝与商朝的法律尚在，可夏桀和商纣为什么却灭亡了呢？

　　夫文帝而幸非纵欲偷乐之主也，其未免于田猎钟鼓之好而姑以自逸，未有以易之耳。得醇儒以沃乃心[①]，浸灌以道义之腴[②]，建中和而兴王道，诸侯奚而不服，风俗奚而不移，廉耻奚而不崇？而先导谀以冀醨其说，文帝幸不为胡亥耳，文帝而胡亥，谊虽欲自异于李斯也不能。乃后世或犹称之曰"善诱其君以兴治"。下恶得有臣，上恶得有君哉！

【注释】

①醇儒：学识精粹纯正的儒者。沃：启沃，启发。

②浸灌：浸渍，熏陶。

【译文】

汉文帝幸而不是一位纵欲无度、苟且享受的君主，只是他没有摆脱对狩猎和钟鼓之乐的爱好，想姑且以此来享受一下，却没有人能设法使他改变。如果能得到一位学识精粹纯正的儒者来启发他的心灵，用道义的精华来熏陶他，使他建立起中和之道的信念而立志复兴王道，那么诸侯们怎么能不服从，风俗怎么能够不改善，百姓的廉耻之心怎么能够不增强呢？但是，贾谊却先阿谀奉承文帝，引导他恣意享乐，以图兜售自己的学说，幸而汉文帝不是胡亥，如果文帝和胡亥一样，那么贾谊自己想跟李斯的结局不一样也不可能。然而后世竟然还有人称赞他"善于诱导君主来兴起治国之道"。下边哪里有这样的臣子，上面哪里有这样的君王呢？

一二　贾生论教太子尚未得立教之本

贾生之论教太子，本论也。虽然，尤有本焉。士庶之子，杯酒之耽，博弈之好，夺其欲而教之，且反唇曰"夫子未出于正"矣①。况天子之子，淫声曼色交于前②，妇人宦寺罗于侧③，欲有与导，淫有与宣。为君父者，忘志虑之劳，惮身体之苦，逐钟鼓驰驱之乐，徒设严师以闲之于步履拜揖之间，使其听也，一偶人之威仪耳。成帝穆穆皇皇④，而淫荒以滋乱。况其闻风志荡，徒怨君父之我夺，而思快于一旦乎！

【注释】

①夫子未出于正：语出《孟子·离娄上》："夫子教我以正，夫子未出

于正也。"意思是您用正确的道理教育我,可自己却不从正确的
道理出发。

②曼色:美色。曼,美,柔美。

③宦寺:即宦官。宦官古称寺人,故云宦寺。

④成帝:指汉成帝刘骜(áo)。穆穆皇皇:语出《礼记·少仪》:"言语
之美,穆穆皇皇。"形容辞令敬正和美的样子。

【译文】

贾谊关于教导太子的言论,是根本之论。尽管如此,仍然有比这更
根本的。士人和普通百姓家的儿子,沉迷于美酒,嗜好下棋,如果老师
禁止他的这些爱好而想要教导他,他尚且会振振有词地反唇相讥:"夫
子您用正确的道理教育我,可自己却不从正确的道理出发。"更何况是
皇帝的儿子,淫声美色充斥于面前,宫女宦官罗列在身边,嗜好有人来
满足,淫欲有地方发泄。做君父的,忘记了志向和思虑的勤劳,惧怕身
体的劳苦,追逐音乐和打猎的乐趣,却徒劳地为儿子设置严厉的老师,
用行走进退、参拜作揖之类的琐碎礼节来约束他,使他听命于自己,其
结果不过是使其具备木偶般的威仪罢了。汉成帝刘骜辞令敬正和美,
但是却因为行事荒淫而引发了朝政的混乱,何况是那些一听到风吹草
动就心思摇荡、只会怨恨君父剥夺自己的乐趣和自由,而一心想着及时
行乐的皇子贵胄呢?

成王幼而武王崩,无所取仪型也①,则周公咏《豳风》②,
陈王业之艰难;作《无逸》③,举前王之乾惕④;遥立一文、武以
为之鹄⑤。亦惟文、武之果可以为鹄,而后周公非徒设以冀
其观感。如其以逸乐为德,以法术为治,以声音笑貌为道,
以师保傅之谆谆为教,此俗儒之徒以苦人,而父子师友之
间,相蒙以伪,曾不如文帝之身治黄、老术,而以授其子之足

使信从也。故贾生之论，非立教之本论也。

【注释】

①仪型：亦作"仪刑"。做楷模，做典范。

②豳(bīn)风：《诗经》十五国风之一。共七篇，为先秦时代周部落发祥地——豳地的民歌。主要描写周人先祖辛勤劳作的农家生活和创业事迹。

③《无逸》：指《尚书·无逸》，是周公对成王的告诫之辞，核心思想是禁止荒淫享乐。

④乾惕：出自《周易·乾卦》爻辞："君子终日乾乾，夕惕若厉，无咎。"意思是勤奋努力，随时警惕而不懈怠。

⑤鹄(gǔ)：箭靶的中心，引申为目标、目的。

【译文】

周成王在周武王驾崩的时候年纪尚幼，没有可以拿来做榜样的人，所以周公咏诵《豳风》来为他陈述先祖创业的艰难，又作《无逸》来举述先王的勤勉与警惕，将文王、武王设为成王学习的榜样和努力的方向。也正是因为文王、武王两位明君确实可以做榜样，然后周公才能不仅仅依靠虚设严师来期望成王因听闻、了解先祖事迹而感动。如果以安逸享乐为美德，以法律、权术为治国之道，以音容笑貌的规范作为大道，以老师的谆谆教诲作为教育方式，这不过是庸俗的儒生徒劳地使人受苦，而且会使父子师友之间以虚情假意相互欺骗，远不如汉文帝亲自研究黄老之道，然后将其传授给儿子的做法更足以令人信服和追随。所以，贾谊的观点，并不是树立教育的根本之论。

一三　后世戮辱大臣

等贤而上之，则有圣人；等贵而上之，则有天子。故师一善者,希圣之积也;敬公卿大夫者,尊王之积也。此陛尊、廉远、堂高之说也①。郡县之天下,夷五等,而天子孤高于上,举群臣而等夷之,贾生所以有戮辱太迫、大臣无耻之叹焉。呜呼!秦政变法,而天下之士廉耻泯丧者五六矣。汉仅存之;唐、宋仅延之,女真蒙古主中国而尽丧之②;洪武兴③,思以复之,而终不可复。诚如是其笞辱而不怍矣④,奚望其上忧君国之休戚,下畏小民之怨讟乎⑤!身为士大夫,俄加诸膝,俄坠诸渊,习于诃斥⑥,历于桎梏,褫衣以受隶校之凌践⑦,既使之隐忍而幸于得生,则清议之讥,非在没世而非即唾其面,诅咒之作,在穷檐而不敢至乎其前⑧,又奚不可之有哉?

【注释】

①陛尊、廉远、堂高:语出《汉书·贾谊传》所载贾谊《治安策》:"人主之尊譬如堂,群臣如陛,众庶如地。故陛九级上,廉远地,则堂高;陛亡级,廉近地,则堂卑。"大意是说,君主的尊贵,就好像宫殿的厅堂,群臣就好像厅堂下的台阶,百姓就好像平地。所以,如果设置多层台阶,厅堂的侧边远离地面,那么,堂屋就显得很高大;如果没有台阶,厅堂的侧边靠近地面,堂屋就显得低矮。陛,宫殿的台阶。廉,堂屋的侧边。

②女真:历史上生活于中国东北地区的古老民族,满族的前身。1115年,完颜阿骨打统一女真各部,并驱逐契丹的统治,建立金朝。不久大举南下攻宋,入主中原。1234年金为蒙古所灭。明末时女真再度崛起,努尔哈赤建立"后金",皇太极时改族名为"满洲",国号"大清"。1644年清兵入关,迁都北京。辛亥革命后,清朝统治终结。蒙古:历史上生活于中国北方地区的游牧民

族。13世纪初,成吉思汗统一蒙古各部,其后大举西征和南征,建立起庞大的蒙古帝国。1271年忽必烈改国号为元。1368年,元朝被明朝灭亡。

③洪武:指明太祖朱元璋,洪武是其年号(1368—1398)。

④笞辱:拷打而使受辱。怍(zuò):惭愧。

⑤怨讟(dú):亦作"怨黩",怨恨诽谤。

⑥诃(hē)斥:呵斥,斥责。

⑦褫(chǐ):剥去衣服。

⑧穷檐:指茅舍、破屋。

【译文】

将人按照贤德的程度分等级而使最贤能的人居于最上面,就有了圣人;将人按照尊贵的程度分等级而使最尊贵的人居于最上面,就有了天子。所以效法他人的一个善举,就是希望达到圣人境界的必要积累;尊敬公卿大夫,就是尊重君王的必要积累。这就是贾谊所谓"陛尊、廉远、堂高"之说的用意。在天下实行郡县制时,原有的五个等级被取消,天子孤零零地高悬在上,所有臣子都被视为同等,无法体现出原有的尊卑,所以贾谊发出了臣子被杀戮、凌辱得太过分而缺乏廉耻之心的感叹。唉!秦始皇变法后,天下士人的廉耻心就泯灭了五六成。汉朝就能将剩下的廉耻心保存下来,唐、宋仅能延续下去,而到女真和蒙古人入主中原后,士人的廉耻心就彻底沦丧了。明太祖朱元璋建国后,想要恢复士人的廉耻之心,但最终没能成功。实际情况确实如此,他们受到鞭笞凌辱却不觉得惭愧难当,还怎么希望他们对上忧虑君主和国家的祸福,对下敬畏小民的怨恨呢?身为士大夫,一会儿被君王放在膝盖上以示恩宠,一会儿被投进深渊,他们习惯于受到差役狱吏的呵斥侮辱,经历了身披手铐脚镣的痛苦。被剥光衣服忍受差役和狱吏的欺凌,既然他都能隐忍不发而侥幸得以活命,那么社会舆论、清议对他的讥讽,是在他死后否定他而不是当面向他脸上吐唾沫;诅咒的产生,是在普通人家家里而不敢到他的面前,这又有什么不可以的呢?

　　虽然,为士大夫亦有以致之矣。萧何出狱而仍相,周勃出狱而仍侯,不能禁上之不以囚隶加己,而何不可禁己之无侯以相也?北寺之狱①,廷杖之辱②,死诤之臣弗避焉,忠也。免于狱,不死于杖,沾沾然自以为荣,而他日复端笏垂绅于堂陛③,是亦不可以已乎?如邹尔瞻之复为九卿也④,于亏体辱亲之罪奚避焉?人主曰:是尝与囚隶同挞系而不以为耻者也,是恶足改容而礼乎!上弗奖之,下安受之;下既安之,上愈贱之。仁宗之宽厚⑤,李祭酒之刚直⑥,且荷校而不能引退⑦,斯则贾生所宜痛哭者也。

【注释】

①北寺:指北寺狱。东汉黄门署属下的监狱。主要囚禁将相大臣。因署在宫省北,故名。

②廷杖:一种在朝廷上使用刑杖责打大臣的刑罚,最早始于东汉明帝,又一说始于北周宣帝,在金朝与元朝普遍实施,明代实施最为频繁。

③笏(hù):古代大臣上朝拿着的手板,用玉、象牙或竹片制成,上面可以记事。绅:古代士大夫束腰的大带子。

④邹尔瞻:即邹元标(1551—1624),字尔瞻。吉水(今江西吉水)人。明代东林党领袖之一。曾因上疏弹劾张居正而被施以廷杖。传见《明史·邹尔瞻列传》。

⑤仁宗:指明仁宗朱高炽,1424—1425年在位,以仁厚著称。

⑥李祭酒:指李时勉(1374—1450),名懋,字时勉,以字行,号古廉。吉安(今江西吉安)人。明代官员、学者。曾因上疏言事触怒明

仁宗而被投入监狱。传见《明史·李时勉传》。

⑦荷校：以肩荷枷。即颈上带枷。校，枷。

【译文】

尽管如此，士大夫很大程度上也是为自己招致了侮辱。萧何出狱以后仍然做丞相，周勃出狱以后仍然做绛侯，他们不能阻止皇帝把自己变成阶下囚，饱受狱吏的凌辱，可是为什么不能使自己不继续做宰相、做侯呢？北寺监狱的囚禁，廷杖的侮辱，拼死直谏的臣子是不回避的，这是忠诚的表现。但是从监狱中被赦免出来，没有死于廷杖之下，于是沾沾自喜，以此为荣，而且不久之后又拿着笏板身穿朝服站在朝堂上，这难道也不可以不做吗？比如邹元标受刑以后重新跻身九卿之列，他对有损人格、辱没父母的罪名如何回避呢？君主说："这个人曾经同囚徒一起受到关押和鞭挞，哪里值得和颜悦色地以礼相待呢？"君王不奖赏他，臣子却安然接受；臣子既然心安理得地忍受，君主就会更加看不起他。以明仁宗的宽厚，刚直的李时勉在被戴枷示众后尚且不能引退，这才是贾谊所应该为之痛哭流涕的。

一四　辱大臣为辱国

子之于父母，可宠、可辱，而不可杀。身者，父母之身也。故宠辱听命而不惭。至于杀，则父母之自戕其生，父不可以为父；子不能免焉，子不可以为子也。臣之于君，可贵、可贱、可生、可杀，而不可辱。刑赏者，天之所以命人主也，贵贱生死，君即逆而吾固顺乎天。至于辱，则君自处于非礼，君不可以为君；臣不知愧而顺承之，臣不可以为臣也。故有盘水加剑①，闻命自弛②，而不可捽③。抑臣之异于子，天之秩也。人性之顺者不可逆，健者不可屈也。

【注释】

①盘水加剑：按照上古礼制，大夫以上的阶层，遭遇天子谴责、质问的时候，本人要手托一盘，盘内有水（喻示公平），盘上放剑（喻示法律制裁），称为"盘水加剑"，请天子公正裁决。

②自弛：自我了结，自杀。

③捽（zuó）：抗拒，抵触。

【译文】

　　父母对于儿子，可以宠爱，可以责辱，却不能杀害。儿子的身体，是父母给予的，所以对父母给予的宠爱、责辱都可以接受而不感到羞愧。至于杀，则是父母自己戕害儿子的生命，这样父亲就不能再做父亲；做儿子的不能免于一死，也不再能做儿子。君主对于臣子，可以使其尊贵，可以使其卑贱，可以让他活着，也可以让他死去，却不可以侮辱他。刑罚和奖赏，是上天赐予君主的权力，贵贱赏罚的处置，君主即使做得不对，臣子也必须顺应天意。至于侮辱臣子，则是君王使自己处于不合礼法的境地，这样君王就不可以做君王了；臣子不知羞愧而心安理得地逆来顺受，那么臣子也就不能做臣子了。所以古时候礼制规定臣子受到君主谴责质问时要以盘水加剑，听到君王的命令就自行了断，而不可以抗拒。这是做臣子与做儿子的不同，是上天安排的秩序。人性中需要顺从的时候不可以违逆，需要刚健的时候也不可以屈服。

　　贾生之言以动文帝，而当时之大臣，抑有闻而愧焉者乎？微直当时，后世之诏狱廷杖而尚被章服以立人之朝者①，抑有愧焉者乎？使诏狱廷杖而有人自裁者，人君之辱士大夫，尚可惩也。高忠宪曰②："辱大臣，是辱国也。"大哉言乎！故沉水而逮问之祸息③。魏忠贤且革其凶威④，况人主哉？

【注释】

①诏狱：本意是指皇帝亲自下诏令处理的法律案件，后来也指奉皇帝命令拘捕犯人的监狱。章服：以纹饰为等级标志的礼服，泛指朝服。

②高忠宪：即高攀龙（1562—1626），字云从，改字存之，世称"景逸先生"。无锡（今江苏无锡）人，明末东林党领袖，"东林八君子"之一。因受到魏忠贤、崔呈秀等人的诬陷而被罢官、抓捕，不愿忍受屈辱，自沉于池中死。谥忠宪。传见《明史·高攀龙列传》。

③沉水：没入水中，这里指投水自杀。

④魏忠贤（1568—1627）：原名李进忠，肃宁（今河北肃宁）人。明末宦官，明熹宗时期出任司礼监秉笔太监，掌握了朝廷大权。他联合攀附他的官员打击东林党，屡兴诏狱。崇祯皇帝即位后，下令将其逮捕法办，他于是自缢而亡。传见《明史·宦官列传》。革：取消，收敛。

【译文】

贾谊的言辞打动了汉文帝，而当时的大臣们，难道有听到他的言论后感到羞愧的吗？不仅是在当时，就是后世那些曾被投入诏狱、身受廷杖之刑后又身着朝服站在朝堂上的大臣们之中，难道有感到羞愧的吗？假如有人因为诏狱和廷杖而自杀，那么君主侮辱士大夫的行为，尚且可以得到一定程度的惩戒。高攀龙说："侮辱大臣，就是侮辱国家！"这句话说得真有道理啊！所以，他主动投水自杀以后，被逮捕究问的祸患就平息下去了。魏忠贤尚且能因此收敛他的凶残威势，何况是皇帝呢？

一五　贾谊众建诸侯而少其力为阳予阴夺之术

汉初封诸侯王之大也，去三代未远，民之视听，犹习于封建之旧，而怨秦之孤，故势有所不得遽革也。秦政、李斯以破封建为万世罪，而贾谊以诸侯王之大为汉痛哭，亦何以异于孤秦。而论者若将黥刖秦而揖进贾生以坐论^①，数十年之间，是非之易如水火。甚矣夫论史者之惛惛也^②！

【注释】

①黥刖(qíng yuè)：指在脸上刺字和砍掉脚，是古代的两种重刑。这里引申为施以重刑。

②惛惛(hūn)：神智昏乱不清。

【译文】

汉初分封给诸侯王的疆域广阔，是因为此时距离夏、商、周不远，民众耳闻目睹，仍习惯于封邦建国的旧制度，因而怨恨秦国因不分封诸侯而陷于孤立，所以形势不容许立即进行大的变革。秦始皇和李斯因为破坏了分封制度而被视为万古罪人，而贾谊因诸侯王的势力太大而为汉朝廷痛哭流涕，他的主张与秦国的自我孤立政策有什么不同呢？可是议论的人却好像要对秦始皇施以重刑，而对贾谊却推崇备至，像是要恭敬地作揖邀请他一起坐下谈论。仅仅数十年的时间，是非曲直的变化竟如同水火两重天。议论历史的人们也真是太昏聩了！

谊之言曰："众建诸侯而少其力。"以为是殆三代之遗制也与？三代之众建而俭于百里，非先王故俭之也，故有之国不可夺，有涯之宇不可扩也。且齐、鲁之封，征之《诗》与《春秋传》，皆逾五百里，亦未尝狭其地而为之防也。割诸王之地而众建之，富贵骄淫之子，童心未改^①，皆使之南面君人^②，坐待其陷于非辟^③，以易为褫爵。此阳予阴夺之术，于骨肉若仇雠之相逼，而相縻以术，谊之志亦奚以异于嬴政、李斯？而秦，阳也；谊，阴也，而谊憯矣^④！汉之剖地以王诸侯，承三代之余，不容骤易。然而终不能复者，七国乱于前，秦革于后,将灭之镫余一焰⑤,其势终穷,可以无烦贾生之痛哭。即为汉谋,亦唯是巩固王室,修文德以静待其自定,无事怵然以惊也。乍见封建之废而怵然惊,乍见诸侯之大而怵然惊,庸人之情,不参古今之理势,而唯目前之骇,未有不贼仁害义而启祸者。言何容易哉!

【注释】

①童心未改:指年龄虽大而仍然像小孩子那样幼稚、不成熟。出自《左传·襄公三十一年》:"于是昭公十九年矣,犹有童心,君子是以知其不能终也。"

②南面:面朝南。古代以面朝南为尊位,君主临朝南面而坐,因此把登上帝位称为"南面称君"。

③非辟:亦作"非僻",邪恶。

④憯:悲痛,伤心。

⑤镫:同"灯"。

【译文】

贾谊说:"多封诸侯以削弱每个诸侯国的力量。"他以为这真的是夏、商、周三代的遗制吗?三代时期的确分封诸侯国较多,每个诸侯国一般不超过一百里,但这并不是以前的君王故意要加以限制,而是因为原有的诸侯国不可剥夺,有限的疆土空间不能随意扩大。而且齐国、鲁国的封地,从《诗经》和《春秋传》中的记载可以看到,都超过了五百里,周天子也并未缩小他们的封土来防范他们。如果分割诸王的封地来多封诸侯,那么那些生长于富贵环境、骄奢淫逸的诸侯之子,幼稚不成熟,都被派到某个地方做君主,统治民众,而天子坐等他们做出邪恶不法的事情来以便借机剥夺他们的爵位,这种表面上是给予、实则是剥夺的伎俩,对待骨肉之亲像仇敌那样相逼迫,而用权术来控制他们,贾谊的想法与嬴政、李斯又有什么不同呢？只是秦朝的举动是公开直接的，属于阳谋；贾谊的策略是则是明予暗夺，属于阴谋，而贾谊却为汉朝的局势悲伤痛哭！汉朝剖分疆土来封诸侯王，是继承三代的遗制，时势不容许骤然改变。然而分封制最终不能恢复，是因为七国并立、混战不休在前，秦削平他们于后，就像将要熄灭的灯仅留下一根火焰，势必要走向终结，可以不劳烦贾谊痛哭流涕了。即使贾谊为汉朝廷打算，也应当致力于巩固王室，修养文德来静待诸侯国之事自行平定，而无须吓得胆战心惊。刚看见分封制被废就大惊失色，刚看到势力强大就心惊胆战，这是庸人的情绪。他们不纵观古今历史的发展趋势，只知道对眼前的事物感到惊骇，这样的人没有不残害仁义而挑起祸端的。所以谈何容易啊！

　　至其论淮南之封侯，而忧白公、子胥、鱄诸、荆轲之事[1]，则周公之封蔡仲也[2]，曰："尔尚盖前人之愆[3]。"将亦忧蔡仲剚刃以冲成王之胸乎[4]？于是而谊之刻薄寡恩，不可掩矣。淮南之终叛也，皆以为谊言之中也。谊昌言于廷曰："安且为白公、子胥。"而安能无以白公、子胥为志哉！然则淮南之叛，谊导之矣。淮南王长之废，国法也；其子受封，亲亲之仁也。淮南终得国，而长犹然文帝之弟，安犹然文帝之从子，白公、子胥也乎哉！不引而亲之，顾推为雠而虑之，以杀机往者以杀机报，为天子司天下之生杀，日取天下而虑其雠，蔑不雠矣。甚哉，谊之不闻道而祇为术也！

【注释】

　①白公：指白公胜（？—前479），芈姓，熊氏，名胜，号白公。楚平王之孙，太子建之子。因其父在国内遭诬陷逃到郑国，被郑国人杀

害,矢志伐郑为父报仇。后因不满楚国援郑而发动政变,囚禁楚惠王,自立为王,最终兵败自缢而死。其事见于《史记·楚世家》。子胥:指伍子胥(?—前484),名员,字子胥,原为楚国人。其父因受费无极谗害,和长子伍尚一同被楚平王杀害。伍子胥矢志为父兄报仇,从楚国逃到吴国,帮助吴王阖庐登上王位,并与孙武一起率军伐楚,攻破郢都,掘楚平王墓而鞭尸。传见《史记·伍子胥列传》。鲦(zhuān)诸:即专诸,春秋时期著名刺客,曾用鱼腹藏剑刺杀了吴王僚。其事见于《史记·刺客列传》。荆轲:战国时期著名刺客,为燕太子丹入秦行刺秦王嬴政,未成功而被杀。其事见于《史记·刺客列传》。

②蔡仲:姬姓,名胡,受封后称蔡仲。西周时蔡国第二任国君,蔡叔度之子。其父因叛乱被放逐,成王将蔡仲续封为蔡国国君。

③尔尚盖前人之愆(qiān):语出《尚书·蔡仲之命》:"尔尚盖前人之愆,惟忠惟孝。"是周公告诫蔡仲的话,意思是你要修德行善以弥补你父亲过去的罪过。盖,掩盖,这里引申为弥补。愆,罪责,过失。

④剚刃:用刀刃刺杀。

【译文】

贾谊议论淮南王刘长之子刘安被封侯的事情时,担心白公胜、伍子胥、专诸、荆轲等复仇行刺的事情重演。而周公在续封蔡叔之子蔡仲为蔡侯的时候告诫他说:"你要修德行善以弥补你父亲过去的罪过。"难道他也担心蔡仲会用利刃刺向周成王的胸膛吗? 由此贾谊的刻薄寡恩就无可掩饰了。刘安最终反叛了汉朝,世人都认为贾谊的预言应验了。贾谊公然在朝堂上说:"刘安必将成为白公胜、伍子胥那样的人。"这样一来,刘安能不把白公胜、伍子胥当成榜样吗? 由此可见,淮南王刘安的反叛,正是由于贾谊的"引导"。淮南王刘长被废,是为了维护国法的尊严;他的儿子受封为侯、为王,是出于皇帝亲近亲属的仁慈之心。淮南国最终得以恢复，刘长仍然是文帝的亲弟弟，刘安仍然是文帝的亲侄子，怎么能是白公胜、伍子胥呢？贾谊不引导文帝亲近刘安，却把他视为仇敌而深感忧虑，以杀心对待别人的人都会被用杀心回报，贾谊为天子掌管天下的生杀予夺，每天行使权力而担心被天下人报复，这样在他眼里天下就没有不是准备报复的仇敌了。贾谊不闻道义而只会一味使用权术，真是太严重啦！

一六　贾谊议益梁淮阳二国之封其言自相背盭

贾谊畏诸侯之祸，议益梁与淮阳二国之封^①，亘江、河之界^②，以制东方，何其言之自相背盭也^③！谊曰："秦日夜苦心劳力以除六国，今高拱以成六国之势。"则其师秦之智以混一天下，不可掩矣。乃欲增益梁、淮阳而使横亘于江、河之间。今日之梁、淮阳，即他日之吴、楚也。吴、楚制而梁、淮阳益骄，而使横亘于江、河之间以塞汉东乡之户^④，孰能御之哉？己之昆弟，则亲之、信之；父之昆弟，则疑之、制之；逆于天理者，其报必速，吾之子孙，能弗以梁、淮阳为蜂虿而仇之乎？

【注释】

①梁：西汉时期封国，位于今河南商丘一带，都城为睢阳（今河南商丘）。淮阳：西汉时期封国，位于今河南周口一带，都城为陈县（今河南淮阳）。

②亘：横贯，在空间中横过或伸过去。

③背盭(lì)：悖谬，相反。盭，同"戾"。

④乡：通"向"。

【译文】

贾谊畏惧诸侯叛乱的祸患，建议增加梁国和淮阳国的封地，使这两国横亘在长江与黄河之间以控制东方,这种说法是多么的自相矛盾啊!
贾谊说:"秦国日夜苦心劳力,终于消灭了六国,而如今天子却高坐拱
手,无所作为,使天下重新又形成了六国分立的形势。"由此贾谊想要效
法秦朝的智慧来统一天下的用心,就无法掩盖了。他想要增加梁国和
淮阳国的封地,使这两国横亘在长江与黄河之间。岂知今天的梁国和
淮阳国,也许就是将来的吴国、楚国。吴、楚两国被制伏以后,梁国和淮
阳国就会更加骄纵,让他们横亘在长江与黄河之间以堵塞汉朝通向东
方的门户,则又有谁能抵御他们呢? 皇帝对自己的兄弟就信任、亲近,
对父亲的兄弟就猜疑、控制。违背天理的人,必定会很快得到报应,自
己的子孙,将来能不把梁国和淮阳国当成螫人的毒虫而仇视他们吗?

夫封建之不可复也,势也。虽然,习久而变者,必以其
渐。秦惟暴裂之一朝,而怨满天下。汉略师三代以建侯王,
而其势必不能久延,无亦徐俟天之不可回、人之不思返,而
后因之。七国之变未形,遽起而翦之,则亦一秦也。封建之
在汉初,镫炬之光欲灭,而姑一耀其焰。智者因天,仁者安
土,俟之而已。谊操之已蹙①,而所为谋者,抑不出封建之残
局,特一异其迹以缓目前尔。繇此言之,则谊亦知事之必不
可以百年,而姑以忧贻子孙也。封建之尽革,天地之大变
也,非仁智不足以与于斯,而谊何为焉!

【注释】

①蹙(cù):紧迫,急迫。

【译文】

分封制不可恢复,是大势所趋。尽管如此,人们长时间习惯于分
封,想要改变这种情况,必定是需要循序渐进的。秦朝正是由于在很短

的时间内粗暴地终结了分封制,而导致人们的怨恨不满充斥于天下。汉朝大体上仿效三代的做法分封诸侯王,但这种局面势必不可能长期延续下去,为什么不慢慢等到天意不可挽回、人心不再想回到过去的时候,因势利导,从而废除分封制呢?七国的叛乱还没有发动,汉朝廷就急忙行动要剪除他们,这样的做法就成了另一个秦朝了。分封制在汉初,就如同将要熄灭的灯火之光一样,只是回光返照似的闪耀一下火焰罢了。聪明的人顺应天意,仁义的人安居本土,都是在等待合适的变革时机而已。贾谊已经操之过急,而且他所出的谋略,也没有摆脱分封制的残局,只是稍微改变一下形式以缓解眼前的局势而已。由此而言,贾谊也知道废除分封的事情是不可以在百年之内完成的,只是姑且把隐患遗留给子孙后代而已。分封制被彻底废除,是天地间的巨大变革,没有足够的仁义和智慧是不能参与其中的,而贾谊又能有什么作为呢?

一七　徙民实边之策非不可行

晁错徙民实边之策伟矣[①]!寓兵于农之法,后世不可行于腹里,而可行于塞徼。天气殊而生质异,地气殊而习尚异。故滇、黔、西粤之民[②],自足以捍蛮、苗[③],而无逾岭以窥内地之患。非果蛮、苗弱而北狄强也,土著者制其吭[④],则深入而畏边民之捣其虚也。

【注释】

①晁错徙民实边之策:指汉文帝时,匈奴屡侵边境,侵扰狄道,晁错向文帝上《守边劝农疏》,提出用经济措施鼓励移民,用移民实边的办法抵御外患,被文帝所采纳。此后又上《募民实塞疏》,对如何安置移民生活提出了具体的措施。

②滇、黔、西粤:指今云南、贵州、广西一带。

③蛮、苗：泛指西南地区少数民族。

④吭（háng）：喉咙。

【译文】

　　晁错迁徙民众来充实边疆的政策实在是太高明啦！寓兵于农的办法，后世不可以在中原腹地实行，却可以在边境地带推行。气候条件不同的地方，居民的禀赋、体质也不同；地理条件不同的地方，居民的生活习惯和风俗也不同。所以滇、黔、西粤的居民，自身力量足以抵御蛮、苗部族，因而朝廷不必担忧蛮、苗之人越过五岭来窥探内地。这并非是因为蛮、苗之人果真软弱而北狄强大，而是因为土著居民控制着蛮、苗部族的咽喉要地，所以当他们深入内地时害怕边民会趁机直捣他们的老巢。

　　虽然，有未易者焉。沿边之地，肥硗不齐①，徙而授以瘠壤，不逃且死者寡。吏失其人，绥抚无术，必反而为北狄用。此二患者，轻于言徙，必逢其咎，而实边之议，遂为永戒。错之言曰："相其阴阳之和，尝其水泉之味。"始事之不可不密也。地诚硗矣，虽有山溪之险，且置之为瓯脱②，而移塞于内，无忧也。我所不得居，亦彼所不能据也。若夫吏人之得失，在人而不在法。然法善以待人，则人之失者鲜矣。后世之吏于边者，非羸贫无援之乙科③，则有过迁补之茸吏④；未有能入而为台谏郎官者⑤，未有擢而为监司郡守者。以日暮涂穷衰飒之心⑥，而仅延簪绂之气⑦，能望其忧民体国而固吾圉哉⑧？若择甲科之选，移守令课最之贤者以为之吏，宽其法制，俾尽其材，以拊循而激劝之⑨，轻徭赋以安之，通商贾、教树畜以富之，广学宫之选以荣之，宠智能豪隽之士以励之⑩,则其必不为北狄用以乘中国之衅者,可以保之百年,边日以强,而坐待狄之自敝。故曰:错之言伟矣。

【注释】

①硗(qiāo):土地坚硬而不肥沃。

②瓯脱:立于边界的土堡岗哨。

③羸(léi):衰弱,低劣。乙科:明清时期通称进士为甲科,举人为乙科。前者通常被授予较重要或清贵的官职,后者被授予的官职则通常较低。

④茸吏:指人品卑劣或庸碌无能的官吏。茸,本意指柔细的毛,这里比喻人品卑微或庸碌无能。

⑤台谏:是分掌纠正、弹劾官吏的台官与分掌规谏进言的谏官的合称,明代通称御史为台谏。

⑥日暮涂穷:天已晚了,路已走到了尽头,比喻到了末日或衰亡的境地。衰飒(sà):衰落萧索。

⑦簪绂(fú):冠簪和缨带,古代官员服饰。亦用以喻显贵、仕宦。

⑧圉(yǔ):边陲,边境。

⑨拊循:亦作"拊巡"。安抚,抚慰。

⑩隽(jùn):通"俊",优秀,才智出众。

【译文】

尽管如此,仍然有不少困难存在。沿边的土地,有肥沃的也有贫瘠的,如果把百姓迁徙到边境后授予他们的是贫瘠的土地,那么百姓不逃亡、不死亡的是极少的。如果负责的官吏没有选对,没有安民抚民的良策,那么迁徙来的百姓必定反而会被北狄利用。这两条弊端,轻率主张迁徙民众充实边境的,必定会遇到并深受其害,那么从此以后移民实边的政策就会成为禁戒。晁错说:"要察看迁徙地是否阴阳调和,品尝当地河水与泉水来判断是否适合饮用。"移民实边的事情在开始时是不能不细致周密的。如果某个地方的土地确实贫瘠，那么即使有山川之险，而且已经在此设置了土堡岗哨，也必须坚决地向内迁移，这样才能没有隐忧。我方所不能居留的地方，敌方也不可能占据生活。至于负责官员的得失，在于个人而不在于制度。然而如果制度善以待人，那么人的流失也很少。后世在边境做官的，不是贫弱无援的乙科官员，就是有过错被降职或是被列为候补的无能官吏；在这些官吏中，没有能被调入中央做台谏官员的，也没有能被提升为监司郡守的。这些人以日暮途穷、老气横秋的心态，仅能苟延官僚之气，能够指望他们忧国忧民而巩固边防吗？如果能从甲科官员中选人，调派政绩最突出的郡守、县令到边疆地区任职，并且简化、放宽法律以使他们最大程度地发挥自己的才能，用安抚的方法激励移民，用轻徭薄赋的政策使他们安居乐业，用通商贾、发展栽种畜牧的方法使他们富裕，用增加学校选人名额的办法来使他们感到荣耀，恩宠那些聪明能干、才智杰出的人来激励他们，那么移民们就必定不会被北狄利用以伺机危害中国。而且，这种局面至少可以保证维持一百年，随着边防实力的日益增强，中国就可以坐等狄人的衰败了。所以说：晁错的主张太高明了！

特其曰："绝匈奴不与和亲，其冬来南，壹大治则终身创矣[1]。"此则未易言也。非经营于数十年之久，未能效也。羁縻以和亲，而徐修实边之策，或不待大治而自不敢南犯。其不悔祸而冒昧以逞与，大治之，无虑其不克矣。

【注释】

[1]大治：给予沉重打击。

【译文】

只是晁错说："断绝与匈奴的关系，不再与其和亲，趁它们冬天南下的机会,给他们一次狠狠的打击,使他们终身难以恢复。"这句话就很难说了。移民实边如果不经过数十年的经营,是很难奏效的。如果能够先用和亲政策羁縻笼络匈奴人,然后逐步推行移民实边的政策,或许匈奴人不需要等到被汉朝狠狠打击一次就已经不敢南侵了。如果匈奴人执迷不悟,敢于贸然进犯以求一逞,那么狠狠地打击他们,不愁不能大获全胜。

一八　入粟拜爵免罪计亦未失

入粟而拜爵免罪,晁错之计,亦未失也。其未为失计也,非谓爵可轻而罪得以赀免也,谓其可以夺金钱之贵而授之粟也。轻赍折色①,有三易焉:官易收,吏易守,民易输。三易以趋苟简之利便②,而金夺其粟之贵,则宁使民劳于输,官劳于收,吏劳于守,而勿徇其便。此参数十世而能纯成其利,非俗吏之所知也。

【注释】

①轻赍(jī):随身携带的粮食。折(shé)色:折换成银钱。

②苟简:苟且简略。

【译文】

百姓向国家交纳粮食以换取封爵或免罪,晁错的这一计策,也算不上失策。说他不算失策,并不意味着爵位可以轻易地出卖、罪行可以轻易地用钱财赎免,而是说这一政策可以降低金钱的地位而相应提高粮食的地位。百姓将应该缴纳的粮食折换成银钱,有"三易"的好处:官府容易征收,官吏容易保管,百姓容易运输。人们因为这"三易"而日益趋向苟且简略的便利,金钱夺去了粮食的崇高地位,所以宁可使百姓多费力气运输、官府多费力气征收、官吏多费力气保管,也不可以曲从其便利。这经过数十年的实践证明有纯粹的益处而无害,不是庸俗的官吏所能理解的。

虽然,入粟六百石而拜爵上造①,一家之主伯亚旅②,力耕而得六百石之赢余者几何?无亦强豪挟利以多占,役人以佃而收其半也③;无亦富商大贾以金钱笼致而得者也。如是,则重农而农益轻,贵粟而金益贵。处三代以下,欲抑强豪富贾也难,而限田又不可猝行,则莫若分别自种与佃耕,而差等以为赋役之制。人所自占为自耕者,有力不得过三百亩,审其子姓丁夫之数④,以为自耕之实,过是者皆佃耕之科。轻自耕之赋,而佃耕者倍之,以互相损益,而协于什一之数⑤。水旱则尽蠲自耕之税⑥,而佃耕者非极荒不得辄减。若其果能躬亲勤力,分任丁壮,多垦厚收,饶有赢余,乃听输粟入边,拜爵免罪。而富商大贾居金钱以敛粟,及强豪滥占、佃耕厚敛多畜者不得与。如此,则夺金之贵而还之粟,可十年而得也。充错之说,补错之未逮,任牧民于良吏,严拜爵免罪之制于画一,乃不窒碍而行远⑦。不然,输粟之令且变而为轻赍折色,天下益汲汲于金钱,徒以乱刑赏之大经,为败亡之政而已矣。

【注释】

①上造:爵位名,秦、汉二十等爵的第二级,只高于公士,仍需服劳役。

②主伯:指家长和长子。亚旅:指兄弟及众子弟。

③佃:农民向地主或官府租种田地。

④子姓:子孙。

⑤什一：十分之一。

⑥蠲（juān）：除去，免除。

⑦窒碍：阻碍，障碍。

【译文】

　　虽然如此，百姓交纳六百石粮食就可以被赐予上造的爵位，一家人中的父子兄弟，全都努力耕作而得到六百石粮食，除去养家糊口所需，还能有多少盈余呢？能够向国家交纳这么多粮食的，无非是豪强富户凭借金钱、势力多占田地，然后租给农民耕种以收取一半的佃租；或者是富商大贾凭借雄厚的财力大量收购来粮食。像这样，则本想重农而农业反而更受轻视，本想提高粮食地位而金钱反而更受重视。从三代以后，要想抑制豪强富商是很困难的，而要限制占田的数量也不是短时间内能实行的，在这种形势下，不如区分自种与佃耕，分成不同等级来制定相应的赋役制度。百姓占田自己耕种的，大户不能超过三百亩，要仔细地审查家中子孙丁男的数量，以便使自耕实实在在而没有隐瞒，超出三百亩的部分，全部归入佃耕之科。减轻自耕田的赋税，而佃耕田的数量要两倍于自耕田，这样一增一减，相互抵消，正好与十分之一的税率相当。如果发生水旱灾害，就免除自耕田的赋税，而佃耕田的赋税如果不遇到特别大的荒年就不能予以减免。假如真的有人能够亲自勤劳地致力于农业，将耕种之事分任给丁壮劳力，多开垦土地而增加收获，那么就听任他向边境地区输送粮食以换取封爵或免罪。而富商大贾凭借金钱来大量收购粮食，或者是豪强富户滥占田地、租给农民耕种而征收繁重佃租以增加自己积蓄的，不得参与输送粮食以换取封爵或免罪的事情。如此，则降低金钱地位而相应提高粮食地位的目标可以在十年之内实现。只有充实晁错的理论，补充他没有想到的内容，任用称职的官员管理民众，严格地执行纳粮封爵免罪的制度，确保整齐划一，才能使这一制度顺利地长期实施下去。否则的话，纳粮封爵免罪的法令就会变成为了追求简便而将粮食折换为金钱，天下人就会更加热衷于追求金钱,最终只会白白地搞乱国家的赏罚大法,造就一个导致国家败亡的政策而已。

一九　肉刑不可复

肉刑之不可复^①,易知也。如必曰古先圣王之大法,以止天下之恶,未可泯也,则亦君果至仁,吏果至恕,井田复^②,封建定,学校兴,礼三王而乐六代^③,然后复肉刑之辟未晏也。不然,徒取愚贱之小民,折割残毁,以唯吾制是行,而曰古先圣王之大法也,则自欺以诬天下,憯孰甚焉。

【注释】

①肉刑:指古代残废肢体、残害肌肤、破坏身体机能的墨、劓、刖、宫等带有原始、野蛮色彩的刑罚。在汉以前实行较为普遍。

②井田:我国奴隶制时期的一种土地制度。以方九百亩为一里,划为九区,形如"井"字,故称"井田"。八家各占田百亩,中间为公田,八家共同耕种。

③六代:指黄帝、唐、虞、夏、殷、周。

【译文】

肉刑不可以被恢复,是显而易见的。如果有人一定要说这是古时候圣王留下的大法,是用来制止天下的大罪恶的,不可以使其泯灭,那么也只有等到君王果真仁慈至极,官吏果真宽容至极,井田制度得到恢复,分封制得以稳定,学校得以兴起,礼乐制度也恢复到三王、六代时的样子,然后再恢复肉刑之法也不算晚。不然的话,国家单单对那些愚昧贫贱的小民施以折断肢体、摧残肌肤的酷刑,分明只是推行帝王的私法,却说是要恢复古时候圣王的大法。这样自欺欺人来欺骗天下,还有比这更残暴的吗?

抑使教养道尽，礼乐复兴，一如帝王之世，而肉刑犹未可复也。何也？民之仁也，期以百年必世^①，而犹必三代遗风未斩之日也。风未移，俗未易，犯者繁有，而毁支折体之人积焉^②，天之所不祐也。且也，古未有笞杖，而肉刑不见重；今既行笞杖，而肉刑骇矣。故以曹操之忍，而不敢尝试，况不为操者乎！张苍之律曰^③："大辟论减等，已论而复有笞罪，皆弃市。"严矣。虽然，固《书》所谓"怙终贼刑"者也。故详刑者^④，师文帝之诏、张苍之令，可也。

【注释】

①世：一个世代，有时特指三十年。

②支：同"肢"。

③张苍（？—前152）：阳武（今河南原阳）人。秦代曾任御史，汉高祖时封北平侯，文帝时接替灌婴任丞相。曾主持改定历法。传见《史记·张丞相列传》）。

④详刑：指断狱审慎。

【译文】

即使教养之道齐备，礼乐制度复兴，同古时候圣王时代完全相同了，肉刑制度也仍然不可以恢复。为什么呢？因为民众的仁，经过上百年、许多代的努力，也只能恢复到像三代遗风尚未断绝的时候那样。世风尚未转变，风俗未曾变异，触犯刑法的人很多，那么被折毁四肢、摧折身体的人必定为数甚多，这种悲惨情形是上天都无法庇佑的。况且古代没有鞭笞、刑杖之类的刑罚，因而肉刑并不显得很重；今天已经有了笞、杖之刑，肉刑就显得令人恐惧惊骇了。所以，以曹操的残忍，尚且不敢尝试，何况是其他人呢！张苍制定的汉律规定："原来应判处死刑的罪犯按减等论处，已被处置但后来又犯了罪应判处笞刑的，全都改为公开斩首。"这太严厉了。尽管如此，这也正符合《尚书》中所说的"对于怙恶不悛、始终坚持作恶的人要施以极刑"。所以，审慎地审判案件的人，只要学习文帝废除肉刑的诏书、张苍制定的律令，就可以了。

二〇　杀人自告得减免

汉有杀人自告而得减免之律，其将导人以无欺也与！所恶于欺者，终不觉而儳其慝也。夫既已杀人矣，则所杀者之父兄子弟能讼之，所司能捕获之，其恶必露，势不可得而终匿也，而恶用自告为？小人为恶而掩蔽于君子之前，与昌言于大廷而无怍赧也[1]，孰为犹有耻乎？自度律许减免而觊觎漏网者[2]，从而减之，则明张其杀人之胆，而恶乃滔天。匿而不告者鼠也；告而无讳者虎也。教鼠为虎，欲使天下无欺，而成其无忌惮之心，将何以惩？故许自告者，所以开过误自新之路，而非可以待凶人。凶人而自匿，民彝其犹有未斁[3]，不较瘥乎[4]？

【注释】

①怍赧(nǎn)：羞愧。

②觊觎(jì yú)：非分的希望或企求。

③民彝：人伦。

④瘥(chài)：病愈。

【译文】

汉代有杀人者主动投案自首后可以获得量刑减免的法律，这大概是想要引导人民不要隐瞒罪行吧！之所以憎恶隐瞒罪行的行为，是因为担心令人痛恨的罪恶行为会被掩盖起来而永远不为人知。可是，如果一个人已经犯下了杀人的罪过，那么被他所杀的人的父亲、兄弟、子女可以到官府去告状,有关部门会派人捕获他,他的罪行必定会暴露,不可能永远隐匿下去,哪里还用得着他投案自首呢? 小人做了坏事而在君子面前掩饰罪过,与他在大庭广众之下毫无顾忌和羞愧地说出自己的罪行相比,哪个还有一点羞耻之心呢? 一些狡猾奸诈的小人自己忖度可以被减免刑罚,于是便想钻空子杀人而企图成为漏网之鱼,官府如果顺从他的心愿而减免对他的刑罚,那就是公然助长他杀人的胆量,最终造成他罪恶滔天的结局。隐瞒自己的罪行不敢告诉别人的罪犯,是老鼠;敢于告诉别人而毫不忌讳的罪犯,是老虎。朝廷本想使天下人不欺瞒罪行,却造成了罪犯无所忌惮的心态,把老鼠教成了老虎,法律又如何惩戒他们呢? 所以,允许罪犯自首,是为了开辟改过自新的道路,而不可以用来对待杀人的凶犯。凶犯如果自行藏匿踪迹,民间的正常伦理尚未完全丧尽,不是更好吗?

二一　后世可轻于什一

什一之赋,三代之制也。孟子曰:"重之则小桀,轻之则小貉①。"言三代之制也。天子之畿千里;诸侯之大者,或曰百里,或曰五百里,其小者不能五十里。有疆埸之守,有甲兵之役,有币帛饔飧牢饩之礼②,有宗庙社稷牲币之典③,有百官有司府史胥徒禄食之众,其制不可胜举。《聘义》所云:"古之用财者不能均④。"如此是已。故二十取一而不足。然而有上地、中地、下地之差,有一易、再易、莱田之等⑤,则名什一,而折衷其率,亦二十而取一也。

【注释】

①重之则小桀,轻之则小貉(mò):语出《孟子·告子下》:"欲轻之于尧舜之道者,大貉小貉也;欲重之于尧舜之道者,大桀小桀也。"

意思是想要比尧舜十分抽一的税率更轻的,是大貉小貉;想要比尧舜十分抽一的税率更重的,是大桀小桀(指赋税过重,尽管程度不同,同样是暴君的行为)。貉,我国古代北方民族名。相传其实行二十税一的税制。

②币帛:即缯帛,古代用于祭祀、进贡、馈赠的礼物。饔飧(yōng sūn):指馈食及宴饮之礼。牢饩(xì):指祭祀用的牛、羊、豕等牺牲。

③牲币:牺牲和币帛。

④古之用财者不能均:语出《礼记·聘义》:"古之用财者不能均如此,然而用财如此其厚者,言尽之于礼也。"意思是古代用财之处繁多而没法调和均衡。

⑤一易、再易:指需要休耕一年、两年的土地。莱田:荒地,因肥力差,无法长期耕种,需休耕数年。

【译文】

赋税十取其一,是三代时期的制度。孟子说:"想要比尧舜十分抽一的税率更轻的,是大貉小貉;想要比尧舜十分抽一的税率更重的,是大桀小桀。"说的就是三代的制度。天子直接统治的王畿地区方圆千里;诸侯国大的方圆百里,或者五百里,小的则不足五十里。王室和诸侯国都有守卫疆土的责任,有军队装备、招募的负担,有缯帛、馈食及宴饮之礼,祭祀用的牛、羊、豕等牺牲之类的用度,有祭祀宗庙、社稷等典礼的花费,有百官、众多衙门、众多小吏、差役的俸禄花费,其制度多得不可胜举。所以《礼记·聘义》中所说的"古代用财之处繁多而没法调和均衡",是符合实际情况的。所以,当时征收二十分之一的赋税无法满足财政需要。然而由于土地有上等地、中等地、下等地的差别,有需休耕一年、两年乃至数年的不同等级,因而尽管名义上征收十分之一的赋税,而折中各种不同情况的税率后,也还是二十分之一的税率。

自秦而降,罢侯置守矣。汉初封建,其提封之广^①,盖有倍蓰于古王畿者,而其官属典礼又极简略,率天下以守边,而中邦无会盟侵伐之事^②。若郡有守,县有令,非其伯叔甥舅之交,而馈问各以其私。社稷粗立,而祀典不繁。一郡之地,广于公侯之国,而掾史邮徼^③,曾不足以当一乡一遂之长^④。合天下以赡九卿群司之内臣,而不逮《周礼》六官之半。是古取之一圻而用丰^⑤,今取之九州而用俭,其视三代之经费,百不得一也。什一而征,将以厚藏而导人主之宣欲乎? 不然,亦奚用此厚敛为也!

【注释】

① 提封:版图,疆域。

② 中邦:中原,中国。

③ 邮徼:督邮与游徼。督邮是秦汉魏晋时期的郡守属吏,掌监察属官。游徼是秦汉时乡官名,负责巡查缉捕盗贼。

④ 遂:先秦时期基层地理单位,与乡近似。周制规定,王畿郊内置六乡,郊外置六遂。诸侯各国亦有乡、遂。

⑤ 圻(qí):方千里之地。

【译文】

自秦朝以后,废除诸侯而设置郡守。汉初分封的诸侯国,其疆域之大,大概是古代王畿的五倍,而他们的官署机构和典礼制度又都极为简略,率领着天下之人守卫边境,而中原也没有会盟、侵伐之类的事情。在郡县制下,郡有郡守,县有县令,他们之间并无伯叔、甥舅的亲缘关系,因而馈赠、聘问都以各自的私人情感和关系为依据。国家刚刚建立,祭祀典礼尚不繁多。一个郡的土地,面积超过公侯的封国;而他们的掾吏、掾史、督邮、游徼等属官,还比不上古时候一乡一遂的长官。用整个天下的财力来供养三公九卿和各个部门的内臣,数量还不及《周礼》中所载六官的一半。所以说,古时候帝王从王都周围一千里的地方取得收入,而开支很大;今天的帝王从天下九州取得收入而开支很少,与三代时期的花费相比,还不到百分之一。征收十分之一的赋税,是想要聚敛大量财富以引导君王宣泄欲望吗? 否则的话,为什么要这样横征暴敛呢?

文帝十三年,除田租税;景帝元年,复收半租,三十而税一;施及光武之世①,兵革既解,复损十一之税,如景帝之制;诚有余而可以裕民也。封建不可复行于后世,民力之所不堪,而势在必革也。

【注释】

①光武:指东汉光武帝刘秀。

【译文】

文帝十三年的时候,免除征收田租税;景帝元年的时候,恢复田租而只征收一半,即三十税一;到东汉光武帝刘秀时期,战争已经结束,于是再次减轻什一税,一如景帝时期的税制。这是国家的财力确实有余所以可以减轻百姓的负担,以便他们能富裕起来。分封制在后世不能再施行,是因为民力越来越不堪重负,因而势必要进行变革了。

二二 文帝短丧犹有古遗意

汉文短丧①,而孝道衰于天下,乃其繇来有渐也;先王权衡恩义之精意,相沿以晦,而若强天下以难从也。《礼》曰:"事亲致丧三年,事君方丧三年②。"方也者,言乎其非致也。嗣君之丧,致丧也。外而诸侯,内而公卿大夫,方丧也。苟其为方丧,则郊可摄,社稷五祀可祭③,会盟征伐可从事,于臣也奚病?弟子之丧师也,群居则绖④,出则否;以意通之,然则臣为君丧,有事焉而摄吉以行,可矣。《昏礼》之辞曰:"三族之不虞⑤。"君不与焉,则冠昏且得行矣。天地社稷,越绋而行事⑥,则祭固不废矣。文帝之诏曰:"损其饮食,绝鬼神之祭祀,以重吾不德。"盖秦有天下,尊君已侈,禁天下以严,制天下之饮食,绝其祭祀,失先王之精义,而溢分以为物情之难堪,非三代之旧也。

【注释】

①汉文短丧:指汉文帝驾崩之后,遗诏要求天下的官吏和百姓在诏令到后只哭悼三日就都除去丧服,并对相关丧礼规制和服丧时间都做出要求,要求缩短丧期。事见《史记·孝文本纪》。

②事亲致丧三年,事君方丧三年:语出《礼记·檀弓上》:"事亲有隐而无犯,左右就养无方,服勤至死,致丧三年。事君有犯而无隐,左右就养有方,服勤至死,方丧三年。"致丧,指极尽哀戚之情,为父母守丧。方丧,指用事父之丧礼以事君丧。

③五祀:古代祭祀的五种神祇,一般认为是指金、木、水、火、土五行之神。

④绖(dié):本义指旧时用麻做的丧带,系在腰或头上。这里引申为穿丧服。

⑤三族之不虞:语出《仪礼·士昏礼》:"惟是三族之不虞,使某也请吉日。"意思是如果三族之内没有死丧之事,就可以挑选吉祥的日子举行嘉礼。三族,指父亲及其兄弟、自己的兄弟、儿子一辈。

⑥越绋:指不受私丧的限制,在丧期参加祭天地社稷的典礼。绋,

　　柩车之绳。

【译文】

　　汉文帝遗诏中嘱咐缩短服丧日期，而孝道在天下衰落，这是一步步发展而来的结果。丧礼是上古先王权衡恩情、道义的因素而定下的，历代沿袭，而其中的用意逐渐晦暗不明，看起来好像是强迫天下人做难以做到的事情。《礼记》中说："侍奉双亲要致丧三年，侍奉国君则要方丧三年。"所谓"方"，正是强调它不是"致"，即极尽哀戚之情地守丧。新即位的君主为先王守丧，是致丧；而对于在外的诸侯、在内的公卿大夫而言，是方丧。既然他们服的是方丧，那么就可以代替天子进行郊祀，也可以祭祀社稷和五行之神，会盟征伐也可以参与，这些对臣子有什么妨害呢？弟子在老师死后，平时与其他弟子一起守丧时需要穿丧服，出门在外则不穿；以此类推，则臣子为国君守丧，有事的时候就穿上正常的衣服外出，也是可以的。《仪礼·士昏礼》中说："如果三族之内没有死丧之事，就可以挑选吉祥的日子举行嘉礼。"国君不在三族之列，所以冠礼和婚礼都可以正常举行。为了天地社稷，可以不受私丧的限制，那么祭天地社稷的典礼就不会被荒废。文帝的遗诏中说："使天下臣民减少饮食，中断对鬼神的祭祀，只会加重我的不道德之过。"这么说是因为秦始皇统一天下以后，尊君的规格已经过高，束缚天下人的戒律太严，竟到了控制臣民服丧期间饮食、禁止他们祭祀鬼神的地步。这些做法不符合先王制定礼制时的良苦用心，超出原有的分寸而令人难以忍受，所以这根本就不是三代的旧制了。

　　抑文帝之诏，统吏民而壹之，则无差等也。《礼》有之："诸侯为天子斩衰①。"惟诸侯也。"公士大夫之众臣为其君斩衰，布带绳屦②。"《传》曰："近臣，君服斯服矣③。"是从服也，非近臣则杀矣④。"庶人为国君齐衰三月⑤。"国君云者，对在国之民而言,于天子则畿内之民也,不施及天下明矣。统天下之臣民,禁其嫁娶、祠社、饮酒、食肉,皆秦之苛法也。秦统而重之,文帝统而轻之,皆昧分殊之等,而礼遂以亡。

【注释】

①斩衰(cuī):亦作"斩缞",是"五服"中最重的丧服。以最粗的生麻布制作,断处外露不缉边,丧服上衣叫"衰"。表示毫不修饰以尽哀痛,服丧期三年。

②公士大夫之众臣为其君斩衰,布带绳屦:语出《仪礼·丧服》:"公士大夫之众臣,为其君布带绳屦。"绳屦,丧服所着的草鞋。

③近臣,君服斯服矣:语出《仪礼·丧服》之传文。意思是天子左右的亲近之臣,国君穿什么样的丧服他们就应该穿什么样的丧服。

④杀:降低,这里指减等。

⑤齐衰:"五服"中列位二等的丧服,次于斩衰。其服以粗疏的麻布制成,衣裳分制,缘边部分缝缉整齐,故名。

【译文】

或许文帝的诏书,是将天下臣民一视同仁,没有等级的差别。《仪礼》中说:"诸侯要为天子服斩衰之礼。"只有诸侯才需要穿这么重的丧服。"公卿、大夫的家臣,为他们的主人服丧,带是布带,鞋是绳子编结的。"《仪礼》的传中说:"天子左右的亲近之臣,国君穿什么样的丧服他们就应该穿什么样的丧服。"这是说近臣要与国君穿同样的丧服,如果不是近臣就可以降低丧服等级了。"庶人要为国君服齐衰之礼三月。"这里所说的国君,是针对所在国的民众而言,对天子来说就是指王畿内的百姓,而不涉及整个天下的臣民,这是显而易见的。对于整个天下的臣民统一规定,禁止他们嫁娶、祭祀、饮酒、吃肉,这都是秦朝的苛刻法律。秦朝统统地加重丧服,汉文帝统统地予以减轻,他们都没有看到对于不同阶层、地域的人应该区别对待,而礼也就因此逐渐走向衰亡了。

唯夫嗣君者，虽天子，固子也。达于庶人，性之无可斁^①，一也。同姓之诸侯王，爵则古诸侯也，自汉以下，无民事焉，无兵事焉，尤其可伸者也。宰辅以下，至于外吏之卑者，一也，皆臣也。吉凶杂用，推布带绳屦之礼而通焉。特非莅祀^②，则降采而素焉可矣。郡县之天下，无内外之殊，通庶人三月之制，施及天下可矣。

【注释】

①斁（yì）：懈怠。

②莅（lì）祀：亲临祭祀。

【译文】

只是，嗣位的君主，虽然是天子，但同时也身为人子。从嗣君到平民，为父母守孝尽责的天性不可以懈怠，是一致的。同姓的诸侯王，爵位相当于古代的诸侯，从汉朝以后，既不负责处理民政，也不用处理军事，尤其可以让他们履行完整的守丧之礼。宰相以下，直到基层卑微的小吏，都是一样的，都是天子的臣子。吉凶之礼交杂使用，可以将布带绳鞋之礼推而广之，供他们通用。只要不是亲临祭祀，则脱下彩色衣服换上素服就可以了。在实行郡县制的天下中，没有内外之别，只要把庶民为国君守丧三月的制度，推广到全国统一施行就可以了。

唯是"谅暗"之礼^①，举兵戎刑赏之大政，皆总己以听于冢宰^②，抑有难行于今者。非但冢宰之难其人而僭乱为忧也^③。古之天子所治者，千里之畿尔。四夷之守，藩卫任之。强臣内擅，诸侯得而问罪焉。外内相制，而诸侯之生死予夺，非朝廷所得意为恩威，则冢宰亦不得以意乱之。郡县之天下，统四海之治，总万方之赋，兼四裔之守。监司守令，刑赏听命,而莫有恒经。是非交错,恩威互致,冢宰孰敢以一身任之？非但无伊、周之德也④,与百僚同拔于贡举资格之中,望自不足以相莅也。故欲行商、周之制,伸孝子之情,定天下之志,体先王之精意而无有弊,非穷理尽性以适时措之宜者,未易言也。沿三代之遗文于残阙之后,矫嬴政之过,而不内反诸心、外揆之时⑤,达于事之无不可遂,则文帝之短丧,遂以施行于万世。而有志者莫挽,不亦悲乎！

【注释】

①谅暗:本义指帝王诸侯居丧时所住的房子,《尚书》中有"高宗谅暗,三年不言"的说法,唐代李善曰:"谅暗,今谓凶庐里寒凉幽暗之处,故曰谅暗。"后也用谅暗代指帝王居丧。帝王行谅暗礼期间,一般不过问政事,交由宰辅处理。

②冢宰:周代官名,六卿之首,与后世宰相类似。

③僭(jiàn)乱:犯上作乱。僭,超越本分。

④伊、周:指商代名臣伊尹和周代名臣周公。

⑤揆(kuí):揣度,揣测。

【译文】

只是帝王的"谅暗"之礼,需要将军事、赏罚的大权都集中在一起而交给冢宰,听使其发号施令,大概难以在今天实行。这不仅是因为称职的冢宰人选难求,怕他们犯上作乱。古时候天子所直接统治的,只不过是方圆千里的王畿地区罢了;对四方边境的守卫,都由作为藩屏的诸侯们负责。如果有强横的臣子在朝廷中擅权,那么在外的诸侯们就可以兴师问罪,如此内外相互制约,而诸侯的生死予夺,并不是朝廷可以随心所欲作威作福的,这样冢宰也不可能凭借自己手中的权力肆意妄为,败坏朝纲。在实行郡县制的天下中,天子统一治理整个天下,总管万方的赋税,同时负责四方边境的守卫。各级官吏的赏罚都完全听命于皇帝,而没有固定不变的规制,是非交错,恩威相杂,冢宰怎么敢单凭自己一个人就承担如此的重任呢?这不仅仅是由于冢宰没有伊尹、周公的德行,而且由于冢宰与百官都是通过科举考试选拔上来的,其威望不足以压服他们。所以,要想实行商、周时期的制度,伸张孝子之情,安定天下民心,体会先王的精深意旨而没有差错,如果不是能穷尽理性而因时制宜的人,是不能够轻易谈论的。西汉沿袭经过秦代焚书大火之后遗留下来的文献、制度,纠正秦始皇嬴政的过失,而不在内心反省自己,揣度时代的潮流,以达到无事不可成功的境地。于是文帝短丧的政策,得以施行于千秋万代。而有志者竟然无法加以挽回,能不令人伤心吗?

夫文帝犹有古之遗意也。已下棺,服大功十五日、小功十四日、纤七日①,未葬以前,固皆斩衰也。《礼》:"天子七月而葬②。"虞祔卒哭③,将已期矣,期而小祥④,古有受服焉⑤。大功小功者,受服之变也;纤,禫服也⑥;虽短之,犹未失古之意,而促已甚。文帝以己亥崩,乙巳葬,合而计之,四十三日耳。景帝速葬而速除,不怀甚矣。以日易月,非文帝之制也,愈趋而愈下也。

【注释】

①大功:丧服五服之一,服期九月。小功:丧服名。是次于"大功"的丧服。用稍粗熟麻布制成,服期五月。纤:丧服的一种,祭服的颜色为黑经白纬,服期七日。

②天子七月而葬:语出《礼记·礼器》:"天子崩,七月而葬。"意思是天子驾崩后七月才举行葬礼。

③虞袝:指虞祭与袝祭。虞为葬后之祭,袝为合于先祖庙之祭。卒
　哭:古代丧礼,百日祭后,止无时之哭,变为朝夕一哭,名为卒哭。

④小祥:古代亲丧一周年的祭礼。

⑤受服:指穿丧服,守孝。

⑥禫(dàn):古代除去孝服时举行的祭祀。

【译文】

　　文帝身上仍然保留有一些古代的遗意。他遗诏中嘱咐在棺木下葬后,要服大功十五日,小功十四日,纤服七日,在未下葬之前,当然都是斩衰。《礼记》中说:"天子死后七个月下葬。"经过虞祭与袝祭,由无时之哭变为朝夕一哭,至齐衰期服将满,满一年以后举行小祥之礼,古代规定皆需着受服。大功和小功都是受服的变种;纤,乃是除去孝服时举行的祭祀。文帝虽然缩短了丧期,但仍然不失古意,只是未免太短了。汉文帝于己亥日去世,乙巳日下葬,期间共计四十三天。景帝迅速将先帝下葬,迅速除去丧服,也太不缅怀前辈了。将月换成日,不是文帝的遗制,此后情况更是每况愈下了。

二三　文帝之筹七国非贾谊晁错所能测

　　文帝崩年四十有六,阅三年而吴王濞反①。濞之令曰:"寡人年六十有二。"则其长于文帝也十有三年。当文帝崩,濞年五十有九,亦几老矣。诈病不觐,反形已著。贾谊、晁错日画策而忧之,文帝岂不知濞之不可销弭哉?赐以几杖而启衅无端,更十年而濞即不死,亦以衰矣。赵、楚、四齐②,庸劣无大志,濞不先举,弗能自动。故文帝筹之已熟,而持之已定。文帝幸不即崩,坐待七国之瓦解,而折箠以收之③。是谊与错之忧,文帝已忧之。而文帝之所持,非谊与错所能测也。

【注释】

①阅:经历。

②四齐:指西汉在原齐地分封的四个诸侯国:济南国、淄川国、胶东国、胶西国。七国之乱中,济南王刘辟光、淄川王刘贤、胶西王刘卬、胶东王刘雄渠皆参与了叛乱。

③折箠:亦作"折捶",折断策马的杖。比喻轻而易举。

【译文】

汉文帝死时四十六岁,过了三年吴王刘濞起兵反叛。刘濞在动员令中说:"寡人今年六十二岁。"由此可以看出,他比文帝年长十三岁。当文帝驾崩的时候,刘濞已经五十九岁了,也快要老了。他诈称身体有病而拒不入朝觐见皇帝,其反叛的迹象已经暴露出来,贾谊和晁错每天为此忧心忡忡,积极出谋划策,难道汉文帝不知道刘濞终将反叛吗?他赐给刘濞象征尊老的坐几和手杖,以便使他没有借口挑起事端。等到十年以后,刘濞即使不死也已经衰老不堪了。赵国、楚国、济南国、淄川国、胶东国、胶西国的统治者平庸拙劣而没有大志,如果刘濞不率先行动,那他们就不能自己行动,起来反叛。所以说汉文帝早已考虑成熟而确立了对策,并且坚定地加以贯彻。假如文帝有幸不是英年早逝,坐待七国土崩瓦解,必定可以轻易地制伏他们。贾谊和晁错所忧虑的事情,文帝早已开始忧虑。而文帝所持的对策,则是贾谊和晁错所猜测不到的。

吉凶之消长在天,动静之得失在人。天者人之所可待,而人者天之所必应也。物长而穷则必消,人静而审则可动。故天常有递消递长之机,以平天下之险阻,而恒苦人之不相待。智者知天之消长以为动静,而恒苦于躁者之不测其中之所持。若文帝者,可与知时矣。可与知时,殆乎知天矣。知天者,知天之几也。夫天有贞一之理焉,有相乘之几焉。

知天之理者,善动以化物;知天之几者,居静以不伤物,而物亦不能伤之。以理司化者,君子之德也;以几远害者,黄、老之道也;降此无道矣。庸人不测,恃其一罅之知①,物方未动,激之以动。激之以动,而自诧为先觉。动不可止,毒遂中于天下,而流血成渠。国幸存,而害亦憯矣。呜呼! 谋人家国者,可不慎哉! 自非桀、纣,必有怀来,有一罅之知者,慎密以俟之,毋轻于言,而天下之祸可以息。

【注释】

①罅(xià):裂缝,缝隙。

【译文】

吉凶祸福的消长在于天,而动静的得失则在于人。在于天的是人所可以等待的,在于人的则是天必定会有所回应的。事物发展到极点必然会消亡,人守静而慎重则可以动。所以,天道常有消长交替的机会,以削平天下的险阻,却总是苦于人不能耐心等待。智慧的人根据天道的消长来决定自身的动与静,却总是苦于急躁的人不能够领会其中的奥秘。像汉文帝这样的人,可以算得上是知时了。可以知时,就接近于知天了。所谓知天,就是知晓天道消长的细微征兆。上天有亘古不变的常理,也有变化消长的征兆。知晓天之常理的人,善于动而能感化外物;知晓天的变化征兆的人,则守静而不伤害外物,外物也不能伤害他。用天理来感化万物,这是君子的德行;根据天的征兆来远离危险,这是黄、老之道。除此之外便没有其他的道了。庸人不懂这些道,自恃一孔之见的小聪明,当外物尚未动时,就加以刺激使之动;明明是强行刺激外物使其动起来,却自夸是先知先觉。因为动起来后不能停止,于是流毒遍布天下,以至于血流成河。即使国家幸存下来,而所受到的祸害也太惨重了! 唉! 为别人家国大事谋划的人,能不慎重吗？只要自己不是夏桀、商纣，必定可以招来远方之人，有一孔之见的人，如果能够谨慎缜密地等候着，不要轻易开口妄言，则天下的灾祸就可以平息了。

卷三

景　帝

【题解】

　　汉景帝刘启(前188—前141)是汉文帝嫡子,公元前157年以皇太子身份继承皇位。景帝在位期间,平定"七国之乱",削减诸侯封地和特权,巩固了中央集权。他继承和发展其父汉文帝的政策,勤俭治国,继续奉行"与民休息"政策,发展生产、减轻赋税,延续了"文景之治"的局面,为其子刘彻的"汉武盛世"奠定了基础。

　　王夫之在本篇中首先评论了景帝在位期间最重大的政治事件——七国之乱。他认为,吴楚叛军的失败有其自身的原因:由于缺乏足够正当的名义而不自信,深恐部下仿效自己的背叛之举,因而不敢相信自己的部下,这样叛军就因缺乏凝聚力而失败,这也是历代叛军面临的共同问题。他还指出,晁错虽极力主张削藩,但叛乱爆发后缺乏冷静应对的措施,不如文帝临终向景帝推荐周亚夫那样深谋远虑。对于景帝朝另一重大事件——立嗣风波,王夫之认为,从七国之乱中周亚夫不救梁国就可以看出景帝与梁王间有很深的矛盾,窦太后对梁王的偏爱实际上加剧了景帝对梁王的不满,由此王夫之指出,兄弟之间的关系,父母最好不要随意介入,应该公正平和地对待子女,使他们之间自然地建立情谊。这对于当今家庭关系的处理仍有借鉴意义。

　　从汉高祖开国到汉景帝末期,历经六十余年的恢复与发展,汉朝逐渐呈现出富庶景象。对于这一局面的成因,王夫之引用班固在《汉书·食货志》中的话,将其归结为"节俭",并认为其核心在于"困辱商贾"。实际上,这种观点是否完全符合班固原意,颇堪怀疑。纵观全书,尽管王夫之承认商业对于社会具有一定的正面意义,但他对于商人却始终抱有强烈的排斥与厌恶心理,视之为误国害民的蠹虫;对于士大夫与商业的结合,王夫之更是直斥其丧尽廉耻。这些观点均表明,王夫之并未摆脱传统"抑商"思想的影响。

一　吴王濞以反为名太子谓其兵难以借人

甚哉名义之重也,生乎人之心,而为针铓剑刃以刺人于隐者也①。故名以生实,而义不在外。苟违乎此,疑在肘腋而先战乎心。夫欲有所为,而无可信之人,必危;有可信之人,而固不敢信,必败。吴太子之谏王濞曰:"王以反为名,此兵难以借人,人亦且反王。"以此疑田禄伯②,不遣循江、淮入武关③,而坐困于下邑④。其不信禄伯而因以败也,则太子任其失。藉令假禄伯以兵,而禄伯且反也,亦未可知。是两穷之术,而姑保其可疑。太子固曰"王以反为名,兵难以借人"。名不正,义不直,浮鼓其忿欲以逞,其中之铓刃,常不去于肺肝。是以无名无义而欲有为于天下,即以之攻无道而不克,况以之犯顺哉? 故自疑者必疑人,信人者必自信也。自不可信,人不可保,疑之而隳功⑤,信之而祸亦起。苻坚以不疑而亡于慕容垂⑥,安庆绪以不疑而亡于史思明⑦。吴太子之言,固天理显露之一几,以震小人而褫之⑧,恶能强哉! 恶能强哉!

【注释】

① 铓：刀剑等的尖端，锋刃。

② 田禄伯(?—前154)：西汉景帝时人，吴王刘濞部将。前154年，吴王濞联合楚、赵等七国叛乱，举兵西进，他被任命为大将军。建议由自己亲率五万人，配合主力军，循江淮而上，攻取淮南、长沙，直入武关，分进合击，与吴王会兵于关中，以出奇制胜。吴太子认为授权臣下，分兵而去，前景不测，加以谏止。刘濞遂不用其计。事见《史记·吴王濞列传》。

③ 武关：古代著名关塞，位于今陕西商洛。扼南阳盆地进入关中地区咽喉要道，历来是兵家必争之地。

④ 下邑：在今安徽砀山县。

⑤ 隳(huī)：毁坏，崩坏。

⑥ 苻坚以不疑而亡于慕容垂：慕容垂本为前燕吴王，因在朝中受排挤而投降前秦皇帝苻坚。苻坚对慕容垂信任有加，在伐东晋之战中委任其为前锋。淝水之战中苻坚大败，逃回北方后，境内叛乱四起，慕容垂于是逃回前燕故地称王，这一举动某种程度上加速了前秦的崩溃，苻坚最终兵败被姚苌所杀。事见《晋书·苻坚载记》。

⑦ 安庆绪以不疑而亡于史思明：唐至德二载(757)正月，安史叛军的首领安禄山被其子安庆绪杀死，安庆绪自立为帝。不久安庆绪被唐军击败而退出洛阳，逃到邺城、相州。安庆绪向部将史思明求救，史思明乘机自立为燕王，率军进入相州，杀死安庆绪。事见《新唐书·逆臣列传》。

⑧ 褫(chǐ)：剥夺。

【译文】

　　名义实在是太重要了，它从人的内心中产生，而又可以像针尖、剑刃那样直刺人的内心隐私。所以名是产生实的基础，而义在于内心，不在外界。如若不然,则猜疑必定会从心间产生,而内心早就开始战栗不已。如果想要有作为,而没有可以信任的人,那么事情必定会危险;如果有可信任的人,却丝毫不敢相信,那么就必然失败。吴国太子劝谏吴王刘濞说:"大王您以反对朝廷为名起兵,因而军队难以交给别人统领。不然的话,别人也会反叛您。"刘濞因此怀疑自己的大将田禄伯,不派他率军沿着长江淮河向西进入武关,而是坐困于下邑。他不信任田禄伯而导致败亡,责任应该由吴太子承担。如果他真的把军队交给田禄伯,而田禄伯竟真的反叛吴王,也说不定。所以这真是进退维谷的两难境地,姑且只能持怀疑的态度。吴太子坚持说:"您以反对朝廷为名起兵,因而军队难以交给别人统领。"名不正,义不直,只能凭借虚假的话鼓动起民众一时的愤怒而图谋不轨,而其中所隐含的刀剑锋刃,常不离胸腹周围。因此,无名无义却想在天下有大作为的人,即使去进攻无道昏君也无法取胜,何况是进犯坚持正义的正人君子呢?所以,怀疑自己的人必定怀疑别人,相信别人的人必定相信自己。自己不可相信,别人的忠诚也无法保证,怀疑别人就会使事业毁于一旦,相信别人则灾祸也可能降临。符坚因为不怀疑别人而被慕容垂所灭,安庆绪因为不怀疑别人而被史思明所杀。吴太子的话,固然是天理显露的一个迹象,以震慑小人而夺去其气势。他又怎么能强大得起来呢!又怎么能强大得起来呢!

二　文帝任亚夫制吴

文帝且崩,戒景帝曰:"即有缓急,周亚夫可任将兵[①]。"则文帝未尝须臾忘制吴也。故几杖之赐[②],欲以销其雄心而待其自敝,非玩也[③]。中有所恃,则可静以待动,而不为祸先,无已,则固有以胜之矣。柔而不陷于弱,本立焉耳。晁错者,焉知此!迫而无以应,则请上自将而身居守,有亚夫之可恃而不知任也，身之不保，宜矣哉！故柔而玩、竞而不知自强之术，两者异出而同归于败。

【注释】

①周亚夫(? —前143)：沛县（今江苏沛县）人。西汉军事家，名将周勃之子，袭父爵被封为条侯。汉文帝时任中尉，得到文帝信任。景帝即位后，七国之乱起，景帝任命周亚夫为太尉，统军平叛。周亚夫用断绝粮道、坚守不战的方法击败了叛军。后来因被告发谋反而被景帝下狱，绝食而死。传见《史记·绛侯周勃世家》。

②几杖之赐：指吴王刘濞因其子刘贤被皇太子刘启误杀，由是心怀不满，称疾不朝，朝廷因此对吴国使者拘禁治罪。后来吴王派人进京行秋请的礼节，使者为刘濞辩解，并希望文帝捐弃前嫌。文帝于是赦归吴国使者，并赐予刘濞坐几和手杖，以其老而准其不朝。刘濞得释其罪，谋反的事情也就放松了。事见《史记·吴王濞列传》。

③玩：轻视，忽视，不认真对待。

【译文】

汉文帝临死前告诫景帝说："如果遇到突发事件，周亚夫可以担当统帅军队的重任。"可见，汉文帝不曾有片刻忘记对付吴国。所以，文帝赐给吴王坐几和手杖，是想以此销熔他的雄心壮志而等待他自己败亡，并不是漫不经心的赏赐。他心中早已拿定了主意，有所凭恃，就可以以静待动，而不会被灾祸抢了先，使自己措手不及，因此，对方尚未发难，就早已经胜券在握了。柔而不陷于弱，就是立了本。晁错哪里懂得这些呢！事情到了急迫的地步而没有应对的方法，于是请求皇帝亲自率军平叛而自己留守京城，有周亚夫这样可以依赖的大将却不知重用，自己最终性命不保，实在是必然的呀！所以，一味地柔弱，和与敌人争强却不知道自强之术，实在是殊途同归，最终都会走向失败。

三　亚夫请以梁委吴获景帝惎梁之心

周亚夫请以梁委吴，绝其食道，景帝许之。梁求救而亚夫不听，上诏亚夫救梁，而亚夫不奉诏。于是而亚夫之情可见，景帝之情亦可见矣。委梁于吴以敝吴，而即以敝梁。梁之存亡，于汉无大损益；而今日之梁为他日之吴、楚，则敝梁于吴而恃以永安。亚夫以是获景帝之心，不奉诏而不疑。景帝之使救也，亦聊以谢梁而缓太后之责也，故可弗奉诏而不疑也。

【译文】

周亚夫请求将梁国放弃，任凭吴国攻打而不援救，汉军则去断绝吴军的粮道，汉景帝同意了。梁国屡次求救而周亚夫不予理睬，向景帝申诉，景帝下诏书命令周亚夫援救梁国，而周亚夫拒不奉诏。由此，周亚夫的心理可以显现，而汉景帝的心理也可以显现出来了。坐视吴国攻打梁国以疲敝、削弱吴国，同时也正是在疲敝、削弱梁国。梁国的生死存亡，对于汉朝廷而言没有大的利害关系；而今天的梁国可能变成明天的吴国、楚国，那么将梁国交给吴国任意攻打以削弱它，正可以凭此为汉朝廷赢得永久的和平安宁。周亚夫此举深得汉景帝的欢心，所以即使拒不奉诏也不会被景帝猜疑。汉景帝命令周亚夫援救梁国，也不过是为了姑且应付梁国的请求而缓和母亲窦太后的责备罢了，所以周亚夫拒不奉诏，他也不加猜疑。

呜呼！景帝之心忍矣，而要所以致之者，太后之私成之也。帝初立，年三十有二，太子荣已长，而太后欲传位于梁王。景帝曰："千秋万岁后传于王。"探太后之旨而姑为之言也。窦婴正辞而太后怒①，则景帝之惎梁久矣②。亚夫委之敝而弗救，与帝有密约矣。不然，兄弟垂危，诏人往援，不应而不罪，景帝能审固持重如此其定哉？后愈私之，帝愈惎之，梁其不为叔段、公子偃者③，幸也。

【注释】

①窦婴(？—前131)：字王孙，清河观津(今河北衡水)人。汉文帝皇后窦氏之侄。吴、楚七国之乱时，被景帝任为大将军，守荥阳，监齐、赵兵。七国之乱平定后，封魏其侯。武帝初，任丞相。元光三年(前132)，窦婴为营救灌夫而与武帝之舅田蚡在朝堂上辩论，因言论被有司以欺君之罪弹劾，窦婴以曾受景帝遗诏"事有不便，以便宜论上"为名，请求武帝再度召见。但尚书很快就发现窦婴所受遗诏在宫中并无副本，于是以"伪造诏书罪"弹劾窦婴。元光四年(前131)初，窦婴被处死。传见《史记·魏其武安侯列传》。

②惎(jì)：怨恨。

③叔段(前754—？)：姬姓，名段，春秋时期郑国人，郑武公少子，郑庄公同母弟，母武姜。郑庄公即位后，共叔段受封京城，在武姜帮助下谋划作乱，郑庄公在共叔段未公开反叛之前，便得知其图谋，于是派兵攻打并击败共叔段，共叔段逃到共地，最终死在他国。公子偃(？—前575)：姬姓，名偃，鲁宣公庶子，鲁成公异母弟。鲁成公时，公子偃为卿，叔孙宣伯与鲁成公的母亲穆姜私通，叔孙宣伯想要除掉季文子和孟献子而夺取他们的家产，怂恿穆姜要求鲁成公驱逐季文子和孟献子，并威胁另立公子偃和公子锄为君。鲁成公与季文子联合，放逐叔孙宣伯，并将参与叔孙宣伯和穆姜计划的公子偃暗杀。

【译文】

唉！汉景帝的心太残忍了！他之所以如此残忍，正是皇太后偏爱幼子梁王而导致的。汉景帝即位时已经三十二岁，太子刘荣已经长大成人，可是窦太后想让景帝传位给梁王。景帝说："我死后传位给梁王。"不过是探知太后的心思后姑且说出的违心之言。窦婴义正辞严地对传位梁王的想法予以反驳，太后十分生气，则汉景帝憎恨梁王由来已久了。周亚夫能坐视吴国进攻梁国而不援救，肯定是与景帝有秘密约定在先。不这样的话，弟弟的封国岌岌可危，自己下诏书派人去援救，可统军将领拒不奉命，而自己也不加以怪罪，难道汉景帝能够如此审慎持重而有定力吗？窦太后越是宠爱梁王，汉景帝就越忌恨梁王，梁王最终没有像郑国的叔段、鲁国的公子翚那样身死国亡，实在是万幸了。

故兄弟之际，非父母所得而与。亲者自亲，爱者自爱，信者自信，猜者自猜。全中人于不相激，而使贤者得自伸其恩义，则以养子孙于和平坦易之中，而无隐情以相倾。太后妇人，不足以知此，为君子者，尚其鉴诸！

【译文】

所以，兄弟之间的关系，并不是父母能够介入的。亲近的自然会相互亲近，喜爱的自然会相互喜爱，信任的自然会彼此信任，猜忌的自然互相猜忌。平和公允地对待子女而没有强烈的感情偏私来刺激他们，就可以使子女中的贤者自己对兄弟姐妹伸张其恩德情义，就可以在和平安定之中抚育子孙，而没有隐情使他们相互倾轧。太后是妇道人家，不足以知晓这一道理，而身为君子的人，难道不应该从中有所借鉴吗？

四　韩安国田叔守贞以全仁孝

国无人而不可与立①，彝伦敫也②。韩安国泣请于梁王③，而羊胜、公孙诡伏诛④；田叔悉烧狱辞⑤，而梁王之罪解。以诚信行于家国骨肉之间，彝伦危而得安，汉之人才，所以卓越乎后世也。邹阳见王信而雠其说⑥，策士之小慧耳。假天性合离之权于闺房，阳之智与胜、诡等；自诧其巧，而不知适成乎乱。安国也，叔也，守贞以全仁孝之大者也，非佞人之得有功也。

【注释】

①立：坚持道而不变。典出《论语·子罕》："子曰：'可与共学，未可与适道；可与适道，未可与立；可与立，未可与权。'"

②敦(dù)：败坏。

③韩安国(？—前127)：字长孺，梁国成安(今河南商丘民权)人。早年在梁孝王幕下任中大夫，帮助梁孝王和汉政权化解了几次危机，深得汉景帝的信任。汉武帝时，曾任大司农、御史大夫。传见《史记·韩长孺列传》。

④羊胜、公孙诡：二人皆是梁孝王帐下的谋士，因"多奇计"而受到信任。孝王怨恨袁盎等阻止景帝立自己为嗣，羊胜、公孙诡为其设谋，刺杀袁盎等大臣十余人，后事情败露，景帝遣使至梁逮捕二人，二人被迫自杀。事见《史记·梁孝王世家》。

⑤田叔：赵国陉城(今山西曲沃)人，汉初大臣。初从赵王为郎中，后历任云中、汉中太守。梁孝王刺杀袁盎等人事发后被景帝派遣去梁国审查此案。田叔查清案情后，没有将案件证据交给汉景帝，并劝谏汉景帝不要追究梁王责任，以免使窦太后伤心。后曾任鲁国国相，卒于官。传见《史记·田叔列传》。

⑥邹阳(约前206—前129)：齐人，西汉谋士、散文家。文帝时，为吴王刘濞门客，以文辩著名于世。曾上书谏止吴王叛乱，后离吴去

梁，为梁孝王门客。他反对梁孝王刺杀袁盎等人，被诬陷下狱，狱中向梁孝王上书辩白，得以被释放。后来朝廷追查刺杀事件，梁孝王派邹阳前往长安活动，邹阳通过接近王皇后之兄王信，向其晓以利害，成功使其出面劝说汉景帝不再追究刺杀一事。事见《史记·鲁仲连邹阳列传》。王信：汉景帝王皇后之兄，景帝时被封为盖侯。

【译文】

国中无贤人而无法坚持道不变，这是因为天地伦常被败坏了。韩安国流着泪向梁王进言规劝，而羊胜、公孙诡伏法被诛；田叔将梁王刺杀袁盎等人一案的卷宗全部焚毁，于是梁王的罪责得以解脱。以诚信来处理家国骨肉之间的关系，天地人伦的常道就由危转安了，这是汉代的人才比后世卓越的原因。邹阳见到王信而得以兜售自己的游说之辞，不过是游说之士的小聪明罢了。邹阳把天性离合的砝码压在后宫女性身上，他的智慧与羊胜、公孙诡相同。他以为自己的话十分巧妙，却不知它正好酿成了动乱。韩安国和田叔，才是坚守忠贞而保全仁孝之大德的聪明人，而不是奸邪之人投机取巧能立下大功。

五　法宽而任鸷击之吏何如法严而任宽仁之吏

法严而任宽仁之吏，则民重犯法，而多所矜全。法宽而任鸷击之吏[1]，则民轻犯法，而无辜者卒罹而不可活[2]。景帝诏有司谳不能决[3]，移谳廷尉，谳而后谳不当，谳者不为失，立法宽矣。乃郅都、宁成相继为中尉[4]，则假法于残忍之小人，姑宽为之法，以使愚民轻于蹈阱，而幸其能出而终不免也。且也谳不当而不为罪，无论失入之憯也，即数失出而弗谴，亦以导赇吏之鬻狱[5]，而淫威之逞，冤民且无如之何也。于是而高帝宽大之意斩，武帝严酷之风起矣。严之于法而无可移，则民知怀刑；宽之以其人而不相尚以杀，则民无滥死。故先王乐进长者以司刑狱，而使守画一之法，雷电章于上，雨露润于下，斯以合天理而容保天下与！

【注释】

①鸷（zhì）击：此处比喻执法酷烈。鸷，鹰之类猛禽的代称。

②罹（lí）：遭受苦难或不幸。

③谳（yàn）：审判定罪。

④郅（zhì）都、宁成：景帝时著名酷吏，以执法严苛残酷著称。

⑤赇（qiú）吏：贪赃枉法的官吏。鬻（yù）狱：借诉讼案件收取贿赂。

【译文】

法令严峻而任用宽厚仁慈的官吏来执法，则百姓们不会轻易犯法，得以保全的人就多。法令宽松却任用残酷暴戾的官吏，则百姓不把犯法当回事儿，而无辜的人最终也会身犯罪过而难以保全性命。汉景帝下诏令有关司法部门把无法审判定罪的案件交给廷尉审理，审理以后如果出现判决不当，则不算审判者的过失，立法够宽松了。可是郅都、宁成相继被任命为中尉，则是把司法大权交给了残忍的小人，他们姑且放宽法律，以使愚昧无知的百姓轻易触犯法律，踏入陷阱，他们本以为能够出来，而最终却无法幸免。况且，判决不当不算罪过，丝毫不顾蒙冤受刑者的悲惨，即使审判者多次出错也不加谴责，这实际上是在引导贪官污吏营私舞弊、贪赃枉法，他们滥施淫威，而被冤枉的民众毫无办法，徒唤奈何。在这种情况下，汉高祖宽大的执法理念断绝了，汉武帝严酷执法的风气兴起了。法令严明而不随意加以宽恕，则民众知道避免刑罚；执法该宽则宽，而不以杀人多寡相夸耀，则民众没有无辜受死的。所以，先贤圣王都乐意任用忠厚长者主管刑狱之事，并使他们遵循统一的法律，上有电闪雷鸣，下有雨露滋润，这大概就合乎天理而能宽容爱民了吧！

六 富人子得为官

算资十而得官^①，景帝减而为四，争之于铢两之间，亦恶足以善风俗乎！应劭曰^②："古者疾吏之贪，衣食足，知荣辱，赀盈十万，乃得为吏。"劭所云古者何古也，殆秦人之法也。举富人子而官之，以谓其家足而可无贪，畏刑罚而自保，然则畏人之酗饮，而延醉者以当筵乎？富而可为吏，吏而益富，富而可贻其吏于子孙。毁廉耻，奔货贿，薄亲戚，猎贫弱，幸而有赀，遂居人上，民之不相率以攘夺者无几也。自非赢氏为君、商鞅为政，未有念及此以为得计者也。

【注释】

①算资：汉代朝廷规定的纳官钱数。

②应劭：字仲瑗，汝南南顿（今河南项城）人。灵帝初，举孝廉。中平六年（189），迁泰山太守，后弃郡投袁绍。建安元年（196），进呈所删定律令《汉仪》（后世习称《汉官仪》），献帝善之。时迁都许昌，旧章湮没，凡朝廷礼制、百官典式多为其所立。应劭著述宏富，现有《风俗通义》等书存世。传见《后汉书·应劭列传》。

【译文】

以前，向朝廷缴纳十万钱的人才能得到官位，汉景帝下诏减为四万，如此在一铢一两上计较，又怎么能改善社会风气呢？应劭说："古时候憎恨官吏贪婪，鉴于衣食足而知荣辱的说法，只有资产满十万的人，才能做官吏。"应劭所说的古时候哪里是什么古时，很可能就是秦朝的办法。推举富人的子弟，将他们任命为官吏，说是他们的家庭殷实富足，因而可以不贪，畏惧刑罚而力求自保，若果真如此，那么害怕人家酗酒，就把醉汉请到筵席上落座吗？富裕以后就可以做官，做官以后更富裕,更富以后就可以使子孙们都做官。这些人不顾廉耻,贪图财货,刻薄地对待亲戚,盘剥贫弱的民众,幸而聚敛了大量家财,就能做人上人,有鉴于此,百姓们不争相偷盗抢夺的没有几人。如果不是秦始皇为君,商鞅执政,则没有将这种做法认为是得计的人。

呜呼!亦有自来矣。世之乱也,一策行而取卿相,一战胜而有封邑。故草野贫寒之子,忘躯命,游于刀锯鼎镬之下①,以弋获官邑②。于是而如馁者之得食焉,快贪饕而忘哽噎③。于是天下苦之,人主厌之,而矫之以任富人之子,以是为愈于彼也。虽然,岂必无以养天下之廉耻而需此哉?矫枉者之枉甚于所矫④,而天下之枉不可复伸。为君子者,清品类,慎交游,远挟策趋风之贱士,以使人主知所重轻焉。何至贻朝廷以菲薄贤智、轻侧陋之心,问居赢而揣进之哉?

【注释】

①镬(huò):古代煮牲肉的大型烹饪器皿之一,常用做烹人的刑具。

②弋(yì)获:本义指射而得禽。此指获得。

③贪饕(tāo):本义指贪吃。比喻贪得无厌。哽噎(yē):食物梗塞,难下咽。

④矫枉:把弯的东西扳正。矫,扭转。枉,弯曲。

【译文】

唉,这种想法也是有来由的。在乱世中,一条妙计成功就可以取得卿相之位,一次大战打胜就可以得到封邑。所以出身贫寒低微的人,冒着生命危险,穿梭奔波在刀锯鼎镬之下,以期伺机获得官爵和封地。他们一旦得逞,就像快要饿死的人忽然得到了食物,满足于狼吞虎咽而忘记了被噎着的风险。所以天下人苦于他们的统治,君主厌恶他们,于是加以矫正,改为任用富人的子弟,认为这种办法比以前的好。尽管如此,难道没有办法培养天下人的知廉耻之心而一定需要如此吗?矫枉者的枉比所矫正的更加严重,于是天下的枉再也无法得到矫正。做君子的人,应该分清品类、谨慎交游,远离那些带着计策趋炎附势的贫贱之士,以便让君主知道任用臣子的轻重。何至于怀着一颗菲薄贤能、鄙视侧陋之人的心站在朝堂上,专门引荐那些富家子弟为官呢?

七 汉初富庶自困辱商贾始

班固叙汉初之富庶详矣①。盖承六国之后,天下合而为一,兵革息,官吏省,馈享略,置邮简②,合天下而仅奉一人,以王而府天下,粟帛货贿流通,关徼弛而不滞,上下之有余宜矣。呜呼!后之天下犹汉也,而何为忧贫孔棘③,而上下交征之无已也!班固推本所由,富庶原于节俭。而曰:"高帝令贾人不得衣丝乘车,重租税以困辱之。孝惠、高后虽弛其禁,然市井之子孙,不得仕宦为吏。量吏禄、度官用,以赋于民。山川园池市井租税,自天子至于封君,皆取其入为私奉养,不领于经费。"知言也夫!

【注释】

①班固(32—92):字孟坚,扶风安陵(今陕西咸阳)人。东汉著名史学家、文学家。他在其父班彪《史记后传》的基础上,撰写《汉书》,历时二十余年,于建初中基本修成。汉和帝永元元年(89),大将军窦宪率军北伐匈奴,班固随军出征,参议军机大事,大败北单于后撰著名的《封燕然山铭》。后窦宪因擅权被杀,班固受株连,死于狱中。传见《后汉书·班固列传》。

②置邮:用车马传递文书信息。亦谓传递文书信息的驿站。

③孔棘：急迫，困窘。

【译文】

班固记叙汉初的富庶够详尽了。大概当时正处在六国纷争的时代之后，天下统一，战争平息，官吏减少，进献馈赠之物简略，邮传驿站机构精简，合整个天下之力仅仅供养一个人，由一个君主治理天下，粮食、布帛等财货自由流通，关卡松弛而不呆滞，在这样的条件下，百姓和国家都殷实富足是理所应当的。唉！后世的天下与汉朝的天下一样，却为什么如此急迫地担忧贫穷，而上下不停息地互相争夺私利呢？班固追本溯源，认为富庶源于节俭。他说："汉高祖下令商人不得穿丝绸衣服、乘马车，而且还加重赋税来使商人感到困窘和被侮辱。汉惠帝、吕后时期，虽然放松了禁令，但是商人的子孙仍然不能做官吏。朝廷估量官吏的俸禄，预算政府的开支，然后向百姓征收赋税。而山川、园林、池塘、市井的租税收入，从天子到封君，都是用各自地盘上的此类收入来养活自家，并不从国家领取经费。"班固的话很有见识啊！

尤要者，则自困辱商贾始。商贾之骄侈以罔民而夺之也，自七国始也。七国者，各君其国，各有其土，有余不足，各产其乡，迁其地而弗能为良。战争频，而戈甲旌旄之用繁①；赂遗丰，而珠玑象贝之用亟②；养游士，务声华，而游宴珍错之味侈。益之以骄奢之主、后宫之饰、狗马雁鹿祛服殊玩之日新③，而非其国之所有。于是而贾人者越国度险，罗致以给其所需。人主大臣且屈意下之，以遂其所欲得，而贾人遂以无忌惮于天下。故穷耳目之玩、遂旦暮之求者，莫若奖借贾人之利；而贫寒之士，亦资之以沾濡④。贾人日以尊荣，而其罔利以削人之衣食，阳与而阴取者，天下之利，天子之权，倒柄授之，而天下奚恃以不贫？且其富也不劳，则其用也不恤,相竞以奢,而殄天物以归糜烂。弗困弗辱,而愚民荣之,师师相效⑤,乃至家无斗筲⑥,而衣丝食粲,极于道殣而不悔⑦,故生民者农,而戕民者贾。无道之世,沦胥而不救,上下交棘而兵戎起焉。非此之惩,国固未足以立也。高帝之令,班固之言,洵乎其知本计也。

【注释】

①旌旄:军中用以指挥的旗子。

②珠玑:珠宝,珠玉。

③袨(xuàn)服:盛服,艳服。

④沾濡:此指恩泽,好处。

⑤师师:相互师法,相互效仿。

⑥斗筲(shāo):指斗和筲,都是很小的容器。比喻家贫。

⑦道殣(jǐn):饿死于道路上。殣,饿死。

【译文】

尤其重要的,则是从使商人感到困窘和被侮辱开始的。商人的骄横奢侈和欺骗、盘剥百姓,是从战国时代开始的。战国七雄,各自统治自己的国家,各国有各国的地盘,各国物产的种类和多寡各有异同,如果迁徙地点就不能再出产相同的良物。七国之间战争频繁,因而戈甲、旌旗的用量很大;列国之间外交馈赠很重,因而珍珠、象牙、贝壳的需求很急;各国君主喜欢养游士,追求好名声,因而游宴请客的用度非常奢侈。再加上骄奢的君主,后宫的装饰、狗、马、雁、鹿、华丽的服装、奇珍异玩,每天更新,所有这些需求品都不是本国所出产的。于是,商人跨越各国、度过关隘,想尽一切办法搜罗货物以满足七国的需求。国君和大臣暂且屈尊礼待商人,以便得到自己想要的东西,而商人由此发展到在天下都肆无忌惮。所以,想要穷尽耳目之玩、满足早晚之需求的人,没有比奖励商人、给予他们利益更有效的了,而贫寒的人,也拿出自己的微薄财产来给予商人以求得利。商人日益尊贵、荣耀,但他们过分追求利润以至于剥夺别人的衣食,明给而暗取,天下的利益,天子的大权,都倒过来拱手交给商人,而天下怎么能不贫困呢?况且,商人致富并没有经过艰苦的劳动,因而用起钱财来也毫不心痛,他们相互间比赛谁更奢侈,以至于暴殄天物,成天过着腐朽糜烂的生活。商人们不感到困窘和被侮辱,愚昧的民众认为他们很荣耀,于是纷纷效仿,以至于家里没有一点余粮,却身穿丝绸衣服,每天吃美味佳肴,直到快要饿死在路边也不后悔。所以说养活百姓的是农业,而残害百姓的是商业。在无道的时代,百姓们饱受苦难而无人相救,上下争夺私利而兵戎相向,战争便爆发了。如果不以此为戒,那么国家根本无法立足。汉高祖的诏令,班固的记载,真的是知晓根本的计策啊!

人主移于贾而国本凋,士大夫移于贾而廉耻丧。许衡自以为儒者也①,而谓"士大夫欲无贪也,无如贾也"。杨维桢、顾瑛遂以豪逞而败三吴之俗②。濠、泗之迁,受兴王之罚③,而后天下宁。移风易俗,古今一也。

【注释】

①许衡(1209—1281):字仲平,号鲁斋。怀庆路河内(今河南沁阳)人。许衡早年为避战乱,常来往于河、洛之间,跟从姚枢学习程朱之学。元宪宗四年(1254),许衡应忽必烈之召出任京兆提学、国子祭酒。至元六年(1269),奉命与徐世隆制定朝仪、官制。至元八年(1271),与郭守敬共同修成《授时历》。传见《元史·许衡列传》。

②杨维桢(1296—1370):字廉夫,绍兴路诸暨州枫桥(今浙江诸暨)

人。元末明初著名诗人、文学家、书画家和戏曲家。性格狷直，行为放达，常与顾瑛等人交游唱和。传见《元史·杨维桢列传》。顾瑛(1310—1369)：一名阿瑛，又名德辉，字仲瑛。昆山(今江苏昆山市)人。元代文学家。家业豪富，轻财好客，远近闻名。传见《元史·顾瑛列传》。三吴：指长江下游江南地区，一般包括吴郡、吴兴郡和会稽郡。

③濠、泗之迁，受兴王之罚：朱元璋克张士诚后，将依附张士诚的吴中人士多流放濠州(治今安徽凤阳)、泗州(治今安徽泗县)等地。兴王，开国之主。此处指明太祖朱元璋。

【译文】

君主如果过分注重商业，那么作为国家根基的农业必然会凋落；士大夫如果过分注重商业，那么廉耻之心必然丧尽。许衡自以为是儒者，却说："士大夫要想不贪婪，最好的办法莫如经商。"杨维桢、顾瑛等人于是用奢侈豪华的放荡行为败坏了三吴地区的风俗，明初依附张士诚的吴中人士多被流放濠州、泗州等地，受到明太祖朱元璋的惩罚，然后天下才得以安宁。所以移风易俗，古今都是一样的。

武　帝

　　汉武帝刘彻(前156—前87)公元前141年至前87年在位,在位时间长达五十四年。自十六岁登基后,他对内大力加强中央集权,削弱诸侯,开创察举制、刺史制,强化思想统一,废黜百家,独尊儒术,进行币制、历法改革;对外攘夷拓土,开辟丝绸之路,强化对西域的控制,将西汉王朝推向了鼎盛。但他统治后期,由于穷兵黩武,国库渐渐空虚,赋役繁重,百姓疲敝,晚年又酿成了巫蛊之祸,因此留下严重负面影响。

　　汉武帝接受主父偃的建议,颁布推恩令,有力地削弱了诸侯王势力,从而解决了困扰西汉王朝数十年的诸侯王问题,巩固了中央集权统治。王夫之将武帝削藩的成功置于长时段历史中考察,指出这种成功是建立在分封制向郡县制转化这一不可阻挡的历史趋势下的,武帝之所以能成功施行当初贾谊提出的"众建诸侯而少其力"的策略,是因为"承七国败亡之后",诸侯王实力大减,无力再强硬对抗朝廷,武帝"明于时故",充分利用了这种有利局势。王夫之高屋建瓴地指出,西汉初年汉高祖的分封,不过是继承周代分封之余绪;而武帝众建王侯而削弱其势力,则是唐、宋中央集权的先声。这一观察,无疑是把握住了古代中央集权制度演变的大势。

　　武帝在位时期,通过北击匈奴、南灭南越,西南通西南夷等军事行动,大大拓展了统治版图。对于汉武帝的攘夷拓土之举,历代尽管不乏赞誉者,但批评其穷兵黩武、与蛮夷争地的声音也不绝于耳,本篇中提到的淮南王谏阻武帝伐南越的奏疏就反映了这种观点。王夫之对武帝的拓边之举给予了正面评价,他结合中国地理形势的基本特点,指出"北阻沙漠,西北界河、湟,西隔大山,南穷炎海"的中国版图,是"山围海绕"所造就的自然地理单元,彼此之间的联系难以切断。汉武帝将岭南、西南等区域纳入版图,尽管违背了民众休养生息的愿望,增加了其负担,但客观上促进了华夏文化的传播,使得这些区域与内地逐渐融为一体。基于"山围海绕"的版图观,他批评北宋弃燕云之地,使得"文明之气"日渐南移,北方地区沦为异族统治区域;同时他也反对统治者越出这一自然地理单元而染指中亚、朝鲜等地区。这些论断,显示出王夫之论史的宏大气魄和视野。

对于汉武帝的失政之举,如迷信鬼神、淫侈无度、滥用民力等,王夫之均予以了直率的批评,对于武帝任用酷吏、崇尚严刑峻法的方略批评尤甚。王夫之继承儒家重德慎刑的思想,主张刑法教化相辅相成。他指出,严刑峻法并不能解决根本问题,"法密而天下受其荼毒",武帝粗暴地"立一切之法",是"丧邦之道",而武帝后期严刑峻法下盗匪愈加猖獗的史实印证了这一点。

在本篇中,王夫之还提出了两个值得思考的贯通性历史命题。其一是历代王朝的衰亡形式,即所谓"土崩"与"瓦解"。他借鉴徐乐提出的这两个概念,进行了重新解释,认为瓦解意味着全面的混乱和无序,持续时间通常较短,重建新的统治秩序通常也比较快;土崩则意味着在整体秩序崩溃之后尚有局部的秩序保存,其衰亡往往要持续较长的时间,新的统治秩序和统一局面的重建也要经历较长的时间过程。秦、新、隋和元的灭亡便属于瓦解,东汉、西晋、唐和宋的衰亡则属于土崩。其二是黄河的治理问题,王夫之认为历史上黄河多次决口,往往经"梁、楚、淮、泗"地区南下入海,这并非偶然,而是合乎"天意"即自然地理条件的一种必然。他认为,与其像汉武帝那样花费巨大人力、物力堵塞黄河,将其固定于北道,不如顺其自然,任由黄河夺淮南下,反而可以实现安流。尽管时移世易,这两个问题仍值得我们继续深入思考。

一 封建贡士之法不可行于郡县之世

董仲舒请使列侯郡守岁贡士二人,贤者赏,所贡不肖者有罚,以是为三代乡举里选之遗法也①,若无遗议焉②。夫为政之患,闻古人之效而悦之,不察其精意,不揆其时会,欲姑试之,而不合,则又为之法以制之,于是法乱弊滋,而古道遂终绝于天下。

【注释】

①乡举里选:古代选拔人才的一种方式,从乡里中考察、推荐人才。
②遗议:指遭到异议和非议。

【译文】

董仲舒请求朝廷命令列侯和郡守每年向朝廷举荐两名士人,所举荐的士人贤能则奖赏举荐之人,举荐的士人是不肖之徒则惩罚举荐者,他认为这是古代遗留下来的乡举里选之法,好像没有异议似的。执掌国政,最值得忧患的就是听闻古人的成功做法而高兴美慕,但是不明白地体察其中的精深意旨,不顾及不同的时代特点,想要姑且生搬硬套地试一下,如果不合适,就再制定一套办法来制约它,这样难免造成制度混乱,弊端丛生,而古代的道也最终在天下断绝了。

郡县之与封建殊,犹裘与葛之不相沿矣。古之乡三年而宾兴①,贡士唯乡大夫之所择,封建之时会然也。成周之制,六卿之长,非诸侯入相,则周、召、毕、荣、毛、刘、尹、单也②。所贡之士,位止于下大夫,则虽宾兴,而侧陋显庸者亡有。且王畿千里,侯国抑愈狭矣。地迩势亲③,乡党之得失是非④,旦夕而与朝右相闻。以易知易见之人才,供庶事庶官之冗职,臧否显而功罪微⑤。宾兴者,聊以示王者之无弃材耳,非举社稷生民之安危生死而责之宾兴之士也。

【注释】

①宾兴:周代一种举贤之法,指乡大夫自乡小学荐举贤能而宾礼之,使其升入国学。

②周、召、毕、荣、毛、刘、尹、单:指周公、召公、毕公、荣公、毛公、刘公、尹公、单公。皆为拥有采邑且世代相继在周朝廷中担任辅佐周王之职的公卿大臣。

③迩(ěr):近。

④乡党:古代五百家为党,一万二千五百家为乡,合而称乡党。

⑤臧否(zāng pǐ):善恶,得失。

【译文】

郡县制与分封制的不同,就好像裘皮衣服与葛麻布衣之间的巨大差别一样。古代的乡每三年就举行一次宾兴,贡士的人选完全由乡大夫决定,分封制时代就是如此。周朝的制度,担任六卿之长的,不是诸侯入朝拜相者,就是周公、召公、毕公、荣公、毛公、刘公、尹公和单公这些世卿大臣。各地所举荐的士人,地位最高的也不能超过下大夫,可见,虽然各乡都举行宾兴,但所选的两名士人并非是具有才能而地位卑微者。况且,天子的王畿方圆千里,诸侯国的领土就更狭小了。由于地近势亲,所以乡党的是非得失,朝中显贵们一天之中就能够听闻。用容易知晓、容易显现的人才,去充任处理各类事务的普通官员之冗职,得失优劣明显而功罪都很轻微。所谓宾兴,只不过是为了显示国君没有埋没人才而已，并非是把江山社稷和人民的生死安危托付给所荐举的士人。

郡县之天下，统中夏于一王。郡国之远者，去京师数千里。郡守之治郡，三载而迁。地远，则贿赂行而无所惮。数迁，则虽贤者亦仅采流俗之论，识晋谒之士，而孤幽卓越者不能遽进于其前。且国无世卿，廷无定位，士苟闻名于天下，日陟日迁，而股肱心膂之任属焉①。希一荐以徼非望之福，矫伪之士，何惮不百欺百餂以迎郡守一日之知？其诚伪淆杂甚矣。于是而悬赏罚之法以督之使慎，何易言慎哉！

【注释】

①心膂(lǚ)：心与脊骨。此喻重要的部门或职位。

【译文】

实行郡县制的天下，整个中国由一个君王统治。郡和封国中较远的，距离京师有数千里。郡太守治理所辖郡，每隔三年就要迁转调动。由于地处偏远，所以贿赂公行而无所忌惮。由于官员经常调动，所以即使是贤能之人也仅能采集流俗的议论，认识前来晋见、拜谒自己的士人，而孤高自守、才能卓越的人不能很快被举荐到他们面前。而且，国家没有世袭的公卿，朝廷中没有固定的职位，士人如果闻名于天下，就可以接连不断地获得升迁，而最终非常重要的职位就会落到他的手中。通过一次举荐就可以得到出乎意料的好处，虚假作伪的士人，又怎么能不想尽一切办法欺骗郡守，极力兜售自己，以期望有朝一日得到郡守的赏识呢？这中间真伪混杂也太严重啦！于是朝廷采用赏罚之法以督促官员们，使之审慎荐举人才，但是审慎又谈何容易呢！

知人则哲,尧所难也。故鲧殛①,而佥曰试可者勿罪②。生不与同乡,学不与同师,文行之华实,孝友之真伪,不与从事相觉察,偶然一日之知,举刑赏以随其后,赏之滥而罚者冤,以帝尧之难责之中材,庸讵可哉?其弊也,必乐得脂韦括囊之士③,容身畏尾,持禄以幸无尤④。又其甚者,举主且为交托营护,而擿发者且有投鼠忌器之嫌⑤。则庸驽竞乘,而大奸营窟,所必至矣。

【注释】

①鲧(gǔn):传说中大禹的父亲,因治理洪水失败而被尧杀死。殛(jí):杀死。

②佥:众人,大家。

③脂韦:油脂和软皮,比喻阿谀或圆滑。括囊:结扎袋口。比喻畏首畏尾,缄口不言。

④无尤:没有过失。

⑤擿(tī)发:揭露。

【译文】

能够知人就叫作哲,这是尧帝也感到困难的事。所以鲧因治理洪水失败而被尧杀死后,众人都说再试一下,如果成功就不要降罪。官员与士人,不在同一乡里生活,不在同一师门中学习,士人文章、德行的华与实,孝顺友爱的真与伪,都没有经过长期的相处来仔细观察,仅凭偶然一日的认识和印象,就把赏罚加在他身上,赏得太滥而被罚的则蒙冤,把尧帝也认为困难的事情责成给才能平庸的官员,怎么能够办好呢?其弊病就在于,官员们都乐于举荐阿谀奉承、明哲保身的士人,仅求自保,畏首畏尾,持有俸禄而不求有功、但求无过。更过分的是,还有举荐官员竟然为被举荐者提供庇护,使得揭发者难免有投鼠忌器的顾

虑。如此一来,则庸劣之人得志,大奸大恶之徒经营起藏身避患之所,
这是势所难免的。

　　闻一乡之有月旦矣①,未闻天下之有公论也。一乡之
称,且有乡原②;四海之誉,先集伪士。故封建选举之法,不
可行于郡县。《易》曰:"变通者时也③。"三代之王者,其能逆
知六国强秦以后之朝野,而豫建万年之制哉?且其后汉固
行之矣,而背公死党之害成,至唐、宋而不容不变。故任大
臣以荐贤,因以开诸科目可矣。限之以必荐,而以赏罚随其
后,一切之法,必敝者也。

【注释】

①月旦:即月旦评,东汉末年由汝南郡人许劭兄弟主持对当代人物
　　或诗文字画等品评、褒贬的一项活动,常在每月初一发表,故称
　　"月旦评"。后泛指地方上对人物进行品评的活动。

②乡原:即"乡愿"。指乡里中言行不一、伪善欺世的人。

③变通者时也:语出《周易·系辞下》:"变通者,趣时者也。"意思是
　　所谓变通,就是要努力与当时的形势、环境及条件相适应。

【译文】

　　我曾听说过一乡之中有品评人物的"月旦评",却没有听说过天下
有什么公论。一乡之中被称誉的人里,尚且有言行不一、伪善欺世的乡
愿;四海之内的赞誉,会先集中在虚伪之士身上。所以分封制时代乡举
里选的办法,不能在郡县制中实行。《周易》中说:"所谓变通,就是要努
力与当时的形势、环境及条件相适应。"三代时期的君主,难道能够预测
到战国、秦朝以后的形势,而预先制定可实行万年的制度吗?况且,后
来汉朝固然实施了所谓三代之法,却造成了背公行私、结交朋党之祸,

发展到唐宋时期，已经不容许不进行改变了。所以，责令大臣举贤，在此基础上进行各科目考试是可以的。限令大臣们必须举荐人才，而以赏罚紧随其后，这实际上是一刀切的办法，肯定会有不少弊端。

封建也，学校也，乡举里选也，三者相扶以行，孤行则踬矣①。用今日之才，任今日之事，所损益，可知已。而仲舒曰："王之盛易为，尧、舜之名可及。"谈何容易哉！

【注释】

①踬（zhì）：被东西绊倒。比喻事情不顺利，受挫折。

【译文】

分封、学校、乡举里选，这三者必须同时施行，相辅相成，如果只单独施行一种，则必然要摔跟头。用今天的人才，办今天的事情，自然应当对前人制度有所损益，这是显而易见的。可是董仲舒说："三王的盛举容易做到，尧舜的名声可以达到。"这又谈何容易呢？

二　董仲舒专以六艺之科孔子之术取士

乡举之法，与太学相为经纬①。乡所宾兴，皆乡校之所教也。学校之教，行之数十年，而乡举行焉。所举不当者罚之，罚其不教也，非罚其不知人也。仲舒之策②，首重太学，庶知本矣。不推太学以建庠序于郡国③，而责贡士于不教之余，是以失也。

【注释】

①太学：中国古代官方设立的最高学府。太学之名始于西周。汉武帝时，于京师长安设立太学。此后历代沿置。

②仲舒之策：指汉武帝即位后，举贤良方正，董仲舒应诏对策，共三篇，后称"天人三策"。其策文交杂阴阳五行之说，强调"天人感应"，认为统治者应顺应天意，改制更化，以道德教化人民。并主张"立大学以教于国，设庠序以化于邑"，施行教化。事见《汉书·董仲舒传》。

③庠（xiáng）序：指古代的地方学校。

【译文】

乡举里选制度，是与太学制度相辅相成的。乡所举荐的士人，都是乡校培养的。学校的教育，实施了数十年，然后才开始进行乡举。举荐士人不当则举荐者必须受罚，这是处罚他不好好教育的罪过，而不是处罚他不知人的过错。董仲舒在给皇帝上的策文中，首先推重太学，这差不多可以算是知道根本所在了。不推广太学制度在各地广泛建立地方学校，却责罚由于教育不够而举荐士人不当，这显然是不合适的。

经天下而归于一正，必同条而共贯①，杂则虽矩范先王之步趋而迷其真。惟同条而共贯，统天下而经之，则必乘时以精义，而大业以成。仲舒之策曰："不在六艺之科、孔子之术者②，皆绝其道。"此非三代之法也，然而三代之精义存矣。何也？六艺之科，孔子之术，合三代之粹而阐其藏者也。故王安石以经义取士③，踵仲舒而见诸行事，可以行之千年而不易。安石之经学不醇矣，然不能禁后世之醇，而能禁后世之非经。元祐改安石之法④，而并此革之，不知通也。温体仁行保荐以乱之⑤，重武科以宄之，杨嗣昌设社塾以淆之⑥，于是乎士气偷、奸民逞，而生民之祸遂极。皆仲舒之罪人也，况孔子乎！若夫割裂罄帨而无实也⑦，司教者之过也。虽然，以视放言绮语、市心恶习、睕径窦以徼诡遇者⑧，不犹愈乎！习其读，粗知其义，虽甚小人，且以是为夜气之雨露，教亦深矣。

【注释】

①同条而共贯：串在同一钱串上，长在同一枝条上。比喻脉络连贯，事理相通。条，枝条。贯，钱串。

②六艺：指儒家要求学生掌握的六种基本才能：礼、乐、射、御、书、数。

③王安石以经义取士：指熙宁四年(1071)，王安石颁布改革科举制度的法令，以儒家经义取士，进士科考试罢诗赋、帖经、墨义，只考经义、论与策，并实行太学三舍法制度。事见《宋史·选举志》。

④元祐：宋哲宗赵煦的第一个年号(1086—1094)。这一时期高太后以太皇太后身份执政，任用司马光等旧党大臣推翻王安石新法，史称"元祐更化"。

⑤温体仁(1573—1638)：字长卿，号园峤，浙江乌程(今浙江湖州)人。崇祯三年(1630)以礼部尚书兼东阁大学士，入阁辅政，不久晋升为首辅。崇祯十年(1637)被罢官回家，第二年在家中病死。传见《明史·奸臣列传》。

⑥杨嗣昌(1588—1641)：字文弱，一字子微，自号肥翁、肥居士，晚号苦庵，湖广武陵(今湖南常德)人。崇祯十年出任兵部尚书，翌年入阁。他提出"四正六隅、十面张网"之策镇压农民军，同时主张对清朝议和，但他的计划没能成功。崇祯十二年(1639)以"督师辅臣"的身份前往湖广围剿农民军。他虽然在四川玛瑙山大败张献忠，但随后被张献忠利用战术牵制，疲于奔命。崇祯十四年(1641)张献忠破襄阳，杀襄王朱翊铭，杨嗣昌已患重病，闻此消息后惊惧交加而死。传见《明史·杨嗣昌列传》。

⑦鞶帨(pán shuì)：腰带和佩巾。比喻雕饰华丽的辞采。

⑧径窦：门径。

【译文】

把天下统一起来置于一个政权的统治之下，一切事情都必须脉络连贯，条理顺畅，互不干扰；如果各项工作都混杂在一起，没有章法，那么即使跟在先王身后亦步亦趋，也会迷失方向而抓不住本质和关键。只有脉络连贯，条理顺畅，把天下统一起来加以治理，且把先王之法的精华之义与时代特点结合起来，才能成就大业。董仲舒给武帝的策文中说："那些不在六艺之列、不合乎孔子思想的学说，都要断绝它们传播的渠道。"这不是三代之法，但三代之法的精华之义已在其中。为什么呢？因为六艺之科与孔子的学说，是在融合三代之法的精华并阐发其隐藏的奥义的基础上得到的。所以，王安石以经义取士，是步董仲舒的后尘而将其学说付诸实践，这种方法可以使用千年而不必更改。王安石的经学不纯，然而不能禁绝后世的纯，却能禁绝后世非议经学。元祐年间废除王安石新法的时候，把以经义取士的政策也废除了，真是不知变通。温体仁推行保荐法使经学取士混乱，又提高武科的地位来对抗它，杨嗣昌设立社塾来使其变得浊杂，于是士气苟且，奸民得志，而百姓的灾难达到了极点。他们都是董仲舒的罪人，何况是孔子呢？至于有些人徒有读书人的文辞和外表却没有读书人之实，则是负责教育者的过错。尽管如此，将这些人与那些无所顾忌地谈论淫秽语言和市井恶习、时刻寻找门径来获取不义之财的人相比，不是还略胜一筹吗？如果学习过圣人典籍，了解其句读，粗略地知晓其大义，那么即使是最卑微的小人，也能够将其视为夜晚空气所形成的雨露以滋润自己的心田，他们所获得的教益也是够深刻的。

三　淮南王安谏伐南越书挟私以讦武帝

淮南王安之谏伐南越①，不问而知其情也。读其所上书,讦天子之过以摇人心②,背汉而德己,岂有忧国恤民仁义之心哉! 越之不可不收为中国也,天地固然之形势,即有天下者固然之理也。天地之情,形见于山川,而情寓焉。水之所绕,山之所蟠③,合为一区,民气即能以相感。中国之形,北阻沙漠,西北界河、湟④,西隔大山,南穷炎海,自合浦而北至于碣石⑤,皆海之所环也。形势合,则风气相为嘘吸;风气相为嘘吸,则人之生质相为俦类;生质相为俦类,则性情相属而感以必通。南越固海内之壤也,五岭者⑥,培塿高下之恒也⑦,未能逾夫大行、殽函、剑阁、黾阨之险也⑧。若夫东瓯之接吴、会⑨,闽越之连馀干⑩,尤股掌之相属也。其民鸡犬相闻,田畴相入,市买相易,昏姻相通,而画之以为化外,则生类之性暌⑪,而天地之气阂矣。孟子曰:"吾闻用夏变夷者⑫。"帝王之至仁大义存乎变,而安曰:"天地所以隔内外。"不亦俱乎⑬! 顾其所著书,侈言穷荒八殥九州之大⑭,乃今又欲分割天地于山海围聚之中,"将叛之人其辞惭"⑮,当亦内愧于心矣。

【注释】

①南越:亦称南粤,秦末汉初位于汉地岭南地区的一个王国。秦末南海郡尉赵佗乘秦亡之际,封关、绝道,于前204年正式建立南越国,定都番禺。疆域包括今中国广东、广西、海南、福建和越南北部地区。前112年冬为汉武帝所灭。

②讦(jié):揭发别人的隐私或攻击别人的短处。

③蟠:环绕,盘伏。

④河:黄河。湟:湟水,黄河上游重要支流,位于青海省东部。

⑤合浦：今广西合浦。碣石：山名，在河北昌黎北。

⑥五岭：指大庾岭、骑田岭、都庞岭、萌渚岭和越城岭，是长江流域
与珠江流域的分水岭，横亘在江西、湖南与两广之间，五岭以南
的两广地区也因此被称为岭南。

⑦培塿（pǒu lǒu）：小土山。

⑧大行：即太行山，是黄土高原与华北平原间的天然屏障，山中的
诸多关隘是沟通山西、河北的重要通道。崤函：崤山和函谷关的
合称，在今陕西潼关至河南新安间，是出入关中的门户。剑阁：
也称剑门关，位于四川盆地北部的重要关隘，是进入四川的必经
之地。黾阨：即广水三关，也称鄂北三关，指在今湖北广水境内
的武胜关、平靖关，湖北大悟境内的九里关。在古代是中原腹地
进入江南的一条重要通道。

⑨东瓯：指东瓯国，是越王勾践的后裔建立的国家，所辖范围包括
浙江温州及浙南沿海地区，汉武帝时期举国内迁，东瓯国随之消
亡。吴：汉代吴郡，治所为吴县（今江苏苏州姑苏）。会：汉代会
稽郡，治所为山阴（今浙江绍兴越城）。

⑩闽越：指闽越国，是楚国人后裔与百越人共同建立的国家，辖今
福建大部分地区。汉武帝时期被汉朝灭亡。馀干：指今江西余
干一带，是古代百越族活动的地区之一。

⑪暌（kuí）：分离，背离。

⑫吾闻用夏变夷者：语出《孟子·滕文公上》：“吾闻用夏变夷者，未
闻变于夷者也。”意思是我听说过用华夏的文明去改变蛮夷的，
没听说过被蛮夷改变的。

⑬傎（diān）：颠倒错乱。

⑭穷荒：边远荒凉之地。八殥（yín）：八方边远的地方。

⑮将叛之人其辞惭：语出《周易·系辞下》：“将叛者，其辞惭。”意思
是将要背叛别人的人说的话带有愧疚感。

【译文】

淮南王刘安上书劝谏武帝不要征伐南越，不用问就可以知道他的真实意图。读他所上的奏疏，可以看到他攻讦皇帝的过失以动摇人心，指责汉朝廷而美化、抬高自己，哪里有什么忧心国事、体恤民众的仁义之心呢！南越之地不可以不收归中国，是由天地间固然的形势所造就的，也是拥有天下者理所当然的想法。天地之情，外在表现为山川地势，而情则蕴含其中。河流所环绕的地方，山脉所环绕的地方，合为一区，民众之气就会相互感应。中国的地形，北面阻隔着沙漠，西北以黄河、湟水为边界，西面阻隔着大山，南面一直到炎热的南海才穷尽，从合浦向北直到碣石，都被大海所环绕。地理形势相合，则风气相互鼓荡、吐纳呼吸；风气相互鼓荡、吐纳呼吸，则人的特征相互类似；特征相互类似，则性情相近而感应必定相通。南越本来就是海内的土地，五岭只不过是横亘东西的几个小土丘而已，并没有太行山、殽山、函谷关、剑阁、鄂北三关那样险要。至于东瓯与吴、会稽相接，闽越与余干地区相连，尤其像大腿和手掌那样共同属于一个身体。那里的百姓鸡犬之声相闻，田地相互交错，有买有卖，互通有无，世代互通婚姻，如果将东瓯、闽越等地列为化外，不予以教化，则违背了人民的性情，隔阂了天地之气。孟子说："我听说过用华夏的文明去改变蛮夷。"帝王的至高仁德与大义就在于这种改变。而刘安说："南越与内地之间有山岭阻隔，是上天特意用来阻隔内外的。"这种说法不是太颠倒了吗！看刘安所著的书中，大谈所谓穷荒、八殥、九州之大，而现在却有想把山海包围环绕之下的中国领土分裂开来。"将要反叛的人说的话带有愧疚感"，刘安应当也是内心感到有所愧疚了。

夫穷内而务外，有国之大戒，谓夫东越大海、西绝流沙也[①]。《书》曰："宅南交[②]。"则交阯且为尧封，而越居其内。越者，大禹之苗裔，先王所以封懿亲者也，非荒远之谓也。

新造之土，赋不可均，如安所云："贡酎不输大内③，一卒不给上事。"诚有之矣。且城郭、兵防、建官、立学之费，仰资于县官④，以利计之，不无小损。然使盗我边鄙，害我穑事⑤，置兵屯戍，甚则兴师御之，通计百年之利，小吝而大伤，明王之所贱，而抑岂仁人之所忍乎？

【注释】

①流沙：指我国西北的沙漠地区。

②宅南交：语出《尚书·尧典》："申命羲叔，宅南交。"宅，居于，居住。南交，指交趾。

③贡酎(zhòu)：进贡的土产和助祭之费。

④县官：朝廷。

⑤穑(sè)事：农事。

【译文】

穷尽国力而向外扩张，是国家统治者的大忌，这主要是指向东越过大海、向西越过沙漠的征伐。《尚书》中说："居于南交。"这表明交趾地区是帝尧所分封的土地，而越人居于其中。越人，是大禹的后裔，先王特意将其封给至亲，并不属于荒远之地。新开拓的疆土，赋税是不能与内地均等的，像刘安所说："越地的土产贡品和助祭之费没有输入皇宫大内，也没有派出一兵一卒为皇上服务。"确实有这种情况。另外，新开疆域的城郭、防务、建立官署、设立学校的开支，都仰赖于朝廷拨款，如果从经济角度考虑，确实不是没有小损失。但是如果让他们侵扰我们的边境，破坏我们的农业生产，我方不得不派兵戍守，甚至兴师动众地抵御他们，从百年的利害得失看，则是因吝惜小利而失大利，圣明的君主是鄙夷这种行为的，而仁义之人难道会忍心这样做吗？

君子之于禽兽也，以犬马之近人，则勒之、靮之、驯之、抚之而登其用①。顾使山围海绕、天合地属之人民，先王声教所及者，悍然于彝伦之外，弗能格焉，代天子民者，其容恝弃之哉②！武帝平瓯、闽，开南越，于今为文教之郡邑。而宋置河朔、燕、云之民③，画塘水三关以绝之④，使渐染夷风，于是天地文明之气日移而南，天且歆汉之功而厌宋之偷矣。安挟私以讦武帝，言虽辩，明者所弗听也。

【注释】

①靮（dí）：本义指马缰绳，这里指给马系缰绳。

②恝（jiá）：无动于衷，淡然。

③河朔：指河朔三镇，唐末五代时期割据河北的范阳、成德、魏博三个藩镇。燕、云：即燕云十六州，指河北北部的燕、蓟、瀛、云等十六个州，后晋时被石敬瑭割让给契丹。

④塘水：指北宋为阻止契丹骑兵南下而在宋辽边境附近构建的防御水系，由众多的河流、沟壕、堤堰连接的湖泊群、草泽地和一些水田构成，是北宋的北方国防线。三关：指北宋时期河北地区的淤口关、益津关和瓦桥关。

【译文】

就人类与禽兽的关系而言，狗和马与人类的关系如此密切，尚且需要勒上嚼子，系上缰绳，驯化、安抚以后，才能够为人类所用。眼看着被同样的山海围绕、气候相合、地理相近的人民，先王声教所及的地方，被悍然划分在天地人伦的常道之外而不能予以制止，为天子治理民众的人，难道忍心抛弃他们吗？汉武帝平定了东瓯和闽越，开拓了南越，这些地区今天都成了文明的郡县。而北宋朝廷将河朔地区、燕云十六州的人民置于契丹统治下而不顾，设立塘水防线和三关以隔绝他们与内地的联系,使他们渐渐沾染蛮夷的风俗,于是天地间文明之气一天天地移向南方,连苍天也赞赏汉朝的功绩而厌恶宋人的苟且。刘安裹挟私心来大肆攻讦汉武帝,言辞虽然雄辩,而聪明的人是不会相信的。

四　汲黯不知救多欲之失在行仁义

言有迹近而实异者,不可不察。申公曰①:"为治不在多言,顾力行何如耳。"汲黯曰②:"陛下内多欲而外施仁义,奈何欲效唐、虞之治乎③!"于以责武帝之崇儒以虚名而亡实,相似也。然而异焉者,申公之言,儒者立诚之辞也;汲黯之言,异端贼道之说也。

【注释】

①申公:名培,鲁地(今山东曲阜一带)人。西汉经学家,尤长于《诗经》。今文《诗》学"鲁诗"派的开创者。曾在武帝召见时进言劝谏。事见《史记·儒林列传》《汉书·儒林传》。

②汲黯(?—前112):字长孺,濮阳(今河南濮阳)人。汉景帝、武帝时期大臣。为人耿直,好直谏廷诤,汉武帝称其为"社稷之臣"。传见《史记·汲郑列传》。

③唐、虞:唐尧与虞舜的并称。

【译文】

有些言辞貌似相近而实际上差别很大,不可以不详察。申公说:"执政不在于多说话,重要的是如何付诸行动。"汲黯说:"陛下您内心欲望很多而对外施行仁义,为什么想要效仿唐尧、虞舜那样治理天下呢?"两人在指责汉武帝只有崇尚儒学的虚名而没有实际行动方面是相似的,然而实际上却大不相同:申公的话,是儒家建立诚信的言辞;汲黯的话,则是异端邪道的说法。

　　黯之自为治也，一以黄、老为师，托病卧闺阁而任丞史，曹参之余智耳，而抑佐以傲忽之气①。其曰"奈何欲效唐、虞"，则是直以唐、虞为不必效，而废礼乐文章，苟且与民相安而已。内多欲，则仁义不能行，固也。乃匹夫欲窒其欲，而无仁义以为之主，则愈窒而发愈骤，况万乘之主导其欲者之无方乎？故患仁义之不行，而无礼以养躬，无乐以养心耳。如其日渐月摩，涵濡于仁义之腴，以庄敬束其筋骸，益以强固；以忻豫涤其志气②，益以清和。则其于欲也，如月受日光，明日生而不见魄之暗也，何忧乎欲之败度而不可制与！故救多欲之失者，唯仁义之行。而黄、老之道，以灭裂仁义，秕穅尧、舜③，偷休息于守雌之不扰④，是欲救火者不以水，而豫撤其屋，宿旷野以自诧无灾也。黯挟其左道，非侮尧、舜，胁其君以从己，而毁先王仅存之懿典，曰："仁义者，乃唐、虞、三代已衰之德。"孟子曰："言则非先王之道。"又曰："吾君不能谓之贼⑤。"黯之谓与！武帝之不终于崇儒以敷治⑥，而终惑于方士以求仙，黯实有以启之也。

【注释】

①傲忽：傲慢。

②忻豫：欢乐。

③秕(bǐ)穅：瘪谷和米糠。比喻没有价值的或无用的东西。

④守雌：典出《老子》第二十八章："知其雄，守其雌，为天下溪。"吴
　　澄注云："雄，谓刚强；雌，谓柔弱。"后遂以"守雌"指以柔弱的态
　　度处世。

⑤"孟子曰"几句：出自《孟子·离娄上》："事君无义，进退无礼，言

则非先王之道者，犹沓沓也。故曰：责难于君谓之恭，陈善闭邪
谓之敬，吾君不能谓之贼。"

⑥敷治：治理。

【译文】

汲黯自己治理民众时，一切以黄、老为师，托病卧于家中而把政事
交给下属官吏处理，这只不过是曹参的余智罢了，而且他还带有傲慢之
气。他说："怎么想要效仿唐尧、虞舜那样治理天下呢？"则是直截了当
地认为唐尧、虞舜不值得效仿，而废弃礼乐文章，姑且与百姓相安无事
而已。内心欲望太多，则仁义不能施行，这是肯定的。但是普通人想压
抑自己的欲望，却没有仁义来支配，则越压抑爆发越快，何况是万乘之
君疏导其欲望不得法呢？所以，担忧仁义不施行，而没有礼来修养自
身，没有音乐滋养心田。如果日积月累地渐渐接受仁义之道的熏染，以
庄重恭敬约束其形骸，使其日益强健坚固；以欢乐荡涤其志气，使其日
益清净平和，这样他们对于欲望，就像月亮接受日光，明亮的太阳升起
而看不见微弱的月光的暗淡，何必担忧欲望过度以至于无法控制呢？
所以医治欲望过多的过失的良方，只有行仁义而已。而黄老之道败坏
仁义，轻贱尧、舜，苟且偷生地休养生息，安于现状而不困扰，这就像想
救火的人不用水，而是提前拆掉房屋，露宿在旷野来夸耀自己没有灾
祸。汲黯挟带着自己旁门左道的学说，非议、侮辱尧、舜，胁迫其君主来
听从自己的主张，而毁弃先王仅存的宝典，并且说："仁义，是唐尧、虞
舜、三代已经衰落的道德。"孟子说："张口说话就诋毁先王之道。"又说：
"认为君王不能行善，这叫坑害君王。"说的不就是汲黯这种人吗！汉武
帝最终没能崇尚儒学而治理好国家，却被方术之士迷惑而求成仙之术，
这实际上就是汲黯开的头。

庄助称"黯辅少主，贲、育不能夺"①，恃其气而已。刘安
惮黯而轻公孙弘，安固黄、老之徒，畏其所崇尚而轻儒耳，非

果有以信黯之大节而察弘之陋也。主少国疑，唯行仁义者可以已乱。周公几几于有践之笾豆②，冲人安焉③。充黄、老之操，"泛兮其可左右"④，亦何所不至哉！黯其何堪此任也！

【注释】

①贲、育：指战国时著名勇士孟贲和夏育。

②几几：通"汲汲"。形容急切的样子。笾豆：笾和豆。古代祭祀及宴会时常用的两种礼器。竹制为笾，木制为豆。

③冲人：年幼的人。这里指周成王。

④泛兮其可左右：语出《老子》第三十四章："大道泛兮，其可左右。"意思是大道广泛流行，左右上下无所不到。

【译文】

庄助说"汲黯辅佐年幼的国君，即使像孟贲和夏育那样的勇士也无法改变其志向"，只不过是凭恃他的气势而已。刘安忌惮汲黯而轻视公孙弘，刘安本来就是黄老学说的信徒，只是敬畏他所崇尚的学说而轻视儒生罢了，并不是真的相信汲黯有忠贞的大节而觉察到公孙弘的浅薄卑鄙。君主年幼，国人疑虑不安，这种情况下只有厉行仁义的人才能制止动乱。周公急迫而孜孜不倦地致力于祭祀等礼仪，年幼的周成王于是放心了。坚持黄、老的操守，"大道广泛流行，左右上下无所不到"，又有哪里不能到呢！汲黯哪里能够承担起这样的重任啊！

五　李广程不识各得将兵之一长

太史公言①："匈奴畏李广之略②，士卒亦乐从广而苦程不识③。"司马温公则曰："效不识，虽无功犹不败；效李广，鲜不覆亡。"二者皆一偏之论也。以武定天下者，有将兵，有将将。为将者，有攻有守，有将众，有将寡。不识之正行伍，击刁斗④,治军簿,守兵之将也。广之简易,人人自便,攻兵之将也。束伍严整,斥堠详密⑤,将众之道也;刁斗不警,文书省约,将寡之道也。严谨以攻,则敌窥见其进止而无功。简易以守,则敌乘其罅隙而相薄⑥。将众以简易,则指臂不相使而易溃。将寡以严谨,则拘牵自困而取败。故广与不识,各得其一长,而存乎将将者尔。将兵者不一术,将将者兼用之,非可一律论也。人主,将将者也。大将者,将兵而兼将将者也。

【注释】

①太史公:指司马迁。司马迁(前145—?)字子长,夏阳(今陕西韩城)人。西汉史学家、散文家。继其父之职任太史令,因替李陵败降之事辩解而受宫刑,后任中书令。著有中国第一部纪传体通史《史记》,该书被誉为"史家之绝唱,无韵之离骚"。传见《汉书·司马迁传》。

②李广(? —前119):陇西成纪(今甘肃秦安)人,西汉名将。景帝和武帝时长年镇守边郡,与士卒同甘苦,深受士兵爱戴,匈奴畏服,称之为"飞将军"。元狩四年(前119)漠北之战中,李广任前将军,因迷失道路,未能参战,触犯军法,想到将要受到刀笔小吏的羞辱,愤愧自杀。传见《史记·李将军列传》。

③程不识:西汉名将,曾担任山西太守、长乐卫尉。长期镇守边疆,抗击匈奴,是与李广齐名的边将。治军有方,军纪严明,生平未尝败绩。

④刁斗:古代军队中用的一种器具。铜质,有柄,能容一斗。体呈盆形,下有三足细柄向上曲,柄首常作成兽头型,口部带流。军中白天可供一人烧饭,夜间敲击以巡更。

⑤斥堠(hòu)：也称"斥候"，汉代军中的侦察兵，一般由行动敏捷的军士担任。

⑥罅(xià)隙：缝隙，裂缝。

【译文】

太史公司马迁说："匈奴人畏惧李广的胆略，士兵们也乐于跟随李广而苦于受程不识指挥。"司马光则说："效法程不识，即使没有功劳也不至于失败；效法李广，则很少有不败亡的。"这两种说法都是片面、偏颇的议论。用武力平定天下的人中，有的善于统领士兵，有的善于统帅将领。做将军的，有人长于进攻，有人长于防守，有的善于统帅大部队，有的善于带领小部队。程不识端正军队纪律，要求军营中夜晚敲击刁斗巡更来防止意外，整理军中的账簿使其清楚无误，这是守兵之将。李广治军宽松简易，使士卒人人得以自便，这是攻兵之将。队伍编制严整，侦察警戒周详细密，这是统帅大军之道；不用击刁斗来示警，军中文书简约，这是统帅小部队之道。队伍整齐严谨地去进攻敌人，则敌人容易观察到其动静而往往无法取得战功。作风简易的部队如果要防守，则敌人会发现其漏洞而逼近攻打。以宽简的作风统帅大军，则会因指挥不灵而导致军队容易溃散。以严谨的作风统帅小部队，则会因过分拘泥束缚自己而遭受失败。所以，李广和程不识各自有一方面的长处，而胜败的关键在于统帅将领的人身上。统兵之法各有不同，统帅将领的人应当兼采众长，不可以拘泥于一种方法，一概而论。君主，当然是统帅将领的人。大将，则既统率士兵又兼统将领。

三代而下，农不可为兵，则所将之兵，类非孝子顺孙，抑非简以驭之，使之乐从，固无以制其死命。则治军虽严，而必简易以为之本。非春秋、列国驰骤不出于畛轨①，追奔不逾于疆域，赋农以充卒，夕解甲而旦相往来，可以准绳相纠，而但无疏漏即可固圉之比也。故严于守而简于攻，闲其纵而去其苦，有微权焉，此岂可奉一法以为衡而固执之哉？

【注释】

①驰骤：驰骋，疾奔。畛（zhěn）：界限。

【译文】

三代以后，农民不能当兵，这样，将领所统帅的士兵，基本上都不是孝子顺孙，如果不用宽简的方式驾驭他们，使他们乐于听从，就根本没有办法使他们拼死报国。所以，治军虽然要严整，却必须以宽简作为根本。这与春秋列国时期驰骋不超出规定界限、追逐溃军不逾越疆界、召集农民充当士卒、晚上解下铠甲而第二天早上就可以相互往来、对坏人坏事可以依法相互检举、只要没有疏漏就可以巩固防御的情况是大不相同的。所以，在防守时严谨，在进攻时简易，约束其放纵而去除令士卒叫苦的规定，其中自有权衡的奥妙，难道可以尊奉单一的一种方法为正道而死守着不放吗？

班超以简①，而制三十六国之命，子勇用之而威亦立②。诸葛孔明以严，而司马懿不敢攻③，姜维师之而终以败④。古今异术，攻守异势，邻国与夷狄盗贼异敌。太史公之右广而左不识，为汉之出塞击匈奴也。温公之论，其犹坐堂皇、持文墨以遥制阃外之见与⑤！

【注释】

①班超（32—102）：字仲升，扶风平陵（今陕西咸阳）人。东汉军事家、外交家。本为抄写文书的吏员，后投笔从戎，随窦固出击北匈奴。又奉命出使西域，在三十一年的时间里，平定了西域五十多个国

家。长期担任西域都护,为巩固西域、促进民族融合做出了巨大贡献。因功封定远侯,世称"班定远"。传见《后汉书•班梁列传》。

②勇:指班超之子班勇(?—127)。字宣僚,扶风平陵(今陕西咸阳)人。东汉将领。汉安帝时,匈奴贵族攻扰西域,他任西域长史,将兵五百人前往西域,与龟兹合兵击走匈奴伊蠡王。永建元年(126),领导西域各族大破北匈奴呼衍王,进一步巩固了汉朝在西域的统治。著有《西域记》。传见《后汉书•班梁列传》。

③司马懿(179—251):字仲达,温县(今河南温县)人。西晋王朝的奠基人。曾任曹魏的大都督、大将军、太尉等职。两次率大军成功抵御诸葛亮北伐,远征平定辽东。正始十年(249)正月,发动"高平陵之变",诛灭政敌曹爽,掌握了曹魏朝廷的实际大权,为其孙司马炎建立晋朝奠定了基础。司马炎称帝后,追尊司马懿为宣皇帝,庙号高祖。传见《晋书•宣帝纪》。

④姜维(202—264):字伯约,天水冀县(今甘肃甘谷)人。三国时蜀汉名将。原为曹魏天水郡参军,诸葛亮北伐时他投降蜀汉,被诸葛亮重用。诸葛亮去世后,姜维在蜀汉开始崭露头角,费祎死后他独掌军权,率领蜀汉军队多次北伐曹魏。后司马昭派军伐蜀,姜维率军据守剑阁阻挡钟会军。刘禅投降后,姜维希望凭自己的力量复兴蜀汉,假意投降魏将钟会,打算利用钟会反叛曹魏以实现恢复汉室的愿望,但最终钟会反叛失败,姜维与钟会一同被魏军所杀。传见《三国志•蜀书•姜维传》。

⑤阃(kǔn)外:指京城或朝廷以外,亦指外任将吏驻守管辖的地域。与朝中、朝廷相对。

【译文】

班超用宽简的方式控制了西域三十六国的命脉,他的儿子班勇仿效其父的做法也取得了威名。诸葛亮以严治军,而司马懿不敢进攻,姜维效仿诸葛亮结果却遭到失败。古今方法不同,攻守形势不同,邻国、四方各族以及盗贼为敌的情况也不同。司马迁尊崇李广而贬低程不识，是针对汉朝出塞攻打匈奴说的。司马光的说法，好像也是高坐在朝堂、舞文弄墨以遥控朝廷以外事务的见解啊！

六　王恢不知汉之所以困于匈奴

王恢言①："全代之时②，北有强胡之敌，内连中国之兵，尚得养老长幼，种树以时，匈奴不敢轻侵。"夫恢抑知代之所以安而汉之所以困乎？恢言以不恐之故，非也。汉穷海内之力，与匈奴争，而胜败相贸。夷狄贪骛而不耻败③，何易言恐也！全代之安者，代弗系天下之重轻也。匈奴即有代，而南有赵④，东有燕⑤，不能震动使之瓦解。燕、赵起而为敌方新，势且孤立而不能安枕于代，而觊觎之情以沮。天下既一于汉，则一方受兵而天下摇。率天下之力以与竞，匈奴坐以致天下之兵，一不胜而知中国兵力止此也，恶得如全代之时，曾莫测七国之浅深哉？西汉都关中，而匈奴迫甘泉⑥；东汉都雒阳⑦，而上谷、云中被其患⑧；唐复都长安，而突厥、回纥、吐蕃乘西墉以入⑨；宋都汴⑩，契丹攻澶、魏⑪，卒使女直举河北以入汴⑫，元昊虽屡胜而请和⑬。天子之所在，郑重以守之，彼即睨是为中国全力之所注，因殚其全力以一逞，幸覆败之，则天下若栋折而榱自崩。且京师者，金帛子女之所辏也，其朵颐而甘心者⑭，非旦夕矣。繇此推之，代之所以捍匈奴而有余者，唯无可欲而不系中国之安危，故不争也。

【注释】

　　①王恢（？—前134）：边吏出身，后任大行令。元光二年（前133），

在他的建议下,汉武帝任命他为将屯将军,与其他将领共同率军在马邑诱敌伏击匈奴。事情败露,匈奴撤退。王恢为保全师,没敢追击。汉武帝怒其不出击匈奴辎重,欲诛之,王恢自杀而死。事见《史记·韩长孺列传》。

②全代之时:指代国保持独立的战国时期。当时代国领土包括今山西中部、东北部与河北西北部。

③贪鸷:贪婪而狠毒。鸷,凶猛的鸟。

④赵:指赵地。相当于今河北中南部。

⑤燕:指燕地。相当于今河北东北部、辽宁西南部及内蒙古一部。

⑥甘泉:指甘泉宫,在今陕西淳化西北甘泉山。本为秦林光宫,汉武帝增筑扩建。武帝常在此避暑,接见诸侯王、郡国上计吏及外国宾客。

⑦雒阳:河南洛阳的古称。

⑧上谷:汉代郡名,辖今河北张家口宣化、怀来、涿鹿、赤城、沽源以及北京延庆等地,郡治沮阳(今河北怀来东南)。云中:汉代郡名,辖今内蒙古南部部分地区,郡治云中(今内蒙古托克托东北)。

⑨突厥:北朝、隋、唐时期的北方游牧民族及其所建政权。初臣属于柔然,后建立突厥汗国,全盛时与中原的北周、北齐相抗衡。隋开皇二年(582),分裂为东突厥和西突厥两汗国。西墉:西面的高墙或城垣。

⑩汴:指汴京。北宋都城,即今河南开封。

⑪澶(chán):指澶州,今河南濮阳。魏:指魏州,今河北大名。

⑫女直:即女真。

⑬元昊(1003—1048):即李元昊,小字嵬理,又名曩霄,党项族。北魏鲜卑族拓跋氏之后,其先祖唐代时有功被赐姓李,世代占据银州。李元昊继西平王之位后,对宋采取强硬政策。1038年,元昊

建立大夏国,史称西夏。李元昊在对宋作战中多次击败宋军主力,又在河曲之战中击败辽军。1048 年为其子所弑。传见《宋史·外国列传》。

⑭朵颐:本义指动腮帮进食,比喻向往。

【译文】

王恢说:"战国时期代国仍保持独立的时候,北面有强大的匈奴为敌人,内与中原各国交战,尚且能够赡养老人、抚育幼儿,适时耕作,匈奴人不敢轻易侵犯。"王恢难道真的知道代国之所以平安而汉朝之所以受困的原因吗? 他说匈奴不敢入侵代国是因为代国不惧怕匈奴,这种说法是错误的。汉朝以整个天下的力量与匈奴相互争斗,而胜败相互变易。夷狄之人贪婪狠毒,不以失败为耻辱,哪里会轻易地说害怕谁呢! 独立的代国之所以平安,是因为代国对整个天下没有举足轻重的影响。匈奴即使占领了代国,而南面有赵国,东面有燕国,不可能使这两个强国受到震动而土崩瓦解。当燕、赵两国奋起抵抗、与匈奴全力为敌的时候,匈奴势必陷入孤立而无法在代地安眠,有鉴于此,匈奴觊觎代国的心思自然要有所收敛。天下既然已经被汉朝统一,那么一方有战事而整个天下都会动摇。汉朝动员整个天下的力量与匈奴争锋,也就是说,匈奴不费吹灰之力就招来了全天下的军队,一旦汉军不能取胜,匈奴人就会知道中原的兵力不过如此,不足以畏惧,这哪里能够像代国独立时那样,匈奴人根本无法探测到战国七雄的深浅呢? 西汉建都于关中,而匈奴人曾迫近甘泉宫;东汉建都于洛阳,而上谷、云中地区遭受匈奴入侵的祸患;唐代又建都于长安,而突厥、回纥、吐蕃等少数民族从西面攻入长安;北宋建都于汴京,而契丹人打到了澶州、魏州,最终女真拿下河北而攻入了汴京,西夏的元昊虽然屡次取胜却与宋朝讲和。京师是天子所在地,自然要以重兵严密防守,夷狄之人正是看到京师是中原全部力量倾注的地方,因而敢于全力孤注一掷,如果侥幸攻破了都城,那么整个天下就会像是断了大梁的房屋一样,椽子和房顶必然会土

崩瓦解。况且,京师是金帛美女聚集的地方,少数民族的达官贵人非常
羡慕而已经急不可耐了。由此推断,代国之所以能不费力地抵御匈奴,
是因为这里没有对方想要的东西,而且不关乎整个天下的安危,所以匈
奴人不愿意力争罢了。

　　南蛮之悍,虽不及控弦介马之猛,然其凶顽奰发而不畏
死①,亦何惮而不为。乃间尝窃发,终不出于其域。非其欲
有所厌也,得滇、黔、邕、桂而于中国无损②,天子遥制于数千
里之外,养不测之威,则据非所安,而梦魂早为之震叠。中
国之人心亦恬然,俟其懈以制之,而不告劳,亦不失守以土
崩。滇、粤可以制南,燕、代可以制北,其理一也。

【注释】

①奰(bì)发:勃发。奰,急迫。

②滇:今云南地区。黔:今贵州地区。邕:以今南宁为中心的广西
　南部。桂:以今桂林为中心的广西北部。

【译文】

　　南蛮的强悍,虽然不如精通骑射征战的北胡那样勇猛,但是他们凶
狠顽强、暴躁冲动而不怕死,又会有什么忌惮不敢做的呢?他们曾经悄
悄发动突袭,但最终没有将势力扩展到自己疆域之外。这并不是因为
他们的欲望已经得到满足,而是因为即使占据了云南、贵州、广西等地
也对中原王朝没有大的损害,天子遥控于数千里之外,涵养不可测度的
威严,南蛮即使占据这些地方也不敢安心,早已被中原王朝的实力所震
慑。中原王朝的人心也很平静,只要耐心等待南蛮懈怠就乘机发动进
攻来制服他们,这样既不兴师动众,也不因城池失守而土崩瓦解。云
南、广东可以抵御南蛮,与燕、代之地可以抵御北胡,其道理是一样的。

女直、蒙古之都燕，所以远南方也。中国之全力在于南，天子孤守于北，何为者乎？代以一国制匈奴则有余，秦以天下则不足，汉、唐任之边臣而苟全。天子都燕，一失而不复收，其效大可睹矣。威以养而重，事以静而豫，如是者之谓大略。

【译文】

女真和蒙古之所以定都北京，是为了远离南方。中国的主要力量在南方，而天子孤守北方，有什么用呢？代国凭一个小国抵御匈奴则有余，而秦朝以整个天下来抵御匈奴却力不从心，汉朝和唐朝重用守边大臣以抵御外敌，结果只是苟且保全了社稷。天子定都北京，一旦失守便不再能收复，其效用是很容易看到的。威严因为养而重，事情因为静而能办好，像这样就称为有大略。

七　主父偃徐乐严安初上书徼主言皆不悖于道

主父偃、徐乐、严安①，皆天下之愫人也。而其初上书以徼武帝之知，皆切利害而不悖于道。然则言固不足以取人矣乎？夫人未有乐为不道之言者也，则夫人亦未有乐为不道之行者也。士之未遇，与民相迩，与天下之公论相习。习而欲当于人心，则其言善矣。言之善也，而人主不得不为之动。迨其已得当于人主，而人主之所好而为者不在是；上而朝廷，下而郡邑，士大夫之所求合于当世者，又不在是，遂与人主之私好，士大夫怀禄结主之风尚相习。习而欲合乎时之所趋，则其行邪而言亦随之。故不患天下之无善言也，患夫天下之为善言者行之不顾也。不患言之善而人主不动也,患夫下之动上也,以谔谔于俄顷②;而下之动于上也,目荧耳易,心倾神往,而不能自守也。

【注释】

①主父偃(?—前126):临淄(今山东淄博临淄)人。汉武帝时大臣。出身贫寒,元光元年(前134)在长安直接上书汉武帝刘彻,当天就被召见,得到武帝的破格任用,一年中升迁四次。他向汉武帝提出了"大一统"的政治主张。后因被告发收受诸侯王贿赂及牵涉齐王自杀事件而被杀。徐乐:燕郡无终(今天津蓟州)人,武帝时大臣。与主父偃、严安等同时上书武帝,受到召见,拜为郎中,是武帝重要的文学侍臣之一。严安:临淄(今山东淄博临淄)人。与主父偃、严安等同时上书武帝,受到召见,拜为郎中,后为骑马令。三人传皆见《汉书》。

②谔谔(è):直言争辩的样子。

【译文】

主父偃、徐乐和严安,都是天下有名的奸邪小人。可他们当初上书以求得汉武帝赏识的时候,言辞都切中利害而不违背道义。既然如此,那么言论本来就不值得用来作为选拔人才的依据吗?人没有喜欢说无道的言论的,则同样也没有喜欢做无道之事的人。士人在没有得到贵人赏识的时候,与普通百姓相近,熟悉天下的公论。熟悉天下的公论而又想取得他人欢心,则他们的言论听起来肯定顺耳。其言论听起来顺耳,则君主不得不为之动心。等他们已经得到君主赏识了,则发现君主所喜欢并做的事与公论无关;上至朝廷,下至郡县,士大夫们所追求的合乎当世潮流的事情,也与此无关,于是他们对君主的私人癖好、士大夫为保全俸禄而阿谀奉承君主的风气越来越熟悉。熟悉之后又想顺应时代的潮流趋向,于是他们的行为日益奸邪,而言论也紧随其后变得奸邪。所以不愁天下没有好听的言论,而忧愁天下说好听的言论的人言行不一;不愁言论好而君主不动心,而愁臣下打动君主时,只在顷刻间直言争辩;而臣下被君主的威严和嗜欲打动时,头晕目眩,心荡神驰,无法自我把持。

中人者,情生其性,而性不制其情。移其情者,在上之所好、俗之所尚而已。使天下而有道,徐乐、严安、主父偃亦奚不可与后先而疏附哉!故文之有四友①,惟文王有之也。若夫穷居而以天下为心,不求当于天下之论;遇主而以所言为守,不数变以求遂其私。此龙德也②,非可轻责之天下者也。

【注释】

①四友:指周文王的四个亲信大臣南宫括、散宜生、闳夭、太颠。

②龙德:圣人之德。

【译文】

普通的人,由情而生性,而性不能控制其情。能够打动其情的,只有在上位者的喜好和世俗所崇尚的事物而已。假如天下有道,那么徐乐、严安和主父偃又怎么不可以先后率领众人以亲附君主呢!所以文王有南宫括、散宜生、闳夭、太颠这四友,也只有周文王才有啊。至于穷困地居住于乡野而心忧天下,不求符合天下人的公论;见到国君后能始终如一地坚持自己的主张,而不见风使舵、随机应变来满足自己的私欲。这是圣人之德,不可以轻易地以此要求天下人。

八　徐乐瓦解土崩之说非古今成败通轨

徐乐土崩瓦解之说①,非古今成败之通轨也。土崩瓦解,其亡也均,而势以异。瓦解者,无与施其补葺②,而坐视其尽。土崩者,或欲支之而不能也。秦非土崩也,一夫呼而天下蜂起,不数年而社稷夷、宗枝斩。亡不以渐,盖瓦解也。栋本不固,榱本不安③,东西南北分裂以坠,俄顷分溃而更无余瓦,天下视其亡而无有为之救者。盖当其瓦合之时,已无有相浃而相维之势矣④。隋、元亦犹是也。

【注释】

①徐乐土崩瓦解之说:指徐乐向汉武帝所上书中有"天下之患在于土崩,不在于瓦解,古今一也"的说法。

②葺(qì):原指用茅草覆盖房子,后泛指修理房屋。

③榱(cuī):房屋的椽子。

④浃:融洽。

【译文】

徐乐所谓"天下之患在于土崩,不在于瓦解"的说法,并不是古今成败的普遍规律。土崩和瓦解,其结果都是灭亡,但具体的形势有所不同。所谓瓦解,是没有人出来施行补救措施,而坐视国家灭亡。所谓土崩,则是即使有人想起来支撑局面也无济于事。秦朝的灭亡不是土崩,当时陈胜一人揭竿而起,随后天下人蜂起响应,不几年秦朝社稷就覆灭了,宗室也被赶尽杀绝。秦的灭亡不是一个循序渐进的过程,所以应当算是瓦解。栋梁本来就不坚固,椽子本来也不安全,东西南北四面分裂以至于坠落,顷刻间便分崩离析,片瓦无存,天下人坐视其灭亡而没有人挺身出来挽救。大概当房屋用砖瓦搭建起来的时候,就已经没有相互依托、相互维系的态势了。隋朝、元朝也和秦朝一样。

周之日削,而三川之地始入于秦①;汉之屡危,而后受篡于魏;唐之京师三陷,天子四出②,而后见夺于梁;宋之一汴、二杭、三闽、四广,而后终沉于海③。此则土崩也。或支庶犹起于遐方,或孤臣犹守其丘垄④,城陷而野有可避之宁宇,社移而下有逃禄之遗忠。盖所以立固结之基者虽极深厚,而啮蚀亦历日月而深⑤,无可如何也。土崩者,必数百年而继以瓦解,瓦解已尽而天下始宁。际瓦解之时,天之害气,人之死亡,彝伦之戕贼,于是而极。其圮坏而更造之,君相甚重矣,固有志者所不容不以叙伦拨乱自责也。

【注释】

①三川:指今河南洛阳一带,因此地有黄河、洛水、伊河三条河流而得名,战国时周王室都城位于此地,秦灭周以后于此设置三川郡。

②唐之京师三陷,天子四出:指唐朝都城长安唐玄宗时陷于安禄山,唐代宗时陷于吐蕃,唐僖宗时陷于黄巢。而唐玄宗与唐僖宗分别因"安史之乱"和黄巢起义出逃蜀地,德宗因"泾原兵变"出逃奉天(今陕西乾县),唐昭宗为韩全诲所迫出逃凤翔(今陕西宝鸡)。

③宋之一汴、二杭、三闽、四广,而后终沉于海:指宋朝先以汴梁(今河南开封)为都城,靖康南渡后都临安(今浙江杭州),蒙古入侵临安后,宗室先后在福建、广东被拥立为皇帝,最终在崖山(今广东新会)战败后君臣集体跳海殉国。

④丘垄:坟墓,乡野。

⑤啮(niè)蚀:侵蚀,亏缺。

【译文】

周朝一天天地被削弱,而后其都城所在的三川之地最终被秦朝吞并;汉朝屡次处于危险的境地,而后被曹魏篡夺政权。唐朝的京城三次失陷,皇帝四度逃出长安,而后政权被后梁所篡夺;宋朝都城初在汴梁、继迁临安、三迁福建、再迁广东,而后最终覆灭于海上。这些朝代的灭亡都属于土崩。政权灭亡以后,有的皇族庶支又在远方崛起,有的孤臣还死守其乡野家园,因而京城失陷以后地方上还有可以用来避难的安宁之地,社稷易主而下面还有可以逃避新政权爵禄的忠臣。大概加固政权基础的措施虽然极为深厚,但侵蚀也随着岁月而加深,这是无可奈何的。土崩以后,必定要等到数百年后才会出现瓦解,瓦解到了极点而天下才会开始安宁。在瓦解之际,上天的邪气、人民的死亡、天地人伦之道的被戕害,在此时达到最惨烈的程度。在前政权崩溃以后重新缔造新王朝的君王和丞相都非常重视恢复人伦常道、拨乱反正以使人们重见天日,这本来就是有志之士不容不做、责无旁贷的。

九　主父偃既被亲幸论事与初上书自相攻背

主父偃之初上书曰:“蒙恬攻胡[①],辟地千里,以河为境,暴兵露师,死者不可胜计,蜚刍挽粟[②],百姓靡敝,天下始畔秦[③]。”立论严矣。迨其为郎中,被亲幸,乃言“河南地肥饶,外阻河,蒙恬城之以逐匈奴,广中国,灭胡之本。”遂力请于武帝,排众议,缮蒙恬所为塞,因河为固,漕运山东,民劳国虚。同此一人,同此一事,不数年,而蒙恬之功罪,河南之兴废,自相攻背如此其甚。由是言之,辨奸者岂难知哉？听之勿骤,参酌之勿忘,而已曙矣[④]。武帝两听而不疑,其为江充所惑以戕父子之恩[⑤],宜矣哉！

【注释】

①蒙恬(约前259—前210):姬姓,蒙氏,名恬,齐国蒙阴(今山东蒙阴)人。秦朝著名将领。公元前221年,蒙恬率军攻破齐国。秦

统一后,蒙恬率三十万大军北击匈奴,收复河南地(今内蒙古河套南鄂尔多斯一带),率军修建万里长城和九州直道。前210年秦始皇病死,胡亥即位后赐死蒙恬,蒙恬吞药自杀。传见《史记·蒙恬列传》。

②蜚刍挽粟:迅速运输粮草。蜚,通"飞"。形容极快。刍,饲料。挽,拉车或船。粟,小米。泛指粮食。

③畔:通"叛"。违背,背离。

④曙:曙光。这里指辨清、看清。

⑤江充(? —前91):本名齐,字次倩,赵国邯郸(今河北邯郸)人。汉武帝晚年宠臣,曾任直指绣衣使者,负责监察权贵。江充与太子刘据有仇隙,遂设计陷害太子,在太子宫掘蛊,掘出桐木做的人偶。刘据恐惧无法辩白,发兵诛杀江充,并矫诏发动兵马自卫。汉武帝闻报,立命丞相刘屈氂调兵平乱。双方在长安城中混战,太子兵败逃亡,最终自缢而死。史称"巫蛊之祸"。事见《汉书·武五子传》。

【译文】

主父偃最初向汉武帝上书时说:"蒙恬攻打匈奴,开拓疆土超过千里,以黄河为界,驻扎大量军队,死亡的士兵不可胜数,为了迅速运输粮草,百姓筋疲力尽,苦不堪言,天下由此开始背叛秦朝。"这一立论是严密的。等到他后来做了郎中,被汉武帝亲近宠幸的时候,却说:"河南地土地肥沃,外面有黄河天险作为屏障,蒙恬在这里筑城以驱逐匈奴,开拓疆土,实在是灭亡匈奴的根本。"于是极力向武帝请求,力排众议,重新修缮蒙恬所筑的关塞,利用黄河来固守,又漕运太行山以东地区的粮食,使得民众疲劳、国家财政空虚。同一个人,同一件事,在数年之间,对蒙恬的功过、河南地的弃守得失的评价,竟然自相矛盾到了这样严重的地步。由此而言,辨别奸邪之人真的很困难吗?听到对方意见后不要匆忙下结论并付诸实施,不要忘记对对方的话进行仔细斟酌,这样看清奸邪之人就不难了。汉武帝听到主父偃前后两次截然不同的话却不加以怀疑,他后来被江充所迷惑而伤害了父子感情,实在是必然的!

一〇 贾谊之策行于主父偃之时

分藩国推恩封王之子弟为列侯①,决于主父偃,而始于贾谊。谊之说至是而始雠,时为之也。当谊之时,侯王强,天下初定,吴、楚皆深鸷骄悍而不听天子之裁制,未能遽行也。武帝承七国败亡之余,诸侯之气已熸②,偃单车临齐而齐王自杀,则诸王救过不遑,而以分封子弟为安荣,偃之说乃以乘时而有功。因此而知封建之必革而不可复也,势已积而俟之一朝也。

【注释】

①列侯:古代爵位名,始见于战国。秦称彻侯,居二十等爵制之首。西汉沿置,然为避刘彻讳而改称"列侯",又称"通侯"。

②熸(jiān):熄灭。

【译文】

将各诸侯国分成若干份,推恩封给诸侯王的子弟,这一政策决定于主父偃的建言,而发端于贾谊。贾谊的思想到此时才被付诸实施,是时势所造就的。当贾谊在世的时候,诸侯王强大,天下刚刚平定,而吴、楚等国居心叵测、骄横凶悍,不接受天子的裁决和节制,在这种情况下推恩政策自然不能立即实行。汉武帝承接七国叛乱败亡之余绪,诸侯的嚣张气焰已经熄灭,主父偃乘坐单车到齐国而齐王自杀,可见诸侯王惶惶不安、补救自己的罪过都来不及,而把分封子弟作为安全和荣耀的事情,于是主父偃的建言在这种形势下得到了成功。由此可见分封制必然被废除而不可能恢复，趋势日渐发展，条件日益成熟，这是等着某一天来最终废除罢了。

高帝之大封同姓，成周之余波也。武帝之众建王侯而小之，唐、宋之先声也。一主父偃安能为哉！天假之，人习之，浸衰浸微以尽泯。治天下者，以天下之禄位公天下之贤者，何遽非先王之遗意乎？司马氏惩曹魏之孤，欲反古而召五胡之乱①，岂其智不如偃哉？不明于时故也。

【注释】

①五胡之乱：指在西晋时期塞外众多游牧民族趁西晋爆发"八王之乱"国力衰弱之际，陆续进入中原地区，建立数个非汉族政权，形成与南方汉人政权对峙的事件。五胡，主要指匈奴、鲜卑、羯、羌、氐五个胡人大部落。但事实上五胡是西晋末各部族胡人的代表，数目远不止五个。

【译文】

汉高祖大封同姓诸侯，是周朝分封制的余波。汉武帝增加王侯数量而缩小其领地，是唐、宋两代的先声。一个主父偃怎么能做到呢？上天假以时日，人们日益习惯，分封制日益衰微以至于最终泯灭、被废除。治理天下的人，以天下的俸禄、官位来安置天下的贤才，这难道不是先王的遗意吗？司马氏吸取曹魏宗室孤立无援的教训，想要反古道而行分封，却招来了五胡之乱，难道是他们的智力不如主父偃吗？只是他们不识时务罢了。

一一　荀悦三游之说等学问志节之士于仪秦剧郭之流

公孙弘请诛郭解①，而游侠之害不滋于天下，伟矣哉！

游侠之兴也,上不能养民,而游侠养之也。秦灭王侯、奖货殖,民乍失侯王之主而无归,富而豪者起而邀之,而侠遂横于天下。虽然,逆弥甚者失弥速,微公孙弘,其能久哉?

【注释】

①郭解(?—前126):字翁伯,河内轵县(今河南济源)人。西汉景帝、武帝时期著名游侠。武帝时其门客在轵县杀人,御史大夫公孙弘认为郭解虽非亲自杀人,但已犯大逆不道之罪,建议武帝将其诛杀,郭解于是被灭族。传见《史记·游侠列传》。

【译文】

公孙弘请求诛杀郭解,于是游侠之害没有蔓延到整个天下,真是伟大啊! 游侠的兴起,是因为统治者不能保护百姓,而游侠来保护他们。秦朝消灭了各国王侯,奖励经商营利,百姓突然失去作为主人的王侯而无所归附,于是富有且强横的人趁机纷纷站出来招徕他们,而游侠于是便横行于天下了。尽管如此,作恶越多的人败亡越快,即使没有公孙弘,游侠难道能够长久存在吗?

　　若夫荀悦三游之说①,等学问志节之士于仪、秦、剧、郭之流②,诬民启乱,师申、商之小智,而沿汉末嫉害党锢诸贤之余习尔。曹操师之以杀孔融、夺汉室③;朱温师之以歼清流、移唐祚④。流波曼衍,小人以之乱国是而祸延宗社。韩侂胄之禁伪学⑤,张居正、沈一贯之毁书院⑥,皆承其支流余裔以横行者也。

【注释】

①荀悦(148—209):字仲豫,颍川颍阴(今河南许昌)人。东汉史学

家、思想家。著有《汉纪》《申鉴》等书。传见《后汉书·荀悦列传》。三游之说:指荀悦在《汉纪》卷十中云:"世有三游,德之贼也:一曰游侠,二曰游说,三曰游行。"其中游说指游说之士,游行则指"色取仁以合时好,连党类,立虚誉以为权利者",一般理解为迎合时势、沽名钓誉、结党图权的士人。

②仪、秦、剧、郭:指纵横家张仪、苏秦和西汉著名游侠剧孟、郭解。

③孔融(153—208):字文举。鲁国(今山东曲阜)人。东汉末年文学家,"建安七子"之一。曾任北海相、太中大夫等,性好宾客,喜抨议时政,言辞激烈,后因触怒曹操而被杀。传见《后汉书·孔融列传》。

④朱温(852—912):唐僖宗赐名"朱全忠",即位后改名朱晃,宋州砀山(今安徽砀山)人。早年参加黄巢起义军,后归附唐朝,因镇压起义军有功而逐渐成为强大的割据势力。他劫持、弑杀唐昭宗,在滑州白马驿诛杀清流大臣数十人,后废黜唐哀帝,建立后梁,907年至912年在位。最后被其子朱友珪弑杀。传见《新五代史·梁本纪·高祖》《旧五代史·梁书·太祖纪》。清流:在唐五代时期指科举出身、居于清显职位的朝臣。

⑤韩侂胄(tuō zhòu,1152—1207):字节夫,相州安阳(今河南安阳)人。南宋宰相、权臣、外戚。绍熙五年(1194),与宗亲赵汝愚等人策划绍熙内禅,拥立宋宁宗赵扩即位,以"翼戴之功",初封开府仪同三司,后官至太师、平章军国事。韩侂胄任内禁绝朱熹理学,史称"庆元党禁"。他追封岳飞为鄂王,追削秦桧官爵,发动"开禧北伐",遭到败绩,被史弥远设计杀死。传见《宋史·奸臣列传》。

⑥沈一贯(1531—1615):字肩吾,又字不疑、子唯,号龙江,又号蛟门。浙江鄞县(今浙江宁波鄞州)人。明朝万历年间首辅。传见《明史·沈一贯列传》。

【译文】

至于荀悦的所谓"三游"之说,将有学问、志向和气节的士人等同于张仪、苏秦、剧孟、郭解等人,欺蒙百姓、开启祸乱,只是学习申不害、商鞅的小聪明,而沿袭汉代末年嫉妒迫害诸位党锢贤士的做法罢了。曹操效法他而杀害孔融、篡夺了汉室江山;朱温效法他而残杀清流、使唐朝江山覆灭。流波蔓延,小人以此扰乱国政而祸及江山社稷。韩侂胄禁止所谓"伪学",张居正、沈一贯捣毁书院,都是继承这一思想的支流余脉而横行无忌的举动。

虽然,郭解族而游侠不复然于后世。若夫学问志节之士,上失教,君子起而教之,人之不沦胥于禽兽者赖此也。前祸虽烈,后起复盛。天视之在人心,岂悦辈小人所能终掩之乎!游行之讥,祇见其不知量而已矣①。

【注释】

①祇:同"祇"。

【译文】

尽管如此,郭解被灭族以后再也没有出现过游侠之祸。至于有学问、志向和气节的士人,在统治者失于教化百姓时,君子起来教化他们,人之所以不沦落到与禽兽为伍,正是有赖于此。前面的灾祸虽然酷烈,而后面兴起的更甚。上天所视在于人心,岂是荀悦这样的小人所能始终掩饰的吗?他对"游行"的讥讽,只是体现出他的不自量力罢了。

一二 公孙弘之诈不在布被

汲黯责公孙弘布被为诈①,弘之诈岂在布被乎?黯不斥其大而摘其小②,细矣。黯非翘细过以讦人者,黯之学术,专于黄、老，甘其食，美其衣，老氏之教也③。以曾、史为桎梏④，以名教为蹄衡羁络⑤，为善而不欲近名，大白而欲不辱⑥，故黯之言曰："奈何欲效唐、虞之治？"弘位三公，禄甚多，布被为诈。尧、舜富有四海而茅茨土阶，黯固以为诈而不足效也。弘起诸生，四十而贫贱，安于布被，则布被已耳，弘之诈岂在此乎？黯沉酣于黄、老，欲任情以远名，而见以为诈焉耳。

【注释】

①汲黯责公孙弘布被为诈：指公孙弘平素节俭，汲黯上奏武帝称公孙弘居三公要职，俸禄多却盖粗布被子是欺诈世人、沽名钓誉。事见《汉书·公孙弘传》。

②擿(tī)：挑剔，指摘。

③老氏：指老子。

④曾、史：指曾参和史鳅，这两人在古代被视为仁与义的典型人物。

⑤蹄：马蹄铁。衡：绑在牛角上的横木，用以控制牛驾车。羁络：马络头。

⑥大白：坦荡洁白之人。语出《老子》第四十一章："上德若谷，大白若辱，广德若不足。"河上公注曰："大洁白之人，若污辱不自彰显。"

【译文】

汲黯指责公孙弘使用布被是欺诈，公孙弘的欺诈难道在于用布被这一件事吗？汲黯不指责公孙弘大的欺诈行为却专门指摘这种小的，眼界真是狭窄啊！汲黯并非是专门爱挑小毛病来攻击别人的人，他的学术专攻黄老之道，吃美味的食物，穿华美的衣服，这是老子的教导。他以曾参、史鳅这种仁义之人为枷锁，以名教为束缚，做善事而不想得到名声,坦荡洁白而不欲受辱,所以他说:"为什么要效法唐尧、虞舜的治国之道呢?"公孙弘位列三公,俸禄很多,却使用布被,这是欺世盗名。尧、舜富有四海却住茅草房、台阶用土垒成,汲黯本来就认为这是欺世盗名之举,不值得效法。公孙弘从普通儒生起家,在四十岁时还很贫贱,他心安理得地使用布被,而且不过是布被罢了,他的奸诈难道是在这种小事上吗?汲黯沉湎于黄老之道,想任情而求名,所以认为公孙弘用布被是欺世盗名。

一三 淮南王安学老氏以自杀

淮南王安著书二十篇,称引天人之际,亦云博矣。而所谋兴兵者,率儿戏之策;所与偕者,又童昏之衡山王赐及太子迁尔①。叛谋不成,兵不得举,自刭于宫庭。其愚可哂②,其狂不可瘳矣。

【注释】

①童昏:愚昧无知。衡山王赐:指刘赐(? —前 122),淮南厉王刘长之子,淮南王刘安之弟。初封阳周侯,后被封为庐江王,七国之乱后被改封为衡山王。公元前 122 年,刘赐与刘安约定谋反,被其子告发,刘赐自杀。太子迁:指淮南王刘安的太子刘迁。与其父共同策划谋反,被雷被、刘建等人告发,被处死。二人事见《史记·淮南衡山列传》。

②哂(shěn):讥笑。

【译文】

淮南王刘安撰著《淮南子》二十篇,称述天命与人事之间的联系,也称得上是学识渊博了。可是他所筹划的兴兵造反行动,全都是儿戏一般的策略;与他一道行动的,又是愚昧无知的衡山王刘赐和太子刘迁。

刘安谋划叛乱不成,无法起兵,最后自刎于宫中。他的愚蠢可笑之极,他的狂妄不可救药。

　　成皋之口何易塞①? 三川之险何易据②? 知无能与卫青敌③,而欲徼幸于刺客,安即反,其能当青乎? 即刺青,其能当霍去病乎? 公孙弘虽不任为柱石臣,而岂易说者? 起贫贱为汉三公,何求于淮南,而敢以九族试雄主大将之欧刀邪④? 内所恃者,徒巧亡实之严助;外所挟者,轻僄亡赖之左吴、赵贤、朱骄⑤;首鼠两端之伍被⑥,怀异志于肘腋而不知。安之愚至于如此,固高煦、宸濠之所不屑为⑦,而安以文词得后世之名。由此言之,文不足以辨人之智愚若此乎!

【注释】

①成皋之口:即虎牢关,城筑在大伾山上,形势险要,为军事重镇。

②三川:指三川郡,汉代改称河南郡。此处仍用旧称。

③卫青(? —前106):字仲卿,河东平阳(今山西临汾)人。西汉时期名将,汉武帝皇后卫子夫的弟弟。在对匈奴作战中曾七战七捷,收复河朔、河套地区,在漠北决战中击破单于,为北部疆域的开拓做出重大贡献。因功封长平侯,官至大司马大将军。传见《史记·卫将军骠骑列传》。

④欧刀:原指古代铸剑大师欧冶子所铸之刀剑。后泛指用以处刑的刀或良剑。

⑤左吴、赵贤、朱骄:皆为刘安手下的门客,积极鼓动刘安兴兵作乱。

⑥伍被(pí,? —前122):楚人,淮南王刘安的宾客,参与编撰《淮南子》。刘安意欲谋反,召伍被策划,伍被劝谏刘安不要自取其祸,

刘安愤怒,囚禁伍被的父母三个月。后刘安谋反事泄,伍被到朝
廷官员处自首。汉武帝本欲不诛,御史大夫张汤进言伍被为刘
安设计谋反,罪不能赦,伍被于是被杀。传见《汉书·伍被传》。
⑦高煦:指朱高煦(1380—1426),明成祖朱棣次子,明仁宗朱高炽
同母弟。在靖难之役中立下战功,成祖即位后,封为汉王,多次
谋划取代朱高炽子之位。仁宗暴死,宣宗继位后,朱高煦起兵造
反,却在宣宗亲征后投降,被废为庶人,囚禁在西安门内。后与
诸子相继被杀。传见《明史·诸王列传》。宸濠:指朱宸濠
(1479—1520),明代藩王,于弘治十年(1497)袭封宁王。于正德
十四年(1519)举兵发动叛乱,但很快战败,被王守仁俘虏。最终
被明武宗诛杀。传见《明史·诸王列传》。

【译文】

　　成皋的关口难道是容易堵塞的吗?三川郡的险要位置难道是容易
占据的吗?知道自己没有办法与卫青抗衡,竟然试图派刺客刺杀他以
图侥幸,刘安即使真的发动了叛乱,难道能抵挡住卫青吗?即使刺杀了
卫青,难道能抵挡霍去病吗?公孙弘虽然不被依靠为柱石之臣,可难道
就那么容易被说动吗?公孙弘出身贫贱而能位列汉朝廷的三公,他对
淮南王有什么要求,以至于敢用九族的性命去试雄才大略的君主与良
将手中的利刃呢?刘安在朝廷内所依赖的,只是有名无实的严助;在外
所倚赖的,是轻浮无赖的左吴、赵贤、朱骄这些宾客;首鼠两端的伍被,
早就在刘安的心腹中怀有异志,而他却不能觉察。刘安的愚蠢到了如
此的地步,是连朱高煦、朱宸濠这样的人也不屑于如此的,而刘安却凭
借文词在后世取得了名声。由此来说,文词是如此的不足以用来辨别
人的愚蠢和智慧吗!

　　而非然也。取安之书而读之,原本老氏之言,而杂之以
辩士之游辞。老氏者,挟术以制阴阳之命,而不知其无如阴

阳何也。所挟者术,则可以窥见气机盈虚之衅罅①,而乘之以逞志。乃既已逆动静之大经,而无如阴阳何矣;则其自以为窥造化而盗其藏、而天下无不可为者,一如婴儿之以莛击贲、育②,且自雄也。率其道,使人诞而丧所守,狂逞而不思其居。安是之学,其自杀也,不亦宜乎!夫老氏者,教人以出于吉凶生死之外,而不知其与凶为徒也。读刘安之书,可以鉴矣。

【注释】

①气机:指天地有规律运行的自然机能。衅罅:缝隙,裂缝。

②莛(tíng):草本植物的茎。

【译文】

然而事实上并非如此。把刘安的书取过来阅读后就可以发现,该书是以老子的言论为基础,而混杂以辩士的游说之辞。老子的思想,是依恃"术"来控制和利用阴阳的变化,却不知道自己对阴阳毫无办法。由于所依恃的是"术",所以他可以窥见天地运行、盈虚消长的规律,并利用它来达到自己的目的。可是能够预测阴阳动静变化的规律后,却对阴阳无可奈何,因此他自以为能窥探到造化的奥秘而盗取其宝藏、天下没有做不了的事情,就像一个婴儿拿着草茎来击打勇士孟贲、夏育,而且自以为了不起。信仰老子的"道",使人变得荒诞而丧失心志,狂妄而不考虑自己所居的境地。刘安肯定这一学说,他最终自杀身亡,不也是应该吗!老子教导人们出于吉凶生死之外,却不知道凶已经与自己相伴了。所以,读刘安的书,一定要以此为鉴,引以为戒。

一四　张汤诛伍被非酷

张汤治狱为酷吏魁①,而其决于诛伍被也,则非酷也,法之允也。被者，反覆倾危之奸人，持两端以贸祸者也。不诛之，又且诡遇于汉廷，主父偃、江充之奸，被任之有余矣。被之始谏安也，非果禁安使勿反，称引汉德，为他日兔脱计耳②。已而为安画反谋矣，俄而又以谋反踪迹告矣。"宫中荆棘"之谏③，"侯无异心、民无怨气"之语④，盖亦事后自陈、规救其死之游辞，而谁与听之哉！与人谋逆而又首告，纵舍勿诛，则谗贼相踵，乱不可得而弭矣。故汤之持法非过，而被之诛死允宜也。

【注释】

①张汤（？—前115）：杜陵（今陕西西安）人。西汉时期著名酷吏。因为治陈皇后、淮南王、衡山王谋反之事，得到汉武帝的赏识，先后晋升为太中大夫、廷尉、御史大夫。用法主张严峻，以皇帝意旨为治狱准绳，与赵禹共同编定《越宫律》《朝律》等法律著作。元鼎二年（前115），因遭诬陷而被强令自杀。传见《汉书·张汤传》。

②兔脱：像兔子一样迅速逃跑。这里指脱身、逃逸。

③"宫中荆棘"之谏：据《汉书》记载，淮南王刘安阴谋作乱，召伍被商议，伍被劝谏说："昔子胥谏吴王，吴王不用，乃曰：'臣今见麋鹿游姑苏之台也。'今臣亦将见宫中生荆棘，露沾衣也。"宫中生荆棘，比喻宫殿荒芜，暗指谋反会带来杀身灭国之祸。

④"侯无异心、民无怨气"之语：指伍被劝谏刘安的话中有"当今诸侯无异心，百姓无怨气"之语。

【译文】

张汤审判案件严酷为酷吏之冠，可是他判决诛杀伍被，却不算是残酷，而是执法允当的表现。伍被，是个反复无常、奸险狡诈的小人，他首鼠两端因而招来了祸患。如果不杀他，他又会在汉朝廷中用不正当的手段求得赏识，主父偃和江充的奸邪，伍被比起他们尚且绰绰有余。伍被当初劝谏淮南王刘安，并非果真要阻止他谋反，他称颂汉朝廷的恩德，是为将来一旦失败时能迅速脱身留下退路。不久他就为刘安策划反叛的阴谋，可是他又很快告发刘安谋反。他所谓"宫中生荆棘"的劝谏，"诸侯没有异心，百姓没有怨气"的话，大概也是事后自己编造、试图挽救自己性命的游说之词，又有谁会相信他呢？伍被与人合谋反叛却又出面告发，如果赦免他不杀，那么诬陷他人的贼人就会一窝蜂地起来，祸乱就不可能消弭了。所以张汤对伍被的量刑并不过分，而伍被被处死也是罪有应得。

呜呼！为伍被者不足道，君子不幸陷于逆乱之廷，可去也，则亟去之耳。不然，佯狂痼疾以避之①；又不然，直词以折之；弗能折，则远引自外而不与闻。身可全则可无死；如其死也，亦义命之无可避者，安之而已。过此则无术矣。谋生愈亟，则逢祸愈烈；两端不宁，则一途靡据。故曰"有道则知，无道则愚"②。诚于愚者，有全生，无用术以求生；有义死，无与乱以偕死者也。

【注释】

①痼(gù)疾：积久难以治愈的病。

②有道则知，无道则愚：语出《论语·公冶长》："甯武子，邦有道则知，邦无道则愚；其知可及也，其愚不可及也。"大意是在国家太平的时候发挥聪明才干，国家动荡时则韬光养晦、大智如愚。

【译文】

唉！像伍被这样的人固然不值一提，君子如果陷于反叛者的宫廷，能离开就尽快离开。不然，就装疯卖傻，或假称有难以治愈的疾病来避开他；如果还不行，就直言劝说他；如果无法说服他，就远远地躲开，不参与谋反之事。性命如果能够保全就尽量保全；如果不幸身亡，也是义不容辞、命中注定而无法逃避的，只能安于这样了。除了上述这些，就再也没别的办法了。越急于求生，遭遇的祸患就越剧烈；首鼠两端，则一头也靠不住。所以说"在国家太平的时候发挥聪明才干，国家动荡时则韬光养晦、大智如愚"。诚心于"愚"的人，有的保全性命，不用"术"来求得生存；有的为义而死，不参与叛乱而与叛贼一起受死。

一五　武帝开辟遐荒为天所牖

遐荒之地，有可收为冠带之伦，则以广天地之德而立人极也；非道之所可废，且抑以纾边民之寇攘而使之安。虽然，此天也，非人之所可强也。天欲开之，圣人成之；圣人不作，则假手于时君及智力之士以启其渐。以一时之利害言之，则病天下；通古今而计之，则利大而圣道以弘。天者，合往古来今而成纯者也。禹之治九州，东则岛夷①，西则因桓②，南暨于交③，北尽碣石，而尧、舜垂衣裳之德，讫于遐荒。禹乘治水之功，因天下之动而劳之，以是声教暨四海，此圣人善因人以成天也。

【注释】

①岛夷：指我国东部近海一带及海岛上的居民。

②西则因桓：语出《尚书·禹贡》："西倾因桓是来，浮于潜，逾于沔，入于渭，乱于河。"郑玄释"桓是"为山名，曰："桓是，陇坂名。其道盘桓旋曲而上，故名曰桓是，今其下民谓是坂曲为盘也。"孔安国则以桓为水名，曰："西倾，山名。桓水自西倾山南行，因桓水

是来。"后世一般倾向认同孔安国的说法。

③暨：到，至。交：指交趾地区。

【译文】

荒远的地区，如果有可以收服而使其文明开化的，则应当以此来推广天地的德行而树立人道之极则；如果有不是圣人之道所能废除的，则暂且抑制收服的欲望而缓解边民遭受入侵劫掠的痛苦，从而使他们安居乐业。尽管如此，这是天意，并非人力所能勉强。上天如果想要开拓，则圣人来成就此事；如果没有圣人出现，上天就假手于当时的国君及有智谋和力量的臣下来开启先河。假如从一时的利害得失来说，则不利于天下；假如通古今而考虑的话，则好处甚大而圣人之道也得以弘扬。所谓天，是混合古往今来而成就纯正广大之德的。大禹治理九州，向东到海岛，向西则到桓水上游，南到交趾，北到碣石，于是尧、舜定礼作服的德行播散到远方。大禹乘着治水的功劳，利用天下人心思动的心理来驱使他们，使得自己的声威教化传遍四海，这就是圣人善于利用民众来成全天意的表现。

汉武抚已平之天下，民思休息。而北讨匈奴，南诛瓯、越，复有事西夷，驰情宛、夏、身毒、月氏之绝域①。天下静而武帝动，则一时之害及于民而怨讟起②。虽然，抑岂非天牖之乎③？玉门以西水西流④，而不可合于中国，天地之势，即天地之情也。张骞恃其才力强通之⑤，固为乱天地之纪。而河西固雍、凉之余矣⑥。若夫駹也、冉也、邛筰也、越嶲也、滇也⑦，则与我边鄙之民犬牙相入，声息相通，物产相资，而非有駻戾冥顽不可向迩者也⑧。武帝之始，闻善马而远求耳，骞以此而逢其欲，亦未念及牂柯之可辟在内地也⑨。然因是而贵筑、昆明垂及于今而为冠带之国⑩，此岂武帝、张骞之意计所及哉？故曰：天牖之也。

【注释】

①宛：指大宛，古代西域国名，大致在今中亚费尔干纳盆地。夏：指大夏，古代西域国名，大致在今中亚阿姆河流域。身毒：印度河流域古国名。月氏(yuè zhī)：古代游牧部族政权，在匈奴崛起前居于河西走廊、祁连山一带，被匈奴击败后西迁，占领阿姆河流域，建立大月氏王国。

②讟(dú)：怨言。

③牖：通"诱"。诱导，劝导。

④玉门：指玉门关。西汉武帝置，在今甘肃敦煌西北小方盘城。

⑤张骞(前164—前114)：字子文，汉中城固(今陕西城固)人。西汉杰出外交家、旅行家、探险家，丝绸之路的开拓者。建元二年(前139)他奉汉武帝之命，率领一百多人出使西域，打通了汉朝通往西域的南北道路，即赫赫有名的丝绸之路。汉武帝以军功封其为博望侯。他将中原文明传播至西域，又从西域诸国引进了汗血马、葡萄、苜蓿、石榴、胡麻等物种到中原，促进了东西方文明的交流。汉武帝元鼎三年(前114)，张骞病逝于长安。传见《汉书·张骞传》。

⑥雍：指雍州，古九州之一，包括今陕西、宁夏全境及青海、甘肃、新疆部分地区。凉：指凉州，今甘肃中西部地区。古代常以"雍凉"指代今甘肃地区。

⑦駹(máng)：指冉駹羌国，是中国古代方国之一。以古代羌族为主体民族，建立于西周末年，疆域相当于今四川阿坝藏族羌族自治州等地。冉：指冉族，我国古蜀地区的土著民族，主要分布在今四川西部、西藏东部和甘肃、陕西南部地区。邛僰(qióng bó)：汉代临邛、僰道的并称。约当今四川邛崃、宜宾一带。后泛指西南

边远地区。越嶲(xī)：古郡名。西汉元鼎六年(前111)置。治所在邛都(今四川西昌)。辖境相当今云南丽江及绥江两县间金沙江以东、以西的祥云、大姚以北和四川木里、石棉、甘洛、雷波以南地区。滇：指古滇国，是中国西南边疆古代少数民族建立的政权，疆域主要在以滇池为中心的云南中部及东部地区。

⑧斝(zhì)戾：蛮横凶暴。向迩：靠近，接近。

⑨牂(zāng)柯：汉代郡名。汉武帝元鼎六年(前111)开西南夷而置。治故且兰国。

⑩贵筑：古地名，今属贵州贵阳。昆明：古族名。战国至秦、汉，昆明族在今云南洱海一带。汉武帝曾遣使通身毒国，多次被阻于昆明。

【译文】

汉武帝统治的是早已和平安定的天下，百姓想要休养生息。而他却北攻匈奴，南灭东瓯、闽越和南越，又多次向西方夷族动兵，神往于大宛、大夏、身毒、月氏这些极其遥远的国家。天下人想要静而武帝想要动，于是一时的灾祸就降临到百姓身上而导致他们怨声载道。尽管如此，这难道不是上天诱导的吗？玉门关以西的河水都向西流，而不能汇入中原，天地的地理形势，也就是天地之情的体现啊！张骞凭恃自己的才能而强行凿通西域，本来就是扰乱了天地的纲纪。而河西走廊则是雍凉地区的边缘，与西域情况不同。而駹、冉、邛僰、越嶲、滇等部族，则与我们的边疆居民犬牙交错，声息相通，相互贸易物产，而不是野蛮无知、难以接近的人。武帝最初是因为听说西方有良马而不远万里去求取，张骞通西域和西南夷也正是为逢迎汉武帝的这种私欲，并没有想到牂柯郡可以辟入内地。然而因为此举而贵筑、昆明至今已属于文明之国，这难道是汉武帝、张骞的本意所及吗？所以说：是上天诱导的。

君臣父子之伦，诗书礼乐之化，圣人岂不欲普天率土而沐浴之乎？时之未至，不能先焉。迨其气之已动，则以不令之君臣，役难堪之百姓，而即其失也以为得，即其罪也以为功，诚有不可测者矣。天之所启，人为效之，非人之能也。圣人之所勤，人弗守之，则罪在人而不在天。江、浙、闽、楚文教日兴，迄于南海之滨、滇云之壤，理学、节义、文章、事功之选，肩踵相望，天所佑也，汉肇之也。石敬瑭割土于契丹，宋人弃地于女直，冀州尧、舜之余民①，化为禽俗。即奉冠带归一统，而党邪丑正，与宫奄比以乱天下②。非天也，人丧之也。将孰俟焉以廓风沙霾曀之宇③，使清明若南国哉！

【注释】

①冀州：古九州之一，包括今河北、山西、陕西、北京、天津及内蒙古、辽宁部分地区。这里指河北地区。

②奄：同"阉"。指宦官。

③霾（mái）：乱风时空中降下沙土，尘土飞扬。曀（yì）：阴沉而有风的天气。

【译文】

君臣父子的伦理，礼乐诗书的教化，圣人难道不想普天之下的人民都沐浴在他们的雨露中吗？只是时机还不成熟，不能勉强先行。等到气机已动，则以无道的君臣役使难以承受的百姓，却把自己的失当做得，把自己的罪过当成功劳，这样就会真的发生不测事件。上天所开启的，人为地效仿，并不是人的能力。圣人勤勉所得到的，人民不能守住，则罪过在于人而不在于天。江苏、浙江、福建、湖北各地的文教日益兴盛，其影响到达南海之滨、云南、贵州之地，理学、节义、文章、事功之选人，摩肩接踵，相望于道，这是上天保佑的结果，而肇始于汉朝。石敬瑭割让土地给契丹，宋朝将大片土地丢弃给女真，使得河北地区尧、舜以来的人民从此与夷狄为伍,沾染上浓厚的夷狄习俗。即使日后被中原文明政权重新统一,他们也会与奸邪之人结党而仇视正人君子,与宫内的奸诈宦官遥相呼应,扰乱天下。这并不是上天的过错,而是统治者失德抛弃了他们。将要等到谁来扫清这风沙阴霾的北国土地,而使其清明如南国呢?

一六　武帝深知日磾

武帝游宴后宫阅马,嫔御满侧,金日磾于数十人之中独不敢窃视①,武帝以此知日磾,重用之而受托孤之命,非细行也。盖日磾非习于君子之教,而规行矩步以闲非礼者也。不期而谨于瞻视焉,不期而敦其敬畏焉,不期而非所视者勿视焉,勿曰细行也。神不守于中,则耳目移于外而心不知。让千乘之国,而变色于箪豆②;却千金之璧,而失声于破甑③;才足以解纷,勇足以却敌,而介然之顷,莫能自制其耳目;岂细故哉!君子黈纩以养目④,琇莹以养耳⑤,和鸾佩玉以养肢体⑥,兢兢乎难之,而恐不胜于俄顷。贞生死、任大任,而无忧惑,此而已矣。武帝之知人卓矣哉!

【注释】

①金日磾(mì dī,前134—前86):字翁叔。原是驻牧于武威的匈奴休屠王太子,元狩二年(前121)投降汉朝。起初被安置在黄门署饲养马匹,后来得到汉武帝赏识,成为武帝的近臣。汉武帝死前令他和霍光共同辅佐汉昭帝。汉昭帝始元元年(前86)病死,赐谥号为敬侯。传见《汉书·金日磾传》。

②箪(dān)豆:一箪饭食,一豆羹汤。指少量饮食。亦以喻小利。箪,盛饭用的竹器。豆,古代盛食物的器皿。

③甑(zèng)：古代蒸饭的一种瓦器。底部有许多透蒸气的孔格，置于鬲上蒸煮，如同现代的蒸锅。

④黈纩(tǒu kuàng)：指黄绵所制的小球。悬于冠冕之上，垂两耳旁，以示不欲妄听是非。

⑤琇莹：美石，美玉。

⑥和鸾：古代的一种铃铛，挂在车前横木上称"和"，挂在轭首或车架上称"鸾"。

【译文】

汉武帝在后宫游玩、宴会、检阅马匹，其身侧满是妃嫔宫女，在数十人之中唯独金日磾不敢偷看美女，汉武帝由此了解了金日磾，日益重用他以至于让他受遗命作为托孤大臣辅佐汉昭帝，金日磾的做法不是细微的小节。他不曾接受正规的君子之教，却能够严格按规矩办事，不做非礼之事。不期而能够谨慎于瞻仰、窥视，不期而能够注重敬畏，不期而能够遵守"非礼勿视"的规矩，他能够做到这些，就不能算是微不足道的小节。如果心神不能在内坚守，那么耳朵眼睛移到外面而心中却不知道。有人能够辞让千乘大国，却因为损失一点食物而改变脸上的表情；能够谢绝价值千金的玉璧，却对摔碎一个陶甑大惊失色；才能足以排忧解纷，勇力足以克敌制胜，却在关键的一瞬间无法控制自己的耳朵和眼睛。这难道是小事吗？君子用黄绵小球垂于冠冕下来养目，用玉石挂在耳旁以养耳，佩带铃铛、玉佩来养肢体，整日战战兢兢，唯恐刹那之间失去自制力。能够舍弃性命而担当重任，没有忧虑和疑惑的，只有这种人。汉武帝知人善任的才能太卓越了！

诸葛公年廿七而昭烈倚为腹心①，关羽、张飞所莫测也②。武帝举日磾于降胡，左右贵戚所莫测也。知人之哲，非人所易测久矣。诸葛公之感昭烈，岂仅以三分鼎足之数语哉！神气之间，有不言而相喻者在也。乃既有言矣，则昭烈之知益审，而关、张之疑益迷。日磾之受知，非有言也，故武帝之知深矣。卫、霍之见知③，犹众人之常也。心持于黍米④，而可以动天地，自非耳食道听之庸流，岂待言而后相知哉？

【注释】

①诸葛公：指诸葛亮。昭烈：指蜀汉昭烈帝刘备。

②关羽(160—219)：本字长生，后改字云长，河东解县(今山西运城)人。张飞(？—221)：字益德，幽州涿郡(今河北涿州)人。二人均为三国时期蜀汉名将，因勇武过人并称为"万人敌"。二人传见《三国志·蜀书·关张马黄赵传》。

③卫、霍：指武帝时名将卫青和霍去病。

④黍米：道教用语，指元始天尊手中所持的黍米宝珠，包含宇宙之根本。

【译文】

诸葛亮年仅二十七岁就被刘备倚为心腹，这是关羽、张飞所不能测度的。汉武帝从归降的胡人中提拔、重用了金日磾，也是左右亲贵、外戚所不能测度的。知人善任的智慧，长久以来就是常人所不能轻易测度的。诸葛亮打动刘备，难道仅仅是靠天下三分、鼎足而立的几句话吗？神情气度之间，自然有不用言语而相互心中明白的默契存在。而一旦有了语言交流，则刘备对诸葛亮的了解更加深入，而关、张二人的疑惑也更甚。金日磾受到赏识并没有依靠语言，所以汉武帝对他的了解是很深的。卫青、霍去病受到赏识，与一般人的情况相同。心中持有黍米宝珠而可以打动天地，如果自己不是轻信道听途说的庸人，难道会等人家说了话才能了解他吗？

一七　武帝徙荒民于朔方新秦边因以实

武帝之劳民甚矣，而其救饥民也为得。虚仓廥以振之^①，宠富民之假贷者以救之，不给，则通其变而徙荒民于朔方、新秦者七十余万口^②，仰给县官，给予产业，民喜于得生，而轻去其乡以安新邑，边因以实。此策，晁错尝言之矣，错非其时而为民扰，武帝乘其时而为民利。故善于因天而转祸为福，国虽虚，民以生，边害以纾，可不谓术之两利而无伤者乎！史讥其费以亿计^③，不可胜数，然则疾视民之死亡而坐拥府库者为贤哉？司马迁之史谤史也，无所不谤也。

【注释】

①仓廥（kuài）：贮藏粮食和草料的仓库。

②朔方：汉代郡名，汉武帝时设置，辖黄河河套的西北部，治所在朔方城（今内蒙古杭锦旗）。新秦：即新秦中，指关中盆地以北、黄河以南地区。

③史：指司马迁所著《史记》。

【译文】

汉武帝给百姓造成的负担太重了，但他赈济灾民的措施算是得当。他把仓库中的粮食用光来赈济饥民，又鼓励、表彰富裕之民放赈贷粮以救济饥民，还不能满足需要，则根据具体情况变通，把灾民迁徙到朔方、新秦中地区，共计七十余万口，朝廷为他们提供生活给养，给予产业，百姓因得以活命而高兴，乐于离开家乡到新的城邑中居住，边境因此得到充实。这一政策，晁错曾经提出来过，但因为时机不成熟而给百姓带来了困扰，汉武帝根据时势的需要实行徙民实边的政策，给百姓带来了很大的好处。所以善于利用天时而转祸为福，国库虽暂时空虚了，但百姓得以活命，边防危机得以纾解，能不说是一举两得而没有害处的好政策吗？《史记》中讥讽汉武帝为实行此政策花费数亿，不可胜数，按其所说，是要把眼看着百姓死亡而坐拥府库不相救的人看作贤君吗？司马迁的《史记》是谤书，没有什么不诽谤的。

一八　李广名誉动人不足任将帅

以名誉动人而取文士，且也跻潘岳于陆机[①]，拟延年于谢客[②]，非大利大害之司也，而轩轾失衡[③]，公论犹绌焉，况以名誉动人而取将帅乎！将者，民之死生、国之存亡所系者也。流俗何知而为之流涕？士大夫何知而为之扼腕？浸授以国家存亡安危之任[④]，而万人之扬诩[⑤]，不能救一朝之丧败。故以李广之不得专征与单于相当为憾者，流俗之簧鼓[⑥]，士大夫之臭味，安危不系其心，而漫有云者也。

【注释】

①潘岳（247—300）：字安仁，世称潘安。荥阳中牟（今河南中牟）人。西晋著名文学家、政治家，公认的美男子。在文学上与陆机并称"潘江陆海"。传见《晋书·潘安列传》。陆机（261—303）：字士衡，吴郡吴县（今江苏苏州）人。西晋著名文学家、书法家。出身吴郡陆氏，为孙吴丞相陆逊之孙、大司马陆抗第四子，与其弟陆云合称"二陆"，又与顾荣、陆云并称"洛阳三俊"。传见《晋书·陆机列传》。

②延年：指颜延之。颜延之（384—456），字延年，琅邪临沂（今山东临沂）人。南朝宋文学家。好读书，无所不览，文章之美，冠绝当时，与谢灵运并称"颜谢"。传见《宋书·颜延之列传》。谢客：即谢灵运。

③轩轾：车前高后低为"轩"，前低后高为"轾"。喻指高低轻重。

④浸：若，假使。

⑤扬诩（xǔ）：赞扬，吹捧。

⑥簧鼓：用动听的言语迷惑人。

【译文】

因为名声动人而录用文士，必定会把潘岳抬高到陆机的地位，拿颜延之与谢灵运相类比，这不关系到大利大害，但是轻重失衡，公论尚且认为不足，何况是凭名声动人这一标准来任用将帅呢！所谓将，是关系人民生死、国家安危存亡的人物。流俗之士懂得什么却要为他们痛哭流涕？士大夫知道什么内情而为他们感到义愤填膺？如果真的把关系到国家安危存亡的重任交付给有名无实的良将，那么即使上万人的赞扬吹捧，也不能挽救其有朝一日的惨败。所以那些对李广没有得到专征之权以与匈奴单于相抗衡而感到遗憾的言论，都是流俗的鼓噪、士大夫们臭味相投罢了，由于他们没有将国家安危放在心上，所以便信口雌黄，妄加评论。

广出塞而未有功，则曰"数奇"①，无可如何而姑为之辞尔。其死，而知与不知皆为垂涕，广之好名市惠以动人，于此见矣。三军之事，进退之机，操之一心，事成而谋不泄，悠悠者恶足以知之？广之得此誉也，家无余财也，与士大夫相与而善为慷慨之谈也。呜呼！以笑貌相得，以惠相感，士大夫流俗之褒讥仅此耳。可与试于一生一死之际，与天争存亡，与人争胜败乎？卫青之令出东道避单于之锋，非青之私也，阴受武帝之戒而虑其败也。方其出塞，武帝欲无用，而固请以行，士大夫之口啧啧焉②，武帝亦聊以谢之而姑勿任之，其知广深矣。不然，有良将而不用，赵黜廉颇而亡③，燕疑乐毅而偾④，而武帝何以收绝幕之功？忌偏裨而掣之，陈余以违李左车而丧赵，武侯以沮魏延而无功⑤，而卫青何以奏寘颜之捷⑥？则置广于不用之地，姑以掣匈奴，将将之善术，非士大夫流俗之所测，固矣。东出而迷道，广之为将，概可知矣。广死之日，宁使天下为广流涕，而弗使天下为汉之社稷、百万之生灵痛哭焉，不已愈乎！广之为将，弟子壮往之气也。"舆尸"之凶⑦，武帝戒之久矣。

【注释】

①数奇：命数不好。数，命运，命数。奇，不偶，不好。古代占法以偶为吉，奇为凶。

②啧啧：咂嘴或说话声。这里指赞叹、议论。

③廉颇：赵国苦陉（今河北定州）人，战国后期赵国名将。勇猛果敢，屡立战功。曾率兵讨伐齐国，取得大胜，封为上卿。长平之战前期，采取固守的方式，成功抵御了秦军进攻。赵孝成王十五年（前251），与乐乘率军大破燕军，杀燕将栗腹。此后赵数困于秦军，赵王欲复用廉颇，因郭开诋毁，赵王以为其衰老，遂不召。传见《史记·廉颇蔺相如列传》。

④乐毅：中山灵寿（今河北灵寿）人，战国后期杰出军事家，辅佐燕昭王振兴燕国，曾率五国军队伐齐，攻下七十余座城池，被拜为燕上将军，受封昌国君。传见《史记·乐毅列传》。偾（fèn）：失败，败坏。

⑤魏延（？—234）：字文长，义阳（今河南桐柏）人。三国时期蜀汉名将，曾任汉中太守，镇守汉中近十年，之后又屡次随诸葛亮北伐，功绩显著。期间魏延多次请诸葛亮给他统领一万兵，另走一路攻关中，最后与诸葛亮会师于潼关，如同韩信的例子。但诸葛

亮一直不许，因而他认为自己无法完全发挥才能，心怀不满。魏延与长史杨仪不和，诸葛亮死后，两人矛盾激化，魏延举兵进攻杨仪，因手下军士溃散而被迫败逃，最终为马岱所追斩。传见《三国志·蜀书·魏延传》。

⑥寘(tián)颜之捷：指西汉元狩四年(前119)卫青破匈奴单于兵，北至寘颜山赵信城而还。寘颜，古山名。在匈奴境内。约为今蒙古高原杭爱山南面的一支。

⑦舆尸：指战败后以车载运尸体而还。语出《周易·师卦》爻辞："六三，师或舆尸，凶。"

【译文】

李广出塞作战而没有立下战功，就说是"命数不好"，只是无可奈何而姑且说出的托辞。李广死后，无论是认识的还是素不相识的人都为他痛哭流涕，他平时喜欢用小恩小惠来感动人以沽名钓誉的情况，由此可见。军中之事，军队进退的时机选择，全都操持在将领一人之心中，即使战争结束后秘密也不能对外泄露，流俗之人怎么能够知道这些呢？李广之所以得到那么高的声誉，是因为他家无余财，与士大夫们交往时喜欢口若悬河，慷慨陈词。唉！以音容笑貌取悦于人，以小恩小惠打动人，士大夫和流俗之人所褒贬议论的仅此而已。这种人，能够通过在生死之际与天争存亡、与人争胜败的考验吗？卫青命令李广走东道以避开单于的锋芒，并不是出于卫青自己的私心，而是私下得到汉武帝的告诫，忧虑李广不敌单于而导致失败。在大军出塞前，汉武帝想不用李广，而他坚决请求随军出征，士大夫们对此交口称赞，汉武帝只得姑且答应他的请求却不准备重用他，可见他对李广的认识是深刻的。不然的话，有良将而不重用，赵国因为罢免了廉颇而导致败亡，燕国因为怀疑乐毅而导致大败，可汉武帝为什么取得了横渡大漠、击破匈奴单于的功业呢？猜忌偏裨将领而加以牵制，陈馀因为不接受李左车的意见而断送了赵国，诸葛亮因为不采用魏延的计策而导致伐魏无功，可卫青为什么能够取得寰颜山大捷呢？汉武帝和卫青把李广放在无用之地，姑且用他来牵制匈奴兵力，这是统将的好办法，士大夫和流俗之人搞不清其中的奥妙是必然的。李广在率军走东路出击匈奴的过程中迷失道路，他统兵作战的能力由此可见一斑。李广自刎而死的那天，宁可使天下人为李广痛哭，而不可以使天下人为汉朝的江山社稷和数百万生灵而痛哭，不是更好吗？李广做将领，凭借的是初生牛犊不怕虎的气势。"战败后以车载运尸体而还"的后果，汉武帝已戒备很久了。

　　岳飞之能取中原与否①，非所敢知也；其获誉于士大夫之口，感动于流俗之心，正恐其不能胜任之在此也。受命秉钺②，以躯命与劲敌争死生，枢机之制，岂谈笑慰藉、苞苴牍竿之小智③，以得悠悠之欢慕者所可任哉！

【注释】

①岳飞(1103—1142)：字鹏举，相州汤阴（今河南汤阴）人。南宋抗金名将，位列南宋中兴四将之首。曾率军收复建康、襄阳，大败完颜兀术，取得郾城、顺昌大捷。后遭受秦桧、张俊等人诬陷而被杀害。宋孝宗时被平反，改葬于西湖畔栖霞岭。追谥武穆，后又追谥忠武，封鄂王。传见《宋史·岳飞列传》。

②秉钺：持斧。借指掌握兵权。

③苞苴：馈赠的礼物。苞，通"包"。牍竿：即"竿牍"。书札，相互慰问的书信。

【译文】

　　岳飞是否能够收复中原，我不敢妄加猜测；他受到士大夫们的交口称赞，流俗之人的心也被他感动，这正是我恐怕他不能胜任收复中原大任的原因所在。奉命统帅大军，意味着以性命与敌人在战场上争生死，战机稍纵即逝,形势瞬息万变,要克敌制胜,难道是仅靠谈笑慰藉、馈赠礼品、书信慰问之类的小聪明以赢得众人欢心和仰慕之人所能胜任的吗!

一九　汲黯出守外郡属李息攻排张汤

　　忠佞不并立。立人之廷者,谗不必忧,讥不可避,而必为国除蟊贼以安社稷,斯国之卫也。虽然,食其禄不避其难,居其职不委其责,去而隐,屏而在外,则亦终远小人而不与为缘尔,非取于必胜以自快也。所恶于佞者,恶其病国而己不可浼也①,非与为仇雠而必欲得位以与胜也。汲黯之恶张汤,允矣。君任之以讽议,则攻击之无余,以报君之知。既无言责,而出守外郡,则抑效忠于淮阳而臣道以尽。复固请为中郎,补过拾遗,以冀与汤争荣辱,何为者邪? 引国家之公是公非为一己之私恨,干求持权,以几必胜,气矜焉耳,以言乎自靖则未也。或曰:屈原放而不忘萧艾之怨②,非乎? 曰:屈原,楚之宗臣也,张仪、靳尚之用③,楚国危亡之界也,而黯岂其伦哉? 婞婞然属李息以攻排④,而必快其志,气矜焉耳,非君子之道也。

【注释】

①浼(měi):污染,玷污。

②屈原(前340—前278):芈姓,屈氏,名平,字原。又自云名正则,字灵均。楚国秭归(今湖北秭归)人。战国时期文学家、爱国诗人。出身楚国宗室,早年受楚怀王信任,任左徒、三闾大夫,兼管内政外交大事。因遭贵族排挤毁谤,被先后流放至汉北和沅湘

流域。秦将白起攻破楚国郢都后，屈原自沉于汨罗江，以身殉国。著有《离骚》《九歌》等。传见《史记·屈原贾生列传》。萧艾之怨：指对品质恶劣的人的怨恨。出自《楚辞·离骚》："何昔日之芳草兮，今直为此萧艾也！"萧艾，艾蒿，臭草。常用来比喻品质不好的人。

③张仪（？—前310）：魏国安邑（今山西万荣）人。战国时期著名纵横家、外交家。首创连横的外交策略，被秦惠王任为相，出使游说各诸侯国，使各国纷纷由合纵抗秦转变为连横亲秦。传见《史记·张仪列传》。靳尚（？—前311）：楚国郢（今湖北江陵）人。战国时期楚国大臣。秦惠文王派张仪诱使楚怀王绝齐，怀王发觉受骗，欲杀张仪。靳尚接受张仪厚赂，通过怀王宠姬郑袖进言，张仪得以被释放。他自请监视张仪，随同去秦，途中被魏人张旄杀死。其事见于《史记·楚世家》等。

④婞婞（xìng）：倔强的样子，引申为愤恨不平的样子。李息：北地郁郅（今甘肃庆城）人。西汉将领。汉武帝在位时期，曾多次担任将军，率军征讨匈奴，镇守边邑，因军功封关内侯。晚年任大行令，汲黯曾游说他共同扳倒张汤。其事见于《史记·卫将军骠骑列传》等。

【译文】

忠臣与奸佞之臣势不两立。在君主的朝廷上做臣子的人，不必忧虑别人说坏话，不可能躲避别人的讥讽议论，却一定要为国家铲除奸贼以安定社稷，这才是国家的忠实卫士。虽然如此，吃国家的俸禄而不逃避灾祸，居于职位而不推诿相应责任，被罢去后归隐林泉，被贬斥后安心在外，也终究是远离小人而不与他们沾边的表现，而不是一定要击败他们以使自己的心感到快慰。人们憎恶奸佞之臣，是憎恶他们危害国家而自己不能容忍被玷污，并非是要与他们结下深仇大恨，而且务必要争得职位以便与他们争胜负。汲黯憎恶张汤，是正当的。皇帝委任他负责劝谏讽议,则不遗余力地攻击奸佞,以报答皇帝的知遇之恩。等到没有了进谏弹劾之责,出任外郡郡守后,则在淮阳效忠皇帝以尽臣子之责。可是汲黯又坚决请求担任中郎,补过拾遗,以期望与张汤争荣辱,这是为了什么呢?他把国家的公是公非引为一己之私恨,极力设法掌握权力,以求必胜,这只是自矜傲气罢了,说是各自谋求实行其志向则未必恰当。有人说:屈原被流放而不忘君主重用小人的怨恨,不对吗?回答是:屈原是楚国的宗室贵胄,张仪、靳尚得到楚王重用,是在楚国的生死存亡之际,汲黯难道能与屈原相提并论吗?他出任外郡郡守,临行前还忿恨不平地嘱托李息来攻击排挤张汤,而一定要达到自己的目的,这是自矜气势,而不是君子之道。

二〇　张汤用诈而死于诈

张汤治囚"导官",见鲁谒居之弟,阴为之而佯不省,奸人诡秘之术也。而谒居弟以之而怨汤,汤以之而死[1]。诈者卒死于诈,鬼神不可欺,而人不可术御也。祸生非所能测矣,奸人挟此术以雠奸,而终以自覆也,固然。曾君子而为之乎?

【注释】

[1]"张汤治囚"几句:廷尉张汤与御史中丞李文不和,双方互相攻讦。张汤心腹属吏名鲁谒居指使人诬告李文图谋不轨,张汤趁机利用职权将李文处以死罪。后来鲁谒居患病,张汤亲自去探望,并为鲁谒居按摩双足。与张汤不和的赵王探知此事,告发二人图谋不轨。此事下到廷尉审理,鲁谒居因病而死,事情牵连到他的弟弟,被拘押在导官那里。张汤也到导官的官衙审理其他囚犯,见到了鲁谒居的弟弟,欲暗中帮助他,表面却装作不认识。

　　鲁谒居的弟弟不知道他的用意，因此怨恨张汤，指使人上书告发张汤与鲁谒居合谋陷害李文之事，这件事成为张汤被仇家攻击的把柄，最终导致其自杀。事见《史记·酷吏列传》。导官，少府属官。这里指导官的官署衙门。

【译文】

　　张汤到导官的官衙审理囚犯，见到了鲁谒居的弟弟，想要暗中帮助他表面却装作不认识，这是奸邪之人的诡秘之术。可是鲁谒居的弟弟不知道他的用意，因此怨恨张汤，张汤最终因为他的告发而死。奸诈之人最终死于诡诈，这足以说明鬼神不可被欺骗而人不可用术来驾驭。灾祸的发生不是人所能够预测的，奸邪之人拿这种术来兜售自己的奸诈，而最终因此自取灭亡，这是理所当然的。君子难道有这样做的吗？

　　周𫖮弗择而以施之王导①，遂与汤同受其祸，愚矣哉！王敦之罪②，不加于导，身为大臣，何嫌何疑，不引以自任，而用奸人之诈乎！阳与阴取，欲翕固张，𫖮沉溺于老氏之教，而不知其蹈张汤之回遹③。为此术者，小以灭身，大以偾国，是以君子恶夫术之似智而贼智也。节之初六曰："不出户庭，无咎④。"密也。密者，慎之谓也，非隐其实、顾反用之、以示不测之谓也。秘而诡，虽无邪而犯神人之忌，可不戒哉！

【注释】

①周𫖮(yǐ，269—322)：字伯仁，汝南安成(今河南汝南)人。两晋之际名士。王敦之乱时，有人建议诛杀身为王敦堂弟的丞相王导全家，王导向周𫖮求救，周𫖮表面不理睬但私下向晋元帝求情，使王导一家得以保全，事后也不曾告知王导。后来王敦攻入建康，向王导征求处理周𫖮的意见，王导因认为之前周𫖮不帮自己

而保持沉默,周颛最终被王敦杀害。事见《晋书·周颛列传》。王
导(276—339):字茂弘,小字赤龙、阿龙。琅邪临沂(今山东临
沂)人。东晋时期政治家,历仕晋元帝、明帝和成帝三朝,是东晋
政权的奠基人之一。传见《晋书·王导列传》。

②王敦(266—324):字处仲,小字阿黑,琅邪临沂(今山东临沂)人。
东晋权臣,琅邪王氏代表人物。王敦在西晋官至扬州刺史,永嘉
之乱后消灭江州刺史华轶、镇压荆湘流民起义,与堂弟王导一同
辅佐晋元帝司马睿建立东晋,担任大将军、江州牧,封汉安侯。
他掌控长江中上游的军队,统辖州郡,自收贡赋,对东晋政权造
成极大威胁。晋元帝司马睿重用刘隗、刁协与之抗衡,并以北讨
后赵为名将刘隗、戴渊外放,以防御王敦。永昌元年(322),王敦
以诛杀刘隗为名,在武昌起兵,攻入建康,诛除异己,被拜为丞
相、江州牧,进爵武昌郡公。他还屯兵武昌,后又移镇姑孰,自领
扬州牧。太宁二年(324),王敦再次起兵进攻建康,不久病逝于
军中。传见《晋书·王敦列传》。

③回遹(yù):奸邪,险僻。

④不出户庭,无咎:语出《周易·节卦》爻辞:"初九,不出户庭,无
咎。"意思是不出庭院,没有危害。喻指行事机密、谨慎,可以避
免祸患。

【译文】

周颛不加选择而以与张汤同样的方式对待王导,结果和张汤一
样深受其害,真是太愚蠢了!王敦反叛的罪责,不会加在堂弟王导身
上,周颛身为大臣,有什么嫌疑,不把保护王导作为堂堂正正的责任,却
要用奸人的诡诈,暗中为王导求情呢?周颛沉溺于老子"阳与阴取,欲翕
固张"的教诲,却不知道自己重蹈了张汤的覆辙。使用此术,小到因此
身亡,大到因此败坏了国家,所以君子都厌恶看似是智慧其实却是戕害
智慧的"术"。《周易·节卦》的第一条阴爻说:"不出于户庭,没有危

害。"这是因为保密才没有祸患。保密，就是指谨慎，而不是隐瞒事实、反其道而行之，以示不测。行事隐秘而诡谲，即使心中没有鬼也犯了神人的忌讳，怎能不引以为戒呢？

二一　武帝诛荐栾大之丁义

乐成侯丁义荐栾大[①]，大诈穷而义弃市。小人不耻不仁，不畏不义，小惩而大诫，小人之福也；惩一人而天下诫，国家之福也。义之荐大，非武帝奖之弗荐也。弗与惩之，继义而荐者相踵矣。义既诛，大臣弗敢荐方士者，畏诛而自不敢尝试也。义诛，而公孙卿之宠不复如文成、五利之烜赫[②]。其后求仙之志亦息矣，无有从臾之者也。故刑赏明而金壬戢[③]。武帝淫侈无度而终不亡，赖此也夫！

【注释】

①丁义(?—前112)：西汉乐成侯，曾向汉武帝推荐方士栾大。后来栾大因方术不验、欺骗武帝被腰斩，丁义因是栾大的举荐人而获罪，被弃市，乐成侯国被废除。栾大(?—前112)：汉武帝时方士，以方术获得汉武帝宠信，被封为五利将军、乐通侯。后因方术不验、欺骗武帝而被杀。

②公孙卿：齐人，西汉武帝时方士。文成：指李少翁，汉武帝时方士，齐人，以方术获得武帝宠信，封为文成将军。后因方术作伪被武帝识破而被杀。烜(xuǎn)赫：昭著，显赫。

③金壬：小人，奸人。

【译文】

乐成侯丁义把方士栾大推荐给汉武帝，等到栾大的诈术用尽而被杀后，丁义也因此被弃市。小人不以不仁为耻辱，不害怕做不义之事，有小过失就惩戒,使其受到教训而不致犯大错,这是小人的福分;惩罚一人而令天下引以为戒,这是国家的福分。丁义举荐栾大,如果不是汉武帝的奖赏、鼓励,他是不会那么做的。假如不惩罚丁义,则继他之后举荐方士的人一定会更多。丁义被杀以后,大臣们不敢再推荐方士,就是害怕被诛杀而不敢贸然尝试。丁义被杀后,公孙卿所受到的恩宠就远不如文成将军李少翁、五利将军栾大那样显赫了。后来汉武帝的求仙之志也渐渐消退,就是因为没有那么多投其所好、阿谀奉承的人了。所以,刑赏分明而奸邪小人就会有所收敛。汉武帝骄奢淫逸、挥霍无度而最终不至于国家灭亡,大概正是有赖于此吧!

二二 兒宽以儒术赞封禅

鬼神日流行于两间①,而以恍忽无象、摇天下之耳目而疑之②。立教者不能矫谓之无,精意莫传,浅陋者遂托焉。佛、老之教虽诐也③,然其始教未尝倚乎鬼神。乃其流裔一淫于鬼神,而并悖其虚无寂灭之初心。岂徒佛、老然哉!君子之道,流而诬者亦有之。魏、晋以下,佛、老盛,而鬼神之说托佛、老以行,非佛、老也,巫之依附于佛、老者也。东汉以前,佛未入中国,老未淫巫者,鬼神之说,依附于先王之礼乐诗书以惑天下。儒之驳者,屈君子之道以证之。故驳儒之妄,同于缁黄之末徒④,天下之愚不肖者,有所凭藉于道,而妖遂緣人以兴而不可息。汉之初为符瑞⑤,其后为谶纬⑥,驳儒以此诱愚不肖而使信先王之道。呜呼!陋矣。

【注释】

①两间:天地之间,指人间。

②恍忽：模糊，朦胧。

③老：指道教。诐（bì）：偏颇，邪僻。

④缁黄：指僧人和道士。僧人穿缁服，道士戴黄冠，故称。

⑤符瑞：即祥瑞，吉祥的征兆。符瑞之学是古代一种探求、解释帝王承天受命、施政有德的征验与吉兆的学说。

⑥谶（chèn）纬：谶书和纬书的合称。谶，秦汉间巫师、方士编造的预示吉凶的隐语。纬，汉代迷信附会儒家经义的一类书。

【译文】

　　鬼神每天游荡于天地之间，以朦胧模糊而又没有具体形象的方式动摇天下人的耳朵和眼睛来迷惑他们。树立教化的人不能假称没有鬼神，精微之意无法传达，于是浅陋的人就随意假托鬼神。佛教和道教虽然偏颇，但是他们起初创立宗教并没有借助鬼神。可是它们的分支流派一旦过度依赖鬼神，那么就连其虚无寂灭的初心也违背了。难道只是佛教和道教这样！君子之道，在流传过程中误入歧途的情况也是有的。魏、晋以后，佛教和道教盛行，而鬼神之说依托佛教和道教流行，这并不是佛、道两教自身固有的内容，而是巫术依附于佛、道两教。东汉以前，佛教尚未传入中国，道教尚未被巫术玷污，鬼神之说依附于先王的礼乐诗书之道而迷惑天下。驳杂不纯的儒生，扭曲君子之道来证明鬼神之说。所以，驳杂儒生的虚妄，与佛、道两教中的不肖之徒是相同的，天下所有的愚昧不肖之徒，都对"道"有所假托凭借，于是妖言由人而兴起，一发不可收拾。在汉代初期表现为祥瑞，后来是谶纬，驳杂儒生用这些来诱骗愚昧不肖之徒来信仰先王之道。唉！真是太浅陋了！

　　武帝之淫祠以求长生①，方士言之，巫言之耳。兒宽②，儒者也，其言王道也，琅琅乎大言之无惭矣；乃附会缘饰，以赞封禅之举③，与公孙卿之流相为表里，武帝利赖其说，采儒术以文其淫诞，先王之道，一同于后世缁黄之徒，而灭裂极矣。沿及于谶纬，则尤与莲教之托浮屠以鼓乱者④，均出一轨。呜呼！儒者先裂其防以启妄，佛、老之慧者，且应笑其狂惑而贱之。汉儒之毁道徇俗以陵夷圣教⑤，其罪复奚逭哉⑥！

【注释】

①淫祠：不合礼仪的、滥建的祠庙。

②兒宽（？—前103）：字仲文，千乘（今山东高青）人。曾奉诏与司马迁等共同制订《太初历》，精通经学和历法，善文辞。传见《汉书·兒宽传》。

③封禅：指中国古代帝王在太平盛世或天降祥瑞之时祭祀天地的大型典礼。"封"为祭天，"禅"为祭地。古代封禅多在泰山举行。

④莲教：指白莲教，唐、宋以来流传于民间的一种秘密宗教结社。浮屠：佛教语，指佛陀。

⑤陵夷：毁坏，使衰微。

⑥逭（huàn）：逃避，免除。

【译文】

汉武帝过度地祭祀以祈求长生不老，这是方士、巫师向他进言鼓动的结果。兒宽，是个儒生，他谈论王道时，口若悬河，大言不惭；可他竟牵强附会，以赞颂封禅之举，与公孙卿之流互为表里，密切配合，汉武帝依靠他的学说，采用儒术来文饰自己的荒淫怪诞，先王之道竟然完全等同于后世的佛教、道教，其被违背和破坏达到了极点。后来发展为谶纬，与白莲教假托佛教以鼓动叛乱如出一辙。唉！儒家先损裂自己的防线来开启虚妄，佛教和道教中的智者，尚且应当笑话他们的狂妄迷惑而鄙视他们。汉代儒生毁灭正道、曲从流俗而破坏了圣人之教，其罪过怎么能逃得脱呢！

盖鬼神者,君子不能谓其无,而不可与天下明其有。有于无之中,而非无有于无之中,而又奚能指有以为有哉!不能谓其无,"六经"有微辞焉,郊庙有精意焉①,故妄者可托也。天下之喻微辞、察精意以知幽明之故者,鲜矣。无已,则宁听佛、老之徒徇愚不肖而诱之,俾淫妄者一以佛、老为壑,而先王之道,犹卓然有其贞胜②。则魏、晋以下,儒者不言鬼神,迄于宋而道复大明,佛、老之淫祀张,圣道之藩篱自固,不犹愈乎!

【注释】

①郊庙:古帝王祭天地的郊宫和祭祖先的宗庙。也指古代祭祀天地和祖庙的音乐。

②贞胜:指守正执一,则可以应对万变而无不胜。

【译文】

关于鬼神,君子不能说他们不存在,却绝不能向天下人证明其存在。有存在于无之中,而非无之中什么也不存在,这又怎么能将有说成是有呢?不能说鬼神不存在,是因为"六经"之中有隐晦的言辞,祭祀天地和祖庙的音乐中有精深微妙的意旨,所以妄言的人可以假托。天下能弄懂隐晦的言辞、明察精深微妙的意旨以知晓幽明之缘故的人,太少了!不得已,则宁可听任佛教、道教迎合愚昧不肖之人来诱骗他们,使虚妄浅薄的人将佛教和道教作为沟壑,而先王之道,还可以守正执一,应对万变而无不胜。那么,魏、晋以后儒家不再谈论鬼神,到了宋代,圣人之道再次得以发扬光大,佛教和道教不合礼仪的、滥建的祠庙日益扩张,而圣人之道的藩篱固若金汤,这难道不是更好吗!

二三　瓠子宣防治河不如无治

治河之道,易知而无能行。盘庚曰①:"无总于货宝,生生自庸②。"古今之通弊尽此矣。中国之形如箕③,西极之山,箕之膺也;南北交夹,连山以趋于海,箕之两胁也;其中为污下平衍,达于淮、泗之浦④,箕之腹与舌也。近山者,土润而黏以坚;污下而平衍者,土燥而轻以脆。盖坟散沙尘自高迤下,而积以虚枵⑤。河出山而径其中,随所冲决而皆无滞,若有情焉,豫审其易归于海之地,而唯便以趋耳。当尧之时,未出山而先阻,故倚北山之麓,夺济、漯以入海⑥,其地坚也。是以垂之千余年,至周定王之世而始决⑦,因其倚山也。禹乘之而分二渠,疏九河,纾豫、徐之灾⑧。河偶顺而禹适乘之,有天幸焉,非禹可必之万世者也。南岸本弱也,日蚀日薄而必决,至决而南而不可复北,神禹生于周、汉之余,且将如之何哉!汉武之塞瓠子而可塞也⑨,其去决也未久,北河尚浚,而可强之使从也。不百年而终不可挽矣。则梁、楚、淮、泗之野⑩,固河所必趋之地,虽或强之,终必不从。至于宋,而王安石尚欲回使北流,其愚不可瘳矣。

【注释】

①盘庚:甲骨文作"般庚"。子姓,名旬,商朝君主。他在位期间迁都到殷(今河南安阳),整顿商朝的政治,发展经济,使衰落的商朝出现复兴的局面。

②无总于货宝,生生自庸:语出《尚书·盘庚》。意思是不要聚敛财富,要为民谋生以立功。

③箕(jī):簸箕,一种用藤条或去皮的柳条编成的器具,形状为三面封闭、一面开口的铲状,开口对面的封闭面最高,称为"膺";两边自膺至开口方向渐次下降,称为"两胁";膺与两胁间平坦区域称

为"腹"，开口处略有外凸，称为"舌"。多用于扬米去糠。

④淮：淮河。泗：泗水，古代淮河的一大支流，流经山东、江苏两省。

⑤虚枵（xiāo）：空虚。这里指低洼。

⑥济：济水，也称济河，古水名。发源于今河南济源，流经河南、山东入渤海。漯（tà）：漯河，古水名，在今山东。

⑦周定王：姬姓，名瑜，东周君王，前 606 至前 586 年在位。

⑧豫：豫州，古九州之一，包括今河南大部、湖北、安徽一部。徐：徐州，古九州之一，包括今山东南部、江苏北部、安徽北部。

⑨瓠（hù）子：古地名，亦称瓠子口，在今河南濮阳西南。

⑩梁：今河南开封、商丘一带。楚：以徐州为中心的江苏北部、安徽北部地区。

【译文】

治理黄河的方法，容易知晓却不容易做到。盘庚说："不要聚敛财富，要为民谋生以立功。"古今的通病全都包括在这句话里了。中国的地形像一个簸箕，最西端的高山，就是簸箕的"脣"；南北两边山脉对夹，绵延万里一直通向海边，这是簸箕的两胁；中部地区为地势低洼的平原，直通到淮河、泗水入海口，这一广阔的区域是簸箕的腹和舌。靠近山的地方，土质润泽而有黏性，干透后很坚硬；低洼平坦的地方，土质干燥而脆弱。大概松散的沙尘被风从高处吹起，随风飘扬一段距离后落下，最终都聚集在低洼的中部地区。黄河从山中出来后流经这一区域，随意冲决而毫无阻碍，好像是有意识似的，似乎它是事先知道这里容易通往大海，才选择这一路线的。在帝尧时代。黄河尚未出山就先受到阻碍，因此背后依靠着北面山麓，夺济水和漯河的河道入海，这是这一带土质坚硬的缘故。这种局面持续了一千多年，直到周定王时期才开始决口，黄河背倚大山是其较少决口的原因。大禹利用黄河背倚大山的态势将其分为两条河道，疏通九河，解除了豫州、徐州人民的灾难。黄河偶然略为驯服而大禹趁机治理它，这是因为有上天帮助，而不是大禹一定能为后来万世造福。黄河南岸本来就脆弱，经过日复一日的侵蚀河堤必定会决口，等河水从决口处冲出，势不可挡地冲向南方后，就再也不可能重新向北了，即使大禹生于周朝、汉代以后，对此又有什么办法呢？汉武帝堵塞瓠子口能够成功，是因为当时离决口还不远，北河道尚通，所以能强行堵塞，使其重新回到北方。然而还不到一百年就最终再也无法维持了。可见，梁、楚、淮、泗一带，本来就是黄河必定要流向的地方，即使能够勉强使它改道，最终也无法维持多久。直到北宋时期，王安石还想使黄河重新向北流，他的愚蠢实在是不可救药了。

　　徐、豫、兖南之境①，是天所使受河之归者也。河之赴海也，必有所夺以行，而后安流而不溢。所夺者必大川也，漯也、济也、漳也②，皆北方之大川也。自河阴而东③，南迤于徐，北迤于汶④，水皆散而无大川以专受其夺，则唯意横流而地皆可夺矣。顾其地沙卤硗脆，不宜于稻粱，抑无金锡、楩楠、竹箭、桑麻之利⑤，而其人嗜利怀奸，狡者日富而拙者日瘠，盖中国之陋壤也。然则河既南而不可复北，而南山之麓，顺汝、蔡以东⑥，带灅、霍而迤于江浦⑦，抑河所必不能龁蚀之者⑧，后世弗庸治也。弃数邑之污壤，并州县而迁之，减居者之赋，制迁者之产，于国家所损者无几，而治河之劳永弛矣。然而不可行者，在廷惜田赋之虚籍，惮建置之暂费，而土著之豪，肩货贿、恋田庐以疾呼而相挠也。

【注释】

①兖：兖州，古九州之一。包括今山东北部、河南东北部地区。

②漳：指漳河，古代黄河中下游最大的一条支流，发源于山西，流经河南北部、河北南部。

③河阴:今河南孟津。

④汶:指古汶水流域。古汶水即今大汶河。古代一般以"汶上"(汶
　水之北)指代古齐国地区。

⑤梗楠:指黄梗木与楠木,皆为优质大木。

⑥汝:指古汝水,现分南北两支,流经河南洛阳、郑州、驻马店、信阳
　等地。蔡:指古蔡河,流经河南开封、商丘等地。

⑦灊(qián):指灊山,今安徽潜山。霍:指霍山,在今安徽。江浦:
　江滨。

⑧齕(hé)蚀:侵蚀。

【译文】

徐州、豫州、兖州以南的地区,是上天所安排的黄河入海的必经通
道。黄河向东流入大海,必定要夺取一定的通道以前行,然后才能够安
流而不外溢。它所夺的通道一定是大河,漯河、济水、漳河,都是北方的
大河。从河阴向东,南到徐州,北到汶水流域,水都散流而没有大河来
专门供黄河夺道,于是黄河水只能随意横流而任何地方都可能被夺道
了。这一地区沙卤遍地,土地贫瘠,不适宜种植粮食作物,也没有金锡、
木材、竹箭、桑麻之类的特产,当地的居民嗜好图利而心怀狡诈,狡猾的
人日益富裕而老实的人日益贫穷,这一带大概算是中国的贫困地区了。
既然黄河南流以后再也无法回归北方,则南山之麓,顺着汝河、蔡河向
东,以灊山、霍山为带,直到江滨,就成为黄河绝对冲刷不到的地方了,
后世无须治理。丢弃几片贫瘠的土地,合并州县而将居民迁移走,减免
留居居民的赋税,为迁徙居民安排产业,对国家来说,损失寥寥无几,可
治理黄河的烦劳就永远解除了。然而这一办法之所以无法实施,是因
为朝廷舍不得减少一些田赋收入,害怕建设新州、县治所的暂时花费,
而当地土著中的豪强,舍不得自己的田产、财富,肩扛贿赂四处打点,大
声疾呼,以阻挠迁徙计划的实施。

　　孟诸①，薮也；濠、泗之野，牧豕之地也。为万世之利，任其为河可也。故苟无贪水利之心，河可无治；如其大有为也，因河之所冲，相其污下，多为渠以分酾之②，而尽毁其堤，神禹再兴，无以易此。抑必待泛滥之时，河自于徐、泗旷衍之浦，荡涤而有大川之势，于以施功，尤自然之获矣。如其未也，姑捐利以释河勿治，而徐俟之后世，其犹愈乎！瓠子宣防③，数十年之涂饰，为戏而已矣。

【注释】

①孟诸：古大泽名，位于宋国，在今河南商丘东北、虞城西北。

②酾（shī）：疏导，分流。

③瓠子宣防：据《史记》记载，汉武帝时黄河瓠子决口，洪水向东南冲入巨野泽，泛入泗水、淮水，淹及十六郡，灾情严重。汉武帝派汲黯、郑当时率十万人去堵塞，没有成功。直到二十三年后，汉武帝亲临黄河决口处指挥堵口，朝廷上下官员自将军以下皆参加，以竹为桩，充填草、石和土，层层夯筑而上，最后终于成功。汉武帝作《瓠子歌》，并在堵口处修筑"宣防宫"以纪念此事。

【译文】

　　孟诸是一片沼泽，濠、泗地区的原野是放牧猪羊的地方。为了后世万代的长远利益，把这块地区抛弃，听任黄河通过，是完全可以的。所以，如果没有贪图水利的心思，则黄河可以不治；如果想要大有作为，则顺着黄河所冲的方向，选择地势较为低洼的地区，多开挖渠道以分水势，并且完全拆除这一带的河堤，即使大禹再生，也不会有比这更好的办法了。也可以等到黄河泛滥的时候，让黄河在徐、泗地区空旷平坦的两岸尽情奔腾，使这一带逐渐形成大河之势，趁此时动工治理，就可以借助自然之力获得成功了。如果这一办法行不通，则姑且捐弃眼前利益而丢下黄河不予治理,而慢慢地等待后世来治理,这不是更好吗!汉武帝时的瓠子宣防,经过几十年的涂饰,只不过是儿戏罢了。

二四　杜周留狱连逮之害

《旅》之《象》曰:"先王以明慎用刑而不留狱[①]。"《离》,明也;《艮》,止也;明而慎,可以止矣,而必求明于无已,则留狱经岁,动天下而其害烈矣。汉武帝任杜周为廷尉[②],一章之狱,连逮证佐数百人,小者数十人。远者数千里。奔走会狱,所逮问者几千余万人。呜呼!民之憔悴,亦至此哉!缘其始,固欲求明慎也。非同恶者,不能尽首恶之凶;非见知者,不能折彼此之辩;非被枉者,不能白实受之冤。三者具,而可以明慎自旌矣。居明慎之功,谢虚加之责,而天下络绎于徽缧[③],明慎不知止而留狱,酷矣哉!

【注释】

①先王以明慎用刑而不留狱:语出《周易·旅卦》之《象辞》:"山上有火,旅;君子以明慎用刑,而不留狱。"大意是:《旅卦》的卦象是《艮》(山)下《离》(火)上,为火势匆匆蔓延之表象,象征行旅之人匆匆赶路;君子因此明决、谨慎地使用刑罚,不稽留狱讼之事。

②杜周(? —前95):字长孺,南阳杜衍(今河南南阳)人,西汉著名酷吏。曾任南阳太守、廷尉、御史大夫等。他执法严峻,善于逢迎上意,因而得到武帝的赏识。传见《史记·酷吏列传》。

③徽缧(mò):绳索。古时常特指拘系罪人的绳索。

【译文】

《旅卦》的《象辞》说:"先王明决、谨慎地使用刑罚,不稽留狱讼之事。"《旅卦》卦象中《离》表示明,《艮》表示止;明决而谨慎,可以就此止步了；如果一定要求明察而没有限度，那么案件滞留数年，震动了天下，其危害就太严重了。汉武帝任命杜周为廷尉，一起案件因牵连而逮捕或作为证人的有数百人，小的案件也有数十人。办案奔跑的路程，远的有数千里。官吏往来奔走，联合办案，被逮捕、审问的人成千上万。唉！百姓的愁苦，竟然到了如此地步！他的本意，固然是求得明察、审慎。不是同犯的人，不能说尽首恶者的罪行；不是亲眼看见证据的人，不能驳倒当事人的狡辩；不是冤枉的人，不能说清自己所受的冤屈。这三方面的人证、物证都具备，就可以以明察、审慎自居了。为居明察、审慎之功，谢绝虚加的罪责，而天下人络绎不绝地被囚禁；追求明察、谨慎却不知适可而止，以至于稽留案件，实在是太残酷了！

　　且夫证佐不具，而有失出失入之弊，不能保也。虽然，其失出也，则罪疑而可轻者也；即其失入也，亦必非矜慎自好者之无纤过而陷大刑者也。若夫赇吏豪民之殃民也，民既受其殃矣，朝廷苟有以暴明其罪，心已恔矣①，奚必廷指之而后快？其所朘削于弱民者②，已失而固无望其复得；安居休息，而凋残之余，尚可以苏。复驱之千里之劳，延之岁月之久，迫之追呼之扰，困之旅食之艰，甚则拘之于犴狱③，施之以五木④；是饮堇幸生而又食之以附蓟⑤，哀我惮人⑥，何不幸而遇此明慎之执法邪！故台谏之任，风闻奏劾；巡察之任，访逮豪猾；事状明而不烦证佐，其得无留之旨与！法密而天下受其荼毒⑦，明慎而不知止，不如其不明而不慎也。

【注释】

①恔（xiào）：畅快。

②朘（juān）削：剥削。

③犴(àn)狱:牢狱。

④五木:古代一种约束身体的刑具。

⑤堇(jìn):一种野菜。附菂(cè):附子和菂子。两种有毒的药草。

⑥惮人:劳苦的人。

⑦荼(tú)毒:毒害,残害。荼,一种苦菜。毒,螫人之虫。

【译文】

因为证据不全而造成刑罚过轻或过重的弊端,这是谁也不敢保证的事情。尽管如此,罪重而轻罚,是由于案件有疑问而可以从轻判决;即使是罪轻而重罚,也肯定不会是洁身自好的人没有一丁点罪过而被判处重刑。至于贪官污吏和豪强残害百姓,百姓已经饱受其害了,如果朝廷能够揭露这些人的罪过,则百姓心中已经畅快了,何必一定要到衙门里当众揭发而后才能觉得畅快呢?贪官和豪强从百姓身上剥削的东西,百姓本来就没有指望能够失而复得;只要能安居乐业,休养生息,则衰败残破之后,尚且可以逐渐复苏。可是官府又驱使他们千里奔波劳苦,旷日持久地耽搁他们,又用追赶呼喊的逼迫来搅扰他们,使他们备尝奔波寄食的艰辛,甚至把他们投入监狱,动用刑具,这就像是贫民刚吃了堇草之类的野菜得以幸存,就又强迫他们吃附子和菂子这样的毒草药。可怜这些穷苦百姓,为什么不幸又遇上了这样追求明察、审慎的执法官呢! 所以,负责进谏、弹劾的官员,可以没有什么证据而根据风闻上奏弹劾;负责巡查的官员,可以在访问基础上逮捕不法豪强。犯罪事实很明白因而不必烦扰证人,这种做法大概深得不稽留案件的宗旨吧! 法律严密而天下人受其残害,追求明察、谨慎却不知适可而止,还不如不明察、不谨慎为好。

二五　汉武捕盗过急

治奸以迫,则奸愈匿,而盗其尤者也。盗之初觉也,未有不骇而急窜者也。当其为盗之日,未有不豫谋一可匿之穴以伏者也。求之愈急，则匿益固，匿之者亦恐其连坐而固匿之。则虽秦政之威，不能获项伯于张良之家①，况一有司而任数不可诘之隶卒乎？迨其渐久，而上之求之也舒，则盗不能久处橐闭之中②，匿者亦倦而厌之，则有复归田里、翱翔都市而无忌者③，于是而获之易于圈豕。夫不才之有司，岂以盗之贼民病国为忧哉？畏以是为罪谪耳。

【注释】

①不能获项伯于张良之家：指项伯早年行侠仗义，曾犯下杀人罪。因他与张良有旧交，张良将其藏匿于家中。事见《史记·留侯世家》。

②橐（tuó）闭：封在口袋里，比喻躲藏于狭小空间。橐，口袋。

③翱（áo）翔：在空中飞行或盘旋。

【译文】

治理奸人越急迫，则其藏匿得越深，而其中盗贼是最为典型的。盗贼在刚被察觉时，没有不惊慌失措、急忙逃窜的。当开始做盗贼的时候，没有人不预先寻找一个藏身之处以便潜伏的。官府搜索、追捕得越急，则盗贼藏匿得越隐蔽，藏匿他的人也因为害怕因连坐被惩处而更加卖力地藏匿他。在这种情况下，即使是以秦始皇嬴政的淫威，也不能把藏匿在张良家中的项伯捕获，何况是一个普通的官吏以及其手下几个才能不一的隶卒呢？等到时间渐久，朝廷的搜索、追捕放松了，而盗贼不可能长期隐蔽于狭小空间之中，藏匿他的人也逐渐疲惫而开始厌倦，于是有的盗贼便又重新回到乡村或在都市逍遥而没有顾忌，趁此机会捕获罪犯简直易如反掌，比圈猪还省事。无能的有关官员，难道会把祸国殃民的盗贼放在心上吗？他们只是害怕因此得罪而被贬斥罢了。

武帝之发觉而捕弗满品者,二千石以下至小吏,主者皆死[1],则欲吏之弗匿盗不上闻、而以禁其窃发也,必不可得矣。秦之亡于盗也,吏匿故也。故高帝三章之法[2],唯曰"盗者抵罪",而责之不急。盗者,人之所众恶者也,使人不敢恶盗,而恶逐盗之法,盗恶得而不昌? 善治盗者,无限以时日,无宽以赦后,获之为功,而不获无罪,人将唯盗是求而无所惮,盗乃恶得而不绝? 呜呼! 上失其道而盗起,虽屡获伏法,仁者犹为之恻然。况凭一往之怒,立一切之法,以成乎不可弭之势哉! 汉武有丧邦之道焉,此其一矣。

【注释】

[1]"武帝之发觉"几句:指汉武帝颁布的"沉命法":"群盗起不发觉,发觉而捕弗满品者,二千石以下至小吏主者皆死。"事见《史记·酷吏列传》。二千石,汉代郡守级别官吏的通称,因郡守俸禄为两千石,即月俸百二十斛,因有此称。

[2]三章之法:指前206年刘邦率农民起义占领秦都咸阳后,向关中父老宣布临时律令,规定"杀人者死,伤人及盗抵罪"。史称"约法三章"。事见《史记·高祖本纪》。

【译文】

汉武帝下诏令说,如果辖地有盗贼,官府发觉却未能捕获足够数量的,从二千石郡守以下至小吏,主管者一律处以死刑。这是想要使官吏不敢隐瞒盗贼情况而不向朝廷报告,从而禁绝盗贼偷偷兴起,但这必定是不可能实现的。秦朝亡于造反盗贼之手,是由于官吏隐匿盗贼情况的缘故。所以汉高祖在关中约法三章时,只是说"偷盗者要抵罪",而没有急切地责成官吏完成。盗贼,是人们都普遍憎恶的,如果让人们不憎恶盗贼,却憎恶惩治盗贼的法律,盗贼怎么会不猖獗呢? 善于治理盗贼的人，不会限定时间，不宽大赦免以观后效，捕获了盗贼算有功，不能捕获也无罪，这样人人都能全力追捕盗贼而无所顾忌，盗贼怎么能不很快绝迹呢？唉！君王失道而盗贼蜂起，虽然盗贼不断被捕获而伏法，可是仁者心中仍为此感到悲伤哀怜。何况是仅凭一时的怒气，制定一刀切的法律，最终造成不可消弭的态势呢！汉武帝有亡国之道，这是其中之一。

二六　史氏阴德之说坏人心风俗

善者非以赏故善也，王者以赏劝善，志士蒙其赏而犹耻之。小人则怀赏以饰善，而伪滋生，而赏滋滥。乃流俗复有阴德之说，谓可劝天下以善，而挟善以求福于鬼神，俗之偷也，不可救药矣。

【译文】

善人并不是为奖赏才行善的，君王用奖赏来鼓励人们行善，有志气和节操的士人蒙受其奖赏而心中尚且觉得耻辱。小人则为了得到奖赏而假装行善，于是伪善滋生，而奖赏也越来越泛滥。可是世俗之人又有阴德的说法，说是可以劝勉天下人行善，而凭借善行可以向鬼神祈福。这是苟且的习俗，已经不可救药了。

阴德之说，后世浮屠窃之，以诱天下之愚不肖，冀止其恶。然充其说，至于活一昆虫、施一箪豆，而豫望无穷之利；迨其死，无可徼之幸，而又期之他生。驱愚民，胁君子，而道遂丧于人心。东汉以上，浮屠未入中国，而先为此说者，史氏也[①]，则王贺阴德之说是也[②]。

【注释】

①史氏:史家,史官。

②王贺:字翁孺,东平陵(今山东济南章丘)人。西汉孝元皇后王政
君的祖父,王莽的曾祖。汉武帝时曾任绣衣御史。其事见于《汉
书·元后传》。

【译文】

阴德的说法,被后世的佛教徒偷来利用,以诱导天下的愚昧不肖之
人,希望借此使他们停止作恶。然而这种阴德的说法被放大,以至于救
活一只昆虫、施舍一点食物,就能期望得到无穷的好处;等到后来他们
临近死亡、无可侥幸的时候,又期望在来生得到回报。这种说法驱动了
愚昧的百姓,胁迫了君子,而圣人之道就在人们心中丧失了地位。东汉
以前,佛教尚未传入中国,而首先提出这种说法的是史家,这就是王贺
的阴德之说。

贺逐盗而多所纵舍。法之平也不可枉,人臣之职
也;人之无罪也不可杀,并生之情也。而贺曰:"所活者万人,后世
其兴乎?"市沾沾之恩,而怀私利之心,王莽之诈,贺倡之矣。
故王氏之族终以灭,而为万世乱贼之渠魁①,以受《春秋》之
铁钺②。史氏以阴德称之,小人怀惠,坏人心,败风俗,流为
浮屠之淫辞,遂以终古而不息。近世有吴江袁黄者③,以此
惑天下,而愚者惑焉。夫亦知王贺之挟善徼天而终赤其
族乎?

【注释】

①渠魁:头领,大头目。渠,大。魁,首领。

②铁(fū)钺:斫刀和大斧,用于腰斩、砍头的刑具。

③吴江：今江苏苏州吴江。袁黄（1533—1606）：初名表，后改名黄，
　字庆远，又字坤仪、仪甫，初号学海，后改了凡，后人常以其号"了
　凡"称之。嘉善（今浙江嘉兴）人。明代思想家。曾任兵部职方
　主事，参与抗倭援朝战争。著有《了凡四训》，强调从治心入手的
　自我修养，提倡记功过格，在社会上流行一时。

【译文】

　　王贺负责追捕盗贼而纵放、饶恕了很多罪犯。执法公正而不徇私枉
法，这是官吏的职责；无罪的人不可以杀，这是怜悯同类之情。可是王贺
说："我所救活的人有上万，我的后代大概可以兴盛了吧？"他沾沾自得地
以恩惠换取好处而怀着谋取私利的心思，王莽的奸诈，就是王贺所倡导
的。所以王氏家族最终被诛灭，他本人也被当作后世万代盗贼头领，以
接受《春秋》的审判制裁。史家以阴德来称赞他。小人只关心恩惠，腐坏
人心，败坏风俗，又流为佛教的淫辞，于是其影响长久无法消除。近代吴
江有个叫袁黄的人，用阴德的说法来迷惑天下，而愚昧的人都被迷惑了。
袁黄知道王贺凭善行向上天祈求赐福而最终九族都被诛灭了吗？

二七　汉谪七科犹有重农正俗之意

　　汉发七科谪充战士征胡①，法已苛矣，乃犹有正俗重农
之意焉。吏有罪，一也；使为吏者惜官箴而重自爱也②。亡
命，二也；使民有罪自伏而不逃亡以诡避也。赘婿，三也；使
民不舍其父母而从妻以逆阴阳之纪也。贾人，四也；故有市
籍，五也；父母有市籍，六也；大父母有市籍，七也。农人力
而耕之，贾人诡而获之，以役农人而骄士大夫，坏风俗，伤贫
弱，莫此甚焉。重其役者，犹周制贾出车牛乘马之赋以抑末
而崇本也。汉去古未远，政虽苛暴，不忘贱货利、重天伦、敦
本业之道焉。至于唐，承五胡十六国之夷习，始驱农民以为

兵。读杜甫《石壕吏》之诗③，为之陨涕。汉即不可法，成周
之遗制，甲兵之资取之于商贾，万世可行之法乎！

【注释】

①七科谪：指秦汉时征发到边疆去服兵役的七种人，包括：吏有罪
（犯了罪的官吏），亡命（犯罪逃亡的人），赘婿（入赘的女婿），贾
人（在籍商人），故有市籍（曾做过商人的人），父母有市籍（父母
做过商人的人），大父母有籍（祖父母做过商人的人）。

②官箴（zhēn）：做官的戒规。

③杜甫（712—770）：字子美，自号少陵野老，后世称其杜拾遗、杜工
部，也称他杜少陵、杜草堂。河南巩县（今河南巩义）人。唐代伟
大的现实主义诗人，与李白合称"李杜"。其在中国古典诗歌中
的影响非常深远，被后人称为"诗圣"，他的诗被称为"诗史"。传
见新、旧《唐书·杜甫列传》。《石壕吏》：指杜甫的著名诗作《石
壕吏》，内容主要是反映安史之乱时唐军强征百姓从军的情况。

【译文】

汉代征发"七科谪"充当战士以征讨匈奴，其法令已经够严苛了，但
是仍有匡正风俗、重视农业的意旨。犯了罪的官吏，是七科谪中的第一
种；征发他们是为了让做官的人牢记为官的戒规而重视爱护自己的名
誉。犯罪逃亡的人是第二种，征发他们是为了让百姓犯了罪以后自首
伏法而不逃亡于外地以求逃避。入赘的女婿是第三种，征发他们是为了
让百姓不离开自己的父母而居住在妻子家里，这种行为违背了天地阴
阳的纲纪。商人是第四种，曾有过市籍的人是第五种，父母有市籍的人
是第六种，祖父母有市籍的人是第七种。农夫用力气来辛苦耕作，商人
却凭借诡诈而获利，用所获钱财役使农夫而轻视士大夫，败坏风俗，伤
害贫弱之民，没有比这更严重的了。加重商人的徭役负担，就像周朝时
规定商人负责出驾牛车、乘马的赋税一样，是为了崇本抑末。汉代离古

时候还不算远，虽然政令严苛暴虐，却没有忘记轻贱商业、重视天伦、督促本业之道。到了唐代，承袭五胡十六国的夷族风俗，开始驱赶、征发农民当兵。读杜甫的《石壕吏》，情不自禁地要为之落泪。即使汉朝不足以效法，那么周朝的遗制，军队装备物资的费用由商人来承担，难道不是万世可行的办法吗！

二八　武帝任才而诎于道

情之所发，才之所利，皆于理有当焉。而特有所止以戒其流，则才情皆以广道之用。止才情之流者，性之贞也。故先王之情深矣，其才大矣，以通天下之志、成天下之务，而一顺乎道。武帝曰："朕不变更制度，后世无法；不出师征伐，天下不安；为此者不得不劳民。若后世又如朕所为，是袭亡秦之迹也。"有是心，为是言，而岂不贤乎？戒后世以为情，立大法、谨大防以为才，固通志成务者所不废也。然而终以丧德而危天下者，才利而遂无所择，情动而因滥于他也。因是而慕神仙、营宫室、侈行游，若将见为游刃有余之资，可以唯吾意而无伤；而淫侈妖巫之气，暗引之而流。无他，才无所诎而忘其诎于道，情无所定而不知定以性也。固其得于天者，偏于长而即有所短。而方其崇儒访道，董仲舒、兒宽之流，言道言性，抑皆性道之郛郭①，而昧其精核，无能儆所不逮②，而引之深思以自乐其天也。

【注释】

①郛(fú)郭：外城。这里引申为表象、皮毛。

②儆(jǐng)：告诫，警告。

【译文】

　　情感的抒发，才能的运用，按道理而言都应该有适当的度。必须有所节制以防范其泛滥横流，这样才能和情感都能得以用于正道。能够节制才情不使其横流的，只有坚贞的性格。所以先王的情感深沉，才能强大，用以会通统一天下民众的志向、成就天下的各种事务，并能完全与道相合。汉武帝说："朕不变更制度，后世就没有可以效法的准则；不出师征伐，天下就不能安宁，因为要征伐就不得不使百姓劳苦。如果后世也像朕一样，则是重蹈秦朝灭亡的覆辙。"汉武帝能有这样的心思，说出这样的话，难道不算是一个贤明的君主吗？以告诫后世为情，以立下根本法则、树立严格的原则界限为才，这本来就是会通统一天下民众的志向、成就天下各种事务的人所不废弃的。然而他最终因为失德而危及天下，是由于才能得以施展后便无所选择，情感萌动以后便顺势泛滥到了其他事物上去。因此他羡慕神仙长生不老，营造宫室，大肆巡游，似乎现在还有游刃有余的资本，可以随心所欲地使用而毫无妨碍；但是奢侈浪费、装神弄鬼之气，暗中将汉武帝的才能和情感都引向横流。这并没有其他的原因，只是才能没有地方屈服而忘记使其屈服于正道，情感无处安定而忘记使其安定于本性罢了。所以从上天得到的东西，如果只偏爱其长处则必定会有其短处暴露。当汉武帝热衷于崇尚儒学、访求道术的时候，董仲舒、兒宽之流，大谈性与道，可是他们所谈论的都是性与道的皮毛，对其精髓、核心却不明白，因此不能够用他们所理解不到的真谛来警醒、告诫汉武帝，引导汉武帝深刻反思而乐于顺从自己的天命。

　　虽然，武帝之能及此也，故昭帝、霍光承之①，可以布宽大之政，而无改道之嫌。宋神宗唯不知此②，而司马君实被三年改政之讥③，为小人假绍述以行私之口实④。则武帝之为此言也，其贤矣乎！

【注释】

①昭帝：指汉昭帝刘弗陵，前86至前74年在位。霍光（？—前68）：字子孟。河东平阳（今山西临汾）人。西汉权臣、政治家。历经汉武帝、汉昭帝、汉宣帝三朝，官至大司马大将军。期间曾主持废立昌邑王。汉宣帝地节二年（前68），霍光去世，谥宣成。两年后，霍家因谋反被族诛。传见《汉书·霍光传》。

②宋神宗：赵顼（xū），北宋皇帝。初名赵仲针，宋英宗赵曙长子，生母宣仁圣烈高皇后，即位不久，即任用王安石推行变法，史称"熙宁变法"。元丰年间，亲自主持改制，在保持新法既得成果的基础上，使改革有所推进。元丰八年（1085）在福宁殿去世，其子赵煦嗣位。传见《宋史·神宗本纪》。

③司马君实：即司马光。字君实。三年改政：出自《论语·学而》："父在，观其志；父没，观其行；三年无改于父之道，可谓孝矣。"后世常以孔子此语劝谏皇帝不要随意更改先王之道。

④绍述：承继前人所为，这里特指宋哲宗时对神宗所实行的新法的继承。宋神宗在熙宁、元丰年间推行新法。神宗死后，哲宗继位，因其年幼，太皇太后高氏主政，尽废新法。八年后太皇太后死，哲宗亲政，次年改元绍圣，任章惇执政，以绍述熙宁、元丰新政为名，尽复高太后临朝时所废新法。

【译文】

尽管如此，由于汉武帝能够认识到并预先安排，因而汉昭帝、霍光继承其事业后，可以施行宽大的政令却没有改先人之道的嫌疑。宋神宗唯独不懂得这一点，因而使司马光蒙受了"三年改政"的讥讽，也成为小人假借继承前人遗志而大行其私的口实。则汉武帝能说出这样的话，真是贤明啊！

二九　刘屈氂攻戾太子为昌邑王地

刘屈氂之攻戾太子也^①，非果感于周公诛管、蔡之言而行辟也。武帝曰："丞相无周公之风矣。"其词缓，未有督责屈氂之意，则陈大义以责太子而徐为解散也，岂繄无术②？而必出于死战，此其心欲为昌邑王地耳③。太子诛，而王以次受天下，路人知之矣。其要结李广利，徇姻亚而树庶孽④，屈氂之愿，非一日之积矣。然而屈氂旋诛，奸人戕天性以徼非望，未有能幸免者矣。顾孰使险如屈氂而为相也，则武帝狎宠姬、任广利而为之左右也⑤。用人假耳目于私昵，而不保其子，悲夫！

【注释】

①刘屈氂(máo,？—前90)：西汉宗室，汉景帝刘启之孙，汉武帝刘彻之侄，中山靖王刘胜之子。官至左丞相，封澎侯。征和二年(前91)秋，江充进谗言陷害太子刘据，刘据起兵讨伐江充，并攻进丞相府，刘屈氂仓皇逃走后派长史向汉武帝报告，武帝下诏命刘屈氂平叛，结果大批官员被杀，死者多达数万人。次年刘屈氂暗中勾结贰师将军李广利准备立昌邑王刘髆(bó)为太子，其夫人却被人密告有诅咒汉武帝的行为，武帝下诏彻查，刘屈氂和李广利的阴谋败露，刘屈氂被判腰斩。传见《汉书·刘屈氂传》。戾太子：即刘据(前128—前91)，汉武帝刘彻嫡长子，母为卫皇后。元狩元年(前122)夏立为皇太子。刘据成年后，汉武帝每每巡游天下，便以国事交付太子刘据。征和二年，刘据在巫蛊之祸中被江充、韩说等人诬陷，因不能自明而起兵反抗诛杀江充等人。汉武帝以为刘据谋反，遂发兵镇压。刘据兵败逃亡，最终因拒绝被捕受辱而自杀。汉宣帝刘询继位后，为祖父刘据追加谥号曰"戾"。传见《汉书·武五子传》。

②繄(yī)：文言助词，惟。

③昌邑王:指刘髆(? —前88),汉武帝第五子,母为李夫人。天汉
　四年(前97)六月受封昌邑王。

④庶孽(niè):妃妾所生之子。孽,旧指庶子或旁支。

⑤广利:即李广利(? —前89),中山(今河北定州)人,西汉中期将
　领,外戚,汉武帝宠姬李夫人和宠臣李延年的长兄,昌邑哀王刘
　髆的舅舅。李夫人得宠时,李广利以贰师将军身份征大宛,被封
　海西侯。后又数次出征大宛及匈奴等地。征和三年(前90),李
　广利出征匈奴前与丞相刘屈氂密谋推立李夫人之子刘髆为太
　子,后事发,刘屈氂被腰斩,李广利投降匈奴,其家被族灭。征和
　四年(前89)被匈奴单于杀死。传见《汉书·李广利传》。

【译文】

　　刘屈氂发兵进攻庚太子刘据,并不是真的有感于周公诛杀管叔、蔡叔的话而大义灭亲。汉武帝说:"丞相没有周公的遗风了。"其言辞语气和缓,没有督责刘屈氂的意思,如此则陈述大义而责问太子,寻找机会解散其军队,难道就没有办法做到吗? 可是刘屈氂却一定要发兵决一死战,这是因为他心中想为昌邑王刘髆留一处地方。太子被诛杀,昌邑王就可以依次序被立为太子,然后做皇帝君临天下,这是路人皆知的。刘屈氂交结李广利,曲从外戚而想要立庶子为太子,他的奸邪早已不是一天积累的了。然而刘屈氂不久就被汉武帝处死,奸人戕害天性以期望实现非分之想,没有能够幸免的。但像刘屈氂这样阴险的人能够做丞相,则是汉武帝过分亲近李夫人、任用李广利反而被他们所左右的结果。用人时以自己私下亲近的人为耳目,以至于连亲生儿子的性命也保不住,可悲啊!

三〇　迁史为李陵文过

　　司马迁挟私以成史,班固讥其不忠,亦允矣。李陵之降也①,罪较著而不可掩。如谓其孤军支虏而无援,则以步卒

五千出塞,陵自炫其勇,而非武帝命之不获辞也。陵之族
也,则嫁其祸于李绪^②;迨其后李广利征匈奴,陵将三万余骑
追汉军,转战九日,亦将委罪于绪乎？如曰陵受单于之制,
不得不追奔转战者,匈奴岂伊无可信之人？令陵有两袒之
心^③,单于亦何能信陵而委以重兵,使深入而与汉将相持乎！
迁之为陵文过若不及,而抑称道李广于不绝,以奖其世业。
迁之书,为背公死党之言,而恶足信哉？

【注释】

①李陵(前134—前74):字少卿,陇西成纪(今甘肃秦安)人。西汉
　　名将李广长孙。善骑射,爱士卒,颇得美名。天汉二年(前99)奉
　　汉武帝之命出征匈奴,率五千步兵与三万匈奴军战于浚稽山,最
　　后因寡不敌众而兵败投降匈奴。汉武帝听信他为匈奴练兵的消
　　息诛灭其三族,李陵遂终老于匈奴。传见《汉书·李陵传》。

②李绪:原为汉军塞外都尉,后来投降匈奴,为匈奴出了很多力。
　　后因他为匈奴训练士兵,李广利等人借此事栽赃李陵,使李陵全
　　家被杀,李陵得知后,伺机刺杀了李绪。其事见于《汉书·李
　　陵传》。

③两袒之心:指有两面讨好的心思。两袒,露出左右手臂,谓女子
　　兼适两夫家。比喻人贪得无厌。典出汉应劭《风俗通义》。

【译文】

　　司马迁裹挟私情而编成《史记》,班固讽刺他不忠,也是允当的。李
陵投降匈奴,他的罪行相当显著而无法掩饰。如果说他孤军奋战没有
后援,可是率领五千步兵出塞作战,是李陵自己炫耀勇力,而不是因为
汉武帝下命令而他无法推辞。李陵家被族灭,则嫁祸给李绪;等到后来
李广利征讨匈奴,李陵率领三万多骑兵追击汉军,转战九天,这也要嫁

祸给李绪吗？如果说李陵是受到匈奴单于的控制，不得不奉命追击汉军、四处转战，难道匈奴就没有其他可信之人了吗？假如李陵有两面讨好的心思，那么单于又怎么能信任李陵而委以重兵，让他深入腹地与汉军将领相持呢！司马迁不遗余力地为李陵文过饰非，又喋喋不休地称道其祖父李广，以表彰其家族的世代勋业。他的书，都是背弃公义、拼命袒护朋党的言论，哪里值得相信呢？

　　为将而降，降而为之效死以战，虽欲浣涤其污，而已缁之素①，不可复白，大节丧，则余无可浣也。关羽之复归于昭烈，幸也。假令白马之战②，不敌颜良而死③，则终为反面事雠之匹夫，而又奚辞焉？李陵曰"思一得当以报汉"，愧苏武而为之辞也④。其背逆也，固非迁之所得而文焉者也。

【注释】

①缁：帛黑色。这里指染黑。

②白马之战：发生在东汉献帝建安五年（200），官渡之战初期。袁绍派大将颜良进攻白马（今河南滑县），曹操采纳荀攸之计，引兵先到延津，佯装渡河去袭击袁绍后方，准备乘袁绍分兵应战之机，再以轻装部队回袭白马。袁绍不知是计，派出部分军队往延津应战，曹操立刻派关羽突袭白马，以迅雷不及掩耳之势，斩杀颜良于万马军中。事见《三国志·蜀书·关羽传》等。

③颜良（？—200）：东汉末年河北袁绍部将，以勇而闻名。

④苏武（前140—前60）：字子卿，杜陵（今陕西西安）人。天汉元年（前100）奉命以中郎将持节出使匈奴，被扣留。匈奴贵族多次威胁利诱，欲使其投降。后将他迁到北海（今贝加尔湖）边牧羊。苏武历尽艰辛，留居匈奴十九年而持节不屈。到始元六年（前

81),才获释回到汉朝。传见《汉书·苏武传》。

【译文】

身为将领却向敌军投降,投降以后又为新主效死作战,即使想要洗涤自己身上的污点,可已经染黑的白布,不可能重新变白;大节已经沦丧,则其余的都没法洗干净了。关羽能够重新回到刘备帐下,实属侥幸。假如他在白马之战中不敌颜良而死,那么他就将被永远视为背弃主公、效命于仇敌的匹夫,而又哪里能够摆脱掉这一名声呢?李陵说"我是想找一个适当的机会报答汉朝",只不过是见到苏武义举感到惭愧而说出的漂亮话罢了。他的背叛,本来就不是司马迁所能文饰的。

三一　武帝惑于上官桀之佞而托以孤

忠邪亦易辨矣,而心迹相疑,当其前者亦易惑焉。武帝所托孤者三人,而上官桀为戎首①,与霍光、金日磾若缟素之别。乃自其得当于帝者推之,其迹显,其心见矣。光出入殿门,进止有常度;日磾在上左右,目不忤视者数十年;非以逢帝之欲而为尔也,以自敦其行而不失为履之贞也②。桀谢马瘦之责③,而曰:"闻上不安,日夜忧惧,意不在马。"言未卒,泣数行下。桀非与国休戚之臣,厩令之职,在马而已,其泣也,何为而泣也?慎以自靖者,君子之徒也;佞以悦人者,小人之徒也。君子知有己,故投之天下之大,而唯见己之不可失;小人畏罪徼宠,迎人之喜怒哀乐,而自忘其躬。于此审之,忠邪之不相杂久矣。

【注释】

①上官桀(前140—前80):字少叔。陇西上邽(今甘肃天水)人。汉昭帝刘弗陵的皇后上官氏的祖父。汉武帝刘彻病重时拜为左将

军,封安阳侯,与霍光、金日磾等人同受顾命。昭帝元凤元年(前80)九月,上官桀联合御史大夫桑弘羊、燕王刘旦等人欲谋杀霍光,不久事败,上官桀父子被杀。传见《汉书·外戚传》。

②履之贞:典出《周易·履卦》爻辞:"九二,履道坦坦,幽人贞吉。"意思是小心地行走在平坦的大道上,幽静安恬的人能够守正持固,可以获得吉祥。

③桀谢马瘦之责:据《汉书·外戚传》记载,上官桀曾任未央厩令,汉武帝曾在病愈后游马厩,见马大多瘦弱,因此大怒说:"令以我不复见马邪!"想要将上官桀下狱。上官桀顿首谢罪说:"臣闻圣体不安,日夜忧惧,意诚不在马。"边说边流泪。汉武帝认为他很忠诚,从此开始亲近他。

【译文】

忠诚和奸邪也是容易分辨的,但是如果心思和行动相违背,那么即使站在他们面前的人也容易被迷惑。被汉武帝委托辅佐幼君的大臣有三位,其中上官桀是后来谋反的祸首,他与霍光、金日磾的区别就像是黑色与纯白色一样。从他们得到汉武帝赏识的起因来看,其行迹区别显而易见,而其内心也由此显现出来。霍光出入宫殿门,进退都符合礼仪规制;金日磾在皇帝身边,数十年目光不敢与皇帝对视。他们并不是为了奉迎皇帝的喜好而这么做的,而是自己督促自己的行为,从而像《履卦》中说的那样:"幽静安恬的人能够守正持固,可以获得吉祥。"上官桀被武帝责备马变瘦了时谢罪说:"我听说皇上身体不适,因而日夜担忧恐惧,心思没有用在马身上。"话还没说完,就流下了数行眼泪。上官桀并不是参与国家安危大计的重臣,厩令的职责,就是养好、管理好马匹,他的哭泣,是为了什么而哭泣呢?谨慎地洁身自好的人,是君子;奸邪地取悦别人的人,是小人。君子知道自己的人格和价值,所以即使把他投进广阔无垠的天地之间,也只是牢记自己不可以失去本来面目,竭力保持自我;小人害怕得罪、喜欢邀宠,善于迎合别人的喜怒哀乐,而忘记了自己的人格和尊严。由此看来,忠诚和奸邪不能相互混杂已经很久了。

　　唯我为子故尽孝,唯我为臣故尽忠。顾七尺之躯,耳目在体而心函于内,忠臣孝子,非以是奉君父,而但践其身心之则。光与日碑天性近之,而特未学耳,桀乌足与齿哉?武帝以待光、日碑者待桀,不知桀也,且不知光、日碑也。知人之难,唯以己视人,而不即其人之自立其身者视之也。

　　【译文】
　　由于自己是父母的孩子所以必须尽孝,由于自己是君王的臣子所以必须尽忠。看看七尺的躯体,耳朵、眼睛在体表而心包含在身体内部,忠臣孝子并不是用躯体来事奉君王和父亲,而是要实践"忠孝"这种身体和心灵的准则。霍光与金日碑天性相近,只是不学无术罢了,奸邪的上官桀哪里有资格能与他们相提并论呢?汉武帝用对待霍光、金日碑的方式对待上官桀,说明他不了解上官桀,也不真正了解霍光和金日碑。知人的难处,在于常人只是以自己的角度看别人,而不知从对方的立身之道观察他。

卷四

昭　帝

【题解】

　　汉昭帝刘弗陵(前94—前74)是汉武帝刘彻的少子。他幼年即位，在霍光的辅佐下推行与民休息的政策，开启了昭宣中兴的局面。本篇的评论，主要围绕昭帝的辅政重臣霍光和昭帝时期的对外政策而展开。

　　霍光作为汉武帝的托孤之臣，先后辅佐昭、宣二帝，位极人臣，甚至曾废立皇帝。但霍光死后不久，其家族就遭遇灭族的惨剧。王夫之将霍光的作为与另一位善终的辅政大臣金日磾相对比，一针见血地指出，金、霍两人结局的不同，关键在于霍光的"利赖之情"即贪欲和依赖心太重，利欲熏心难免造成目光短浅，最终自食恶果。

　　昭帝在位时期，对匈奴、乌桓进行了有效防御和遏制，对于西域的经营也较为成功。王夫之在此篇中集中地阐述了自己对于汉民族王朝对外政策的看法。其一，少数民族间互相征伐，中原王朝应如何应对？王夫之指出，如果对于少数民族间的争斗无所作为，那么在争斗中胜利的一方，随着逐渐吞并其他少数民族，实力日渐增长的同时野心也会越来越大，最终会一发不可收拾，给中原王朝带来灾难。由此他认为，要防止这种情况，需要对少数民族之间的征伐及早进行干预和应对，而不是无所作为。这一认识是颇有见地的。

　　其二，中原王朝与少数民族应该如何相处，信义是否应该施加于少数民族？对此，王夫之旗帜鲜明地认为：信义只适用于人与人之间的相处，夷狄不知羞耻，心如蛇蝎，因此中原王朝断不能对其施加信义。应该指出，王夫之的这种观点对少数民族是不够尊重的，是一种狭隘的汉民族本位思想。而且，历史上中原王朝与少数民族之间坦诚相待、和平相处的事例也是很多的，王夫之不应该无视这些史实而做出片面、偏激的判断。

一　金日磾不受封

金日磾，降夷也，而可为大臣，德威胜也。武帝遗诏封日磾及霍光、上官桀为列侯，日磾不受封，光亦不敢受。日磾病垂死，而后强以印绶加其身。日磾不死，光且惮之，况桀乎？桀之逆，日磾亡而光受其欺也。霍光妻子之骄纵，至弑后谋逆以亡其家①，无日磾镇抚之也。光之不终，于受封见之矣。日磾没，而光施施自得，拜侯封而若不及，早已食上官桀之饵，而为其所狃。利一时之荣宠，丧其族于十年之后，“厉熏心”②，鲜不亡矣。光之咎，非但不学无术也；利赖之情浅，虽有憸人与其煽妻逆子，恶得而乘之？若日磾者，又岂尝学而有他术哉！

【注释】

①至弑后谋逆以亡其家：霍光的妻子霍显一直想让她的女儿成为汉宣帝皇后，便买通御医淳于衍，在宣帝即位三年之后毒死了已经怀孕的许皇后，由此深为汉宣帝所忌恨。霍光去世后，霍氏一门继续骄奢放纵，甚至密谋发动政变，最终被灭族。事见《汉书·霍光传》。

②厉熏心：出自《周易·艮卦》：“九三：艮其限，列其夤，厉熏心。”意

思是醉心于贪欲而不顾身犯危险。厉，凶险。熏心，忧愁痛苦如同受火熏灼。

【译文】

金日磾，是个归降的匈奴人，却可以做汉朝的大臣，这是靠恩德和威严取胜的缘故。汉武帝遗诏封金日磾和霍光、上官桀为列侯，金日磾不接受封赏，霍光于是也不敢接受。直到金日磾病危快要死亡的时候，朝廷才强行把印绶加到他身上。金日磾不死，霍光尚且忌惮他，何况上官桀呢？上官桀之所以能倒行逆施，是因为金日磾死了而霍光受到他的欺骗。霍光的妻子儿女骄横放纵，甚至于敢杀害皇后、图谋反叛，最终落得全家被诛灭，也是没有金日磾对他们加以镇抚的缘故。霍光不得善终，在他受封时就已经可以看到迹象。金日磾死了，霍光洋洋自得，像是迫不及待一般接受了博陆侯的封号，这是早就吞下了上官桀的诱饵，被他亲狎轻侮了。霍光为了一时的宠幸和荣耀，而使自己的家族在十年后被诛灭，这是"利欲熏心而不顾危险"，这样很少有不败亡的。霍光的过错，不仅仅是不学无术，如果他没有那么重的贪欲和依赖心，即使有小人跟他气焰嚣张的妻子和儿子相勾结，又哪里能有机可乘呢？况且，像金日磾这样的人，又何曾接受过正规的教育而有其他本领呢？

二　匈奴击乌桓非便

策者曰："夷狄相攻，中国之利。"呜呼！安所得亡国之言而称之邪！孱君、懦将、痿痹之谋臣[①]，所用以恣般乐怠傲而冀天幸者也[②]。楚不灭庸、夔、群舒[③]，不敢问鼎[④]；吴不取州来、破越、胜楚[⑤]，不敢争盟[⑥]；冒顿不灭东胡[⑦]，不敢犯汉；女直不灭辽，蒙古不灭金，不敢亡宋。夷狄非能猝强者也，其猝强者，则又其将衰而无容惧者也。刘渊之鸷[⑧]，不再世而即绝；元昊之凶，有宁夏而不敢逾环庆之塞[⑨]。惟其骤起也。若夫若爝火在积薪之下⑩，日吞其俦类，浸以荧荧，而中国不知。如或知之，覆以自慰曰：此吾之利也。乃地浸广，人浸众，战数胜，胆已张，遂一发而不可遏。火蕴于积薪之下，焰既腾上，焦头烂额而无所施救矣。赵充国藉藉称夙将⑪，而曰："乌桓数犯塞，匈奴击之，于汉便。"此宋人借金灭辽、借元灭金之祸本也⑫。充国之不以此误汉，其余几矣！霍光听范明友追匈奴便击乌桓⑬，匈奴繇是恐，不能复出兵，趑矣哉⑭！

【注释】

①痿痹(bì)：肢体不能动作或丧失感觉。这里指萎靡不振。

②般(pán)乐怠傲：语出《孟子·公孙丑上》："今国家闲暇，及是时，般乐怠敖，是自求祸也。"意思是寻欢作乐，怠惰遨游。傲，同"敖"，出游，嬉游。

③庸、夔、群舒：都是春秋时期被楚国灭掉的小国。其中，庸在今湖北竹山一带，夔在今湖北秭归一带，群舒是指现在安徽舒城周围的若干个舒族偃姓小国。

④问鼎：楚庄王在邲之战中击败晋国，声威大震，在晋楚争霸中占了上风。于是在前606年，楚攻陆浑之戎，陈兵于周郊，楚庄王向前来劳军的周室大夫王孙满询问周鼎的大小轻重，显示出意欲代周的野心。事见《左传·宣公三年》。

⑤州来：春秋时淮夷建立的方国，大致在今安徽淮南一带。破越：指吴国在前494年的夫椒之战中大败越国军队，俘虏越王勾践，迫使越国臣服于吴国。胜楚：指吴国在前506年的柏举之战中歼灭楚军主力，攻入郢都，使楚国元气大伤，一蹶不振。

⑥争盟：吴国在南败越、西破楚、北败齐鲁之后，声威日盛。前482

年,吴王夫差率军北上,与晋定公等中原诸侯会盟于黄池。据《国语·吴语》记载,会盟时晋与吴争当盟主,夫差于是令吴军"万人以为方阵,皆白常、白旗、素甲、白羽之矰,望之如荼……左军亦如之,皆赤常、赤旆、丹甲、朱羽之矰,望之如火"。此举慑服了中原诸国,达成了北上争霸的目的。

⑦东胡:古族名。是由生活在中国东北部的多个游牧部落组成的部落联盟。秦末被匈奴击败。

⑧刘渊(?—310):字元海,新兴(今山西忻州)人。南匈奴单于於夫罗之孙。在父亲死后接掌其部属,八王之乱时刘渊乘晋朝内乱而在并州自立,建立汉国,刘渊在位六年后病死。318年刘渊养子刘曜杀其孙刘粲自立,改国号为赵,史称前赵或汉赵。329年,刘曜战败后为石勒所擒,前赵灭亡。传见《晋书·刘元海载记》。

⑨宁夏:古时名城,在今宁夏银川。唐时迁怀远县于此,宋改为怀远镇。西夏时迁都于此,改为兴庆府,元时改为宁夏府。明改为宁夏卫,为九边重镇之一。环庆之塞:指北宋在环庆路构筑的防御设施和关塞。宋仁宗康定二年(1041),为与西夏作战,北宋将宋夏交界地带的环州、庆州、邠州、宁州、乾州等从陕西路分出,设置环庆路经略安抚使来统辖这些州。

⑩爝(jué)火:炬火,小火。

⑪赵充国(前137—前52):字翁孙,陇西上邽(今甘肃天水)人。西汉著名将领。在汉武帝、汉昭帝、汉宣帝三朝长期参与对匈奴等周边少数民族的战争,屡立功勋。汉宣帝时被列为麒麟阁十一功臣之一。夙将:久经战阵的将领。夙,老的,积久的。

⑫借金灭辽:北宋徽宗年间,为收复燕云十六州,宋朝廷趁辽衰弱之机,与金结为海上之盟,共同伐辽。后来,辽为金所灭,北宋虽得到了燕云十六州,其虚弱也被金朝看清。于是灭辽次年,金即

大举伐宋，最终攻灭北宋。借元灭金：南宋末年，为雪靖康之耻，南宋与蒙古联络，相约共同灭金。1234 年，金朝政权在蒙古和南宋的联合夹击之下终告灭亡。但不久蒙古即开始大举进攻南宋，最终将其攻灭。

⑬霍光听范明友追匈奴便击乌桓：元凤三年（前 78）匈奴进攻辽东的乌桓族。霍光想趁机出兵袭击乌桓，名将赵充国反对，中郎将范明友主张打乌桓，同时威胁匈奴。霍光采纳了范明友的意见，拜他为度辽将军，统二万骑兵出征。范明友利用乌桓军队遭匈奴新创、士气受挫的好时机大举进攻，歼敌六千余，斩三王。乌桓势力顿为削弱，而匈奴贵族惊恐远遁，不敢再犯长城边塞。范明友因功被封为平陵侯。事见《汉书·范明友传》。乌桓，古族名。一作"乌丸"，为东胡的一支。汉初东胡被匈奴袭破后，部分余众退保乌桓山，受匈奴统治。至汉武帝遣师击破匈奴东部地区，部分乌桓族众附汉。东汉初入居塞内，分布于上谷、渔阳等郡。建安十二年（207），曹操征辽西乌桓，迁其余众于幽、并，其人悉入中原，渐与汉族等相融合。

⑭韪（wěi）：是，对，正确。

【译文】

谋士说："夷狄之间相互攻伐，是对中国有利的。"咦！他们是从哪里得来这种会导致亡国的话而加以称赞的呢？软弱的国君、怯懦的将领、萎靡不振的谋臣，都把这当作借口来纵情享乐、怠惰遨游，不顾国家安危存亡，而只把希望寄托在上天的保佑上。楚国如果没有灭庸、夔、群舒，就不敢问鼎中原；吴国如果不攻取州来、攻破越国、战胜楚国，就不敢到黄池之会上争夺盟主之位；冒顿若不灭东胡，就不敢侵犯汉朝边境；女真若没有灭辽，蒙古如果没有灭金，就不能举兵灭亡宋朝。夷狄不是突然变强的，其中即使真有突然变强的，也会迅速转向衰落而无须恐惧。刘渊凶残强悍，他的汉国却不到两代就灭亡了；元昊凶暴勇猛，占据宁夏之地却不敢逾越环庆的要塞。这都是崛起过于迅速、根基不牢的缘故。至于有些部族就像炬火放在柴堆下面，每天都吞食其同类，火渐渐地旺盛起来，而中国却不知道这种情况。即使有人知道了，却又自我安慰说："这对我们是有利的。"于是这些部族地盘越来越大，人口越来越多，屡战屡胜，胆子越来越大，就一发而不可遏制了。炬火隐藏在柴堆下面，等到烈焰飞腾的时候，即使被烧得焦头烂额也没办法来施救了。赵充国是被众人交口赞誉的老将，却说："乌桓屡次侵犯边塞，匈奴攻击乌桓，对汉朝有利。"这种错误的观点正是宋朝人借金灭辽、借蒙古灭金的取祸之本。赵充国幸而没有因此而误了汉朝，其实只差一点点！霍光听从了范明友的意见，派兵追击匈奴，趁匈奴撤退之机猛攻乌桓取得胜利，匈奴由此害怕而不敢再出兵，霍光的决策太正确了！

三 傅介子诈诱楼兰

人与人相於，信义而已矣。信义之施，人与人之相於而已矣，未闻以信义施之虎狼与蜂虿也。楚固祝融氏之苗裔①，而周先王所封建者也。宋襄公奉信义以与楚盟②，秉信义以与楚战，兵败身伤而为中国羞。于楚且然，况其与狄为徒③，而螫噬及人者乎④！

【注释】

①楚固祝融氏之苗裔：相传祝融是炎帝的火正，祝融一族于帝喾时代在河南新郑一带建立祝融氏之国，故新郑又称"祝融之墟"，"祝融之墟"被认为是楚国先民的最早起源地。楚国社会尤其是上层贵族普遍将祝融视为先祖。

②宋襄公（？—前637）：春秋时宋国国君。宋襄公率领卫国、曹国

等四国平定了齐国内乱,拥立齐孝公,因此声名鹊起。宋襄公雄
心勃勃,想继承齐桓公的霸业,于是在前 639 年与楚国、齐国等
会盟,以盟主自居,结果反而一度为楚国所囚禁。前 638 年,宋
襄公讨伐郑国,与救郑的楚兵展开泓水之战。楚兵强大,宋襄公
讲究"仁义",要待楚兵渡河列阵后再战,结果大败受伤,次年伤
重而死,后葬于襄陵。事见《史记·宋微子世家》。

③狄:亦称"翟"。先秦时期北方的一个民族,后来被用以泛指北
方少数民族。

④嘬(zuō):咬,吃。

【译文】

　　人与人相处,最重要的是信义。施行信义,只限于人与人之间的相
处,从来没听说过有人对虎、狼和毒蜂、蝎子施以信义的。楚国本来是
祝融氏的后裔,而且是周朝先王所封的诸侯国。宋襄公遵守信义与楚
国结盟,秉持信义与楚国交战,结果兵败,自己也受了伤,成为华夏诸国
的奇耻大辱。与楚国交往尚且如此,何况是那些与夷狄为伍、可用毒腺
伤人的家伙呢!

　　楼兰王阳事汉而阴为匈奴间①,傅介子奉诏以责而服
罪②。夷狄不知有耻,何惜于一服,未几而匈奴之使在其国
矣。信其服而推诚以待之,必受其诈;疑其不服而兴大师以
讨之,既劳师绝域以疲中国,且挟匈奴以相抗,兵挫于坚城
之下,殆犹夫宋公之自衄于泓也③。傅介子诱其主而斩之,
以夺其魄,而寒匈奴之胆,讵不伟哉④!故曰:夷狄者,歼之
不为不仁,夺之不为不义,诱之不为不信。何也? 信义也,
人与人相於之道,非以施之非人者也。

【注释】

①楼兰:古西域国名。汉初,王治扞泥城(今新疆若羌,一说今新疆尉犁东罗布泊西北孔雀河北岸)。昭帝元凤四年(前77),汉立尉屠耆为王,改国名为鄯善,迁都伊循城(今新疆若羌东米兰)。后属西域都护。

②傅介子(? 一前65):北地(今甘肃庆阳)人。西汉勇士和著名外交家。昭帝时,西域楼兰等国均联合匈奴,杀汉使官,掠劫财物。傅介子自请出使大宛,以汉帝诏令责问楼兰、龟兹。楼兰表面服罪,暗地里却招待匈奴使者,于是傅介子率随从勇士斩杀匈奴使者。傅介子认为楼兰王反复无常,不能信任,于是在元凤四年(前77)又奉命以赏赐为名,携带黄金锦绣至楼兰,于宴席中斩杀楼兰王,另立在汉楼兰质子为王。以功封义阳侯。传见《汉书·傅介子传》。

③衄(nù):损伤,挫败。泓:水名。古涣水支流,故道在今河南柘城西北。

④讵:岂,怎。

【译文】

楼兰王表面上侍奉汉朝,暗地里却为匈奴人做间谍,傅介子奉汉朝天子的诏书到西域去责备他,楼兰王表示服罪。夷狄之人不知羞耻,哪里会把一次屈服当回事,不久匈奴的使者就又出现在楼兰国中了。如果相信楼兰王的服罪而以诚心对待他,就必定会受到欺骗;如果怀疑他不服而兴师动众地征讨他,则劳师远征必定会使中国疲惫,而且楼兰会与匈奴结盟以对抗汉朝,一旦汉朝军队在坚固的城池之下遭受挫折,就会像宋襄公自败于泓水一样的情形了。傅介子引诱楼兰王中计而斩杀他,既夺取了楼兰人的魂魄,也使匈奴人胆寒,这难道不伟大吗! 所以说:夷狄之人,歼灭他们不能算不仁,强夺他们不能算不义,诱骗他们不能算不信。为什么呢? 因为信义是人与人相处之道,不是用来施加到没有人性的人身上的。

四　严延年劾奏霍光非能守正

严延年劾奏霍光擅废立无人臣礼[①]，其言甚危，其义甚正，若有敢死之气而不畏强御。或曰：光行权，而延年守天下之大经，为万世防。延年安得此不虞之誉哉！其后霍氏鸩皇后[②]，谋大逆，以视光所行为何如，延年何以噤不复鸣邪？光之必有所顾忌而不怨延年，宣帝有畏于霍氏，必心利延年之说而不责延年，延年皆虑之熟矣。犯天下之至险而固非险也，则乘之以沽直作威，而庸人遂敬惮之。既熟虑诛戮之不加，而抑为庸人之所敬惮，延年之计得矣。前乎上官桀之乱，后乎霍禹之逆[③]，使延年一讦其奸，而刀锯且加乎身，固延年所弗敢问也。矫诡之士，每翘君与大臣危疑不自信之过，言之无讳以立名，而早计不逢其祸，此所谓"言辩而辨，行伪而坚"者也[④]。有所击必有所避，观其避以知其击，君子岂为其所罔哉！

【注释】

①严延年：字次卿，东海下邳（今江苏睢宁）人。少习法律，初任郡吏。后历任御史属官、郡守等。汉宣帝即位之初，严延年上奏弹劾霍光"擅废立主，无人臣礼，不道"。奏疏虽被搁置，但得到了朝野许多人的尊敬和忌惮。他执法严峻、苛刻，后因遭人弹劾举报，以诽谤朝政之罪被杀。传见《汉书·酷吏传》。

②鸩（zhèn）：传说中的一种毒鸟，用它的羽毛浸制的酒，可以毒杀人。这里指用毒酒害人。

③霍禹（？—前66）：河东平阳（今山西临汾）人。霍光之子。昭帝

时任中郎将,霍光将死时,被任命为右将军。后改任大司马,但被汉宣帝削去兵权,遂阴谋反叛,被发觉,其家族遭诛灭。事见《汉书·霍光传》。

④言辞而辨,行伪而坚:此句疑化用了"行僻而坚,言伪而辨"一典。典出《荀子·宥坐》:"人有恶者五,而盗窃不与焉:一曰心达而险,二曰行辟而坚,三曰言伪而辩,四曰记丑而博,五曰顺非而泽。"意思是行为邪恶而顽固,言辞虚伪而能言善辩。辟,邪恶。辨,通"辩",能言善辩。

【译文】

严延年弹劾霍光擅自废立皇帝,没有遵守臣子的礼节,其言辞正直激烈,大义凛然,好像有必死的决心而不害怕强暴一样。有人说:霍光擅权独断,而严延年坚守天下之常道,是为千秋万代做防范。其实严延年哪里配得上这样意想不到的赞扬呢!后来霍氏毒死皇后,图谋大逆不道,此时去看霍光的所作所为如何,正当其时,可严延年为什么却噤若寒蝉、不发一言了呢?其实当初严延年弹劾霍光,霍光必定会有所顾忌而不敢怨恨他,宣帝害怕霍氏,必定会在心里同意严延年的说法而不会责备他,这些情况,严延年早就考虑得很成熟了。冒犯天下最危险的人而实际上并不危险,而后则趁机以此沽取正直之名,树立威信,而庸俗的人不明真伪,竟对他敬畏有加。严延年清楚地看到自己此举绝不会招致刑罚或杀戮,而且还会使庸人对自己敬畏有加,他的计谋成功了。无论是此前的上官桀之乱,还是此后的霍禹谋反之乱,只要严延年说一句指斥奸邪的话,马上就会招致刀锯加身,他当然是不敢发声干预的。虚伪狡猾的人,总是翘首盼望君臣之间出现既互相怀疑又不自信的时机,这样就可以无须忌讳地故作直言以树立威名,而实际上早就看准不会有什么灾祸,这就是所谓的"言辞而辨,行伪而坚"。这种人有所抨击就必然会有所躲避,观察他们躲避的东西就能知道他们抨击的目的了,君子怎能会被他们这种小人所欺骗啊!

宣　帝

【题解】

汉宣帝刘询(前91—前49),原名刘病已,是汉武帝刘彻曾孙,戾太子刘据之孙。巫蛊之祸中刘询受到牵连,在坎坷中度过了自己的少年时光。元平元年(前74),昌邑王刘贺被废黜,刘询在霍光的拥戴下登上皇位,并在霍光去世后开始亲政。他在位期间,政治较为清明、社会经济再现繁荣、四夷宾服,史称"孝宣之治"。

汉宣帝在位初期,霍光执掌实权,两人的关系甚为微妙。表面上,汉宣帝对霍光始终礼遇有加,但如芒在背的感觉如影随形,令宣帝对霍光充满戒惧之情,从而为霍光死后其家族遭遇灭门之祸埋下了伏笔。司马光在《资治通鉴》中指出,霍光之祸,源于他"久专大柄,不知避去",王夫之则更进一步,指出"霍光之祸,萌于骖乘",君臣之间的相互猜疑已然产生,霍光即使想抽身而退,也不可能化解祸患。霍光"立震世之功名,以社稷为己任",其与汉宣帝君权之间的矛盾是固然存在而无可化解的。王夫之也批评了汉宣帝封赏霍光等人所谓"定策之功"的举措,指出此举只会变相鼓励心怀不轨者通过废立君主来"邀功以贸赏",司马昭、萧道成、苗傅、刘正彦等人铤而走险的篡逆之举即为明证。

宣帝重视循吏在地方治理中的作用,他在位期间,各地郡守中涌现出龚遂、黄霸、尹翁归、赵广汉、张敞、韩延寿等著名循吏。王夫之考察这些人的政绩与作为,指出他们虽在施政风格中有宽严之别,但大多都以所谓"先王之礼教",也就是儒术来缘饰法家手腕,这与宣帝所谓"霸王道杂之"的理念相当合拍。王夫之认为,在这些循吏中,赵广汉最为依赖法家之术,为政苛刻而敢于杀戮,以博得流俗的赞誉,对解决民众的疾苦却并无实质益处。王夫之由此指出,治国理政不能一味听信流俗之好恶。

宣帝在位时期,羌人部落逐渐强大起来,开始进犯汉朝西北边境。汉宣帝任用老将赵充国主持反击羌人的作战。赵充国采用持久作战的策略,不急于与羌人交锋,军事与政治手段双管齐下,历时一年多,最终拖垮了羌人。王夫之对于赵充国的策略非常欣赏,称赞他"老成熟虑"而能坚持己见。王夫之认为,中原王朝对付周边刚崛起的少数民族,"利于守而不利于攻",不应贪图"速效"而急于主动与其交战,应当像赵充国这样持重对敌、拖垮对手,即使付出不菲的军费也要坚持此方略。他指出,汉宣帝以后,羌祸愈演愈烈,正是由于没能继续坚持赵充国的方略。

一　霍光立宣帝受封

爵赏者,人君驭下之柄,而非但以驭下也,即以正位而凝命也①。辞受者,人臣自靖之节,而非但以自靖也,即以安上而远咎也。故赏有所不行,爵有所不受,而国家以宁。草昧之始②,君与开国之臣,为天下而已乱。迨其中叶,外寇内奸,不逞于宗社,而殃及兆民,大臣代君行讨,底定以绥之,而天下蒙安。斯二者,君爵之而非私,下受之而无惭,霍光岂其然哉!

【注释】

①凝命:使教命、政令严整。

②草昧:蒙昧,本指天地初开时的混沌状态。此指国家草创。

【译文】

爵禄和赏赐,是国君驾驭臣下的把柄,而且不但用于驾驭臣下,还用以端正居位、使教命政令严整。辞让而不受命,是人臣洁身自好的节操,不但用以洁身自好,还能用以使君上安心,从而远离祸患。所以君王赏赐不应泛滥,臣子对于爵位也不一概接受,国家就可以和平安宁。国家草创时期,君主和开国之臣为了天下而平息战乱。等到王朝中叶,外有敌兵入侵,内有奸臣作乱,虽不能夺取江山社稷,但却使亿万民众遭殃,大臣代替君王征讨,彻底平定内忧外患,而天下人也因此得以安居乐业。这两种臣子,君王给予他们爵位不算是徇私情,他们接受爵位也心中无愧,霍光难道是这种情况吗?

昌邑之废①,光之不幸也。始者废长立少②,不择而立昌邑,光之罪也。始不慎而轻以天下授不肖,已而创非常之举,以臣废君,而行震世之威。若夫迎立宣帝,固以亲以贤,行其所无事者,非其论功之地也。宣帝纪定策功,加封光以二万户,侯者五人,关内侯者八人。宣帝之为此,失君道矣。己为武帝曾孙,遭家不造③,以贤而立乎其位,所固有也。震矜以为非望之福,德戴己者而酬之,然则觊非望者,可县爵赏以贸天下之归④,而天位亦危矣。爵赏行,而宣帝之立亦不正矣,以爵赏贸而得之者也。光不引咎以谢严延年之责,晏然受之而不辞,他日且为霍山请五等之荣⑤,则光之废主,乃以邀功而贸赏,又何怪其妻之鸩后而子之谋逆乎? 则抑何异司马昭、萧道成之因以篡⑥,苗傅、刘正彦之敢于行险以徼幸乎⑦?

【注释】

①昌邑:指昌邑王刘贺(约前 93—前 59),汉武帝刘彻之孙,昌邑哀王刘髆之子,生于昌邑(今山东巨野),西汉第九位皇帝。其父昌邑哀王刘髆去世嗣位昌邑王。元平元年(前 74),汉昭帝驾崩,因无子,刘贺被霍光迎立为皇帝。在位第二十七天,其因荒淫无度、不保社稷而被废为庶人,史称汉废帝。上官太后诏令刘贺回到故地昌邑,赐其汤沐邑两千户。昌邑王国被废除。元康三年(前 63),刘贺被汉宣帝封为海昏侯。神爵三年(前 59)去世。传见《汉书·武五子传》。

②始者废长立少:元平元年(前 74),汉昭帝驾崩,无子嗣继位。当时武帝的六个儿子只剩广陵王刘胥健在,众大臣议论主张广陵王继位,而霍光认为刘胥行为失道。当时有郎官以周太王、文王废长立幼之例上奏,认为废长立幼并无不可。霍光将奏书拿给丞相杨敞等人看,并迎立昌邑王刘贺继位。事见《汉书·霍光传》。

③不造:不幸。

④县:同“悬”。

⑤霍山:霍光之兄的孙子,被过继给没有子嗣的霍去病,封为侯。

⑥司马昭(211—265):字子上,河内温县(今河南温县)人。三国时期曹魏权臣,西晋王朝的奠基人之一。司马懿之子,晋武帝司马炎之父。正元二年(255),继兄司马师为大将军,专揽国政。甘露五年(260),司马昭弑杀魏帝曹髦,立曹奂为帝。景元四年(263),派兵灭亡蜀汉,受封晋公。次年,进爵晋王。咸熙二年(265)病逝。数月后,其子司马炎代魏称帝,建立晋朝,追尊司马昭为文帝,庙号太祖。事见《晋书·景帝纪》《晋书·文帝纪》。

⑦苗傅、刘正彦:原为宋高宗时禁军将领,于建炎三年(1129)发动“苗刘兵变”,诛杀宋高宗赵构宠幸的权臣王渊及宦官,并逼迫赵

构将皇位禅让给三岁的皇太子赵旉(fū)。兵变消息传出后,各地将领纷纷采取勤王平乱的立场,出兵镇压,苗傅和刘正彦被迫奉赵构复辟,最后两人被打败,在建康闹市被处决。事见《宋史·高宗本纪》。

【译文】

昌邑王被废,是霍光的不幸。当初废长立少,不加选择而立昌邑王刘贺为皇帝,是霍光的罪过。最初不谨慎而轻率地把天下授给不肖之徒,不久又开创非常之举,以臣子身份废黜君王,从而树立了震动天下的威名。至于迎立宣帝,固然是符合"立亲""立贤"的标准,但这只是顺应形势而处理问题的做法,不是他可以论功自显的依据。汉宣帝重赏定策之功,加封霍光两万户,封侯的有五人,封关内侯的有八人。汉宣帝这么做,丧失了为君之道。他自己作为汉武帝的曾孙,遭遇家庭不幸,因为贤能而被立为皇帝,从世系上看,他得到皇帝之位是理所当然、名正言顺的。可是他过于矜持,认为得到帝位是非分之福,对于推戴自己的人重重酬奖,这样一来,则觊觎非分之位的人,也可以悬赏爵位,以招揽豪杰来夺取天下,而宣帝的天子之位也就危险了。论功封赏爵位,宣帝的被拥立似乎也显得不正当了,好像皇位是用爵位、赏赐换来的一样。霍光不把过失归于自己而拒绝严延年的指责,却接受皇帝赏赐而不推辞,后来又为霍山请求封侯的荣耀,可见霍光废立皇帝,是为了邀功请赏,他的妻子毒杀皇后,儿子阴谋反叛,又有什么值得奇怪的呢?这与司马昭、萧道成擅权而顺势篡位,苗傅、刘正彦铤而走险以图侥幸又有什么区别呢?

论者曰:"光不学无术。"学何为者也?非揽古今之成败而审趋避之术也。诸葛公有云:"非澹泊无以明志。"又云:"学须静也。"惟澹与静,以养廉耻之心,以明取舍之节,以昭忠孝之志,纯一于天性,终远于利名。故可贵、可贱、可履虎尾而不咥、可乘高墉而射隼①,居震世之功,而不愧于屋漏②。
无他,无欲故静。皎然白其志于天下,流俗不能移,妻子不
能乱。君以顺天休命而无私,臣以致命遂志而不困。光之
不学,未能学乎此也。非此之学,而学于术,以巧为避就。
曹操盖尝自言老而好学矣,曾不如金日磾之颛愚③,暗合乎
道也。

【注释】

①咥(dié):咬。乘高墉而射隼:语出《周易·解卦》爻辞:"公用射隼
　于高墉之上,获之,无不利。"意思是王公登上高墙射下盘旋的恶
　隼,一举射获,无所不利。乘,登上。墉,城墙,高墙。隼,一种猛
　禽,被古人视为恶鸟。

②屋漏:古代在室内西北隅施设小帐,安藏神主,是为人所不见的
　地方。后来以"不愧屋漏"指虽在宗庙里,但无愧畏之心。也比
　喻即使在暗中也不做坏事,不起坏念头。

③颛(zhuān)愚:愚昧,笨拙。

【译文】

评论的人说:"霍光不学无术。"学是为了什么呢？并不是为了根据
古今成败的经验教训,来审视、思考趋避之术。诸葛亮曾说:"如果不恬
淡寡欲,就没有办法明确自己的志向。"又说:"学必须心静。"只有淡泊
和心静,才能培养廉耻之心,明确取舍的节操,昭显忠孝的志向,使天性
纯粹单一,最终远离名与利。所以可以富贵,也可以安于贫贱,可以跟
在老虎后面而不被老虎咬,可以登上高墙射中盘踞的恶隼,可以立下震
动世人的大功却在宗庙里也没有畏惧、惭愧之心。这没有别的原因,无
欲自然可以心静。光明磊落地将自己的志向公布于天下,流俗不能使
自己动摇,妻子儿女不能扰乱自己的心志。国君因为顺应上天的意旨

而无私,臣子因为舍弃生命来实现理想而不困扰。霍光的不学无术,实际上是没有学到以上这些高贵的精神品质。他不学习这些,而学习术,学习如何避祸就福。曹操大概曾经说过自己老而好学的话,可是他还远远不及金日磾的貌似谨慎愚昧,实则暗合于大道。

二　夏侯胜数武帝之恶为无礼

宣帝欲尊武帝为世宗,荐盛乐①,过矣。然其过也,所谓君子之过,失于厚也。夏侯胜讼言讦之②,如将加诸铁钺者。子贡曰:"恶讦以为直者③。"殆是谓乎!《春秋》之法,"为尊者讳,为亲者讳"。《春秋》以正乱臣贼子之罪,垂诸万世者也。桓、宣弑立而微其辞④,尊则君,亲则祖,未有不自敬爱其尊亲而可以持天下之公论者也。

【注释】

①盛乐:盛大的音乐。这里指用于祭祀和颂德的隆重盛大的宗庙音乐。

②夏侯胜:字长公,宁阳侯国(今山东宁阳)人。西汉经学家。宣帝时立为博士,创今文《尚书》"大夏侯学"。曾官光禄大夫、太子太傅等职。为人忠直,敢于犯颜直谏。汉宣帝欲为汉武帝上尊号、奏盛乐,夏侯胜上疏直言武帝的失误,并提出不应在武帝巡狩过的郡国立庙,因此触怒宣帝而被下狱,两年后才被赦免。事见《汉书·夏侯胜传》。

③恶讦(jié)以为直者:语出《论语·阳货》:"恶徼以为知者,恶不孙以为勇者,恶讦以为直者。"意思是:子贡说:"我憎恨剽窃别人的成绩却作为自己的聪明的人,憎恨毫不谦虚却自以为勇敢的人,憎恨揭发别人隐私却自以为直率的人。"

④桓、宣：指鲁桓公和鲁宣公。二人皆弑君自立。

【译文】

汉宣帝想要尊奉汉武帝为"世宗"，在其宗庙中奏盛大隆重的音乐，这是错误的。然而这种错误，是所谓君子之过，错在太厚道。夏侯胜以恶言攻讦汉武帝，似乎要将他用斧钺诛戮一样。子贡说："恶言攻讦别人而自以为正直。"大概说的就是这种人吧！《春秋》的笔法是"为尊者讳，为亲者讳"。《春秋》是以指明、鞭挞乱臣贼子的罪行而流传万世的。可是，鲁桓公、鲁宣公都弑君自立而《春秋》中不直书其事，却使用隐晦的文辞，因为他们从"尊"的角度看是国君，从"亲"的角度看是作者的先祖，没有不敬爱自己的尊上、祖先而能够在天下秉持公论的人。

宣帝者，武帝之曾孙也。假令有人数夏侯胜乃祖乃父之恶于胜前，而胜晏然乐听之，其与禽兽奚择哉！而胜以加诸其君而无忌，是证父攘羊之直也①，而天理灭矣。苟其曰武帝之奢纵而泽不及民，万世之公论，不可泯也。则异代以后，何患无按事迹而核功罪者？鲧不以配帝而掩圮族之恶②，吾弗从臾以效尤可尔。留直道以待后人，全恩礼以尽臣道，各有攸宜，倒行则乱。恶武帝之无恩于天下，而己顾无礼于上，宣帝按不道之诛，不亦宜乎！

【注释】

①证父攘羊：指儿子告发父亲偷羊。典出《论语·子路》："叶公语孔子曰：'吾党有直躬者，其父攘羊，而子证之。'孔子曰：'吾党之直者，异于是，父为子隐，子为父隐，直在其中矣。'"

②配帝：配祭于天帝。

【译文】

汉宣帝是汉武帝的曾孙。假如有人在夏侯胜面前毫不掩饰地数落其祖父、父亲的恶行,而夏侯胜安然自若地乐意听着,他与禽兽还有什么区别呢?而夏侯胜在君王面前数落其祖先罪过而无所顾忌,这是儿子告发父亲偷羊的"正直",而天理在此已经泯绝了。如果他说汉武帝骄奢放纵而没有将恩德广布于百姓,这是万世的公论,不可以被泯灭。则改朝换代以后,何愁没有按照事迹核查功过的人?鲧并不因为配祭天帝而能掩盖自己使宗族覆灭的恶行,只要我们不对此奉承、效仿就可以了。将直道留给后人,保全恩德、礼数以尽臣子的职责,各得其所,反之则会引起混乱。夏侯胜憎恶汉武帝对天下没有恩德,而自己却对君王无礼,汉宣帝用大逆不道的罪名处置他,不也很恰当吗?

三 魏相劾霍光于死后

霍光死而魏相兴①,此后世大臣兴废,而国政变更、人材进退之始也。霍光非尽不可与言者也,严延年廷劾之而勿罪,田延年所与共废立者而不阿②,悍妻行弑,欲自举发,特荏苒而不能自胜耳③。上书者以副封先达领尚书者而后奏④,光亦惩昌邑之失而正少主之视听,特未深知宣帝之明而持之太过耳。相当光之时,奏记于光⑤,俾去副封可也;昌言于廷,俾宣帝敕光去之可也。为人臣者,言苟当于纪纲之大,难有所不避,况光之犹可与言而无挟以不相听从者乎!待光之死而后言之,相之心不纯乎忠。而后世翘故相以树新党者,相实为之倡。是殆授兴革之权于大臣,而人主幸大臣之死以行己意。上下睽,朋党兴,国事数变。至于宋,而宰相易,天子为之改元。因是而权臣有感于此,则恋位以免祸,树党以支亡,迭虚迭盈而国为之敝。斯其为害,三代亡有也;高、文、景、武之世,亦亡有也。故曰:自相始也。

【注释】

①魏相(？—前59):字弱翁,济阴定陶(今山东菏泽)人。汉宣帝即位后,被征为大司农,后任御史大夫,霍光死后官至丞相,封高平侯。任相期间,整顿吏治,抑制豪强,选贤任能,平昭冤狱,颇有作为。传见《汉书·魏相传》。

②田延年:字子宾,阳陵(今陕西高陵西南)人。西汉大臣。受到霍光的信任,任长史等职。霍光犹豫是否罢黜刘贺时,田延年坚定支持霍光主张,因功出任大司农。后因修建昭帝刘弗陵墓圹,租赁民间车辆,贪污三千万钱被揭发,在狱中自刎而死。事见《汉书·酷吏传》。

③荏苒(rěn rǎn):蹉跎,犹豫。

④副封:副本。领尚书:指领尚书事,西汉官职名。汉昭帝时开始设置,由霍光、上官桀、金日磾共同出任。后来凡当权重臣都援此先例而领尚书事。

⑤奏记:以书面形式向上级长官陈述意见。

【译文】

霍光死而魏相得到重用,这就是后世大臣兴复废毁,而国家大政随之变更、人才随之进退的开端。霍光并不是完全不可以接受别人的意见的人,严延年曾在朝廷上弹劾他而他没有怪罪;田延年曾与霍光一起参与废立皇帝,但田延年犯罪后霍光并没有徇私袒护他;他骄横凶悍的妻子霍显弑杀皇后,霍光想要自己举报,只是因为于心不忍、犹豫不决而不能自胜,才没有举报。他规定向皇帝上书的人必须先将副本呈送给领尚书事的大臣然后才能上奏,这是吸取昌邑王失德的教训而想匡正年轻皇帝的视听,只是他没有深入了解汉宣帝的贤明睿智而做得有点太过罢了。如果魏相在霍光活着的时候,向他上奏记,要求废除副本制度,这是正当的;或者直接在朝廷上提出这个问题,让汉宣帝敕令霍光废除副本制度,也是可以的。做臣子的,如果有涉及国家纲纪大事的言论,很难不有所回避,何况霍光尚且可以听取意见,而不会倚仗权势而不接受正确的意见! 等到霍光死后才说,可见魏相的心是不够纯粹忠诚的。而后世百般挑剔前宰相作为而树立新党的做法,就是魏相首倡的。这几乎就是将兴革的大权交给大臣,而君主希望大臣死亡以便实现自己的意旨。于是君臣上下相违背,朋党兴起,国家政策屡屡变更。到了宋代,宰相换人,皇帝竟然为此改变年号。因而权臣有感于此,更加贪恋权位以求免祸,树立党羽以求免于灭亡,他们的势力时消时长,而国家为之凋敝。这种情况,三代是没有的,汉高祖、汉文帝、汉景帝、汉武帝时期也没有。所以说:这是从魏相开始的。

　　抑相之进也,言正而心诐①,迹贞而行诡,所因者许广汉也②,听起伏于外戚而莫能自遂也。司马温公奉宣仁太后改新法③,而章惇、邢恕犹指宫闱以为口实④,况缘外戚以取相乎? 君子之慎始进也,枉尺而直寻不为也⑤。春秋之世,不因大夫而立功名者,颜、曾、冉、闵而已⑥。汉之不因外戚,后世之不因宦寺者,鲜矣。此风俗邪正、国事治乱之大辨也。

【注释】

①诐(bì):偏颇,不正。

②许广汉(前117—前61):昌邑(今山东巨野)人。汉宣帝皇后许平君的父亲。因保护、抚养汉宣帝有功,又因女儿许平君为皇后而受到宣帝宠信。初封昌成君,后加封平恩侯。事见《汉书·外戚传》。

③宣仁太后：指高太后(1032—1093)，小名滔滔，亳州蒙城(今安徽蒙城)人。北宋英宗皇后，宋神宗之母。元丰八年(1085)神宗死后，继位的哲宗年幼，她以太皇太后身份临朝称制，起用司马光等，废除王安石所立新法，恢复旧法。传见《宋史·后妃列传》。

④章惇(1035—1105)：字子厚，浦城(今福建浦城)人。曾参与熙宁变法。旧党掌权后，章惇因反对废除新法而被贬。元祐八年(1093)，章惇拜相，贬斥旧党，重新恢复新法。事见《宋史·奸臣列传》。邢恕：字和叔，郑州原武(今河南原阳)人。宋哲宗时大臣，善于逢迎，为人反复无常。章惇执政时，曾罗织罪名攻击高太后和司马光等人。事见《宋史·奸臣列传》。宫闱：帝王后宫、后妃住所。这里指代后妃。

⑤寻：古代长度单位。一寻等于八尺。

⑥颜、曾、冉、闵：指颜回、曾参、冉求和闵子骞。皆为孔子弟子。

【译文】

魏相得到赏识重用，是因为他言辞端正而内心奸邪，表面坚贞而行事诡诈，他所倚仗的是许广汉，其命运起伏完全掌握在外戚手中，而无法自主行动。司马光尊奉宣仁太后而废除新法，章惇、邢恕等人尚且将倚仗后妃作为攻击他的口实，何况是魏相这样倚仗外戚支持而做宰相的呢？君子重视最初的进身之道，小处委屈而能得到较大好处的事是不会做的。春秋时期，不借助大夫而能够立功名的，只有颜回、曾参、冉求和闵子骞数人而已。汉朝进身不借助外戚的，后世进身不借助宦官的，真是太少了。这是区分风俗的正与邪、国家的治与乱的主要依据。

四 缓刑不如定律

路温舒之言缓刑①，不如郑昌之言定律也②。宣帝下宽大之诏，而言刑者益湋，上有以召之也。律令繁，而狱吏得所缘饰以文其滥，虽天子日清问之，而民固受罔以死。律之设也多门,于彼于此而皆可坐,意为重轻,贿为出入,坚执其一说而固不可夺。于是吏与有司争法,有司与廷尉争法,廷尉与天子争法,辨莫能折,威莫能制也。巧而强者持之,天子虽明,廷尉虽慎,卒无以胜一狱吏之奸,而脱无辜于阱。即令遣使岁省而钦恤之,抑惟大凶巨猾因缘请属以逃于法,于贫弱之冤民亡益也。唯如郑昌之说,斩然定律而不可移,则一人制之于上,而酷与贿之弊绝于四海,此昌之说所以为万世祥刑之经也③。

【注释】

①路温舒:字长君,钜鹿(今河北广宗)人。曾任廷尉奏曹掾、守廷尉史、郡太守等职。宣帝即位,他上疏请求改变重刑罚、重用治狱官吏的政策,主张"尚德缓刑","省法制,宽刑罚",还提出废除诽谤罪,以便广开言路。传见《汉书·路温舒传》。

②郑昌:字长公,刚县(今山东宁阳)人。曾任涿郡太守、谏大夫等职。宣帝时曾上书劝谏皇帝与其亲自听取案件,不如删定律令,垂范后世。事见《汉书·刑法志》。

③祥刑:指善用刑罚。

【译文】

路温舒建议放宽刑罚,不如郑昌建议删定律令高明。汉宣帝颁布宽大处置的诏令,于是谈论刑罚的人日益淆杂,这是皇帝自己招致的。律令繁杂,则掌管讼案、刑狱的官吏可以轻而易举地文饰其滥用刑罚的行为,即使天子每日清查核问,百姓也难免蒙冤而死。律令的制定不统一,政出多门,此法与彼法皆可适用,私情可以影响刑罚轻重,贿赂可以使刑罚有所出入,掌管刑狱的官吏如果坚持使用法令中的一种,谁也没办法使他改变判决。于是掌管刑狱的官吏与有关部门争法,有关部门与廷尉争法,廷尉与皇帝争法,论辩不能使他们停止争执,威权也不能制服他们。机巧且强横的小吏如果钻法律的空子,那么即使皇帝贤明、廷尉审慎,也终究无法战胜一个狱吏的奸邪,而使无辜的百姓脱离牢狱之灾。即使朝廷每年都派使臣到各地省视,安抚百姓,也只能使大奸巨猾之辈千方百计逃脱法律惩处,而对贫弱的冤民是没什么好处的。只有像郑昌所说的那样,断然删定律令而从此不可轻易更改,则皇帝一人在上掌管,而残酷与贿赂的弊病就在天下绝迹了,这就是后代万世为什么把郑昌的主张当成善用刑罚准则的原因。

夫法之立也有限,而人之犯也无方。以有限之法,尽无方之慝,是诚有所不能该矣。于是而律外有例,例外有奏准之令,皆求以尽无方之慝,而胜天下之残。于是律之旁出也日增,而犹患其未备。夫先王以有限之法治无方之罪者,岂不审于此哉?以为国之蠹、民之贼、风俗之蜮蟙①,去其甚者,如此律焉足矣,即是可以已天下之乱矣。若意外无方之慝,世不恒有,苟不比于律,亦可姑俟其恶之已稔而后诛。固不忍取同生并育之民,逆亿揣度,刻画其不轨而豫谋操蟙也。律简则刑清,刑清则罪允,罪允则民知畏忌,如是焉足矣。

【注释】

①蜮蟙(yù):蜮和蟙,两种害人的虫。

【译文】

法律的设立是有限的,而人们犯法的情形是各种各样的。以有限的法律,去应付无穷的奸邪,这确实是有不完备之处,无法包容一切。于是在律法之外,又有判例,判例之外又有奏准施行的令,都是想以此囊括无穷的奸邪情形,从而制伏残害天下的恶徒。于是法律的旁支与日俱增,却仍然担忧其不完备。先王用有限的法律惩治无穷的罪行时,难道没有考虑到这一问题吗?只要把危害国家的蠹虫、残害人民的奸贼、败坏风俗的害虫,去掉其最严重的,这样法律就足够了,完全可以消弭天下之乱了。至于意料之外、无法穷尽的奸邪行为,世上不常有,即使不列入法律,也可以等这些罪恶发展得比较显著时予以严厉惩处。先王本来就不忍心将同生同长的百姓作为对象,凭借主观的想象和揣度,推测其不轨行为,而预先设计好应付的措施。法律简明则刑罚清晰,刑罚清晰则定罪公允,定罪公允则百姓知道敬畏、忌讳,如此就足够了。

　　抑先王之将纳民于轨物而弭其无方之奸顽者,尤自有教化以先之,爱养以成之,而不专恃乎此。则虽欲详备之,而有所不用,非其智虑弗及而待后起之增益也。乃后之儒者,恶恶已甚,不审而流于申、韩①。无知之民,苟快泄一时之忿,称颂其摘发之神明,而不知其行自及也。呜呼!可悲矣夫!

【注释】
　　①申、韩:指申不害和韩非。二人皆为战国时期法家代表人物。
【译文】
　　先王在准备将民众纳入法律的轨则而消弭其无穷的奸诈不法行为时,尤其会以教化先行,爱护养育以使他们成熟,而不会完全凭恃律法。即使想要使法律详备,并且有不采用的,并不是智慧和思虑达不到,而是等待后起之人来增益。后世的儒者,非常憎恶罪恶行为,没有经过审慎思虑就趋向于申不害、韩非的法家学说。无知的愚昧民众,只想痛快发泄一时的愤怒，称颂其揭发罪恶的英明，却不知道自己将身受其害。唉！真可悲啊！

五　霍光祸萌骖乘

霍光之祸，萌于骖乘①。司马温公曰："光久专大柄，不知避去。"固也。虽然，骖乘于初谒高庙之时，非归政之日也，而祸已伏。虽避去，且有疑其谖者②。而谗贼间起，同朝离贰，子弟不谨，窦融所以不免③，而奚救于祸？夫骖乘之始，宣帝之疑畏，胡为而使然邪？张安世亦与于废立④，而宣帝亡猜。无他，声音笑貌之间，神若相逼，而光不知，帝亦情夺意动而不知所以然也。

【注释】

①骖乘：古时乘车，尊者在左，御者在中，又一人在右，称车右或骖乘。这里指霍光作为骖乘陪同汉宣帝谒见高庙一事，事见《汉书·霍光传》。

②谖（xuān）：欺诈，欺骗。

③窦融（前16—62）：字周公，扶风平陵（今陕西咸阳）人。新莽末年，被推行河西五郡大将军事，据境自保。刘秀称帝后，窦融归附东汉，授职凉州牧，封安丰侯。建武十二年（36）入朝，历任大司空等职。晚年因家族子弟放纵不法而遭到刘秀责让。事见《后汉书·窦融列传》。

④张安世（？—前62）：字子儒，京兆杜陵（今陕西西安）人，西汉麒麟阁十一功臣之一。汉昭帝时封富平侯。汉宣帝时，累官至大司马卫将军、领尚书事。生性谨慎，以为官廉洁著称。传见《汉书·张安世传》。

【译文】

霍光的灾祸，萌生于作为骖乘陪同宣帝谒见高庙的时候。司马光说："霍光长期独揽大权，不知道退避以免祸。"这话说得很对。尽管如此，霍光作为宣帝骖乘是在初次谒见高庙之时，而不是归政之日，可是祸根已经埋下了。即使他交出权力而离开，也会有人怀疑他是欺诈。而诽谤中伤的谗言趁机而起，同朝大臣也纷纷叛离，自己子弟们的言行也不检点，窦融因此而不能免于祸，霍光又怎能够挽救自己而免于灾祸呢？在霍光开始作为宣帝骖乘的时候，宣帝对他非常疑虑、畏惧，为什么会这样呢？张安世也曾参与过废立皇帝的大计，而宣帝对他没有猜忌。这没有别的原因，只是霍光在音容笑貌之间，神色似乎有相逼迫的意思，而他自己没有意识到，宣帝也情夺意动却不知道造成这样局面的原因。

　　子夏问孝①，子曰："色难。"岂徒子之于父母哉！上之使民，朋友之相结，宾主之相酬，言未宣，事未接，而早有以移民之情。惟神与气，不可强制之俄顷而获人心者也。《诗》云："温温恭人，惟德之基②。"德之用大矣，而温恭为之基。温恭者，仁之荣也，仁荣内达而德资以行，岂浅鲜哉！子曰："切切偲偲，怡怡如也，可谓士矣③。"非便辟之谓也。其气静者，貌不期而恭；其量远者，色不期而温。善世而不伐，德博而化，宽以居之，仁以守之，学问以养之，然后和气中涵而英华外顺。呜呼！此岂霍光之所及哉！立震世之功名，以社稷为己任，恃其气以行其志，志气动而猝无以持，非必骄而神已溢，是以君子难言之也。

【注释】

①子夏：卜氏，名商，字子夏，春秋末晋国温（今河南温县）人。孔子

弟子。曾向孔子请教孝道,孔子认为和颜悦色地侍奉父母是很难
的,有事则年轻人效劳,而年长之人吃喝酒肴,这并非是孝道。孔
子死后,子夏到魏国西河讲学。李悝、吴起、商鞅皆其门人。

②温温恭人,惟德之基:语出《诗经·大雅·抑》。意思是温和谦
恭,是高尚道德的基础。

③"切切偲偲(sī)"几句:语出《论语·子路》。意思是相互敬重、切
磋勉励,和顺相处,就可以称为"士"了。切切偲偲,亦作"切切节
节",相互敬重、切磋勉励的样子。

【译文】

　　子夏向孔子请教孝道,孔子说:"和颜悦色地侍奉父母是很难的。"
这难道只限于子女对父母吗!君主役使百姓,朋友相互交往,主客之间
相互应酬,话还没有说,事情还未交接,就早已经有可以打动人们情感
的事物了。只有神情与气色,是不能稍微强制一会儿而可以获得人心
的。《诗经》中说:"温温恭人,惟德之基。"德的用处太大了,而温和谦恭
是德的基础。温和谦恭就是仁的荣耀,仁之荣耀从内在开始通达于外,
而德也借此而行,哪里是很肤浅的呢!孔子说:"相互敬重、切磋勉励,
和顺相处,就可以称为'士'了。"他说的不是逢迎谄媚他人。神气悠闲
安静的人,面貌无须刻意就会显得恭敬;宽宏大量的人,脸色不必刻意
就显得很温和。为善于世而不自夸,德行广博而以之教化世人,以宽容
居处其中,以仁义保守其道,以学问来涵养自身,然后和气蕴含于身体
中而英华之气自然流露于外。唉!这难道是霍光所能达到的境界吗!
立下震动世人的功劳,以江山社稷为己任,凭恃自己的气势来实现自己
的志向,志气已动而猝然没有自持之法,并非一定要骄横但得意之情已
经不由自主地外露出来,因此君子很难对此说什么。

　　周公处危疑而几几①,孔子事暗主而与与②,则虽功覆天
下,终其身以任人之社稷而固无忧。夫周、孔不可及矣,德

不逮而欲庶几焉者,其在曾子之告孟敬子乎③! 敬其身以远暴慢,心御气而道御心。有惴惴之小心,斯有温温之恭德。虽有雄猜之主、忮害之小人,亦意消而情得。故君子所自治者身也,非色庄以求合于物也。量不弘,志不持,求不为霍光而不可得,岂易言哉!

【注释】

①几几:安重貌。

②与与:威仪合度的样子。

③曾子之告孟敬子:据《论语·泰伯》所载:曾子有疾,孟敬子问之。曾子言曰:"鸟之将死,其鸣也哀;人之将死,其言也善。君子所贵乎道者三:动容貌,斯远暴慢矣;正颜色,斯近信矣;出辞气,斯远鄙倍矣。笾豆之事,则有司存。"曾子,即曾参,孔子的弟子。孟敬子,即仲孙捷,鲁国大夫。

【译文】

周公身处危疑之中却依然安然自若,孔子侍奉昏君而依然威仪合度,这样,虽然功盖天下,却终生为国君江山社稷出力而不会有忧患。周公和孔子是可望而不可及的,德行不足而想接近这种境界的,需要做的大概就蕴含于曾子告诉孟敬子的话里了! 敬重自身而远离粗暴和傲慢,以心来驾驭气,以道来驾驭心。有惴惴不安的小心,就会有柔和的恭敬之德。即使有多疑的君主和喜欢妒忌、残害人的小人,也会安然自得。所以君子所修养的是自身内心,而不是神色庄重地追求与外物相合。如果气量不够宏大,志向不够坚韧,即使想不做霍光那样的人也不可能,这难道是容易做到的吗?

六 赵广汉以刻核得民誉

流俗之毁誉,其可徇乎? 赵广汉①,虔矫刻覈之吏也,怀私怨以杀荣畜而动摇宰相②。国有此臣，以剥丧国脉而坏民风俗也，不可复救。乃下狱而吏民守阙号泣者数万人。流俗趋小喜而昧大体，蜂涌相煽以群迷，诚乱世之风哉！

【注释】

①赵广汉：字子都，涿郡蠡吾（今河北博野）人。西汉中期大臣。由郡吏而逐步升迁为郡太守、京兆尹，执法不避权贵，以强有力的手腕治理治安、处置豪强。后因处理丞相魏相夫人杀婢女一案被弹劾而下狱，又被人告发有其他罪行，最终遭腰斩处死。传见《汉书·赵广汉传》。

②怀私怨以杀荣畜而动摇宰相：赵广汉门客在长安市场私自酤酒，被丞相属吏逐去，门客怀疑是军中骑士苏贤告发，赵广汉于是令长安丞拘留审查苏贤，苏贤因此无法去军中履职，遭弹劾。其父上书鸣冤，告发赵广汉，赵广汉因此被贬秩一等。赵广汉怀疑苏父上书是受同乡荣畜指使，怀恨在心，寻机制造罪名杀了荣畜。此事被告发，由丞相、御史负责审查，追查甚急，赵广汉唯恐事发，于是派人侦查丞相府的不法行为。侦查得知丞相府有婢女死亡，怀疑是被丞相夫人所杀，赵广汉乘机上书弹劾丞相，带人突击搜查丞相府。丞相魏相上书辩解，宣帝命廷尉调查，最终认定婢女是因犯错被丞相夫人鞭笞，逐出府外后才死去的，赵广汉因此被认定犯了欺诈之罪。事见《汉书·赵广汉传》。

【译文】

世俗之人的称赞和贬斥，难道可以轻信吗？赵广汉，是个凶残、虚伪、苛刻的官吏，他怀着私怨杀害了荣畜，而且通过诬告想动摇宰相的地位。国家有这样的臣子，动摇、破坏了国脉并且败坏了人民风俗，是不可以再挽救的。可是赵广汉被下狱后，守在宫门号哭的有数万人。流俗之人趋小利而昧于大体，蜂拥鼓噪、相互煽动以至于集体迷惑，这实在是乱世之风啊!

　　小民之无知也,贫疾富,弱疾强,忌人之盈而乐其祸,古者谓之罢民。夫富且强者之不恤贫弱,而以气凌之,诚有罪矣。乃骄以横,求以忮,互相妨而相怨,其恶惟均。循吏拊其弱而教其强①,勉贫者以自存,而富者之势自戢,岂无道哉? 然治定俗移而民不见德。酷吏起而乐持之以示威福,鸷击富强,而贫弱不自力之罢民为之一快。广汉得是术也。任无藉之少年,遇事蜂起,敢于杀戮,以取罢民之祝颂。于是而民且以贫弱为安荣,而不知其幸灾乐祸,偷以即于疲惰,而不救其死亡。其黠者,抑习为阴憯,伺人之过而龁啮之,相仇相杀,不至于大乱而不止。愚民何知焉! 酷吏之饵,酷吏之阱也。而鼓动竞起,若恃之以为父母。非父母也,是其嗾以噬人之猛犬而已矣②。

【注释】

　　①循吏:守法循理的官吏。

　　②嗾(sǒu):教唆,指使别人做坏事。

【译文】

　　小民无知,穷的憎恨富的,弱的憎恨强的,嫉妒别人的圆满而乐于看到别人的灾祸,古时候称这种人为“罢民。”那些富有而强大的人不知道抚恤贫弱的民众,反而以气势凌辱他们,实在是有罪。至于那些骄横不法、嫉害贪求、相互妨碍而相互怨恨的人,他们的罪也是相同的。循吏爱抚弱民而教化强民,勉励穷人自强自存,而富人的气焰自然收敛,这难道是没有办法吗? 然而这样一来,秩序安定、世风渐渐转变而民众却不能直接看见其德惠。酷吏趁机而起,乐于用强硬的手段显示咸福，严厉地打击豪强，贫弱懒惰的罢民为之拍手称快。赵广汉就深谙此术。他任用游手好闲的少年，遇事就蜂起向前，敢于杀戮，以博取罢民的称颂，于是百姓将以贫弱作为安乐荣耀的资本，而不知道其幸灾乐祸、苟且偷生至于疲懒的程度，就没有人能够挽救其灭亡了。其中狡黠的人，或许习惯于暗中害人，千方百计刺探别人的过失，伺机告发他们，疯狂地撕咬他们，相互仇视、残杀，不搞成大乱就不停止。愚民哪里知道啊！酷吏的诱饵，就是酷吏的陷阱。而百姓们却受鼓动而竞相起来，依赖酷吏好像依赖父母一样。实际上酷吏不是父母，而是他们唆使的、咬人的猛狗罢了。

宣帝以刻覈称，而首诛广汉刻核之吏，论者犹或冤之。甚矣流俗之惑人，千年而未已，亦至此乎！包拯用而识者忧其致乱^①，君子之远识，非庸人之所能测久矣。

【注释】

①包拯(999—1062)：字希仁，庐州合肥(今安徽合肥)人。曾任权知开封府、权御史中丞、三司使、枢密副使等职。以廉洁公正、不附权贵、铁面无私而著称。传见《宋史·包拯列传》。

【译文】

汉宣帝以苛刻著称，而他首先诛杀赵广汉这样的苛刻官吏，评论历史的人中竟然还有为赵广汉喊冤的。流俗迷惑人也太严重了，千年之后其影响竟然还在！包拯得到重用，有见识的人担心他会招致祸乱，君子的远见卓识，根本不是庸人所能揣测的。

七　萧望之不肯出为左冯翊

萧望之之不终也^①，宜哉！宣帝欲任之为宰相，而试以吏事，出为左冯翊^②，遂愤然谢病。帝使金安上谕其意^③，乃就。望之而有耻之心也，闻安上之谕，可愧死矣。

【注释】

①萧望之（前114—前47）：字长倩，东海兰陵（今山东兰陵）人。西汉中期大臣、经学家。主治齐《诗》，兼学诸经，是汉代鲁《论语》的知名传人。曾受命在长安未央宫殿北石渠阁召集诸儒讲"五经"同异，并加以评议。汉元帝为太子时，萧望之曾教授其儒家经典，元帝即位后，他以前将军光禄勋身份领尚书事，辅佐朝政。后遭弘恭、石显等诬告而下狱，愤而自杀。传见《汉书·萧望之传》。

②左冯翊（píng yì）：官名，同时也是政区名。汉太初元年（前104）改左内史置左冯翊，与京兆尹、右扶风并列为拱卫都城长安的三辅。治所在长安（今陕西西安），辖境约当今陕西渭河以北、泾河以东、洛河中下游地区。

③金安上：字子侯。金日磾之侄，年少时任侍中，受宣帝宠爱，曾揭发楚王刘延寿反叛阴谋，赐爵关内侯。后因平定霍氏之乱有功，封都成侯。去世后，谥号为敬侯。传见《汉书·金日磾传附金安上传》。

【译文】

萧望之不得善终，是应该的呀！汉宣帝想任命他为丞相，用政务来测试他，让他出任左冯翊，他竟然愤怒地称病不就任。汉宣帝派金安上去传达自己的意思，萧望之才就任。萧望之如果有羞耻之心，听到金安上的话，就应该羞愧而死了。

世之衰也，名为君子者，外矜廉洁而内贪荣宠，位高则就之，位下则辞之。夫爵禄者，天之秩而人君制之者也。恃其经术奏议之长，择尊荣以为己所固得。充此志也，临大节而不以死易生，不以贱易贵，以卫社稷也，能乎？处己卑而高视禄位，揽非所得以为己据，诚患失之鄙夫，则亦何所不可哉！其或以伉直见也①，徒畏名义以气矜自雄耳，非心所固耻而不为者也。人主轻之，小人持之，而终不免于祸，不亦宜乎！武帝以此薄汲黯而终不用，黯得以令终，武帝可谓善驭矣。宣帝温谕以骄望之，非望之之福也。

【注释】

①伉直：刚直。

【译文】

　　在衰落之世，名为君子的人，表面上注重廉洁而内心贪图荣耀和恩宠，官位高则就任，官位低则推辞。爵禄，是上天安排的秩序，而由君主来控制。萧望之自恃精通经学和奏议的长处，选择尊崇和荣耀的职位，好像是自己本来就应该得到的一样。心中怀有这样的志向，面临生死存亡的紧急关头时，不用死亡去换得生存，不用卑贱来换取高贵，以保卫社稷，能行吗？处在卑微的位置上而企慕俸禄和爵位，将自己不应得的据为己有，实在是患得患失的庸俗之辈，那么有什么事做不出来呢！其中或许有表现得比较正直的人，但只不过是顾虑名义而以气势令自己貌似了不起罢了，并不是本来就有羞耻心而不愿意做。君主轻视这种人，小人利用这种人，于是他们最终不能免于灾祸，不也应该吗！汉武帝因此鄙薄汲黯而终生不再重用他，汲黯于是得以善终，汉武帝可谓是善于驾驭人了。汉宣帝通过温和地告谕萧望之来骄纵他，这绝不是萧望之的福音。

八　张敞释宣帝之忌昌邑

居心之厚薄，亦资识与力以相辅，识浅则利害之惑深，力弱则畏避之情甚。夫苟利害惑于无端而畏避已甚，则刻薄残忍加于君臣父子而不恤。

【译文】

居心的厚薄，也依赖见识与力量相辅佐，见识浅则被利害迷惑的程度深，力量弱则畏惧躲避的感情重。如果被利害迷惑得没有尽头，而且畏惧躲避的感情强烈，则刻薄残忍将会加之于君臣父子之间而没有顾忌。

张敞[①]，非昌邑之故臣也，宣帝有忌于昌邑，使敞觇之[②]，敞设端以诱王，俾尽其狂愚之词，告之帝而释其忌，复授以侯封，卒以令终，敞之厚也。徐铉[③]，李煜之大臣也[④]，国破身降，宋太宗使觇煜[⑤]，而以怨望之情告，煜以之死。铉之于煜，以视敞于昌邑，谁为当生死卫之者？而太宗之宽仁，抑不如宣帝之多猜。铉即稍示意旨，使煜逊词，而己藉以入告，夫岂必逢太宗之怒？则虽为降臣，犹有人之心焉。铉遂躬为操刃之戎首而忍之，独何心乎！无他，敞能知人臣事君之义，导主以忠厚，而明主必深谅之，其识胜也。且其于宠辱祸福之际，寡所畏忌，其力定也。而铉孱且愚，险阻至而惘所择，乃其究也，终以此见薄于太宗而不得用。小人之违心以殉物也，亦何益乎！

【注释】

①张敞：字子高，茂陵（今陕西兴平）人。宣帝时大臣，曾任太中大夫、京兆尹等职。宣帝初即位，担心已废的昌邑王刘贺有变动，特令张敞为山阳太守（山阳本为昌邑王旧封，刘贺被废后返居此地），暗中监视刘贺。张敞经过多方考察，发现刘贺被废后沉迷酒色，昏愚痴狂，无心思也无能力起事，便据实奏闻宣帝，使宣帝从此不再担心刘贺会有所行动。事见《汉书·张敞传》。

②觇（chān）：偷偷地察看。

③徐铉（916—991）：字鼎臣，因曾任散骑常侍，世称"徐骑省"。原籍会稽（今浙江绍兴），一作广陵（今江苏扬州）人。初仕杨吴，为校书郎。后随南唐后主李煜归宋。传见《宋史·徐铉列传》。

④李煜（937—978）：初名从嘉，字重光，号莲峰居士。生于金陵（今江苏南京）。南唐最后一位国君，以长于作词闻名。961年即位，975年，兵败降宋，被俘至汴京（今河南开封），封违命侯。太平兴国三年（978）七月七日，李煜死于汴京，据说是因为受宋太宗猜忌而被毒死。传见《新五代史·南唐世家·李煜》及《宋史·李煜列传》。

⑤宋太宗：即赵光义（939—997），字廷宜，本名赵匡义，后因避其兄宋太祖名讳改名赵光义，即位后又改名赵炅。976年即位后使用政治压力，迫使吴越王钱俶和割据漳、泉二州的陈洪进纳土归附，次年亲征太原，灭北汉，结束了五代十国的分裂割据局面。两次攻辽，企图收复燕云十六州，都遭到失败，从此对辽采取守势。并且进一步加强中央集权。传见《宋史·太宗本纪》。

【译文】

张敞并非昌邑王刘贺的旧臣，汉宣帝对昌邑王有所猜忌，派张敞前去试探，张敞设计诱导昌邑王，使他说尽狂妄愚蠢的话，然后将这些话告诉宣帝，从而消除了宣帝的疑忌，再一次将刘贺封为侯，刘贺得以善终,这是张敞为人厚道的结果。徐铉,是南唐后主李煜的旧臣,国家灭亡后投降宋朝,宋太宗派他去监视李煜,而他把李煜心怀怨恨的情况报告给太宗,结果李煜因此而死。徐铉对于李煜,对比张敞之于昌邑王,谁更应该舍生忘死地保护监视对象呢?而宋太宗宽仁,不像宣帝那样喜欢猜忌。徐铉如果稍微泄漏一点太宗的旨意,使李煜多说恭顺谦逊之词,自己再把这些话上奏给太宗,又怎么会一定让太宗发怒呢?如此则徐铉虽然是降臣,却还有一点人心。徐铉竟然能够亲自做了操刀杀人的罪魁祸首而能忍心,究竟是何居心呢!这不是因为别的,张敞能够知晓人臣事奉君主之义,以忠厚来引导君主,而英明的君主必定能够深深地体谅他,张敞的见识远胜于徐铉。而且张敞在祸福荣辱之际,很少有所畏忌,正是以这种力量来安定自身的。而徐铉软弱且愚蠢,遇到艰难险阻就手足无措、举棋不定,这是其做出背叛旧主举动的原因,他最终因此而被宋太宗所轻视,不得重用。小人违背本来的心愿为追求利益而丧生,又有什么好处呢!

有见于此而持之,则虽非忠臣孝子,而名义之际,有余地以自全。无见于此而不克自持,则君父可捐,以殉人于色笑[①]。若铉者,责之以张敞之为而不能,况其进此者乎!故君之举臣,士之交友,识暗而力柔者,绝之可也。一旦操白刃而相向,皆此俦也。

【注释】
①色笑:指和颜悦色的态度。

【译文】
能看清这一点而能够自持,则即使不是忠臣孝子,而在事关名义之际,尚且能有余地而保全自己。不能认识到这一点而不能自持,则君父都可以捐弃，来逢迎谄媚别人，换取别人的好脸色。像徐铉这样的人，要求他学习张敞的所作所为尚且做不到，何况是比这更进一步呢！所以君子举用臣子、士人结交朋友时，对于那些没有见识而且软弱的人，直接拒之门外就可以了。有朝一日，操持白刃而面向你的，都是这种人。

九　厚恤尹翁归朱邑之死

尹翁归卒^①，家无余财，宣帝赐其子黄金百斤以奉祭祀，于朱邑亦然^②，非徒其财也，荣莫至矣。故重禄者，非士所希望以报忠者也，而劝士者在此。刻画人以清节，而不恤其供祭祀、养父母、畜妻子之计。幸而得廉士也，则亦刻覈寡恩、苛细以伤民气之褊夫^③，而流为酷吏，然且不能多得。而渔猎小民以求富者，藉口以无忌而不惭。唐、宋以前，诏禄赐予之丰^③，念此者至悉，犹先王之遗意也。

【注释】

①尹翁归(？—前62)：字子兄，河东平阳(今山西临汾)人。宣帝时期大臣。曾任东海太守、右扶风等职，为官清廉，行事干练。传见《汉书·尹翁归传》。

②朱邑(？—前61)：字仲卿，庐江舒县(今安徽舒城)人。西汉中期大臣。曾任大司农丞、北海太守、大司农等职，政绩显著，为人廉洁守节。传见《汉书·循吏传》。

③褊(biǎn)夫：气量狭窄急躁的人。

④诏禄：报请王者授与俸禄。这里指官员俸禄。

【译文】

尹翁归死后，家里没有余财，汉宣帝赏赐尹翁归的儿子一百斤黄金用以供奉祭祀,对于朱邑也是如此,这不仅仅是钱财的问题,更是莫大的荣耀。所以丰厚的俸禄并不是士人所希望的对自己忠心的回报,而鼓励劝勉士人的方法却在于此。过分地渲染、刻画官员的清贫、节俭,而不考虑其供奉祭祀、赡养父母、蓄养妻子儿女的生计。幸而遇到廉洁之士,则也是刻薄寡恩、过分重视琐碎细节而伤害民气的偏狭急躁之人,容易流为酷吏,即使是这种人,尚且不可多得。而盘剥百姓以求得富裕的人,无所忌惮地寻找借口而毫不惭愧。唐、宋以前,官员俸禄和赏赐很丰厚,在这方面考虑得很周到,仍不失先王的遗意。

　　至于蒙古,私利而削禄,洪武之初,无能改焉。禄不给于终岁,赏不逾于百金,得百轩輗①,而天下不足以治,况三百年而仅一轩輗乎? 城垂陷,君垂危,而问饲猪②,彼将曰救死而不赡,复奚恤哉!

【注释】

①轩輗(ní,? —1464):字惟行,号静斋,鹿邑(今河南鹿邑)人。明朝中期著名廉吏。平素廉洁自律,秉公执法,不偏不袒,官至左都御史、刑部尚书。传见《明史·轩輗列传》。

②"城垂陷"几句:应指元顺帝梦猪之事。据《七修类稿·国事类·元亡》所载,至正二十二年(1362),元顺帝梦见猪拱大都,城覆,于是禁止军民养猪。

【译文】

　　到了元时,出于私利而削减官员俸禄,到明洪武初年,也无法改变这一局面。俸禄不能满足官员一年生计所需,赏赐不超过百金,即使有一百个轩輗,天下也不足以治理好,更何况三百年才有一个轩輗呢? 城池即将失陷,君王面临灭顶之灾,这时却问起养猪之事,则臣下必定会说现在全力挽救危亡还来不及,又哪里能顾得上其他事呢!

一〇　韦玄成避嗣父爵

汉人学古而不得其道,矫为奇行而不经,适以丧志。若韦玄成避嗣父爵①,诈为狂疾,语笑昏乱,何为者也?所贵乎道者身也,辱其身而致于狂乱,复何以载道哉!箕子之佯狂②,何时也?虞仲断发文身③,过矣,盖逃于句吴而从其俗以安④,非故为之也。然而亏体辱亲,且贻后嗣以僭王猾夏之巨恶矣⑤。且古之诸侯,非汉诸侯之比也。国人戴之,诸大夫扳之⑥,非示以必不可君,则不可得而辞也。若夫玄成者,避兄而不受爵,以义固守,请于天子,再三辞而可不相强,奚用此秽乱辱身之为以惊世哉!丞相史责之曰⑦:"古之辞让,必有文义可观,乃能垂荣于后。"摘其垂荣之私意,而勉之以文义,玄成闻此,能勿愧乎?士守不辱之节,不幸而至于死,且岳立海腾以昭天下之大义。从容辞让之事,谁为不得已者?而丧其常度,拂其恒性,亦愚矣哉!韦氏世治经术,而玄成以愚。学以启愚也,不善学者,复以益其愚。则汉人专经保残之学,陷之于寻丈之间也⑧。

【注释】

①韦玄成(?—前36):字少翁,鲁国邹(今山东邹城)人。西汉宣帝时丞相韦贤之子。父亲死后,韦玄成佯狂而让爵于其兄,得到朝野赞誉,拜河南太守。元帝永光初被拜为丞相,封侯。传见《汉书·韦玄成传》。

②箕子:名胥余,殷商末期人,商王文丁之子,帝乙之弟,商纣王叔

父。官太师,封于箕。因纣王无道,佯狂为奴。传说商朝灭亡后,他率部分商朝遗民迁往朝鲜半岛,建立了箕氏朝鲜政权。

③虞仲断发文身:虞仲,周太王古公亶父的次子、吴太伯之弟,因周太王有意传位于少子季历,为成全父亲的意志,与其兄太伯断发文身,逃亡吴地,建立吴国。继其兄太伯之后,成为吴国的第二任君主。

④句(gōu)吴:诸越部落当中较小的一个部落,即后来春秋时期的吴国。

⑤僭王:超越本分而称王。猾夏:扰乱中原地区。

⑥扳(pān):同"攀",引,拥戴。

⑦丞相史:丞相府的属吏,秩四百石。

⑧寻丈:指八尺到一丈之间的长度。

【译文】

汉代人学习古人而没有找到正确的方法,只是虚伪、矫情地做一些奇怪行为,显得荒诞不经,这恰能使人丧失志气。像韦玄成那样为了避免继承父亲的爵位,竟然假装了疯病,言语谈笑昏乱,究竟是为什么呢？对于道来说宝贵的是身体,侮辱自己的身体以至于狂乱,又将用什么来承载道呢！商朝末年箕子假装发疯,那是什么时代？虞仲剪短头发、刺上纹身,太过分了,大概是逃到句吴后不得不顺从当地的风俗以便站稳脚跟,并不是故意这样做的。可是他这样做损害了身体,辱没了父母,而且给后世留下了僭越称王、扰乱中原的巨大祸害。况且古代的诸侯,与汉代诸侯是不同的。古代诸侯有国人拥戴,有诸大夫依附、支持,如果不显示出必定不能够做君主的根据,是不可能得以辞让的。像韦玄成这样,为了避让兄长而不接受爵位,只要以道义自我坚守,再三向皇帝请求辞让,皇帝也最终不能强迫他,又何必做这些秽乱而侮辱自身的事情来惊世骇俗呢！丞相史责备他说:"古代的辞让,必定有可观的文辞义理,才能使荣耀垂于后世。"这是指摘他想要名垂后世的私意,而用文辞义理来勉励他，韦玄成听到这句话，能不惭愧吗？士人坚守不可辱没的气节，即使不幸以至于将要死亡，也要像山岳耸立、大海翻腾那样昭示天下的大义。从容辞让这种事，谁是迫不得已而做的呢？然而他却丧失了自己的常度，违背了自己的恒性，也太愚蠢了！韦家世代研习经术，而韦玄成竟如此愚蠢。学习是为了医治愚蠢，可不善于学习的人，却越学越增加自己的愚蠢。则汉代人专门研习残缺不全的经典而拘执一家之言，是局限在了寻丈之间。

一一　元康之世谷石五钱盖史氏溢辞

史称宣帝元康之世①，比年丰稔，谷石五钱，而记以为瑞，盖史氏之溢辞，抑或偶一郡县粟滞不行，守令不节宣而使尔也。一夫之耕，上农夫之获，得五十石足矣。终岁勤劳而仅获二百五十钱之赍，商贾居赢，月获五万钱，而即致一万石之储，安得有农人孳孳于南亩乎②？金粟之死生，民之大命也。假令农人有婚丧之事，稍费百钱，已空二十石之囷积③，一遇凶岁，其不馁死者几何邪？故善养民者，有常平之廪，有通籴之政④，以权水旱，达远迩，而金粟交裕于民，厚生利用并行，而民乃以存。腐儒目不窥牖⑤，将谓民苟得粟以饱而无不足焉；抑思无布帛以御寒，无盐酪蔬肉以侑食⑥，无医药以养老疾，无械器以给耕炊，使汝当之，能胜任焉否邪？

【注释】

①元康：西汉宣帝刘询的年号，使用时间为前65—前61年。

②孳孳(zī)：同"孜孜"，勤勉，努力不懈。南亩：田野。

③囷(qūn)积：谷仓中储存的粮食。囷，古代一种圆形谷仓。

④通籴(dí)：古代一种救灾制度，如一地遭灾，则从其他地方购入粮
　食赈济，调有余补不足。籴，买进粮食。

⑤牖(yǒu)：窗户。

⑥侑食：劝食，侍奉尊长进食。这里指佐餐、佐食。

【译文】

　　史书上称汉宣帝元康年间，连年丰收，谷价为每石五钱，因而记载
下来作为祥瑞，这大概是史学家的溢美之词，或许偶尔有一两个郡县粮
食积聚滞留，是郡守、县令不设法疏导造成的。一个人耕作，即使是优
秀农夫的收获，能达到五十石就不容易了。终年辛劳而仅能获得二百
五十钱的收入，而商人囤积居奇，一个月能得到五万钱的收益，相当于
有一万石粮食的积蓄，这样难道还会有农夫在田里勤勉不懈地工作吗？
金钱和粮食的损益，是民众的命脉。假使农民有婚丧嫁娶之类的事情，
稍微花费一百钱，就已经损失了二十石的存粮，一旦遇到灾年，不被饿
死的能有几人呢？所以善于养活百姓的君主，都设有常平仓，立有通籴
的制度，来调节水旱灾荒带来的损失，通达远近，而金钱粮食都积聚在
民众家中，使民众生活富足与物尽其用并行，而民众才得以生存下去。
腐儒埋首苦读，目不窥窗，误认为民众只要得到粮食吃饱肚子就没有什
么不满足的了；试想，没有布帛来御寒，没有盐、酪、蔬菜、肉来佐餐，没
有医生、药品来养老、治病，没有器械来供给耕作和做饭，如果让你在这
种环境下生活，你能够承受这些吗？

一二　赵充国以持重制夷初起

　　赵充国之策羌也[①]，制狄夷初起之定算也。夷狄而初
起，其锋铦利[②]，谋胜而不忧其败。谋胜而不忧其败，则致死
而不可撄[③]。败之不忧，则不足以持久而易溃。其徒寡，其
积不富，其党援不坚，而中国之吏士畏之不甚。是数者，利

于守而不利于攻，不易之道也。

【注释】

①羌：原是古人对居住在中国西部包括甘肃、青海黄河上游和湟水流域等游牧部落的一个泛称，汉代羌人归附中央，大量内迁，但到西汉中期，羌人散居的西北地区开始频繁爆发羌人叛乱。

②铦(xiān)利：锋利，锐利。

③撄(yīng)：接触。

【译文】

赵充国谋划的制服羌人的计策，是制服刚刚崛起的狡猾蛮夷的定算。蛮夷狡猾而刚刚起事，其锋芒锐利，只谋划胜利而不考虑失败。只谋划胜利而不考虑失败，其士兵就会拼死作战而锐不可当。他们不忧虑失败，则不足以持久而容易溃败。他们的人力少，物资积蓄不富裕，党羽、后援不够坚固，因而中原王朝的官兵不太畏惧他们。这几条，利于防守而不利于进攻，这是万世不变之道。

狄夷之初起亦微矣，而中国恒为之敝。有震而矜之者而人心摇，有轻而蔑之者而国谋不定。彼岂足以敝我哉？尝试与争而一不胜，则胁降我兵卒，掠夺我刍粮①，阑据我险要，而彼势日猖。党而援之者，益信其必兴而交以固。盛兵以往，溃败以归，而我吏士之心，遂若疾雷之洊加而丧其魄②。故充国持重以临之，使其贫寡之情形，灼然于吾吏士之心目，彼且求一战而不可得，地促而粮日竭，兵连而势日衰，党与疑而心日离。能用是谋而坚持之，不十年而如坚冰之自解于春日矣。

【注释】

①刍粮：指供军队用的饲料和粮食。

②洊（jiàn）：屡次，多次。

【译文】

狡猾的蛮夷在初起之时也是很微弱的，但中原王朝却总是被他们拖得很疲敝。有的受到其震动而夸大他们的力量，使得人心动摇；有的盲目地轻蔑对方，使得国家谋略长期不能定下。蛮夷难道有力量使我方疲敝吗？我方曾尝试与其争斗，一战不能取胜，对方就会迫降我们的兵卒，劫掠我方的粮草，占据我方险要据点，其态势越来越猖獗。与对方结盟而援助他们的部族，会更加坚信其必将兴起而与其同盟关系更稳固。我军以重兵前往征讨，溃败而归，于是官兵的心就像连续遭到迅雷袭击一样魂飞魄散。所以赵充国持重地对付蛮夷，使其贫弱的情形清晰地留存在我方官兵的心目中，敌方渴求与我方一战而不可得，时间久了，他们就会因为地域狭小而粮草越来越少，由于战火连绵而势力越来越衰弱，其同盟会因为对前景产生疑虑而日益与其离心离德。如果能使用这种计策并持之以恒，不到十年，蛮夷的威胁就会像坚冰在春天太阳的照射下自行消融一样消失无遗。

虽然，一人谋之已定，而继之者难也。夷无耻者，困则必降，降而不难于复叛。充国未老，必且有以惩艾而解散之，而辛武贤之徒不能①，故羌祸不绝于汉世。然非充国也，羌之祸汉，小则为宋之元昊，大则为拓拔之六镇也②，而拓拔氏以亡矣。

【注释】

①辛武贤：陇西狄道（今甘肃临洮）人。西汉将领，曾任酒泉太守。

神爵元年(前61)西羌反叛,他被就地任为破羌将军,征讨羌人,取胜后复为酒泉太守。后七年,复为破羌将军,征乌孙至敦煌。传见《汉书·辛武贤传》。

②六镇:指北魏前期为了防御来自北方的侵扰、拱卫首都平城而在平城以北边境设置的六个军镇,自西而东为沃野、怀朔、武川、抚冥、柔玄、怀荒六镇,军镇将卒来自鲜卑、匈奴、汉族等多个民族。六镇设立后逐渐成为北魏北部军事力量的重心所在,但随着北魏衰落,正光四年(523)爆发六镇起义,给北魏政权沉重一击,最终导致了北魏的灭亡。

【译文】

尽管如此,一个人已然定下谋划,其他人继承他的方略是很难的。夷人没有羞耻之心,陷入困境必定会投降,投降之后再次反叛也不困难。赵充国尚未老去时,必定会有办法防患于未然而解散他们,而辛武贤之流却没有能力这样做,所以羌人造成的祸患在汉代未曾断绝过。然而,如果没有赵充国,那么羌人对于汉朝的危害,小则像北宋的元昊,大则像北魏的六镇,而拓跋氏就是因此最终灭亡的。

一三 充国欲以数岁胜敌

宣帝之诏充国曰:"将军不念中国之费,欲以数岁而胜敌,将军,谁不乐此者?"呜呼! 此鄙陋之臣以惑庸主而激无穷之害者也。幸充国之坚持而不为动,不然,汉其危矣!

【译文】

汉宣帝下诏书给赵充国说:"将军不顾念国家的浩繁花费,想用数年的时间战胜敌人,做将军的,谁不乐意这样呢?"唉! 这是鄙陋的臣子用来迷惑昏庸的君主而激起无穷祸患的话。幸亏赵充国坚持己见,不为所动，不然的话，汉朝就危险了！

　　为国者，外患内讧，不得已而用兵。谓之不得已，则不可得而速已矣；谓之不得已，则欲已之，亦惟以不已者已之而已矣。何也？诚不可得而已也。举四海耕三余九之积①，用之一隅，民虽劳，亦不得不劳；国虽虚，亦不得不虚。鄙陋之臣，以其称盐数米于煨厨之意计而为国谋②，庸主遂信以为忧国者，而害自此生。司农怠于挽输③，忌边帅之以军兴相迫，窳敝之有司④，畏后事之责，猾胥疲民，一倡百和，鼓其欲速之辞，而害自此成。茫昧微功之将帅，承朝廷吝惜之指，翘老成之深智沉勇以为耗国毒民，乃进荡平之速效，而害自此烈矣。

【注释】

①耕三余九：当为"耕九余三"之误。《礼记·王制》曰："国无九年之蓄曰不足，无六年之蓄曰急，无三年之蓄曰国非其国也。三年耕必有一年之食，九年耕必有三年之食，以三十年之通，虽有凶旱水溢，民无菜色，然后天子食，日举以乐。"《淮南子·主术训》亦曰："夫天地之大计，三年耕而余一年之食，率九年而有三年之畜。"故"耕九余三"意为九年耕作会有可供三年食用的积余。

②煨(wēi)：古代一种可移动的火炉。

③司农：又称大司农，汉代九卿之一，掌管钱谷之事。

④窳(yǔ)敝：腐败，凋敝。窳，懒惰。

【译文】

　　治理国家的人，面临外患和内讧，不得已才用兵。说是不得已，就是不能得以迅速止息祸患；说是不得已，就是即使想要止息战事，也只能等到尚未止息的祸患止息以后才行。为什么呢？因为实在是不能得以止息。将四海之内耕作九年而留下的可供三年食用的积余，全都用在一隅，民众虽然辛劳，也不得不辛劳；国库虽然空虚，也不得不空虚。鄙陋的臣子，将他们在厨房中称盐数米的计谋用在国家大事上，平庸的君主竟相信他们是真正忧国忧民的，于是祸害就此产生。司农不愿意费心费神地转运军需品，忌惮边关将帅以战事开始来逼迫自己，懒惰疲惫的有关官员，畏惧误期而受罚，狡猾的官吏与疲惫的民众，一倡百和，极力鼓吹其要求速战速决的言论，于是祸害由此形成。愚昧而想邀功的将帅，顺承朝廷想节省开支的意旨，指责老成持重、具有深沉智慧与勇气的将领为消耗国家、毒害民众的罪人，上书陈述能够迅速见效的荡平敌军的策略并付诸实施，而祸害从此就更加严重了。

充国之至金城也①，以神爵元年之六月②，其振旅而旋，以二年之五月，持之一年而羌以瓦解，则所云欲以数岁而胜敌者，盖老成熟虑之辞，抑恐事不必速集，而鄙陋之庸臣且执前言以相责耳。非果有数岁之费以病国劳民，显矣。甚矣，国无老臣而庸主陋臣之自误也！惮数岁之劳，邀期事之速效，一蹶不振，数十年兵连祸结而不可解，国果虚，民果困，盗贼从中起，而遂至于亡。以田夫贩竖数米量盐之智③，捐天下而陆沉之④，哀哉！

【注释】

①金城：汉代郡名。汉昭帝始元六年（前81）设置，郡治在今甘肃兰州。

②神爵元年：公元前61年。神爵，汉宣帝刘询的年号，使用时间为前61—前58年。

③贩竖：小贩。

④陆沉：陆地无水而沉，比喻国土沦陷于敌手。

【译文】

赵充国到达金城，是在神爵元年的六月，他胜利归来是在神爵二年的五月，坚持其方略一年而羌人就土崩瓦解了，可见他当初所说的计划用数年时间战胜敌人，大概只是老成谋国、深思熟虑的言辞，也是恐怕战事一旦不能迅速结束，则鄙陋庸俗的臣子会用先前所说的时限为借口，大肆指责、攻击他。并非真的有好几年的浩大花费来使国家疲敝、人民辛苦，这是很明显的。国家没有老臣时，平庸的君主和鄙陋的臣子的自误也太严重了！害怕数年的劳苦，就期望能够速战速决，万一战败就一蹶不振，则数十年兵连祸结而无法解脱，国库果真空虚，民众果真困顿，盗贼从中趁机而起，而国家于是走向灭亡。把农夫小贩称盐数米的小聪明用在国家大事上，结果使国家土崩瓦解、沦陷于敌人之手，实在是悲哀啊！

一四　汉循吏多求名伪饰

宣帝重二千石之任，而循吏有余美，龚遂、黄霸、尹翁归、赵广汉、张敞、韩延寿①，皆藉藉焉②。迹其治之得失，广汉、敞、霸皆任术而托迹于道。广汉、敞以虔矫任刑杀，而霸多伪饰，宽严异，而求名太急之情一也。延寿以礼让养民，庶几于君子之道，而为之已甚者亦饰也。翁归虽察，而执法不烦；龚遂虽细，而治乱以缓。较数子之间，其愈矣乎！要此数子者，唯广汉专乎俗吏之为，而得流俗之誉为最；其余皆缘饰以先王之礼教，而世儒以为汉治近古，职此繇也。

【注释】

①龚遂：字少卿，山阳南平阳（今山东邹城）人。初为昌邑国郎中

令，曾多次劝谏刘贺不要骄奢淫逸。刘贺被废后属臣二百多人都遭诛杀，只有龚遂与中尉王阳因多次规劝免于一死，但剃发判处四年徒刑。汉宣帝继位后，龚遂担任渤海太守。龚遂平定盗贼叛乱、鼓励农桑，很有政绩。后升任水衡都尉，最终卒于任上。传见《汉书·循吏传》。黄霸(? —前51)：字次公，淮阳阳夏(今河南太康)人。曾任河南太守丞、廷尉正、扬州刺史、颍川太守等职。汉宣帝五凤三年(前55)，出任丞相，封建成侯。黄霸善于治理郡县，为官清廉，政绩突出，后世常将黄霸与龚遂作为"循吏"的代表，并称为"龚黄"。传见《汉书·循吏传》。韩延寿(? —前57)：字长公，西汉著名循吏。曾任谏大夫、颍川太守、东郡太守等职，政绩显著。后在左冯翊任上被萧望之等弹劾，被宣帝处死。传见《汉书·韩延寿传》。

②藉藉：杂乱众多的样子。

【译文】

汉宣帝重视郡守的职任，于是循吏的美名流传至今，龚遂、黄霸、尹翁归、赵广汉、张敞、韩延寿等人，都厕身其中。考察他们为政的得失，赵广汉、张敞、黄霸都是使用术而托名为道。赵广汉、张敞都虚伪、残暴而过分注重刑罚、杀戮，而黄霸则多虚假矫饰之举，虽然宽严不同，但求名之心太过急切的情形是一样的。韩延寿以礼让来涵养民众，接近于君子之道了，但是做得过了头，也是虚伪矫饰。尹翁归虽然明察，但是执法不苛烦；龚遂虽然仔细，但使用较为和缓的方式治理乱局。与其他几位相比，尹、龚二人难道不是略胜一筹吗？在这些人中，只有赵广汉专门干俗吏所做的事，却得到世俗之人的称赞最多；其他人都有以先王的礼教来粉饰自己，而世间儒者都认为汉代政治接近古道，就是基于这种理由。

夫流俗之好尚，政教相随以滥；礼文之缘饰，精意易以相蒙;两者各有小著之效,而后先王移风易俗、缘情定礼之令德,永息于天下。救之者其惟简乎,故夫子言南面临民之道,而甚重夫简①;以法术之不可任,民誉之不可干,中和涵养之化不可以旦夕求也。

【注释】

①故夫子言南面临民之道,而甚重夫简:据《论语·雍也》所载,冉雍向孔子询问子桑伯子这个人,孔子称其"简"得好。冉雍认为应该"居敬而行简,以临其民",如果"居简而行简"则过"简"了。孔子对此表示称赞,并认为"雍也可使南面"。

【译文】

世俗之人喜好、崇尚什么,刑赏教化就跟随什么,以至于泛滥;礼节仪式方面的文饰,容易使得精深大义被掩盖;两者各有小的显著效果,而后先王移风易俗、根据情况制订礼法的美好品德,却永远在天下断绝了。能够挽救这种局面的,大概只有"简"了吧? 所以说,孔子在论述君王治理民众之道时,非常重视简,因为法、术不能偏任,人民的称誉不可以强行干预,中和涵养的教化不可能在旦夕之间就求得。

　　如广汉者,弗足道矣。继广汉而兴,为包拯、海瑞者①,尤弗足道矣。至于霸、延寿、翁归,循其迹而为之,何遽不如三代? 而或以侈败,或以伪讥,何为其致一时之感欤,反出广汉下乎? 虽然,亡其实而犹践其迹,俾先王之显道不绝于天下,以视广汉与敞之所为,犹黄稗与五谷,不可以熟不熟计功也。褊躁以徇流俗之好恶,效在一时,而害中于人心,数百年而不复,亦烈矣哉!

【注释】

①海瑞（1514—1587）：字汝贤，号刚峰，琼山（今海南海口）人。明代著名廉吏。嘉靖至万历年间曾任户部主事、兵部主事、两京左右通政、右佥都御史等职。在任期间打击豪强，疏浚河道，修筑水利工程，禁止徇私受贿，强令贪官污吏退田还民，在民间有"海青天"之誉。万历十五年（1587）病逝，获赠太子太保，谥号忠介。传见《明史·海瑞列传》。

【译文】

　　像赵广汉这种人，是不值得称道的。继赵广汉而起的，有包拯、海瑞等人，尤其不值得称道。至于黄霸、韩延寿、尹翁归，如果能循着他们的足迹走下去，像他们那样施政，难道会不如三代时期吗？然而他们有的因为奢侈而遭遇失败，有的因为虚伪而被讥讽，为何他们在短时间内赢得民众的感佩欣喜之情，反而在赵广汉之下呢？尽管如此，虽没有他们施政之实而尚可以仿效其行迹，使先王的显道不在天下断绝，以此来看赵广汉和张敞的所作所为，就好像杂草与五谷一样，不可以用是否成熟作为计量功劳的标准。偏狭急躁而曲从于世俗之人的好恶，只能取得一时的成效，可毒害却深深根植在人们心中，几百年也无法恢复，这危害也太严重了！

一五　春秋大不伐丧非以待夷狄

　　萧望之曰："恩足以服孝子，谊足以动诸侯，故《春秋》大士匄之不伐丧①。"遂欲辅匈奴之微弱，救其灾患，使贵中国之仁义，亦奚可哉？恩足以服孝子，非可以服夷狄者也；谊足以动诸侯，非可以动夷狄者也。梁武拯侯景于穷归，而死于台城②；宋徽结女直于初起，而囚于五国③。辅其弱而强之，强而弗可制也；救其患而安之，安而不可复摇也。汉之

于匈奴，岂晋之于齐、均为昏姻盟会之友邦哉？望之之说
《春秋》也，失之矣。

【注释】

①士匄(gài)之不伐丧：据《春秋·襄公十九年》记载，晋大夫士匄
　　率军伐齐，途中听闻齐侯卒，于是率军返回。一般认为，《春秋》
　　专门记录此事，意在赞扬士匄之守礼。

②梁武拯侯景于穷归，而死于台城：侯景本为北魏将领，因国内政
　　治争斗而被迫投降梁朝，梁武帝接受了他的投降，给他很高待
　　遇，封其为河南王、大将军、持节。但侯景很快叛变，攻入都城建
　　康，围困梁武帝于台城（宫城），梁武帝最终被饿死。事见《梁
　　书·武帝本纪》《梁书·侯景列传》。

③宋徽结女直于初起，而囚于五国：宋徽宗为收复燕云十六州，与
　　刚崛起的女真签订"海上之盟"，相约共同伐辽。但辽朝灭亡后，
　　女真人看到北宋的衰弱，大举伐宋，攻入北宋都城，俘虏宋徽宗、
　　宋钦宗等人，宋徽宗最终以囚徒身份死于五国城（今黑龙江依
　　兰）。事见《宋史·徽宗本纪》。

【译文】

　　萧望之说："恩德足以使孝子悦服，情谊足以使诸侯感动，所以《春
秋》高度赞扬士匄不攻伐国君刚去世的齐国的做法。"他于是准备在匈
奴实力微弱的时候帮助他们，救济他们的灾患，使他们珍视中国的仁
义，这又哪里可以呢？恩德足以使孝子悦服，并不足以使夷狄悦服；情
谊足以使诸侯感动，并非可以使夷狄之人感动。梁武帝在侯景走投无
路的时候接纳了他，最终却使自己饿死在台城；宋徽宗在女真刚崛起的
时候与他们结盟，最终却被女真人囚禁在五国城直到死亡。在夷狄实
力衰弱时援助他们，使其重新强大起来，可强大以后就无法制服他们
了；在夷狄之人遭遇灾祸的时候救济他们，使其安定下来，可安定以后

就无法再动摇他们了。汉朝与匈奴的关系，难道就像晋国与齐国那样是互通婚姻、相互盟会的友邦吗？萧望之对《春秋》的说法，是错误的。

一六　黄霸以赏诱吏为治道之蠹

苏威以五教督民而民怨①，黄霸以兴化条奏郡国上计而民颂之②。盖霸以赏诱吏，而威以罚督民，故恩怨殊焉，而其为治道之蠹，一也。耕者让畔③，行者让路，道不拾遗，传记有言之以张大圣人之化者矣。而《诗》《书》所载，孔门所述，未尝及焉。故称盛治之民曰"士悫女憧"④，言乎其朴诚而不诡于文也。故曰："礼不下庶人，刑不上大夫⑤。"礼之不可望庶人，犹大夫之不待刑也。圣人之训，炳如日星矣。

【注释】

①五教：五常之教。依《尚书·舜典》是指：父义、母慈、兄友、弟恭、子孝。据《孟子·滕文公上》则是指：父子有亲、君臣有义、夫妇有别、长幼有序、朋友有信。

②黄霸以兴化条奏郡国上计：据《汉书·循吏传》记载，黄霸为丞相时，每逢郡国上计，便向长吏守丞询问各郡国全年的人口、钱粮、盗贼、狱讼等事，将其一一疏举，以便振兴教化。上计，秦汉时期由地方行政长官定期向朝廷呈上计文书，报告地方治理状况的一种制度。

③畔：田地的界限。

④悫（què）：质朴，厚道，诚实。憧：通"憃（chōng）"，愚笨的，朴拙的。

⑤礼不下庶人，刑不上大夫：语出《礼记·曲礼上》："礼不下庶人，刑不上大夫，刑人不在君侧。"一般认为，此句意为"庶人没有资

格受礼遇,大夫拥有特权不受刑",但也有人解释为"礼制不减轻于庶人,刑法不加重于大夫"。从下文来看,王夫之认同前者。

【译文】

苏威用五常之教来督责民众而民众怨恨他,黄霸为振兴教化而逐条疏奏郡国上计文书,百姓交口称赞。大概是因为黄霸用奖赏诱惑官吏,而苏威用刑罚督责百姓,所以百姓的感激、怨恨之情不同,但他们作为治道的蠹虫,则是一样的。种田的人互让田界,行路的人相互让路,没有人把别人丢失在路上的东西捡走,传记中有这样的记载来张大圣人的教化。而根据《诗经》《尚书》的记载,孔门弟子的称述,并没有到达这个地步。所以称盛世中的民众为"士悫女憧",是说他们厚道诚实而不诡诈地文过饰非。所以说:"庶人没有资格受礼遇,大夫拥有特权不受刑。"礼不可寄望于庶民,就像大夫不能用刑罚来对待一样。圣人的遗训,昭昭如太阳和星辰。

孔子没,大义乖,微言绝;诸子之言,激昂好为已甚[1],殆犹佛、老之徒,侈功德于无边,而天地日月且为之移易也。夫圣人之化,岂期之天下哉?尧有不令之子,舜有不恭之弟[2],周公有不道之兄,孔子有不朽不雕之弟子[3],草野无知,而从容中道于道路,有是理哉?以法制之,以刑束之,以利诱之,民且涂饰以自免。是相率为伪,君子之所恶也。汉之儒者,辞淫而义诡,流及于在位,袭之以为政。霸之邪也,有自来矣。君子之道,如天地之生物,各肖其质而使安其分,斯以为尽人物之性而已矣。

【注释】

①已甚:过分,过甚。

②舜有不恭之弟：指舜的异母弟象。因象对舜不满，经常与母亲和父亲瞽叟寻机杀害舜。

③孔子有不杇(wū)不雕之弟子：孔子的弟子宰予因为白日睡觉，孔子斥其"朽木不可雕也"。

【译文】

孔子死后，大义偏离，微言断绝；诸子百家的言论，激昂而喜好过甚，大概也与佛、道之徒类似，贪求功德无边，而天地日月似乎也将因此而改易。圣人的教化，难道能够期望遍及天下吗？尧有不肖的儿子丹朱，舜有不恭敬的弟弟象，周公有大逆无道的兄长管叔鲜，孔子有"朽木不可雕"的弟子宰予，出身草野的无知之人，从容地走在道路正中间，有这样的道理吗？如果用法律来惩治他们，用刑罚来约束他们，用利益来诱导他们，民众就会文过饰非来求得自免。但这实质上是引导他们弄虚作假，这是君子所厌恶的做法。汉代的儒者，言论浮华不实而义理诡诈，影响到统治者，他们就把这些学说用在了施政上。黄霸的奸邪是有其来由的。君子之道就像天地生育万物，各自根据其本质创造相应形象，而使其各安其位，这样才能够使人和物的天性都得以尽情展露无遗。

一七　常平流为青苗

耿寿昌"常平"之法①，利民之善术也，后世无能行之者，宋人仿之，而遂流为"青苗"②。故曰：非法之难，而人之难也。三代封建之天下，诸侯各有其国，其地狭，其民寡，其事简，则欲行"常平"之法也易。然而未尝行者，以生生之计，宽民于有余，民自得节宣焉，不必上之计之也。上计之而民视以为法；视以为法，则惮而不乐于行，而黠者又因缘假借以雠其奸。故三代之制，裕民而使自为计耳。虽提封万井之国③,亦不能总计数十年之丰歉而早为之制也。郡县之天下,财赋广,而五方之民情各异④,其能以一切之治为治乎?

【注释】

①耿寿昌:西汉天文学家、历算家。精通数学,曾修订《九章算术》,又用铜铸造浑天仪观天象,著有《月行帛图》等。"常平"之法:耿寿昌在汉宣帝时任大司农中丞,在西北设置"常平仓",在谷贱时增其价而买入,以利农谷,贵时减其价而卖出,以赡贫民,从而稳定粮价、保障民生,兼作为国家储备粮库。

②青苗:指青苗法,北宋王安石变法的重要内容之一,亦称"常平新法"。主要措施是将常平仓、广惠仓的储粮折算为本钱,以百分之二十的利率贷给农民、城市手工业者,以缓和民间高利贷盘剥的现象,同时增加政府的财政收入。但事实上青苗法在实施过程中出现了一系列问题,变质为官府辗转放高利贷、收取利息的苛政。

③提封:版图,疆域。井:古代指方一里、九夫所治之地。

④五方:东、南、西、北、中五个方位的合称。

【译文】

耿寿昌的"常平"之法,是有利于民众的好办法,后世没有能够推行的,宋代人仿效他,却演变成了"青苗法"。所以说:并不是法令本身难以推行,而是人难以将法令付诸实施。在实行分封制的三代时期的天下,诸侯各自有其国,其国土狭小,民众不多,事情简易,因而想推行"常平"之法也容易。然而当时并未推行,是因为当时的民生政策,对待民众宽厚,民众有较大余地,百姓可以自行调整,不必由朝廷为他们制定计划。朝廷制定计划,就会被民众视为法令,视为法令,则民众有所忌惮而不乐意执行,而狡黠之徒还会趁此机会做坏事,大肆兜售其奸诈。所以三代的制度,是让民众富裕而使他们各自为计。即使是疆域方圆一万里的大国,也不能总计几十年的水旱丰收、歉收而提前做出相应安排。在郡县制时代的天下,财赋甚广,各地的民情又互不相同,难道能够以一刀切的治理方法来治理天下吗?

然则"常平"之制不可行与? 曰:"常平"者,利民之善术,何为而不可行也? 因其地,酌其民之情,良有司制之,乡之贤士大夫身任而固守之,可以百年而无弊,而非天子所可以齐一天下者也。寿昌行之而利,亦以通河东、上党、太原、弘农之粟于京师而已矣①。

【注释】

①河东:指河东郡,汉代河东郡辖今山西西南部,治所在安邑(今山西夏县)。上党:指上党郡,汉代上党郡辖今山西东南部,治所在长子(今山西长子)。太原:指太原郡,辖境屡有变迁。治所在晋阳(今山西太原)。弘农:指弘农郡,西汉弘农郡辖今河南西部部分地区及陕西商洛等地,治所在函谷关(今河南灵宝东北)。

【译文】

既然如此,"常平"之法是不可行的吗? 回答是:"常平"法,是有利于民众的好法,为什么不可行呢? 如果能够因地制宜,考虑各地的不同民情,选择称职的官员负责,地方上的贤德士大夫以身作则,并且持之以恒,则可以保证一百年之内没有大的弊病,这不是天子能在天下一刀切实行的。耿寿昌推行常平法能够取得成效,也是因为他将河东、上党、太原、弘农等地的粮食流通到京师长安而已。

一八　萧望之不可大受

宣帝临终,属辅政于萧望之,其后望之被谮以死①,而天下冤之。夫望之者,固所谓可小知而不可大受者也②。望之于宣帝之世,建议屡矣,要皆非人之是,是人之非,矫以与人立异,得非其果得,失非其固失也。匈奴内溃,群臣议灭之,望之则曰:"不当乘乱而幸灾。"呼韩邪入朝③,丞相御史欲位之王侯之下,望之则曰:"待以不臣,谦亨之福④。"韩延寿良吏也,忌其名而讦其小过以陷之死。丙吉贤相也⑤,则倨慢无礼而以老侮之。且不但已也,出补平原太守⑥,则自陈而请留;试之左冯翊,则谢病而不赴。迹其所为,盖揽权自居,翘人过以必伸,激水火于廷,而怙位以自尊者也。若此者,其怀禄不舍之情,早为小人之所挟持;而拂众矫名,抑为君子所不信。身之不保,而安能保六尺之孤哉⑦!见善若惊,见不善如雠,君子犹谓其量之有涯而不可以任大;况其所谓善者不必善,所谓不善者非不善乎!

【注释】

①谮(zèn):说别人的坏话,诬陷,中伤。

②可小知而不可大受:语出《论语·卫灵公》:"君子不可小知,而可大受也;小人不可大受,而可小知也。"小知,小智慧。大受,承担重任。

③呼韩邪(? —前31):西汉后期匈奴单于。前58至前31年在位。名稽侯珊。虚闾权渠单于之子。因匈奴内乱,为借汉朝之力保全自己,他对汉称臣并数次入朝,是第一个到中原来朝见的匈奴单于,因迎娶王昭君而广为人所知。传见《汉书·匈奴传》。

④谦亨:出自《周易·谦卦》:"谦:亨。君子有终。"意为人谦虚则亨通。后以"谦亨"指谦恭有德。

⑤丙吉(? —前55):字少卿。汉武帝末年曾保护皇曾孙刘询(汉宣帝),后任大将军霍光长史,建议迎立汉宣帝,封关内侯。宣帝即

位后，封丙吉为博阳侯。神爵三年（前59）任丞相。为政宽大。
死后谥号"定"，为麒麟阁十一功臣之一。传见《汉书·丙吉传》。

⑥平原：指平原郡，汉代郡名。辖今山东德州中南部及齐河、惠民、
阳信一带。治所在今山东平原。

⑦六尺之孤：没有成年的孤儿。六尺，古代尺短，六尺形容个子未
长高。孤，死去父亲的小孩。

【译文】

汉宣帝临终的时候，将辅政之任嘱托给萧望之，其后萧望之被诬告
而死，天下人都认为他很冤枉。萧望之本来就属于所谓的有小智慧而
难以承担重任的人。萧望之在宣帝时代，屡次向皇帝进谏，基本上都是
以别人的是为非，以别人的非为是，强词夺理地标新立异，所以他得到
的不是他本应得到的，失去的也不是他本应失去的。匈奴内部崩溃，汉
朝的群臣都建议趁机消灭匈奴，萧望之却说："不应该趁别人混乱而将
其灾祸当作值得高兴的事。"呼韩邪单于入朝，丞相和御史大夫想把他
的位次排在王侯之下，萧望之却说："不把他当作臣子对待，是谦恭有德
之福。"韩延寿是贤能的官吏，萧望之却忌惮他的名声而攻击他的小过
错，以至于将其构陷至死。丙吉是贤德的丞相，萧望之却对他傲慢无
礼，因为他年迈而欺辱他。而且不但如此，朝廷让他出京补任平原太
守，他却自己陈情请求留任；以左冯翊之职来测试他，他却称病而不赴
任。从他的所作所为可以看出，他是一个喜欢揽权自居、抓住别人过失
穷究不舍、在朝廷中激起水火不相容之势、自己倚仗权位而妄自尊大的
人。像这样，他贪恋俸禄和权位、依依不舍之情，早就被小人所挟持了；
而他违背众意、沽名钓誉，更为君子所不信任。他自身尚且难以保全，
又怎么能保全尚未成年的皇帝呢！看见好人好事就会受到震动，看到
坏人坏事就像见到仇敌一样，君子尚且认为其气量有限而不足以承担
大任，何况萧望之所说的善不一定是善，所说的不善不一定是不善呢！

　　宣帝之任之也,将以其经术与?挟经术而行其偏矫之情,以王安石之廉介而祸及天下,而望之益之以侈;抑以其议论与?则华而不实,辩而窒①,固君子之所恶也。主父偃、徐乐岂无议论之近正,而望之抑奚以异?盖宣帝之为君也,恃才而喜自用,乐闻人过以示察者也,故于望之有臭味之合焉。以私好而托家国之大,其不倾者鲜矣。

【注释】

①窒(zhì):阻塞而不通畅。

【译文】

　　汉宣帝任用萧望之,是因为他的经术吗?如果倚仗经术而遂行其偏激造作之情,以王安石的清廉耿介尚且使祸害影响遍及天下,何况是萧望之这样更加奢侈的人;或许汉宣帝是看中了萧望之的议论吧?可他的议论华而不实,雄辩而内理不通畅,本来就是君子所厌恶的。主父偃、徐乐等人难道没有貌似义正辞严的议论吗?萧望之与他们又有什么区别呢?大概汉宣帝作为君主,恃才傲物,喜欢刚愎自用,喜欢听别人的过失来显示自己的明察,所以在这方面与萧望之臭味相投。因为个人的喜好而把家国大任轻率托付给别人,很少有不覆亡的。

元 帝

【题解】

汉元帝刘奭(shì,前74—前33)于黄龙元年(前49)以皇太子身份继位。元帝好儒术,多才艺,而为人柔懦。他在位期间,优柔寡断而缺乏大略,面对逐渐显露的社会危机无所作为,宠信、放任宦官,导致朝政混乱。西汉由此逐渐走向衰落。

汉元帝对于西汉的衰亡负有多大的责任,历史上聚讼纷纭。王夫之在本篇中对这一问题给出了自己的见解。他旗帜鲜明地指出"汉之亡,非元帝之咎也"。他认为,元帝虽柔弱而寡断,但对天下伤害不大。他宠信的石显等佞臣尽管大肆排斥异己,但其恶未曾波及民众,国家的元气没有被摧残。骄奢放纵的汉成帝、哀帝才应该对汉朝的衰亡负主要责任。尽管如此,元帝也并非毫无责任。在王夫之看来,元帝立成帝为太子,而又宠爱山阳王,试图更易国储,事虽不成,汉成帝和其母王皇后却深感"孤危",只能引外戚王凤等为党援,这就为日后外戚专权埋下了祸根。

宣帝时重用文法官吏,而元帝"好儒术",重用儒生为相。宣帝生前担忧元帝独崇儒术会带来祸患,预言"乱我国家者,必太子也"。王夫之认为,汉元帝时期有贡禹、匡衡等出身儒生的宰辅以儒学"雍容涵养"元帝,使其不至于骄奢淫逸,从而维持了基本平静的国内外态势,这一点是不容否定的。但元帝选取士人的标准过于单一,选拔上来的人才过于"柔惰",缺乏"刚正之士",这些人面对外戚篡权时,自然不可能挺身而出捍卫汉室。王夫之总结宣、元时期的用人得失,指出君主驾驭天下人才,不能轻易显示自己的好恶,必须慎重斟酌,平衡地任用各类人才;一味以好恶用人,就会造成物极必反的局面。

　　本篇中王夫之还对元帝时期易学家京房的"八宫世应"学说进行了批驳。王夫之指出,京房"以小智立一成之象数",立典要以为方体,极力使内容屈从于形式,把天象人事割裂开来,生搬硬套地塞入一个固定的格式之中,这就必然圆凿方枘,与五行二仪之道和事物的实际的变化格格不入。而京房将其学说投射于政治,所提出的"考课之法",同样是犯了削足适履的错误,完全没有考虑到不同地区、群体乃至个体的差异,妄图以一己之智来桎梏天下,实为"大乱之道"。王夫之提出:"法者,非一时、非一人、非一地者也。"纵观全书,王夫之始终反对任何"一刀切"的法令,强调因时变通的重要性。这些评论,既反映出王夫之深厚的易学素养,也彰显出其高超的辩证思维水平。

一　萧周张刘借援躁进喜事之人

　　朋党之兴,始于元帝之世,流风所染,千载不息,士得虚名获实祸,而国受其败,可哀也夫! 萧望之、周堪、张猛、刘更生①,固雅意欲为君子者也,其攻史高、弘恭、石显②,以弼主于正③,固君子之道也。夫君子者,岂徒由其道而遂以胜天下之邪哉? 君子所秉以匡君而靖国者,蹇蹇之躬④,可生可死,可贵可贱,可行非常之事,可定众论之归,而不倚人以为援。若夫进贤以卫主,而公其善于天下,则进之在己,而举错一归之君⑤。且必待之身安交定之余,而不急试之危疑之日。然且避其名而弗居,以使贤士大夫感知遇于吾君,而勉思报礼。身已安，交已定，道已行，小人已远，则善士之进，自拔以其汇，而不肖者不敢饰说以干。于身为君子，于国为大臣，恃此道也。

【注释】

①周堪：字少卿。汉宣帝时任太子少傅，受宣帝遗命与乐陵侯史高、太子太傅萧望之共同辅政，拜为光禄大夫，领尚书事。元帝即位后，石显等人逐渐掌握实权，诬陷萧望之致其自杀后，元帝擢周堪为光禄勋，弘恭、石显等人于是对其愈发憎恨，屡次诬陷周堪及其弟子张猛之过。元帝于是左迁周堪为河东太守，三年后复拜为光禄大夫，秩中二千石，领尚书事。此时尚书任事五人皆为石显之党，大小事情皆由石显裁决。周堪身患喑疾，不能开口说话而卒。传见《汉书·儒林传》。张猛（？—前40）：字子游，张骞之孙。汉元帝时任光禄大夫、太中大夫，曾出使匈奴。性刚直。奸宦石显专擅朝政，张猛与京房、陈咸、贾捐之等大臣上书弹劾，元帝不采纳。石显罗织罪名陷害上书者，张猛自杀。其事见于《汉书·张骞传》。刘更生：即刘向（前77—前6），字子政，更生是其本名。汉高祖弟楚元王刘交四世孙。祖籍沛丰邑（今江苏丰县），世居京兆长安（今陕西西安）。西汉目录学家、文学家。汉元帝时因反对宦官弘恭、石显下狱，免为庶人。成帝即位后召拜为中郎，迁光禄大夫，奉命领校秘书。刘向治《春秋穀梁传》，著有《别录》《新序》《说苑》《列女传》《战国策》等书。传见《汉书·楚元王传》。

②史高（？—前42）：汉宣帝祖母史良娣的兄弟史恭的长子。以侍中入仕，因检举霍禹之功封乐陵侯。汉宣帝临终命他和萧望之、周堪为元帝辅政大臣，拜大司马、车骑将军，领尚书事。史高辅政五年，后致仕回家。死后谥号安。其事散见于《汉书·霍光金

日碑传《汉书·萧望之传》等。弘恭：年少时因犯罪被处以腐刑，为中黄门，宣帝时为中书令，因明习法令，善为请奏，得信任。元帝即位后，与石显共同专权，陷害萧望之、张猛等人致死。其事见于《汉书·佞幸传》。石显：字君房，济南（今山东济南）人。年轻时遭受腐刑，后选为中尚书，之后又被提拔为仆射，汉元帝时开始与弘恭共同专权。期间结党营私，打击异己。汉成帝刘骜继位后失势，被人弹劾免官，死在回乡路上。传见《汉书·佞幸传》。

③弼：辅佐。

④蹇蹇：忠直的样子。

⑤错：通"措"。

【译文】

朋党的兴起，开始于汉元帝时期，其流毒蔓延，千年不息。士人得到虚名、遭遇实在的灾祸，而国家因此遭到重大损失，太可悲了！萧望之、周堪、张猛、刘向等人，本意是要做君子的，他们攻击史高、弘恭、石显等奸臣，以便把皇帝引向正途，匡正其过失，这本来的确是君子之道。可君子难道仅仅凭借其道就能战胜天下的邪恶势力吗？君子所秉仗使用以匡正君主、安定国家的，是忠直的为人，可以生可以死，可以贵可以贱，可以做非常之事，可以决定众论的归向，而不依赖别人作为内援。至于进谏贤才以拱卫君主，将其好处公布于天下，则是把举荐贤人之事归于自己，而把决定是否录用之权全归于君王。而且一定要等到自身安定、交情已定之时，而不急于在危疑之际尝试。不仅如此，君子还要避进贤之名而不自居其功，以便使贤能的士大夫都感念君主的知遇之恩，从而自我勉励、想要报答君主礼遇。自身已安全、交情已稳定，正道已经遂行，小人已经被疏远，则优秀之士的进用，就可以从汇聚的英才中选拔最优秀的，而不肖之徒不敢粉饰言论来干预。对于自身来说是君子，对于国家来说是大臣，能够做到两不相误，依靠的就是这种办法。

今萧、周二子者,奉遗诏,秉国政,辅柔弱之主,甫期年耳。元帝浮慕之而未尝知之。使二子果以抑群小、清政本为远图,身任之,以死继之,其孰敢不震叠焉?乃其所为有异是者,郑朋欲附之①,望之受之,周堪听之,华龙闻其风而欲附焉②。□□□□□□□□□□而杨兴、诸葛丰之徒③,皆仰望而欲攀倚。以此思之,则此数子者,必县朝廷之禄位以引躁进喜事之人,而望其援,讼其直以击恭、显。身为大臣,国是不决,乃借资于浮薄之徒,或激或叛,以成不可解之祸。鸣呼!四子者,果捐躯以报上,独立不惧,而奚以此闻声附和之宵人为哉④?县汲引以诱人⑤,利则从,害则叛,固其常也。况乎风相煽,讹相传⑥,一时之气焰,小民之视听且骇,而况孱主孤立于群小之间乎!

【注释】

①郑朋:初欲依附萧望之,上书赞颂他,攻击史高等人。但因他行为不正派,萧望之与其断交,郑朋遂与弘恭、石显等人共同诬陷萧望之等人,被封为黄门郎。其事见于《汉书·萧望之传》。

②华龙:本为宣帝时待诏,因为行为污秽而不被引荐,想投入周堪等人门下,周堪等不接纳,遂与郑朋勾结,陷害萧望之、周堪等人。其事见于《汉书·萧望之传》。

③杨兴:汉元帝时任长安令,常称誉周堪,汉元帝因周堪遭石显等构陷,召杨兴询问对周堪的看法。杨兴见风使舵,以为汉元帝不再信任周堪,于是大肆贬斥周堪,元帝因此开始怀疑周堪。其事见于《汉书·楚元王传》。诸葛丰:字少季,琅邪(今山东诸城)人,曾任司隶校尉,以特立独行、刚正耿直著名于朝,多次向汉元帝表扬周堪、张猛的品行,还屡次举告、揭发贵戚的不法行为。

　　后来,诸葛丰因罪被降官,徙为城门校尉。他怨恨周堪、张猛不能保住自己的官位,于是便上书汉元帝,控告周堪、张猛的罪行。汉元帝察觉诸葛丰行为前后不一,将其贬为平民。传见《汉书·诸葛丰传》。

　　④宵人:小人,坏人。

　　⑤汲引:引水,引导。比喻提拔、引荐人才。

　　⑥讹:伪言,谣言。

【译文】

　　如今萧望之、周堪二人,奉宣帝遗诏,执掌国家政权,辅佐柔弱的新君,才刚满一年。汉元帝只是仰慕他们的名声而不曾真正了解他们。假如这两个人果真以压抑众小人、清理为政之本为长远目标,以身担当此任,不惜一死来将此事继续下去,难道有谁会不感到震动、恐惧吗?可是他们的所作所为却与此不同,郑朋想依附他们,萧望之接受,周堪听任,华龙听到风闻也想依附他们。□□□□□□□□□□□□□而杨兴、诸葛丰之流,都仰慕他们而想要攀附、倚仗他们。由此想来,则萧、周、张、刘这几个人,必定是以朝廷的俸禄、官位作为悬赏吸引急躁轻进、喜欢生事之人,希望得到他们的援助,使其上书称颂萧、周等人的正直以攻击弘恭、石显。萧望之等人身为大臣,不关注国家大事决策,却借助浅薄无知之徒,结果这些人有的被激反,有的主动背叛,从而造成了不可纾解的祸害。唉!这四个人,如果真的能捐躯以报答国君,独立行事而无所畏惧,那么要这些随声附和的小人做什么用呢?以高官厚禄引诱来的人,有利益则跟随,有害则背叛离去,本来就是其常态。何况风闻相互煽动,谣言相互传播,一时气焰之嚣张,小民看到听到尚且觉得惊骇,何况是孱弱的君主孤立在众小人之间呢!

　　故朋党之兴,必有败类以相附,而贻小人之口实。使为君子者,远爵赏之权,泯交游之迹,不欲便佞之推戴[①],不假新进以攻排,无瑕可求,孤立自任,则败类恶得而乘之?狄仁杰且以制诸武之凶②,李沆终不受梅询、曾致尧之惑③,大臣之道,当如此矣。四子而能然也,元帝虽孱,恭、显虽横,亦孰与相激,而令宣帝之业隳于一朝乎?

【注释】

①便佞:能言善辩,但心术不正、引人学坏的小人。

②狄仁杰(630—700):字怀英,太原(今山西太原)人,唐代武周时期政治家。早年以明经及第,以不畏权贵著称。天授二年(691)升任宰相,但在相位仅四个月便被诬陷下狱,后在营州之乱时被起复,并于神功元年(697)再次拜相。他曾犯颜直谏,力劝武则天不立诸武为后嗣,而复立庐陵王李显为太子,使得唐朝社稷得以延续。传见新、旧《唐书·狄仁杰列传》。诸武:指武则天的侄子武承嗣、武三思等人。

③李沆(947—1004):字太初,洺州肥乡(今河北邯郸)人。北宋时期名相。宋太宗时曾任礼部侍郎兼太子宾客,辅导太子赵恒(宋真宗)。真宗即位后受到重用,拜为宰相。李沆以清静无为治国,注重吏事,有"圣相"之美誉。死后谥号文靖,配享真宗庙庭。传见《宋史·李沆列传》。梅询、曾致尧:二人皆为宋真宗时进士,李沆认为他们是"浮薄新进喜事之人",力劝宋真宗不予重用。其事见于《宋史·李沆列传》。

【译文】

所以,朋党的兴起,必定有败类相附和,而给小人留下口实。如果做君子的,远离爵位、赏赐的权力,泯灭交游的行迹,不因佞幸小人的推戴而欣喜,不假借新进之人来攻击、排挤对手,没有瑕疵可以被找到,独立行事而自觉承担,则败类哪里能有机可乘呢?狄仁杰尚且凭此制伏了凶悍的诸武势力,李沆终究不受梅询、曾致尧的蛊惑。做大臣之道,应当如此。如果萧、周、张、刘四人能够这样,汉宣帝虽然孱弱,弘恭、石显虽然强横,又能与谁相互激荡而使汉宣帝的遗留事业毁于一旦呢?

　　申屠嘉之困邓通①,困之而已;韩魏公之逐内竖②,逐之而已;何所藉于群不逞而为之羽翼? 司马温公任二苏以抑王安石③,而秦观、张耒以狭邪匪人缘之④,以忝清流之选,故终绌于绍述之党⑤。杨、左广结台谏以抗魏忠贤⑥,而汪文言以无赖赀郎窃附以召祸⑦。浮薄之徒,一得当于君子,而使酒狂歌、呼卢谑傲以嗣萧艾兰茝之音⑧,其气膻⑨,其焰绿⑩。为君子者,可勿豫戒之哉!

【注释】

①申屠嘉之困邓通:汉文帝时太中大夫邓通备受文帝宠爱,丞相申屠嘉对他非常不满,于是利用职权召他到丞相府,困辱、责备他,直到汉文帝宣谕邓通进宫,邓通才得以脱身。事见《史记·张丞相列传》。申屠嘉(? —前 155),梁国睢阳(今河南商丘)人,西汉开国功臣,汉文帝时任御史大夫,张苍免去丞相之后,被文帝拜为丞相,封故安侯。汉景帝二年(前 155),因晁错之事气愤吐血而死,谥号为节侯。邓通,蜀郡南安(今四川乐山)人,汉文帝宠臣,凭借与汉文帝的亲密关系,获赐铜山,广开铜矿铸钱,富甲天下。传见《史记·佞幸列传》。

②韩魏公:指韩琦(1008—1075)。字稚圭,自号赣叟,相州安阳(今河南安阳)人。北宋政治家。宋仁宗时历任开封府推官、右司谏等职。宋夏战争爆发后,他以陕西安抚使身份与范仲淹率军防御西夏,在军中享有很高的威望,人称"韩范"。之后又与范仲淹、富弼等主持"庆历新政"。韩琦为相十载,辅佐三朝,享有很

高声誉。去世后追赠尚书令,谥号"忠献",配享宋英宗庙庭。宋徽宗时追封魏郡王。传见《宋史·韩琦列传》。内竖:宦官。

③二苏:指苏轼和苏辙兄弟二人。

④秦观(1049—1100):字少游,一字太虚,别号邗沟居士,学者称其淮海居士。扬州高邮(今江苏高邮)人。北宋文学家。与苏轼交好,政治上属于旧党,因此在宋哲宗年间屡遭贬谪。传见《宋史·文苑列传》。张耒(1054—1114):字文潜,号柯山,人称宛丘先生、张右史。楚州淮阴(今江苏淮安)人。与秦观同为"苏门四学士"之一。因被指为元祐党人,数遭贬谪。传见《宋史·文苑列传》。

⑤绍述之党:指宋哲宗时期反对司马光等守旧派、主张绍述神宗之政、实行新法的一派朝臣。

⑥杨、左:指杨涟和左光斗。杨涟(1572—1625):字文孺,号大洪,湖广应山(今湖北广水)人。明末著名谏臣,东林党人,"东林六君子"之一。因弹劾魏忠贤而遭诬陷,惨死狱中。传见《明史·杨涟列传》。左光斗(1575—1625),字共之,一作遗直,号浮丘。安徽桐城(今安徽枞阳)人。明末东林党的重要成员,累官至左佥都御史,"东林六君子"之一。因弹劾魏忠贤而在狱中被折磨而死。传见《明史·左光斗列传》。

⑦汪文言:布衣出身,曾为狱吏,天启年间因监守自盗,逃到京师,投奔王安门下。和杨涟、左光斗、魏大中等东林党人过从甚密。后被魏忠贤下狱,受到拷打审讯,逼迫其供出杨涟等人的罪证,他拒不承认,至死不屈,被杀害。其事见于《明史·魏大中列传》。赀郎:出钱捐官的人。

⑧呼卢:古代一种赌博游戏。谑(xuè)傲:戏谑笑闹。萧艾:艾蒿,一种臭草。常用来比喻品质不好的人。兰茝(chǎi):白芷与兰草的合名。通常泛指具有香气的草本植物,常用来比喻品质高洁

之人。

⑨膻(shān)：类似羊臊气的恶臭。

⑩其焰绿：火焰呈青中带黄的绿色，形容气焰很盛的样子。

【译文】

申屠嘉困辱邓通，也只是困辱而已；韩琦驱逐宦官，也只是驱逐而已；他们何求于这众多的不逞之徒而要将他们罗致为羽翼呢？司马光重用苏轼、苏辙以压抑王安石，而秦观、张耒两个品行不端的放荡之人依附他们，从而忝列于清流，所以最终屈于绍述党人。杨涟、左光斗广结台谏官员以对抗魏忠贤，而汪文言作为出身无赖、用钱捐官的人，偷偷依附他们从而招来了灾祸。轻浮浅薄之徒，一旦被君子任用，就纵酒狂歌、赌博谑闹，从而如屈原诗歌中所说的那样，由香草变为臭草，其气恶臭，气焰嚣张。作君子的，能不预先警戒此事吗？

二　四科销天下之气节

元帝诏四科举士，即以此第郎官之殿最①，一曰质朴，二曰敦厚，三曰逊让，四曰有行。盖屡主佞臣惩萧、周、张、刘之骨鲠，而以柔惰销天下之气节也。自是以后，汉无刚正之士，遂举社稷以奉人，而自诩其敦厚朴让之多福。宣帝曰："乱我国家者，必太子也。"其言验矣。

【注释】

①殿最：等级的高低上下，古代考核政绩或军功，下等称为"殿"，上等称为"最"。

【译文】

汉元帝下诏以四科选举士人，即以此四科来排定郎官的等级、次序。第一是质朴，第二是敦厚，第三是谦逊礼让，第四是有德行。这大概是孱弱的君王、奸佞的臣子鉴于萧望之、周堪、张猛、刘向等人的骨鲠忠贞，而想以柔弱怠惰来消磨天下人的气节。从此以后，汉朝再没有刚正之士，于是将江山社稷拱手奉送给他人，却自诩其敦厚朴实、能逊让的多福。汉宣帝说："乱我国家的人，必定是太子。"他的话应验了。

虽然，有自来矣。极重必反者，势也。文、景、武、昭之世，贤不肖杂进，而质朴未亡，君子无赫赫之名，而小人亦无难见之恶。气矜如汲黯，名胜如贾谊，人主甚器其材，而终不显。至于逞风采以徼人主之知，动天下之色，如主父偃、徐乐、终军、东方朔[①]，以洎刑名聚敛之臣[②]，皆旋用而旋弃。迨宣帝切于求治，以文法为尚，而天下翕然从之[③]。于是而沽名炫直之士，矫为人所不能以自旌，气焰足以凌人主，而人主厌其苛核，非但贵戚宦寺之疾之也。魏相以之赤霍氏之族，萧望之以之持丙吉之短，张敞以之攻黄霸之私，势已成乎极重，则其反而相奖以诡随也，天下且乐其易与，而况乎人主之与戚宦哉？

【注释】

①终军(？—前112)：字子云，济南(今山东济南)人。西汉外交家。十八岁被选为博士弟子，受到汉武帝赏识，擢升谏大夫。曾先后成功出使匈奴、南越。元鼎五年(前112)，年仅二十余岁的终军被南越相吕嘉杀害，时人称为"终童"。传见《汉书·终军传》。东方朔(前154—前93)：本姓张，字曼倩。西汉时期文学家。汉武帝即位后征召四方士人，东方朔上书自荐，诏拜为郎。后任常侍郎、太中大夫等职。性格诙谐，言词敏捷，滑稽多智。传见《史记·滑稽列传》。

②洎(jì)：及，至。

③翕(xī)然：一致。

【译文】

尽管如此，这种局面是有其来由的。物极必反，是事所必然的规律。文帝、景帝、武帝、昭帝时期，贤能和不肖的臣子杂用，而质朴尚未消亡，君子没有赫赫的名声，而小人也没有难见的罪恶。自矜气节的如汲黯，名扬天下的如贾谊，君主都很器重他们的才能，但他们终究未能被重用。至于逞风度、文采以求得君王的赏识，打动天下人脸色的，如主父偃、徐乐、终军、东方朔，以至于擅长刑名法术、聚敛财富的臣子，都是刚开始被重用，不久就被抛弃。等到汉宣帝时，他急于求治，崇尚法令条文，于是天下人纷起响应。在这种情况下，许多沽名钓誉、自炫其直的士人，虚伪地做一些别人所不能做的事情来显示自己，其气焰足以凌驾于君主之上，而君主厌恶他们的苛刻，并非只有贵戚、宦官嫉恨他们。魏相以此诛灭了霍氏家族，萧望之以此把持住了丙吉的短处，张敞以此攻击黄霸的徇私，形势已发展到极严重的地步，于是他们又反而争先恐后地放肆诡诈，天下人尚且喜欢其容易接近，何况是君主与贵戚、宦官呢？

屈伸之理，一彼一此；情伪之迁，一虚一盈。故人主驭天下之人材，不轻示人以好恶而酌道之平，诚慎之也。畏其流而尤畏其反也。

【译文】

屈伸的道理，一彼一此，真假的变迁，一虚一盈。所以君主驾驭天下的人才时，不轻易显示自己的好恶而努力将道持平，确实做到谨慎从事。因为畏惧其泛滥，更畏惧其走向反面。

三 冯奉世讨羌功及后世①

赵充国持重以破羌,功莫盛矣,二十余年而羌人复反,吾故曰:难乎其为继也。当充国时,求战不得、坐而自困之羌,心灰而不敢竞者阅二十年,而皆已衰老。后起之胡雏,未尝躬受挫抑,将曰:汉但能自守,而不能有加于我,前人无能为而受其困,我别有以制汉而汉穷矣。藉令充国未老,天子终以西事任之,抑必有锐师以继之于挫折之余,而辛武贤之徒弗能也。外忌充国之功,而内实私幸之以偷安。故冯奉世曰:"守战之备,久废不简,夷狄有轻边吏之心。彡姐骄狂而骤起②,实有由来矣。"于是而奉世之决于进讨,功不可泯;韦玄成、郑弘之固陋③,罪抑不可掩矣。

【注释】

①冯奉世(? —前39):字子明。西汉将领。初以良家子的身份选任郎官。汉昭帝时随军攻打匈奴,宣帝时率军平定莎车,封光禄大夫、水衡都尉。汉元帝时,陕西羌族叛乱,冯奉世力主讨伐,率军击溃羌兵,获封关内侯。传见《汉书·冯奉世传》。

②彡(xiǎn)姐:战国末期至秦、汉时期西北地区羌族的一个氏族部落。

③韦玄成、郑弘:当时分别任丞相、御史大夫。陕西羌族反叛,二人皆认为国内有较大困难,又处于收获季节,不应派出太多军队讨伐。

【译文】

赵充国谨慎稳重而击破了羌人,没有比这更大的功劳了,二十多年后羌人再次反叛,所以我说:难的是继承前人方略、保持有利局面。当赵充国在世时,求战不得、坐而自困的羌人,心灰意冷而不敢起来与汉朝对抗长达二十余年,最后他们都衰老了。而后起的胡族年轻人,不曾亲身经历挫折,将会说:汉朝只能自守,而不能进攻我们,前人没有本事以至于受困,现在我们有别的办法来制伏汉朝,而汉朝已经黔驴技穷了。即使赵充国没有老去,天子也始终将西边的事交给他负责,他在挫败敌军之后也必须有精锐的部队以将此局面维系住,而辛武贤之徒是无能为力的。他们对外嫉妒赵充国的功劳,内心则想图侥幸以苟且偷安。所以冯奉世说:"防守、作战用的装备,已经长期废弛,没有人检查督促,夷狄之人已经有轻视我国边境官吏的心思。乡姐骄狂而骤然崛起,实际上是有缘由的。"于是冯奉世决定进兵讨伐,他的功劳不可泯灭;韦玄成、郑弘浅薄无知,其罪过也不能掩饰。

　　羌之初起也,持重以困之而自敝,万全之道也。过此而乡姐踵乱,非先零比矣①。一起一败而不能无疑畏焉。已烬之炷②,狂焰一熺而膏不给③,胜则前,败则降,习先零故事,而无致死之心,是其必当剿除也明甚。故奉世决于大举,合六万人以捣之于初起,盖与充国之策异术而同功。奉世不可师充国之守,充国不可用奉世之攻,因时度敌而善其操纵,其道一也。

堪,这是万全之策。经过此事后,勾姐接踵叛乱,其形势与先零大不相同。羌人一起一败,不可能不产生疑虑、畏惧的心理。羌人就像已经燃尽的灯芯,狂乱的火焰一闪便没有油脂供给了,他们胜利则前进,失败则投降,效仿先零以前的做法,而没有拼死作战的决心,因此必须剿灭他们,这是很明显的。所以冯奉世决定大举出击,在他们初起之时便集合六万人的兵力直捣其巢穴,这与赵充国的策略相比方法不同而功效相同。冯奉世不可以效仿赵充国的坚守战略,赵充国不可以使用冯奉世的进攻战略,根据时势估测敌人而善加指挥,其道理是一样的。

　　夫羌地亘河、湟,南接秦、陇①,于长安为肘腋;力虽小而骄之则大,种虽散而使之相并则合;使其得志以逞,非但唐之回纥、宋之元昊已也。迨乎东汉,幸而都雒耳;使都长安,庸臣师玄成、郑弘之说,茸阘以召侮②,羌且逼王畿城下而莫惩,汉其亡于羌乎! 奉世翦之于始,张奂、段颎夷灭之于后③,羌乃不能为中国腹心之患。其后虽姚弋仲之桀雄④,不乘刘、石之余而不敢起⑤。垂至于今二千年,秦、陇、河、岷、阶、文之间⑥,岩险瓯脱而防闲不设⑦,则二汉之猷远矣⑧。冯奉世首建大议以申天讨,善体充国之意而通其变,民到于今受其赐,非玄成等偷安一时之所能知也。

【注释】

①秦:秦岭。陇:陇山。

②茸阘(tà):愚钝,无能。

③张奂(104—181):字然明,敦煌渊泉(今甘肃安西)人。东汉时期
　　名将。曾率军平定匈奴、乌桓之乱,屡破东羌、先零羌,缓解了羌
　　人对东汉西北地区的威胁。晚年卷入士大夫与宦官的斗争,后

免官归家。传见《后汉书·张奂列传》。段颎（jiǒng，? —179）：字纪明，武威姑臧（今甘肃武威）人。东汉名将，与皇甫规（字威明）、张奂（字然明）并称"凉州三明"。曾任中郎将、护羌校尉、并州刺史、破羌将军等职。他与羌人作战先后达一百八十次，斩杀近四万人，最终平定西羌，并击灭东羌。以功封新丰县侯。后来他党附宦官、捕杀太学生，权宦王甫罪行被揭发后，段颎受牵连下狱，其后在狱中饮鸩而死。传见《后汉书·段颎列传》。

④姚弋仲（280—352）：南安赤亭（今甘肃陇西）人。后秦开国君主姚苌之父。西晋末期至五胡十六国前期南安羌族酋长，先后降于前赵、后赵及东晋。传见《晋书·姚弋仲载记》。桀雄：枭雄。

⑤刘、石：指汉赵开国君主刘渊与后赵开国君主石勒。

⑥秦：秦州，治今甘肃天水。陇：陇州，治今陕西陇县。河：河州，治今甘肃临夏。岷：岷州，治今甘肃岷县。阶：阶州，治今甘肃陇南武都。文：文州，治今甘肃文县西。

⑦岩险：高峻险要之地。瓯脱：边境屯戍或守望的土室。防闲：防备和禁阻。

⑧猷（yóu）：谋略，谋划。

【译文】

羌人的地盘横亘于黄河、湟水之间，南接秦岭、陇山，对长安来说是肘腋之地；他们的势力虽小，如果放纵他们，其力量就会日益强大；他们的种群虽然分散，如果听任其互相兼并，他们就会联合起来；如果让他们的志向得逞，那么他们对中原的威胁就不是唐代的回纥、宋代的元昊可比的了。到了东汉时期，幸亏都城定在洛阳；如果定都长安，平庸之臣承袭韦玄成、郑弘的说法，愚钝无能而招致侮辱，羌人将要逼近都城脚下而没有人能够阻拦，汉朝大概就要被羌族所灭亡了吧！冯奉世在开始剿灭了他们，张奂、段颎在后来又夷灭了他们，羌人才没有成为中国的心腹之患。其后姚弋仲虽然是枭雄，但如果不是乘着刘渊、石勒大败的机会也不敢起事。一直到今天两千年了，秦州、陇州、河州、岷州、阶州、文州之间，险要关塞都不设防御，则两汉时期的谋略可谓长远。冯奉世首先提出重要的建议而伸张上天的惩治，善于体会赵充国的意图而能融会贯通，百姓直到今天还蒙受他恩赐的好处，他的深谋远虑，绝不是韦玄成等偷安一时的人所能懂的。

四　贡禹匡衡以学事主

贡禹、匡衡之言[①]，其不醇者盖亦鲜矣。禹曰："天生圣人，盖为万民，非自娱乐而已。"衡曰："天人之际，精祲有以相汤[②]，善恶有以相推，宜省靡丽、考制度、近忠正、远巧佞，以崇至仁。"又曰："聪明疏通者，戒于太察；寡闻少见者，戒于壅蔽[③]；勇猛刚强者，戒于太暴；仁爱温良者，戒于无断；湛静安舒者，戒于后时；广心浩大者，戒于遗忘。"又曰："婚姻之礼正，然后品物遂而天命正，孔子论《诗》以《关雎》为始[④]，此纲纪之首、王教之端也。"又曰："圣人动静游燕所亲，物得其序。"又曰："佞巧之奸，因时而动，圣人慎防其端，禁于未然，不以私恩害公义。"又曰："正家而天下定矣。"读其文，绎其义，想见其学，非公孙弘、儿宽之剿旧闻而无心得者所及[⑤]；亦且非韦玄成、薛广德之择焉而不精者所可与匹俦也[⑥]。

【注释】

①贡禹（？—前44）：字少翁。西汉经学家。曾任谏大夫、光禄大夫、御史大夫等职，主张选贤能，诛奸臣，罢倡乐，修节俭。后世尊为"贡公"。传见《汉书·贡禹传》。匡衡：字稚圭，东海承（今

山东枣庄峄城区）人，西汉经学家。因擅长《诗经》之学而闻名，汉元帝时官至丞相，封安乐侯。汉成帝时曾上书弹劾石显及其党羽，后因擅自扩大封地边界而被弹劾，免为庶人。传见《汉书·匡衡传》。

②精祲（jìn）：阴阳灾害之气。荡：激荡。

③壅蔽：隔绝蒙蔽。

④《关雎》：指《国风·周南·关雎》，是《诗经》中的第一首诗。

⑤剿（chāo）：抄袭。

⑥薛广德：字长卿，西汉沛郡相（今安徽淮北相山区）人，西汉著名的经学家。曾任博士、谏大夫、谏议大夫、淮阳太守、长信少府等职。后来又继贡禹之后任御史大夫，位及三公。传见《汉书·薛广德传》。

【译文】

　　贡禹、匡衡的言论，其中不纯的大概是很少的。贡禹说："天生圣人，是为了天下万民，而不是为了自己娱乐而已。"匡衡说："在天人之间，阴阳灾害之气可以相互激荡，善恶之间相互推移衍化，应当减少浪费、考正制度、亲近忠臣，疏远小人，以尊崇至仁的境界。"又说："聪明通达的人，应避免过分明察；孤陋寡闻的人，应避免闭塞不通；勇猛刚强的人，应杜绝过于暴烈；仁慈厚爱、温和善良的人，应警惕没有决断；沉着安静、行动舒缓的人，应防止错过时机；心思广大的人，应戒备遗忘大事。"又说："婚姻的大礼确定之后，才可以成就万物，并保全天命。孔子整理《诗经》把《关雎》篇作为开端，因为这是纲纪的首要内容、帝王教化的开端。"又说："圣人的动静、游玩、宴乐，所接触的事物，都有各自的次序。"又说："奸佞乖巧之徒，会趁机而动来扰乱国家。因此圣人谨慎地防止这种事情发生，把它们禁止在没有发生之前，不因为个人私恩而损害国家的大义。"又说："治理好了家室，然后国家就可以稳定。"读他的文章，理解其中的大义，可以想见，他的学说绝不是像公孙弘、兒宽那样抄袭旧闻而没有自己心得体会所能比的；而且也不是像韦玄成、薛广德那样虽有选择却不精深所可匹敌的。

论者谓元帝柔而少断，禹与衡不以为言，而但就帝之长，孜孜以恭谨节俭相奖，为禹、衡之罪，过矣。元帝所以优游不断者，惟其心之不清，几之不慎，而中不适有主也。则其所为恭谨节俭，亦唯其名而无其实。天子之尊富，即省之又省，而以溺其志者尚多。燕闲游息之下①，史高、石显岂无导侈之为？而特未甚耳。不然，何知其邪而不能去乎？由是言之，使无禹、衡之正，称《诗》《礼》精严之旨以防其流，则以帝之柔而益以骄淫，安所得十六年之安，内无寇攘，而外收绝域之功乎？

【注释】

①燕闲：安宁，安闲。游息：游玩与休憩。

【译文】

议论的人认为汉元帝优柔寡断，而贡禹和匡衡却不为此进言劝谏，而是只就着元帝的长处，不遗余力地称赞他恭谨节俭，于是将这当作贡禹、匡衡的罪过，这种观点是不对的。汉元帝之所以优柔寡断，是因为他心中不清净，内心深处有不谨慎的念头，而且心中没有主见。如此他所表现出的恭谨节俭，也只有其名而没有其实。天子至高无上、富有四海，即使省了又省，可能让他沉溺而丧志的事物还是很多。在安闲地游玩、休憩之际，史高、石显难道会没有引导他走向奢侈的行为吗？只不过是不太严重罢了。不然的话，为什么知道他们的奸邪却不能除去他们呢？由此说来，如果没有贡禹、匡衡的正派，在元帝面前称颂《诗》《礼》的精细严密的旨趣而防止其不当习惯泛滥，那么以元帝的优柔寡断加上骄奢淫逸,怎么能得到十六年来平安无事、内无盗贼侵扰、外收扬威绝域之功的局面呢?

君子出所学以事主,与激于时事之非而强谏之臣异。以谏为道者,攻时之弊,而不恤矫枉之偏。以学事主者,规之以中正之常经,则可正本以达其义类①,而裁成刚柔一偏之病;主即不悟,犹可以保其大纲而不乱。故以孔子之圣,告荏弱之哀公②,唯规之以人道政本之大端,而不屑取奔越之祸豫为之防③。夫岂不达于时变哉? 以道豫立而变自消也。且衡之言曰:"近忠正,远邪佞,寡闻少见者戒于壅蔽,仁爱温良者戒于无断。"固已尽元帝之所短,而特不为矫枉之论,导之鸷击耳。夫可喻者,则微言而喻矣;不可喻者,则痛哭流涕以谈而固不喻也。是以君子之言,有体有要,而不诡于大常;补偏救弊之术,二子有所不尚,夫亦犹行君子之道乎!

【注释】

①义类:适宜、善良。义,宜。类,善。

②荏(rěn)弱:柔弱,怯弱。哀公:指鲁哀公。姬姓,名将,春秋时期鲁国君主,前494至前468年在位。

③奔越之祸:据《左传》《史记》记载,鲁哀公二十七年(前468),想请越国讨伐三桓,八月,哀公到了有山氏。三桓攻哀公,哀公逃到卫国,又逃到邹国,最后到了越国。

【译文】

君子拿出所学的知识来事奉君主,与被时事刺激而强行向君主进谏的臣子不同。以进谏为道的人,攻击时弊而不惜矫枉过正。以学问事奉君主的人,用纯正的常规来规劝君主,就可以匡正根本而使君主达到允当纯善的境界,而避免其陷入太刚或太柔的偏颇境地;君主即使不醒悟,也能保证其大的纲领而不乱。所以,以孔子的圣明,在告诫柔弱的鲁哀公时,也只是用人道和政治之根本的大略来规劝他,而不屑于将出奔越国的灾祸拿来劝他,以预为防范。他难道不通达时势变化吗? 只是因为道预先确立而变故就可以自动消除了。况且匡衡曾说:"亲近忠臣,疏远小人,孤陋寡闻的人,应避免闭塞不通;仁慈厚爱、温和善良的人,应警惕没有决断。"这本来就已经概括尽了汉元帝的缺点,只是不说矫枉过正的话,以避免元帝猛烈反击。可以理喻的人,稍微一点就明白了;如果是不可理喻的人,即使是痛哭流涕地劝说,他也终究不会明白。所以,君子之言,有切实之处亦有简要之处,而不会在本性方面故作诡诈;补偏救弊的方法,这两人有不崇尚之处,这也是行君子之道啊!

论者徒见萧望之、周堪之死不以罪,咎元帝而因以咎禹、衡。乃石显之奸恶不及于天下,而海内晏安,则儒者雍容涵养之功,亦岂可诬哉? 汉之中亡也[1],成、哀之奢纵成之[2],非元帝优柔致之也。又奚可以张禹、孔光之罪罪二子也[3]!

【注释】

①汉之中亡:古代一般将西汉、东汉视为一朝,故西汉之亡,称为"中亡",东汉之建立,称为"中兴"。

②成、哀:指汉成帝与汉哀帝。

③张禹(? —前5):字子文,河内轵县(今河南济源)人。西汉经学家。汉成帝河平四年(前25),代王商任丞相,封安昌侯。传见

《汉书·张禹传》。孔光(前65—5):字子夏,曲阜(今山东曲阜)
人。西汉后期大臣,孔子的十四世孙。汉哀帝时官至丞相。传
见《汉书·孔光传》。张禹、孔光二人任相期间,王氏外戚势力逐
渐强大,最终由王莽篡夺了西汉政权。

【译文】

议论的人只看到萧望之、周堪二人不是因罪而死,于是便归咎于汉
元帝,并因此指责贡禹、匡衡。至于石显的奸佞邪恶没有影响到天下,
而海内安然无事,则儒者雍容涵养的功劳,难道也可以加以污蔑吗?汉
朝中道灭亡,是汉成帝、汉哀帝的骄奢放纵造成的,而不是由于汉元帝
的优柔寡断导致的。又哪里可以用张禹、孔光的罪过来怪罪贡禹、匡衡
二人呢?

五　焦延寿京房说《易》妖妄[①]

邪说之行于天下,必托于君子之道。释氏之言心性,亦
君子之言也;老氏之言道德,亦君子之言也;天下以其为君
子之雅言,遂谓其有当于治与道而信之。故"六经"之支说,
皆以破道而有余,焦延寿、京房之于《易》是已。

【注释】

①焦延寿:梁国睢阳(今河南商丘)人。西汉中期经学家。以研究
《周易》而闻名,著有《焦氏易林》。传见《汉书·儒林传》。京房
(前77—前37):本姓李,字君明,推律自定为京氏,东郡顿丘(今
河南清丰)人。西汉经学家,焦延寿的弟子。汉元帝时曾任魏郡
太守。多次上疏论说灾异,引《春秋》《周易》为说,得罪宦官石
显,又与治《周易》的权贵五鹿充宗之学说相违背,以"非谤政治,
归恶天子"的罪名被弃市。传见《汉书·京房传》。

【译文】

邪说在天下传播，必定要假托君子之道。佛教谈论心性，也说是君子之言；道教谈论道德，也说是君子之言；天下人以为它们是君子的雅言，对治国和道德应当有好处，于是便相信了。所以，"六经"的旁支学说，都是用来破坏道而有余，焦延寿、京房关于《周易》的学说正是如此。

《易》《乾》《坤》之策三百六十①，当期之日②，取其象之一端大略而言也。《屯》《蒙》以下之策③，老少杂而非三百六十者多矣。期之日三百六十有五而有余分，不尽如乾、坤之策也。圣人观天地人物之变而达其会通，以为是肖其大纲耳；亦犹二篇之策万一千五百二十以象万物④，而物固不可以万计也。故曰："神无方而《易》无体"⑤；"周流六虚，不可为典要"⑥。二子者，乃欲限六十四卦之爻以各当一日，无以处余四卦⑦，不得已而以《震》《兑》《坎》《离》居分至之位⑧。则不知二分二至在六十卦之外而为之纲维邪？抑二分二至一日而二卦以异于余卦邪？东《震》、西《兑》、南《离》、北《坎》者，位也；二分二至之日，时也。时经而位纬，二子取而错乱之也何居？故延寿者，筮史日者之流⑨，以小术测阴阳之迹，似不足以知天化而叙治理。房是之学，乃敢以与人宗社哉？

【注释】

①《乾》《坤》：指《周易》中《乾卦》与《坤卦》。策：策数。由《周易》卦象按一定的方式计算转化而来。

②期：一年。

③屯、蒙：指《周易》中第三卦《屯卦》和第四卦《蒙卦》。两卦主要象

征万物初生稚弱之貌。

④二篇:指《周易》经文的上下两篇。《周易》六十四卦卦符及卦爻辞,自《乾》至《离》三十卦,为"上经";自《咸》至《未济》三十四卦,为"下经"。

⑤神无方而《易》无体:出自《周易·系辞上》:"范围天地之化而不过,曲成万物而不遗,通乎昼夜之道而知,故神无方而《易》无体。"意思是神的奥妙不拘泥于一方,《周易》的变化不定于一体。

⑥周流六虚,不可为典要:出自《周易·系辞下》:"《易》之为书也不可远,为道也屡迁,变动不居,周流六虚,上下无常,刚柔相易,不可为典要,唯变所适。"意思是《周易》所讲的道,其表现形式变化多端,充满整个宇宙,不可以视为固定不变的教条。

⑦无以处余四卦:焦延寿、京房二人限定六十四卦每卦六爻,六十卦即为三百六十爻,约相当于一年天数,多余四卦却无法安置了。

⑧分至:指春分、秋分、冬至、夏至。

⑨筮史:掌管占卦的人。日者:以占卜为业的人。

【译文】

《周易》中《乾》《坤》两卦的策数为三百六十,相当于一年的天数,这是取其卦象的一方面粗略而言。《屯》《蒙》两卦以下诸卦的策数,由于其卦爻老少、阴阳驳杂,不是纯卦,所以策数不是三百六十的有很多。一年的天数是三百六十五还有余头,不完全与《乾卦》《坤卦》的策数相同。圣人观察天地人物的变化而达到融会贯通的境界,作《周易》以模仿其大纲而已;就像《周易》上下两篇的总策数为一万一千五百二十,象征着万事万物,而事物本来就不是以万为单位所能计量的。所以说:"神的奥妙不拘泥于一方,《周易》的变化不定于一体";"《周易》所讲的道,其表现形式变化多端,充满整个宇宙,不可以视为固定不变的教条"。焦延寿、京房二人,竟然想限定六十四卦之卦爻以各相当于一天,这样多余四卦无法安置,只好把《震》《兑》《坎》《离》放在春分、秋分、冬至、夏至的位置上。如此则不知二分二至是在六十卦之外而作为它们的纲领呢?还是二分二至每天两卦与其他的卦都不同呢?东《震》、西《兑》、南《离》、北《坎》,指的是方位;二分二至的日子,指的是时间。时间为经,方位为纬,焦延寿、京房两人把它们拿来搞得乱七八糟是干什么呢?所以,焦延寿只是掌管占卦或以占卜为业者之流,以小伎俩测阴阳变化的迹象,似乎不足以知晓上天的变化而叙述治国之理。京房学习这种学问,竟敢凭此而参与决断国家大事?

　　其为术也,立典要以为方体,于是而有八宫世应之说①。抑自《乾》至《剥》而穷②,又不得已而措《晋》《大有》于其末③。垂至于今,鬻技之卜师④,相因以断吉凶之大故,而不能明言其所以然之理,徒以惑民而徼幸。然则延寿与房,虽欲辞为妖妄之魁也而不得。何也?非天理之自然,则皆妖也。房以是欲与石显、五鹿充宗竞贞邪于天人之际⑤,吾未见妖之足胜邪也。邪者获罪于人,妖者获罪于天,妖尤烈矣。

【注释】

①八宫世应之说:京房的易学理论认为,每一卦都有一个世爻,一个应爻。每一卦的世爻及应爻位置都是固定的。解卦时世爻代表的是自己,而应爻则代表客体,即所问占之事;或者占卦者问己身之事则用世爻,问他人之事则用应爻。

②《剥》:《剥卦》,《周易》第二十三卦。

③《晋》:《晋卦》,《周易》第三十五卦。《大有》:《大有卦》,《周易》第十四卦。

④鬻(yù)技:出卖技术,以技艺谋生。

⑤五鹿充宗：名充宗，五鹿（今河南清丰）人，以地为氏。西汉经学家，受学于弘成子，是齐《论语》和梁丘易学的传人，汉元帝时中书令石显掌权，五鹿充宗与其结为党友，依靠石显之力先为尚书令，后来官至少府，成为汉元帝的宠臣。后来汉成帝即位，石显失势，五鹿充宗也被贬。事见《汉书·佞幸传》。

【译文】

焦延寿和京房的学术，是树立恒定的准则、教条来作为方体，于是就有了"八宫世应"的学说。大概是从《乾卦》到《剥卦》已经穷尽，实在不得已只好把《晋卦》《大有卦》排在最后。流传到今天，靠技艺谋生的占卜先生，世代相因袭，用这种办法来判断吉凶，却不能说清楚其所以如此的道理，只不过是以此来迷惑百姓而图侥幸罢了。既然如此，那么焦延寿和京房即使想不做旁门左道的魁首也不可得。为什么呢？因为若不是出自自然的天理，则都是妖言。京房凭借这种学说想要与石显、五鹿充宗在天人之际竞争，分出正邪，我看不出妖一定能够战胜邪。邪者获罪于天，妖者获罪于人，妖的危害更严重。

或曰：房之按日以候气①，分卦以征事，所言者亦与当时之得失祸福合，何也？曰：石显之邪，而君德以昏，国是以乱，众耳众目具知之矣。事既已然，取而求其所以然者，而实固非也。势已成，形已见，谓天之象数亦然，亦恶从而辨之？故日月之有灾眚②，岁时之有水旱，禽虫草木之有妖蠥③，人民之有疴疹④，山川之有崩沸，吾知其不祥；而有国者弗可不恐惧以修省耳。铢累而分之⑤，刻画而求之，幸而弋获之妖人，以是取显名、致厚利而惑天下；《王制》所谓"假于鬼神、时日、卜筮以疑众⑥，杀"。其宜膺天刑久矣。房内挟此以与邪臣竞，自杀其躯而邪益张，宜矣哉！何也？托君子之道,诬圣人之教,矫造化之神,三者皆获罪于天而不可逭者也。

【注释】

①候气:占验节气的变化。

②灾眚(shěng):灾殃,祸患。

③妖蠥(niè):物类反常的现象。蠥,同"孽"。

④痾(kē):病。沴(lì):灾害。

⑤铢累:比喻点滴微小之物。

⑥《王制》:指《礼记·王制》。

【译文】

有的人说:京房按日子来占验节气的变化,分卦来征验事象,所得出的结论也和当时的得失祸福相吻合,这是为什么呢? 回答是:石显为人奸邪,君王的德行因此而昏暗,国家大事因此而混乱,这是众所周知的。事情既然已经这样发生,拿来求索其之所以会如此的缘由,而事实本来就并非如此。在大势已成、形已显现的情况下,说天的象数也是如此,又怎么能分辨得清楚呢? 所以,日月有灾异,年景有水旱,鸟虫草木有妖孽,人民有病害,山川河流有崩塌、奔沸之灾,我知道这些是不吉祥的;而统治国家的人不能不诚惶诚恐地反省自己。通过点滴琐屑的分析,蓄意雕琢凿饰地求索,侥幸达到目的的妖人,以此取得显赫的名声,获取丰厚的利润,从而迷惑了天下人;《礼记·王制》中说:"借助于鬼神、时日、占卜之说来迷惑百姓的,该杀。"他们早就应该受到上天的刑罚了。京房于内凭借这样的方法来与邪臣竞争,自取杀身之祸而邪臣势力更加嚣张,是必然的! 为什么呢? 因为他托名于君子之道,污蔑了圣人的教义,伪托造化之神,这三条都获罪于天,所以他不可能逃避。

六　京房考课之法不可行

京房考课之法①,迂谬而不可举行;即使偶试而效焉,其不可也固然。何也？ 法者，非一时、非一人、非一地者也。房曰：“末世以毁誉取人，故功业废而致灾异。”毁誉之不当者多也，然而天下之公论存焉。虽甚拂人之性，亦不能谓尧暴而跖仁也。舍此而一以功业程之②，此申、韩之陋术，而益之以拘迫，不肖者涂饰治具以文其贪庸③；不逮，则鞭策下吏、桎梏民庶以副其期会。灾不在天，异不在物，而民已穷、国已敝矣。

【注释】

①考课之法：指京房提出的“考功课吏法”。当时，灾异频仍，京房认为：“古帝王以功举贤，则万化成，瑞应著，末世以毁誉取人，故功业废而致灾异。宜令百官各试其功，灾异可息。”其主要内容为实地考察官吏的政绩，有功则赏，无功则罚。

②程：衡量，考核。

③治具：治理国家的各项措施，主要指法令。

【译文】

京房提出的“考功课吏法”，荒谬迂阔而不可以施行；即使偶尔试行有成效，它也仍然是不可以推行的。为什么呢？ 因为法律不是一时、一人、一地之法。京房说：“在末世，国家凭借名声的好坏来录用士人，因此功业被荒废而灾异开始出现。”名声好坏与实际不符合的很多，然而天下的公论尚存。即使严重违背人性，也不能说尧残暴而柳下跖仁慈。如果舍弃这一点而完全以功业来衡量人，就是申不害、韩非的浅陋之术，而且加上了束缚，不肖之徒文饰法令来掩盖其贪婪平庸；如果不能达到，则鞭策属下官吏、桎梏百姓以求在规定期限内完成任务。上天不降灾害，物不出现怪异，而百姓已然穷困，国家已经凋敝了。

先后异时也,文质相救而互以相成①,一人之身,老少异状,况天下乎?刚柔异人也,不及者不可强,有余者不可裁,清任各有当②,而欲执其中,则交困也。南北异地也,以北之役役南人,而南人之脆者死;以南之赋赋北土,而北土之瘠也尽;以南之文责北土,则学校日劳鞭扑;以北之武任南兵,则边疆不救危亡。其间损乃以益,杀乃以生,简乃以备,一视为吏者居心之仁暴、忧国之诚伪。而唯考课其一切之功能,此王莽所以乱天下者,房为之开先矣。塾师之教童子也有定课,而童子益愚;耕夫之驭牛也有定程,而牛以敝。梏四海九州强智柔和于房一人之意见,截鹤胫以续凫③,其不亡也何待焉?

【注释】

①相救:相辅。

②清任:清净与任运,佛教用语。清净,指远离恶行与烦恼。任运,指听凭命运安排。

③胫(jìng):小腿,从膝盖到脚跟的一段。凫(fú):一种水鸟,俗称野鸭,似鸭,雄的头部为绿色,背部黑褐色,雌的全身黑褐色,常群游湖泊中,能飞行。

【译文】

先与后时间不同,文与质相互纠正而又相辅相成,同一个人,老年与少年时情形尚且不同,何况是整个天下呢?刚柔因人而异,不及的不可以强求,有余的也不可以强裁,清净与任运各有其合理之处,而想执二者之中,则必然会陷于交困。南北方是不同的地区,以北方的徭役之事来让南方人做,则南方的脆弱之人会因此丧生;以南方的赋税让北方人承担,则北方贫瘠土地的收益将会被榨干;以南方的文化程度要求北方读书人,则学校每天都会忙于鞭打学生;以北方人的武力水平来用南方士兵,则难以挽救边疆的危亡。其间是损还是益,杀还是生,简略还是完备,都完全取决于官吏的居心是仁慈还是残暴、忧国之情是真诚还是虚伪。而唯有一刀切地考核其功绩才能,这是王莽搅乱天下的根由,实际上是京房为他开的先河。私塾老师教儿童如果有规定的课业量,则儿童越来越愚笨;耕夫用牛如果有规定里程,则牛将因此而疲惫受罪。将九州四海的强弱、智愚、刚强柔和桎梏于京房一人的意见,截断鹤腿来接续野鸭的腿,除了灭亡还会有什么结果呢?

　　盖房之为术,以小智立一成之象数,天地之化,且受其割裂,圣人之教,且恣其削补。道无不圆也,而房无不方,大乱之道也,侮五行而椓二仪者也①。郑弘、周堪从而善之,元帝欲试行之,盖其补缀排设之淫辞有以荧之尔。取天地人物、古今王霸、学术治功,断其长,擢其短,令整齐瓜分如弈者之局、厨人之饤也②,此愚所以闻邵子之言而疑也③,而况房哉!

【注释】

①椓(zhuó):毁坏,伤害。

②饤(dìng):放在器皿中的蔬果,一般仅供陈设。

③邵子:即邵雍(1011—1077),字尧夫。北宋哲学家、易学家。著有《皇极经世》《观物内外篇》《先天图》等。传见《宋史·邵雍列传》。

【译文】

　　大概京房的学术,只是以小聪明立下一成不变的象数,天地之变化,尚且被他割裂,圣人的教义,也被他恣意删削增补。道没有不圆的,而京房的学说没有不方的,大乱之道由此而出,侮辱五行而又危害阴阳两仪。郑弘、周堪追随他而对其啧啧称赞,汉元帝竟然想试行他的学说,可能是京房修饰铺陈的荒诞言论迷惑了他们。将天地人物、古今圣王和霸主、学术和政治功绩拿来,切断其长的,延长其短的,使其整齐划一,就像下棋人的棋盘、厨师码放在盘子里的蔬果一样,这就是我之所以听到邵雍的言论尚且觉得疑惑的原因,何况是京房呢!

七　元帝伏王氏篡弑之祸

汉之亡,非元帝之咎也。帝弱而寡断,然而无所伤于天下,石显仅逞于异己,而恶不及于民,国之元气未斫焉。故曰:非元帝之咎也。王氏,元后之族也①,王凤为大将军录尚书事②,为篡弑之阶。然非元帝之宠后族而早任之,帝崩,成帝乃假凤以大权,而帝无遗命。故曰:非元帝之咎也。虽然,其所自来,抑岂非元帝隐伏之咎肇于不测哉?帝以成帝耽燕乐为不能胜大位,而欲立山阳王③,识之早也。重易国储,闻史丹之谏而止④,亦正也。然知成帝之不克负荷,而不择贤臣以辅正之,幸傅昭仪而迟回于山阳⑤,遘重疾而忽忽不定⑥。闻史丹之谏,知命之已促,而徒有善辅之言,无托孤之遗命,以听哲妇孺子之自求亲信⑦,而王凤进矣。

【注释】

①元后:指汉元帝皇后王政君(前71—13)。魏郡元城(今河北大名)人,阳平侯王禁次女,汉元帝刘奭皇后,汉成帝刘骜生母。中国历史上寿命最长的皇后之一,身居后位(皇后、皇太后、太皇太后)长达六十一年,在此期间,王氏外戚逐渐掌握汉朝实权。其侄王莽篡汉后,忧愤而亡,与汉元帝刘奭合葬渭陵。传见《汉

书·元后传》。

②王凤(? —前22)：汉元帝皇后王政君同母弟。永光二年(前42)，继承其父阳平侯之位，为卫尉侍中。成帝刘骜登基后，以王凤为大司马、大将军、领尚书事秉政。其兄弟王凤、王音、王商、王根等分别位居要津，形成王凤专权、五侯当朝的局面。王凤曾提拔侄儿王莽，封为新都侯。阳朔三年(前22)八月病死。其事见于《汉书·元后传》。

③山阳王：指刘康(? —前23)，汉元帝刘奭之子，汉成帝刘骜异母弟，母傅昭仪，其子为汉哀帝刘欣。封定陶王，死后谥号恭(或作共)。传见《汉书·宣元六王传》。

④史丹(? —前14)：字君仲，鲁国人，后徙居杜陵(今陕西西安)。史高之子。汉元帝时担任驸马都尉、侍中。汉成帝即位后，担任右将军、左将军等职，赐爵关内侯，后又封武阳侯。史丹内心谨慎周密，得信于汉成帝，获赏赐累计达千金。传见《汉书·史丹传》。

⑤傅昭仪(? —前2)：汉元帝刘奭的妃嫔，定陶恭王刘康生母，汉哀帝刘欣的祖母。传见《汉书·外戚传》。

⑥遘(gòu)：遭遇。

⑦哲妇：多谋虑的妇人。

【译文】

汉朝的灭亡，并不是汉元帝的罪过。汉元帝虽然懦弱而又优柔寡断，但对天下没有什么伤害，石显仅仅是在铲除异己方面得以一逞，而罪恶不及于百姓，国家的元气尚未被摧残。所以说：不是汉元帝的罪过。王氏属于元帝皇后王政君家族，王凤担任大将军录尚书事，是王氏篡权弑君的台阶。然而，并不是汉元帝宠爱皇后家族而早已重用他，而是元帝驾崩后，汉成帝才授给王凤大权，可汉元帝并没有遗命要求这样做。所以说：不是汉元帝的罪过。尽管如此，而灾难的根源，难道不是汉元帝隐隐埋下的罪过在不测之时突然发作的吗？元帝看到成帝沉湎于宴饮欢乐，认为他不能承担重任，所以想改立山阳王刘康为太子，可见汉元帝对成帝不能胜任皇帝早有认识。更换太子的事，由于史丹的劝谏而停止，这也是正确的。但是，元帝既然明知成帝不能承担大任，却不选择贤臣来辅佐、匡正他，因为宠幸傅昭仪而犹豫想立其子刘康，直到身染重病仍犹豫不决。当他听到史丹的劝谏之言，知道自己时日无多时，却只有嘱托史丹好好辅佐太子的口头表示，而没有托孤的遗命，于是听任自己多谋虑的皇后和无能的儿子自己寻求亲信，而王凤由此得到重用。

　　成帝之在东宫也，既为元帝之所憎而孤危甚，摇摇于废立之间者将十年。匡衡、史丹亦但以大义规元帝，而非必与成帝为腹心。所窃窃然忧、翕翕然私语而计者，徒王凤耳。元后宠衰，而忧祸之及，所与窃窃然忧、翕翕然私语而计者，亦凤兄弟耳。人情出危险之中而思故时之同患者，未有不深信而厚倚之。故成帝一立，而顾瞻在廷，无有如凤之亲己者，岂复忧他日之攘己乎？呜呼！于是而知叔孙舍之不赏私劳以杀竖牛[1]，卓乎其不可及已。

【注释】

[1]叔孙舍之不赏私劳以杀竖牛：据《左传》记载，竖牛是鲁国大夫叔孙豹之私生子，在叔孙豹府上负责管理家事。叔孙豹病重，竖牛欲独占家产，于是设计杀死叔孙豹之子孟丙、仲壬，饿死叔孙豹，买通季氏宰南遗等人，立叔孙豹庶子叔孙舍为继承人。但叔孙舍并未因竖牛拥立自己而与其亲近，反而召集家臣，宣布竖牛罪状，竖牛惊惶逃往齐国，途中被孟丙、仲壬之子杀死。

【译文】

成帝在东宫做太子的时候,因被元帝憎恶而孤立无援、处境十分危险,在被废与被立之间摇摆将近十年。匡衡、史丹也只是用大义来规劝元帝不要更换太子,而不是一定要做成帝的心腹。私下里为成帝的前途担忧、偷偷地与成帝交流、为他出谋划策的,只有王凤一个人。元后王政君所受的宠爱日益衰减,担忧灾祸降临到自己身上,私下里与她一起担忧,偷偷地与她交流、为她出谋划策的,也只有王凤兄弟而已。人之常情是跳出危险的境地后,就会想起之前与自己同患难的人,并且没有不深信不疑、深深倚赖他们为心腹的。所以,汉成帝一继位,环顾朝廷中的大臣,没有一个能像王凤那样亲近自己的,这种情况下,他还会去顾虑有朝一日王凤会夺自己的政权吗? 唉! 由此可见,叔孙舍不因竖牛拥立自己的私劳赏赐他,反而杀了他,其高明实在是没有人能比得上。

天位者,天所位也;人君者,人所归也。为主器之长子①,膺祖宗之德泽,非窃非夺,天人所不能违;而翕訾以相保②,呴沫以相怜③,私忧过计,贪天功为己力,此其人亦何足任而戴之不忘乎? 唐玄宗知张说之奸④,怀其潜邸之恩而不能远⑤,以召均、垍之逆⑥;况杨复恭之以家奴而门生天子乎⑦? 呜呼! 自非攘功擅权之小人,孰敢以大宝之攸归自任为己绩者⑧? 赵汝愚不欲行内禅之赏⑨,可法也,而犹存其迹也;丙吉护宣帝于狱而终不自白,故能相天子以成中兴之业。然则汉文却周勃之私言⑩,世庙罢新都之政柄⑪,不得谓之刻核而寡恩。成帝之碌碌,何足以语此哉! 元帝不能顾命史丹,而使凤得以私劳惑庸主,亦其昵爱山阳而愤然不恤之咎与! 故曰:隐伏之咎,肇于不测也。

【注释】

①主器：指主管宗庙祭器的人。古时国君的长子主宗庙祭器。

②翕訾(xī zǐ)：亦作"翕訿"，指小人相互勾结、朋比为奸。语出《尔雅·释训》："翕翕、訿訿，莫供职也。"

③呴(xǔ)沫：抚慰，救助。

④张说(667—731)：字道济，一字说之，洛阳(今河南洛阳)人。唐朝政治家、文学家。早年曾任太子李隆基的侍读，其后一直作为玄宗心腹，曾参与"先天政变"，助玄宗掌握实权。玄宗亲政后对其信任有加，屡次拜相。张说脾气暴躁，与同僚关系不睦，而且生性贪财，因此遭到弹劾，后被迫致仕。不久被起复，先为右丞相，又任左丞相。病逝后谥号文贞。传见新、旧《唐书·张说列传》。

⑤潜邸：指太子尚未即位之时。

⑥均、垍(jì)之逆：指张说的长子张均、次子张垍在安史之乱时投降安禄山叛军。

⑦杨复恭(？—894)：字子恪。唐代宦官。唐僖宗时，因参与镇压庞勋起义有功，为枢密使。后随僖宗避黄巢之乱，逃居兴元，代田令孜为左神策中尉。僖宗回长安后加封他为观军容使，封魏国公。后定策立昭宗，专典禁兵，操纵朝政。昭宗大顺二年(891)被迫致仕，后为李茂贞擒杀。传见《旧唐书·宦官列传》《新唐书·宦者列传》。

⑧大宝：皇帝之位。

⑨赵汝愚(1140—1196)：字子直。南宋宗室名臣、学者，宋太宗赵光义八世孙。宋孝宗崩逝后，赵汝愚策划实施"绍熙内禅"，奉嘉王赵扩(宋宁宗)即位。宁宗欲封赏其功，赵汝愚再三推辞，后改任右丞相，与留正共同辅政。庆元元年(1195)遭韩侂胄构陷，被贬为宁远军节度副使，次年于衡州暴卒。传见《宋史·赵汝愚

列传》。

⑩汉文却周勃之私言:据《史记》记载,周勃等大臣平定诸吕叛乱后,迎接汉文帝刘恒到长安即位。刘恒行进到达渭桥,太尉周勃进言,要求赐片刻时间秘密禀陈,汉文帝故臣宋昌说:"若太尉所陈的是公事,就请当着众臣的面奏;若所陈的是私事,则王者无私。"周勃于是跪奉天子玉玺。刘恒辞谢说:"请到京都馆舍再议。"其后,文帝于未央宫继承皇位。

⑪世庙:指明世宗朱厚熜。新都:指杨廷和(1459—1529)。字介夫,号石斋,四川新都(今四川成都新都区)人。明代改革家。历仕宪宗、孝宗、武宗、世宗四朝。正德年间出任首辅。武宗崩后,杨廷和定计由武宗从弟朱厚熜(明世宗)继位。在朱厚熜未至京师时,总揽朝政共三十七日,革除武宗朝弊政,受朝廷内外称赞。嘉靖三年(1524),因"大礼议"事件与世宗意不合,罢归故里,后卒于新都。明穆宗时追赠太保,谥号文忠。传见《明史·杨廷和列传》。

【译文】

所谓天子之位,乃是上天所立之位;所谓人君,乃是人所归附的对象。身为继承宗庙社稷的长子,承受祖宗的恩泽,其天子之位不是依靠窃取或抢夺得来的,上天与民众都不能违背他。这种情况下其身边却有人相互勾结串联,以求保住太子的地位,同其相濡以沫,相互怜惜,这些人私下过分担忧太子的地位不稳、为其做出过度谋划,贪图上天的功劳为己有,他们又哪里值得重用而且被太子感恩戴德、不能忘怀呢?唐玄宗知道张说的奸邪,只是因为顾念其作为东宫旧臣的恩情而不疏远他,结果招来了张说之子张均、张垍在安史之乱时投降叛军的灾祸;何况杨复恭身为家奴却以天子为门生呢?唉!如果不是窃功擅权的小人,谁敢把皇位的归属认为是自己的功劳呢?赵汝愚不想接受策划内禅的赏赐,可以效法,因为这仍然保留有古人的痕迹。丙吉在狱中保护过汉宣帝的生命而始终不表白自己的功劳,因而能够帮助天子完成中兴大业。既然如此,则汉文帝拒绝周勃私下说话的请求,明世宗罢免杨廷和的官位,都不能说是苛刻而寡恩。汉成帝碌碌无为,哪里有资格谈这些呢!汉元帝不能留下遗命让史丹辅佐太子,使得王凤能够以私人功劳迷惑昏庸的君主,这也是汉元帝宠爱山阳王而对成帝愤然不加体恤的罪过!所以说:隐伏的罪过,开始于不测之时。

卷五

成　帝

【题解】

　　汉成帝刘骜(前51—前7)是汉元帝刘奭与孝元皇后王政君所生之子,竟宁元年(前33)以皇太子身份登上皇位。他在位二十五年间,虽能容受谏言,使公卿称职,在文化方面亦有所建树,但沉湎酒色,骄奢无度,致使朝堂上外戚擅政,民间妖妄之言纷起,在依旧"承平"的表象之下,西汉王朝已走向深度腐朽和没落。

　　在汉成帝统治时期,外戚王氏家族登上了西汉的政治舞台,开启了外戚擅权的序幕,也为后来的王莽乱国埋下了伏笔。西汉亡于外戚,是历史上许多史家和士人的共识,但成帝、元后等各自对西汉灭亡负有何种责任,则众说纷纭。王夫之在本篇中阐述了他的见解。他认为,孝元皇后王政君对于西汉灭亡负有极大的责任,"元后之罪通于天"。他指出,汉朝本有防范外戚专权的制度,宣、元时期外戚虽盛,不过以恩泽封侯而已。但到了成帝时期,元后利用成帝的软弱,将朝政大权交给王氏外戚,并以各种手段压制反对王氏专权的大臣;在其后哀帝和平帝时期,元后又极力扶持王莽,放纵其一步步篡夺汉朝社稷。王莽篡权后,元后虽表现出对汉朝的留恋,但终究不能掩盖其篡夺汉室的罪责。王夫之这一见解允当与否,有待读者见仁见智。不过他直言"妇人之道柔道也,反其德而为刚,虽恶易折",虽出于对"女主专政"历史的总结,但其对女性参政的理解未免有些偏颇。

成帝时，何武提出分丞相之权而建三公，这一建议其后得到施行。西汉中期以后，丞相职权本就大为削弱，王夫之敏锐地察觉出，何武的真实用意并不在丞相，而在于将权力日益膨胀的大司马（前身为大将军）一职与司空、司徒之"闲职"置于同等地位，"冀以分王氏之权"。虽然从结果看，此举并未取得效果，王莽依旧以大司马身份篡夺了大权，但"三公之制"却一直被东汉统治者沿用。王夫之认为，其原因正在于这种"防微杜渐"的制度安排，是君王独揽大权所"乐用"的手段。王夫之其后又从"古今之通势"的角度梳理了三代以来宰辅制度的分合演变，引用孔子"所损益，可知也"的名言，肯定了何武根据时势调整制度的尝试，倡言"汉以后之天下，以汉以后之法治之"。这种因时而变的制度观，体现了王夫之一贯的历史通变思想。

一 王氏之篡非始于杜钦党奸

读杜钦进谏之章①，与其奏记王凤之书②，及论王章之事③，竟以王氏之篡，归祸始于钦之党奸，非平情之论也④。成帝之无道也，足以亡国。王凤初起，犹修饰而有类于社稷之臣⑤；其视张放、淳于长、史育之导欲以宣淫者⑥，不若也。五侯之专⑦，莽之篡，岂钦之所能前知哉？士志于有为，而际昏庸之主，思有所造于国家，不得自达于上，不获已而见大臣之可与言者，因之以效"纳约自牖"⑧，而"遇主于巷"⑨，所谓救失火而不暇问主人者也。故以陈蕃之刚正⑩，而依窦武以行其志，能早知自别以远嫌者鲜矣。至于凤已成乎专偪⑪，心知其误，而卒不能自拔，钦固有无可如何者，而其情亦可愍矣⑫。

【注释】

①杜钦进谏之章:杜钦被大将军王凤所倚重,曾多次通过王凤议论政事,劝谏汉成帝。建始二年(前31),杜钦两次通过王凤劝谏汉成帝不要过度好色,并建议按照古礼建立"九女之制"。但由于汉朝此前没有先例,王凤不敢自立法度,这一建议未被采纳。事见《汉书·杜钦传》。杜钦,字子夏,南阳杜衍(今河南南阳西南)人。西汉官员。好读书,以才能闻名京师。成帝时大将军王凤以外戚辅政,深知杜钦之能,奏请杜钦为大将军军武库令,引为心腹。传见《汉书·杜钦传》。

②奏记王凤之书:阳朔元年(前24),汉成帝令京兆尹王章举荐贤才。王章密上奏章举荐琅邪太守冯野王,欲取代王凤。成帝最初予以采纳,后来却迫于王凤和太后的压力使王章下狱致死。冯野王恐惧不安而患病,告假休养,后来又回乡就医。王凤为了稳固权势,借机使御史中丞弹劾冯野王私自持虎符越郡界归家。杜钦因此给王凤上呈公文,认为冯野王并未违反法令条文,还引用古训劝诫王凤要慎于赏罚。王凤不听,最终罢免了冯野王。事见《汉书·杜钦传》。奏记,以书面形式向上级官员陈述意见。

③论王章之事:王章时为京兆尹,上书弹劾王凤专权。成帝听从其意见,想要罢免王凤。王凤上书谢罪请辞,太后王政君也为此哭泣不食。汉成帝不忍心,重新启用王凤,王凤心中惭愧。杜钦劝谏王凤修复与成帝的关系,重新视事。后来汉成帝令尚书弹劾王章,王章死于诏狱。事见《汉书·杜钦传》。

④平情:公允而不偏于感情。

⑤修饰:指矫饰造情以取悦于人。

⑥张放:西汉富平侯,汉成帝男宠。传见《汉书·张汤传》。淳于长:字子孺,魏郡元城(今河北大名东)人。依靠其姨母王政君及舅王凤的提携,成为汉成帝宠臣,封定陵侯。后因牵涉许皇后复

立之事,被王莽弹劾,死于狱中。传见《汉书·佞幸传》。史育:
汉成帝宠臣。

⑦五侯:指汉成帝之舅平阿侯王谭、成都侯王商、红阳侯王立、曲阳
侯王根、高平侯王逢时。

⑧纳约自牖(yǒu):出自《周易·坎卦》爻辞:"六四,樽酒,簋贰,用
缶,纳约自牖,终无咎。"意思是通过窗口用朴拙的瓦罐将食物和
酒递给受难之人,比喻以虔诚之心与人结交。纳,入。约,少,俭
约。牖,窗户。

⑨遇主于巷:出自《周易·睽(kuí)卦》爻辞:"九二,遇主于巷,无
咎。"意思是在巷道中与主人不期而遇。

⑩陈蕃(?—168):字仲举,汝南平舆(今河南平舆北)人。东汉名
臣,与窦武、刘淑合称"三君"。曾任尚书令、大鸿胪、太中大夫等
职,延熹八年(165)升太尉。为官期间多次谏诤时事,遭罢免。
灵帝即位,为太傅、录尚书事,与大将军窦武共同谋划翦除宦官,
事败而死。传见《后汉书·陈王列传》。

⑪专偪(bī):擅权胁迫。偪,同"逼"。

⑫愍(mǐn):怜悯,哀怜。

【译文】

读杜钦进谏的奏章,和他上呈给王凤的文书,以及对王章之事的议
论,竟将王氏外戚篡位的祸事,归结到杜钦与奸臣结党上,这并不是公
允的评论。汉成帝的无道,足以亡国。王凤刚崛起的时候,还造作地掩
饰自己,表现得像一个身负国家重任的大臣;与张放、淳于长、史育等引
诱汉元帝放纵欲望、淫乱而毫无忌讳的人相比,是很不一样的。五侯专
权,王莽最终篡位,难道是杜钦所能预先知道的吗?士人立志要有所作
为,却遇到了昏庸的君主,想要为国家建功立业,却不能在皇帝面前表
达自己的观点,万不得已只能先求见能说得上话的大臣,通过他来效仿
所谓"通过窗口递给受难者酒食","在巷道中与主人不期而遇",这就是

所谓的急于救火却无暇问及主人的姓名。因此以陈蕃的刚正,尚且通过依附窦武来实现自己的志向,可见能够早点知道独善其身以远避嫌疑的人太少啦!到王凤已经形成擅权胁迫君主之势的时候,杜钦虽然心中已经知道自己犯了错误,却最终无法自拔,他实在是有无可奈何之处,而其情状也确实令人同情。

　　故君子之爱身也,甚于爱天下;忘身以忧天下,则祸未发于天下而先伏于吾之所忧也。外戚也,宦寺也,女主也,夷狄也,一失其身,虽有扶危定倾之雅志,不得自救其陷溺;未有身自溺而能拯人之溺者也。孔子行乎季孙而鲁几治①,非孔子固弗敢也。圣人之大用,中材所不敢效也。虽然,圣人岂有不测之术哉?齐人服②,郈、费堕③,季斯一受女乐,而即决于行④,无所凝滞,而必不与之推移⑤。则一旦释然忘前此之功业,而逌然以去⑥,无他,纯乎道而无私焉耳。圣人不可学而可学者,此也。凤之专,王氏之盛,成帝之终不足与有为,威福下移,形势已成,钦胡为其茬苒而不去也⑦?能去则去,虽因季斯而不损其圣。事已不可,而尚惜其位,则钦虽持义之正,而不免于党奸。虽然,若钦者,固未易言去也;谏凤不听而去之,且无名而为其所忌,故非圣人不能去,不能去而可不早慎择所从哉?君子度德以自处⑧。女主也,外戚也,宦寺也,夷狄也,即可与有为,而必远之,凤,人道之大戒也。贾捐之、杨兴、崔浩、娄师德、张说、许衡⑨,一失其身,而后世之讥评,无为之原情以贷者,皆钦之类也。可勿戒乎!

【注释】

①季孙:指季孙氏,春秋战国时鲁国世卿贵族,与叔孙氏、孟孙氏并称"三桓"。作为三桓之首,季孙氏凌驾于公室之上,掌握鲁国实权。

②齐人服:鲁定公十年(前500),鲁定公在孔子的陪同之下参加齐鲁的"夹谷之会",孔子主持礼赞,"以礼历阶,诛齐淫乐",令齐侯畏惧并停止了想要袭击定公的行动,使得齐国归还了侵夺的鲁国土地。事见《史记·鲁周公世家》。

③郈(hòu)、费堕:鲁定公十二年(前498),孔子为打击三桓势力而推行"堕三都"之政,准备毁掉季孙氏的费邑、叔孙氏的郈邑和孟孙氏的成邑。叔孙氏的郈邑顺利被拆毁,费邑也在公山不狃(niǔ)和叔孙辄出逃齐国后被毁,只有成宰公敛处父坚守成邑不堕。堕三都最终失败。事见《左传·定公十二年》。郈,春秋时鲁国叔孙氏私邑,在今山东东平东南。费,春秋时鲁国季孙氏私邑,在今山东费县西北。

④季斯一受女乐,而即决于行:据《史记·孔子世家》记载,齐国为削弱鲁国的实力,送给鲁国八十名歌姬舞女。鲁国大夫季孙斯与鲁定公整日前往观看,不理政事。后来季孙斯接受了这些歌姬舞女,"三日不听政"。加之鲁国在郊祀后没有按惯例将祭肉分给孔子,孔子意识到自己已经无法在鲁国实现政治抱负,便离开了鲁国,开始周游列国。季斯(? —前492),即季孙斯,亦称季桓子。季平子(季孙意如)之子,春秋时鲁国大夫。季孙意如死后,其家臣阳虎囚禁季孙斯,并执鲁政达三年之久。阳虎逃走后,季孙斯想用孔子帮助三桓打击当权的家臣。但是,孔子想提升公室的实力,季孙斯不满,将孔子逼走。其事见于《史记·鲁周公世家》《史记·孔子世家》。

⑤推移:本指变化、移动或发展。此处指时间的发展,意在表明孔

　　子不愿再浪费时间,与季孙斯共事。

⑥逌(yōu)然:闲适自得的样子。

⑦荏苒(rěn rǎn):蹉跎,拖延时间。

⑧度德以自处:语本《左传·隐公十一年》"度德而处之,量力而行之"。指先衡量自己的德行再去决定事情。

⑨贾捐之:字君房,洛阳(今河南洛阳)人。贾谊曾孙,西汉政治家、文学家。汉元帝初即位,贾捐之上疏言得失,召为待诏金马门,数次召见,其主张多被采纳。后因得罪中书令石显,被其告发,下狱死。传见《汉书·贾捐之传》。崔浩(?—450):字伯渊,小名桃简,清河东武城(今山东武城)人。南北朝时期北魏著名政治家。出身高门,历仕北魏道武、明元、太武三帝,官至司徒,是太武帝最重要的谋臣之一。北魏太平真君十一年(450),因"国史之狱"被夷九族。传见《魏书·崔浩列传》。娄师德(630—699):字宗仁,郑州原武(今河南原阳)人。唐朝宰相。进士出身,后以文官应募从军,西征吐蕃,立有战功。长寿元年(692)回朝,次年拜相,后因征讨吐蕃兵败,被贬为原州员外司马。万岁通天二年(697),再次拜相,后出任陇右诸军大使。传见新、旧《唐书·娄师德列传》。

【译文】

　　所以君子爱惜自身,比爱惜天下更重要;忘却自身而忧虑天下,则灾祸尚未在天下发生却先潜伏于自己所忧虑的事情中。一旦不顾自身的清白,与外戚、宦官、女性统治者、蛮夷之人结交,即使有扶大厦于将倾的雄心壮志,也无法从水深火热的境地中挽救自己;从没有自己已经陷于危难却能挽救他人危难的。孔子依靠季孙氏掌管国政而鲁国几乎大治,这种事除了孔子别人肯定是不敢做的。圣人的大用,中等才能的人是不敢效法的。尽管如此,圣人难道有什么难以意料的方法吗?孔子成功地使齐国慑服,拆毁郈邑、费邑,可是当季孙斯一接受女乐,他当即决定离去,毫不迟疑,不愿再与季孙氏合作一天。孔子在很短时间内就释然地忘却此前的功业,安然自得地离去,除了为保证道的纯洁而不顾个人利益以外,没有其他的原因。圣人不可学却又值得去学的地方,正在于此。王凤擅权,王氏外戚势大,汉成帝终究不能依靠他们有所作为,皇帝大权旁落的形势已经形成,杜钦为什么仍然依违徘徊而不尽快离去呢?能走则走,孔子尽管曾经依附过季孙斯也不会损害孔子的圣名。事情已不可为,而杜钦尚且吝惜其职位,那么即使他坚持正义,最终也不能免于结交奸臣的恶名。尽管如此,像杜钦这样的人,本来也很难轻言离去;他劝谏王凤,对方不听,他便拂袖离去,又没有正当理由,必将会被王凤等人记恨,所以不是圣人则不会断然离去,既然不能离去,难道当初不应该慎重地选择所依附的对象吗?君子应当衡量自己的德行而决定事情。像女性统治者、外戚、宦官、夷狄之人,即使与他们合作能有所作为,也必须尽早离开他们,这是为人之道重要的鉴戒。贾捐之、杨兴、崔浩、娄师德、张说、许衡这些人,一旦不顾自己的清白之身与上述几类人结交,后世的讥讽、评论,就没有能够谅解他们的苦衷而宽恕他们的,他们与杜钦属于同一类人。这难道不能引以为戒吗?

二　元后以柔道亡汉

亡西汉者,元后之罪通于天矣。论者徒见其吝玺不予、流涕汉庙、用汉伏腊而怜之[1],妇人小不忍之仁,恶足以盖其亡汉之大慝哉[2]!今有杀人者,流涕袒免而抚其尸曰[3]:吾弗忍也,而孰听之?

【注释】

①伏腊:亦作“伏臘”。古代两种祭祀的名称。“伏”在夏季伏日,“腊”在农历十二月。

②憝(duì)：坏，恶。
③袒免：袒衣免冠。古代丧制规定，凡五服以外的远亲，无丧服之制，唯袒衣免冠以示哀思。

【译文】

元后王政君致使西汉灭亡，其罪过可谓滔天。议论之人只见她舍不得将国玺交给王莽、为汉朝宗庙被毁弃而痛哭流涕、继续延续汉朝的伏祭和腊祭，因而怜悯她，可是，妇人小不忍的仁慈，又怎么能掩盖她灭亡汉朝的滔天罪恶呢？现在要是有人杀了人，却袒衣免冠、痛哭流涕地扶着其尸体说："我不忍心。"谁会听他的话呢？

汉惩吕氏之祸，不举国柄而授之外戚久矣。霍氏之持权，武帝拔霍光于下僚，与降胡厩吏等[1]，非缘后族也；其既也，则以废暗立明安社稷之功也。宣帝之于史氏，元帝之于许氏，以恩泽侯而已矣。成帝年已二十，元帝未有属王氏之遗命焉；王凤起自卫尉[2]，一旦而持天下之柄，孰为之邪？五侯并日而封，杨兴、驷胜争之而不得[3]；苟参以异父弟强成帝以封侯[4]，帝不听，而犹宠以侍中；刘向谏而不听，王章争而见杀。垂涕不食，以激成帝之诛章；刘向抗疏不已，成帝叹息悲伤，卒受制而不能决。凤死而音代[5]，音死而商代[6]，商死而根代[7]，根死而莽代，一以世及之法取汉之天下[8]，而使相嗣以兴，非后之内主于宫中，亦岂能蔓引绵延之如此哉？

【注释】

①降胡：指金日磾(mì dī)，原为匈奴休屠王太子，后降汉。厩吏：指上官桀，早年曾任未央厩令。

②卫尉:汉代九卿之一,掌宫门警卫。

③杨兴:时为谏大夫。驷胜:汉成帝时博士。

④苟参:汉元帝皇后王政君的同母异父弟。

⑤音:指王音(? —前15)。魏郡元城(今河北大名东)人。西汉外戚,元帝皇后王政君从弟。成帝时,为侍中、太仆。亲附大将军王凤,卑恭如子。王音得悉京兆尹王章密陈汉成帝,请求诛杀王凤,便立即告知王凤,以此得为御史大夫。阳朔三年(前22),王凤病危,死前推荐王音代替自己的职位,遂为大司马车骑将军,辅佐朝政。其事见于《汉书·元后传》。

⑥商:指王商。魏郡元城(今河北大名东)人。西汉外戚,元帝皇后王政君庶弟。成帝建始元年(前32),赐爵关内侯。河平二年(前27),与弟王立等五人同日受封,为成都侯。永始二年(前15),王音去世,王商进为大司马卫将军,秉持朝政。其事见于《汉书·元后传》。

⑦根:指王根(? —前2)。字稚卿,东平陵(今山东济南章丘区)人。西汉外戚,元帝皇后王政君庶弟。成帝河平二年(前27),以帝舅封曲阳侯。后为大司马票骑将军,继其兄王商辅政。绥和元年(前8),王根病重,举荐王莽代替大司马之位。其事见于《汉书·元后传》。

⑧世及:世袭,世代相传。父传于子称"世",兄传与弟称"及"。

【译文】

汉朝以吕氏之乱为教训,不把国家大权交给外戚已经很久了。霍氏之所以能执掌政权,是因为汉武帝从下级官僚中把霍光提拔起来,这与降汉的胡人金日磾、掌管马厩的小吏上官桀同等,并非是依靠皇后家族起家的;霍光之所以能掌握政权,是因为他废暗主、立明君以安定国家的大功劳。汉宣帝对于史氏外戚,汉元帝对于许氏外戚,都只是以恩泽封其为侯而已。汉成帝即位时已经二十岁,且汉元帝并没有让王氏辅佐新君王的遗命；王凤以卫尉身份被拔擢，在极短时间内就掌握了天下的大权，这是谁造成的？王氏五侯同一天被册封，杨兴、驷胜极力反对却未成功；苟参是元后的同母异父弟弟，元后强行要求成帝封他为侯，成帝没答应，但依然提拔他做侍中，以示恩宠；刘向劝谏而成帝不听，王章上书谏争而被杀。王章上书时，太后整日流泪不吃饭，以激怒汉成帝诛杀王章；刘向不断上书抗辩，汉成帝叹息悲伤，却最终受制于太后而不能下决断。王凤死后其位置由王音取代，王音死后由王商取代，王商死后由王根取代，王根死后由王莽取代，完全按照兄终弟及、父死子继的方法一步步夺取汉朝天下，而使王氏世代相继而兴盛，如果不是元后在宫中操纵，王氏又怎么能够像藤蔓一样相互牵连、绵延到如此地步呢？

　　且夫王氏之横，未尝不可扑也。成帝察其奢僭不轨[①]，而音、商、立、根藉囊负斧锧以待罪[②]；王立结淳于长之奸露，成帝下有司按治，而立杀其子以灭口；计其为人，非能险鸷于吕之产、禄[③]，武之三思、懿宗也[④]。乃吕氏私其族而终以国事付平、勃[⑤]，武氏私其侄而终以国事付狄、娄[⑥]，元后则笼刘氏之宗社于其鞶帨[⑦]，而以授之私亲。逮乎哀帝之立，姑退莽以胁哀帝，而蛊在廷之心，纵董贤之不逞[⑧]，乘其败以进莽，使恣行其鸩主之毒[⑨]，晏然处之而不一诘。摄则使之摄矣，假则使之假矣，岂徒莽之奸足以恣行无忌哉？老妖不死，日蚀月齕[⑩]，以殄汉而必亡之[⑪]，久矣。故曰：罪通于天也。

【注释】

①奢僭(jiàn)：奢侈逾礼，不合法度。

②藉稾（gǎo）：坐卧于草垫之上，谓谢罪待刑。稾：草垫。斧锧（zhì）：斧子和铁制垫座，古代刑具。

③鸷（zhì）：凶狠。产、禄：指吕产和吕禄。

④三思、懿宗：指武三思和武懿宗。

⑤平、勃：指陈平和周勃。

⑥狄、娄：指狄仁杰和娄师德。

⑦鞶帨（pán shuì）：古代妇女用的小囊和毛巾。

⑧董贤（前23—前1）：字圣卿，云阳（今陕西淳化西北）人。汉哀帝宠臣。初任太子舍人，汉哀帝即位，董贤接连升任为郎官、黄门郎、驸马都尉、侍中，封高安侯。后代替丁明为大司马，二十二岁即位列三公，权倾一时。元寿二年（前1），哀帝去世，王莽借助太皇太后王政君之力指使尚书弹劾董贤，罢免董贤大司马之职，董贤当日自杀。传见《汉书·佞幸传》。

⑨鸩（zhèn）主：指元始五年（5）王莽上椒酒毒杀汉平帝（一说汉平帝系病卒）。

⑩龁（hé）：吞。

⑪殄：灭绝。

【译文】

况且王氏的骄横气焰并非不可以被扑灭。当汉成帝察觉到他们奢侈僭越、图谋不轨的行径时，王音、王商、王根、王立便马上坐在草垫上、身背刀斧刑具以等待治罪；王立与淳于长勾结的奸谋败露后，成帝命有关部门审理，王立杀掉自己的儿子以灭口；看他们的为人，并没有吕氏的吕产、吕禄，武氏的武三思、武懿宗那样阴险凶狠。然而，吕后虽然偏爱自己的族人，而终究把国事交给了陈平、周勃；武则天虽然偏爱自己的侄子，却最终把国事托付给狄仁杰、娄师德；元后则是将汉朝的江山社稷装在自己的口袋中，然后交给她自己的亲属。等到哀帝即位，她姑且让王莽退避以胁迫哀帝，并且蛊惑朝中大臣之心，放纵董贤的胡作非为,乘着董贤败落的机会再起用王莽,使他肆无忌惮地实行毒死皇帝的计划,元后对这一切泰然处之,不曾责问王莽一句。王莽要摄政就让他摄政,王莽要做假皇帝就让他做假皇帝,难道只是因为王莽的奸邪足以使他无所忌惮吗? 元后这个老妖婆不死,日蚀月吞,长此以往必定会蚕食汉朝江山而使王朝灭亡,其险恶用心由来已久了。所以说:元后罪恶滔天。

　　妇人之道柔道也,反其德而为刚,虽恶易折。《大畜》之五曰:"豶豕之牙,吉[1]。"牙可豶也,而吕、武以之,周勃、狄仁杰豶之而吉矣。《姤》之初曰:"羸豕孚蹢躅[2]。"羸云者,不壮而柔者也,以柔而结人心者也,而蹢躅之凶不可禁,元后以之,虽刘向痛哭以陈言,成帝悲伤而惧祸,而无如后之涕泣者何也! 莽已篡,汉已灭,姑以一泣逃天下后世之诛,而谁信之? 不然,莽之基毒[3],无有于其子,后果有思汉之心,莽其能戴之没世而生荣死哀以相报哉[4]? 女祸之烈,莫如王氏,而论者犹宽之,蹢躅之孚,且以孚后世而免于史氏之诛,亦险矣哉!

【注释】

①豶(fén)豕之牙,吉:语出《周易·大畜卦》爻辞:"六五,豶豕之牙,吉。"意思是被阉割过的猪,其尖利的牙齿已被制服,故吉利。猪被阉割,凶性已除去,所以其牙不足惧。豶,阉割过的猪。

②羸豕孚蹢躅(zhí zhú):语出《周易·姤(gòu)卦》爻辞:"初六,系于金柅(nǐ),贞吉。有攸往,见凶,羸豕孚蹢躅。"意思是像捆绑的母猪一样躁动不安地来回活动。羸,通"累",束缚缠绕。孚,通"浮",浮躁。蹢躅,同"踟躇",徘徊不进的样子。按:王夫之对于

"赢"有自己的理解,他在下文中说"赢云者,不壮而柔者也",认为"赢"是"柔弱"的意思,而非"束缚缠绕"。

③恝(jì)毒:凶残歹毒。

④生荣死哀:语出《论语·子张》:"其生也荣,其死也哀,如之何其可及也?"意思是说孔子生而享有尊荣,死而令人哀痛,是他人无法企及的。

【译文】

妇人之道是温和阴柔之道,反妇德而行,变得刚直强硬,即使凶恶一时,也必然容易折断。《周易·大畜卦》的第五爻说:"被阉割过的猪,其尖利的牙已被制服,故吉利。"有牙的猪可以被阉割,而吕氏、武氏外戚为牙,周勃、狄仁杰将其阉割,因而大吉。《周易·姤卦》的初爻说:"像赢弱的母猪一样躁动不安。"赢,指的是不强壮的柔弱者,以柔弱来笼络人心,而蠢蠢欲动的凶险不可禁除,元后凭借这一点,即使刘向痛哭流涕地向成帝进言,成帝悲伤而害怕灾祸降临,却也对元后的哭泣无可奈何。王莽已经篡位,汉朝已经灭亡,元后居然想以一场痛哭来逃避天下与后世的惩罚,又有谁会相信她呢?不然,以王莽的凶残歹毒,连自己的亲生儿子也不放过,元后如果真的有思念汉室的心,王莽难道能够始终爱戴她,以生前使她享有尊荣、死后为她哀痛来报答她吗?女主干政之祸的惨烈,没有比王氏更严重的了,而议论的人仍然宽恕她,她"躁动不安地来回活动",想要博取后世的信任而免于史家的口诛笔伐,也真是很阴险啊!

三 贡禹匡衡议毁郊庙

成、哀之世,天地宗庙之祀倏废倏兴①,以儿嬉而玩鬼神甚矣。其废而复兴也,或以天子之病,或以继嗣之不立,小人徼福之术②,固不足道。其废也,始于贡禹而成于匡衡③,

所持者,三代之典礼也④。宗庙远,有毁而无立者,义也;诚所不至,不敢黩焉⑤,义所以尽仁也。儒者之言礼,文而已矣⑥;以文而毁,犹之乎以文而立。夫汉之嗣君,于其所不废之祀而能以诚格之乎⑦?执是以论,举凡天地祖宗之祀皆可毁矣,而何但七世以上与五畤之郊也⑧?苟非其人,道不虚行⑨。宫室之侈,妃嫔之众,服膳之奢,乐之淫,刑之滥,官之冗,赋之重,一能汰其所余以合于三代,而后议郊庙之毁,未晚也。

【注释】

①倏(shū):极快地,忽然。

②徼(yāo):通"邀",求取。

③其废也,始于贡禹而成于匡衡:汉元帝时,贡禹奏请罢惠帝、景帝庙,又请正定郡国庙,未及施行而贡禹去世。汉成帝时,在匡衡等大臣的建议下,罢甘泉、汾阴祠,又罢五畤(即雍、鄜、密、上、下畤)及陈宝祠。事见《汉书·郊祀志》《汉书·韦玄成传》。

④所持者,三代之典礼也:《礼记·王制》:"天子七庙,三昭三穆,与太祖之庙而七。"据《汉书·韦玄成传》记载,当时议定的天子七庙为汉高祖庙、文帝庙、景帝庙、武帝庙、昭帝庙、宣帝之父悼皇考庙、宣帝庙。除此之外,如汉高祖之父太上皇庙、惠帝庙等均应废除。三代,指夏、商、周。

⑤黩(dú):污辱,玷污。

⑥文:指礼的表现形式。

⑦格:来,至,降临。

⑧何但:岂止。五畤(chóu):秦汉时祭祀天地五帝的场所。《史记·孝武本纪》:"明年,上初至雍,郊见五畤。"张守节正义:"先

是文公作鄜畤,祭白帝;秦宣公作密畤,祭青帝;秦灵公作吴阳上畤、下畤,祭赤帝、黄帝;汉高祖作北畤,祭黑帝:是五畤也。"郊:大祀,盛大的祭祀。

⑨苟非其人,道不虚行:语出《周易·系辞下》:"苟非其人,道不虚行。"意思是说,如果不是贤明的人,那么《周易》的道理也不会凭空虚浮地推行。

【译文】

在汉成帝、哀帝时代,天地、宗庙的祭祀忽废忽兴,如同儿戏一般地玩弄鬼神,已经到了非常严重的地步。祭祀被废以后重新兴起,有时候是因为天子生病,有时候是因为继承人没有确立,这些都是小人求福的手段,本来就不值得一提。天地与先祖宗庙祭祀的废弃,始于贡禹而完成于匡衡,他们所秉持的依据,是夏、商、周三代的制度礼仪。远祖之庙距今时代久远,后世有将其弃毁的而没有新立,这是义;因为后世对远祖的情感已经淡漠,诚意已经难以达到,所以不敢再亵渎他们,因此义是为了努力完成仁。儒家所谈的礼,只是礼的形式而已;拘泥于礼的形式而提出废庙,就如同根据礼的形式提出建庙一样,都没有抓住礼之精意。汉朝的后代君主,对于他们没有毁弃的祭礼,就真的能以足够的诚心使神明降临吗?若以此论起来,则所有对天地祖先的祭祀都可以毁弃,而又为何只限于七世以上的祖先和对五方帝的祭祀呢?如果不是贤明的人,那么道不会凭空虚浮地推行。豪华的宫殿,众多的妃嫔,奢侈的衣食,萎靡的音乐,过度的刑罚,冗杂的官员,沉重的赋税,如果能将这些多余的事物一概去除,以符合三代的状况,然后再讨论天地、宗庙祭祀的毁弃问题,也不算晚。

　　且三代之斩祀于七世①,岂徒然乎?抑创法者,自开国之君守约以待子孙之易尽其情而无伪,非祖宗立之而后王毁之也。自汉以降,百为不师古,礼乐之精意泯焉;而独于祧庙致严于祖宗之废兴②,何其徇末而斳其本也③!况古之祧也,于大禘而合食④,则虽废而不忘。后世无禘而徒祧,几于忘其所自出。然则废五畤以伸上帝之孤尊,古之可法者也;制以七世而毁庙,古之未可遽法者也⑤。君子之言礼,非但以其文也。

【注释】

　①斳(jìn):吝惜。

　②祧(tiāo)庙:远祖之庙。

　③徇:顺从,依从。

　④大禘(dì):古代帝王或诸侯在始祖庙里对最初祖先的一种盛大祭祀。合食:指合祭。

　⑤遽(jù):仓猝,匆忙。

【译文】

　再者说,三代时仅仅祭祀到七代祖先,难道没有原因吗?这大概是他们的开国之君恪守简约之原则,以便让其子孙在祭祀时完全表达出真诚的感情而没有虚伪矫饰,并非是祖宗立下先祖宗庙而后世将其毁弃。自汉朝以后,各种事情都不效法古人,以至于礼乐的精深大义都泯灭了;却唯独在祭祀远祖之庙方面严格按祖宗立下的制度来行事,这是多么只遵循细枝末节而舍弃根本啊!何况古代的远祖,在举行大祭典礼时会让他们共同享用祭品,这样就是虽废而不忘。后世没有禘祭而只有祧祭,几乎就等于忘记了自己是从何而来的。既然如此,那么废除对五方帝的祭祀而突出天帝的独尊地位,是古代制度中可以仿效的部分;而规定超过七世便要毁掉祖先宗庙,不再祭祀,则是古代制度中不可匆忙仿效的部分。君子谈论礼,并不是仅仅重视其形式。

四　刘向忧王氏势盛言宜援近宗室

进言者极其辞,而必有所避就,非但以远嫌而杜小人之口实也,道存焉矣。嫌已远而小人无间以指摘,则君之听不荧,而言乃为功于宗社。刘向忧王氏之势盛而移汉,见之远,虑之切,向死而汉亡,所系亦大矣哉!而于进言有未得者,故成帝虽感,而终不能庸①,小人之党,且有挟以上摇主听而下惑人心。

【注释】

①庸:用,采纳。

【译文】

向皇帝进言的人虽然极力陈词,却必定要有所回避,这不仅是为了避免嫌疑而不给小人留下攻击的口实,也有深刻的道理存于其中。嫌疑已经避免,小人就没有借口来指责挑剔,国君的视听就不会被迷惑,而所进之言才能对宗庙社稷有所贡献。刘向担忧王氏的势力强盛后会篡夺汉朝江山,他看得远,忧虑得深切,他死后汉朝就灭亡了,可见他与汉朝存亡的关系也是很重大的呀!但是,他在进言方面有不得当之处,因而汉成帝虽然被感动,却最终不能采纳他的意见,小人之党,还有利用这一点来动摇天子视听、蛊惑民众之心的。

其言曰:"王氏、刘氏且不并立,宜援近宗室。"斯岂向所宜言者乎?以事言之,刘氏之贤,无有逾于向者,枢笉之任①,不归王氏必归向矣,未有斥人之奸而自任者也。且刘氏、王氏岂颉颃而并论以争衰王者②。颉颃而并论,妇人勃豂之说也③;且假之以颉颃之名而王氏张。彼将曰:天下非彼则我也。况乎吕氏之祸,与吴、楚、淮南、燕、广陵互相盈虚④,则外戚反唇而相讥,岂患无辞哉? 以道言之,选贤任能以匡扶社稷者,天下之公也。尧之举禹、皋⑤,禹之任稷、契⑥,汤之托伊尹⑦,高宗之立傅说⑧,文王之任闳、散⑨,皆非懿亲也。周道亲亲,而周、召以庸⑩,管、蔡以诛⑪;师尚父⑫,邑姜之父⑬,且以佐燮伐而位太师⑭。王氏诚不可任,博求之天下,岂繄无贤⑮;而必曰援近宗室,举大义而私之一家,又岂五帝三王之道哉⑯?

【注释】

①枢筦(guǎn):指中枢政务或宰辅之任。筦,同"管"。

②颉颃(xié háng):指不相上下、相互抗衡。衰王:衰落与兴旺。王,通"旺"。

③勃豂(jī):吵架,争斗。

④吴、楚、淮南、燕、广陵:分别指吴王刘濞、楚王刘戊、淮南王刘安、燕王刘旦、广陵王刘胥,此五人皆是汉朝宗室诸侯王,因谋反或涉嫌谋反而死。

⑤皋:指皋陶(yáo),偃姓,皋氏,名繇。传说中舜帝统治时的贤臣,被任命为掌管刑法的"士",以正直闻名天下。大禹当政时他继续掌管刑法,又被大禹选为继承人,并协助禹处理领导事务,先于大禹而死,故未能继位。其事见于《史记·五帝本纪》《史记·夏本纪》。

⑥稷:指后稷,姬姓,名弃。周人之始祖。善于种植各种粮食作物,据说在舜、禹时期任农官,教民稼穑。其事见于《史记·周本纪》。契:子姓,名契,又名卨(xiè),别称"阏(è)伯"。商族部落始

祖。传说是尧舜时期负责治民的大臣。其事见于《史记·殷本纪》。

⑦伊尹：商初大臣。名挚，尹为官名。原为商汤妃有莘氏的陪嫁之臣，受汤赏识，助商灭夏，建立商朝，掌管国政。汤去世后，又辅佐外丙、仲壬、太甲、沃丁四代国君。其事见于《史记·殷本纪》。

⑧高宗：指商王武丁，庙号高宗。傅说：商王武丁的大臣。原为从事版筑的奴隶，被武丁重用，任为相，治理国政，使商朝中兴。其事见于《史记·殷本纪》。

⑨闳（hóng）、散：指闳夭和散宜生。辅佐周文王姬昌的重臣。其事见于《史记·周本纪》。

⑩周、召：指周公和召公，西周初年重臣。周公，姬姓，名旦，周文王第四子。因采邑在周，故称。周武王去世，成王年幼，以周公辅政。曾营建东都雒邑，平定武庚之乱，又主持分封，制礼作乐。与召公分陕而治，主陕以东。其事见于《史记·鲁周公世家》。召公，姬姓，名奭，周文王庶子。因采邑在召，故称。成王时任太保，为三公之一。曾掌理东都的营建，并与周公分陕而治，主陕以西。其事见于《史记·燕召公世家》。庸：任用。

⑪管、蔡：指管叔和蔡叔，周武王、周公旦的同母兄弟。成王即位后，管叔、蔡叔因不满周公辅政，联合武庚发动叛乱。后来周公平定叛乱，诛杀管叔，流放蔡叔。其事见于《史记·管蔡世家》。诛：惩罚。

⑫师尚父：对齐太公吕望的尊称。

⑬邑姜：姜姓，据杜预等人的说法，为齐太公吕望之女，周武王王妃（一说王后）。其事散见于《左传·昭公元年》《左传·昭公十年》等。

⑭燮（xiè）伐：协同征伐。太师：周代三公之首，为辅弼国君之官。

⑮繄（yī）：是。

⑯五帝三王：古代八位国君的合称。有关"五帝"的说法不一，一说
为太昊、神农、黄帝、少昊、颛顼（zhuān xū），一说为黄帝、颛顼、帝
喾（kù）、唐尧、虞舜，一说为少昊、颛顼、帝喾、唐尧、虞舜。"三
王"则指夏禹、商汤、周文王。

【译文】

刘向说："王氏与刘氏将势不两立，应当提拔并亲近宗室。"这难道
是刘向应该说的话吗？就事实而言，刘姓宗亲中的贤才，没有超过刘向
的，掌管中枢大权的重任，如果不归王氏则必定归于刘向，但是没有斥
责别人奸邪而让自己取而代之的。况且，刘氏和王氏难道是可以相互
抗衡、不分上下而相提并论来一争高下的吗？ 相互抗衡、不分上下而相
提并论，是妇人吵架的说法；而且如果给予王氏"相互抗衡、不分上下"
之名，则王氏会更加嚣张。他们将会说：天下不归刘氏就归我。何况吕
氏外戚之祸，与吴王刘濞、楚王刘戊、淮南王刘安、燕王刘旦、广陵王刘
胥这些汉朝宗室谋反的事例此消彼长，那么外戚反唇相讥，难道会担心
找不到借口吗？ 以道理而言，选贤任能以匡扶社稷，才是天下的大公。
尧举用大禹、皋陶，禹任用后稷和契，商汤托付于伊尹，商高宗武丁依靠
傅说，周文王任用闳夭和散宜生，这些人都不是至亲。周代的用人之道
是任用亲近同姓之臣，可周公、召公得到重用，管叔、蔡叔却受到惩罚；
师尚父，是周武王王妃邑姜的父亲，尚且因为辅佐武王征伐有功而位居
太师。王氏确实不可任用，那么如果面向整个天下广求人才，难道会没
有贤人吗？ 而刘向一味主张提拔并亲近宗室，举天下之大义而偏私于
一家一姓，这难道是五帝三王的治国之道吗？

　　向于是而失言矣。以为独任，则不可有自请之情；以为
博选宗室之贤，则歆之党逆①，向且不能保之于子，而况他
乎？ 成帝悟而不终，群奸闻而不惮，未必非向之言有以召之
也。故进言者，匪道是循，徒以致寇，而可不慎哉！

【注释】

①刘歆(？—23)：字子骏，后改名秀，字颖叔。世居长安(今陕西西安)。楚元王刘交后裔，刘向之子。西汉著名学者，古文经学大家，不仅在儒学上很有造诣，而且在校勘学、天文历法学、史学、《诗》学等方面均有建树，对圆周率的计算也有贡献。刘歆与王莽关系密切，在王莽代汉的过程中出力甚多。王莽建立新朝后，刘歆被任命为国师。后因谋诛王莽事败而自杀。传见《汉书·楚元王传》。

【译文】

刘向在这件事上是失言了。如果他想自己掌握大权，那么他不可以有自己取代王氏的情实；如果他是为了广选宗室贤才，那么他的儿子刘歆与逆臣结党，刘向连自己的儿子都难以保证没有二心，何况是其他人呢？对于刘向的进言，汉成帝能够领会但最终没有采用，众奸臣听到后也不忌惮，这未必不是刘向的言论本身造成的。所以进言的人，如果说的话不合乎道理，就只能招来灾祸，难道可以不谨慎吗？

五　谷永能言处置诸王之道

汉诸王之以禽兽行废者不一①，汉廷无有能据道以处此者，而谷永能言之②。其曰："帝王不窥人私，而《春秋》为尊者讳③。"此义行，迄乎东汉，秽德不章。永之言，其利薄矣④。夫人之有耻，自耻者也；耻心荡而刑杀不能止，故知刑杀者，非可以善风俗、已祸乱者也。汉之于此，既无家法以正之于先，而纵苛察之吏、告讦之小人扬之于后⑤。无他，忌侯王之强，日思翦艾以图安⑥，而纨袴膏粱，卒投于阱而无从辨⑦。呜呼！綦如是矣⑧，恶得不拱手而授之贼臣哉？以刑制淫而固不可制，假暗昧以锄强而只以自弱。谷永者，王氏之私人也,而虑能及此,故知永者,附权臣非有移鼎之心⑨,宠利未忘,规一时之进取而已。汉能用之,亦何遽不为赞治之臣乎⑩?

【注释】

①禽兽行:古代刑律罪名,指乱伦性行为,即性行为双方具有血缘关系或者亲缘关系。

②谷永(? —前8):本名谷并,字子云,长安(今陕西西安)人。西汉时期大臣。汉成帝时依附王凤等王氏外戚,任安定太守、凉州刺史、北地太守等职,后被曲阳侯王根征召入京担任大司农,常直言进谏。在职一年多,因病免官,死于家中。传见《汉书·谷永传》。

③《春秋》为尊者讳:指《春秋》在叙述历史时为地位尊贵的人避忌隐讳。语出《春秋公羊传·闵公元年》:"《春秋》为尊者讳,为亲者讳,为贤者讳。"

④溥:广大。

⑤告讦(jié):责人过失或揭人阴私。

⑥翦艾(yì):剪除。艾,通"刈",刈割,斩除。

⑦阱:地牢。辨:通"辩"。

⑧惎(jì):歹毒。

⑨移鼎:迁移九鼎,比喻政权的改易。

⑩赞治:协助治理。

【译文】

汉代诸侯王因触犯"禽兽行"之罪而被废的不止一个,汉朝廷中没有能够以正确的方式来处置此事的,而谷永却能对此发表言论。他说:"帝王不窥探别人的隐私,《春秋》为尊者避讳。"这一义理得到施行,一直到东汉,诸侯王污秽淫乱的行为都没有被公之于众。谷永的话,好处太大啦！人有羞耻心，是自己感到羞耻；而一旦羞耻心丧失，即使刑罚杀戮也不能制止。由此可见，刑罚杀戮并不能用来改善风俗、制止祸乱。汉朝在这方面，既没有家法来匡正诸侯王行为在先，又放纵苛察的官吏、告发别人隐私的小人张扬这些事在后。这没有别的原因，只是因为忌惮诸侯王的强大，每天都谋划着剪除他们以图安宁，而纨绔膏粱子弟，最终被投进监牢而无从分辩。唉！汉朝廷如此猜忌歹毒，怎么能不把江山社稷拱手奉送给奸臣呢？用刑罚来制止淫乱行为，本来就无法制止，凭借阴谋来铲除强大的诸侯王，最终只能削弱了自己。谷永，是王氏宠信的人，却能考虑到这个地步，由此可知谷永虽然攀附权臣，却没有推翻汉朝政权的心思，王氏给予他的恩宠与利禄他没有忘记，他投靠王氏只是图一时的进取罢了。汉朝天子如果能重用他，他又如何不能成为一个可以协助君王治理天下的人呢？

六 张禹为子孙党王氏

老之戒在得①，至于老而所需于天下者微矣，得奚足以乱其心哉？子孙之情长，而道义之气馁，引子孙之得为己得，于是濒死而不忘。张禹之初，与王根异也，犹有生人之气也；虑及子孙，而行尸走肉，遂祸人之宗社，冒万世之羞②，朱云欲以齿剑而不惭③。夫人为不善而贻怨于子孙，诚不可为也；身之无过，质之鬼神而不疚④，则亦奚患哉？且夫祸福亦何常之有，假令王氏早败，而按同恶之诛，禹之子孙，又能保其富贵乎？故祸福者，天也；失得者，人也；老而忧子孙，引天之吉凶以私之没世⑤，其愚不可疗矣。成帝不辑折槛以旌朱云⑥，则所以待禹者亦可知矣。禹且不自保，而况其子孙？

【注释】

①老之戒在得：语出《论语·季氏》："及其老也，血气既衰，戒之在得。"意思是说人到了老年，血气已经衰弱，要警戒的是贪得无厌。

②"虑及子孙"四句：汉成帝永始、元延年间（前16—前9）多次发生日食、地震。吏民上书，称此灾异感应是因王氏专权所致。成帝感到担忧，于是前往张禹府第询问看法。张禹考虑到自己年事已高，子孙势弱，且与曲阳侯王根不平，恐为所怨，因此劝成帝不要听信鄙儒的天命、怪神之言，宜修政事来应对时局，令成帝由此不疑王氏。此后王氏日益专权恣肆。班固批评张禹"持禄保位，被阿谀之讥"。事见《汉书·张禹传》。

③朱云：字游，鲁（今属山东）人。西汉经学家。元帝时，与五鹿充宗辩论易学获胜，授为博士，后迁任杜陵令、槐里令。为人狂直，多次上书抨击朝廷大臣。汉成帝时，朱云进谏攻击丞相张禹为佞臣，成帝大怒，欲斩之，他死抱殿槛，结果殿槛被折断。后因左将军辛庆忌死命谏争，方才获赦，成帝下令不换断槛，以表彰朱云，因此留下"折槛"的典故。朱云自此退职，晚年教授生徒，卒于家。传见《汉书·朱云传》。齿剑：伏剑，指被杀害或自杀。齿，触。

④质之鬼神而不疚：语本《礼记·中庸》"质诸鬼神而无疑，知天也"。让鬼神验证自己的行为而没有疑惑，这是知晓天意。质，对质，验证。

⑤没世：终身，永远。

⑥槛（jiàn）：栏杆。旌：表彰。

【译文】

人老了以后，要警戒的是贪得无厌。人老了以后，所求于天下的东西是很少的，对于各种事物的欲望哪里足以扰乱其心呢？但如果子孙之情长，而道义之气短，就会把子孙们应得的东西引为自己的，于是直到临死也不忘贪得无厌。张禹在刚开始的时候，与王根是不同的，还有一点活人的气息；但他一考虑到子孙后代，就变成了行尸走肉，不惜危害别人的宗庙社稷，冒着留恶名于万世的耻辱，朱云奏请皇帝诛杀他，他也丝毫不感到羞愧。人做了不善之事而给子孙们遗留下怨恨，这实在是不该做的；如果自身没有过错，即使接受鬼神的质问也问心无愧，那又有什么值得担心的呢？况且祸福又哪里有什么定数，假如王氏早早败亡，朝廷追究同犯之罪，张禹的子孙，难道还能够保住富贵吗？所以，祸福是由天意决定的，得失则是由人自己决定的；人老了以后担忧自己子孙的前途，将上天决定的吉凶祸福引及自身，一直到死，其愚蠢实在是不可救药了。汉成帝以不修补折断的栏杆来表彰朱云，那么他对张禹的态度也就可想而知了。张禹自身尚且难保，何况是他的子孙呢？

七　谷永王氏私人而言不可废

谷永非杜钦之比也。永虽无党王篡汉之远图，而资王氏以荣宠，因为之羽翼焉，与钦之误合于小人、欲悔而不能也，其情异矣。顾于此得人君听言之道焉。永，王氏之私人也，其心，王氏之心也；若其言，则固成帝膏肓之药石①，可以起汉于死而生之也。夫王氏之固结而不解，帝忌之而不能黜，岂非以躬耽淫侈②，畏昌邑之罚③；而内护赵、李④，外庇张放、淳于长之私心，有所恶缩⑤，而倒授以权哉？宠骄妒之妾，饮食幸臣之家，加赋重敛以纵游，而失百姓之心，是持宗社以遗人之道也。使帝感永之言，悔过自艾⑥，正己齐家而忧社稷，贤臣进，庶务理，民情悦以戴汉而不忘；权奸之谋自日以寝，而岂必诛戮放废以伤母氏之心乎？故曰："君子不以人废言⑦。"永之谏不行,虽忘躯忧国之臣与奸贼争死生而无救于祸败。则读永书者,勿问其心可也。

【注释】

①膏肓(huāng):古代医学以心尖脂肪为膏,心脏与膈膜之间为肓。病入膏肓则难以救治,故以"膏肓"比喻难以救药的失误或缺点。药石:药剂和砭石,泛指药物。这里以"药石"比喻谷永对成帝的规戒。

②躬:自己,自身。耽:沉溺。

③昌邑之罚:昌邑王刘贺即位后淫乐无度,又征用昌邑官属,在位仅二十七日,就被大将军霍光等废黜。事见《汉书·霍光传》《资治通鉴·汉纪十六·孝昭皇帝·元平元年》。

④赵、李:指赵侍中、李侍中,姓名不详,汉成帝的宠臣。一说指赵飞燕姐妹与卫婕妤李平。

⑤恧(nù)缩:惭愧而畏缩。

⑥自艾(yì):悔过自责,除恶修善。

⑦君子不以人废言:语出《论语·卫灵公》:"君子不以言举人,不以人废言。"意思是君子不因为别人的品德不好就全部否定他的言辞。

【译文】

谷永与杜钦是不一样的。谷永虽然没有与王氏结党以篡夺汉朝江山那样的深远图谋,却依靠王氏得到恩宠,于是成为了王氏的羽翼,这与杜钦误与小人结合,想后悔却也没有办法的情况是不同的。考虑到这一点就可以明白君王听取劝谏之言的道理了。谷永,是王氏宠信的人,他的心也是王氏的心;至于他的话,则固然是汉成帝医治自己膏肓之疾的灵丹妙药,可以使汉朝起死回生。王氏外戚们牢固地团结在一起而不可分开,成帝因为畏惧而不敢罢黜他们,这难道不是因为他自身沉湎于骄横奢侈与荒淫无度之中,惧怕像昌邑王刘贺那样被废;同时出于在内袒护赵侍中、李侍中,在外庇护张放、淳于长的私心,因此有所惭愧而畏缩,而反倒要将权柄授给他们吗? 成帝宠爱骄横善妒的妻妾,在宠幸的臣子家里吃喝,横征暴敛以放纵游乐,因而失去民心,这实际上就是把江山社稷拱手送人。假如汉成帝被谷永的话感动而悔过自新,修身正己、和睦家庭以忧心江山社稷,使贤臣得到任用,政务得到处理,百姓心情愉悦,拥戴汉室而不忘,那么奸臣的阴谋自然会一天天打消,又怎么一定会被杀戮放逐而使母亲伤心呢? 所以说:"君子不因为别人的品德不好就全部否定他的言辞。"谷永的谏言不被采纳,即使有忘身忧国的臣子拼死与奸贼抗争,也无法挽救衰亡的祸患。因此,后世读谷永的上书,只要看他的言辞而不用问他的心就行了。

八 何武请分置三公

何武欲分宰相之权而建三公①,自成帝垂及东汉,行之二百余年,至曹操而始革②。丞相,秦官也;三公,殷、周之制也。古者合文武为一涂③,故分论道之职为三④;秦以相治吏,以尉治兵,文武分,而合三公之官于一相⑤。汉置相,而阃政专归于大将军⑥,承秦之分,而相无戎政之权⑦,大将军总经纬之任⑧。故何武有戒心焉,分置三公,以大司马参司空、司徒之间⑨,冀以分王氏之权。乃名乍易而实不可更,莽之终以大司马篡也,亦其流极重而不可挽也⑩。然而武之法行之终代而不易者,以防微杜渐之术,固人主之所乐用也。

【注释】

①何武欲分宰相之权而建三公:何武任廷尉时曾建言"宰相之材不能及古,而丞相独兼三公之事,所以久废而不治也"。他认为,当

今宰相(即丞相)的才能不及古时候,却独兼三公之事,导致国家长时间治理不好。因此他提出"建三公官"的主张。具体来说,即以丞相(改称大司徒)、大司马、御史大夫(改称大司空)为三公,俸禄皆与丞相相同,将丞相之权一分为三,使三公共同执政。事见《汉书·朱博传》《资治通鉴·汉纪二十四·孝成皇帝·绥和元年》。何武(?—3),字君公,蜀郡郫(今四川成都郫都区)人,西汉大臣。早年学习《易经》,历任扬州刺史、司隶校尉、廷尉等职。绥和元年(前8),任大司空,封氾乡侯。汉哀帝时,与师丹、孔光等拟定限田、限奴婢的方案,遭官僚贵族反对,未果。王莽掌权后被诬,自杀。传见《汉书·何武传》。

②至曹操而始革:建安十三年(208),曹操罢三公而置丞相、御史大夫,同年,曹操自为丞相。事见《三国志·魏书·武帝纪》。

③涂:同"途",体系,门类。

④论道:谋虑探讨治国之道。

⑤官:职责。

⑥阃(kǔn)政:指军国大政,国家大事。阃:指政务。大将军:古代高级军政官员。西汉武帝以后,大将军常冠大司马之号,领尚书事,执掌朝政。优宠与权力常在丞相之上,多由皇帝宠信的贵戚担任。

⑦戎政:军政,军旅之事。

⑧经纬:规划治理。

⑨参:罗列,并立。

⑩流:流弊。

【译文】

何武想要分割宰相的权力而设置三公,自汉成帝以后直到东汉,这种做法施行了两百多年,直到曹操的时候才开始改变这种做法。丞相,是秦代的官职;三公,则是商周时期的官制。古代将文武合为一途,所以将议政之职一分为三；秦代以丞相主管政务，以太尉主管军事，文武分离，而将三公的职权合起来归于丞相。汉代设置丞相，而军国大政专归大将军负责，承袭了秦代的分工，但丞相没有兵权，大将军总领治国理政的大任。所以，何武产生了戒备心理，建议分别设置三公，将大司马与大司空、大司徒放在一起，使其并驾齐驱，希望以此来分割王氏的权力。然而，名在短时间内可以更改，实却无法短期内更改，王莽最终以大司马身份篡夺了汉朝江山，这也是由于积重难返的缘故。然而，何武的办法之所以在整个东汉都没有被改变，是因为这种防微杜渐的方法，本来就是君王所乐意使用的。

　　若以古今之通势而言之，则三代以后，文与武固不可合矣，犹田之不可复井，刑之不可复肉矣。殷、周之有天下也以戎功①，其相天子者皆将帅。伊尹、周公，始皆六军之长也②。以将帅任国政，武为尚而特缘饰之以文；是取武臣而文之，非取文臣而武之也。列国之卿，各以军帅为执政，敦《诗》《书》，说礼、乐③，文之于既武之后，秉周制也。所以必然者，三代寓兵于农，兵不悍，而治民之吏即可以治兵。其折冲而敌忾者④，一彼一此，疆场之事⑤，甲未释而币玉通⑥，非有犷夷大盗争存亡于锋刃之下者也⑦。而秦、汉以下不然，则欲以三公制封疆原野之生死，孰胜其任而国不为之敝哉？则汉初之分丞相将军为两涂，事随势迁，而法必变。遵何武之说，不足以治郡县之天下固矣。特汉初之专大政以大将军，而丞相仅承其意指，如田千秋、杨敞、韦玄成、匡衡⑧，名为公辅，奉权臣以行法，则授天下于外戚武臣之手，而祸必滋。故武之说，可以救一时之敧重⑨，而惜乎其言之晚也！相不可分也，将相不可合也，汉以后之天下，以汉以后之法治之，子曰："所损益，可知也⑩。"

【注释】

①戎功：戎事，即战争。

②六军：天子所统领的军队。

③敦《诗》《书》，说礼、乐：语出《左传·僖公二十七年》："赵衰曰：'郤縠（xì hú）可。臣亟闻其言矣，说礼、乐而敦《诗》《书》。'"当时晋国欲出兵营救宋国，于是商议中军元帅的人选。赵衰认为郤縠喜爱礼、乐，又熟悉《诗经》《尚书》，可担此任。敦，崇尚，注重。说，同"悦"，喜爱，喜好。

④折冲：使敌方的战车折返，意谓抵御、击退敌人。冲，冲车，战车的一种。敌忾（kài）：抵抗所愤恨的敌人。忾，愤怒，仇恨。

⑤一彼一此，疆埸（yì）之事：语本《左传·昭公元年》："疆埸之邑，一彼一此，何常之有？"意思是说，边境上的城邑，时而归这国，时而归那国，哪有固定不变的呢？这里意在说明三代时的战争远不如后世那样惨烈。疆埸，边界、边境，引申指战场。

⑥币玉：帛和玉，古代诸侯会盟执玉帛，用以表示和好。

⑦犷夷：指野蛮的异族人。

⑧田千秋（？—前77）：即车千秋，长陵（今陕西咸阳东北）人。西汉大臣。武帝时擢为丞相，封富民侯。为人谨厚持重。昭帝即位，受遗诏辅政，然政事皆决于大将军霍光。传见《汉书·车千秋传》。杨敞（？—前74）：华阴（今陕西华阴）人。西汉中期大臣，司马迁的女婿。汉昭帝时期曾任御史大夫、丞相。为人谨慎，曾参与大将军霍光废昌邑王、立宣帝一事。宣帝即位后不久逝世。传见《汉书·杨敞传》。

⑨敧（qī）重：偏重。敧，倾斜，歪向一边。

⑩所损益，可知也：语出《论语·为政》："殷因于夏礼，所损益，可知也。"意思是说，商朝人对于夏朝人在礼仪制度上所做的增减变化，是可以知道的。

【译文】

如果从古今发展的趋势来说，则夏、商、周三代以后，文和武本来就不可能再合二为一，就像田制不可能再恢复井田制，刑法不可能再恢复肉刑一样。在商周时代，拥有天下是凭借武力，辅佐天子的人都是将帅出身。伊尹和周公，最初都是天子六军的长官。以将帅来执掌国政，则国内必然尚武而仅仅以文来装点门面；这是取武臣而使其学习文，不是取文臣而使其学习武。春秋列国的卿，各自以军队主帅身份做掌握国家政权的人，诚心研习《诗经》《尚书》，乐意学习礼乐，在既已谙熟军事以后再学文，这是秉承周代的制度。之所以一定要这样做，是因为三代时兵事寓于农事之中，士兵并不凶悍，故而治理民众的官员就可以带兵。当时的折冲御敌、同仇敌忾，战场上一来一往之间，士兵铠甲尚未脱去，双方就已经手执玉帛、罢兵修好了，也并没有出现野蛮的异族人或窃国大盗手持兵刃来争夺生死存亡的惨烈战争场面。而秦汉以后就不是如此了，这时候想用三公来制约战场上的存亡生死，又有谁能够胜任而不使国家为之衰败呢？所以汉初将丞相和将军分为两途，是因为事情随着形势而变化，法令制度也必然要有所改变。按照何武的办法去做，肯定无法治理郡县制的天下。只是汉初以大将军专断大政，而丞相仅能秉承大将军意旨办事，如田千秋、杨敞、韦玄成、匡衡等，他们名为宰辅之臣，却只能尊奉权臣而施行法令，这实际上是把天下拱手送到外戚和武臣手中，因此一定会滋生祸患。所以，何武的说法，可以救一时偏重之弊，可惜他说得太晚啦！丞相的权力不可以分割，将相的职权不可以合二为一，汉朝以后的天下，必须用汉朝以后的办法来治理，正如孔子所说："后人对于前人在制度上所做的增减变化，是可以知道的。"

九　成哀之世惟王嘉为大臣

成、哀之世，所可任为大臣者，王嘉而已矣①。师丹之视翟方进②，寻丈之间耳③，皆以其身试权奸之好恶而不能出其樊笼，即有所欲言，而必资以自达也。师丹之劾董弘④，何武之援王莽，屈于时之所尚，而不得不为之羽翼。无他，王、傅二女主交相起伏⑤，汉已无君与大臣久矣。方进之附淳于长也，欲与王氏忤，而长固王后之姊子也；长之不类⑥，尤出诸王之上，资之以与诸王抗，而方进之欲不死也奚能？荧惑之变⑦，驾言移祸于宰相⑧，王氏之嫉也深，虽微荧惑，方进其能免乎？武与丹浮沉于积阴之间⑨，一彼一此，小有所效，而俱为女主效妒媚之功⑩，其不被显戮⑪，幸尔。

【注释】

①王嘉(？—前2)：字公仲，平陵(今陕西咸阳西北)人。西汉大臣，历任光禄掾、御史大夫等职。汉哀帝时为丞相，封新甫侯。为人刚直严厉，有威仪。当时哀帝宠幸董贤，欲封董贤为侯，王嘉反对，称"往古以来贵臣未尝有此，流闻四方，皆同怨之"，指称此举"千人所指，无病而死"。哀帝怒将王嘉下狱。王嘉在狱中二十余日，绝食呕血而死。传见《汉书·王嘉传》。

②师丹(？—3)：字仲公，琅邪东武(今山东诸城)人。西汉大臣。成帝末年，师丹任太子太傅，汉哀帝继位后，师丹为左将军，不久代王莽为大司马，封高乐侯，后又升为大司空，位居三公，甚得信任。他曾提出限田限奴婢的主张，但因贵族官僚反对，未能实行。汉平帝即位后，师丹病逝。传见《汉书·师丹传》。翟方进(？—前7)：字子威，汝南上蔡(今河南上蔡)人，西汉大臣。家贫

好学,从经学博士学习《春秋》。汉成帝时曾任朔方刺史、丞相司直等职。任京兆尹期间严厉打击不法豪强。后继薛宣为相,赐爵高陵侯。绥和二年(前7),汉朝发生"荧惑守心"的天灾异象,朝野惶恐,翟方进因树敌过多,一些人乘机上书弹劾他为相九年,不能顺天应人,致使阴阳失调。汉成帝召翟方进入宫,逼其自杀。事后成帝亲往吊祭,谥曰恭侯。传见《汉书·翟方进传》。视:比较。

③寻丈:八尺到一丈之间的距离。这里指很短的距离。寻,古代长度单位,一寻等于八尺。

④董弘:此疑为王夫之笔误,当为"董宏"。董宏,西汉末年高昌侯。汉哀帝即位后,董宏上书主张尊哀帝生母为皇太后,遭到师丹弹劾。其事见于《汉书·师丹传》。

⑤王、傅:指汉元帝皇后王政君和汉哀帝祖母傅太后。起伏:比喻盛衰、兴废。

⑥不类:不善。

⑦荧惑之变:汉成帝绥和二年(前7),有人向汉成帝报告天空中出现"荧惑守心"之异象。荧惑是古代对火星的称呼,"荧惑守心"指火星在心宿内发生"留"的现象,这一天象历来被认为是大凶之兆。汉代天人感应学说盛行,认为灾异乃上天示警,汉成帝为嫁祸责任,逼迫丞相翟方进自杀,以回应天象之示警。事见《汉书·天文志》《汉书·翟方进传》。

⑧驾言:传言,托言。

⑨积阴:阴气聚集,喻指女性专政。

⑩妒媢(mào):妒忌。

⑪显戮:加罪而死,泛指处死。

【译文】

在汉成帝、汉哀帝时期,可以任用为大臣的,只有王嘉一人而已。

师丹与翟方进相比,并没有多大差别,都是以自身来试探奸臣的好恶,却不能越出其牢笼,即使有想说的话,也必须依靠奸臣才能把自己的意见传达给皇帝。师丹弹劾董宏,何武支持王莽,都是屈服于当时的风尚,而不得不做权臣的羽翼。这不是因为别的,王、傅两位太后交替执政,汉朝早已经没有君主和大臣了。翟方进依附淳于长,是想与王氏对抗,可淳于长本来就是王太后姐姐的儿子;淳于长的奸邪,尤其高于王氏诸外戚之上,翟方进依靠他与王氏抗衡,他想不死难道可能吗?"荧惑守心"的天象一出现,就有传言将灾祸转嫁给丞相翟方进,王氏对翟方进非常嫉恨,即使没有"荧惑守心"的变故,翟方进难道能够幸免吗?何武与师丹沉浮于女主专政之下,到了此时,有些小的功效,都不过是为女主的嫉妒之心尽力效劳罢了,他们不被处死,实在是侥幸!

　　呜呼!至于成、哀之季而无可为矣①。君子慎所趋以自全,辞大位而不居,其庶几乎②!一受其事,则非如王嘉之必死以自靖③,而负咎于天人也,必不可浣④。庄生曰⑤:"游羿之彀中⑥。"谓此时也。游其彀中而死焉,君子之徒也;游其彀中而免焉,小人之徒也;游其彀中,避死而得死焉,刑戮之民也。慎之哉!

【注释】

①季:季世,衰败时期。

②庶几:差不多。

③自靖:各自谋行其志。靖,谋虑,谋议。

④浣:洗。

⑤庄生:即庄子。

⑥游羿之彀(gòu)中:语出《庄子·德充符》:"游于羿之彀中,中央

者,中地也,然而不中者,命也。"意思是说,在后羿弓箭的射程范围之内游弋,正当中的地方,是箭锋能射中的地方,然而也有侥幸没被射中的,那是天命。彀中,箭射出去所能达到的有效范围。

【译文】

　　唉!到了成帝、哀帝统治的西汉末世,已经没有什么能做的事情来挽救时局了。君子慎重地选择投靠的对象以保全自己,辞让高官之位而不做,这样大概可以吧!一旦投身其中,如果不是像王嘉那样抱定必死的信念以实现自己的志向,而是负罪于天和人,则这种罪过是永远也洗不清的。庄子说:"在后羿弓箭的射程范围之内游弋。"说的正是这种时候。游弋在弓箭射程范围内而死去,是君子一类的人;游弋在弓箭射程范围内而平安无事,是小人一类的人;游弋在弓箭射程范围内,千方百计想逃避一死,结果反而死了,这种人就是应该遭受刑罚杀戮的人。要慎重啊!

哀　帝

【题解】

　　汉哀帝刘欣(前25—前1)是汉元帝刘奭之孙,汉成帝刘骜之侄。因汉成帝无子嗣,刘欣得以在绥和元年(前8)被立为太子,并在次年成帝死后登上皇位。哀帝即位之初,躬行俭约,政由己出,从王氏外戚手中夺回权柄,并颁布了一些旨在应对社会危机的诏令。但这些诏令大多成为空文,加之他宠信佞臣董贤等人,朝政日趋混乱。元寿二年(前1),哀帝突然病死,在位仅七年。

　　哀帝在位之初,任用师丹辅政,师丹与孔光、何武等提出限田限奴的主张,旨在限制豪强大族兼并土地、畜养奴婢,以缓和尖锐的社会矛盾。但这一改革方案遭到勋贵、地主的强烈反对,很快宣告失败。王夫之考察了西汉限田的历史,指出武帝年间董仲舒提出限田,尚有一定可行性,但也无法长久;到哀帝时期,土地兼并盛行已久,积重难返,限田已不具备可行性。究其原因,王夫之认为,限田、均田的理论模板源于分封制时代的土地制度,当以私人土地占有为标志的封建制取代分封制以后,土地兼并这一痼疾便内化于封建制中,只要封建制存在,任何试图单纯依靠行政法令来限制土地兼并的努力都难以真正起到作用。这无疑体现了王夫之对于封建土地制度内在逻辑的深刻把握。王夫之还指出,在封建专制国家繁重的赋税、徭役等压迫下,农民即使占有土地也难以为继,不得不依附地主成为佃农,以逃避这些沉重的负担。对此,王夫之提出要缓解土地兼并,需"轻其役,薄其赋",以减轻农民负担。当然,这也不可能从根本上消除土地兼并。

哀帝在位时期,傅氏外戚得势,王氏外戚暂处下风,但哀帝死后,在元后王政君的主导下,王氏外戚迅速重掌大权。对此,王夫之认为,无论是傅氏还是王氏,其女主、外戚干政的实质是一样的。在本篇中,王夫之再次表达了他对女性干政的坚决反对,指斥元后"阴狡"、有"悍妇之威",认为"圣王之治,以正俗为先,以辨男女内外之分为本"。

一　孔光以无耻亡汉

人之能为大不韪者①,非其能无所惧也,唯其能无所耻也。故血气之勇不可任,而犹可器使②;唯无所耻者,国家用之而必亡。成帝欲用孔光为丞相,刻侯印书赞而帝崩③,是日光于大行前拜受丞相博山侯印绶④,汲汲然惟恐缓而改图⑤,一如乞者之于墦间,唯恐其馂之不余⑥,而遽长跽以请也⑦。张放者,幸臣也,帝崩,且思慕哭泣而死,而光矫凶为吉,犯天下之恶怒;然且卒无恶怒之者,光岂能不惧哉?冥然无耻⑧,而人固容之也。

【注释】

①大不韪(wěi):公认的不是或过错。韪,好的或正确的言行。

②器使:量材任用。

③赞:委任书状。

④大行:刚死而尚未定谥号的皇帝。

⑤汲汲然:心情急切的样子。

⑥一如乞者之于墦(fán)间,唯恐其馂(jùn)之不余:语本《孟子·离

娄下》"卒之东郭墦间,之祭者,乞其余"。墦,坟墓。馂,残羹剩
饭,这里指剩余的祭品。

⑦长跽(jì):长跪。跽,两膝着地,上身挺直。

⑧冥然:盲然,愚昧无知。

【译文】

　　人能够做大不韪的事,并非因为他无所畏惧,只是因为他毫无羞耻
之心。所以,逞血气之勇的人虽然不可以重用,而尚且可以量材使用;
唯独毫无羞耻之心的人,如果重用他们则国家必然会灭亡。汉成帝想
任用孔光为丞相,封侯的印章已经刻好,拜官的文书也已经写好,成帝
却驾崩了,当天孔光就在汉成帝的灵枢前拜受了丞相和博山侯的印绶,
他迫不及待,唯恐稍有迟缓而出现变故,完全就像乞丐在坟墓之间,唯
恐人家的祭品没有剩余,因而赶忙长跪以乞求施舍。张放是皇帝的宠
臣,皇帝驾崩,他尚且因为怀念追慕过度而哭泣致死。可孔光却将皇帝
死去之凶事变为自己封侯拜相之喜事,触犯了天下人的厌恶和愤怒;然
而最终没有人对他表达厌恶和愤怒,孔光难道不畏惧吗? 他盲然而没
有羞耻之心,人们也就容忍了他。

　　始为廷尉①,则承王莽之指②,鸩杀许后③,若无所惧也,
而实无可惧也;莽为内主④,天下无有难之者也。既则议为
傅太后筑别宫,力请逐傅迁归故郡⑤,抗定陶王之议⑥,夺其
立庙京师,若无所惧也,而非无所惧也;内主有人,群臣相
保,故师丹获不测之祸,而光自若也。耻心荡然,而可清可
浊,无不可为,以得宠而避辱。王嘉濒死,犹对狱吏曰:"贤
孔光而不能进。"亦恶知光之谮其迷国罔上⑦,陷嘉于死,机
深不测也哉? 而嘉云然者,其两端诡合以诱嘉⑧,抑可知已。

【注释】

①廷尉：汉代九卿之一，掌刑狱。

②指：旨意，意向。

③鸩(zhèn)杀：用鸩酒毒杀。许后：指汉成帝刘骜第一任皇后许氏。昌邑(今山东巨野)人，平恩侯许嘉之女，汉元帝刘奭的表妹。许皇后十数年间受汉成帝专宠，但年长之后色衰爱弛，所生子女皆早夭，遂渐失宠。鸿嘉三年(前18)，许皇后被废，她通过其姐，托淳于长说情试图重回宫中。后因事发被汉成帝赐药自杀。传见《汉书·外戚传》。

④内主：身处于内，而与外部相呼应者。这里指幕后主使者。

⑤傅迁：傅太后堂侄，哀帝时任驸马都尉。因为人奸邪而被汉哀帝罢免回原籍，但在傅太后干预下，汉哀帝又召回了傅迁。其事见于《汉书·孔光传》。故郡：本籍，原籍。

⑥定陶王之议：指汉哀帝欲将其父定陶共皇刘康的灵位迁入皇室宗庙。此举遭到部分大臣反对。事见《汉书·宣元六王传》《汉书·师丹传》。

⑦谮(zèn)：诬陷。

⑧诡合：不以正道而投合。

【译文】

　　孔光刚做廷尉的时候，就秉承王莽的旨意，用鸩酒毒死许皇后，好像是无所畏惧，而他实际上是没有什么可畏惧的；有王莽在幕后为主使，天下没有敢为难他的。后来，孔光又建议为傅太后另建宫室，力请驱逐傅迁回原籍，又反对哀帝将定陶共皇的灵位迁入宗庙，不许在京师为其立庙，他好像是无所畏惧的，而实际上并非无所畏惧；因为幕后主使另有其人，又有群臣保护他，所以师丹遭遇了不测之祸，孔光却安然自若。他的羞耻之心已经荡然无存，因而可以清可以浊，没有什么不可做的，以图获得宠幸而避开耻辱。王嘉临死的时候，还对狱吏说："我觉得孔光是贤才,却不能使他得到进用。"王嘉哪里知道孔光诬告他欺君罔上、误国误民,把他置于死地,孔光的心机难道不可谓深不可测了吗? 由此可知,王嘉之所以这样说,是因为孔光两头迎合而诱使王嘉落入了陷阱。

拜谒迎送、执臣主之礼于董贤者,光也;莽既乘权,去贤如敝屣者①,光也;拱手以天下授之贼臣,幸早死而不与佐命之赏者②,光也;莽既诛,犹无有声言其恶以殄其世者③,光也。呜呼! 人苟自尽丧其耻,则弑父与君而罪不及,亦险矣哉! 有国者不辨之于早,徒忌鸷悍之强臣④,而容厚颜之鄙夫,国未有不丧者也。故管子曰:廉耻,国之维也⑤。

【注释】

①敝:丢弃,弃置。屣(xǐ):鞋。

②佐命:古代帝王得天下,自称是上应天命,故称辅佐帝王创业为"佐命"。这里指辅佐帝王创业的功臣。

③殄:尽,绝。

④鸷(zhì)悍:凶狠强悍。

⑤廉耻,国之维也:语出《管子·牧民》:"国有四维,……一曰礼,二曰义,三曰廉,四曰耻。"意思是说国家有四大纲纪准则,即礼、义、廉、耻。维,纲纪,法度。

【译文】

对董贤拜谒迎送、执臣对君之礼的,是孔光;王莽掌握政权后,抛弃董贤如同抛弃破鞋的,是孔光;将天下拱手授给贼臣,幸亏早死才没有得到"佐命功臣"赏赐的,是孔光;王莽被诛灭后,仍然没有被声讨罪恶、断绝世袭爵位的,还是孔光。唉! 人如果自己丧失尽羞耻之心,那么即使没有达到杀父弑君这样重的罪名,也是很危险的! 君主不及早分辨清楚,只忌惮凶狠强悍的权臣,却容纳厚颜无耻的庸俗之辈,则国家没有不灭亡的。所以管子说:廉耻,是国家的纲纪准则。

二　限田之法扰民

限田之说^①,董仲舒言之武帝之世,尚可行也,而不可久。师丹乃欲试之哀帝垂亡之日,卒以成王莽之妖妄,而终不可行。武帝之世可行者,去三代未远,天下怨秦之破法毒民而幸改以复古^②;且豪强之兼并者犹未盛,而盘据之情尚浅;然不可久者,暂行之而弱者终不能有其田,强者终不能禁其兼也。至于哀帝之世,积习已久,强者怙之,而弱者亦且安之矣;必欲限之,徒以扰之而已矣。

【注释】

①限田之说:西汉时期为限制豪强地主兼并土地而提出的一种田制思想,即按照各人的官阶、地位,限制占有土地的最高数量。汉武帝时董仲舒曾提出限田说。董仲舒认为,秦用商鞅之法,废除井田制,使民得买卖,为土地兼并创造了条件,国家与豪强又独占川泽山林之利,以致百姓困苦。因此他主张"限民名田,以澹不足,塞并兼之路"。到了西汉末年,师丹重提限田说。孔光、何武据此提出了具体的限田标准:无论贵族还是平民"名田皆毋过三十顷",以三年为期,到期后过限部分没收为官。王莽代汉后实行"王田制",其实质目的亦为限田。事见《汉书·食货志》。

②幸:希望,期望。

【译文】

限田之说,董仲舒在汉武帝时期提出,尚且可以施行,但不能长久施行。师丹竟然想在汉哀帝时期这种汉王朝濒临灭亡的时候试行这种制度,最终只能成就王莽的怪异荒诞,而终究无法行得通。在汉武帝时期之所以可以施行,是因为当时距离夏、商、周三代尚不很远,天下人怨恨秦朝破坏古法、毒害民众,很希望汉朝能够改变现状以复行古制;而且当时豪强对土地的兼并还不盛行,其盘踞自守的想法尚不强烈;然而此法之所以不能长久施行,是因为施行后,贫弱的人终究无法长久保有自己的土地,而豪强的兼并之举终究无法被禁止。到了哀帝时期,积习已久,豪强坚持既得利益,而贫弱的人也已经安于此状了;如果一定要限制占田数量,结果只能是搅得天下不宁而已。

治天下以道,未闻以法也。道也者,导之也,上导之而下遵以为路也。封建之天下①,天子仅有其千里之畿②,且县内之卿士大夫分以为禄田也③;诸侯仅有其国也,且大夫士分以为禄田也;大夫仅有其采邑④,且家臣还食其中也;士仅有代耕之禄也⑤,则农民亦有其百亩也;皆相若也。天子不独富,农民不独贫,相仿相差而各守其畴⑥。其富者必其贵者也,且非能自富,而受之天子、受之先祖者也。上以各足之道导天下,而天下安之。降及于秦,封建废而富贵擅于一人。其擅之也,以智力屈天下也。智力屈天下而擅天下,智力屈一郡而擅一郡,智力屈一乡而擅一乡,莫之教而心自生、习自成;乃欲芟夷天下之智力⑦,均之于柔愚,而独自擅于九州之上,虽日杀戮而只以益怨,强豪且诡激以胁愚柔之小民而使困于田⑧。于是限之而可行也,则天下可徒以一切之法治,而王莽之化速于尧、舜矣。

【注释】

①封建：封邦建国，指分封制。

②畿(jī)：王畿，古代王都所管辖的千里地面。

③县：王畿，封建制下天子所治之地，在京都周围千里之内。禄田：指充当俸禄的田地。

④采邑：封邑，封地。

⑤代耕：旧时官员不耕而食，因称为官食禄为代耕。

⑥畴(chóu)：田地。

⑦芟(shān)夷：本义指除草，此处指刈除、去除。芟，以殳(shū)除草。

⑧诡激：怪异偏激，异于常情。

【译文】

治理天下要用道，没有听说过用法的。道，就是引导，君主在上引导方向而臣民在下遵从其指示以作为行动之路径。分封制时代的天下，天子仅占有方圆千里的王畿，而且王畿内的卿大夫还要分出一部分土地作为自己充当俸禄的田地；诸侯仅有自己的封国，而且大夫、士还要分出一部分土地作为自己充当俸禄的田地；大夫仅有自己的封邑，而且家臣还要从中取得养家糊口的田地；士仅有为官食禄的田地，连百姓也有自己的百亩田地。大家的情况都相似。天子不独自享受财富，农民也不独自忍受贫穷，天下人境况相仿而又各有差别，各守其田。这其中的富人一定是尊贵之人，但是他们并不能够自己致富，而是从天子那里得到的，或是从自己祖先那里得到的。君主以"各人自足"之道来引导天下，而天下人也乐于顺从。到了秦朝，分封制被废除，而富贵被一人所专擅。他专擅富贵，是靠智慧和力量来使天下屈服的。智慧和力量足以使天下屈服，则专擅天下之富贵；智慧和力量足以使一郡屈服，则专擅一郡之富贵；智慧和力量足以使一乡屈服，则专擅一乡之富贵，没有人教导他而其心自生、其习惯自成；他竟然想刈除天下人的智慧和力量,使得所有人都变得一样愚蠢柔弱,他独自居于九州之上而专擅富贵之权,即使每天都在杀戮也只能增加他人对自己的怨恨,豪强还要怪异偏激地胁迫愚蠢柔弱的小民而使其受困于田地。在这种情况下如果要限田而可以付诸实施的话,那么天下可以用任意的法令来治理,而王莽的改革就会比尧、舜还要见效快了。

限也者,均也;均也者,公也。天子无大公之德以立于人上,独灭裂小民而使之公①,是仁义中正为帝王桎梏天下之具,而躬行藏恕为迂远之过计矣②。况乎赋役繁,有司酷,里胥横③,后世愿朴之农民④,得田而如重祸之加乎身,则强豪之十取其五而奴隶耕者,农民且甘心焉。所谓"上失其道民散久矣"者也⑤。轻其役,薄其赋,惩有司之贪,宽司农之考⑥,民不畏有田,而强豪无挟以相并,则不待限而兼并自有所止。若窳惰之民⑦,有田而不能自业,以归于力有余者,则斯人之自取,虽圣人亦无如之何也。

【注释】

①灭裂:败坏,毁灭。

②藏恕:语出《礼记·大学》:"所藏乎身不恕,而能喻诸人者,未之有也。"意思是自己内心里根本没有推己及人的恕道,却谕晓别人要有推己及人的恕道,这是从来没有过的事。过计:错误的谋划。

③里胥:古代管理乡里事务的公差。

④愿朴:朴实敦厚。愿,质朴,恭谨。

⑤上失其道民散久矣:意思是君王离开了正道,百姓早就离心离德了。语出《论语·子张》:"曾子曰:'上失其道,民散久矣。如得

其情,则哀矜而勿喜!'"

⑥司农:即大司农,汉代九卿之一,掌管钱谷之事。

⑦窳(yǔ)惰:懒惰。

【译文】

所谓限,就是要平均;平均,就是要公平。天子如果没有极其公平、公正的品德以立于民众之上,却只是残暴天下生灵而让他们的处境"公平",这样做就是把仁爱正义、中正得当作为帝王束缚天下的工具,而把身体力行、常怀推己及人之心视为迂阔的、错误的方略。况且,赋税徭役繁重,有关部门残暴,基层小吏蛮横,使得后世质朴的农民,得到田地就好像大祸加身一样,那么即使豪强收取十分之五的租税来奴役农民,农民也心甘情愿。这就是所谓的"君王离开了正道,百姓早就离心离德了"。如果减轻农民的徭役和赋税,惩罚贪婪的官员,放宽对司农官的考课标准,使农民不怕拥有土地,那么豪强也就没有可以倚仗的东西来兼并农民的土地了,如此则不必限田而兼并自然会停止。至于那些懒惰的人,拥有田地自己却不耕种,而是把田地归于有余力耕种的人家,这种人是咎由自取,即使圣人也无可奈何。

三 廷臣倚王傅二氏

成、哀之世,汉岂复有君臣哉!妇人而已矣。彭宣、何武、唐林①,皆所谓铮铮者也②,而所争者,仅一傅喜之去留而已③。哀帝之初,傅氏与王氏争而傅氏胜;哀帝之亡,王氏与傅氏争而王氏胜。胜者乘权,而不胜者愤;二氏之荣枯④,举朝野而相激以相讼⑤,悲夫!

【注释】

①彭宣:字子佩,淮阳阳夏(今河南太康)人。西汉大臣,以通《易

经》而知名。曾任御史大夫、大司空，封长平侯。后王莽掌权，彭宣辞官回到自己封地，几年后去世，谥号顷侯。传见《汉书·彭宣传》。唐林：字子高，沛郡（今安徽淮北）人。以明经谨行而显名。屡次上疏谏正，有忠直之节。

②铮铮：刚正，坚贞。

③傅喜：字稚游，河内温（今河南温县）人。西汉外戚，汉哀帝祖母傅太后的堂弟。汉哀帝即位后，任卫尉、右将军。当时傅太后主政，傅喜多次规劝她，傅太后不悦，赐他黄金百斤，命其以光禄大夫身份回家养病。何武、唐林等上书替傅喜说情，傅喜得以重任大司马，封高武侯。后因反对傅太后称太皇太后尊号，被遣送到封地。汉哀帝去世后，汉平帝即位，傅喜被王莽召回长安，赐位特进。后来再次被迁到封地，以高寿而终，谥号贞侯。传见《汉书·傅喜传》。

④荣枯：比喻人世的盛衰、穷达。

⑤讼：争论，喧嚷。

【译文】

成帝、哀帝时代，汉朝难道还有真正的君臣吗？只有妇人掌权罢了！彭宣、何武、唐林，都是所谓的刚正之臣，可是他们所争的，仅仅是一个傅喜的去留而已。汉哀帝初年，傅氏与王氏相争，结果傅氏获胜；汉哀帝去世后，王氏与傅氏相争，而王氏获胜。胜利者把持大权，而失败者愤愤不平；为了傅、王两姓的盛衰荣辱，整个朝野上下冲击动荡相互争论，真是太可悲啦！

当傅迁之倾邪①，而推喜以抑迁，亦何异乎王根、王立之骄横而推莽邪？其言曰："喜，傅氏贤子，议论不合而退，百寮莫不恨之②。"傅氏之贤子，何当于天下之安危、刘宗之存亡，而百寮何所容其恨？又何异乎王莽、王仁之就国③，而天下多冤王氏者。傅喜幸而未败尔。莽之废,吏民叩阙而讼冤④,贤良对策而交奖⑤,伪谦所诱,人心翕归⑥,而贤者不免,且较喜而弥甚。喜之贤,其孰信之?以四海之大,岂綮无人可托孤寄命者⑦,唯区区王、傅二姁之爱憎是争⑧。呜呼!率天下而奔走于闺房之颦笑⑨,流俗之溺流而不反如是哉⑩!

【注释】

①倾邪:指为人邪僻不正。

②百寮:百官。寮,同"僚"。恨:遗憾。

③王仁(?—3):东平陵(今山东济南章丘区)人。王凤三弟王谭之子。嗣父爵平阿侯,因秉性刚直而为王莽所忌惮。平帝即位,王莽专政,令大臣以罪名弹劾王仁,使其回到自己封地。后被王莽逼迫而自杀,谥曰剌侯。其事见于《汉书·元后传》。国:封地,封国。

④叩阙:指吏民因冤屈等直接向朝廷申诉。

⑤贤良:汉代选拔人才的方式之一。始于汉文帝前二年(前178),由郡国推举有才华或有德行的士人充选,分别称为"贤良文学""贤良方正"。对策:古代一种选拔人才的方式。皇帝或主考官以政事、经义为题设问,应试者对答,称为对策。自汉代起成为选官方式之一。

⑥翕(xī):一致。

⑦綮(yī):是。寄命:以重任相委托。

⑧姁:老年妇女。

⑨颦(pín)笑:皱眉和欢笑,指喜怒哀乐情感的流露。颦,同"矉",皱眉。

⑩流俗：指世间平庸的人。

【译文】

面对傅迁的奸邪，何武、彭宣等人就推举傅喜来抑制傅迁，这和因为王根、王立的骄横而推举王莽，有什么不同呢？他们说："傅喜是傅氏一族中的贤人，因为其主张不符合傅太后的心意而被罢退，朝廷百官没有不为此感到遗憾的。"傅氏一族中的贤人，与天下的安危、刘氏宗庙社稷的存亡有什么关系，而百官又有什么值得遗憾的？这同王莽、王仁被罢官、回到各自封地，而天下人大多为他们感到冤屈，有什么不同呢？只是傅喜幸而没有败坏国家罢了。王莽被罢免时，官吏百姓聚集在宫阙前叩头喊冤，贤良之士在对策中交口称赞王莽，可见在假装谦恭的诱惑下，人心都倾向于他，连贤者也不能免于上当，而且比当初推举傅喜的时候更甚。傅喜的贤能，谁相信呢？以四海之大，难道果真就没有一个人值得以遗孤、性命相托，只能争王、傅两位老妇人的爱憎吗？唉！整个天下的人都在为两个女人的喜怒而奔走，平庸之人执迷不悟的弊病竟然到了如此地步！

故圣王之治，以正俗为先，以辨男女内外之分为本。权移于妇人，而天下沉迷而莫能自拔，孰为为之而至此极！元后之阴狡，成帝之昏愚，岂徒召汉室之亡哉？数十年中原无丈夫之气，而王莽之乱，暴骨如山矣。

【译文】

所以，圣王治理天下，以匡正风俗为先，以明辨男女内外之职分为根本。大权转移到女人手中，天下人沉迷其中而无法自拔，究竟是因为什么造成了如此严重的后果？元后的阴险狡诈，汉成帝的昏庸愚蠢，难道仅仅是导致了西汉的灭亡吗？此后数十年中，中原人没有大丈夫的气概,而王莽之乱,尸骨暴露于外,堆积如山,这些都是他们造成的。

四　李寻昌言母后不宜与政

历成、哀、平之三季,环朝野而如狂,所仅能言人之言者,一李寻而已①,其他皆所谓人头畜鸣也。寻推阴阳动静之义,昌言母后之不宜与政②,岂徒以象数征吉凶哉? 天地之经,治乱之理,人道之别于禽兽者,在此也。妇人司动而阴乘阳③,阳从阴,履霜而冰坚④,豕孚而蹢躅⑤。天下有之,天下必亡;国有之,国必破;家有之,家必倾。父子、君臣、兄弟、朋友之伦,以之而泯;厚生、正德、利用之道⑥,以之而蔑⑦。故曰:寻之言,言人之言,而别于禽兽也。妇者⑧,所畜也⑨;母者,所养也⑩;失其道,则母之祸亦烈矣,岂徒妇哉?

【注释】

①李寻:字子长,平陵(今陕西咸阳西北)人。以研究《洪范》灾异知名,通天文、月令、阴阳。他主张"崇阳抑阴",抑制外戚与后党,要求进行政治改革。成帝时曾为丞相翟方进属下,曾借"荧惑守心"天象暗示翟方进当为灾异负责,间接导致翟方进自杀。哀帝时为黄门侍郎、骑都尉。后因支持方士夏贺良等改元乱政,被流放敦煌郡。传见《汉书·李寻传》。

②昌言:直言不讳。

③乘:欺凌,侵犯。

④履霜而冰坚:语出《周易·坤卦》爻辞:"初六,履霜,坚冰至。"意思是说,当脚踩着微霜时,严寒与坚冰也就即将来到。比喻看到事物的苗头,就对它的发展有所警戒。

⑤豕孚而蹢躅(zhí zhú):母猪躁动不安而来回活动。语出《周易·

姤(gòu)卦》爻辞:"初六,系于金柅(nǐ),贞吉。有攸往,见凶,羸豕孚蹢躅。"孚,通"浮",浮躁。蹢躅,同"踟蹰",徘徊不进的样子。

⑥厚生、正德、利用之道:语出《尚书·大禹谟》:"正德、利用、厚生,惟和。"厚生,使百姓生活充裕。正德,端正德行。利用,物尽其用。

⑦蔑:抛弃,削灭。

⑧妇:妻子。

⑨畜:养活。

⑩养(yàng):奉养,事奉。

【译文】

汉成帝、哀帝、平帝统治的西汉后期,整个朝野都像发了狂一样,其中仅有的能够说人话的,只有一个李寻而已,其他人都是所谓的长着人头却发出畜生鸣叫声的东西。李寻推究阴阳动静的义理,直言太后不应该参与政务,他难道仅仅是以象数来验证吉凶吗?天与地的准则,治与乱的道理,人与禽兽的区别,就在于此。妇人司掌动静变化,阴就会侵犯阳,阳就只能顺从于阴。一旦出现这个苗头就应有所警戒,就像"踩到霜就想到结冰的日子快要到来",然而当时阴已经干扰到阳了,就像"母猪浮躁不安而来回活动"。天下有这种情况,则天下必亡;国家有这种情况,则国家必破;家庭有这种情况,则家庭必败。父子、君臣、兄弟、朋友的伦理,因此而泯灭;富足百姓、端正德行、物尽其用的道理,因此而被废弃。所以说:李寻的话,说的是人话,与禽兽不同。妻子,是丈夫所养活的;母亲,是儿子所事奉的;如果失去妇道,则母亲所造成灾祸也很严重,哪里只有妻子呢?

夫国有君子,国可不亡。寻昌言之无诛,而不能救汉之亡,又何也?寻非其人也。阴之干阳①,其变非一。女子之干丈夫也,鬼之干人也,皆阴之干阳也。寻知乾之刚、阴之静矣②,鬼亦阴也,静以听治于人者也。顾其识不及此,听甘忠可、夏贺良之邪说③,惑上以妖,终以贬死燉煌④,为天下笑;则亦以阴干阳,等于妇人之煽处尔⑤。载鬼一车,而欲惩负涂之豕⑥,奚其可? 故阴阳动静之理大矣,其变繁矣,其辨严矣⑦。立人之道以匡扶世教,无一而可苟焉者也。

【注释】

①干:干犯,冲犯,干扰。

②乾:阳。

③甘忠可:西汉方士,齐(今山东地区)人。活跃于汉成帝年间,作《天官历》《包元太平经》十二卷,宣言汉家气运已尽,应重新受命于天,被认为是"罔上惑众",入狱病死。其事见于《汉书·李寻传》。夏贺良(? —前5):西汉方士。甘忠可的弟子,哀帝时曾任黄门待诏,主张改元、再受命以挽救汉朝气数。后以"反道惑众"罪,被杀。其事见于《汉书·哀帝纪》。

④燉煌:亦作"敦煌"。汉代地名。初为县,后置郡,治所即今甘肃敦煌。

⑤煽处:指气焰嚣张地身处高位,掌握权力而高高在上。

⑥载鬼一车,而欲惩负涂之豕:语出《周易·睽(kuí)卦》爻辞"上九,睽孤,见豕负涂,载鬼一车,先张之弧,后说之弧"。整句话意思是说,乖异背离至极,孤独狐疑,恍如看到猪背上沾着污泥,又看到一辆大车载满鬼怪在奔驰,先是张弓欲射,后又放下弓矢。涂,泥浆。

⑦辨:不同,区别。

【译文】

国家如果有君子,国家就不会灭亡。李寻直言不讳,并没有被诛杀,却不能挽救西汉的灭亡,这又是为什么呢?因为李寻并不是君子。阴干犯阳,其变化不止一种。女人干犯男人,鬼干犯人,都属于阴干犯阳。李寻只知道阳之刚强、阴之安静,但鬼也属于阴,也应该安静地听从人的整治。只是李寻没有认识到这一点,听从甘忠可、夏贺良等人的邪说,用妖妄之言蛊惑国君,最终被贬到敦煌而死,被天下人耻笑。因此他也属于以阴犯阳,等同于妇人掌握权力而高高在上、气焰嚣张。车上载满了鬼,却想要惩治背上沾满污泥的猪,这哪里可以呢?所以,阴阳动静的道理非常深奥,变化非常复杂,其中的区别也非常严格。如果把它当作立身做人的道理,用以匡正扶直社会教化,没有一样是可以马虎从事的。

五　贾让平当言治河

治河之策,贾让为千古之龟鉴①,而平当之数言决矣②。当言"经义有决河深川,而无堤防壅塞之文③"。此鲧所以殛④,禹所以兴,而以尧、舜之圣,不能与横流之水争胜者也。让言"古之立国者,必遗川泽之分⑤,度水势所不及"。殷所以世有河患,而盘庚奋然依山以避灾,无他,唯无总于货宝而已⑥。细人之情⑦,怙田庐之利⑧,贪濒河之土,动天下以从其欲,贻沉没于子孙,而偷享其利,既古今之通弊矣。而后世之谋臣,要君劳民以堙塞逆五行之叙者⑨,其不肖之情有二焉:其所谓贤者,竭民力,积一篑以障滔天而暂遏之⑩,濒河之民,且歌谣而祷祀焉⑪,遂以功显于廷,名溢于野,故好事者踵起以尝试而不绝。其不肖者,则公帑之出纳⑫,浩烦而无稽⑬,易为侵牟⑭;民夫之赁佣,乘威以指使,而乾没任意⑮;享其利而利其灾,河滨之士大夫与其愚民及其奸胥,交起以赞之,为危词痛哭以动上听⑯。宜乎自汉以来,千五百年,奔走天下于河,言满公车⑰,牍满故府⑱,疲豫、兖、徐三州之民,供一河之饩饎⑲,而一旦溃败,胥为鱼鳖⑳,而但咎堙塞之不固也。可悲矣夫!

【注释】

① 贾让:西汉末年水利家。当时黄河频繁决溢,灾患严重,朝廷广征治河方案。绥和二年(前7),贾让应诏上书,主张开拓河道、决水入海,反对一味修缮固堤的消极做法。他提出治理黄河的上、中、下三策:以从黎阳改道北行入海为上策,以筑堤、设水门、修渠为中策,以仅筑堤防洪、加高培厚为下策。其事见于《汉书·沟洫志》。龟鉴:龟甲可占卜吉凶,镜子可照见美丑,后以"龟鉴"比喻可供人对照学习的榜样或引以为戒的教训。

② 平当(?—前4):字子思,平陵(今陕西咸阳西北)人。西汉大臣,曾任朔方刺史、大鸿胪、光禄勋等职,成帝时曾为骑都尉,领河堤,建议"博求能浚川疏河者"。哀帝初征为光禄大夫。建平二年(前5)代朱博为丞相。不久病卒。传见《汉书·平当传》。决:排除壅塞,疏通水道。

③ 壅(yōng)塞:阻塞。

④ 鲧(gǔn):传说中大禹的父亲,因治理洪水失败而被尧杀死。殛(jí):杀死。

⑤ 分:地域。

⑥ 总:聚合,汇集。

⑦ 细人:见识短浅的人。

⑧ 怙:依赖,凭恃。

⑨ 要:要挟,胁迫。堙(yīn)塞:堵塞。叙:次第,次序。

⑩ 篑(kuì):盛土竹器。

⑪祷祀：有事祷求鬼神而致祭。

⑫公帑（tǎng）：公款，国库。出纳：财政的支出和收入，这里专指支出。

⑬无稽：无从查考，没有根据。

⑭侵牟（móu）：侵害掠夺。牟，通"蛑"，本指食苗根的虫，引申为贪取，侵夺。

⑮乾没：侵吞公家或别人的财物。

⑯危词：骇人之词。

⑰公车：汉代的官署名称，掌管征召及接受章奏等事宜。

⑱故府：原指先秦时期保管盟约等文书材料的场所，此处泛指古代官方档案保管机构。

⑲谿壑：原指溪谷，后来借喻难以满足的贪欲。

⑳胥：都，全。

【译文】

关于治理黄河的策略，贾让的"治河三策"堪为千古之借鉴，而平当也数次提出要疏泄河水。平当说："经书义理之中有疏泄河水、加深河道的记载，却没有筑堤设防、堵塞河水的文字。"这就是鲧之所以被处死，禹之所以闻名于世，而以尧、舜的圣明，也不能与随意泛滥的河水争胜的原因。贾让说："古代建立国家的人，必定要舍弃那些河川湖沼流淌积聚的地方，估测水势所无法到达的地方，以安置居民、开垦土地"。商朝之所以世代都有黄河的灾患，而盘庚奋然迁都，依山势以避水灾，不是因为别的，只是没有聚敛金银财宝、过分看重眼前的利益而已。见识短浅之人的心思，则是倚仗田产、庐舍的优势，贪图濒河的土地，连累整个天下以满足其欲望，将被洪水淹没的隐患遗留给子孙，而自己暗地里享受眼前的利益，这是古今的通病。而后世的谋臣，要挟君王、劳动民众以堵塞河水，从而违背了五行的规律，不当的做法有两种：第一种，其中所谓的贤者，竭尽民力，一筐一筐地积土筑堤以暂时遏制滔天的洪水,濒河的百姓,还要赞颂他,向上天祈祷保佑他,于是他以治河的功劳显名于朝廷,名满天下,所以好事者接踵而起,纷纷尝试效仿,络绎不绝。第二种,其中的不肖之人,他们对国库钱财的支出,浩大繁多而无法稽考,还容易被他们侵夺;对所雇佣的民夫,他们则乘威势而随意指使,任意侵吞克扣其工钱;他们坐享贪污之利而把水灾当做有利可图之事,黄河之滨的士大夫与愚昧的百姓以及奸诈的小吏,纷纷起来称赞主持治河的官员,甚至以惊人之词和痛哭来打动君主。这也就难怪自汉代以来,一千五百年,天下人为治理黄河而奔走,相关言论堆满了公车,奏牍堆满了档案保管机构,使豫、兖、徐三州的百姓疲惫不堪,以满足贪官污吏们因治理一条黄河而产生的贪欲,而一旦堤坝崩溃,百姓全都成了鱼鳖,而只归咎于堵塞得不够坚固。真是可悲啊!

古今之异者,南北之殊流耳,其理势则一也。繇让之言而推其利病之原①,非河之病民,而民之就河贪利以触其害耳。贪退滩之壤,民有其土而国有其赋,锋端之蜜截舌②,而甘之者不恤也。使能通百年之算,念天下之广,犹是民也,徙之而于国无伤,其愈于堙塞疲役之贫劳困毙与溃决之漂荡淹溺也,孰为利害哉? 数千年而不出鲧之覆辙,君不明,而贪功嗜利之臣民,积习而不可破,平当之言,贾让之策,县巨烛于广廷③,而昧者犹摛埴以趋也④,不亦悲乎!

【注释】

①繇(yóu):通"由",自,从。利病:利弊,利害。

②锋端之蜜截舌:典出《四十二章经》第二十二章:"财色于人,人之不舍。譬如刀刃有蜜,不足一餐之美。小儿舐之,则有割舌之患。"

③县：同"悬"。

④摛埴(zhāi zhí)：即摛埴索涂，指盲人用手杖探求道路，比喻暗中
摸索，事不易成。语出《法言·修身》："摛埴索涂，冥行而已矣。"
摛，同"摘"，搜求，摸索。埴：指土地。

【译文】

古今所不同的，只是黄河的南北改道而已，其事理和情势则是一致
的。由贾让的话中可以推断出，造成黄河灾患的根源，并非是黄河本身
祸害百姓，而是民众在黄河上过分贪利，以至于触发了它的灾害。人们
贪图河水退滩后的土地，民众得到土地而国家得到税赋，吃刀刃上的蜂
蜜会割断舌头，而只贪图蜂蜜之甘甜的人却根本不顾及这些。如果能
够作长远的谋划，考虑到天下的广大，像这样的民众，把他们迁到别的
地方对国家也没有什么损害，这胜过使他们为堵塞洪水而疲于服徭役，
导致他们贫穷困苦、劳累过度而死，或是大堤溃决之后，家园被淹没甚
至自己被洪水淹死。相比之下，哪一种办法有利，哪一种办法有害呢？
数千年来，人们一直无法吸取鲧的教训，国君不明智，而贪图功劳、贪求
私利的臣民，积习已久而难以革除，平当的话，贾让的策略，就像是在宽
广的殿廷之上悬挂着的一柄巨烛，而愚昧无知的人们仍然像瞎子用手
杖探路一样暗中摸索，这不是太可悲了吗？

六　耿育请掩赵昭仪之恶

谷永请讳诸侯王之兽行，以全人道之耻，议之正者也；
耿育请掩赵昭仪杀皇子之恶①，以隐成帝之惑，议之不正者
也；二说相似而贞邪分②，精义以立法，不可不辨。永之正
者，《凯风》之不怨也③；育之不正者，《小弁》之怨也④。淫妒
之嬖妾⑤，操刃以绝祖宗之胤胄⑥，而曲为之覆，天子之子，不
死于妖嬖者，其余几何哉！《春秋》成而乱臣贼子惧，故书

"文姜逊于齐""哀姜逊于邾"⑦,以昭大义,而不以逐母为嫌。昭仪之恶,宗庙所不容,况非嫡后君母,而可纵之乎?

【注释】

①耿育:汉哀帝时议郎,曾上书劝谏汉哀帝不要追究赵昭仪杀皇子一事。其事见于《汉书·外戚传》。赵昭仪(? —前7):正史中未载其名,托名汉代伶玄所著《赵飞燕外传》称其名为合德。汉成帝之妃、成帝皇后赵飞燕之妹。与其姐专宠后宫十余年,皆无子。娇媚不逊,后宫有子者随即杀之。汉成帝暴毙,众人归咎于她,遂自杀而死。传见《汉书·外戚传》。

②贞:正。

③《凯风》:指《诗经·邶风·凯风》。现代学者一般认为这是一首儿子歌颂母亲并自责的诗,诗中含有"母虽有过而子不怨"的意味。

④《小弁》:指《诗经·小雅·小弁》。一般认为这是一首充满忧愤情绪的哀怨诗。朱熹《诗集传》说:"幽王娶于申,生太子宜臼。后得褒姒而惑之,生子伯服。信其谗,黜申后,逐宜臼,而宜臼作此以自怨也。"周幽王因宠幸褒姒、生下伯服而弃逐太子宜臼,宜臼写下这首诗抒发哀怨之情。

⑤嬖(bì)妾:宠妾,爱妾。嬖,宠幸。

⑥胤(yìn)胄:后裔。

⑦文姜逊于齐:出自《春秋·庄公元年》:"三月,夫人孙于齐。"杨伯峻《春秋左传注》:"孙同逊。当时人若言及国君或夫人之奔,不言奔而言逊。奔是直言其事,逊是婉曲成辞。"夫人即指文姜,她是鲁桓公夫人、齐襄公异母妹。鲁桓公被齐襄王杀死后,文姜离开鲁国,逃往齐国,并长期居留于齐。时人盛言文姜与其兄齐襄公有私情,故历代注家多认为《春秋》经文特载文姜出奔一事,意

在贬讽文姜。哀姜逊于邾(zhū)：出自《左传·闵公二年》："闵公之死也，哀姜与知之，故孙于邾。"哀姜是鲁庄公夫人，与庄公之弟庆父私通，鲁庄公去世后，哀姜与庆父合谋杀死继位的鲁闵公，鲁国大乱，哀姜被迫出逃到邾国。

【译文】

谷永请求隐讳诸侯王的淫乱行为，以保全人性的知耻之心，这是正确的议论；耿育请求掩盖赵昭仪杀害皇子的恶行，以掩饰汉成帝的糊涂，这是不正确的议论。这两种说法看起来相似，正邪却大不相同，其中所含的精要义理是树立法度的重要依据，所以不能不分辨清楚。谷永的正确，是因其符合《诗经·凯风》中的"母虽有过而子不怨"之义；耿育的不正确，是因其不符合《诗经·小弁》中"因遭受父亲抛弃而感到哀怨"之义。淫乱善妒的宠妾，操刀杀死祖宗的后代，如为她曲意掩饰，则天子的儿子，不死于妖妃之手的，能有几个呢？《春秋》写成后乱臣贼子感到恐惧，是因为经文、传文中直书"文姜出奔到齐国""哀姜出奔到邾地"以申明大义，而不怕被埋怨自己赶走自己的母亲。赵昭仪的恶行，为宗庙社稷所不容，何况她并非成帝的元配皇后，也不是哀帝的生母，怎么能够放过她呢？

甚哉，育之言悖也^①，曰"知陛下有贤圣通明之德，废后宫就馆之渐^②，绝微嗣以致位^③"。是成帝戕父子之恩以为未然之迁图^④，其孰信之？育若曰"昭仪不杀皇子，则哀帝不得而立"，以蛊帝心而纵妖孽。是哀帝本不与于篡弑之谋，而育陷之使入也。《春秋》严党贼之诛，哀帝不能免，而育之罪不可逭矣^⑤。解光问罪之爰书不伸^⑥，赵氏宫官之大罚不正^⑦，宫闱肆毒于社稷而莫之问^⑧，故元后党王莽以弑平帝、废孺子而无所顾忌^⑨。胡三省者^⑩，乃谓其合《春秋》"为尊者讳"之义^⑪。邪说张，而贾继春资之以雠其庇李选侍之奸^⑫。

清议不明^⑬,非一时一事之臧否已也。

【注释】

①悖:荒谬,谬误。

②就馆:指皇帝夜宿于后宫。

③微嗣:指新皇帝年幼。致位:传位。

④迁图:深远的图谋。

⑤逭(huàn):宽恕,免除。

⑥解光:汉哀帝时司隶校尉,曾上书披露赵昭仪在后宫杀害成帝继嗣的经过。其事见于《汉书·外戚传》。爰(yuán)书:古代记录囚犯供辞的文书。

⑦宫官:宫中女官。此指成帝时宫中女官曹宫。她被汉成帝临幸而产子,为赵昭仪所忌恨,产子后不久即被迫饮药自杀。事见《汉书·外戚传》。

⑧宫闱:指后妃。

⑨孺子:指刘婴(? —25),汉宣帝的玄孙。汉平帝死后,于居摄元年(6)至始建国元年(9)居皇太子位,王莽呼之为"孺子",世称"孺子婴",实为王莽之傀儡。更始三年(25),在临泾被李松杀死。传见《汉书·宣元六王传》。

⑩胡三省(1230—1302):字身之,天台(今浙江天台)人。宋元之际史学家。著有《资治通鉴音注》《通鉴释文辨误》,对《资治通鉴》作校勘、考证、解释,并对史事有所评论。据《资治通鉴·汉纪二十五·孝哀皇帝·建平元年》记载,耿育上书请求掩饰赵昭仪杀害皇子的罪恶,胡三省评论道:"耿育之言是也。《春秋》为尊者讳,义正如此。"

⑪为尊者讳:指《春秋》在叙述历史时为地位尊贵的人避忌隐讳。语出《春秋公羊传·闵公元年》:"《春秋》为尊者讳,为亲者讳,为

贤者讳。"

⑫贾继春资之以雠(chóu)其庇李选侍之奸：李选侍为明光宗宠妃，明熹宗生母死后，李选侍成为其养母。后来，明光宗暴卒，熹宗即位，李选侍为获取太后封号而拒绝移出乾清宫，并扣押明熹宗。此举引发朝臣尤其是东林党人强烈反对，双方激烈交锋，李选侍最终被迫移宫。当时任御史的贾继春听闻明熹宗虐待生母致其自杀之谣言，上书熹宗，规谏其善待先帝妃嫔。事见《明史·后妃列传》。雠，售。

⑬清议：对时政的议论，社会舆论。

【译文】

耿育的话真是太荒谬啦！他说："先帝知道陛下您有贤圣明达的品德，因此打消了再去后宫嫔妃住处的念头，杜绝了由于皇帝年幼而引起祸乱的根源，打算传位给陛下您以安定天下。"这是把成帝戕害父子之恩当作防患于未然的深谋远图，有谁会相信呢？耿育就好像是在说"如果赵昭仪不杀皇子，哀帝就无法被立为皇帝"，以蛊惑哀帝之心而放纵妖妃。如此，汉哀帝本来没有参与篡位、弑杀皇子的阴谋，而耿育却使他卷入了这件事。《春秋》对与奸贼结党者的谴责非常严厉，哀帝不能免责，而耿育的罪责也无可宽恕。解光向赵昭仪问罪的供辞文书得不到申理，赵氏姐妹害死宫中女官曹宫的大罪无法被究治，后宫妃嫔肆意毒害社稷而没有人过问，所以元后与王莽结党，弑杀平帝、废汉孺子而无所顾忌。胡三省竟然称耿育的话符合《春秋》"为尊者讳"的大义。邪说盛行，而贾继春依靠这邪说来实现他包庇李选侍的奸谋。时议不明，并非仅仅关乎一时一事的善恶得失。

七　鲍宣陈七亡七死并胪举可任之贤

鲍宣七亡七死之章①，陈汉必亡之券以儆哀帝②，正本之论也。王莽之奸奸而愚，非有操、懿之才③，其于国又未有刘裕之功④，轻移于衽席之上而莫之禁⑤，莽其何以得此哉？唯民心先溃于死亡，而莽以私恩市之也。藉非成帝之耽女宠，哀帝之昵顽童⑥，纵其鬻吏贼民而蛊民以寇攘⑦，莽亦上官桀、霍禹之续尔⑧，而汉祚奚其亡⑨？

【注释】

①鲍宣（？—3）：字子都，渤海高城（今河北盐山东南）人。哀帝时为谏大夫，迁豫州牧。敢于上书直言，抨击时政。他曾在上书中说"民有七亡而无一得""有七死而无一生"，历陈当时社会之弊病。后因摧辱丞相孔光而下狱，得博士弟子王咸上书营救，得以免死。王莽秉政后，鲍宣不肯合作，被逮捕入狱，自杀。传见《汉书·鲍宣传》。

②券：凭证，证据。

③操、懿：指曹操和司马懿。两人在世时皆掌握朝中大权，为其子孙改朝换代奠定基础。

④刘裕（363—422）：字德舆，小名寄奴。祖籍彭城（今江苏徐州），生于晋陵丹徒（今江苏镇江）。南朝刘宋开国皇帝。初为东晋北府兵将领。自隆安三年（399）后，对内平定孙恩和桓玄之乱，消灭谯蜀、刘毅、司马休之等割据势力；对外消灭南燕、后秦等国，降服仇池，击败北魏，收复淮北、山东、河南、关中等地，兴复洛阳、长安两都。永初元年（420），代晋自立，定都建康，国号"宋"，史称刘宋或南朝宋。他在位期间抑制豪强兼并，实施土断，整顿吏治，重用寒门，发展生产，轻徭薄赋。逝后庙号高祖，谥号武皇帝，葬于初宁陵。传见《宋书·武帝本纪》。

⑤衽（rèn）席：卧席。借指太平安居的生活。

⑥哀帝之昵顽童：指汉哀帝宠幸男宠董贤，封其为大司马、高安侯，使其二十二岁便位列三公，赏赐无数。事见《汉书·佞幸传》。

⑦鬻（yù）：卖，引申为为谋取私利而出卖。寇攘（rǎng）：劫掠，侵扰。

⑧上官桀、霍禹之续：汉昭帝时，上官桀与霍光争权，欲杀霍光，并谋废昭帝立燕王旦，事败，被族诛。霍光之子霍禹，宣帝时阴谋造反，事败，亦被族诛。事见《汉书·霍光传》。

⑨祚：君位，国统。

【译文】

鲍宣关于民众有"七亡""七死"的奏章，陈述汉朝必定灭亡的各种迹象以告诫哀帝，真的是端正本源的理论。王莽的奸是奸邪而愚蠢，并非有曹操、司马懿那样的才能，他对于国家又没有像刘裕那样的功劳，却轻而易举地坐享汉室江山而没有人能阻止他，王莽是如何做到这件事的呢？只是因为民心在死亡面前已先溃散，而王莽借机以私恩来笼络民心。如果不是汉成帝沉迷女色，汉哀帝亲昵男宠，纵使他卖官鬻爵、残害百姓，以劫掠侵扰来毒害民众，则王莽也只能是上官桀、霍禹的延续罢了，而汉朝政权又怎么会灭亡呢？

张放、淳于长，王氏之先驱也；傅迁、董贤，王氏之劝驾也①；曹爽、何晏②，司马懿之嚆矢也③；李林甫、杨国忠④，安禄山之前茅也⑤；蔡京、童贯、史弥远、贾似道⑥，女直、蒙古之伥鬼也⑦；而非君之溺于宠乐以忘民之死也不成。不然，孔光、扬雄之流，亦尝与闻名教⑧；而宗室群臣以及四海之民，岂遽能以片饵诱婴儿而辄弃其母乎？故宣陈亟救死亡之言，知探本矣，愈于刘向之欲挽横流而埋诸其下也⑨。

【注释】

①劝驾：劝人任职或做事，此处指劝进者。

②曹爽(?—249):字昭伯,沛国谯(今安徽亳州)人。三国时期曹魏宗室、权臣,大司马曹真长子。景初二年(238),魏明帝曹叡病危,拜曹爽为大将军,次年假节钺,与司马懿并为托孤大臣。嘉平元年(249),司马懿发动高平陵政变,曹爽被解除大将军职务,以谋反罪名被族诛。此后曹魏政权渐归司马氏掌握。传见《三国志·魏书·曹爽传》。何晏(190—249):字平叔,南阳宛(今河南南阳)人。三国时期曹魏大臣、玄学家。其父早逝,曹操纳其母尹氏为妾,他因而被收养,为曹操所宠爱,娶曹操女金乡公主。大将军曹爽秉政时,何晏党附曹爽,累官散骑侍郎、尚书,典选举,封列侯。高平陵之变后与曹爽同为太傅司马懿所杀,灭三族。传见《三国志·魏书·何晏传》。

③嚆(hāo)矢:响箭。因发射时声先于箭而到,故常用以比喻事物的开端或先声。

④李林甫(?—752):小字哥奴,祖籍陇西(今甘肃陇西),唐朝宗室、著名权相。早年历任国子司业、御史中丞、吏部侍郎等职,开元二十二年(734)以礼部尚书之职拜相。后升任中书令,封晋国公,迁尚书左仆射。李林甫性格谄佞狡黠,有权术,担任宰相十九年,蔽塞言路,排斥贤才,还建议重用胡将,使得安禄山坐大,被认为是使唐朝由盛转衰的关键人物之一。传见《旧唐书·李林甫列传》《新唐书·奸臣列传》。杨国忠(?—756):本名钊,蒲州永乐(今山西永济)人。唐朝宰相、外戚。早年落魄,在其族妹杨玉环得宠后飞黄腾达,直至升任宰相,封卫国公,身兼四十余职。他任相期间,专权误国,最终招致了安史之乱。天宝十五载(756),杨国忠随唐玄宗西逃入蜀,中途在马嵬驿被乱兵所杀。传见《旧唐书·杨国忠列传》《新唐书·外戚列传》。

⑤安禄山(?—757):本姓康,名轧荦山。营州柳城(今辽宁朝阳)人。早年投身军旅,屡立战功,升迁至范阳、平卢、河东三镇节度

使。唐天宝十四载(755)十一月,起兵反唐,次年建立大燕政权,年号圣武。至德二载(757),被其子安庆绪弑杀。传见《旧唐书·安禄山列传》《新唐书·逆臣列传》。前茅:古代行军时的前哨斥候。引申为先头部队、先行者。

⑥童贯(1054—1126):字道夫,开封(今河南开封)人,北宋权宦。初任供奉官,在杭州为徽宗搜括书画奇巧,助蔡京为相,被蔡京荐监西北边军,后领枢密院事,掌兵权二十余年,权倾内外。宣和四年(1122),率军攻辽失败,乞求金兵代取燕京,以百万贯赎回檀、顺、景、蓟四城。宣和七年(1125),金兵南下,他由太原逃至开封,随徽宗南逃,宋钦宗即位后被处死。传见《宋史·宦者列传》。史弥远(1164—1233):字同叔,明州鄞(yín)县(今浙江宁波鄞州区)人。南宋中期权相。开禧三年(1207),韩侂(tuō)胄北伐失败后,史弥远与杨皇后等密谋,诱杀韩侂胄,函其首送金请和。因功升任右丞相兼枢密使,此后独相宋宁宗十七年。宋宁宗死后,弥远矫诏拥立宋理宗,逼死济王赵竑(hóng),独相宋理宗朝九年。史弥远任相期间,招权纳贿,权势熏天。绍定六年(1233),史弥远病死,追封卫王,谥忠献。传见《宋史·史弥远列传》。贾似道(1213—1275):字师宪,台州(今浙江台州)人。南宋晚期权相。为理宗所看重,开庆初年于军中拜为右丞相。理宗崩后,度宗以“师臣”相称,百官都称其为“周公”。后升任太师、平章军国重事,更加滥专朝政,穷奢极欲。恭宗德祐元年(1275),率军于丁家洲大败于元军,乘单舟逃奔扬州。群臣请诛,贾似道遂被贬为高州团练副使,流放途中为监押使臣郑虎臣所杀。传见《宋史·奸臣列传》。

⑦伥(chāng)鬼:指被老虎吃掉而变成受老虎役使的鬼魂,品行卑劣,常引诱人使其被老虎吃掉。

⑧孔光、扬雄之流,亦尝与闻名教:孔光、扬雄二人皆为当世名儒。

孔光少从父学,尤通经学,为一时显儒。事见《汉书·孔光传》。扬雄(前53—18),字子云,蜀郡成都(今四川成都)人。西汉学者、思想家、文学家。成帝时任给事黄门郎。王莽时任大夫,校书天禄阁。著有《太玄》《法言》《方言》《训纂篇》等。扬雄学识渊博,精通儒道学问。汉代思想家王充说扬雄"卓尔蹈孔子之迹,鸿茂参贰圣之才",唐代韩愈称他为"大醇而小疵"的"圣人之徒",北宋司马光则称赞他是孔子之后超越孟子、荀子的"真大儒"。传见《汉书·扬雄传》。名教,指儒家礼教。

⑨堙(yīn):堵塞。

【译文】

张放、淳于长,是王氏篡汉的先驱;傅迁、董贤,是王氏窃取帝位的劝进者;曹爽、何晏,是司马懿夺权的先声;李林甫、杨国忠,是安禄山反唐的前哨斥候;蔡京、童贯、史弥远、贾似道,是女真、蒙古的伥鬼;但如果不是君王沉溺于享乐而忘记了民众的生死,他们是不可能成功的。不然,孔光、扬雄之辈,也都曾以通晓礼仪教化知名;因此宗室群臣以及四海之内的民众,难道能够像婴儿那样被一片诱饵引诱,就抛弃了自己的母亲吗?所以鲍宣陈述紧急救亡的言论,是知道探求根本的表现,比刘向想挽救河水横流的局面却堵塞其下游要强得多。

虽然,宣之言犹有病焉,后世言事之臣,增暗主之疑而授奸臣以倾妒之口实,皆此繇也①。宣言:"慎选举,大委任,以儆官邪,而免民于死亡。"是矣。勿亦姑言贤者之当任,以听人主之自择,待有问焉,而后可胪列傅喜、何武、孔光、彭宣、龚胜之贤以告②,未晚也。今乃不然,若天子之左右一唯其所建置,而君不得以司取舍之权,众不得以参畴咨之议③,则偪上有嫌④,而朋党之谤兴。且喜、武诸人皆大臣也,自不能邀人主之知而安其位⑤,宣能以疏远片言取必于同昏之廷乎⑥?知不可得而故言之,授奸人以背憎之资,石介遇明主而激党祸⑦,况庸君佞幸权奸交乱之天下哉!进言者不知其道,徒以得后世之称而无益于时,皆此一时之气矜为之也⑧。又况宣所称者,龚胜而外,吾未见有大臣之操焉。孔光巨奸而与于清流⑨,宣失言矣。盈廷之士气,汉室之孤忠⑩,唯一王嘉,而不能讼其屈抑。然则鲍宣者,亦一时气激之士,而未足以胜匡主庇民之任者乎!

【注释】

①繇(yóu):通"由"。

②胪(lú)列:罗列,列举。龚胜:字君宾,楚国彭城(今江苏徐州)人。西汉官员。初为郡吏,哀帝时征召为谏大夫,屡次上书抨击刑罚严酷、赋敛苛重。因不满哀帝宠幸董贤,出为渤海太守,托病辞官。后又被征为光禄大夫,王莽秉政时,归老乡里。王莽代汉后,他拒绝王莽强征,绝食而死。传见《汉书·龚胜传》。

③畴(chóu)咨之议:典出《尚书·尧典》:"畴,咨,若时登庸?"此为尧帝末年时向众人征询意见,选拔人才,看谁可顺应四时变化而被任用。畴,谁。咨,语气词,表示叹息。

④偪(bī):同"逼"。

⑤邀:请求,谋求。

⑥取必:指要求接受并坚决做到。

⑦石介(1005—1045):字守道,一字公操。兖州奉符(今山东泰安)人。宋仁宗时大臣。庆历三年(1043),宋仁宗起用范仲淹、富弼、欧阳修、杜衍等人担任高官要职,进行改革,是为"庆历新政"。石介作《庆历圣德颂》赞扬革新派,指责反对革新的夏竦

(sǒng),等人为大奸。夏竦等人怀恨在心,命佣人摹仿石介笔迹,伪造了一封石介给富弼的信,内容是计划废掉仁宗另立新君。范仲淹等人无法自辩清白,只好请求外放,变法遂告失败。庆历五年(1045),范仲淹等人相继罢职,石介也被列为朋党,贬为濮州通判,不久病卒。传见《宋史·石介列传》。

⑧气矜:气势。

⑨清流:指德行高洁、负有名望之人。

⑩孤忠:指忠贞自持的人。

【译文】

尽管如此,鲍宣的话还是有问题的,后世上书言事的大臣,使昏君更加疑惑而又授给奸臣倾轧妒忌的口实,都是起因于此。鲍宣说:"慎重地选拔与举用人才,对他们委以大任,用以警戒官员的违法失职,从而使民众免于死亡。"这正是问题所在。他不如姑且先说要任用贤才,以听任国君自己选择,等到国君询问自己后,再罗列傅喜、何武、孔光、彭宣、龚胜等贤才以上奏,这样也不算晚。可如今鲍宣却不这样,好像天子身边的官员都是鲍宣任命的一样,而君王不能掌握任免的权力,众人也不能参与其中共同谋划,如此则鲍宣有胁迫国君的嫌疑,而关于其交结朋党的诽谤之言就会兴起。况且傅喜、何武这些人都是大臣,尚且不能求得君王的赏识而安居其位,鲍宣难道一定能够以疏远之臣的身份,凭借只言片语在君臣上下一片昏聩的朝廷上取得成效吗?明知道不可能却执意要说,授给奸人背后憎恨的口实,石介遇到宋仁宗这样的明主尚且卷入了朋党之祸,何况是在平庸的君主、奸佞的臣子、弄权作恶的奸臣共同作乱的天下呢!进言的人不知晓进言之道,只是为了得到后世的称赞,却对时势没有任何好处,都不过是凭一时的气势做出来的事情罢了。更何况鲍宣所称赞的人中,除了龚胜以外,我没有看出谁有尊贵臣子的节操。孔光是个大奸臣却名列清流,鲍宣称赞他实在是失言。整个朝廷的士气,汉室的孤忠之臣,只有一个王嘉而已,而鲍宣却不能为他申诉冤屈。由此可见，鲍宣也不过是个被一时意气所激的人，根本不足以胜任匡扶君主、庇佑百姓的重任！

八 元后一旦举天下授之王氏

《易》曰："伏戎于莽，三岁不兴①。"不兴者，虑其兴之辞也。三岁而不兴，逮其兴而燎原之焰发于俄顷矣。哀帝崩，元后一闻之，即日驾之未央宫，驰召王莽，诏诸发兵符节、百官奏事、中黄门、期门兵皆属莽②。此高帝驰入赵壁夺韩信、张耳军之威权③，后以一老妪断然行之，雷迅风烈而无疑畏；其提携刘氏之天下授之王氏，在指顾之间耳④。非伏之三岁，爪牙具而羽翼成，安能尔哉？

【注释】

①伏戎于莽，三岁不兴：语出《周易·同人卦》爻辞："九三，伏戎于莽，升其高陵，三岁不兴。"意思是潜伏军队于草莽间，登上高陵察看，三年也不敢兴兵交战。喻指敌人刚强，不敢贸然犯险。

②符节：古代的一种符信，分成两半，使用时以两半相合为验。此处指兵符。中黄门：汉代在宫廷服役的低级别宦官。期门兵：西汉皇帝侍从卫队，汉武帝时设置，负责扈从护卫皇帝。

③高帝驰入赵壁夺韩信、张耳军之威权：据《史记·淮阴侯列传》记载，汉三年（前204）六月，汉王刘邦出成皋，北渡黄河。一日清晨，他自称汉王使者，突然驾车驰入韩信军营。当时韩信、张耳还未起床，刘邦闯入他们的卧室，夺走印信和兵符，调换了众将领的职位。韩信、张耳得知刘邦到来，大吃一惊。壁，军营的围墙，代指军营。

④指顾之间：一指一瞥之间。形容时间的短暂、迅速。

【译文】

《周易·同人卦》中说:"潜伏军队在草莽间,三年也不敢兴兵交战。"所谓不敢兴兵交战,实际上是说担心兴兵交战。三年都不交战,等到一交战时,顷刻之间就会形成大火燎原之势。哀帝驾崩,元后刚一听说,当天就赶到未央宫,火速召见王莽,下诏书命令凡是发兵所用兵符、百官奏事、中黄门、期门兵都归王莽负责。这好像当初汉高祖驱车驰入赵地营垒夺取韩信、张耳军队的军权一样,元后以一个老妇人的身份却能断然实行,如同风驰电掣一般,毫无疑虑和顾忌;她把刘氏的天下扶持起来授给王氏,只在很短的时间内就完成了。如果没有经过三年潜伏,使得爪牙具备、羽翼形成,怎么能够做到这样呢?

甚矣,悍妇之威,英雄所不能决,帝王所不能持,而指麾轻于鸿毛①,至此极也! 司马懿之杀曹爽,刘裕之克刘毅②,朱温之争李克用③,大声疾呼、深虑阴谋、赪颜流汗、喋血以争而仅得者④,元后偃息谈笑而坐收之⑤。故莽有伏戎藏于平芜蔓草之中⑥,无有险阻之形而不可测也。三岁伏而一旦兴,有国者可不戒哉!

【注释】

①指麾(huī):指挥,发令调遣。

②刘毅(? —412):字希乐,小字盘龙,彭城沛(今江苏沛县)人,晋末群雄之一,东晋末年北府兵将领。曾与刘裕、何无忌等举义兵消灭桓玄。累迁荆州刺史,镇江陵,占据长江中上游广大地区。后与刘裕不协,被刘裕讨伐,兵败被杀。传见《晋书·刘毅列传》。

③李克用(856—908):字翼圣,本姓朱邪,神武川新城(今山西雁

门)人。唐末沙陀族将领，后唐政权奠基人。唐僖宗时，率沙陀军南下助唐朝廷镇压黄巢、收复长安，因功授河东节度使。后长期割据河东，持续与朱温争战，相互间成为争夺天下的最大对手。朱温代唐称帝、建立后梁，李克用仍用唐天祐年号，以复兴唐朝为名与后梁争雄。死后，其子李存勖建立后唐，追谥为武皇帝，庙号太祖。传见《旧五代史·唐书·武皇纪》《新五代史·唐本纪·庄宗》。

④赪(chēng)颜：因羞愧或酒醉而脸红。赪，同"赪"，红。

⑤偃息：休养，休息。

⑥平芜：草木丛生的平旷原野。

【译文】

悍妇的淫威，真是太厉害啦！英雄豪杰所不能决断的，帝王所不能把持的，而她却指挥自如，不费吹灰之力，至此可谓是到了极致！司马懿诛杀曹爽，刘裕战胜刘毅，朱温与李克用争斗，都是经过大声疾呼、深谋远虑、脸红流汗、浴血奋战才得到的胜利，而元后在休息谈笑之间就坐收胜利果实了。所以，王莽在草木丛生的平旷原野上潜伏军队，没有给外界留下任何有危险或困难的迹象而又鬼神莫测。三年潜伏而一朝兴起，作为一国之君难道可以不引以为戒吗？

九　何武举公孙禄

何武以忤王莽而死，可以为社稷之臣乎？未也。武与公孙禄谋云①："吕、霍、上官几危社稷，不宜外戚大臣持权。"此汉室存亡之纽也②。乃当其时，内而元后为伏莽之戒，外而孔光为翼戴之奸③，武仅以孤立之势扑始然之火④，既处于不敌之数矣。国之安危，身之生死，徒藉于一言，而言非可恃也，所恃者浩然之气胜之耳。公孙禄岂可终保者哉？而与之更相称说⑤,武举禄,禄即举武,标榜以示私,授巨奸以朋党之讥,则气先馁而恶足以胜之!禄惟诡随⑥,乃以幸免;武不欲为禄之诡随矣,则足以杀其躯而已矣。心不可质鬼神,道不可服小人,出没于宠辱之中,而欲援已倾之天下,以水溅沸膏⑦,欲息其焰而焰愈烈,非直亡身⑧,国因以丧,悲夫!

【注释】

①公孙禄:西汉末年大臣。哀帝时为左将军,与前将军何武相善。汉哀帝驾崩后,二人单独谋划选立皇帝的亲近之人来辅佐幼主。于是二人相互举荐对方任大司马。元后最终起用王莽担任大司马,王莽暗示有司上奏揭发何武、公孙禄互相荐举的罪状,结果何武、公孙禄二人都被免官。其事见于《汉书·何武传》。

②纽:关键。

③翼戴:辅佐拥戴。

④然:同"燃"。

⑤称说:陈述。

⑥诡随:不顾是非而妄随人意。

⑦膏:脂油。

⑧非直:不但。

【译文】

　　何武因为不顺从王莽而死,可以算得上是社稷之臣吗?不可以。何武与公孙禄谋划说:"吕氏、霍氏、上官氏这些外戚几乎就要危及到江山社稷,所以不应该由外戚大臣把持朝政。"这是汉王朝存亡的关键。当时,内有元后王政君作为"潜伏在草莽中的军队",外有孔光作为拥戴王氏篡权的奸臣,何武仅以孤立的态势想扑灭刚开始燃烧的火,已经处于难以抵挡的境地了。国家的安危，自身的生死，只依赖于一句话，然而言语是不值得信赖的，值得信赖的是以浩然正气战胜对方。公孙禄难道是可以依靠到底的人吗？而何武却与他相互陈说己见，何武推举公孙禄，公孙禄就推举何武，二人相互标榜以示私心，给大奸臣留下指责他们结为朋党的把柄，这样，自己的气势就先丧失掉了，又怎么能够战胜敌人呢？公孙禄一味地不顾是非妄随人意，才得以幸免；何武不想像公孙禄那样妄随人意，那么也只能使自己身首异处了。内心不敢接受鬼神的质问，道不足以使小人屈服，却沉浮于宠辱之中，想要挽救已经倾危的天下，这就像用水去溅沸腾的油，就像本想熄灭火焰而火焰却愈发猛烈，不但丢了自己的性命，国家也因此而灭亡，真是太可悲啦！

一〇　彭宣与董贤孔光并居台辅

平当、彭宣皆见称于班固，宣未可与当并论也。当临受侯封，卧病不起以固辞之，知世不可为，郁邑以死①，可谓知耻矣。当之在位，丁、傅持权，而史称帝虽宠任丁、傅，而政自己出，异于王氏；则当逡巡以死②，而不忝无实之封③，于自守之道未失也④。若宣者，位司空为汉室辅，王莽杀两后⑤，诛异己，腹心爪牙交布朝廷，而元后为国贼之内主，此正宣肝脑涂地、激天下忠烈之气、以救一线之危者，而为全躯、保妻子之谋，谢不能以引退，尚足为人臣子乎？龚胜、邴汉且犹在梅福之下⑥，所任异也，而况宣位三公之重哉？宣者，与董贤、孔光并居台辅而不惭者也⑦，其生平可知矣。班固曰："见险而止。"率天下以疾视君父之死亡而不恤⑧，必此言夫！

【注释】

①郁邑：愁闷不安的样子。

②逡（qūn）巡：有所顾虑而徘徊不前或退却。

③不忝（tiǎn）：指不愿忍辱而厚颜地接受某事。忝，羞耻。

④自守：自坚其操守。

⑤王莽杀两后：指王莽先后将成帝皇后赵飞燕和哀帝皇后傅太后迫害至死。事见《汉书·外戚传》。

⑥邴汉：琅邪（今山东诸城）人，西汉末年以清行见称的名士，曾官至京兆尹、太中大夫。王莽秉政之时，他乞归故里，保全了自己的声誉。其事见于《汉书·龚胜传》。梅福：字子真，九江寿春（今安徽寿县）人。西汉末年隐士。初为郡文学，后补南昌县尉。曾多次上书朝廷，指陈政事。京兆尹王章因讥讽王凤被杀，梅福上书切谏。王莽专政，梅福离别妻子而去。后有人说他在会稽当了市场门卒。传见《汉书·梅福传》。

⑦台辅：三公宰辅之位。

⑧君父：本指对父为国君者的称呼。这里特指国君。

【译文】

平当和彭宣都得到了班固的称赞，但实际上，彭宣是不能与平当相提并论的。平当将要被封侯时，以生病卧床不起为由坚决推辞，他深知天下已无可挽回，忧郁而死，可以算得上是知耻了。平当做丞相的时候，丁氏、傅氏外戚把持大权，而史书中称哀帝虽然宠信重用丁氏、傅氏，但政令出于皇帝自己，不同于王氏专权时的情况；如此则平当在顾虑徘徊而退让后死去，不忝颜接受有名无实的封爵，没有失去自己所坚持的操守。至于彭宣，位居司空，是汉室的辅佐之臣，王莽将两位皇后逼迫至死，诛杀异己，他的腹心爪牙遍布于朝廷，而元后充当了国贼在宫廷内的策应，这正是彭宣肝脑涂地、激起天下人的忠烈之气、以挽救汉王朝命悬一线的危机的时候，而他却出于保全自身、保全妻子儿女的考虑，推称自己年迈无能而引退，他这样做还有资格做君王的臣子吗？龚胜、邴汉尚且在梅福之下，那只是所担当的职位不同，何况彭宣位居三公这样重要的职位呢？彭宣，是与董贤、孔光同居三公宰辅之位却不觉惭愧的人，其生平就可想而知了。班固说："彭宣见险而止。"引导天下人把国君的死亡当做一般的疾病而不救治的，必定是班固这句话！

平　帝

【题解】

汉平帝刘衎(kàn,前9—5)原名刘箕子,是汉元帝刘奭之孙,中山孝王刘兴之子,母卫姬。元寿二年(前1),汉哀帝暴卒,身后无子嗣,王莽为便于弄权,于当年七月迎立年仅九岁的刘衎为帝。汉平帝在位期间,太皇太后王政君垂帘听政,王莽操持朝廷大权,平帝形同傀儡。元始五年(5)十二月,平帝被王莽以椒酒毒杀。

平帝即位后不到一年,王莽就在群臣拥戴下得到"安汉公"之号,随后便迅速篡夺了汉朝政权。王莽篡权得手如此迅速,其原因何在?王夫之认为,西汉后期打着儒学复古旗号的伪学盛行,整个社会对天命、谶纬、灾异等学说深信不疑,难以自拔。王莽打着符命、复古等旗号蛊惑世人,行篡逆之实。他的行为固然狡黠,但天下人对这些异端邪说的广泛认同才是其迅速篡位成功的社会土壤。

汉平帝死后,王莽摄政,称"摄皇帝",随着王莽篡逆野心的日渐暴露,刘崇等西汉宗室和翟义等地方官员首先举起武装反抗的旗帜。这些反抗最终归于失败。王夫之纵观历代武装起义之历史,发现首义者如陈胜、吴广、徐寿辉、韩山童等人,往往难以取得最后的成功。但其不畏牺牲的首义之举,顺应了天意,成为历代暴君、篡主灭亡的先声。应当承认,这一观察,与古代农民战争的基本规律是较为吻合的。王夫之还认为,尽管首义之举相似,但陈胜、吴广、徐寿辉等人,是怀着侥幸之心来实现自己的野心,而翟义等人才是以死犯难,为天下抗争,故而翟义等人更为壮烈。

一　王莽速移汉祚由儒术之伪

　　元寿二年六月[1],哀帝崩,明年正月,益州贡白雉[2],群臣陈莽功德,号安汉公,天下即移于莽。以全盛无缺之天下,未浃岁而迁[3],何其速也!上有暗主而未即亡,故桓、灵相踵而不绝[4];下有权奸而未即亡,故曹操终于魏王;司马懿杀曹爽、夺魏权,历师、昭迄炎而始篡天下者[5],待一人以安危[6],而一人又待天下以兴废者也。唯至于天下之风俗波流簧鼓而不可遏[7],国家之势,乃如大堤之决,不终旦溃以无余[8]。故莽之篡如是其速者,合天下奉之以篡,莽且不自意其能然,而早已然也。

【注释】

①元寿二年:即公元前1年。元寿是汉哀帝刘欣的年号(前2—前1)。

②益州:西汉十三州之一,辖今四川、重庆大部及陕西汉中等地区。
白雉:白色羽毛的野鸡,古时被视为瑞鸟。

③浃(jiā)岁:一年,经年。

④桓、灵:指东汉桓帝和灵帝。相踵:相继。

⑤师、昭:指司马师和司马昭,二人在其父司马懿死后相继秉政。
炎:指晋武帝司马炎。

⑥待:依靠,依恃。

⑦簧鼓:指吹笙鼓簧,即喧嚷之意。簧,笙中的簧片。

⑧终旦：一整天。

【译文】

元寿二年六月，哀帝驾崩，第二年正月，益州进贡白色羽毛的野鸡，群臣陈述王莽的功德，朝廷赐王莽号为"安汉公"，于是汉朝的江山实际上已经转移到王莽手中了。全盛无缺的天下，不到一年的时间就改换了主人，这是何等迅速啊！上有昏君但国家不一定会立即灭亡，所以东汉桓帝、灵帝相继而刘氏社稷不绝；下有弄权作恶的奸臣但国家也不一定立即灭亡，所以曹操到死仍然只是魏王；司马懿虽然杀害曹爽、夺取魏国实权，但是又历经司马师、司马昭，一直到司马炎时才最终篡夺了天下，这是因为国家安危虽取决于一人，但这一人又要根据天下的舆论、意向来决定王朝兴废。只有到了社会风气、舆论已沸沸扬扬、喧哗聒噪而不可阻遏的时候，国家的态势，才会像大堤决口一样，不到一天就崩溃无余。所以王莽的篡权行动能成功得这样快，是因为整个天下都支持他篡权，王莽自己尚且没意识到他能做到这样，而实际上早已如此了。

莽之初起，人即仰之矣；折于丁、傅①，而讼之者满公车矣②；元后拔之废置之中，而天下翕然戴之矣③。固不知莽之何以得此于天下，而天下糜烂而无余，如疫疠之中人④，无能免也。环四海以狂奔，泛滥滔天，而孰从挽之哉？夫失天下之人心者，成、哀之淫悖为之，而蛊天下之风俗者不在此。宣、元之季，士大夫以鄙夫之心，挟儒术以饰其贪顽。故莽自以为周公，则周公矣；自以为舜，则舜矣；周公矣，舜矣，无惑乎其相骛如狂而戴之也⑤。

【注释】

①折：挫败，折毁。

②公车：汉代的官署名称，掌管征召及接受章奏等事宜。

③翕（xī）然：一致的样子。

④疫疠（lì）：瘟疫。中（zhòng）人：伤害人。

⑤骛（wù）：乱跑，奔驰。

【译文】

　　王莽刚刚崛起时，人们就已经敬仰他了；当他被丁氏、傅氏挫败时，为他喊冤的人挤满了公车；元后重新启用被废置的王莽，天下就一致拥戴他。实在不知道王莽是凭借什么得到了天下人如此的爱戴，而当时天下糜烂无余，就像瘟疫伤害人一样，没有办法幸免。环绕四海狂奔，到处是洪水泛滥滔天的景象，而谁能加以挽救呢？丧失天下的人心，是汉成帝、哀帝的荒淫悖乱造成的，而迷乱天下风气的根源尚不在此。汉宣帝、元帝时期，士大夫以浅陋鄙薄之心，用儒术来掩饰自己的贪婪顽劣。所以王莽自以为是周公，便是周公；自以为是舜，便是舜；既然是周公，是舜，也难怪天下人都四处狂奔着像发疯一样地拥戴他了。

　　当伪之初起也①，匡衡、贡禹不度德，不相时，舍本逐末，兴明堂辟雍②，仿《周官》饰学校于衰淫之世③；孔光继起为伪之魁，而刘歆诸人鼓吹以播其淫响④。而且经术之变⑤，溢为五行灾祥之说⑥；阳九百六之数⑦，易姓受命之符⑧，甘忠可虽死而言传，天下翕然信天命而废人事⑨，乃至走传王母之筹而禁不能止⑩。故莽可以白雉、黄龙、哀章铜匮惑天下⑪，而愚民畏天以媚莽。则刘向实为之俑，而京房、李寻益导之以浸灌人心⑫，使疾化于妖也。子曰："无为小人儒⑬。"儒而小人，则天下无君子；故龚胜、邴汉、梅福之贞，而无能以死卫社稷，非畏祸也，畏公议之以悖道违天加己也。小人而儒，则有所缘饰以无忌惮；故孔光诸奸，施施于明堂辟雍之上而不惭⑭。莽之将授首于汉兵，且以孔子自拟，愚昧以为万世笑而不疑。《传》曰："国有道，听于人；国无道，听于神⑮。"古之圣人，绝地天通以立经世之大法⑯，而后儒称天称鬼以疑天下，虽警世主以矫之使正，而人气迷于恍惚有无之中以自乱。即令上无暗主，下无奸邪，人免于饥寒死亡，而大乱必起。风俗淫，则祸眚生于不测⑰，亦孰察其所自始哉？

【注释】

①伪：这里指借助阴阳五行、符命谶（chèn）纬、祥瑞灾异等学说，歪曲儒家经典本意，使儒学进一步神学化，从而为现实政治服务的思潮。

②明堂：古代帝王宣明政教的场所，凡朝会、祭祀、庆赏、选士、养老、教学等大典，都在明堂举行。辟雍：亦作"辟廱"。《礼记·王制》："小学在公宫南之左，大学在郊。天子曰辟廱，诸侯曰頖（pàn）宫。"辟雍本为西周天子所设大学。建筑呈圆形，围以水池，前门外有便桥。东汉以后历代皆有辟雍，为行乡饮、大射或祭祀之礼的地方。辟，通"璧"，环以圆形水池，像璧之形。

③《周官》：即《周礼》，因记录理想中的周代职官制度，故称。

④孔光继起为伪之魁，而刘歆诸人鼓吹以播其淫响：元寿元年（前2）恰逢日食，汉哀帝向孔光咨询此事，孔光建议哀帝不要忽视上天的灾异告诫，应承顺天戒，敬畏变异。平帝时，越巂（xī）郡江中现黄龙，孔光称颂王莽功德可比周公，应当"告祠宗庙"。刘歆则请立《古文尚书》等古文经于学官，并主持兴建明堂辟雍，打着复古旗号进一步推动祥瑞灾异、符命谶纬之说的盛行，鼓吹"再受命"，为王莽代汉推波助澜。事见《汉书·孔光传》《汉书·楚元王传》。淫响，不良影响。

⑤经术：指儒家经学。

⑥溢：流变，推演。灾祥：吉凶灾变的征兆。

⑦阳九百六之数：一种源于天文历算之学、兴起于汉成帝时期的灾异学说，认为每隔一段时间，世间便有水灾、旱灾等灾厄出现。哀帝驾崩，王莽秉政，刘歆著《三统历》。由于以《三统历》推算的阳九百六灾期刚好与王莽当权并篡位的时间重合，于是便有了主弱臣强、王权衰落、王朝易代的象征意义。实则是为王莽代汉寻找理论依据。

⑧易姓受命之符：指西汉方士甘忠可、夏贺良等人提出的一种符命理论。他们认为汉家气运已尽，应重新受命于天，主张改元、再受命以挽救汉朝气数。据此说，改哀帝建平二年（前5）为太初元将元年，改帝号为"陈圣刘太平皇帝"。事见《汉书·哀帝纪》。

⑨翕（xī）然：一致的样子。

⑩走传王母之筹：指西汉哀帝年间一次大规模的流民运动。汉哀帝建平四年（前3）春，关东百姓以禾秆为西王母筹策，相互传递。他们乘车乘马，奔走喧闹，西至京师，以聚会、博戏、歌舞等形式祭祀西王母，至秋天才止。当时有说法认为，这是王莽代汉的征兆。事见《汉书·五行志》《汉书·天文志》。

⑪黄龙：古代神话传说中一种神兽，其出现意味着祥瑞。哀章铜匮：初始元年（8），梓潼人哀章制作铜柜，并作两道封书题签，即"天帝行玺金匮图"与"赤帝行玺某传予黄帝金策书"，伪托汉高祖遗命，令王莽称帝。事见《汉书·王莽传》。匮，柜。

⑫则刘向实为之俑，而京房、李寻益导之以浸灌人心：刘向曾辑录上古至秦汉符瑞灾异之记，推求历代史事与祸福的联系，著《洪范五行传论》，以天人感应、阴阳灾异推论时政得失；又治《穀梁春秋》，数其祸福，传以《洪范》，但其理论与董仲舒最初的"天人感应"学说已然不同。因此王夫之把刘向视为将经学谶纬化的

始作俑者。京房说《易》长于灾变，多次与汉元帝言灾异，论及天变。李寻则通过推阴阳、言灾异来指陈朝政，主张"崇阳抑阴"，限制外戚与后党，又以"荧惑守心"的天象嫁祸丞相翟方进，并推荐夏贺良待诏黄门，促成哀帝"更受命"的闹剧。京、李二人进一步将符瑞灾异之说同儒家经典紧密联系，加速了谶纬之学的泛滥。事见《汉书·五行志》《汉书·楚元王传》《汉书·京房传》《汉书·李寻传》。

⑬无为小人儒：语出《论语·雍也》："子谓子夏曰：'女为君子儒，无为小人儒。'"意思是说要做君子式的儒者，不要做小人式的儒者。

⑭施施：喜悦自得的样子。

⑮"国有道"四句：语本《左传·庄公三十二年》："国将兴，听于民；将亡，听于神。"意思是国家将要兴旺，君主会听从民众的呼声；将要灭亡，会听从神的安排。

⑯绝地天通：语出《尚书·吕刑》："乃命重黎绝地天通，罔有降格。"意思是说上帝命令重负责神道，命令黎负责理民，恢复以往制度，各司其职，也不再降下能够沟通天人意见的通人，这样就隔绝了人直接同神灵相通的途径。

⑰眚（shěng）：灾异，灾祸。

【译文】

当伪风刚刚兴起的时候，匡衡、贡禹不估量德行，不观察时机，舍本逐末，兴建明堂辟雍，在衰败混乱的时势中仿照《周礼》兴办学校以粉饰时局；孔光继他们而起，成为伪学之风的魁首，而刘歆等人又鼓吹伪学以扩大它的不良影响。而且，经学逐渐演化为阴阳五行灾异祥瑞的学说，阳九百六的灾期，易姓受命的符命，甘忠可虽然死了，但他的学说广为流传，天下人一致相信天命而荒废人事，以至于奔走相传西王母之筹策而无法禁止。所以王莽可以用白雉、黄龙、哀章铜匮这些所谓祥瑞来迷惑天下，而愚民畏惧天命，只能迎合王莽。在这件事上，刘向实在是始作俑者,而京房、李寻又进一步推波助澜而使得伪说深入人心,使其迅速化为妖妄之术。孔子说:"不要做小人之儒。"儒生如果做小人,那么天下就没有君子了;所以以龚胜、邴汉、梅福的忠贞,尚且不能以死捍卫社稷,他们并非畏惧祸患,而是畏惧公众舆论将违背天道的罪名加到自己头上。小人做儒生,就会有所粉饰而更加肆无忌惮;故孔光等奸臣,在明堂辟雍之上洋洋得意而不觉得惭愧。王莽在被汉兵杀死之前,尚且自比为孔子,他愚昧得被万世所嘲笑,自己却无所察觉。《左传》中说:"国家有道,则君王会听从民众的呼声;国家无道,将要灭亡,则君王事事都听从神的安排。"古代的圣人,隔绝天地间的通道以确立治理天下的方法,而后世的儒生却谈天论鬼以使天下疑惑,虽然可以警告世间的君主,以矫正他们的过失,可人的心气也在恍惚有无之中迷失,从而使自己产生了混乱。即使上无昏君,下无奸邪之臣,人民能免于饥饿、寒冷与死亡,大乱也必定会爆发。社会风气混乱反常,灾祸就会生于不测之中,又有谁能够察觉到灾祸是从什么时候开始的呢?

　　汉之伪儒,诡其文而昧其真①,其淫于异端也②,巫史也③,其效亦既章章矣④。近世小人之窃儒者,不淫于鬼而淫于释⑤,释者,鬼之精者也。以良知为门庭⑥,以无忌惮为蹊径,以堕廉耻、捐君亲为大公无我。故上鲜失德,下无权奸,而萍散波靡⑦,不数月而奉宗社以贻人,较汉之亡为尤亟焉⑧。小人无惮之儒,害风俗以陆沉天下⑨,祸烈于蛇龙猛兽,而幸逸其诛。有心者,能勿伸斧钺于定论乎⑩?

【注释】

①文:表现形式,外表。

②淫:沉湎,沉浸。

③巫史：古代从事求神占卜等活动的人称"巫"，掌管天文、星象、历数、史册的人称"史"。这些职务最初往往由一人兼任，统称"巫史"。

④章章：显著鲜明的样子。

⑤释：释迦牟尼的简称，指佛教。

⑥门庭：指思想派别。

⑦萍散：像浮萍一样分散。波靡：随波起伏，顺风而倒，比喻胸无定见，相率而从。

⑧亟(jí)：疾速，快速。

⑨陆沉：陆地沉没。比喻天下沦丧。

⑩斧钺(yuè)：古代的两种兵器。此处有批判、惩罚之意。

【译文】

汉代的伪儒，将儒学的形式弄得诡异却迷失了其本质，他们沉迷于异端和巫史，其影响是显而易见的。近代披着儒生外衣的小人，不沉迷于鬼神而沉迷于佛，所谓佛，是鬼中的精者。佛教以良知立起学术门庭，以无所忌惮为入门途径，以败坏廉耻、抛弃君主和双亲作为大公无我的表现。所以，虽然在上少有失德的君主，在下又无弄权的奸臣，但天下人像是浮萍漂散、随波起伏一般，不出几个月时间就将宗庙社稷拱手让人，这比汉朝的灭亡还要快得多。身为小人而又无所忌惮的儒生，败坏风气而使天下沦丧，其灾祸比龙蛇猛兽之祸还要严重，却侥幸逃脱了诛杀。有心的人，能不对所谓的定论大加批判吗？

二　王莽窃君子之道以亡

君子之道以经世者①，唯小人之不可窃者而已；即不必允协于先王之常道而可以经世②，亦唯小人之所不可窃者而已。君子经世之道，有质有文③。其文者，情之已深，自然而昭其美者也。抑忠信已浃于天下④，天佑而人顺之，固可以缘饰而增其华者也⑤。是则皆质之余，而君子不恃之以为经世之本。于是而小人窃之，情隐而不可见，天命人心不能自显，则窃而效之，亦遂以为君子之道在于此而无惭。然则小人之所可窃者，非君子之尚，明矣。

【注释】

①经世:治理国事。

②允协于先王之常道:语出《尚书·说命》"允协于先王成德"。意为确实符合先王已经形成的传统。允，确实。协，符合。

③质:朴实，淳朴。文:华丽，有文采。

④浃(jiā):遍及，满。

⑤缘饰:文饰，修饰。华:光采，光辉。

【译文】

君子之道中可以用来治理天下的，只有小人所不能窃用的那部分而已；即使是不一定与先王的传统相吻合而可用以治理天下的，也只有小人所不能窃用的那部分而已。君子的治世之道，有文采华丽的一面，也有质朴淳厚的一面。所谓文采华丽的一面，就是质朴之情已经很深，自然地就能彰显出美的情感。抑或忠信已遍行于天下，上天护佑而人们顺从，因此可以进一步文饰以增加其华丽的光辉。这些都属于质朴之情，但君子不会刻意倚仗它们作为治理天下的根本。对于此，小人窃用了它们，但由于不是出自真情流露所以情感隐藏而不可见，天命与人心也不能自然显现出来，一味地窃取效仿它们，然后竟然认为君子的治世之道就在于此而毫不惭愧。然而，小人真正能窃用的，绝非是君子所崇尚的，这是很明显的道理。

　　封建、井田、肉刑①,三代久安长治,用此三者,然而小人
无能窃也。何也? 三者皆因天因人,以趣时而立本者也②。
千八百国各制其国,而汉之王侯仅食租税;五刑之属三千③,
而汉高约法三章④;田亩之税十一,而汉文二十税一,复尽免
之;小人无能窃也。何也? 虽非君子之常道,然率其情而不
恤其文,小人且恶其害己而不欲效也,非文也。《七月》之
诗⑤,劝农之事也,而王莽窃之,命大司农部丞十三人、人部
一州、以劝农桑⑥,似矣。养生、送死、嫁娶、宫室、器服之有
制,礼之等也,而王莽窃之,定制度吏民之品,似矣。若此
类,君子之道盖有出于是者;而小人不损其欲,不劳其力,不
妨其恶,持空文,立苛禁,一旦以君子之道自居而无难。则
以此思之,君子经世之大猷不在此⑦,明矣。何也? 农桑者,
小民所自劝也,非待法而驱也。制度者,士大夫遵焉,庶人
所弗能喻⑧,惟国无异政,家无殊俗,行之以自然耳,非一切
之法限之不得而继之以刑者也。然而窃仿之而即似,虽不
效而可以自欺,遂以施施于天下曰:吾既以行君子之道矣。
故文者,先王不容已⑨,而世有损益,初不使后世效之者也。
承百王之敝,而仍有首出庶物之功名⑩,乃能立高明阔远之
崖宇,而小人望之如天之不可企及。无他,诚而已矣。诚则
未有可窃者也。

【注释】

①封建:封邦建国,指分封制。

②趣时:指努力与当时的形势、环境及条件相适应。趣,趋向,
　归向。

③五刑之属三千：语出《尚书·吕刑》。是说三代时五刑的条文就有三千条。五刑，古代五种轻重不等的刑法。

④约法三章：语出《史记·高祖本纪》："与父老约，法三章耳：杀人者死，伤人及盗抵罪。"刘邦初入关中，为了收取民心，只定立了三条法规，以取代残酷繁苛的秦法。

⑤《七月》之诗：指《诗经·豳(bīn)风·七月》，是一首反映西周时期农业生产情况和农民日常生活情况的诗歌。

⑥大司农：汉代九卿之一，掌管租税、钱谷、盐铁等国家财政收支事务。部丞：这里指九卿之下的辅佐之官。

⑦大猷(yóu)：治国大道。

⑧喻：明白。

⑨不容已：不得已。

⑩首出庶物：语出《周易·乾卦》之《彖(tuàn)传》："首出庶物，万国咸宁。"意思是说，阳气循环不已，新的阳气又开始创生万物，天下万方都和美安泰。

【译文】

夏、商、周三代之所以长治久安，是因为推行了分封制、井田制、肉刑这三种制度，然而小人却不能窃用这些制度。为什么呢？因为这三种制度都是顺应天和人，适应时势而树立根本的制度。三代时一千八百个诸侯国各自管理自己的国，而汉代的王侯仅能享用封地的租税；三代的刑法条文有三千，而汉高祖仅约法三章；三代田租税率为十分之一，而汉文帝减为二十分之一，后来又完全免除；这些都是小人所不能窃用的。为什么呢？因为它们虽然不是君子常用的治世之道，但都是顺应了真情实感而没有加以文饰，小人却担心这样会危害自己而不愿意效法，因为它不能达到文饰的目的。《诗经·七月》这首诗，记载的是劝勉农耕之事，而王莽窃用了它，命大司农派出部丞十三人、每个人分管一州、以劝勉农业生产，两者确有相似之处。养生、葬死、嫁娶、宫室、器物服饰各有制度,这是礼中规定的等级次第,而王莽窃用了它们,定立了一套规定官员、百姓等级的礼仪制度,两者也很相似。诸如此类,君子之道或许有出于此的;但小人不想减损自己的欲望,不想劳心费力,不想收敛自己的罪恶,只是凭着一纸空文,订立苛刻的禁令,很快就以君子之道自居而毫不费力。由此想来,君子治理天下的大道并不在于这些,这是很明显的。为什么呢?因为农业生产,是百姓自己督促自己的,并不需要法律来强制、驱使。制度,是士大夫所遵守的,平民百姓是无法明白的,只要一个国家内部没有各自为政,一个家庭内部没有两套家规,就可以自然地施行,并不是等到各种法令都无法控制了才借助刑罚来控制的。然而小人窃用并效仿这些制度,看起来相似,即使没有成效也可以自欺欺人,于是便洋洋得意地对天下宣称:我已经奉行君子之道了。所以所谓的文采华丽,是先王不得已而为之,而历代均有所增减,最初并不是要后世拿来效仿的。虽然承接历代帝王的破败局面,却仍然有创生万物的功劳,这样才能站在明亮开阔的高崖边,而小人仰望他就像仰望天空一样不可企及。这没有别的原因,只是因为心诚罢了。心诚是没有人能够窃取的。

三 严诩诚于伪

天下相师于伪,不但伪以迹也,并其心亦移而诚于伪,故小人之诚,不如其无诚也。诚者,虚位也①;知、仁、勇,实以行乎虚者也。故善言诚者,必曰诚仁、诚知、诚勇,而不但言诚。陵阳严诩②,当王莽之世,以孝行为官,任颍川守③,谓掾史为师友④,有过不责,郡事大乱。王莽征为美俗使者⑤,诩去郡时,据地而哭,谓己以柔征,必代以刚吏,哀颍川之士类必罹于法。此其呴沫之仁⑥,盖亦非伪托其迹也。始于欲得人之欢心,而与人相昵,为之熟,习之久,流于软媚者浸淫已深而不自觉⑦。盖习于莽之伪俗，日蒸月变⑧，其羞恶是非之心，迷复而不返。乃试思其泣也，涕泪何从而陨？则诘之以伪，而诩不服；欲谓之非伪，而诩其能自信乎？

【注释】

①虚位：空的名号。

②陵阳：西汉县名，属丹阳郡，在今安徽青阳。严诩：陵阳（今安徽青阳）人。西汉末年曾任颍川太守，后被王莽征为美俗使者。

③颍川：秦汉郡名，辖今河南许昌、漯河、平顶山等地，治今河南禹州。

④掾（yuàn）史：指基层小吏。

⑤美俗使者：官名，西汉末年王莽置，掌宣美风化。

⑥呴（xǔ）沫：典出《庄子·大宗师》："泉涸，鱼相与处于陆，相呴以湿，相濡以沫，不如相忘于江湖。"意思是说，泉水干枯了，鱼就共同困处在陆地上，用哈气相互滋润，用唾沫相互沾湿，这样就不如在江湖里彼此相忘而自在。后以"呴沫"比喻抚慰或救助。呴，嘘气，哈气。

⑦软媚：阿谀奉承，使人怡悦。

⑧蒸：发展。

【译文】

　　天下人相率学习虚伪，不但在行动上虚伪，连他们的内心也变得诚于虚伪了，所以小人的诚，还不如不诚。所谓诚，只是一个空的名号；智慧、仁慈、勇敢，都可以用这个空的名号来表示。所以善于谈论诚的人，必定说诚仁、诚智、诚勇，而不只说诚。陵阳人严诩，在王莽时期，因为孝行而被荐举做官，担任颍川太守，他把下属官吏当做是师友，他们有过错也不责备，郡中的事务因此大乱。王莽征召他为美俗使者，严诩离开颍川郡时，坐在地上哭泣，说自己因为处事温和而被征召，朝廷必然派刚强的官吏来代替自己，因此为颍川的士民必将遭受严刑峻法之苦而感到悲哀。他这种哈气、吐沫般的仁慈，大概也不是伪装出来的行为。他这样做是源于想得到别人的欢心，因而与人过分亲近，时间一长，习以为常，结果流于阿谀谄媚，浸染已深而不能自觉。他大概是习惯了王莽虚伪的作风，日积月累，他的羞恶是非之心，早已经迷失而无法找回。试想他的哭泣，眼泪究竟是为何而落？如果诘责他虚伪，他必定不服；可是如果说他不虚伪，严诩自己能够相信吗？

　　呜呼！伪以迹，而公论自伸于迹露之日；伪以诚，而举天下以如狂，莫有能自信其哀乐喜怒者①，于是而天理、民彝澌灭尽矣②。故天下数万蚩蚩之众③，奔走以讼莽称莽而翕然不异，夫岂尽无其情而俱为利诱威胁哉？伪中于心肾肺肠，则且有前刀锯、后鼎镬而不恤者④。蔡邕之叹董卓⑤，姚崇之泣武曌⑥，发于中而不能自已。甚哉，诚于伪之害人心，膏肓之病，非药石之所能攻也。

【注释】

①信：表明。

②民彝：人伦。澌(sī)灭：消亡，消失。

③蚩蚩：无知的样子。

④鼎镬(huò)：本为古代的两种烹饪器具，后成为一种酷刑，以鼎镬烹人。

⑤蔡邕之叹董卓：蔡邕曾深受董卓重用，董卓被诛杀后，蔡邕在司徒王允座上谈论起董卓，不禁为之感叹。王允斥责道："董卓是国贼，差点倾覆汉室。作为臣子应该一同为此愤恨，而你却想着当初他对你的礼遇，忘记了操守。如今上天诛杀了有罪之人，你

还为他感到悲伤,难道不是和他一同为逆吗?"蔡邕因此被收系狱中致死。事见《后汉书·蔡邕列传》。蔡邕(132—192),字伯喈,陈留圉(今河南杞县)人。东汉时期著名文学家、书法家。曾参与续写《东观汉记》及刻印"熹平石经"。董卓掌权时,强召蔡邕为祭酒,深受重用。很短时间内,历任侍御史、持书侍御史、尚书等要职,封高阳乡侯。董卓被诛杀后,蔡邕因在王允座上感叹而被下狱,不久死于狱中。传见《后汉书·蔡邕列传》。董卓(?—192):字仲颖,陇西临洮(今甘肃岷县)人。东汉末年军阀、权臣。于桓帝末年先后担任并州刺史、河东太守,利用汉末战乱和朝廷势弱占据京城,废少帝、立汉献帝,掌握了东汉实权。献帝初平元年(190),袁绍联合关东各地刺史、太守,发起董卓讨伐战。初平三年(192),司徒王允设反间计,挑拨董卓大将吕布杀死董卓。传见《后汉书·董卓列传》。

⑥姚崇之泣武曌(zhào):神龙政变后,武则天移居上阳宫,百官都为唐朝复辟而相互称庆,只有姚崇哭泣不止。张柬之对他道:"今天难道是哭泣的时候吗?恐怕您从此要大祸临头了。"姚崇道:"我长期事奉武则天,现在突然辞别,感到悲痛难忍。我随你们诛除凶逆,是尽臣子本分,今日泣辞旧主,也是人臣应有的节操,就算因此获罪,我也心甘情愿。"事见新、旧《唐书·姚崇列传》。姚崇(650—721):本名元崇,改名元之。陕州硖(xiá)石(今河南三门峡陕州区)人。唐代著名政治家。武则天时期以夏官侍郎同凤阁鸾台平章事。历仕武则天、唐中宗、唐睿宗、唐玄宗四朝,三次拜为宰相。神龙元年(705)参与政变,迫使武则天退位。后因不肯依附太平公主,与宋璟一起被贬,任申州刺史。唐玄宗亲政后,姚崇被任命兵部尚书、同中书门下三品,进拜中书令,封梁国公。他提出"十事要说",实行新政,革故鼎新,被称为"救时之相"。去世后谥号文献。传见新、旧《唐书·姚崇列传》。

武曌，指武则天。

【译文】

唉！在行动上虚伪，则公理自然会在行迹败露的那天得以伸张；连内心都诚于虚伪，而整个天下都像发疯一样，没有能够真正表达自己喜怒哀乐的人，如此则天理、人伦都丧失殆尽了。所以天下数万愚昧无知之人，到处奔走来为王莽申冤叫屈、歌功颂德，行动一致而没有例外，难道他们都是毫无感情、完全被利益引诱和威胁的吗？如果虚伪深入一个人的心肾肺肠，那么即使前有刀锯、后有鼎镬，他也毫不顾忌。蔡邕为董卓之死叹息，姚崇为武则天退位而哭泣，都是发于内心而不能自己控制。出于真诚的虚伪对人心的危害真是太严重啦！病入膏肓，已经不是药物所能救治的了。

四　翟义以讨贼莽号召天下

陈涉、吴广败死而后胡亥亡[①]；刘崇、翟义、刘快败死而后王莽亡[②]；杨玄感败死而后杨广亡[③]；徐寿辉、韩山童败死而后蒙古亡[④]；犯天下之险以首事，未有不先自败者也。乱人不恤其死亡，贞士知死亡而不畏，其死亡也，乃暴君篡主相灭之先征也，先死以殉之可矣。胜、广、玄感、寿辉、山童，皆挟徼幸之心以求逞其志[⑤]，非其能犯难以死争天下者也；天将亡秦、隋、蒙古而适承其动机也。二刘、翟义不忍国仇，而奋不顾身，以与逆贼争存亡之命，非天也，其志然也；而义尤烈矣。义知事不成而忘其死，智不逮子房而勇倍之矣[⑥]。

【注释】

①陈涉：即陈胜（？—前208），阳城（今河南登封东南）人。秦末农民起义军领袖，在大泽乡首先举起义旗，后来建立"张楚"政权。

后被秦将章邯所败,遭车夫刺杀而死。吴广(? —前208):字叔,
阳夏(今河南太康)人。秦末农民起义领袖。与陈胜一起在大泽
乡发动戍卒起义。张楚政权建立后,被陈胜封为假王。后被部
将田臧矫陈胜令杀死。二人事见《史记·陈涉世家》。

②刘崇(? —6):西汉宗室、安众侯,因起兵反抗王莽而被杀。翟义
(? —7):字文仲,汝南上蔡(今河南上蔡)人。成帝时丞相翟方
进之子。曾任弘农、河内、东郡太守。汉平帝死后,王莽摄政,称
"摄皇帝",翟义起兵讨伐王莽,立刘信为帝,自号大司马柱天大
将军,聚众十万。后被王莽击败,被杀,夷灭三族。传见《汉书·
翟义传》。刘快(? —9):西汉宗室、徐乡侯。王莽篡位后,他在
封国起兵反抗,事败而死。

③杨玄感(? —613):弘农华阴(今陕西华阴)人,隋朝司徒杨素长
子,隋末最先起兵反隋炀帝杨广的贵族首领。大业九年(613)
春,炀帝第二次出征高句丽,命杨玄感在黎阳督粮。杨玄感趁机
起兵,进围洛阳。久战不克,隋援军到来,杨玄感战败,命其弟杨
积善杀死自己。传见《隋书·杨玄感列传》。杨广:指隋炀帝,隋
朝第二任皇帝,604—618年在位。

④徐寿辉(? —1360):又名真一,罗田(今属湖北)人,元末红巾军
天完政权领袖。元顺帝至正十一年(1351),与邹普胜等在蕲州
利用白莲教聚众起义,同年建立天完政权。此后很快便攻占今
湖北、江西、安徽、福建、浙江、江苏、湖南等大片地区,但因兵力
分散,次年被元军打败。元至正二十年(1360)被部将陈友谅杀
死于采石。传见《明史·徐寿辉列传》。韩山童(? —1351):栾
城(今河北石家庄)人。元末红巾军领袖。元顺帝至正十一年
(1351),元朝强征十五万民工修筑黄河堤坝。韩山童与刘福通
编造"石人一只眼,挑动黄河天下反"的民谣,四处传播;同时在
河道中埋设一石人,背刻"石人一只眼,挑动黄河天下反"。待石

人挖出，人心浮动，韩、刘乘机在颍州颍上发动起义。韩自称是宋徽宗八世孙。当地县令急调军队围剿。韩山童被俘，随即被杀害。其事散见于《元史·河渠志》《明史·韩林儿列传》等。

⑤徼（jiǎo）：通"侥"。逞：指达到目的。

⑥子房：指张良。

【译文】

陈胜、吴广失败而死，其后秦朝灭亡；刘崇、翟义、刘快失败而死，其后新莽灭亡；杨玄感失败而死，其后隋朝灭亡；徐寿辉、韩山童失败而死，其后元朝灭亡；甘冒与天下为敌的风险首先起事，没有不首先自己失败的。敢于作乱的人不顾及自己的死亡，忠贞之士明知会死亡却不畏惧，他们的死亡，是暴君、篡权者灭亡的先兆，因此，他们先死以为反抗事业献身是值得的。陈胜、吴广、杨玄感、徐寿辉、韩山童，皆怀着侥幸之心以求实现自己的野心，他们都不是能够以身犯难、以死来为天下抗争的人；天要灭亡秦朝、隋朝、元朝，而恰巧与他们的动机相吻合。二刘、翟义不能忍受国家被篡夺的仇恨，奋不顾身地与大逆不道的奸贼争夺天下之存亡，这并非出自天意，而是他们的志向使然；在他们当中，翟义尤为壮烈。翟义知道大事不能成功却不顾自己的生死，他的智谋虽然比不上张良，但勇敢超过张良数倍。

当莽之篡，天下如狂而奔赴之，孔光、刘歆之徒，援经术以导谀，上天之神，虞舜之圣，周公之忠，且为群不逞所诬而不能白①。义正名其贼、以号召天下于魑魅之中②，故南阳诸刘一起③，而莽之首早陨于渐台④。然则胜、广、玄感、山童、寿辉者，天贸其死以亡秦、隋；而义也、崇也、快也，自输其肝脑以拯天之衰而伸莽之诛者也。不走而死，义尤烈哉！

【注释】

①不逞:泛指歹徒。

②魇(yǎn)魅:即魇昧,一种使人受祸或神智迷糊的巫术。

③南阳诸刘:指以刘秀、刘缤为首的南阳刘氏家族。

④渐台:汉代宫廷中的一座高台。汉武帝作建章宫,太液池中有渐
台,高二十余丈,台址在水中,为水所渐渍,故名"渐台"。汉末刘
玄军从宣平门攻入宫中,王莽逃至渐台上,为乱兵所杀。

【译文】

在王莽篡权的时候,天下人像发疯一样奔走支持他,孔光、刘歆之
徒,援引儒家经学来引导人们阿谀奉承,即使以上天的神明,虞舜的圣
贤,周公的忠诚,都尚且被众多为非作歹之徒所诬蔑而无法辩白。翟义
正王莽之贼名,以号召天下人,将他们从邪恶巫术的控制中拯救出来,
所以南阳刘氏家族一起兵,王莽的首级就早已掉落在渐台上了。然而
陈胜、吴广、杨玄感、韩山童、徐寿辉这些人,是上天利用其死来灭秦朝、
隋朝和元朝的;而翟义、刘崇、刘快,是自愿肝脑涂地以拯救天下的衰亡
来表达对王莽滔天罪行的讨伐的人。翟义不逃走而宁愿就死,其行为
尤其壮烈!

王　莽

【题解】

王莽(前45—23)在西汉后期以外戚身份逐渐掌握了朝廷实权。初始元年(8)十二月,王莽代汉建新,改元"始建国",宣布推行新政,史称"王莽改制"。但改制并未取得成效,反而加剧了社会的混乱,各地反抗势力四起。新莽地皇四年(23),更始军攻入长安,王莽死于乱军之中,新朝灭亡。王莽共在位十五年,而新朝也成为中国历史上最为短命的朝代之一。

王莽在位时,欲集结重兵、转运粮饷以讨伐匈奴,严尤上书劝谏,在奏疏中指出汉武帝倾国力征伐匈奴,虽重创匈奴却使天下疲敝;秦朝滥用民力修筑长城以抵御匈奴,使国力衰竭,最终导致社稷沦丧。秦始皇、汉武帝的做法均非制御匈奴的上策。严尤的谏言被许多史家视为明智之言,但王夫之不认同严尤的观点。他从秦始皇、汉武帝各自所处的历史背景和环境出发,指出秦之亡,亡于骄奢无度和诛戮过重,并非亡于修长城抵御匈奴;汉武帝使天下疲敝,原因更多地在于其求仙封禅、大兴宫室,其攻伐匈奴的功效,在宣、元时期就逐渐显现出来,一直持续到汉末,这是不能否定的。王夫之认为,战争固然对天下有不利影响,应谨慎用兵,但对于给中原王朝造成巨大威胁、甚至危及纲常秩序的异族政权,也必须予以打击,绝不能苟且偷安、遗祸后世。

新莽时期,涌现出一批不肯与王莽合作、隐居不仕的士人,如龚胜、薛方、郭钦、蒋诩、陈咸、郅恽等人。王夫之认为,这些隐士虽行迹相仿,在志行、操守方面却不能等同。他认为龚胜、郭钦、蒋诩、陈咸等固然是洁身自好,但薛方以谄媚王莽的方式逃避征辟,有工于心计之嫌。王夫之尤其反感郅恽,直言其故作奇特之举,欺世盗名,为君子所不齿。纵观全书,王夫之对于郅恽这样的"怪士",始终持强烈否定的态度。

一　刘歆附王莽被祸

王莽未灭,而刘歆先杀,歆未死而族先灭①,哀哉!刘向之泽不保其子孙,而从学之门人与俱烬也。甄丰也②,王舜也③,皆推戴莽以分膏润者也④。鬼夺其魄,而丰以乱诛,舜以悸死,于是而知鬼神之道焉。推戴已成而心不自宁,此心之动,鬼神动之也,二气之良能所见几而不可掩也⑤;故皆不得其死,而歆之罚为尤酷焉。《易》曰:"小人而乘君子之器,盗思夺之矣⑥。"歆小人也,蒙父向之余烈,自命于儒林,以窃先王之道;君子之器,其可乘乎?貌君子而实依匪类者⑦,罚必重于小人。圣人之学,天子之位,天之所临⑧,皆不可窃者也。使天下以窃者为君子,而王道斩、圣教夷,姚枢、许衡之幸免焉⑨,幸而已矣。

【注释】

①歆未死而族先灭:新朝建立后,刘歆的两个儿子刘棻(fēn)、刘泳被牵连到伪造符命案中,结果被捕,遭处斩,死后尸体还被用驿车载着流放,布告天下。刘歆之女刘愔嫁给王莽之子王临,王临写信给其母王皇后,谋划毒死王莽,事情败露后被赐死,刘愔也

被迫自杀。至此,刘歆二子一女皆死于王莽之手。事见《汉书·
王莽传》《汉书·扬雄传》。

②甄丰(? —10):新莽大臣。平帝时以定策功拜少傅,封广阳侯,
与刘歆、王舜同为王莽心腹。王莽建立新朝后拜为更始将军,封
广新公。其子甄寻伪造符命,得王莽批准,以甄丰为右伯,当出
西域。后因甄寻欲娶王莽之女孝平皇后,惹怒王莽,王莽下令抓
捕甄丰父子,甄丰自杀。其事见于《汉书·王莽传》。

③王舜(? —11):魏郡元城(今河北大名东)人。王音之子,王莽堂
弟,汉宣帝皇后兄长。与王莽相善,辅佐其建立新朝。官至太
师,封安新公,为王莽四辅之一。其事散见于《汉书·元后传》
《汉书·王莽传》等。

④膏润:恩泽,好处。

⑤良能:天赋之能、自然之能。北宋张载曰:"鬼神者,二气之良能
也。"良,先天具有。几:苗头。

⑥小人而乘君子之器,盗思夺之矣:语出《周易·系辞上》:"小人而
乘君子之器,盗思夺之矣。"意思是身为小人却乘坐君子的车具,
盗贼就思谋夺取了。

⑦匪类:行为不端的人。

⑧临:给,加给。

⑨姚枢、许衡之幸免焉:姚枢、许衡二人皆仕于元,并于忽必烈即位
后应召议政,参定制度,以汉臣身份得以善终。忽必烈在藩邸
时,请姚枢教授世子经书,并备顾问;即位后,姚枢以藩府旧臣参
预朝政。至元十年(1273),姚枢详定礼仪制度。至元十七年
(1280)去世。许衡于元宪宗四年(1254)应忽必烈之召出任京兆
提学。至元六年(1269),奉命与徐世隆、刘秉忠等制定朝仪、官
制。至元十八年(1281)去世。事见《元史·姚枢列传》《元史·
许衡列传》。姚枢(1203—1280),字公茂,洛阳(今河南洛阳)人。

金末元初政治家、理学家。金朝末年,姚枢至燕京,被引荐北觐
窝阔台汗。后出任燕京行台郎中,旋即弃官隐居于辉州苏门。
海迷失后二年(1250),忽必烈召姚枢至漠北访问治道。忽必烈
即位后,姚枢参定制度,官至翰林学士承旨。传见《元史·姚枢
列传》。

【译文】

王莽尚未被消灭,刘歆就先被诛杀了,刘歆还未死其宗族就先被诛
灭了,悲哀啊!刘向的恩泽保护不了其子孙,而跟随他学习的门生弟子
也一并被杀光。甄丰、王舜,都是拥戴王莽以图分得好处的人。鬼夺取
了他们的魂魄,因此甄丰因图谋作乱被诛杀,王舜因惊悸而死,从这中
间就可以知道鬼神之道。甄丰、王舜推戴王莽已经成功,但他们的内
心却不能安宁,这种不安宁,是鬼神扰动的,阴阳二气的自然之能一见
到苗头就不可掩盖;所以他们都不得善终,而刘歆遭受的惩罚最为残
酷。《周易》中说:"身为小人却乘坐君子的车具,盗贼就思谋夺取了。"
刘歆就是个小人,他承接其父刘向的余烈,在士林中自命不凡,窃取先
王之道;君子的车具,他难道可以乘坐吗?表面上是君子而实际上却依
附奸恶之人的人,其所受的惩罚必定比小人还重。圣人之学,天子之
位,都是上天赐予的,都是不可以窃取的。假如天下将窃取者当做君
子,那么王道就会断绝、圣人之教就会湮灭,姚枢、许衡能够幸免于死,
不过是侥幸而已。

二　严尤谏伐匈奴非定论

严尤之谏伐匈奴①,为王莽谋之则得尔,而后世亟称之
为定论,非也。莽之召乱,自伐匈奴始,欺天罔人,而疲敝中
国②,祸必于此而发。尤不敢言莽不可伐匈奴,而言匈奴不
可伐,避莽之忌而讳之,岂果如蟊螽之幸不至前③,无事求诸

水草之薮以扑之哉④。

【注释】

①严尤(? —23):字伯石,新莽大臣。颇受王莽器重,曾劝谏王莽不要攻伐匈奴,其奏疏中称:"臣闻匈奴为害,所从来久矣,未闻上世有必征之者也。后世三家周、秦、汉征之,然皆未有得上策者也。周得中策,汉得下策,秦无策焉……汉武帝选将练兵,约赍轻粮,深入远戍,虽有克获之功,胡辄报之,兵连祸结三十余年,中国罢耗,匈奴亦创艾,而天下称武,是为下策。秦始皇不忍小耻而轻民力,筑长城之固,延袤万里,转输之行,起于负海,疆境既完,中国内竭,以丧社稷,是为无策。"更始元年(23),以纳言将军率军出战昆阳,两次向王邑献计都不被采纳,最终导致昆阳之战大败,严尤与陈茂一起逃走,归附前汉钟武侯刘望。刘望登极后,任命严尤为大司马。同年十月,更始帐下将军刘信在汝南击杀刘望,严尤也被诛杀。其事散见于《汉书·匈奴传》《汉书·王莽传》等。

②疲敝:困苦穷乏。

③蟁蝱(wén méng):即"蚊虻",一种危害牲畜的虫类。以口尖利器刺入牛马等皮肤,使之流血,并产卵其中。幸:本来,原来。

④薮(sǒu):湖泽,沼泽。

【译文】

严尤谏阻王莽攻伐匈奴,如果单是为王莽考虑则是高明的,而后世匆忙地将严尤的谏言当做定论,则是错误的。王莽招致祸乱,是从攻伐匈奴开始的,他欺天骗人,使得国家疲敝不堪,祸患必定会从这里爆发。严尤不敢说王莽不可以攻伐匈奴,而只说匈奴不可以被攻伐,这是避王莽的忌讳而不敢直言,难道攻打匈奴果真就像蚊虻本来不到人的眼前来,人却要无事生非地跑到水草丛生的沼泽地里去扑杀它们吗?

　　秦之毒天下而亡,阿房也①,骊山也②,行游无度而诛杀不惩也;非筑城治障斥远匈奴之害也③。汉武之疲敝天下,建章也④,柏梁也⑤,祷祠祈仙而驰驱海岳也,贪一马而兴万里之师也⑥;非埽幕南之王庭以翦艾匈奴之害也⑦。秦得天下于力战,民未休息,而筑戍之役暴兴,则民怨起。汉承文、景休息之余,中国无事,而乘之以除外倡之巨猾⑧,故武帝之功,至宣、元而收,垂及哀、平,而单于之臣服不贰。莽之得天下更悖于秦,而驱用其不知兵之赤子⑨,是其为秦之续也,必剧于秦,尤心知之而不敢讼言耳⑩。岂可以为定论而废汉武之功哉?

【注释】

①阿房:指阿房宫,秦始皇在统一天下后在咸阳东南建造的大型宫殿。秦亡时全部工程尚未完成。

②骊山:指秦始皇的骊山陵墓。陵墓的修建持续数十年,动用人力七十余万。

③障:古代边境险要处用于戍守的小城。

④建章:指建章宫,汉武帝太初元年(前104)建造的宫苑。规模宏大,有"千门万户"之称。

⑤柏梁:指柏梁台,汉武帝元鼎二年(前115)修建的高台建筑,高数十丈。

⑥贪一马而兴万里之师:据《史记·大宛列传》记载,汉武帝得知大宛有所谓汗血马,于是铸金马送到大宛国,希望换回一匹汗血宝马,结果被大宛国王拒绝,汉使也在归途中被杀。汉武帝大怒,派大将李广利率大军远征大宛国。大宛国人难以抵挡,于是杀了国王,与汉军议和,并同意向汉朝提供良马。

⑦埽(sǎo)：同"扫"，除掉，消灭。幕南：即漠南。幕，通"漠"。蒙古高原大沙漠以南的地区，汉以后常称为漠南。翦艾(yì)：剪除。艾，通"刈"，刈割，斩除。

⑧偪(bī)：同"逼"。巨猾：大奸，极奸猾之人。

⑨赤子：本指婴儿，喻指百姓、民众。

⑩讼言：公开说，明说。讼，通"公"。

【译文】

秦朝毒害天下以致灭亡，是因为阿房宫、骊山陵墓的修筑，是因为皇帝巡游无度、滥杀无辜；并非因为在边境筑长城、修城塞以驱逐匈奴、远离其危害。汉武帝使天下疲敝，是因为修筑建章宫、柏梁台，祈祷求仙而奔波于大海和高山之间，贪图一匹宝马而不惜万里迢迢地兴师远征大宛；并非因为扫灭漠南的匈奴王庭以消除匈奴的危害。秦依靠奋力作战得到天下，民众未曾得到休息，筑城、守边的徭役骤然兴起，于是民怨沸腾。汉武帝承接文帝、景帝使百姓休养生息后的盛世，国内无事，因而乘机扫灭气势咄咄逼人的奸猾外寇，所以汉武帝的功劳，到宣帝、元帝时期就见效了，一直到哀帝、平帝时期，匈奴单于都臣服于汉朝，没有二心。王莽得到天下的手段比秦朝还要悖逆，却急不可耐地使用根本不懂军事的百姓去攻打匈奴，这是在步秦朝的后尘，而且一定比秦朝更甚，严尤心中明白这个道理只是不敢明说罢了。难道可以把严尤的话视为定论而否定汉武帝的功绩吗？

兵者，毒天下者也，圣王所不忍用也。自非鳞介爪牙与我殊类①，而干我藩垣②，绝我人极③，不容已于用也，则天下可以无兵。故莽之聚兵转饷以困匈奴，为久远计者，未尝非策。而严尤之欲深入霆击也④，亦转计之谬焉者。莽非其人，莽之世非其时，故用莽之术而召天下之乱。自非莽也，尤之策,与赵普之弃燕、云也均⑤,偷安一时,而祸在奕世矣⑥。

【注释】

①鳞介:本义指有鳞和介甲的动物,后用以比喻卑贱小人或异族。

②藩垣:藩篱和垣墙,这里指边境。

③人极:纲纪,纲常。

④霆击:雷霆轰击,比喻用重兵猛击。

⑤赵普之弃燕、云:北宋雍熙北伐失败后,赵普建议宋太宗采取防御态势,不要再冒险收复燕云十六州。事见《宋史·赵普列传》。

⑥奕世:累世,世代。

【译文】

战争,是残害天下的事物,圣王不忍心轻率地用兵。如果不是像鳞甲爪牙类动物那样的、与我方相异的敌人侵犯我方边境,灭绝我们的纲纪伦常,我方不得已而用兵,则天下可以没有战争。所以王莽聚集大军、转运粮草以攻打匈奴,是做长远谋划,并不曾失策。严尤却想深入敌境、用重兵猛击敌人,则是转而想出了一个错误的计策。王莽不是合适的人,王莽所处时代也不是合适的时机,所以使用王莽的策略会招致天下大乱。即使不是在王莽时期,严尤的策略,也与赵普放弃燕云地区的主张一样,都是苟且偷安于一时,而把灾难遗留给后世的馊主意。

三　陈咸孙辞谢王莽存汉典章

西汉之亡也,龚胜、薛方、郭钦、蒋诩、陈咸①,皎然不辱,行迹相侔②,而未可等也。薛方诡辞以免,何以处夫严光、周党际盛世而隐者乎③?君子名之必可言也,言可孙而不可诬④。谓王莽为唐、虞,则唐、虞矣,谋诸心,出诸口,方亦何以自安乎？莽之逆以伪，而不足以延，苟有识者，无不知也，知之则必避之矣。避臣莽之诛于他日，抑避忤莽之祸于当时，方之工于术也，其得与龚胜齿哉⑥？视纪逡、两唐而慧焉者尔⑤。钦、诩则可谓自好矣。咸谢病不应，辞亦孙矣，而悉收汉之律令书文壁藏之，岂徒以俟汉氏中兴之求哉⑦？诚有不忍者矣。子之慕亲也，爱其手泽⑧；臣之恋主也，闵其典章⑨；典章者，即先王神爽之所在也⑩，故以知咸有不忍之心也。呜呼！胜以死自靖⑪，咸以生存汉，恻怛之生心一也⑫。微二子，吾孰与归？

【注释】

① 薛方：字子容，齐（今山东地区）人。王莽征召薛方为官，薛方看破王莽虚假伪善的面目，以唐尧、虞舜称呼王莽，而一再拒绝征请，居家讲经授文。东汉政权建立后，光武帝刘秀久闻薛方清高正直，加以征用，薛方欣然受命，途中病卒。传见《汉书·薛方传》。郭钦：隃（yú）麋（今陕西千阳）人。哀帝时为丞相司直。曾上书弹劾董贤，被降职为卢奴令。平帝即位后升任南郡太守。时平帝幼，王莽有篡位野心，郭钦不愿与王莽合作，托病辞官归里，后卒于家。其事见于《汉书·薛方传》。蒋诩：字元卿，杜陵（今陕西西安长安区）人，曾任兖州刺史，以廉直著称。后因不满王莽专权而辞官隐退故里，闭门不出。其事见于《汉书·薛方传》。陈咸：沛郡（今安徽淮北）人。平帝即位后，王莽辅政，多改汉制，并杀害何武、鲍宣等反对者，陈咸愤而辞官。王莽篡夺皇位后，召令他任掌寇大夫，他称病推辞，并责令儿子陈参、陈丰、陈钦同时辞官。父子四人一同返里后，闭门不出，仍沿用汉制。后来，王莽又征召他入京为官；他只称病重，不肯答应。专心整

理、保存所存律令，直到病死。其事见于《后汉书·陈宠列传》。

②侔(móu)：相似，相等。

③严光：又名遵，字子陵。会稽余姚(今浙江余姚)人。东汉著名隐
　　士。曾与东汉光武帝刘秀为同学。刘秀即位后，多次延聘严光，
　　但他隐姓埋名，退居富春山。后卒于家。周党：字伯况，太原广
　　武(今山西代县西南)人。西汉末年隐士。王莽篡位时称病不
　　出，光武帝即位后，征为议郎，因病去职。后被再次征召，固辞不
　　愿出山，隐居而死。二人传皆见《后汉书·逸民列传》。际：
　　适逢。

④孙：通"逊"，谦顺，恭顺。

⑤纪逡：琅邪(今山东诸城)人。新莽时期被封侯，历任公卿要职。
　　两唐：指唐林和唐尊。西汉末年名士，新莽时期被封侯，历任公
　　卿要职。三人事皆见《汉书·唐林传》。

⑥齿：并列，在一起。

⑦俟(sì)：等待。

⑧手泽：指手汗。后多用以称先人或前辈的遗墨、遗物等。

⑨闵：同"悯"，哀伤，怜念。

⑩神爽：神魂，心神。

⑪自靖：指谋行其志。

⑫恻怛(dá)：哀伤，恻隐。

【译文】

　　西汉灭亡的时候，龚胜、薛方、郭钦、蒋诩、陈咸这些人，操行清白而
不受辱，他们的行迹相似，而实际上并不能等同。薛方靠说假话得以幸
免，怎么能与身处盛世而隐居不出的严光、周党等人相比呢？君子所说
的必定是可以说的话，言词可以谦逊却不能作假。称王莽为唐尧、虞
舜，则是唐尧、虞舜，心里如此想，口中如此说，薛方自己又怎么能够心
安呢？王莽依靠伪善篡夺政权，其统治不可能维持太长时间，只要是有

见识的人,没有不知道这一点的,知道以后则必定远远地避开。既避免了做王莽的臣子而在他日受到惩罚,也避免了忤逆王莽而在当时就遭遇祸患,薛方可谓是工于心计了,他难道能够与龚胜相提并论吗?只不过比起纪逡、唐林、唐尊等人,他还算是明智的罢了。郭钦、蒋诩则可谓是洁身自好了。陈咸称病不接受王莽的征召,言辞也很谦逊,但却把汉朝的律令文书都收集起来藏在夹墙里,难道仅仅是为了等到汉朝中兴的时候再使用吗?他是真的于心不忍啊。子女思慕双亲,珍惜其生前存迹;臣子眷恋君主,怜恤其典章制度;典章制度,就是先王灵魂之所在,所以知道陈咸有不忍之心。唉!龚胜以死明志,陈咸以生来保存汉朝典制,他们的恻隐之情都生发于内心,这一点是一致的。如果没有这两个人,我还与谁为伴呢?

四　郅恽引天文历数令莽就臣位复汉室

天下相习于怪,无不怪也。郅恽引天文历数[①],上书王莽,令就臣位,复立汉室,可不谓怪乎?以莽之惨[②],无不可杀者,而恽免于死;莽诬天而以天诬人,故忌天而不加刑,恽故持之盈而发之无惮耳。恽以此故智,闭门不纳光武而蒙赏,世皆惊其奇而伟其志操,而不知为君子所必斥为怪而不欲语者也。怪士不惩,天下不平。使明主戮之,而天下犹惜之。大经不正[③],庶民习于邪慝[④],流俗之论,以怪为奇,若此类者众矣。

【注释】

①郅恽:字君章,汝南西平(今河南西平)人。精通天文历数,王莽代汉时,郅恽上书王莽,劝其取消帝号,复立汉室,被逮捕入狱。后虽经赦免,却只能逃亡隐居。光武帝即位后,郅恽被江夏郡守

举荐为孝廉,后被刘秀封为看守城门的小官。一次,刘秀外出打猎,车驾及随从回城较晚,郅恽不听刘秀诏令,闭守城门不开。刘秀无奈,只得从别的城门入城。其后郅恽又屡次直言劝谏刘秀,刘秀请他教太子读书。后来他被免官,隐居至死。传见《后汉书·郅恽列传》。

②惨:狠毒。

③大经:常道,常规,纲常。

④慝(tè):邪恶。

【译文】

如果天下人都沿袭了怪,天下就没有不怪的人了。郅恽援引天文历法,上书王莽,要他重新回到臣子的位置上,复立汉室,这难道不算怪吗?以王莽的凶残,没有不能杀的人,而郅恽竟然能免于一死;这是由于王莽欺骗上天而又用上天来欺骗世人,所以顾忌上天而不敢对郅恽加以刑罚,郅恽故意利用这一点,像拉满弓而后发射那样,无所忌惮地批评王莽。后来郅恽又用这个老办法,关闭城门不接纳光武帝入城而得到了赏赐,世人都惊讶于他的奇特,称赞他的志向和操行,而不知道他的举动必定被君子斥为怪异而不愿提起。怪异之士不受到应有的惩罚,则天下不能太平。但假如圣明的君主惩罚了他们,天下人还会感到惋惜。纲纪不正,百姓都习惯于奸邪,平民百姓议论时,就会将怪异当做奇特,诸如此类的事太多了。

后汉更始

【题解】

更始帝刘玄(？—25)，西汉宗室，刘秀族兄。新莽末年参加绿林起义，于地皇四年(23)正月被推举为帝，建号更始。同年九月，王莽被起义军杀死，新莽灭亡。刘玄于十月定都洛阳，次年二月迁都长安。刘玄在长安大封功臣，更始君臣很快开始骄奢放纵，导致国政混乱、君臣不和。更始三年(25)，赤眉军拥立刘盆子为帝，并攻入长安。刘玄投降赤眉军，不久被杀。更始政权存在的时间很短，但其一度作为合法的全国性政权的地位，还是得到了大多数史家的承认。

更始政权快速崛起而后又迅速败亡，这其中的原因，是历代史家所热衷探讨的。王夫之在本篇中主要从三个方面对此进行了分析：第一个方面，是更始君臣内部的凝聚力问题。王夫之认为，更始帝被推上皇位，不仅仅是由于他汉朝宗室的身份，以及天下人想要兴复刘氏的愿望，王凤、朱鲔等绿林军将领在推举更始帝时也不乏名义、私利的考量，这决定了更始君臣关系建立在不够牢固的基础上。更始帝仅靠名义，不足以有效控制麾下桀骜不驯的诸将，这就为以后君臣反目、政权瓦解埋下了巨大的隐患。另一方面，更始帝对于赤眉军的不当处置直接决定了更始政权的败亡。王夫之指出，在新莽政权被推翻以前，更始政权与赤眉军尚且有共同的敌人，一旦大敌已灭，赤眉军就失去了斗争目标,成为更始政权巨大的潜在隐患。由于王莽的败亡过于迅速,更始君臣沉溺于成功的喜悦中,其精神状态和能力完全不足以应对赤眉军这一猝然到来的巨大挑战,无法"因天乘时而顺俟天命",做出了立即招降的决定,结果错失了"安危存亡之大机"。第三个方面,是更始帝舍洛阳而定都长安,在战略上犯了严重的短视错误,从而失去了对天下局势的有效掌控。有此三方面的原因,更始政权的迅速败亡也就不足为奇了。

　　光武帝刘秀本是更始帝的部下,却趁巡行河北之机,公然自立,并最终取得了天下。如何看待刘秀脱离更始政权的行为,历史上聚讼纷纭。王夫之将刘秀此举与刘备夺刘璋益州的举动相对比,指出若单纯从"忠信坚贞之义"角度考量,刘秀的举动甚至比刘备还要缺乏正当性。但君臣之义,并非仅仅基于名义,而是"生于人心"。在天下大乱之际,君臣名分尚未真正确立,不能一味以"信义"相责求。这无疑是对刘秀自立正当性的一种肯定。此外,尽管王夫之非常欣赏刘秀,但他也明确地指出,史书中极力渲染更始帝的无能,是出于为光武政权合法性张目的考量,其中不乏"溢恶之辞"。这当然是敏锐而准确的观察。

一　更始受新市平林推戴

　　为名而有所推奉者,其志不坚;人为名而尊己者,其立不固;项梁之立怀王①,新市、平林之立更始是已②。天下愤楚之亡而望刘氏之再兴,人之同情也,而非项梁与张卬、王凤、朱鲔之情也③。怀王、更始不思其反,受其推戴而尸乎其位,名岂足以终系天下而戢桀骜者私利之心乎④?怀王任宋义、抑项羽,而祸发于项氏;更始终恃诸将,而无与捍赤眉之锋⑤。徇不坚之志,立不固之基,疑之信之,无往而非召祸之门。

【注释】

①项梁之立怀王：参见卷一"二世四"条及注。

②新市、平林之立更始：地皇三年(22)，绿林军因疾疫流行分兵转移，由新市人王匡、王凤率领的一支军队北向南阳，号称"新市兵"。新市兵进至随县，平林人陈牧、廖湛等人响应起义，号称"平林兵"。地皇四年(23)，起义军打败甄阜、梁丘赐等率领的新莽军，各将领共同商议立刘玄为天子，建立更始政权。事见《后汉书·刘玄列传》。

③张卬(áng)：新莽末年绿林军将领之一。早年参加绿林军，与王常、成丹领下江兵作战，参与拥立刘玄为帝，被封为淮阳王。更始三年(25)，赤眉军进逼长安，张卬与刘玄发生矛盾，兵戈相向，张卬等人败出长安，投降赤眉军。刘玄被赤眉军俘虏之后，他游说赤眉军大将谢禄将刘玄绞杀。王凤：新市(今湖北京山东北)人，绿林军将领之一。更始政权建立后被封为宜城王。更始政权败亡后归隐。朱鲔(wěi)：字长舒，汉阳(今湖北武汉汉阳区)人。绿林军将领之一，领导新市兵作战。更始政权建立后被拜为大司马。建武元年(25)，刘秀攻打洛阳，朱鲔坚守数月，后在刘秀许诺不计其杀害兄长刘縯之前仇后投降，被拜为平狄将军，封扶沟侯。三人事迹散见于《后汉书·刘玄列传》等。

④戢(jí)：收敛，止息。桀骜：凶暴倔强。

⑤赤眉：指新莽末年以樊崇等为首的农民起义军。因以赤色涂眉为标志，故称。

【译文】

为名义而推奉君主的人，其志向不坚定；别人为名义而尊奉自己为君主，其拥立是不稳固的；项梁拥立楚怀王，新市、平林军拥立更始帝都属于此类。天下对楚国的灭亡感到愤恨，希望刘氏能够复兴，这是天下人共同的情感，而不是项梁与张卬、王凤、朱鲔等人独有的情感。楚怀王、更始帝不考虑退出，接受他们的拥戴而尸位素餐，名义难道始终能维系天下，并打消桀骜不驯者的私利之心吗？楚怀王任用宋义、压制项羽，而祸患从项羽发出；更始帝始终依赖诸将，而没有人为他抵御赤眉军的锋芒。曲从于不坚定的志向，立足于不稳固的根基上，无论是猜疑还是信任，全都是招祸的途径。

　　呜呼！其危也，非一旦一夕之故也。而士之处斯世也难矣！彼以名而立君，而我弗事焉，则世且责我以名义；顺而与之，则今日之输忱^①，且为他日党贼之地。荀彧所以退不保其身^②，进不全其节也。嬴氏之暴，楚之亡，莽之篡，汉之中绝，苟有心者，孰不愤焉？而斟酌于从违，在间不容发之顷，一往之志，义未审而仆其生平。无他，不揣其实而为名所动也。慎之哉！

【注释】

①输忱：献纳真情。

②荀彧（yù，163—212）：字文若，颍川颍阴（今河南许昌）人。初举孝廉，任守宫令。后弃官归乡，又率宗族避难冀州，被袁绍待为上宾。其后投奔曹操，建议曹操迎献帝都许。官至侍中，守尚书令，封万岁亭侯。因其任尚书令，居中持重达十数年，处理军国事务，被人敬称为"荀令君"。后因反对曹操称魏公而受曹操所忌，调离中枢，在寿春忧郁成疾而亡（一说服毒自尽）。传见《三国志·魏书·荀彧传》。

【译文】

　　唉！其中的危险，并不是一朝一夕形成的。而士人在这样的时世中处境真艰难啊！有人以名义而拥立君主，如果我不事奉他，则世人从名义角度来指责我；如果顺从地参与拥立，则今天的效忠，可能他日就将成为与奸人结党的罪名。这就是荀彧退不能保全其自身，进不能保全其气节的原因。秦朝的暴虐，楚国的灭亡，王莽的篡逆，汉朝的中道灭亡，只要是有心的人，谁不感到气愤呢？可是怀王等人不斟酌何去何从，在极短的时间内，凭借一时的想法接受拥戴，既违背了正义，也葬送了自己的前途。这没有别的原因，只是他们不揣度实际状况而被名义打动罢了。一定要慎重啊！

二　伯升不欲立更始

力均则度义，义均则度德；力可恃也，义可恃也，至于德而非可以自恃矣。伯升果有天下之志[①]，与更始力相上下而义相匹，则以德相胜，而天下恶能去己？诸将之欲立更始，无亦姑听之而待其自毙。如其不毙，则天且授之，人且归之，而恶能与争？如其毙，则姑顺诸将之欲，自全于祸福之外，遵养以待时。故高帝受巴、蜀、汉中之封，而待三秦之怨、三齐之反以屈项羽，而羽终屈。伯升不知出此，婷婷然与张卬、朱鲔争[②]，夫天下之大宝，岂有可自争而自得者乎？其见害于诸将也，不揆而犯难也。李轶且扼腕而思害焉[③]，况他人乎？

【注释】

①伯升：指刘縯（前16—23），字伯升，南阳蔡阳（今湖北枣阳）人。东汉光武帝刘秀的长兄。新莽地皇三年（22），他与刘秀等率数千人起义，号春陵军。不久与绿林军新市、平林部结盟。更始政权建立后，任大司徒，后因战功威名日盛，为绿林军将领和更始帝刘玄猜忌，于地皇四年（23）被刘玄、李轶、朱鲔等设计杀

害。东汉建立后,刘秀追谥他为齐武王。传见《后汉书·齐武王
縯列传》。

②婞婞(xìng):忿恨不平貌。

③李轶(?—25):字季文,南阳宛(今河南南阳宛城区)人。原是宛
城豪强李氏子弟,新莽末年与堂兄李通及刘縯、刘秀兄弟共同起
兵,但部队与绿林军合军之后,背弃刘氏兄弟,转而投靠绿林军
所立的更始皇帝刘玄,并极力主张杀掉刘縯,以免威胁到刘玄的
皇位。后更始政权面临崩溃,他意欲投降刘秀,被同守洛阳的朱
鲔刺杀。其事散见于《后汉书·李通列传》等。

【译文】

实力均衡则测度其大义,大义均衡则测度其德行;实力可以凭恃,
大义可以凭恃,至于德行却不能自我凭恃。刘縯如果确有取得天下的
志向,与更始帝实力不分上下而大义也相互匹敌,则以德行取胜,而天
下又怎么会背离他呢?诸将想要拥立更始帝,不如姑且听之任之,以等
待他自行败亡。如果他不败亡,则是上天要把社稷授给他,人心都将归
附他,又怎么能与他相争呢?如果他败亡了,则姑且顺从诸侯的欲望,
在祸福之外保全自己,积蓄力量以等待时机。故高祖皇帝接受项羽分
封给他的巴、蜀、汉中,而等待三秦百姓的怨恨、三齐之地的反叛,以削
弱项羽,而项羽最终失败了。刘縯不懂这个道理,愤愤不平地与李轶、
朱鲔等人相争,皇帝之大位,难道有可以自争而自得的吗?他被诸将加
害,是不揣度时势而以身犯难的结果。李轶尚且愤怒地谋划加害他,何
况是其他人呢?

三　更始受赤眉之降而亡

王莽既诛,更始定都雒阳,赤眉帅樊崇将渠帅二十余人
入见①,安危存亡之大机也,于此失之,而更始之亡决矣。定
天下之纷乱者,规模有可素定而未可全定也②。莽之未诛,

汉之力全注于莽;莽平,群盗方兴而未戢,固其所不豫谋者。一旦而莽诛矣,释其重忧而相庆以大定,猝然授以赤眉而不容其踌躇以审处③,豫谋所不及矣。莽未诛,赤眉者,莽之赤眉也;莽已诛,赤眉者,汉之赤眉也。以新造之邦,代莽而受赤眉之巨难,周章失措而不知所裁④;及其算失事败,而后知前此之疏。当其时,气乍盈而易弛,机至速而难留,善已乱者,俄顷定之而永靖,将谓其有不测之智勇,而不知非然也。神不偏注于所重,而固有余力以待变也。故撄大敌⑤,举大事,谋大功,敛精专气以求成者之非难;而大敌已灭,大事已决,大功已就,正天人交相责,而艰难萃于一人之身,此则中材以下者所不及谋,而大有为者立不拔之基,以应万变之迁流⑥,权不可设而道则不穷也。

【注释】

①樊崇(？—27):字细君,琅邪(今山东诸城)人。新莽末年农民起义领袖、赤眉军首领。樊崇率领赤眉军在山东、河南等地作战,沉重打击了新莽政权。更始政权建立后,樊崇率军归附,但不久双方发生龃龉,兵戈相向。更始三年(25),樊崇等拥立刘盆子为帝,攻入长安,推翻更始政权。建武三年(27),樊崇所率赤眉军主力遭遇刘秀截击,损失惨重,被迫投降刘秀。后因与赤眉军首领逢安等再度起义,被刘秀诛杀。其事见于《后汉书·刘玄刘盆子列传》。渠帅:指地方武装首领或部落首长。一作"渠率"。

②素定:犹宿定,指预先确定。

③猝(cù)然:突然。踌躇(chóu chú):同"踌蹰",犹豫不决。

④周章:仓皇惊惧。

⑤撄大敌:意谓进犯敌人,临敌。撄,触犯。

⑥迁流:指随时间的推移,事物发生了变化。

【译文】

　　王莽被诛杀后,更始帝定都洛阳,赤眉军统帅樊崇率领二十多名将领入朝觐见,这是更始政权安危存亡的关键时机,错失了这一时机,更始帝的败亡就注定了。平定天下纷乱的人,规制格局可以预先有所确定却不能够完全预定。王莽尚未被诛杀时,汉军的全力都倾注在王莽身上;王莽败亡后,各地盗贼蜂起而尚未受到限制,这固然是更始帝未曾料想到的。一旦王莽被杀,卸掉了沉重的忧虑而为天下大定相互庆贺,突然碰到了赤眉军的大问题而容不得犹豫不决、仔细地审时度势,这是没有预先谋划到的。王莽未被诛杀,赤眉军则是反抗王莽的赤眉军;王莽已被诛杀,赤眉军则是反抗汉军的赤眉军。以刚建立的国家,代替王莽而承受赤眉军的巨大祸患,仓皇惊惧、举止失措而不知如何处理;到了因为失算而导致事情失败以后,才知道之前的疏忽。当时,气势刚刚满盈而容易松懈,时机太快而稍纵即逝,善于平定混乱的人,顷刻间将其平息而能永保安定,别人必将认为他具有捉摸不透的大智大勇,而不知道实际并非如此。如果精神不偏注于所重之事,本来就有余力以等待时机变化。所以临大敌,举大事,谋大功,专心致志、聚精会神以求得成功并不难;而大敌已灭、大事已决、大功已成之后,正是天人交相责求的时候,而艰难汇集于一人之身,这是中等才智以下的人所谋划不及的,而大有作为的人却可以于此建立不可动摇的根基,以应对千变万化的形势,权变不可以预设而大道难以穷尽。

　　更始君臣,恶足以及此哉!其遣使谕降赤眉也,亦忧其不降耳;不知不降之不足忧,而降之之忧更大。然则无前定之道,无抑姑置赤眉而急自治;未能如圣哲之坐制于俄顷也,则无如缓之以俟其定。将天自有不测之吉凶,人自有猝然之离合,可降也而后降之,可讨也而后讨之,夫亦可谓因天乘时而顺俟天命矣。其始也,无余力以待之;其继也,又弗能姑置焉;更始之亡,所以决于樊崇之入见也。

【译文】

更始君臣,又哪能达到这种水平呢!他们派遣使者劝谕赤眉军投降,也是担忧他们不投降;他们不知道赤眉军不投降不值得忧虑,而投降之后的忧虑更大。既然没有实现预定的处理方略,还不如姑且置赤眉军于不顾,抓紧时间整顿自己;不能像圣人那样在片刻之间就坐着制服强敌,则不如暂缓一段时间来等待他们安定下来。上天自有不可测度的吉凶,人自有猝然难料的离合,如果赤眉军可以降服就降服他们,可以讨伐就讨伐他们,这样也可以算是趁着有利的时机而顺应天命了。在开始时,更始帝没有余力来处置赤眉军;接下来,又不能将其暂且放到一边;这就是更始帝的败亡,在樊崇入朝觐见的时候就已经注定的原因。

四　光武拒更始

光武之拒更始,与昭烈之逐刘璋[①],一也;论者苛求昭烈,而舍光武,失其平矣。刘焉之于昭烈[②],分不相临,光武则固受更始大司马之命矣。更始起于汉室已亡之后,人戴之以嗣汉之宗社;刘焉当献帝之世,坐视宗邦之陵夷,方且据土而自尊。则焉父子有可逐之罪,而更始无之。如曰更始不能安位而存汉,则璋之弱,又岂足以保三巴而不授之曹操乎[③]?然则以忠信坚贞之义相责,而昭烈有辞,光武无辞矣。

【注释】

①昭烈：指蜀汉昭烈帝刘备（161—223），字玄德，涿郡涿县（今河北涿州）人。西汉中山靖王刘胜之后，三国时期蜀汉开国皇帝。早年颠沛流离，投靠过多个诸侯，曾参与镇压黄巾起义。先后率军救援北海相孔融、徐州牧陶谦等。陶谦病亡后，将徐州让与刘备，后遭徐州之乱，被吕布驱逐，投奔曹操，为豫州牧。"衣带诏"事件后，进军下邳，杀徐州刺史车胄，不久遭曹操讨伐，战败逃奔河北，依附袁绍。受袁绍之命攻略汝南，遭曹操进攻，南下依附刘表，屯驻新野。赤壁之战时，刘备与孙权联盟击败曹操，趁势夺取荆州。而后进取益州、汉中。于章武元年（221）在成都称帝，国号汉，史称"蜀"或"蜀汉"。同年，率军讨伐东吴，次年秋在夷陵被陆逊击败。章武三年（223），病逝于白帝城。传见《三国志·蜀书·先主传》。刘璋（？—220）：字季玉，江夏竟陵（今湖北天门）人。东汉末年继父亲刘焉之位，担任益州牧。刘璋为人懦弱多疑，汉中张鲁骄纵，不听刘璋号令，于是刘璋杀张鲁母弟，双方成为仇敌。后益州内乱，平定后又有曹操征讨张鲁并将侵川的消息。内外交逼之下，刘璋迎刘备入益州，想借刘备之力抵抗曹操、张鲁。不料刘备反手攻击刘璋，法正又为刘备内应，刘璋不得已于公元214年投降，被迁往南郡公安，后病逝于荆州。传见《三国志·蜀书·刘璋传》。

②刘焉（？—194）：字君郎，江夏竟陵（今湖北天门）人。初以汉朝宗室身份拜为中郎，历任冀州刺史、南阳太守等职。后被任命为益州牧，封阳城侯。刘焉进入益州后，派张鲁盘踞汉中，对内打击地方豪强，巩固自身势力，益州因而处于半独立的状态。兴平元年（194），刘焉因背疮迸发而卒。传见《三国志·蜀书·刘焉传》。

③三巴：东汉末益州牧刘璋分巴郡为永宁、固陵、巴三郡，后又改为

巴、巴东、巴西三郡,合称"三巴"。其辖境相当于今四川嘉陵江和綦江流域以东的大部分,后亦泛指今四川地区。

【译文】

光武帝抗拒更始帝,与昭烈帝刘备驱逐刘璋是一样的;议论的人苛求昭烈帝,却放过光武帝,有失公允。刘焉对于刘备来说,在名分上没有上下之别,光武帝则本来就接受更始帝的大司马之职了。更始帝兴起于汉朝已经灭亡之后,人们推戴他来继承汉朝的宗庙社稷;刘焉处在汉献帝时代,坐视国家衰败,却致力于割据一方而自加尊号。如此则刘焉父子有应当被驱逐的罪过,而更始帝却没有。如果说更始帝不能安居其位而保存汉朝,则以刘璋的暗弱,又怎能保住四川而不将其拱手送给曹操呢?如此,则以忠信坚贞的大义相责求,昭烈帝有理由,光武却没有理由。

乃光武之不与篡逆同罚也,则固有说。更始之立,非光武兄弟之志也;张卬、朱鲔动摇人心而不能遏,则奉更始而君之,受其铁钺之赐,皆出于弗获已,而姑以自全。君臣之义,生于人心者也。天下方乱,君臣未定,无适主之分义①,同兴讨贼之师,势均德齐而志不属。故更始不任为光武之君,拒之而心固不疚。义非外也,信诸心者,无大疚焉斯可矣。唯然,则光武可逸不忠之罚,昭烈可释不信之咎,皆非可执一切之信义以相纠者也,而于昭烈乎何诛?

【注释】

①适(dí)主:指做主者。

【译文】

可是光武帝却没有与篡逆之人一同受到惩罚,则本来就有道理。

更始帝被拥立,并不是出于光武兄弟的志向;张卬、朱鲔动摇人心而无法遏止,于是奉立更始帝为君主,接受其封爵赏赐,都是出于不得已,姑且以此来保全自己。君臣之义,是从人的内心深处产生的。天下正处于大乱,君臣名分未定,没有正统君主的名号和君臣之义,大家同兴讨贼之师,势力、德行均等而志向不统一,不愿相互统属。所以更始帝不胜任做光武帝的君主,光武帝抗拒其命而内心本来就不会感到愧疚。义并非外在的东西,而是内心的真实情感,因而光武帝内心没有大的愧疚,是可以理解的。也正是因为这个理由,则光武帝可以逃脱不忠的惩罚,昭烈帝可以免除不讲信用的责难,这些都不是可以用一个确定的信义标准来责求的,而对昭烈帝有什么可以声讨和责备的呢?

五　更始舍雒阳而都长安

更始不足以有为,史极言之,抑有溢恶之辞。欲矜光武之盛而掩其自立之非,故不穷更始之恶,则疑光武之有惭德也。乃若更始之亡也,则舍雒阳而西都长安也。当是时,赤眉在濮阳①,城头子路、力子都在河、济间②,力子都,《后汉书·任光传》作"刁子都"。《通鉴》注云:"《姓谱》:力,黄帝佐力牧,汉有力子都。"今从之。铜马、大肜等贼在燕、赵③,李宪在淮南④,天下所岌岌未定者东方也。而遽避劳趋逸,欲拥关以自固,则天下深见其不可恃,而竞扼其虚。顾欲长保故宫之富贵以自封殖,是犹狐兔倚窟以安,而韩卢腾踯于外⑤,甫一出而必不免于获也。王莽诛,关中无事,隗嚣委宗族而从己⑥;于斯时也,得一重臣如寇恂者⑦,镇抚长安而安集之,为雒阳之根本,而都雒以弹压山东,光武即解体于河北,其能遽收河内、下河东而无所顾畏邪⑧?赤眉已降之余,不能驰骋任志如践无人之境,必矣。

【注释】

①濮阳：今属河南。

②城头子路：即爰曾(？—23)，字子路，东平(今属山东)人。与肥城刘诩共同起兵于卢县城头，故称"城头子路"。爰曾自称"都从事"，率军活动于黄河、济水之间，部众达到二十多万。更始元年(23)，爰曾派使者前去投降刘玄，被任命为东莱郡太守。同年，爰曾为其部将所杀。力子都：东海(今山东、江苏一带)人。新莽末在乡里起兵，袭击徐州、兖州地界，部下有六七万人。更始元年(23)投降刘玄，被拜为"徐州牧"。后被其家丁杀死。二人传皆见《后汉书·任李万邳刘耿列传》。

③铜马、大彤：皆为新莽末年河北地区的农民起义军。

④李宪(？—30)：颍川许昌(今河南许昌)人。东汉初年地方割据首领。新莽时为庐江属令，新朝灭亡后，李宪据郡自守。更始元年(23)，自称淮南王。建武三年(27)，自立为帝，部众十余万。建武四年(28)，东汉光武帝刘秀派扬武将军马成率军攻打李宪，汉军在舒县包围李宪。建武六年(30)，汉军攻下舒县，李宪逃走，途中被军士帛意追击斩杀。传见《后汉书·李宪列传》。

⑤韩卢：战国时韩国的名犬。色黑，故名卢。腾踔：腾空跳跃，向上跳。

⑥隗(wěi)嚣(？—33)：字季孟，天水成纪(今甘肃秦安)人。出身陇右大族，更始政权建立后，隗嚣趁机占领平襄，被推为上将军。更始二年(24)，隗嚣归顺刘玄，被封为右将军。这年冬天，隗崔、隗义合谋反叛，隗嚣向刘玄告发。曾劝刘玄归顺刘秀，未成功而逃回天水，自称西州大将军。后刘秀派军征讨隗嚣，隗嚣顽强抵抗，于建武九年(33)病故。传见《后汉书·隗嚣列传》。

⑦寇恂(？—36)：字子翼，上谷昌平(今北京昌平)人。东汉开国功臣，"云台二十八将"之一。出身世家大族，原是新朝上谷功曹，

后与耿弇一起投奔刘秀,被任命为偏将军、承义侯。刘秀称帝
后,寇恂任执金吾,封雍奴侯。此后,寇恂镇守河内,治理颍川、
汝南,协助刘秀平定天下。建武十二年(36)病逝。传见《后汉
书·寇恂列传》。

⑧河内:古代指黄河中游北面的地区,包括今焦作、鹤壁、安阳地
区。河东:古代指山西西南部地区,亦泛指整个山西。

【译文】

更始帝不足以有所作为,史书中极力渲染、书写,其中或许也有过
分贬低的话。史家想夸耀光武帝的盛德而掩盖他自立为帝的罪过,所
以不穷尽更始帝的罪责,则人们会怀疑光武帝德行有亏。至于更始帝
的败亡,则在于他舍弃洛阳而在西面定都长安。当时,赤眉军在濮阳,
城头子路、力子都等军在黄河、济水之间,力子都,《后汉书·任光传》作"刁
子都"。《资治通鉴》注中说:"《姓谱》记载:力,黄帝有辅佐之臣力牧,汉代有力
子都。"现在按这一记载来处理。铜马、大肜等盗贼在燕、赵之地,李宪在淮
南,天下岌岌可危、没有平定的地方在东方。而更始帝急急忙忙地避劳
趋逸,想坐拥关中以求自固,天下人都清楚地看到不可凭恃,因而竞相
占据那些空虚之地。更始帝只是想长久保有西汉旧都的富贵而自行培
植势力,这就好像是狐狸、兔子依赖洞穴保护自己的安全,而凶猛的韩
卢犬在外面奔腾跳跃,虎视眈眈,它们只要一出洞就必定会被捕获。王
莽已被诛杀,关中无事,隗嚣委弃宗族来跟随更始帝;在这个时候,如果
能得到一位像寇恂那样的重臣,能镇抚长安而安定秩序、聚集百姓和财
富作为洛阳的根本,而以洛阳为都城来弹压山东,光武帝就会在河北崩
溃,又怎么能迅速收取河内、攻下河东而无所顾忌呢? 赤眉军是已经投
降的余部,他们不可能任意驰骋,如入无人之境,这是必然的。

盖更始所任为大臣者,类皆群盗之长,贪长安之富盛,
而藉口于复高帝之旧业以为廓清①;其铮铮小异如朱鲔、刘

嘉、鲍永之流^②，亦不胜盈廷翕訾之论^③；则塞颠当之户^④，耽燕雀之嬉，固其宜也。光武得士于崛起之中而任之，既无盗贼之习气；及天下甫定，复不以任三公，而别用深识之士；虚建西都，而定宅雒阳，以靖东方之寇；皆惩更始之失而反其道。老子曰："不善人，善人之资^⑤。"更始之失，光武之资也。

【注释】

①廓清：肃清。

②刘嘉（？—39）：字孝孙，南阳舂陵（今湖北枣阳）人。刘秀的族兄。参加了刘秀兄弟组织的舂陵起义，更始政权建立之后，被刘玄封为汉中王。更始政权崩溃后，刘嘉在来歙的劝说下，到洛阳归顺刘秀，受封为顺阳侯。建武十五年（39）去世。卒谥怀侯。传见《后汉书·顺阳怀侯嘉列传》。鲍永（？—42）：字君长，上党屯留（今山西长治屯留区）人。新莽时期因密谋反抗王莽而被追捕，后被更始帝征召，担任尚书仆射，因讨伐青犊军之功封中阳侯。更始帝死后归降刘秀，在东汉政权担任司隶校尉、东海国国相等职。传见《后汉书·鲍永列传》。

③翕訾（zǐ）：典出《尔雅·释训》："翕翕、訾訾，莫供职也。"本意为颠倒错乱，相互诋毁，从而无法认真职事。郭璞注解为"贤者陵替奸党炽，背公恤私旷职事"，后以"翕訾"来形容小人相互勾结，朋比为奸。翕，颠倒错乱的样子。訾，诋毁攻讦。

④颠当：昆虫名。即螲蟷（dié dāng），一种生活在地下的小蜘蛛。螲蟷性喜湿润，擅长挖掘地道为巢穴，地道口会织一个盖板，盖上有苔藓、枝叶掩护，当猎物经过时立即掀开盖口将猎物拖入洞穴捕食。后世遂以"塞颠当之户"比喻自投罗网。

⑤不善人，善人之资：语出《老子》第二十七章："故善人者，不善人

之师；不善人者，善人之资。"意即善人可以作为恶人们的老师，不善的人也可以作为善人的借鉴。

【译文】

大概更始帝所任用为大臣的，大体上都是盗贼们的首领，贪图长安的富裕繁盛，借口要恢复汉高祖的旧业而去肃清关中地区；其中比较正直、存在一些不同意见的大臣，如朱鲔、刘嘉、鲍永之类，也难以胜过满朝小人相互勾结的错误论调；如此则更始君臣自织罗网，沉湎于宴饮嬉戏，最终身死国灭，实在是理所应当。光武帝在崛起过程中得到优秀士人而任用他们，其官员于是就没有盗贼的习气；等到天下刚刚平定，就不再任用这些功臣做三公，而另外选用有深远见识的士人担任；名义上立长安为西都，而定都洛阳，以就近平定东方的贼寇；这些都是鉴于更始帝的失败而反其道行事。老子说："不善的人，也可以作为善人的借鉴。"更始帝失误的地方，正是光武帝的借鉴之处。

六　更始挑祸匈奴

匈奴之祸，至元、成之世而大息矣。东汉之初，因卢芳而大为中国害①，非徒王莽之激之，抑更始挑之也。更始尸位于关中，赤眉横行于曹、濮②，萧王异志于河北③，公孙述割据于巴、蜀④，斯时也，岂有德有威足以及匈奴；而轻以一介之使，循故事以求匈奴之顺己⑤，召其侮而授之以嫚词⑥，自取之矣。故严尤之谏，为王莽言也。伐之不可，和之不能，夷狄焉知仁义，势而已矣。更始之势，曾莽之不若，而欲匈奴修呼韩邪之已事⑦，不度德，不量力，贻数十年边关之祸。陈遵者⑧，洵妄人也⑨。易世而后，微窦宪、耿秉之矫矫⑩，汉其危矣！

【注释】

①卢芳：字君期，安定三水(今宁夏同心)人。东汉初年地方割据首领。王莽末年，与三水的属国羌胡共同起兵，后被更始帝任命为骑都尉。更始帝刘玄被杀后，卢芳被拥立为上将军、西平王，割据安定、五原等地。建武十二年(36)，卢芳因部将背叛，逃入匈奴。建武十六年(40)，卢芳遣使投降东汉，旋即复叛，战败后逃入匈奴，最终病死匈奴。传见《后汉书·卢芳列传》。

②曹：指曹县，今属山东。濮：指濮阳，今属河南。

③萧王异志于河北：指新莽政权被灭后，刘秀被派往河北，镇压并收编铜马等起义军，实力大增。更始帝担心刘秀坐大，于是封他为"萧王"，命他收兵回京。刘秀接受封爵，但拒绝更始帝召命。事见《后汉书·光武帝纪》。

④公孙述(？—36)：字子阳，扶风茂陵(今陕西兴平)人。东汉初年割据势力首领。王莽篡汉后，公孙述受任为导江卒正。新莽末年，天下大乱，公孙述遂自称辅汉将军兼领益州牧。建武元年(25)，称帝于蜀，国号成家。建武十二年(36)，刘秀派大司马吴汉攻破成都，公孙述在战斗中受重伤而死。传见《后汉书·公孙述列传》。

⑤故事：旧例。

⑥嫚(màn)词：轻侮的言辞。

⑦呼韩邪之已事：指汉元帝时匈奴单于呼韩邪对汉称臣并数次入朝觐见之事。事见《汉书·元帝纪》等。已事，往事，故事。

⑧陈遵：字孟公，杜陵(今陕西西安东南)人。西汉末年因镇压盗贼有功，封嘉威侯。王莽时任河南太守、河内都尉等职。更始政权建立后，陈遵被荐举为大司马护军，与归德侯刘飒一起出使匈奴。匈奴单于想胁迫陈遵，陈遵陈述利害，说服了单于。陈遵嗜酒，更始帝败亡后，留居朔方，醉酒被杀。传见《汉书·游

侠传》。

⑨洵:诚然,确实。妄人:无知妄为的人。

⑩窦宪(?—91):字伯度,扶风平陵(今陕西咸阳西北)人。东汉外戚、名将,其妹为汉章帝皇后。永元元年(89),窦宪派遣刺客刺杀太后幸臣刘畅,嫁祸蔡伦,后因事泄获罪,被囚于宫内。窦宪恐惧,请求出击北匈奴以赎死。逢南匈奴单于请兵北伐,于是窦宪被拜为车骑将军,以执金吾耿秉为副将,率军大破北匈奴于稽落山,并乘胜追击,深入瀚海沙漠三千里,斩杀甚重,登燕然山刻石记功而还。窦宪因此被拜为大将军。永元三年(91),窦宪派兵再次出击,出塞五千里进攻金微山,大破北匈奴单于主力。窦宪权震朝廷,与汉和帝矛盾日益尖锐,永元四年(92),和帝发动政变,窦宪被赐死。传见《后汉书·窦宪列传》。耿秉(?—91):字伯初,扶风茂陵(今陕西兴平)人。东汉将领。永平十七年(74),率军平定车师国叛乱,次年担任征西将军,出兵援救戊己校尉耿恭。永元元年(89),作为副将随窦宪大败北匈奴军,因功被封为美阳侯。永元三年(91)去世。传见《后汉书·耿弇列传》。矫矫:英勇威武的样子。

【译文】

匈奴造成的祸患,到元帝、成帝时期已经大为缓解了。东汉初年,匈奴借助卢芳而给中原带来很大危害,不仅仅是因为王莽刺激匈奴,也是更始帝挑动匈奴野心造成的。更始帝在关中尸位素餐,赤眉军横行于曹县、濮阳,光武帝在河北怀有异心,公孙述在巴、蜀割据称雄,这时候,难道会有德有威足以镇服匈奴吗?更始帝却轻易派出一个使者,按照以前的惯例来要求匈奴顺从自己,招致了匈奴人的侮辱,而且遭到轻侮的言辞,这是自取其辱。所以严尤的谏言,是对王莽说的。不可以讨伐,不可以讲和,夷狄哪里知道仁义,他们只关心实力。更始帝的势力,连王莽都不如,却想让匈奴仿效呼韩邪称臣入觐的往事,不测度自己的德行,不衡量自己的力量,而留下了数十年边境的祸害。陈遵,真是个愚蠢妄为的人。东汉建立后,如果没有窦宪、耿秉的英勇威武,汉朝就危险啦!

光　武

　　光武帝刘秀(前5—57)，南阳蔡阳(今湖北枣阳)人。汉朝宗室。但出生时家道已衰落，其父刘钦只做过县令一类的低级官吏。刘秀早年勤于农事，新莽时期曾赴长安学习《尚书》。新莽末年，绿林、赤眉等起义军蜂起，刘秀与其兄刘縯在舂陵起兵响应。在其后的昆阳之战中，刘秀大放异彩；其兄刘縯被更始帝诛杀后，刘秀隐忍不发，得以被委任巡行河北。更始三年(25)平灭王郎后，刘秀与更始政权公开决裂，于鄗县南千秋亭登基称帝。为表刘氏重兴之意，仍以"汉"为其国号，史称"东汉"。经过十余年的统一战争，刘秀先后平灭了关东、陇右、西蜀等地的割据政权，结束了长期的军阀混战与割据局面。天下平定后，刘秀"退功臣而进文吏，戢弓矢而散马牛"(《后汉书·光武帝纪》)，采取偃武修文、休养生息的政策，改革官制，释放奴婢，使得饱受战争摧残的国家逐渐得以重现安定繁荣的局面，史称"光武中兴"。

　　刘邦与刘秀同样以布衣起家而平定天下、成就帝业，汉代二祖优劣的比较是历代史家热衷探讨的话题。对此，王夫之旗帜鲜明地指出："光武之得天下，较高帝而尤难矣！"他认为，刘邦的主要对手只有一个项羽，而刘秀到河北奠基后，天下群雄割据，多方掣肘，所面临的局面远比刘邦复杂和困难，他能"以静制动，以道制权，以谋制力，以缓制猝，以宽制猛",用"柔道"取天下,实属"规模弘远",高祖未必能及,"三代而下,取天下者,唯光武独焉","不无小疵,而大已醇矣"。王夫之对刘秀治理天下的举措也予以高度肯定。他认为,刘秀在天下平定后省并郡县和官吏,正当其时,有效减轻了民众负担,有利于休养生息;优待功臣,不任用将帅为宰辅,使得"君臣交尽其美";"亲文匿武"、推崇儒学、重用儒生,将民气由躁动引向安静。这与王夫之所推崇的理想治理境界相当契合,他称赞说"三代以下称盛治,莫有过焉"。综合取天下、治天下这两方面的因素,王夫之给予了刘秀极高的整体评价,称其"神武不可测","允冠百王"。

从王夫之充满赞许和热情的言辞中,不难发现,他是将刘秀治下的"光武中兴"作为古代国家治理的一个极成功案例来看待并加以剖析、解释的。《读通鉴论》一书探究"上下古今兴亡得失之故"的旨趣在此彰显无疑。实际上,在本篇中,他明确地指出,史学承担着记述历史和促进历史的重大使命,"所贵乎史者,述往以为来者师也";史学的关键在于记载和传达"经世之大略",如果史书"记载徒繁",却不能昭明"经世之大略",后人无法从历史中领悟"其得失之枢机以效法",那么史学也就失去了其价值。这一"经世致用"的史学价值取向,贯穿了《读通鉴论》全书。

一 光武不逞气矜

昆阳之战①,光武威震天下,王业之兴肇此矣。王邑、王寻之师②,号称百万,以临瓦合之汉兵③,存亡生死之界也。诸将欲散归诸城,光武决迎敌之志,诸将不从,临敌而挠④,倾覆随之。光武心喻其吉凶,而难以晓譬于群劣⑤,则固慨慷以争、痛哭以求必听之时也。乃微笑而起,俟其请而弗迫与之言,万一诸将不再问而遽焉骇散,能弗与之俱糜烂乎?

呜呼！此大有为者所以异于一往之气矜者也。

【注释】

①昆阳之战：指新莽末年，新、汉两军在昆阳展开的一场大战。新莽地皇四年（23），王莽派四十余万军队进攻南阳地区的绿林军，围困起义军于昆阳。刘秀率十三铁骑突出重围，召集周边援军救援昆阳。他率三千骑兵为先锋，冲击新莽军的中坚，斩杀新莽军统帅王寻，新莽军大乱，城内起义军趁势杀出，新莽士兵弃阵而逃，死伤无数。事见《后汉书·光武帝纪》。昆阳之战是中国历史上著名的以少胜多的战例之一，为推翻新莽政权奠定了基础。

②王邑（？—23）：王莽从弟，成都侯王商之子。因辅佐王莽代汉自立有功，拜大司空，封隆新公。新莽地皇四年（23），王邑率军四十二万，号称百万，进攻绿林军，在昆阳之战中大败逃归。后绿林军攻长安，王邑为保护王莽而战死。王寻（？—23）：汉平帝时为副校尉、丕进侯，因辅佐王莽篡汉有功，建国元年迁大司徒，封章新公。昆阳之战中战死。二人事见于《汉书·王莽传》《后汉书·光武帝纪》。

③瓦合：把破了的瓦拼合起来，比喻勉强凑合，临时拼凑。

④挠：阻止。此处为临敌退缩之意。

⑤晓譬：晓谕，开导。

【译文】

昆阳之战，光武帝威震天下，王业的兴起肇始于此。王邑、王寻的军队，号称百万，来攻打临时拼凑的汉军，这正是汉军存亡生死的关头。诸将想要分散回归各城，光武帝却确立了迎击敌军的志向，诸将如果不顺从他，临敌退缩，则汉军的倾覆必将随之而来。光武帝心中明白其中的吉凶，却难以开导、说服无知的诸将，这本来应当是慷慨激昂地争论、痛哭流涕地请求他们一定听从自己意见的时候。可是光武帝却微笑着起来，等待诸将的请求而不急着跟他们说，万一诸将不再问他如何应对，而是惊惶失措地四散逃跑，光武帝能不与众人一起败亡、糜烂吗？唉！这正是大有作为的人之所以不同于只凭一时的气势行事的人的地方。

寻、邑之众，且压其项背，诸将欲散而弗及，光武知之矣。知其欲散而弗及，而又迫与之争，以引其喧嚣之口，相长而益馁其气，则不争而得，争之而必不得者也。而且不仅然也。藉令敌兵不即压境以相迫^①，诸将惊溃而敌蹑之^②，王邑无谋，严尤不决，兵虽众而无纪，外盛而中枵^③，则诸将溃败之余，敌兵骄懈，我乃从中起以乘之，夫岂无术以处此？而特不如今此之易耳。诸将自亡，而光武固不可亡，项梁死而高帝自兴，其明验已。一笑之下，绰有余地，而何暇与碌碌者争短长邪？

【注释】

①藉（jiè）令：假使。

②蹑：追踪，跟随。

③枵（xiāo）：空虚。

【译文】

王寻、王邑的大军，就快要压迫到汉军的项背了，诸将迫不及待地想要散去，光武帝是知道的。知道诸将迫不及待地想要散去，而又急切地与他们争论，以引发他们众声喧哗的吵闹，众人在恶言相加后，必定更加惊恐泄气，则光武帝不与他们争论尚且可能得到好结果，与他们争论则必定得不到好结果。而且事情还不仅如此。假使敌兵不立即逼近边境来逼迫汉军，诸将也会惊恐溃散，而敌军分头尾追他们，王邑没有谋略，严尤犹豫不决，其军队人数虽多而没有纪律，外表强盛而其中空虚，则诸将溃败之后，敌兵骄傲松懈，汉军于是从中趁机发动猛攻，难道光武帝会没办法应对这个局面吗？只不过没有现在这么容易罢了。诸将自己灭亡，而光武帝本来就不可能灭亡，项梁战死而汉高祖自己兴起，就是明证。光武帝一笑之下，心中已经绰有余地，而又哪里顾得上与庸碌无为之徒争短长呢？

　　而尤不仅然也。得失者，人也；存亡者，天也。业以其身任汉室之兴废，则寻、邑果可以长驱，诸将无能以再振，事之成败，身之生死，委之于天，而非人之所能强。苟无其存其亡一笑而听诸时会之量，则情先靡于躯命①，虽慷慨痛哭与诸将竞，亦居然一诸将之情也，以偶然亿中之一策②，怀愤而求逞，尤取败之道，而何愈于诸将之纷纭乎？

【注释】

①靡：散乱，消沉。

②亿中：料事能中。

【译文】

　　而且，事情还要更进一步理解。得失，取决于人；存亡，则取决于天。光武帝已经以自身承担起汉朝的安危兴亡，可王寻、王邑如果真的能长驱直入，诸将没有能力再振作，则事业的成败，自身的生死，都听从于上天，而非人力所能强及。如果光武帝没有把自身生死置之一笑，完全听命于时运的气量，则其情感先为自身性命而消沉，即使慷慨陈词、痛哭流涕地与诸将争论，而且居然也成功统一了诸将的想法，可凭借这种偶然料中的策略，怀着悲愤以求一逞，尤为自取败亡之道，比起诸将众说纷纭、各自为计，又能好多少呢？

天下之大，死生之故，兴废之几，非旷然超于其外者，不能入其中而转其轴。故武王之《诗》曰："勿贰尔心①。"慎谋于未举事之前，坦然忘机于已举事之后，天锡帝王以智②，而必锡之以勇。勇者，非气矜也，泊然于生死存亡而不失其度者也。光武之笑起而不与诸将争前却，大有为者之过人远也，尤在此矣。

【注释】

①勿贰尔心：语出《诗经·大雅·大明》："上帝临女，无贰尔心。"意谓上帝监视你们众将士，不要有二心妄想。

②锡：给予，赐给。

【译文】

天下之广大，死生之缘故，兴废之征兆，如果不是能旷然超脱于其外的人，就不能深入其中而掌握关键。所以《诗经·大雅·大明》中记载周武王的话说："不要有二心妄想。"在举事之前谨慎地谋划，在举事之后坦然地消除机巧之心，上天赐给帝王智慧，也必定赐给他勇气。勇气，不是意气用事，而是能够淡泊于生死存亡而不失去其常度。光武帝一笑而起，而不与诸将争论向前还是退却，大有作为的人远远超过常人之处，尤其表现在这里。

二 光武徇河北

怀王遣高帝入关，而高帝之王业定；更始遣光武徇河北①，而光武之王业定。大有为者之初起，不欲躬为戎首，抑必藉人以兴；迨其威名已著，而追随于行队之间，则得失兴丧之枢,不任己而因人;稍欲持权,而祸已发于肘腋,宋义之所以死于项羽,伯升之所以死于李轶、朱鲔也。

①徇:巡行。

【译文】

怀王派遣汉高祖进入关中,而汉高祖的王业由此奠定;更始帝派遣光武帝巡行河北,而光武帝的王业由此奠定。大有作为的人在初起之时,不愿亲自做带头起事的人,必定要借助别人的力量来兴起;等到他威名已经卓著的时候,如果仍然追随别人于行伍之间,则得失兴亡的关键,不掌握在自己手中而操于他人之手;稍微想要掌握大一点的权力,而灾祸就会在肘腋之间爆发,这就是宋义之所以死于项羽之手,刘缤之所以死于李轶、朱鲔之手的原因。

然则项羽禁高帝不令入关,更始听朱鲔而拒刘赐之请①,不委河北于光武,羽与更始,可以终保大位而无与争乎?曰:不能也。禽之相制以气,人之相役以道,项羽有韩信、陈平而不能禁其不去,更始有隗嚣而不能服,无以役之也。藉令置高帝、光武于股掌之上,用之不能,杀之不可,羽与更始且自困于无术。三齐甫受封而旋叛②,彭越、陈馀、英布翱翔桀骜以需时,王郎蜂起于河北③,赤眉反戈而西向,羽与更始终无以固其位,而徒召乱于无已。尔朱兆且不能得之于高欢④,况二帝之涵育者深乎!故以范增、朱鲔为忠谋者,愚也,无救于败而徒乱天下也。无御豪杰定四海之道,而操疑忌以困人,其亡愈速矣。

卷六 光武   531

【注释】

①刘赐(？—52)：字子琴。汉朝宗室，刘秀的族兄。与刘秀共同参加春陵起义，更始政权建立后任大司徒、丞相，曾力劝刘玄派刘秀巡行河北。更始政权败亡之后，归顺刘秀，先后受封为慎侯、安成侯。传见《后汉书·安成孝侯赐列传》。

②三齐甫受封而旋叛：秦末农民战争中，原齐国贵族田儋在齐地响应陈胜起义，复兴齐国。后田儋战死，田荣立其子田市为齐王。后来项羽分封诸王，迁田市为胶东王，以田都为齐王，田安为济北王，合称为"三齐"。田荣对这一安排深感不满，不久即起兵反叛项羽，田荣自立为齐王，逐走田都、杀死田市、攻杀田安，占据三齐之地。事见《史记·田儋列传》。

③王郎(？—24)：一名昌，赵国邯郸(今河北邯郸)人。初以卜相为业。后自称是汉成帝之子刘子舆，于公元23年被西汉宗室刘林和河北豪强李育等立为汉帝，定都邯郸。公元24年，刘秀破邯郸，王郎被杀。传见《后汉书·王郎列传》。

④尔朱兆(？—533)：字万仁，胡名吐没儿，北秀容(今山西忻州)人。北魏契胡族将领，太原王尔朱荣的堂侄。永安三年(530)，尔朱荣被北魏孝庄帝元子攸所杀，尔朱兆与尔朱世隆等族人据晋阳起兵，攻陷洛阳，在城内纵兵大掠，后又将孝庄帝绞死于晋阳。先后立长广王元晔、广陵王元恭为傀儡，自己掌握了北魏实权。普泰元年(531)八月，其部下高欢在信都起兵反抗尔朱氏，在广阿之战大败尔朱兆二十万大军，尔朱兆逃回晋阳。永熙元年(532)三月，再度为高欢所重创。七月，高欢进攻晋阳，尔朱兆仓皇舍弃晋阳，退到北秀容川。永熙二年(533)，高欢军袭破尔朱兆于秀容城，尔朱兆自缢而死。传见《魏书·尔朱兆列传》。

【译文】

既然如此，那么项羽如果禁止汉高祖入关，更始帝如果听从朱鲔的意见而拒绝刘赐的请求,不将河北委任给光武帝,则项羽和更始帝就可以始终保有大位而没有人能与他们相争吗?回答是:不能。禽类凭借气来相制,人类凭借道来相互役使,项羽帐下有韩信、陈平却不能禁止他们离去,更始帝手下有隗嚣却不能让他真心臣服,都是因为没有驾驭他们的办法。假使把汉高祖、光武帝置于项羽、更始帝的股掌之上,要任用他们不行,要杀他们也不可以,项羽和更始帝必将会自困而无计可施。秦汉之际,三齐刚刚受封就旋即反叛项羽,彭越、陈馀、英布自行其是、桀骜不驯而寻找时机、随时可能反叛;更始帝时,王郎蜂起于河北,赤眉反戈而向西进攻,项羽和更始帝终究无法巩固自己的地位,而只能招来无止息的祸乱。尔朱兆尚且不能制服高欢,何况是像汉高祖、光武帝这样具有涵养化育之功的人呢!所以将范增、朱鲔的计谋作为尽忠之谋的人,是愚蠢的,不可能挽救败亡的命运而只会扰乱天下。没有驾驭豪杰、平定四海的方法,却怀着猜疑妒忌之心打击、刁难别人,其灭亡只会更加迅速。

三 光武待王郎盆子不用权术

王者代天而行赏罚,参之以权谋,则逆天而天下不服,非但论功行赏、按罪制刑于臣民也。武王封武庚于东国,不得不封也,天也;周公相成王诛武庚,不得不诛也,天也①。三代以上,诸侯有道,天下归之,则为天子;天子无道,天下叛之,退为诸侯。武庚宜侯者也,不得不封;武庚宜安侯服②,而欲复干天命,不得不诛。既代天以赏罚,则洞然与四海公其衮钺③,而无所委曲于操纵以为驾驭之术。苏洵氏唯不知此④,故以权术测王者之举动,而成乎小人之邪说。

【注释】

①"武王"六句:武庚,《史记》中称作"禄父",是商纣王的儿子。商

朝灭亡后,周武王将商朝的旧都殷(今河南安阳)封给武庚,让他管理殷的遗民,并将管叔、蔡叔、霍叔封于其周围,以监视武庚。后来武庚勾结管叔、蔡叔发动叛乱,兵败被杀。事见《史记·周本纪》。东国,东方。这里指殷商旧都。

②侯服:古代王城外围,按一定距离所划分的区域。夏制指离王城一千里之地,周制指距王城五百里之地。为"五服"之一。

③衮钺(gǔn yuè):古代赐衮衣以示嘉奖,赐斧钺以示惩罚,故以"衮钺"喻指褒贬赏罚。

④苏洵(1009—1066):字明允,自号老泉,眉州眉山(今四川眉山)人。北宋文学家,与其子苏轼、苏辙并以文学著称于世,世称"三苏",均被列入"唐宋八大家"。其所著《权书》《衡论》等书,对历代史事多有精彩评论。传见《宋史·苏洵列传》。

【译文】

帝王代替上天施行赏罚,如果在其间参用权谋,则违背了天意而天下人不服,不仅是论功行赏、按照罪行对民众施加刑罚。周武王封武庚于东方,这是不得不封的,因为是天意;周公辅佐周成王而诛杀武庚,是不得不杀的,因为是天意。三代以前,诸侯如果有道,天下人都归附他,则他做天子;天子如果无道,天下人都背叛他,则他退位而降为诸侯。武庚是应当封侯的,不得不封;武庚应当安于侯爵,可他却想再次冒犯天命,因而不得不诛灭。既然代天来施行赏罚,则应当明明白白地向天下公开自己的赏罚,而不应当有所隐瞒、使用密谋诡计来作为驾驭臣下的手段。苏洵正是不懂得这个道理,所以用权术来揣度帝王的举动,而最终形成了他的小人邪说。

王郎遣杜威纳降①,威为郎请万户侯封,光武曰:"顾得全身可矣。"刘恭为盆子乞降②,恭问所以待盆子者,帝曰:"待以不死耳。"大哉王言! 奉天以行赏罚,而意智不与焉,斯乃允以继天而为之子。王郎者,妖人也。妖人倡乱,不可不诛;以其降而姑贳之③,终拒其降而斩之,以惩天下之妖妄,而天下定。盆子者,愚而为人立者也。愚且贱,而欲干天位也,可诛;非其志而听命于人也,可宥;待以不死,而授之散秩以养之④,义正而仁亦裕矣。所尤难者,光武决于一言,而更无委曲之辞以诱之,明白洞达,与天下昭刑赏之正,故曰:大哉王言,体天无私而为之子也。

【注释】

①杜威:王郎部下,时任谏议大夫。

②刘恭(? —28):泰山式(今山东宁阳)人。汉朝宗室,刘盆子的长兄。新莽末年被裹挟而加入赤眉军,更始政权建立后,刘恭归顺更始帝。赤眉军攻占长安后,刘恭为刘玄请命得赦。建武二年(26),随赤眉军诸将归附刘秀。后被仇敌刺杀。盆子:即刘盆子,泰山式(今山东宁阳)人。汉朝宗室。初与兄刘恭、刘茂被掠入赤眉起义军,从事放牧。更始三年(25)六月,被赤眉军领袖樊崇等拥立为皇帝,建元建世。建武三年(27),赤眉军兵败,刘盆子投降刘秀。刘秀厚赐刘盆子,后来刘盆子因病双目失明,刘秀又下令用荥阳的官田租税来奉养刘盆子终身。二人传皆见《后汉书·刘玄刘盆子列传》。

③贳(shì):宽纵,赦免。

④散秩:指闲散而无一定职守的官位。

【译文】

王郎派遣杜威向光武帝请降,杜威为王郎请求万户侯的封赏,光武帝说:"王郎只要能保全性命就足够了。"刘恭为刘盆子向光武帝乞降,刘恭问光武帝准备怎样对待刘盆子,光武帝说:"保证他不被处死罢了。"光武帝的话太博大啦！奉天命来施行赏罚，自己的意志不掺入其中，这样才能真正公允地执行天命而做天子。王郎，是个妖人。妖人带头作乱，不可不诛灭；光武帝因为他投降而姑且赦免他，可他最终拒绝投降，因此斩杀了他，以惩戒天下的妖妄之人，而天下得以安定。刘盆子，是个愚蠢的、被别人拥立的人。他愚蠢且卑贱，却想要登上天子之位，实在可以诛杀；但他并非出于自己的意志而是听命于他人，可以宽宥；保证他不死，并且授给他散官闲职来度过余生，可谓是合乎大义而足够仁慈了。尤为难能可贵的是，光武帝一言九鼎，而再没有婉转的言辞来引诱对方，明白洞达，向天下昭示刑罚和赏赐的正当，所以说：光武帝的话太博大了，他能够公正无私地执行上天意志而做天子了。

为权术之说者则不然，心恶之而姑许之，谓可以辑群雄之心，使刘永之俦①，相仍而革面。独不见唐高祖之待李密②，其后竟如之何也？狙诈兴而天下相长以伪③，故终唐之世，藩镇倏叛倏服，以与上相市，而兵不可戢。然则权者非权也，伪以长乱而已矣。《汤诰》曰："有罪不敢赦，帝臣不蔽，简在帝心④。"诚帝心也，岂忧天下之有不服哉？何所葸畏而与人相为狙侩乎⑤！故言权术以笼天下者，妾妇之智而已矣。

【注释】

①刘永(? —27)：梁郡睢阳(今河南商丘)人。汉朝宗室，梁孝王刘武八世孙。王莽篡位后，刘永失去梁王继承权。更始政权建立后，得以恢复了梁王爵位。刘永于是以梁国为根据地，笼络关东势力，割据一方。更始政权灭亡后，自立为天子，与刘秀争夺汉朝正统，但在与刘秀的战争中连战连败，最终被部将庆吾所杀。

传见《后汉书·刘永列传》。

②唐高祖:即李渊,唐朝开国皇帝。传见新、旧《唐书·高祖本纪》。
李密(582—619):字玄邃,一字法主,京兆长安(今陕西西安)人。
隋唐之际群雄之一。李密出生贵族世家,曾参加杨玄感叛乱,为
其出谋划策。隋末天下大乱时,李密成为瓦岗军首领,称魏公。
他率瓦岗军屡败隋军,但因诛杀瓦岗军原领袖翟让,引发内部不
稳,被隋军击败。后被越王杨侗招抚,又因与宇文化及的拼杀中
损失惨重,不久被王世充击败,率残部投降李渊。李渊厚待李
密,并派他去黎阳招抚旧部,但随即反悔,召回李密。李密大为
恐惧,遂叛唐自立,最终被唐将盛彦师斩杀。传见新、旧《唐书·
李密列传》。

③狙(jū)诈:狡猾奸诈。

④"有罪"三句:语出《论语·尧曰》:"有罪不敢赦,帝臣不蔽,简在
帝心。"意即如果你们有罪,我是不敢赦免的。我作为上帝的臣
仆不敢蒙蔽上帝,这都是上帝所知道的。帝,在夏、商是君王死
后的称呼,在周朝则专指天帝、上帝。随着皇权的神化,后人也
把皇帝简称为"帝",遂用"简在帝心"表示被皇帝所了解。王夫
之以为此语出自《尚书·汤诰》,当属记忆有误。《古文尚书·汤
诰》中确有近似内容:"罪当朕躬,弗敢自赦,惟简在上帝之心。"
然文字差别较大,且此篇真伪存在争议。

⑤葸(xǐ)畏:畏惧,害怕。驵侩(zǎng kuài):本指说合牲畜交易的
人,后泛指经纪人、市侩。

【译文】

　　主张使用权术的人则不是这样,心中憎恶对方却姑且答应他,说是
可以安定群雄的心,让刘永一类的人,能够相继洗心革面来归降。难道
唯独没看到唐高祖如此对待李密,其后来结果究竟如何吗?狡猾奸诈
兴起而天下作伪的风气越来越盛,所以整个唐代,藩镇忽叛忽降,以此

来与朝廷讨价还价,而战乱长期无法平息。由此看来,权术并非权衡之术,只不过引导人作伪来助长混乱罢了。《论语·尧曰》中说:"如果你们有罪,我是不敢赦免的。我作为上帝的臣仆不敢蒙蔽上帝,这都是上帝所知道的。"如果帝王之心是诚挚的,又怎么会担忧天下人会不服从?究竟是畏惧什么而要在跟别人相处时做市侩呢!所以主张用权术来笼络天下的人,不过是妾妇的智慧罢了。

四　杀李轶封朱鲔

冯异招李轶于雒阳①,轶报曰:"千载一会,思成断金②。"异斩武勃③,轶闭门不救,是宜受其款而雒阳可速下也④。光武则宣露其书,使朱鲔杀轶。轶本与伯升俱起,谄事诸将,忌伯升而谮杀之,光武欲得而甘心久矣。轶死,而雒阳之围经年始拔,事有宁劳而不贪近功以申大义者,此是也。乃杀伯升者,朱鲔之本志,轶特徇鲔而从之者尔。帝之于鲔也,使岑彭说之曰⑤:"举大事者,不忌小怨,鲔降,官爵可保,河水在,吾不食言。"鲔降而拜将军,封列侯,传封累世。同怨而异报,达于理者之制恩怨,非常情之所可测也如此。

【注释】

①冯异(? —34):字公孙,颍川父城(今河南宝丰东)人。东汉开国功臣,"云台二十八将"之一。冯异原为新朝颍川郡掾,后归顺刘秀,随之征战,参与平定河北、围攻洛阳等一系列战役,协助刘秀建立东汉政权,封阳夏侯。后作为征西大将军击破赤眉、平定关中。建武十年(34)病逝于军中。传见《后汉书·冯异列传》。

②断金:力量大得能折断金属,比喻同心合作。

③武勃:更始帝部下,时任更始政权河南太守,奉命与李轶、朱鲔共

同守卫洛阳。其事见于《后汉书·冯异列传》。

④款：求和，议和。

⑤岑彭(? —35)：字君然，南阳棘阳(今河南南阳南)人。东汉开国功臣，"云台二十八将"之一。新莽时，曾任棘县令，后投刘玄，被封为归德侯，后属刘秀。与大司马吴汉等率兵进围洛阳，迫降更始大将朱鲔。先后率师征讨隗嚣、公孙述等，守益州牧。兵近成都时，被公孙述遣人暗杀。传见《后汉书·岑彭列传》。

【译文】

冯异围攻洛阳时招降李轶，李轶回信说："这是千载一遇的机会，希望能同心合作。"冯异斩杀武勃，李轶关闭城门不去援救武勃，这时应当接受李轶的投降，如此则可以很快拿下洛阳。而光武帝却向外界透露了李轶的书信，使朱鲔杀死了李轶。李轶本来与刘縯一同起兵，却谄媚诸将，忌恨刘縯而向更始帝进谗言，使其杀了刘縯，光武帝早就想得而诛之了。李轶死后，光武帝的军队围攻洛阳一年多才攻克，事情有宁愿多费周折而不急功近利以申明大义的，正是这种情况。至于杀害刘縯，乃是出于朱鲔的本心，李轶只不过是溜须拍马而顺从他的意见罢了。光武帝对朱鲔，派岑彭游说他道："做大事的人，不忌恨小怨，朱鲔如果投降，他的官爵可以保住，有黄河为证，我绝不食言。"朱鲔投降后被拜为将军，封列侯，传封了几代。同样的怨仇却有不同的回报，通达事理的人对待恩怨的态度，竟是如此地难以用常情来揣测。

虽然，亦恶有不可测哉？伯升初起，始发于李轶，迎光武而与建谋，则轶固光武兄弟所倚为腹心也。更始立，朱鲔、张卬暴贵，轶遽背而即于彼。因势而迁者，小人之恒也，亦何至反戈推刃而无余情哉？及光武初定河北，始有入关之志。更始委三十万之重兵于轶守雒阳，而李松甫败于赤眉^①，轶又窥长安之不固而思附光武，靦然纳断金之言而不惭。光武曰："季文多诈，不能得其要领。"特假手于鲔以杀之，而讨犹未伸，非可以鲔例之也。

【注释】

①李松甫败于赤眉：李松，南阳宛（今河南南阳宛城区）人。东汉固始侯李通从弟，参加绿林起义，后成为更始政权丞相，与右大司马赵萌共同执掌朝政。建武元年（25）三月，更始帝派遣李松讨伐赤眉军，两军在蓩（mǎo）乡展开大战，李松大败，死三万余人，不久被赤眉军擒获。事见《后汉书·刘玄列传》。

【译文】

尽管如此，难道真的有什么不可揣测的吗？刘缤兄弟最初兴起，就发端于李轶，是李轶迎接光武而与其商定了起义的详细谋划，则李轶本来是光武兄弟所倚重为腹心的人。更始帝被拥立，朱鲔、张卬骤然显贵，李轶马上背弃了光武兄弟而投靠了他们。随着时势而改变自己的态度，见风使舵，本来是小人的常情，但又何至于反戈相向、操刀相残而丝毫没有余情呢？到光武帝初步平定河北后，他才有了进入关中的念头。更始帝将三十万重兵委托给李轶来防守洛阳，而李松刚被赤眉军击败，李轶又窥测到长安无法固守而想要依附光武帝，厚颜无耻地向光武帝献上同心合作、其利断金的誓言。光武帝说："李轶诡计多端，无法得知他的真实意图。"于是特意借朱鲔之手杀死了李轶，而对他的声讨尚未伸张，实在死有余辜，并不能与朱鲔的情况相提并论。

鲔起于平林^①，先光武以举事，与伯升未有交也；奉更始而为更始谋杀伯升者，亦范增之愚忠耳。更始之诸将，类皆贼也，而鲔独异。杀伯升，留光武而不遣，知有更始而不恤其他；诸将挟功而欲自王，更始弗能违也，鲔独守高帝之约，辞胶东之封；受命守雒，百战以与寇恂、冯异争死生之命；及长安破，更始降于赤眉，雒阳孤立无援，且坚壁固守，以杀伯升为惭而不降。故通更始之廷所可与有为者，唯鲔一人而已。于事君之义，立身之耻，殆庶几焉。藉令光武以怨轶者怨鲔而拒戮之，则以私怨而废天下之公，且将奖人臣之操异志以介从违，而何以劝忠乎？子曰："以直报怨②。"直者，理而已矣，于轶何可忘，而于鲔何容芥蒂也③！

【注释】

①平林：地名。在今湖北随州东北。地皇三年（22），朱鲔与陈牧、廖湛等聚众千余人响应王匡、王凤率领的新市兵，在平林起义，其部队称"平林兵"。

②以直报怨：语出《论语·宪问》："或曰：'以德报怨，何如？'子曰：'何以报德？以直报怨，以德报德。'"意谓以公平正直的态度对待伤害自己的人。

③芥蒂：细小的梗塞物，比喻积在心中的怨恨、不满或不快。

【译文】

朱鲔是从平林起兵的，他先于光武帝起义，与刘縯也没有交往；他拥戴更始帝而为更始帝出主意诛杀刘縯，也不过是如同范增对项羽的愚忠罢了。更始帝麾下的诸将，基本都是盗贼出身，而朱鲔唯独与他们不同。他提议诛杀刘縯，留光武帝在更始帝身边而不派他去巡行河北，这是心中只知道有更始帝而不顾其他；诸将自恃有功而想要自己称王，更始帝无法违逆他们，唯独朱鲔恪守汉高祖不得封异姓为王的约定，辞去胶东王的封爵；受命防守洛阳，连续作战上百次，以与寇恂、冯异争生死存亡；等到长安被攻破，更始帝投降于赤眉军，洛阳孤立无援，尚且坚壁固守，觉得诛杀刘缤有愧而不肯投降。所以在更始帝整个朝廷中，能够同他一道有所作为的，只有朱鲔一人而已。他对于事奉君主的大义，立身的荣辱，几乎做得很好了。假使光武帝像怨恨李轶那样怨恨朱鲔，而拒绝其投降并诛杀他，则是因为私怨而荒废了天下的大公之道，而且将鼓励人臣怀着二心来见风使舵、谋取好处，而又怎么能劝人忠诚呢？孔子说："以公平正直的态度对待伤害自己的人。"所谓"直"，就是指其中的道理而已，对于李轶有什么可以忘记，而对于朱鲔又如何能容纳芥蒂呢！

五 卓茂敦实行远虚名

效卓茂之为[①]，可以化今之人乎？曰：何为其不可也！效卓茂之为，遂可以化人乎？曰：何为其可也！所以然者何也？素履无咎[②]，居心无伪，而抑于大节不失焉，则行之也，和顺而无矫物之情，笃实而不期功名之立，动之以天而物弗能违矣。非然，则严诩之以乱颍川者[③]，所谓"乡原德之贼也"[④]。王莽之当国，上下相率以伪，效茂之迹以夸德化者，非直一严诩也；莽皆乐推之以诱天下，彼亦乐附莽而成其利达。莽居摄而茂以病免，名不照于当时，而莽无求焉。自拔于流俗，而居约以自污[⑤]，敦实行而远虚名，茂自此远矣。

【注释】

①卓茂(？—28)：字子康，南阳宛(今河南南阳宛城区)人。两汉之际儒学家。卓茂青年时到长安学习《诗经》《礼记》和历法算术，号称"通儒"。初为丞相府史，后任侍郎、密县令。在任密县令时政绩突出，深得百姓爱戴、官吏信服，升任京部丞。王莽篡汉时，卓茂称病辞官回乡。更始元年(23)，更始帝任卓茂为侍

中祭酒,卓茂得知更始政权混乱,以年老为由告老回家。东汉
建立后,卓茂前往河阳觐见刘秀,被任命为太傅,封褒德侯。建
武四年(28)去世。传见《后汉书·卓茂列传》。

②素履无咎:语出《周易·履卦》爻辞:"初九。素履,往无咎。"意谓
穿着朴素的鞋子,往前行进没有灾害,比喻平时行事纯正自守而
没有过错。

③严诩之以乱颍川者:参见卷五"平帝三"条及注。

④乡原德之贼也:语出《论语·阳货》:"乡愿,德之贼也。"意指所谓
"乡愿",是败坏道德的人。乡原,即乡愿,指乡里言行不一、伪善
欺世的人。

⑤居约:隐居,生活贫贱。

【译文】

　　效仿卓茂的做法,可以教化今天的人吗? 回答是:为什么不可以
呢! 效仿卓茂的做法,就一定可以教化人了吗? 回答是:为什么可以
呢! 为什么要这样说呢? 因为平时行事没有过错,居心不虚伪,而且不
失大节,则效仿卓茂的做法,平和柔顺而没有矫揉造作之情,忠诚老实
而不期望建立功名,依照天意行事而外物不能违背他。反之,则严诩将
颍川郡搞乱,就是因为所谓"乡愿是败坏道德的人"。王莽当权时,上下
都以虚伪相率,效仿卓茂的行迹来夸耀德行教化的人,并不是只有一个
严诩;王莽很愿意把他们都推举出来以诱惑天下,他们也都乐于依附王
莽而飞黄腾达。王莽摄政而卓茂以生病为理由被免官,因为他当时名
声不显赫,所以王莽也就没再征召他。卓茂使自己脱离流俗,而甘于贫
贱,不惜自污,注重实际操行而远离虚名,卓茂从此远离虚名之累了。

　　且其谕部民之言曰:"人所以群居不乱异于禽兽者,以
有仁爱礼义,知相敬事也。"扩愚贱之昏瞀①,而示以天理流
行之实,夫岂托迹宽仁以干誉者之所能及此乎? 茂唯有此,

虽无皦皦之名②,而志终不降;虽违物情之顺,而不爽天性之贞。自非然者,恭而谄,宽而弛,朴而鄙,无得于心,不全其大,徒饰为从容平易之容,石建以之猎显名厚实③,而不保其子之令终④。天不可罔,人固不可重欺也。故欲学茂者,无但求之事为之迹也。

【注释】

①昏瞀(mào):昏暗愚昧。

②皦皦(jiǎo):洁白、明净的样子。

③石建(?—前123):河内温县(今河南温县)人。其父是以恭谨著称的"万石君"石奋。汉武帝"建元改制"失败后,依窦太后意见任命石建为郎中令,其弟石庆为内史。石建忠孝谨慎,自任郎中令后,管理官内事务极少出差错,得到汉武帝信任。元朔六年(前123),因居父丧伤心过度而病逝。传见《史记·万石张叔列传》《汉书·石建传》。

④不保其子之令终:据《史记》《汉书》记载,石建之弟石庆为丞相时,其家族子弟中担任二千石高官者有十余人。但石庆死后,这些人有的因犯罪而被免官,如石庆之子石德就因在太常任上犯法而被免为庶民,其家族逐渐衰落。事见《史记·万石张叔列传》《汉书·石建传》。

【译文】

而且卓茂劝谕属下的百姓说:"人之所以能群居不乱而与禽兽不同,就是因为人有仁爱礼义,知道相互尊敬。"拓开愚昧贫贱百姓的昏暗封闭的视野,而向他们展示天理流行的事实,这哪里是假托宽仁的行迹以沽名钓誉的人所能做到的呢?卓茂正是因为能如此,虽然没有清白的名声,却志向始终不改;虽然违背了事物的自然情理,却没有损害天性的忠贞。自己达不到这种境界,恭谨而失于谄媚,宽大而失于松弛,朴实而失于鄙陋,没有心得,不能顾全大局,只是装成一副从容平易的样子,石建靠这猎取了显赫的名声和丰厚的实利,却不能保住子孙,使他们得到好的结局。上天不可以愚弄,人本来也不可以自欺欺人。所以想要学习卓茂的人,不要只求仿效他的行迹。

六 冯衍移怨恨于妻子

鲍永、冯衍审知更始之亡而后降①,正也。然既已事主不终,纳款以免战争攻守之祸②,岂更有无妄之福可容其觊望乎③?鲍永以立功而受封,虽可受之而无疚,要亦听新主之自为予夺耳。冯衍曰:"天命难知,人道易守,守道之臣,何患死亡。"苟知此矣,在贫如富,在贱如贵,悠游卒岁,俟命而无求,岂不成乎大丈夫哉!而怏怏失志,移怒忿于妻子,抒怨怼于文辞④;然则昔之阻孤城、抗大敌而不降者,正留一不挑之节,为夫死更嫁之地,衍之生平,败于此矣。光武终废而不用,不亦宜乎!

【注释】

①冯衍:字敬通,京兆杜陵(今陕西西安)人。新莽末年投奔更始帝,被任命为"立汉将军"。更始帝死后,他与鲍永审慎地确认刘玄已死后投降刘秀,但不被重用,出为曲阳县令。在此期间,由于结交外戚,被免官归乡,闭门自保。建武末年曾上疏自陈,仍不被任用,故作《显志赋》以自励。明帝即位后,又上书自辩,终不见用,潦倒而死。传见《后汉书·冯衍列传》。

②纳款:归顺,降服。

③无妄之福:意外获得的福祉。

④怨怼(duì)：怨恨，怨望。

【译文】

鲍永、冯衍审慎地确认更始帝已经死亡后才投降光武帝，是正确的。然而既然已经不能事奉君主到底，归顺投降以免受战争攻守的灾祸，怎么还会有无妄之福来容许自己觊觎呢？鲍永因为立功而受封，虽然可以接受而心中没有内疚，但是也要听从新君主封赏的决定。冯衍说："天命难以知晓，人道容易坚守，坚守正道的臣子，怎么会担忧死亡。"如果真的懂得了这个道理，在贫穷时就像富裕时一样，在卑贱时就像尊贵时一样，悠然度日，听天由命而无欲无求，难道不能成为大丈夫吗！而他却感觉怏怏不得志，将愤怒转移到妻子儿女身上，用文辞来抒发自己的怨恨；如此则昔日坚守孤城、抵抗大敌而不投降的举动，正是将无可挑剔的气节，转化为死了丈夫便改嫁的境地，冯衍的一生，就是败坏在了这里。光武帝最终将他废弃而不用，不也是应该的吗！

七　光武激彭宠使速反

光武之处彭宠①，不谓之刻薄而寡恩，不得矣。王郎之乱，微耿况与宠之力不及此②。天下粗定，置宠若忘，而以年少骄蹑之朱浮位于其上③，宠恶能不怨邪？泄浮之奏以激宠，使速反而殪之④，诚不知光武之何心。意者宠之初发突骑助光武讨王郎⑤，宠无固志，特为吴汉、王梁所胁诱⑥，而耿况、寇恂从臾之，以此有隙焉，而虽功亦罪乎？夫天下竞起，疑王疑帝，岂易测之于风尘之下？既有功于己而拯其急，则固未可忘也。光武能忍于反侧子而不能忍于宠也何邪⑦？

【注释】

①彭宠(？—29)：字伯通，南阳宛(今河南南阳宛城区)人。新莽时

期曾任大司空士,刘玄称帝后被任命为渔阳太守。刘秀、王郎争夺河北时,彭宠在部下吴汉、王梁等人的劝谏下决定归顺刘秀,并为刘秀平定河北提供将领、士兵、粮草。彭宠自以为功劳大,对刘秀给予自己的待遇心怀不满。他与幽州牧朱浮不和,建武二年(26)春,刘秀征召彭宠入京,彭宠认为是朱浮在刘秀面前构陷自己,拒不奉诏,并起兵反汉,自称燕王。建武五年(29),彭宠被家奴杀死。传见《后汉书·彭宠列传》。

②耿况(?—36):字侠游,扶风茂陵(今陕西兴平)人。新莽时期任朔调连率,后被更始帝刘玄任命为上谷太守。刘秀巡行河北时,在长子耿弇劝说下归顺刘秀,帮助刘秀消灭王郎、平定彭宠叛乱。建武四年(28),被封为隃糜侯。次年奉诏入居洛阳。建武十二年(36)病故,谥号烈侯。其事散见于《后汉书·耿弇传》《后汉书·彭宠列传》《后汉书·寇恂列传》《后汉书·景丹列传》等。

③朱浮(前6—66):字叔元,沛国萧(今安徽萧县)人。早年跟随刘秀为大司马主簿、偏将军。跟随刘秀攻破邯郸后,被任命为大将军、幽州牧。朱浮与彭宠不和,屡次向刘秀告发彭宠有不臣之心。彭宠起兵叛乱后,涿郡太守张丰也起兵反汉,朱浮兵败弃城而逃。后曾任执金吾、大司空。建武二十二年(46),因犯法而被免职。永平中,被人告发,明帝大怒,将其赐死。传见《后汉书·朱浮列传》。

④殪(yì):杀死。

⑤突骑:两汉之际幽州地区的精锐骑兵部队。

⑥吴汉(?—44):字子颜,南阳宛(今河南南阳宛城区)人。东汉开国名将,"云台二十八将"之一。曾任新朝宛县亭长,后在彭宠手下任安乐令。刘秀巡行河北时,吴汉极力劝说彭宠归顺刘秀,并率军援助刘秀,攻破邯郸后被封为偏将军、建策侯。此后,吴汉斩杀苗曾、谢躬,平定铜马、青犊等农民军。刘秀称帝后,吴汉任

大司马、广平侯，先后扫灭刘永、董宪、公孙述、卢芳等割据势力。建武二十年(44)病逝，谥号忠侯。传见《后汉书·吴汉列传》。王梁(?—38)：字君严，渔阳要阳(今北京密云)人。东汉开国功臣，"云台二十八将"之一。原为渔阳郡狐奴令，后与吴汉共同劝说彭宠归顺刘秀。其后率军随刘秀征战，被拜为偏将军、封武强侯。刘秀称帝之后，王梁历任野王令、大司空、河南尹等职。建武十四年(38)病逝。传见《后汉书·王梁列传》。

⑦反侧子：指怀有二心的人。据《后汉书·光武帝纪》记载，刘秀消灭王郎后，收得属下暗中与王郎勾结、毁谤自己的文书数千封。刘秀不去看这些文书，而是集合诸将军，当众将全部文书烧毁，说："令反侧子自安。"

【译文】

光武帝对待彭宠的做法，不称之为刻薄寡恩，是说不过去的。王郎之乱，如果没有耿况和彭宠的力量是不能平定的。天下大体平定，光武帝就将彭宠放在一边好像遗忘了一样，而将年少骄躁的朱浮提拔到彭宠之上的位置，彭宠怎么能不怨恨呢？光武帝泄漏朱浮的奏疏以激怒彭宠，使他尽快反叛而诛灭他，实在不知道光武帝是何用心。或许彭宠最初发幽州突骑来帮助光武帝讨伐王郎，彭宠当时并没有坚定的信念，只是被吴汉、王梁胁迫、诱惑，而耿况、寇恂又跟在后面怂恿，他才发兵的，因此产生了嫌隙，所以即使有功也算罪过吗？可是当时天下豪杰竞相起兵，纷纷称王称帝，在风尘之下哪容易认清光武帝是"真龙天子"呢？既然彭宠曾经对自己有功，而且解救过自己的危难，则本来就不应当忘记他。光武能容忍怀有二心的人，却不能容忍彭宠，究竟是因为什么呢？

乃宠之不得其终也，亦有以自取矣。耿况之始归光武，亦寇恂决之也；乃既决于听恂矣，则遣其子弇亲将而来①，称帝之议，弇无所避而密陈之，故寇恂虽见委任，而不能掩况父子之输忠。宠弗然也，从汉与梁之策，即遣汉与梁任之，资以兵众，而成汉与梁之丰功，宠无与焉。汉与梁驰驱于中原，而己晏坐于渔阳②，何其不自树立，倒柄以授人邪？宠之愚不应至是，则宠有犹豫之情可知矣。光武而兴，则汉与梁为己效功；光武而败，则汉与梁任其咎，而己犹拥郡以处于事外。呜呼！处乱世，拥重兵，势不可以无事，非儒生策士徘回顾虑之时也③。虑未可以委身，则窦融虽后至而无猜；审可以托迹，则得丧死生决于一念；若其姑与之而留余地以自处，犯英主之大忌，受群言之交摘，未有能免者也。《易》曰："需于泥，致寇至④。"敬慎且危，而况悍妻群小之交煽乎？乱世之去就，决之以义而已；义定而守之以信，则凶而可以无咎。需者事之贼，非欲其躁也，无两端以窥伺之谓也。宠之不免，非旦夕之故矣。虽然，略其心，纪其绩，以不忘患难之初心，则物自顺焉。光武之刻薄寡恩也，不得以宠之诈愚而谢其咎也。

【注释】

①弇：指耿况之子耿弇（3—58），字伯昭，扶风茂陵（今陕西兴平）人。东汉开国名将，"云台二十八将"之一。耿弇自幼喜好兵事，力劝其父投奔刘秀，并亲自率军前往追随刘秀，被任命为偏将军，跟随刘秀平定河北。攻克邯郸后，耿弇力劝刘秀称帝。刘秀称帝后，耿弇被封为建威大将军、好畤侯。此后，耿弇败延岑、平齐鲁、攻陇右，为东汉的统一立下赫赫战功。建武十三年（37），耿弇辞去大将军职。永平元年（58）去世，谥号愍侯。传见《后汉

书•耿弇列传》。

②渔阳：郡名。战国燕置渔阳郡，秦汉治所在渔阳（今北京密云西南）。

③徘回：回旋往返。

④需于泥，致寇至：语出《周易•需卦》爻辞："九三：需于泥，致寇至。"意谓贪图更大的猎物，不小心陷在泥中，导致猎物被强盗夺走。需，意为等待。

【译文】

彭宠不得善终，也是他咎由自取。耿况刚开始归顺光武帝，也是寇恂决定的；他决心听从寇恂的意见后，就派自己的儿子耿弇亲自率军前往跟随光武帝，议论称帝之事的时候，耿弇也无所回避地向光武帝密陈自己的意见，所以寇恂虽然被委以重任，却不能掩盖耿况父子对光武帝的忠诚。彭宠却不是这样，他听从吴汉和王梁的计策，就派遣吴汉和王梁为将，拨给他们军队，结果成全了吴汉和王梁的大功，彭宠却没有份。吴汉和王梁在中原驰骋作战，而彭宠自己安然坐镇渔阳，他为何不自己树立功劳，反而把刀柄授给别人呢？彭宠的愚蠢应当不至于到这个地步，则由此可知彭宠有犹豫之情。光武帝如果能成功，则吴汉和王梁为自己挣得了一份功劳；光武帝如果失败，则吴汉和王梁承担责任，自己则仍然可以控制渔阳郡而置身事外。唉！处在乱世，手握重兵，势必不可能无事，这并非是应该像儒生策士那样顾虑徘徊的时候。如果忧虑光武帝不足以托身，则窦融虽然后归降却没有被猜忌；仔细审视是否可以托身的迹象，则得失生死都取决于一念之间；像彭宠这样姑且给自己留有余地以安置自己，犯了英明君主的大忌，受到舆论的轮番指责，没有能够幸免的。《周易》中说："贪图更大的猎物，不小心陷在泥中，导致猎物被强盗夺走。"恭敬谨慎尚且有危险，何况是凶悍的妻子、周围的小人交相煽风点火呢？乱世中的去或留，用义来决定就可以了；大义已定而用信来坚守，则虽卦象凶险却可以没有灾祸。需，也就是等待，是事业成功的大敌,并不是要让人们急躁,而是说不要首鼠两端,见风使舵。彭宠不能免于灾祸,并非一朝一夕形成的。尽管如此,不苛求其心迹,记住其功绩,以不忘身处患难之时的初心,则情理自然能通顺。光武帝的刻薄寡恩,是不能用彭宠的奸诈、愚蠢当借口而推脱其应受的谴责的。

八　光武取天下以柔道

光武之得天下,较高帝而尤难矣。建武二年①,已定都于雒阳,而天下之乱方兴。帝所得资以有为者,独河北耳。而彭宠抑叛于幽州②,五校尚横于内黄③。关以西,邓禹虽入长安④,赤眉环绕其外,禹弗能制焉。郾、宛、堵乡、新野、弘农⑤,近在咽颊之间,寇叛接迹而相为牵制,不异更始之在长安时也。刘永、张步、董宪、苏茂⑥,横亘东方,为陈、汝眉睫之患⑦;隗嚣、公孙述姑置而可徐定者勿论焉。其视高帝出关以后,仅一项羽,夷灭之而天下即定,难易之差,岂不远哉?

【注释】

①建武:东汉光武帝刘秀的年号,使用时间为 25—56 年。建武二年,即 26 年。

②幽州:辖今北京、河北北部、辽宁南部、内蒙古东南部及朝鲜西北部地区。

③五校:指五校农民军,是新莽末年在河北地区兴起的农民军之一,主要活动范围在今河南濮阳一带。后被刘秀消灭。内黄:今属河南。

④邓禹(2—58):字仲华,南阳新野(今河南新野)人。东汉开国元

勋，"云台二十八将"之一。年轻时曾在长安学习，与刘秀交好。更始元年(23)，刘秀巡行河北，邓禹前往追随，提出"延揽英雄，务悦民心，立高祖之业，救万民之命"的方略，被刘秀"恃之以为萧何"。邓禹协助刘秀建立东汉，平定河北、河东，功劳卓著。刘秀称帝后，封邓禹为大司徒、酂侯。其后邓禹奉刘秀之命进攻关中，一度占领长安，但被赤眉军击败，邓禹被召回，任右将军。天下平定后改封高密侯。明帝即位后拜为太傅。永平元年(58)去世，谥号元侯。传见《后汉书·邓禹列传》。

⑤郾(yǎn)：今河南漯河郾城区。宛：今河南南阳宛城区。堵乡：今河南方城。新野：今属河南。

⑥董宪(？—30)：更始政乱长安后，起兵东海。建武三年(27)，梁王刘永立他为海西王。建武五年(29)，刘秀征讨昌虑，董宪兵败逃亡。次年，被校尉韩湛追杀于方与。其事见于《后汉书·光武帝纪》《后汉书·吴汉列传》《后汉书·刘永列传》等。张步(？—32)：字文公，琅邪不其(今山东青岛城阳区)人。东汉初割据军阀。新莽末年起兵，割据齐地十二郡。建武五年(29)，刘秀派大将耿弇讨伐张步，张步兵败投降。建武八年(32)，张步试图东山再起，被琅邪太守陈俊捕杀。传见《后汉书·张步列传》。苏茂(？—29)：陈留(今河南开封东南)人。原为刘玄政权的讨难将军。建武元年(25)随朱鲔投降刘秀，次年在广乐举兵造反，投靠刘永。但在此后的战斗中接连被汉军击败，于建武五年(29)北上投奔张步，被张步斩杀，将首级献给刘秀。其事散见于《后汉书·光武帝纪》《后汉书·刘玄列传》《后汉书·刘永列传》等。

⑦陈、汝：指陈留郡和汝南郡，相当于今河南东部、南部地区。

【译文】

光武帝取得天下，比起汉高祖要难得多。建武二年，光武帝已经定都于洛阳，而天下的战乱正处于非常激烈的时期。光武帝当时所能利用有所作为的地盘,只有河北罢了。而彭宠又在幽州反叛,五校军横行于内黄。函谷关以西,邓禹虽进入了长安,却有赤眉军环绕其外,邓禹无力制服他们。郾、宛、堵乡、新野、弘农这些地方,与洛阳近在咽喉脸颊之间,贼寇叛军相继出没,极大地牵制着光武帝,这与更始帝在长安时的处境没有什么不同。刘永、张步、董宪、苏茂等人,横行于东方,成为陈留、汝南地区迫在眉睫的祸患;隗嚣、公孙述等可以暂且置之不理的势力还不论。这种局面,比起当初汉高祖出潼关以后,仅有一个项羽作为敌人,将他消灭以后天下就平定了,这其中的难易程度,难道不是差得很远吗?

　　或曰:项羽,劲敌也,赤眉、五校、刘永、张步、董宪、苏茂、董䜣、苏况、隗嚣①,皆非羽伦,则光武易。夫寇岂有常哉?项羽之强也而可使弱,弱者亦何不可使强也。曹操虑袁绍之难平②,而卒与争衡者周瑜之一隅③;苻坚荡慕容、姚氏之积寇④,而一败不支于谢玄之一旅⑤。时之所兴,势之所凑,人为之效其羽翼,天为之长其聪明,燎原之火,一爝未灭⑥,而猝已焚林,讵可量邪?且合力而与争者一涂,精专志定,无旁挠焉,而恶得不易!分势而四应者杂起,左伏右起,无宁日焉,而恶得不难!使以高帝荥阳之相持⑦,而遇光武丛生之敌,乘间捣虚而掣其后,羽不待约,而人为之犄角,高帝不能支矣。则甚矣光武之难,而光武之神武不可测也。

【注释】

①董䜣(xīn):南阳堵乡(今河南方城)人。建武二年(26)起兵反叛刘秀,与反叛刘秀的破虏将军邓奉联合,汉军不能攻克。次年夏,刘秀亲征南阳,大破董䜣军,董䜣投降。其事散见于《后汉

书·岑彭列传》《后汉书·坚镡列传》等。苏况：陕西人。东汉初攻杀弘农太守，举兵反刘秀。其事见于《后汉书·景丹列传》。

②袁绍(? —202)：字本初，汝南汝阳(今河南商水)人。东汉末年割据群雄之一。出身"四世三公"的门阀大族，早年任中军校尉、司隶校尉，曾指挥诛杀宦官。初平元年(190)，与董卓对立，被推举为关东联军盟主。其后袁绍先占据冀州，又先后夺青、并二州，并于建安四年(199)击败公孙瓒，统一河北。建安五年(200)，在官渡之战中大败于曹操，狼狈逃回河北。建安七年(202)病逝。传见《后汉书·袁绍列传》。

③周瑜(175—210)：字公瑾，庐江舒县(今安徽庐江)人。东汉末年名将。年少时与孙策交好，追随孙策奔赴战场平定江东。孙策遇刺身亡后，孙权继任，周瑜以中护军身份主管军事。建安十三年(208)，周瑜率军与刘备联合，于赤壁之战中大败曹军，由此奠定了"三分天下"的基础。建安十四年(209)，拜偏将军，领南郡太守，次年病逝于巴丘。传见《三国志·吴书·周瑜传》。

④苻坚荡慕容、姚氏之积寇：指苻坚攻灭鲜卑慕容氏统治的前燕和姚氏统治的羌人政权等割据势力，成功统一北方。事见《晋书·苻坚载记》。

⑤谢玄(343—388)：字幼度，陈郡阳夏(今河南太康)人。东晋军事家，谢安之侄。早年为大司马桓温部将，后被谢安荐举为建武将军、兖州刺史，统领"北府兵"。太元八年(383)，在淝水之战中任前锋都督，击败倾国南征的苻坚。次年乘胜进军中原，先后收复了今河南、山东、陕西南部等地。后因病改任左将军、会稽内史。太元十三年(388)病逝。传见《晋书·谢玄列传》。

⑥爝(jué)：小火。

⑦荥(xíng)阳：今属河南。楚汉战争时期刘邦与项羽曾在此地对峙。

【译文】

有人说：项羽是劲敌，赤眉军、五校军、刘永、张步、董宪、苏茂、董诉、苏况、隗嚣等人，都无法与项羽相比，所以光武帝平定天下更容易。敌寇难道能够长期保持不变吗？项羽强盛却可以设法使其削弱，弱者又如何不能变强呢？曹操担心袁绍难以平定，而最终与他抗衡的却是东南一隅的周瑜；符坚荡平了前燕、羌族姚氏等割据多年的势力，却在淝水之战中败给谢玄，从此一蹶不振。时代想要其兴起，大势所趋，人们都愿意为其做羽翼，上天为其助长聪明才智，如同燎原之火，一团火苗尚未熄灭，而已经猝然焚毁了大片森林，难道可以估量吗？况且如果合力而与自己争斗的对手只有一个，则可以专心致志，全力以赴，没有别的干扰，怎么能不容易！而如果分散的敌对势力四处相互响应而举兵，左伏右起，就没有安宁之日了，又怎么会不难！假如汉高祖在荥阳与项羽对峙相持的时候，遇到像光武帝时那样丛生的对手，这些势力趁机攻击其虚弱位置而在其身后掣肘，不用等到项羽和他们约定，就有人主动与项羽结成掎角之势，汉高祖就力不能支了。可见，光武帝遇到的困难太多、太严重了，而光武帝的英明神武实在是不可测度。

乃微窥其所以制胜而荡平之者，岂有他哉？以静制动，以道制权，以谋制力，以缓制猝，以宽制猛而已。帝之言曰："吾治天下以柔道行之。"非徒治天下也，其取天下也，亦是而已矣。柔者非弱之谓也，反本自治，顺人心以不犯阴阳之忌也。孟子曰："行法以俟命[①]。"光武其庶几乎！高帝之兴，群天下而起亡秦，竞智竞力，名义无所伉，人心无所惑也。光武则乘思汉之民心以兴，而玄也、盆子也、孺子婴也、永也、嘉也，俱为汉室之胄，未见其分之有所定也。苟有分义以相摇，则智力不足以相屈，故更始亡而故将犹挟以逞志。

然则光武所以屈群策群力而独伸焉者,舍道其何以哉? 天下方割裂而聚斗,而光武以道胜焉。即位未久,修郊庙,享宗祖,定制度,行爵赏,举伏湛^②,征卓茂,勉寇恂以绥河内,命冯异使抚关中,一以从容镇静结已服之人心,而不迫于争战。然而桀骜强梁之徒^③,皆自困而瓦解。是则使高帝当之,未必其能耆定如此也^④。而光武之规模弘远矣。

【注释】

①行法以俟命:语出《孟子·尽心下》:"君子行法,以俟命而已矣。"意即君子依法度而行事,至于结果如何,只是等待命运决定了。

②伏湛(? —37):字惠公,琅邪东武(今山东诸城)人。王莽时曾任绣衣执法,更始帝刘玄即位后,被任命为平原太守。刘秀即位后,任其为尚书,负责在旧制基础上重新制定各项制度。建武三年(27)任大司徒,封阳都侯,后改封不其侯。建武十三年(37)去世。传见《后汉书·伏湛列传》。

③强梁:凶狠残暴。

④耆定:平定。

【译文】

仔细探究光武帝之所以能够克敌制胜、荡平群雄的策略,难道还有其他的因素吗? 也就是以静制动,以道制权,以谋制力,以缓制猝,以宽制猛而已。光武帝说:"我治理天下用的是柔术。"其实不仅仅是治理天下,他取得天下,用的也是柔术而已。所谓柔并不是指弱,而是返回本源、自我整顿,顺应人心,从而不犯阴阳的忌讳。孟子说:"依法度而行事,结果等待命运决定。"光武帝差不多达到这个境界了吧! 汉高祖的兴起,是率领天下共同起来推翻暴秦,大家竞智竞力,名义上无人能够相抗衡,人心也没有什么可疑惑的。光武帝则是利用思念汉朝的民心来兴起的,而刘玄、刘盆子、孺子刘婴、刘永、刘嘉,都是汉朝宗室的后代,看不出来其君臣名分已经确定。只要有名分和大义来相互动摇,则智慧和力量不足以相互屈服,所以更始帝已死而他以前的部将仍能借他的名义来实现自己的野心。在这种情况下,光武帝之所以能够胜过群雄的计谋和力量,而能独自取得成功,除了道还能有什么其他方法呢? 当天下正在被割裂而争斗不休的时候,光武帝却用道取得了胜利。他即位不久,就整修郊庙,祭祀祖先,订立制度,进行封爵赏赐,举用伏湛,征召卓茂,勉励寇恂,让他安定河内地区,任命冯异来镇抚关中,完全凭借从容镇静来团结已经归服的人心,而不急于争战。如此,则桀骜不驯、凶狠残暴之徒,都自己陷于困境而走向瓦解。如果让汉高祖面临这种局面,他未必能够像光武帝这样平定天下。光武帝的才具气概可谓是广大深远了。

　　呜呼! 使得天下者皆如高帝之兴,而无光武之大猷承之于后,则天下后世且疑汤、武之誓诰为虚文①,而唯智力之可以起收四海。曹操何所惮而不为天子,石虎、朱温亦何能寒海内之心而不永戴之哉②? 三代而下,取天下者,唯光武独焉,而宋太祖其次也。不无小疵,而大已醇矣。

【注释】

①誓诰:“誓”和“诰”的并称。誓,指当众或共同表示决心的言辞;诰,是帝王对臣下的命令。《尚书》中有记载商汤击败夏桀后对诸侯讲话的《汤诰》和记载武王伐纣时誓词的《泰誓》。

②石虎(295—349):字季龙,上党武乡(今山西榆社)人。十六国时期后赵第三位皇帝,后赵开国君主石勒之侄。咸和八年(333)石勒死后,其子石弘继位。次年,石虎废杀石弘,自立为王。石虎在位期间,穷兵黩武,施行严刑苛政,表现出极为残暴的一面。

永和五年(349)正月,石虎称帝,当年四月病卒。传见《晋书·石虎载记》。

【译文】

唉！假如取得天下的人都像汉高祖那样兴起,而没有光武帝的雄才大略在其后承继,则天下后世必定会怀疑商汤、周武王的誓诰是虚文,而唯有才能和力量可以用来征服四海。如此则曹操忌惮什么而不做天子呢？石虎、朱温又为什么能使海内人们心寒而永不拥戴他们呢？三代以后,取得天下的人,只有光武帝是独特的,而宋太祖位居其次。他们虽然不是没有小的毛病,可从总体上来说已经很醇正了。

九　光武邓禹持重同而胜败异

赤眉之弃长安、西走安定①,非邓禹之力能驱之也。食尽而旁掠,固不以安定为终焉之计,而必返乎长安。邓禹不乘其有可溃之势,蹑其后以蹙之②,而入长安晏坐以待其归,河决痈溃③,容可御乎？于是退之云阳④,士气已馁,而还攻之于坚城之下,其败宜矣。故善用兵者,知时而已。赤眉食尽,引兵东归,时异乎昔,则唯扼之于险而可制其死命。禹乃违光武之令,就关内而与争,何昔之怯而今之忿也！

【注释】

①安定：汉代郡名。治所在今宁夏固原。

②蹑：跟随。蹙(cù)：逼迫,追逼。

③痈(yōng)溃：脓疮被挤破。痈,脓疮。

④云阳：今属陕西。

【译文】

赤眉军放弃长安、向西转移到安定,并不是邓禹的力量能驱使他们这么做。粮食用尽,不得不到外地掳掠而已,所以本来就没有以安定作为最终的目标,而是必定要返回长安的。邓禹不趁着他们有可以被击溃的态势,跟在他们后面追击逼迫他们,而是进入长安安然地坐着以等待赤眉军返回,就像黄河决口、脓疮破裂一样,还能够抵御吗?于是他率军退到云阳,士气已经消沉,却又回师到坚城之下进攻赤眉军,他的失败是应该的。所以善于用兵的人,不过是知晓时务罢了。赤眉军粮食用尽,退兵东归,其形势已经与以前大不相同,则唯有扼守住险要地段以拦截赤眉军,才能够将他们置于死地。邓禹却违背光武帝的命令,在关内与赤眉军作战,为什么以前那样胆怯而现在如此愤怒、冲动呢?

　　然光武终能遏之于宜阳而尽降之①,曾不恤"归师勿掩"之戒②,塞决河而敛溃痈,则又何也?严阵以待,求战不得,求走不能,弗犯其锋,稍迟之而气即馁矣。帝以持重而挫其方决之势,禹以持重而失之方溃之初,相时之变,定几于顷刻,非智之所能知、勇之所能胜。岳鹏举曰③:"运用之妙,存乎一心。"心不忘而时自应于其会,此未可以一成之论论之也。

【注释】

①宜阳:在今河南宜阳西北。

②归师勿掩:语出《孙子·军争》:"归师勿遏,围师必阙。"意谓不能袭击撤退的军队。指特定情况下要防止敌人拼死反击,以免不测的牺牲。

③岳鹏举:即岳飞。

【译文】

　　然而光武帝最终能够将赤眉军遏止在宜阳,并且完全降服了他们,不曾顾及"归师勿掩"的戒条,如同堵塞决口的河堤,收敛溃破的脓包一样,这又是为什么呢? 因为他严阵以待,赤眉军求战不得,想离开又不能逃离,不触犯其锋芒,稍微拖延一段,赤眉军的士气就锐减了。光武帝因为持重而挫败了赤眉军像河流刚决口时的态势,邓禹却因为持重而在敌军刚开始溃败时错失了良机,看准形势的变化,在顷刻之间做下决断,并不是智力所能知晓、勇气所能胜任的。岳飞说:"兵法的运用之妙,存于一心。"心中不忘而时机自然会到来,这是不能用一成不变的观点来讨论的。

一〇　奖重厚之吏以抚难驭之众

所贵乎史者,述往以为来者师也。为史者,记载徒繁,而经世之大略不著,后人欲得其得失之枢机以效法之无繇也,则恶用史为?

【译文】

历史的重要性,在于记述过去的事,来作为人们将来行动时可借鉴的准则。写史的人,如果只求记载的繁多,却对经邦济世的大道不予记录,后人想从中获得得失成败的关键,以便效法,却没有办法,那么还要史书干什么呢?

光武之始徇河北,铜马诸贼几数百万;及破之也,溃散者有矣,而受其降者数十万人。斯时也,光武之众未集,犹资之以为用也。已而刘茂集众十余万而降之于京、密①;朱鲔之众且三十万而降之于雒阳;吴汉、王梁击檀乡于漳水②,降其众十余万于邺东③;五校之众五万人降之于羛阳④;余贼之拥立孙登者五万人⑤,降之于河北;赤眉先后降者无算,其东归之余尚十余万人,降之于宜阳;吴汉降青犊⑥,冯异降延岑、张邯之众⑦,盖延降刘永之余⑧,王常降青犊四万余人⑨,耿弇降张步之卒十余万;盖先后所受降者,指穷于数。战胜矣,威立矣,乃几千万不逞之徒听我羁络⑩,又将何以处之邪? 高帝之兴也,恒患寡而亟夺人之军,光武则兵有余而抚之也不易,此光武之定天下所以难于高帝也。

【注释】

①刘茂:西汉宗室。东汉初聚众于京、密间(今河南郑州一带),自称厌新将军,攻下颍川、汝南,军队达到十余万人。刘秀派骠骑大将军景丹、建威大将军耿弇、强弩将军陈俊进攻他,刘茂投降,被封为中山王。其事见于《后汉书·光武帝纪》。

②檀乡:新莽末年河北农民起义军的一支。漳水:古水名。即今漳河。

③邺东:指邺城(今河北临漳)以东。

④荡(xī)阳:在今河南内黄西南。

⑤孙登:东汉初年农民起义军首领,被铜马、青犊、尤来残部共同拥立为天子。后被部将杀死,其残余部队五万多人投降刘秀。其事见于《后汉书·光武帝纪》。

⑥青犊:即青犊军。新莽末年河北地区较为强大的一支农民起义军。建武三年(27)为刘秀所镇压。

⑦延岑(? —36):字叔牙,南阳筑阳(今湖北谷城)人。王莽末年乘乱起兵,后降于更始帝,更始政权崩溃之后,割据自立,曾一度占据关中三辅,自称武安王。被刘秀大将冯异击败之后,先后依附于秦丰、公孙述,继续对抗汉军。建武十二年(36)十一月,公孙述死后,延岑在成都向汉军投降,被汉军大司马吴汉斩首。传见《后汉书·延岑列传》。张邯:东汉初割据军阀。赤眉军被刘秀

击败后,张邯乘机占领长安,与延岑联手击败冯异。后来被冯异
击败,战败逃走。其事见《后汉书·冯异列传》。

⑧盖延(？—39):字巨卿,渔阳要阳(今北京平谷区)人。东汉开国
功臣,"云台二十八将"之一。原为彭宠部下,后与吴汉一起投奔
刘秀,久经战阵,参与消灭王郎、刘永、董宪、苏茂、隗嚣、公孙述
等割据势力。刘秀称帝后,任虎牙将军、左冯翊,封安平侯。建
武十五年(39),病逝于任上。传见《后汉书·盖延列传》。

⑨王常(？—36):字颜卿,颍川舞阳(今河南舞阳)人。东汉开国功
臣。新莽末年加入绿林军,更始帝即位后任廷尉、大将军,封邓
王,赐姓刘氏。更始帝失败后,王常归附光武帝刘秀,任左曹,封
山桑侯。参与平定邓奉、董诉、苏茂、庞萌、隗嚣等割据势力。后
受命北上屯兵,抵御卢芳。建武十二年(36)在屯所去世。传见
《后汉书·王常列传》。

⑩羁络:笼络,控制。

【译文】

　　光武帝刚开始巡行河北的时候,铜马军等贼寇多达数百万人;等到
将他们击破后,溃败逃散的有一些,而向光武帝投降的有数十万人。这
时候,光武帝的人马尚未集结起来,所以还要依赖他们以供作战之用。
不久,刘茂率领十多万人在京、密之间向光武帝投降;朱鲔的将近三十
万军队在洛阳投降;吴汉、王梁在漳水边击破檀乡军,在邺城以东迫使
檀乡军十余万人投降;五校军五万人在莦阳投降;剩余拥立孙登为首领
的贼寇有五万人,在河北投降;赤眉军先后投降的人马无数,其东归的
余部尚有十多万人,都在宜阳投降;吴汉降服了青犊军,冯异降服了延
岑、张邯的部众,盖延降服了刘永的余部,王常降服了青犊军四万多人,
耿弇降服了张步的十多万军队;大概光武帝先后降服的人马,扳着指头
是数不清的。战争打赢了,威名树立了,而有近千万不逞之徒需要笼络
控制,又将如何安置他们呢? 汉高祖兴起时,总是忧虑人马不够,因而

多次夺取别人的军队，光武帝则是兵力有余而安抚他们不易，这是光武帝平定天下比汉高祖困难的地方。

　　夫民易动而难静，而乱世之民为甚。当其舍耒而操戈①，或亦有不得已之情焉，而要皆游惰骄桀者也。迨乎相习于戎马之间，掠食而饱，掠妇而妻，驰骤喧呶②，行歌坐傲，则虽有不得已之情而亦忘之矣。尽编之于伍，而耕夫之粟不给于养也，织妇之布不给于衣也，县官宵夜以持筹、不给于馈饷也③。尽勒之归农，而田畴已芜矣，四肢已惰矣，恣睢狂荡、不能受屈于父兄乡党之前矣。故一聚一散，倾耳以听四方之动而随风以起，诚无如此已动而不复静之民气何矣！而光武处之也，不十年而天下晏然，此必有大用存焉。史不详其所以安辑而镇抚之者何若，则班固、荀悦徒为藻帨之文、而无意于天下之略也④，后起者其何征焉？

【注释】

①耒（lěi）：古代耕地用的农具。

②喧呶（náo）：闹嚷，吵闹。

③持筹：指出谋划策，筹划计算。馈饷（yùn）：运送粮饷。

④藻帨（shuì）：雕饰华丽的辞藻。

【译文】

　　民众容易动而难以静，而乱世中的民众尤其严重。当他们舍弃农具而拿起兵器的时候，或许也是有不得已之情存在，而主要的都是些游手好闲、桀骜不驯之人。等到他们逐渐熟悉了戎马生活，通过抢掠食物来吃饱，抢掠妇女来做妻子，驰骋喧哗，放歌恣肆，则即使有不得已之情也早已经忘记了。如果把这些人都编入军队，则农夫的粮食不足以供给他们的军粮，妇女织的布不够给他们做军服，朝廷日夜筹划计算也不足以保证军需粮饷的运输。如果让他们全部解甲归田，则原来的田地已经荒芜，他们的四肢已经懒惰，而且骄横放荡、不能再受制于父兄和乡党了。所以一聚一散，侧耳倾听四方的动静以便随风而起，对这种已动而不能再静的民气实在是无可奈何！可是光武帝处理这个问题，不到十年而天下就安定下来，这其中一定有他过人的计策和谋划。史书上没有详细记载光武帝之所以能安抚、镇抚这些人的方法，则是因为班固、荀悦他们只求文辞华丽、而无意于天下大略，这让后起的人如何汲取经验、教训呢？

无已，而求之遗文以仿佛其大端，则征伏湛、擢卓茂，奖重厚之吏，以调御其嚣张之气，使惰归而自得其安全；民无怀怨怒以摈之不齿①，吏不吝教导以纳之矩矱②，日渐月摩而消其形迹，数百万人之浮情害气，以一念敛之而有余矣。盖其觌文匿武之意③，早昭著于战争未息之日，潜移默易，相喻于不言，当其从戎之日，已早有归休之志，而授以田畴庐墓之乐，亦恶有不帖然也④？自三代而下，唯光武允冠百王矣⑤。何也？前而高帝，后而唐、宋，皆未有如光武之世，胥天下以称兵，数盈千万者也。通其意，思其变，函之以量，贞之以理，岂易言哉！岂易言哉！

【注释】

①摈(bìn)：排斥，弃绝。

②矩矱(yuē)：规矩法度。

③觌(dí)文匿武：意即修文偃武，提倡文教，偃息武备。觌，显。

④帖然：顺从貌。

⑤允冠百王：意谓超出了所有的帝王。

【译文】

不得已，我只能求助于遗留下来的文字、典籍以推知其大概，则光武帝征召伏湛、提拔卓茂，奖励忠厚的官吏，以调教驾驭其嚣张之气，使他们桀骜不驯的气势大减而他们自然能安居乐业，不滋生事端；百姓不怀着怨恨和愤怒来排斥他们，官吏不吝惜教导以使他们循规蹈矩，逐渐地数百万人的浮躁有害之气，都可以用一个念头收敛而仍然绰绰有余。大概光武帝修文偃武的策略，早在战争尚未平息的时候就已经确定了，只是潜移默化，不说话就能使对方明白，当他们在军中作战时，就早已经有了回家好好过日子的想法，而将田园、房屋、祖坟授予他们，他们怎么能不俯首帖耳地安居乐业呢？自三代以后，只有光武帝一个人真正称得上是允冠百王。为什么呢？因为前面的汉高祖，后面的隋、唐，都没有能够像光武帝时期那样，整个天下都在举兵，兵员总数超过一千万。通晓其意图，思考其应变，用气量来包容，用义理来守正，谈何容易呀！谈何容易呀！

一一　光武失御隗嚣之道

光武报隗嚣书，称字以与颉颃，用敌国礼，失御嚣之道矣，是以失嚣。嚣者，异于狂狡之徒，犹知名义者也。始起西州①，歃血告于汉祖之神灵②，知汉未绝于天，愿为中兴之元功耳。更始疑欲杀之，亦奔归秦、陇③，而耻与张卬、谢禄同逆④。达其情，奖之以义，正名之为君臣，而成其初志，嚣将以为得知己而愿委身焉。名义者，嚣所素奉之名也，待以敌国，而置之名义之外以相笼络，嚣且谓更始之始尊我而终忌我，今犹是也，奚以委身而相信哉？文帝之下尉佗也⑤，佗本无戴汉之心，下之而骄气以平，非可与嚣比者也。怀疑未决,而又重授以疑,虽慷慨论列如马援⑥,无能蠲其猜忮矣⑦。

【注释】

①西州:指甘肃一带。

②歃(shà)血:指古代举行盟会时,微饮祭祀所用牺牲之血,或含于口中,或涂于口旁,以示信守誓言的诚意的行为。

③秦、陇:原指秦岭、陇山,后泛指今陕西、甘肃之地。

④谢禄(? —27):字子奇,东海(今山东郯城北)人。天凤五年(18),与徐宣等响应樊崇起义。更始二年(24),与徐宣等率所部进兵关中,旋与樊崇等会师,拥立刘盆子为帝,任右大司马。赤眉军攻入长安,奉命受更始请降,后在张卬劝说下缢杀刘玄。建武三年(27),与樊崇、刘盆子归降光武帝。为刘盆子之兄刘恭所杀。其事见于《后汉书·刘玄刘盆子列传》。

⑤文帝之下尉佗:尉佗,即赵佗(前240—前137),恒山真定(今河北正定)人。原为秦朝将领,与任嚣共同南下攻打百越。秦末大乱时,赵佗割据岭南,建立南越国。吕后时期西汉与南越国交恶。汉文帝即位后,派人重修赵佗先人的墓地,设置守墓人祭祀,并给赵佗的堂兄弟们赏赐了官职和财物。接着汉文帝派陆贾为太中大夫出使南越,劝赵佗归汉。赵佗再次被说服,决定去除帝号归复汉朝,其与中央政权的关系得以恢复,维护了岭南的社会稳定。事见《史记·文帝本纪》《史记·南越列传》。

⑥马援(前14—49):字文渊,扶风茂陵(今陕西兴平)人。两汉之际著名将领。马援早年种田放牧,新莽末年,成为割据陇右的隗嚣的属下,先后出使到公孙述和刘秀处。后归顺刘秀,为平定陇右出谋献策。天下统一之后,马援虽已年迈,但仍西破羌人,南征交趾,官至伏波将军,因功封新息侯。后于讨伐五溪蛮时身染重病,不幸去世。因梁松诬陷,死后被刘秀收回新息侯印绶,直到

汉章帝时才遣使追谥为忠成侯。传见《后汉书·马援列传》。

⑦猜忮（zhì）：猜忌嫉妒。

【译文】

光武帝在回复给隗嚣的书信中,称呼隗嚣的字以示平等,用的是对待对等之国君主的礼节,这就失去了驾驭隗嚣的正道,因此最终失去了隗嚣。隗嚣,不同于狂妄狡猾之徒,还懂得名与义。他刚开始在西州起事时,歃血祭告汉朝先祖的神灵,说明他知道汉朝还没有被上天抛弃,愿意做汉朝中兴的功臣。更始帝怀疑他并且想要杀了他,他也只是选择逃奔回秦陇地区,而耻于同张卬、谢禄一同叛乱。如果深入了解隗嚣的情况,用大义来赞赏他,与他建立正式的君臣名分,成全他最初的志向,隗嚣必将会认为自己遇到了知己而愿意归附。名义,是隗嚣向来所遵奉的,光武帝用对等国君的礼仪对待他,将他置于名义之外以便笼络他,隗嚣会说当初更始帝一开始尊重我,却最终猜忌我,甚至想杀掉我,现在的情况与当时一样,怎么能归附光武帝而心中没有疑虑呢？文帝屈尊礼遇赵佗,是因为赵佗本来就没有拥戴汉朝的心,礼遇他则他的骄气得以平息,这不是能够与隗嚣相比的。隗嚣本来就心存疑惑犹豫不决,光武帝的做法又进一步增加了隗嚣的疑虑,在这种情况下,即使是像马援那样能言善辩、慷慨陈词的人,也无法解除隗嚣的猜忌心理了。

一二　汉郡吏于守义犹君臣

上下相亲,天下之势乃固。故三代之王者,不与诸侯争臣民,立国数百年；其亡也,犹修天子之事守而不殄其宗社。汉承秦而罢侯置守,守非世守,而臣民亦迭易矣。然郡吏之于守,引君臣之义,效其忠贞,死则服之,免官而代为之耻,曲全其名,重恤其孤幼,乃至变起兵戎而以死卫之。如楚郡刘平遇庞萌之乱,伏太守孙萌身上,号泣请代,身被七创,倾血以饮萌①,如此类者,尽东汉之世,不一而足。盖吏之于守,其相亲而不贰也,天子不以沽恩附势为疑,廷臣不以固结朋党为非,是以上下亲而迭相维系以统于天子。故盗贼兴而不能如黄巢、方腊之僭②,夷狄竞而不能成永嘉、靖康之祸③,三代封建之遗意,施于郡县者未泯也④。

【注释】

① "刘平"五句:刘平,字公子,楚郡彭城(今江苏徐州)人。本名旷,明帝时改为平。王莽时为郡吏,后举孝廉,拜济阴郡丞。明帝时再迁侍中。永平三年(60),拜宗正,在位八年以老病乞骸骨,卒于家。建武初年,庞萌乱军攻入彭城,太守孙萌为叛军所伤,刘平冒死相救。事见《后汉书·刘平列传》。庞萌之乱,据《后汉书》记载,庞萌早年参加绿林起义,被更始帝任命为冀州牧,后来归降了刘秀。刘秀一度很信任他,任他为侍中、平狄将军,命他与盖延等将领一共讨伐董宪。但讨伐诏书只发给盖延,而没有发给庞萌,庞萌认为刘秀已经不再信任自己,于是起兵造反,与董宪联合,又与张步的将领苏茂、佼彊等合兵迎战汉军,但在东汉军队的打击下,屡战屡败,被迫退守朐(qú)城。建武六年(30),吴汉攻克朐城,庞萌被杀。事见《后汉书·庞萌列传》《后汉书·盖延列传》《后汉书·刘平列传》等。

② 黄巢(820—884):曹州冤句(今山东曹县)人。唐末农民起义领袖。乾符二年(875)六月,黄巢起兵响应王仙芝起义。王仙芝死后,起义军推黄巢为主,号称"冲天大将军"。广明元年(880)攻入长安,于含元殿即皇帝位,国号"大齐",建元金统。中和四年(884),兵败战死虎狼谷。传见新、旧《唐书·黄巢列传》。方腊(?—1121):又名方十三,睦州青溪(今浙江淳安西)人。北宋末

年浙江农民起义首领。因不堪花石纲之扰，于宣和二年（1120）秋，利用摩尼教组织群众，在睦州发动起义，自号"圣公"，年号"永乐"。连续攻下杭州、歙州等六州五十二县，东南震动。宋徽宗命童贯率军镇压，起义军战斗失利。方腊于宣和三年（1121）被俘，同年秋被杀。传见《宋史·宦者列传》。

③永嘉、靖康之祸：永嘉之祸，指西晋永嘉五年（311），匈奴攻陷洛阳、掳走晋怀帝事。这一事件成为五胡乱华的开端，造成西晋政权崩解，大批士人和民众南迁。靖康之祸，指靖康二年（1127），金军攻破北宋都城东京，俘虏了宋徽宗、宋钦宗父子及大量皇族、妃嫔与大臣等三千余人，押解北上，北宋政权至此宣告灭亡。

④致（dù）：败坏。

【译文】

　　上下相互亲近，天下的形势才能稳固。所以三代时期的帝王，不与诸侯争夺臣民，却能立国数百年；它们灭亡后，仍能遵守天子的法度而不使自己的宗族社稷灭绝。汉代继承秦朝制度而废除诸侯、设置郡守，郡守并非世袭，而臣民随之不断变易。然而郡吏对于郡守，引用君臣之义，以忠贞为其效力，如果郡守死亡则为其服丧，郡守被免官则代他承担恶名、耻辱，委屈自己以保全郡守的名声，好好抚恤郡守留下的孤儿幼子，甚至遇到兵变时还会以死来捍卫郡守。比如楚郡的刘平遇到庞萌之乱，伏在太守孙萌身上，号哭不止，请求代他受死，结果身上受了七处创伤，还用自己的血来喂孙萌，像这类事例，在整个东汉时代，层出不穷。大概郡吏对于郡守，相亲相敬，忠贞不贰，天子不怀疑他们卖弄恩情、阿附权势，朝臣不指责他们交结朋党，因此上下相亲而相互维系，以统摄于天子之下。所以地方上虽有盗贼兴起而不能像黄巢、方腊那样犯上作乱，边境上虽有夷狄骚扰却不能形成永嘉之乱、靖康之难那样的大祸，可见三代分封制的遗意，施行于郡县的尚未沦丧、消散。

延及后世,党议兴而惟恐人之不离①,告讦起而惟恐部民之不犯其上,将以解散臣民而使专尊天子,而不知一离而不可复合,恶能以一人为羁络于清宫②,而遍縻九州之风马牛哉? 导民以义,而民犹趋利以忘恩;导民以亲,而民犹背公以瓦解;如之何更奖以刻薄犯顺之为也! 三代以下,唯汉绝而复兴,后世弗及焉,有以夫!

【注释】

①党议:指朋党之间的议论、斗争。

②清宫:指皇宫。

【译文】

等到后世,朋党之争兴起而唯恐人心不离散,告密揭发的制度兴起而唯恐部属不冒犯上司,目的是要以此来解散臣民而使他们专门尊奉天子,却不知道人心一旦离散便不能复合,怎么能凭天子一个人在深宫里操纵,而想要控制整个天下的风马牛呢? 用义来引导民众,而民众尚且会趋利而忘记恩德;用亲来引导民众,而民众尚且会背弃公家而趋于瓦解;像这样,为什么还要鼓励他们更加刻薄而违反正道呢! 三代以下,只有汉朝灭亡以后又得以复兴,后世没有能够比得上的,这是有深刻的原因的!

一三　光武信符命

言一发而不可收,习相沿而不能革,无圣人出,则须其自已而后已。班彪之说隗嚣①,窦融之决志以从光武②,皆以符命为征;彪与融处乱世而身名以全,皆所谓豪杰之士也,然而所据者在此,况其他之琐琐者乎?

【注释】

①班彪之说隗嚣：班彪（3—54），字叔皮，扶风安陵（今陕西咸阳）人。两汉之际史学家。撰有《史记后传》六十余篇，为其子编撰《汉书》奠定了基础。隗嚣在天水拥兵割据，班彪为避难而前往跟随他。班彪劝隗嚣尊奉汉室，但隗嚣没有采纳其建议。班彪于是著《王命论》，以为汉承尧德，有"灵命之符"，王者兴祚，非诈力所能致，想以此感动隗嚣，但隗嚣没有听从他的意见。事见《后汉书·班彪列传》。

②窦融之决志以从光武：刘秀称帝后，割据河西的窦融便想归附，因路途阻隔而未能自通。这时隗嚣派遣辩士张玄到河西游说，建议效仿秦末赵佗事迹，各自割据一方。窦融召集豪杰与诸郡太守商议，有人认为刘秀受符命，和人事，应当归附刘秀。窦融小心谨慎，采纳了这一建议。事见《后汉书·窦融列传》。

【译文】

话一说出口便无法收回，习惯世代相沿袭就不能变革，如果没有圣人出现，则只能等到其自然停止才停息。班彪劝说隗嚣，窦融下决心归附光武帝，都以符命作为依据；班彪与窦融处于乱世之中而身名都得以保全，二人都是所谓豪杰之士，然而他们所依据的尚且是符命，何况其他平庸的人呢？

　　仲尼没①，七十子之徒②，流风日远，舍理言天，而窥天以数，贤者不能自拔，而疑信参焉。刘杨造瘿杨之谶以惑众③，张丰宝肘石之玺以自迷④，皆缘之以酿乱而亡其身。光武之明，且恐非此而无以动天下。刻画五行、割裂六艺者二百余年，迨魏晋而始衰，害固如是之烈也！

【注释】

①仲尼:指孔子(前551—前479),名丘,字仲尼,鲁国陬邑(今山东曲阜)人。春秋末期著名思想家、教育家,儒家学派创始人。传见《史记·孔子世家》。

②七十子:指孔子门人中才学突出的七十余人。

③刘杨造瘿(yīng)杨之谶以惑众:刘杨(?—26),西汉宗室。更始元年(23),刘杨归附王郎。后将外甥女郭圣通嫁于刘秀为妻,二人政治联姻,一同平定河北地区。刘秀即位后,封刘杨为真定王。刘杨怀有野心,对刘秀逐渐滋生不满,于是制造谶文说:"赤九之后,瘿杨为主。""瘿"即脖子上的赘瘤,刘杨脖子上有赘瘤,"瘿杨"就是指他自己。他以此来惑乱民众,意图反叛。建武二年(26)春,刘秀密令耿纯逮捕刘杨,被耿纯设计诛杀。其事散见于《后汉书·光武帝纪》《后汉书·刘植列传》《后汉书·耿纯列传》。

④张丰宝肘石之玺以自迷:张丰(?—28),本为涿郡太守,喜好方术,有道士说张丰当做天子,以五彩囊裹着石头系在张丰的肘子上,说石中有玉玺。张丰相信了,于是与燕王彭宠联合据涿郡反叛刘秀。最终被刘秀征虏将军祭遵擒杀。其事散见于《后汉书·光武帝纪》《后汉书·祭遵列传》。

【译文】

孔子死后,他的七十多弟子,日渐远离孔子的遗风,舍弃义理而谈论天命,用术数来窥探天意,贤者不能自拔,因而半信半疑。刘杨制造"瘿杨"的谶言以迷惑百姓,张丰将肘石中的玉玺当做珍宝而自我迷惑,都是借符命酿成祸乱而导致自己身亡的。以光武帝的英明,尚且担心没有符命不足以打动天下人的心。过分的探究五行、割裂六艺,长达二百余年,直到魏晋时期,符命之说才开始衰落,其危害竟是如此严重!

孔子赞《周易》以前民用^①，道而已矣，阴阳柔刚仁义之外无道也。至于汉，乃有道外之数以乱道；更千年而濂、雒阐其微以距邪说^②，邵康节犹以其授于陈抟、穆修者^③，冒三圣之显道^④，以测皇王之升降，非君子之所知也。其殆京房、夏贺良之余尽^⑤，乘风而一煽者乎！

【注释】

①孔子赞《周易》以前民用：据《周易·系辞上》记载，孔子认为《周易》可以"兴神物以前民用"，即通过推行蓍卜帮助引导百姓来应用。前，引导。

②濂、雒：指北宋理学代表人物周敦颐和二程（程颢、程颐）。距：通"拒"。

③邵康节：指邵雍，"康节"是其谥号。陈抟、穆修：皆为北宋易学家。据朱震《汉上易传表解》记载："国家龙兴，异人间出，濮上陈抟以《先天图》传种放，放传穆修，修传李之才，之才传邵雍。"则邵雍是陈抟、穆修之后学。

④三圣：指孔子（至圣）、孟子（亚圣）、荀子（后圣）。一说指文王、周公、孔子。

⑤尽：通"烬"。

【译文】

孔子赞扬《周易》以引导百姓使用的，只是道而已，除了阴阳、刚柔、仁义之外就没有道了。到了汉朝，才有了道之外的术数来扰乱道；又过了千年而周敦颐、二程阐明其中的精微大义以拒斥邪说，邵雍却还用陈抟、穆修传授给他的《周易》学说，冒犯三圣的显明之道，以测度皇帝的升降，这不是君子所应该知道的。这种邪说大概是汉代京房、夏贺良学说的余烬，乘着风势被煽动而死灰复燃了吧！

一四　光武赐书窦融

疑信相参之际,人有隐情而我亦与之隐,则疑终不释;豁然发其所疑而示之以信,岂有不测之明威哉? 无不可共见之心而已。窦融在河西①,怀疑不决,好事者且以尉佗之说进,此融所秘而不敢以告者也。光武赐书,开两端以摘发之,而河西震服②。凡光武之诎群雄者,胥此道也。

【注释】

①河西:在今甘肃、青海二省黄河以西,即河西走廊和湟水流域。新莽时,窦融曾割据“河西五郡”。

②“光武”三句:据《后汉书·窦融列传》载,刘秀曾写信给窦融,提到王者更迭而兴,是千载一时的机会,为窦融指出了可选择的两条道路,一是学齐桓、晋文的做法,选择归附,努力完成辅佐功业;一是三分鼎足,自己独立。窦融后来听取了众人的建议,选择归附了光武帝,河西从此平定。摘(tī)发,此处为指示、指出的意思。

【译文】

在怀疑和信任参半之时,别人有隐情而我也和他一起隐瞒此事,则疑虑最终无法得到解除;如果开诚布公地指出他的疑虑而向他展示诚信,难道还会有圣明威严难以揣度的感觉吗? 所有的,只不过是可以让人都看到的诚心而已。窦融在河西,对于归降光武帝一事心存疑虑,犹豫不决,好事的人向他献上效仿尉佗割据一方的说法,这是窦融所极力保密,不敢告诉别人的事情。光武帝赐书信给他,为他指出两条道路,从而揭开了他心中的疑虑,而河西因此震动并归服。光武帝使群雄折服,用的都是此道。

盖有所隐而不敢宣者,畏人之知。抑料人虽知我而无能禁我也,更相与隐之,则彼且畏我之含杀机以暗相制;不则谓其疑己而无如己何矣。晓然曰:予既已知汝必有之情矣,而终不以为罪;且亦不禁汝之勿然,而吾固无所惧也。则相谅以明恩,而无姑相隐忍之情以示懦。此非权术之为也,恃在己而不幸人之弗相害,洞然知合离得失之数,仰听之天,俯任之人,术也而道在其中。此光武之奇而不诡于正者与!

【译文】

有所隐讳而不敢公开,是害怕别人知道。或者料到别人虽然知道自己的心思却不能制止自己,于是进一步向对方隐瞒此事,则对方毕竟害怕我含有杀机以暗中相制约;不然则是认为我怀疑他却对他无可奈何。与其如此,不如明白地对他说:我早已经知道你肯定会有的心思了,但我终究不会怪罪你;而且我也不会禁止你这样做,因为我本来就无所畏惧。如此则是以明白的恩德来谅解对方,而不是有姑且隐忍之心以显示怯懦。这并不是在玩弄权术,却是依靠自己而不侥幸于别人不加害自己,清楚地知道离合得失的定数,上听命于天,下听任于人,虽说是术而道也在其中。这就是光武帝出奇却不违背正道的地方吧!

一五　光武在战争不忘经术

起于学士大夫、习经术、终陟大位者三①:光武也,昭烈也,梁武帝也②。故其设施与英雄之起于草泽者有异,而光武远矣。

【注释】

①陟（zhì）：登，晋升。

②梁武帝：指南朝梁开国皇帝萧衍（464—549）。萧衍，字叔达，小字练儿，南兰陵（今江苏常州）人。出身兰陵萧氏，是南齐宗室。永元二年（500），萧衍起兵攻讨东昏侯萧宝卷，并拥立南康王萧宝融称帝。中兴二年（502），接受萧宝融"禅位"，建立南梁。他在位时间达四十八年，晚年沉溺于佛教。太清二年（548），"侯景之乱"爆发，萧衍被囚死于建康台城。传见《梁书·武帝本纪》。

【译文】

出身于学士或大夫、熟习经术、最终登上皇位的有三个人：光武帝刘秀，昭烈帝刘备，梁武帝萧衍。故而他们的作为、举措与出身低微的英雄有所不同，而其中光武帝尤为不同。

昭烈习于儒而淫于申、韩，历事变而权术荡其心，武侯年少而急于勋业①，是以刑名乱之。梁武篡，而反念所学，名义无以自容，不获已，而闻浮屠之法有"心亡罪灭"之旨②，可以自覆，故托以自饰其恶，愚矣。然而士大夫释服入见者，面无毁容③，则终身不录，终不忍使大伦绝灭于天下，人道犹藉以仅存，固愈于萧道成之唯利是尚也④。光武则可谓勿忘其能矣。天下未定，战争方亟，汲汲然式古典，修礼乐，宽以居，仁以行，而缘饰学问以充其美，见龙之德⑤，在飞不舍，三代以下称盛治，莫有过焉。故曰：光武远矣。

【注释】

①武侯：指诸葛亮。诸葛亮卒谥忠武侯。

②浮屠之法：即佛法。心亡罪灭：佛教的一种说法。指当内心的罪

　　恶念头消失了,罪孽也就消除了。实际上,"心亡罪灭"一语,在
　　佛经中并无记载,而是出现在明清时期一些宣讲佛学的善书(如
　　清代《安士全书》)中,梁武帝不大可能听闻过这一说法。
③毁容:指因居丧哀戚而憔悴的面容。
④萧道成之唯利是尚:参见卷二"汉高帝一三"条注。
⑤见龙之德:《周易·乾卦》爻辞中有"见龙在田,利见大人"之语,
　　《文言》云:"龙,德而隐者也。"象辞中则云:"见龙在田,德施普
　　也。"故"见龙"实为德之昭著显明之征,后世因此以"见龙之德"
　　喻指至高至广之德。

【译文】

　　昭烈帝熟习儒家学说,而又长期浸淫在申不害、韩非子的学说中,
历经世事变故而其心灵被权术涤荡,他重用的诸葛亮年轻而急于建立
功勋,所以刑名之术扰乱了他。梁武帝篡位上台后,反而又想起自己之
前所学的儒家伦理,觉得在名义上无地自容,在不得已的情况下,听闻
佛法有所谓"心亡罪灭"的说法,可以作为自己的保护伞,因而借此来掩
饰自己的罪恶,真是太愚蠢了。然而凡士大夫解除丧服后来觐见他的,
如果面容没有因居丧哀戚而憔悴,则终身不予录用,他终究是不忍心使
伦常大道在天下灭绝,人道尚且能够凭借这一点而得以仅存,固然胜过
只推崇利益的萧道成。光武帝则可以称得上是没有忘却自己所学的东
西了。天下尚未平定,战争还在如火如荼地进行,他就急切地效法古代
经典,修礼作乐,用宽厚的态度处事,用仁义来行事,而推崇学问以充实
自己的美,出现在世间的龙的至高至广之德,在于其不停歇地上下翻
飞,广布恩泽,三代以下号称政治昌明的,没有能超过他的。所以说:光
武帝尤为不同。

　　呜呼! 古无不学之天子,后世乃有不学之相臣。以不
学之相臣辅草泽之天子,治之不古,自高帝始,非但秦也。

秦以亡而汉以兴，亡者为后戒，而兴者且为后法，人纪之存，不亦难乎！

【译文】

唉！古时候没有不喜好学习的天子，后世却有不学无术的宰辅之臣。以不学无术的宰辅之臣来辅佐出身低微的天子，其治国措施不符合古制，是从汉高祖开始的，而不仅是秦朝。秦朝因此灭亡而汉朝因此兴起，灭亡的成为后世的教训，而兴起的将成为后世学习的榜样，要保存立身处世之道，不也是很难的吗！

一六　隗嚣据隘以待变

王元说隗嚣据隘自守①，以待四方之变，其亡也宜矣。天下方乱，士思立功名，而民思息肩于锋刃②，能为之主者，众所待也，人方待我而我待人乎？待者，害之府也。无已，则儒生怀道术以需时而行者，待求治之主；不则武夫以方刚之膂力欲有所效者③，待有为之君；是两者可待也。若夫欲创非常之业，目不营乎四海，心不周乎万民，力不足以屈群策群力而御之，谋不能先天下而建廓清之首功；乃端坐苟安，待人之起而投其隙。所待者而贤于我，则我且俯首而受制；所待者与己齐力而或不己若，则幸虽制彼而无以服天下之心。鹬蚌渔人之术④，其犹鼠之俟夜乎！而何以为天下雄也？拥重兵，据险地，谋臣武士亦足以用，但立一待人之心，而即已自处于坐困之涂；延颈企之，仰窥天，俯视地，四顾海内而幸其蜂起，乱人而已。乱人者，未有不亡者也。

【注释】

①王元：字惠孟，一字游翁，长陵（今陕西咸阳）人。原为隗嚣部将，曾劝说隗嚣不要依附刘秀，而是依托番须口、鸡头道等险要关隘自守。建武八年（32），刘秀伐隗嚣，隗嚣被围困于西城，王元与公孙述援军配合，救出了隗嚣。次年，隗嚣死后拥立其子隗纯。隗纯投降刘秀之后，王元投奔公孙述，后投降于东汉将领臧宫。其事见于《后汉书·隗嚣列传》。

②息肩：让肩头得到休息，比喻卸除负担或免除责任。

③膂（lǚ）力：体力，气力。

④鹬蚌（yù bàng）渔人：即"鹬蚌相争，渔翁得利"，语出《战国策·燕策》。意指双方相持不下，使第三者从中得利。

【译文】

　　王元劝说隗嚣据关隘而自守，以等待四方局势的变化，他的败亡是应当的。天下正乱，士人想要建立功名，而百姓却想免受战争之苦，能做他们主人的人，是众人所期待的，人们正在期待我，而我怎么能够等待他人的变化呢？等待，是灾祸的源泉。不得已，则儒生怀着道术等待时机来施行自己的主张，等待寻求治理天下之道的君主；或者是武士想要凭借旺盛的体力有所作为，等待有为的君主；这两种情况是可以等待的。至于想要开创非常的事业，却眼睛里装不下四海之大，心中不能考虑到天下万民，力量不足以使天下才俊屈服而驾驭他们，谋略不能先于天下建立澄清乱世的首功；却端坐不动、苟且偷安，等待别人兴起而趁机钻他们的空子。如果所等待的人比我贤能，则我将俯首服从于他；如果所等待的人与我能力相当或是不如我，则即使能侥幸制服他也无法使天下人心服。鹬蚌相争、渔翁得利之术，大概就像是老鼠等待黑夜降临吧！像这样还怎么做天下的雄主呢？拥有重兵，占据险地，谋臣武士也足够使用，却在心中打定主意等待别人，这就已经使得自己处于坐以待毙的困境了；伸长脖子渴望别人兴起，抬头窥视上天，低头俯视大地，环顾四海之内而庆幸群雄蜂起,这只不过是个乱人罢了。乱人,没有不灭亡的。

一七　严光不仕非蛊之上九

严光之不事光武,以视沮、溺、丈人而尤隘矣①。沮、溺、丈人知道不行,弗获已而废君臣之义者也,故子曰:"隐者也。"隐之为言,藏道自居,而非无可藏者也。光武定王莽之乱,继汉正统,修礼乐,式古典,其或未醇,亦待贤者以道赞襄之②,而光何视为滔滔之天下而亟违之?倘以曾与帝同学而不屑为之臣邪?禹、皋陶何为胥北面事尧而安于臣舜邪?

【注释】

①沮、溺、丈人:指长沮、桀溺和荷蓧丈人。此三人皆为孔子周游列国途中所遇到的隐士。其言行参见《论语·微子》。

②赞襄:辅助,协助。

【译文】

严光之所以不事奉光武帝,比起《论语》中的长沮、桀溺和荷蓧丈人就显得尤为狭隘。长沮、桀溺和荷蓧丈人知道大道已不再施行于天下,不得已而废弃了君臣之义,所以孔子说:"他们是隐士。"用"隐"这个字,是指藏道以自居,而不是没有可藏的道。光武帝平定王莽之乱,继承汉朝正统,修礼作乐,仿效古代典籍,其中或许有不纯正的地方,也正需要贤人用道来辅助他,而严光为什么把此时的局势视作洪水滔天的天下而急切地拒绝出山呢?莫非是因为他曾经与光武帝是同学而不屑做他的臣子吗?如果这样,那禹和皋陶都曾与舜一同做尧的臣子,他们怎么后来却能安心地做舜的臣子呢?

若周党者,则愈僻矣。召而至三,征而就车,偃蹇伏而不拜①,忿骜之气,施于君臣礼法之下,范升劾其不敬②,罪奚辞焉?党闻《春秋》报雠之说,非君非父之惨,称兵以与人相仇杀③,党其北宫黝之徒与④!黝固无严诸侯,党亦无严天子也。赐帛而罢之,耻孰甚焉!帝覆载以容之⑤,而党貌乎小矣。

【注释】

①偃蹇(jiǎn):骄傲,傲慢。

②范升:字辩卿,代郡(今山西高阳)人。东汉初经学家。光武帝时曾任议郎、博士。传见《后汉书·范升列传》。

③"党闻"三句:据《东观汉记》《太平御览》记载,曾经有地方小吏当众侮辱周党的父亲,周党怀恨在心。后来他读《春秋》,见其中的复仇之义,便辍讲而还,拿刀与那个小吏搏斗,被小吏砍伤。小吏佩服他的义勇,将他抬回去治伤,几天后才苏醒。

④北宫黝:春秋战国时期齐国勇士。《孟子·公孙丑上》中称其"不肤挠,不目逃",即肌肤被刺不退缩,双目被刺不转睛;"视刺万乘之君,若刺褐夫",把行刺大国君主看得跟行刺普通百姓一样;"无严诸侯",即毫不畏惧诸侯。

⑤覆载:覆盖与承载,比喻涵养包容。

【译文】

至于周党,就更加邪僻怪异了。光武帝征召他,使者前去聘请了三次,他才答应上车,见到光武帝后又傲慢地伏身不拜,他的怨忿桀骜之气,施行于君臣礼法之下,范升弹劾他对君主不敬,他难道能推辞这一罪责吗?周党听过《春秋》中报仇的说法,没有君主、父亲被杀的大恨,却手执兵器与人相互仇杀,周党莫非是北宫黝那样的人吗!北宫黝固然毫不畏惧诸侯，周党也不畏惧天子。光武帝赏赐给他帛而让他免官回家，还有比这更大的耻辱吗！光武帝胸怀宽广能容纳他，而周党却显得更加渺小、卑微了。

　　王良应召而受禄①，虽无殊猷，而恭俭以居大位，于君子之道尚不远矣。故君子者，以仕为道者也，非夷狄盗贼，未有以匹夫而抗天子者也。范希文曰②："《蛊》之上九，子陵有焉③。"非其时而凭高以为尚，则"比之无首"而已矣④，恶足法哉？

【注释】

①王良：字仲子，东海兰陵（今山东兰陵）人。两汉之际经学家。西汉末年隐居不仕，东汉初大司马吴汉征召王良，王良没有答应。次年被光武帝征召入朝，授谏议大夫，多次向光武帝进谏。后来任沛郡太守，上书称病重，请求退休，又被征入朝，授太中大夫。后来王良因病回乡，一年后又被征召，称病不出，死于家中。传见《后汉书·王良列传》。

②范希文：即范仲淹（989—1052），字希文，苏州（今属江苏）人。北宋政治家、思想家、文学家。早年历任兴化县令、秘阁校理、苏州知州等职，因秉公直言而屡遭贬斥。康定元年（1040），与韩琦共任陕西经略安抚招讨副使，采取"屯田久守"方针，巩固西北边防。庆历三年（1043），出任参知政事，发起"庆历新政"。不久后，新政受挫，范仲淹被贬出京。皇祐四年（1052），改知颍州，范仲淹抱病上任，在途中逝世。传见《宋史·范仲淹列传》。

③《蛊》之上九，子陵有焉：出自范仲淹《严先生祠堂记》一文。《蛊》之上九，指《周易·蛊卦》的爻辞："上九，不事王侯，高尚其事。"

子陵,严光的字。

④比之无首:语出《周易·比卦》爻辞:"上六,比之无首,凶。"意谓
　亲和比附,不把首领或天子放在眼里。

【译文】

　　王良接受征召而出仕为官,虽然没有过人的谋略,但能谦恭、简朴地居于高位,离君子之道尚且不算很远。所以君子是以仕宦为道的,如果统治者不是异族或盗贼出身,则没有以匹夫之身来对抗天子的。范仲淹说:"《周易·蛊卦》的上九爻辞'不事王侯,高尚其事',严光做到了。"在并非合适的时机却凭恃高傲,自以为高尚,则是"比之无首"罢了,哪里值得效法呢?

一八　来歙游说无溢词

　　来歙使隗嚣①,愤然为危激之辞质责嚣,欲刺之,而嚣不能加害。史称歙有信义,言行不违,往来游说,皆可覆按②,故西州士大夫敬爱而免之。信义之于人大矣哉!

【注释】

①来歙(?—35):字君叔,南阳新野(今河南新野)人。东汉开国功
　臣。刘秀兄弟在南阳起兵后,来歙因是其姻亲,被王莽拘禁,经
　门客营救得以免罪。后归附光武帝刘秀,被任命为太中大夫、中
　郎将。建武三年(27)和建武五年(29),两次奉命出使陇右,听闻
　隗嚣不愿归附,怒而上前想要刺杀隗嚣,险些被隗嚣杀死。建武
　八年(32),来歙率军征伐陇右,攻占略阳,打败公孙述部将田弇、
　赵匡,又攻克落门,迫使隗嚣余党及天水属县全部投降,陇右地
　区得以安定。建武十一年(35),来歙奉命伐蜀,被公孙述派刺客
　刺杀。传见《后汉书·来歙列传》。

②覆按：亦作"覆案"，审察，查究。

【译文】

　　来歙奉命出使到隗嚣那里，愤怒地用激烈的言辞质问、指责隗嚣，想要刺杀他，而隗嚣却不能加害于他。史书上称赞来歙有信义，言行一致，他往来各方游说的言辞，都可以反复按验查究，所以西州的士大夫都尊敬、爱慕他，因此使他免于一死。信义对于人真是太重要了！

　　士处纷争之世，往来传命而失信义者有二，而乱人不与焉。习于说术者，以为荐朴诚于雄猜狙诈之前，则且视为迂拙而见诎①；以巧驭巧，以辩驭辩，机发于不测，而易以动人；而不知有尽之慧敌多方之诈，固不胜而适逢其怒也。又或胸无主而眩于物者，两雄相猜，其中未易测也，而所争所欲，和与战、合与离，两端而已，欲翕固张，薄为望而厚为责，有溢美溢恶之辞焉。乃无定情而惊其夸说，因而信之，遂与传之，而固不可覆按也；则未有欺而欺者多矣，欺已露而追悔无及也。是两者，失信失义而抑取憎于人者多矣。

【注释】

①见诎：显出不足。诎，不足，缺乏。

【译文】

　　士人身处纷争的乱世，往来传递王命而失去信义的情况有两种，而乱人不包括在内。擅长游说之术的人，认为如果在狡诈多疑的君主面前表现出质朴诚实，则会被视为迂阔笨拙而显出不足；于是他们以机巧来对付机巧，以雄辩应对雄辩，心机令人难以揣测，而容易影响人；却不知道以有限的智慧来对抗变化无穷的诡诈，本来就难以取胜而正碰上了对方的钉子。第二种情况是心中没有主见而被外界事物所迷惑的人,面对两雄之间的相互猜疑,其心思不容易揣测,而他们所争斗、所想得到的,和与战、合与离,都是模棱两可的,欲擒故纵,对对方没有多少指望而责备却很严厉,其中不乏过分赞美、过分贬低的言辞。如果心中没有主见而被这些夸夸其谈的言辞所震惊,随即相信,将这些言辞传达出去,这当然是经不起按验查究的;如此则本来不想欺骗却骗了人的情况很多,等到骗局败露后就追悔莫及了。在这两种情况下,失去信义而又遭人憎恨的人太多了。

　　故庄周非知道者,而其言游说则尽矣,勿传其溢词,而信义可以不失,歆其明于此而持之固乎! 履虎尾而不咥^①,素以往而已矣^②。

【注释】

　　①履虎尾而不咥(dié):参见卷二"汉高帝一〇"条注。

　　②素以往:语出《周易·履卦》之《象辞》:"素履之往。"意思是朴素无华、质朴坦诚地前行。

【译文】

　　所以庄周并非是懂得道的人,可是他的言论如果用于游说则是很合适的,只要不采用过于夸张的言辞,就可以确保不失去信义,来歆大概是深深明白这个道理而能坚定地奉行它吧! 跟在老虎尾巴后行走也不会被老虎咬到,只是因为朴素无华、质朴坦诚地前行罢了。

一九　减省吏职非不易之法

　　建官之法,与选举用异而体合,难言之矣。省官将以息民,而士之待用者,滞于进而无以劝人于善。不省,则一行之士^①,可自试以交奖于才能;然而役多民劳,苦于不给,且也议论滋多，文法滋繁，责分而权不一，任事者难而事多牵制以疑沮^②。吏省而法简，则墨吏暴人^③，拥权自恣，无以相察；而胥史豪强^④，易避就以雠其奸。故一兴一废一繁一简之际，难言之也。

【注释】

①一行：一种特出的行为。指具有某种特长。

②疑沮(jǔ)：怀疑、受阻。

③墨吏：指贪官。墨，黑色，引申为不洁之称。

④胥史：即胥吏，基层官府中负责办事的小官吏。

【译文】

设置官职的方法，与选贤举能的方法表面不同而本质相合，这是很难说清楚的。如果以裁减官员的数量来减轻百姓负担，则等候国家任用的士人会积滞不进，因而无法鼓励人们行善。如果不裁减官员数量，则具有某种特长的士人，可以通过考试来显示自己的才能，从而被国家任用；但是这样就会造成百姓负担加重，苦于难以供养他们，而且议论会越来越多，法令条文会越来越复杂，职责分开而权力不统一，任事的人困难重重，很多事情被多方牵制而被迫搁置。如果裁减官吏、简化法令，则贪官污吏、横暴之徒，拥有权力而肆意妄为，没有人来督察他们；而且官府小吏和地方豪强，会趁机钻空子而兜售自己的奸诈。所以在一兴一废、一繁一简之间，是很难说清楚的。

天下有定理而无定法。定理者，知人而已矣，安民而已矣，进贤远奸而已矣；无定法者，一兴一废一繁一简之间，因乎时而不可执也。

【译文】

天下有定理而没有定法。所谓定理,就是知人、安民、任用贤臣、远离奸佞而已;没有定法,是指在一兴一废、一繁一简之间,要顺应时势的变化而不能固执己见、抱残守缺。

乱之初息,不患士之不劝于功名也,而患其竞。一夫有技击之能,一士有口舌刀笔之长,尝以试之纷纠之际而幸雠①,效者接踵焉;而又多与以进取之涂,荡其心志,则捐父母、弃坟墓、舍田畴以冒进者不息。唯官省而难容,乃退安于静处,而爵禄贵、廉耻兴焉。且也民当垫隘之余②,偷安以自免之情胜。其有犯不轨者,类皆暴横恣睢,恶显而易见;不则疲敝亡赖而不知避就者;未容有深奸奇巧,诡于法而难于觉察者焉。则网疏吏寡,而治之也有余。抑百务草创,而姑与天下以休息,虽有不举,且可俟之生遂之余③,则郡县阔远而事为不详,正以绥不宁而使之大定,此则省官之法善矣。

【注释】

①雠(chóu):同等。此处意谓成功。

②垫隘:羸弱困苦。

③生遂:生育,生长。此指人们生活安定。

【译文】

在动乱刚刚平定之时,不怕士人不追求功名,只担忧他们太过热衷于此。一个武夫有格斗的能力,一位士人有能言善辩、精通文墨的长处,假如他们在纷乱之中一试身手而侥幸成功,则仿效的人会接踵而至;如果再多给他们提供进取的途径,使他们心神荡漾,则抛弃父母、舍弃祖坟、放弃田地而贪求仕进的人会川流不息。只有当裁减官职,使他们难以容身时,他们才会退出官场、安心静处,于是爵禄日益受到重视,廉耻之心才能兴起。况且百姓在羸弱困苦之余,苟且偷安以求自免的感情占了上风。他们中违法犯罪的人,基本上都是残暴骄横、恣意妄为的家伙,其罪恶显而易见;不然就是穷困潦倒、无依无靠而不知道避祸就福的人;不可能有极为奸诈狡猾、善于钻法律空子而难以被觉察的人。如此则虽然法网宽疏、官吏数量少,但是治理起来仍绰绰有余。或者是在百废待兴的时候,姑且让天下人休养生息,即使有事务没有办理,也可以等到人们生活安定以后再办,如此则郡县辽远而许多事务控制得不严密,正是为了消除不安定因素而使地方安定,这就是裁减官吏之法的好处。

若夫天下已定,人席于安矣,政教弛而待张矣;于斯时也,士无诡出歧涂以幸功名之路,温饱安居而遂忘于进,则衣冠之胄,俊秀之子,亦且隳志于庠序[1],而自限于农圃[2]。非多为之员、广为之科[3],以引掖之于君子之涂[4],则朴率之风,流为鄙倍,而诗书礼乐不足以兴方起之才。且强暴不足以逞,而匿为巧诈;豪民日以磐固,而玩法自便;则百里一亭,千里一邑,长吏疏,掾督缺[5],而耳目易穷。乃官习于简略,而事日以积,教化之详,衣袽之备[6],官不给而无以齐民,事不夙而无以待变[7]。是则并官以慎选,而不能尽天下之才;省吏以息民,而无以理万民之治;吝爵吝权之害,岂浅于滥冗哉? 故曰:理有定而法无定,因乎其时而已。

【注释】

①庠(xiáng)序:古代的地方学校。后也泛指学校。

②农圃:农田园圃。

③员:员额,名额。科:选拔人才的科目。

④引掖:引导扶持。

⑤掾(yuàn)督:掾史和邮督。皆为地方属吏。

⑥衣袽(rú)之备:语出《周易·既济卦》爻辞:"六四,繻有衣袽,终日戒。"王弼注曰:"繻,宜曰濡,衣袽,所以塞舟漏也。"何楷订诂曰:"袽,通作'帤',塞漏孔之散帛,即散衣之帛也。"意谓对潜伏着的危机应有所戒备。

⑦夙:早。此指早做准备。

【译文】

　　至于天下已经安定的时候,人们已习惯于安居乐业,政教松弛就需要收紧了;这时候,士人没有钻空子走歪门邪道以侥幸获取功名的路径,整日过着温饱安定的日子而忘却了上进,则士大夫的后代,有才能的子弟,也将无意于在学校刻苦攻读,而将自己拘宥在农田园圃里。如果不增加录取员额、增加选拔人才的科目,以便将他们扶持引导到君子之途上,则朴素率直的风气将流为鄙俗,而诗书礼乐不足以让刚起来的人才兴起。而且强暴不能得逞,就收敛行迹变为狡猾奸诈;豪强日益牢固,便玩弄法律以使自己得利;如此则方圆百里的一亭,方圆千里的一座城邑,官吏稀少,属吏短缺,做事得力的就没有。于是官员习惯于简略,而公事日渐积滞,刑赏与教化的详备,对潜伏危机的戒备,官员不足而难以治理百姓,事务不早做谋划而无法应变。如此则省并官吏而慎重选举,而不能穷尽天下的人才;裁撤官吏以使民众得到休息,而没有治理好广大民众的办法;吝惜爵位和权力的危害,难道会比官吏泛滥冗余轻吗?所以说:有定理而没有定法,只不过是要顺应时势罢了。

　　光武建武六年①,河北初定,江淮初平,关中初靖,承王莽割裂郡县、改置百官、苛细之后②,抑当四海纷纭、蛇龙竞起之余,徼幸功名之情,中于人心而未易涤,并省四百余县,吏职减损,十置其一,斯其时乎! 斯其时乎! 要之非不易之法也。

【注释】

①建武六年:公元 30 年。

②苛细:苛刻烦琐。

【译文】

光武帝建武六年,河北初步平定,江淮地区初步扫平,关中地区初步安定,承接王莽割裂郡县、改置百官、苛刻烦琐的政策之后,又是在四海纷乱、龙蛇竞相起来争夺天下之后,侥幸获取功名的想法,深植于人们心中而难以被荡涤,在这种情况下光武帝裁撤合并四百多个县,官吏数量大大减少,仅保留十分之一,这正是时候啊! 这正是时候啊! 总之,没有可以一成不变的法令。

二〇　窦融责隗嚣以仁人之言

窦融之责隗嚣曰:"兵起以来,城郭皆为丘墟①,生民转于沟壑②,天运少还,而将军复重其难,孤幼将复流离,言之可为酸鼻。"仁人之言,其利溥如此哉!

【注释】

①丘墟:废墟,荒地。

②转于沟壑:对死的婉转说词。转,弃尸。

【译文】

窦融指责隗嚣说:"战争爆发以来,城郭都变成了废墟,百姓尸体被抛弃在沟壑中,现在天运稍有好转,而将军您却又加重其灾难,老弱孤幼将再次被迫颠沛流离,说起这些实在是忍不住要掉眼泪。"仁人的话,其好处竟是如此的广博！

说人罢兵归附而以强弱论，我居强而孰甘其弱？激之
已耳。以天命论，天视听自民视听，置民不言，而托之杳茫
之符瑞，妄人不难伪作以惑众，而乱益滋。唯融之为言也如
此，嚣虽不能听，而已怆于心，心怆而气夺矣。秦、陇之民闻
之，固将怨嚣而不乐为之死；汉之荷戈以趋、负粮以馈者，亦
知上之非忍毒我，而祸自彼发，不容已也。其利溥矣！

【译文】

说服人罢兵归附我方，如果单纯以强弱来论，我方居强而谁甘心居
于弱者地位呢？这只会激怒对方罢了。如果以天命而论，则上天的视
听依赖于民众的视听，将民心向背放在一边，却寄托于渺茫的祥瑞，妖
妄之人不难作伪来迷惑大众，而混乱会更加严重。唯独窦融所说的这
番话，隗嚣即使不能听从，而心中也已经感到悲怆，心中悲怆而气势就
减弱了。秦陇地区的民众听到窦融的话后，都要怨恨隗嚣而不愿意为
他卖命；汉朝扛着戈前往征讨的战士、转运粮食的民夫，也都知道皇上
并不是忍心毒害我们，而是敌方挑起祸端，我们不得已，被迫出征。所
以窦融的话好处太广博啦！

然而融之为此言也，则非以是为制嚣之柄，而离秦、陇
之心使去嚣也。何以知其然也？使融而操此以为术，则言
之不能如是之深切；而融全河西以归命，实践此言，以免民
于死，非徒言也。窦氏之裔，与汉终始，一念之永，百年之
泽矣。

【译文】

然而窦融说这番话，并不是以此作为制服隗嚣的手段，而是离散秦陇地区的民心，使他们弃隗嚣而去。为什么知道是这样呢？如果窦融果真把这当做制服隗嚣的手段，则他的话不可能说得如此情真意切；而窦融拿整个河西归附光武帝，实践了他自己说的话，以使百姓免于死亡，并非只是说说而已。窦融的后裔，与东汉王朝相终始，足见恒久保持一种信念，可以换来百年的恩泽。

二一　光武不听江冯请督察三公

治之敝也，任法而不任人。夫法者，岂天子一人能持之以遍察臣工乎①？势且仍委之人而使之操法。于是舍大臣而任小臣，舍旧臣而任新进，舍敦厚宽恕之士而任徼幸乐祸之小人。其言非无征也，其于法不患不相傅致也②，于是而国事大乱。江冯请令司隶校尉督察三公③，陈元争之④，光武听元而黜冯之邪说，可谓知治矣。臣下之相容，弊所自生也；臣下之相讦，害所自极也。如冯之言，陪隶告其君长，子弟讼其父兄，泃然三纲沦、五典斁⑤，其不亡也几何哉！

【注释】

①臣工：群臣百官。

②傅致：罗织罪名。

③江冯：光武帝时曾任大司农。司隶校尉：两汉魏晋时期官职，主要负责监察京师及周边地方。始置于汉武帝征和年间，秩为二千石，属官有从事、假佐等，领兵千余人，督捕京师奸猾。汉成帝时一度废除，汉哀帝时复置，省去"校尉"而称"司隶"。东汉时复称司隶校尉，秩比二千石。江冯请令司隶校尉督察三公事，见

《后汉书·陈元列传》。

④陈元：字长孙，苍梧（今广西梧州）人。东汉经学家。其与桓谭、杜林、郑兴齐名，俱为学者所宗。光武帝时曾任郎官，上疏请勿令司隶校尉督察三公，光武帝从其所请。以才高著名，辟司空府。后多次上书言事而未被采纳，以病去职，卒于家。传见《后汉书·陈元列传》。

⑤洵然：诚然，确实如此。五典：即五常，古代的五种伦理道德。

【译文】

治理国家的弊端，在于任法而不任人。所谓法，难道是天子一个人能够靠着它来遍察群臣百官吗？他势必仍然需要派别人来执法。于是舍弃大臣而任用小臣，舍弃旧臣而任用新进之臣，舍弃敦厚宽恕的君子而任用投机取巧、幸灾乐祸的小人。他们的言论似乎并非是没有依据，他们在法律方面不愁不能相互罗织罪名，于是国事被搞得大乱。江冯请求光武帝下令由司隶校尉来督察三公，陈元力争，认为不能这样做，光武帝听从了陈元的意见而摒斥了江冯的邪说，可以称得上是懂得治理之道了。臣下相互包容，自然会产生弊端；臣下相互攻讦，危害必然会达到顶点。如果像江冯所说的那样，陪臣奴仆控告其君长，子弟诉讼其父兄，则三纲五常会真的沦丧、败坏，国家不灭亡还等待什么呢！

大臣者，日坐论于天子之侧者也；用人、行政之得失，天子日与酬辨①，而奚患不知？然而疑之也有故，则天子不亲政而疏远大臣，使不得日进乎前，于是大臣不能复待天子之命而自行其意。天子既疏远而有不及知，犹畏鬼魅者之畏暗也，且无以保大臣之必不为奸，而督察遂不容已。媚疾苛覈之小人②，乃以挠国政而离上下之心。其所讦者未尝不中也，势遂下移而不可止。藉令天子修坐论之礼，勤内朝外朝之问③，互相咨访，以析大政之疑，大臣日侍黼扆④，无隙以下比而固党⑤；则台谏之设，上以纠君德之愆，下以达万方之隐，初不委以毛鸷攻击之为⑥，然而面欺擅命之慝，大臣固有所不敢逞，又焉用督察为哉？

【注释】

①酬辨：对答辨析。

②媢(mào)疾：嫉妒。苛覈(hé)：苛刻。

③内朝外朝：从汉武帝时期开始，汉代朝官逐渐形成内、外朝体系，大体属于三公九卿系统的正规官职为外朝官，君主的近臣如大司马、大将军、尚书等为内朝官。

④黼扆(fǔ yǐ)：本义指古代帝王座后的屏风，上画斧形花纹，后用来借指帝王。

⑤下比：庇护坏人。比，勾结，庇护。

⑥毛鸷(zhì)：猛禽捕食小鸟，比喻酷吏凶狠残暴。

【译文】

大臣，是每天在天子身边坐论国家大事的人；用人与行政的得失，天子每天都与他们对答辨析，何愁不能了解呢？然而天子怀疑大臣也是有原因的，如果天子不亲政而疏远大臣，使他们不能天天见到自己，那么大臣就不能再等待天子的命令而只能按照自己的意愿行事。天子既然疏远了大臣，自然担心有些事情不能知道，就像害怕鬼魅的人害怕黑暗一样，况且也无法保证大臣一定不会做奸邪之事，于是对他们加以督察就成为不得已的事情。嫉妒苛刻的小人，就借此来干预国政，离间君臣之心。他们攻讦人没有不得逞的，大权于是逐渐下移而不可阻止。假如天子重修坐而论事的礼仪，勤于过问内朝外朝的事务，互相咨询访问，以解析大政方针的疑问，大臣每天侍奉在皇帝身边，自然没有机会来结党营私；则台谏官职的设立，上可以纠正皇帝的过失，下可以通达天下万方的隐情，最初就不让他们捕风捉影、肆意攻击朝臣，这样，当面欺君、专擅朝政的奸邪行为，大臣固然有所忌惮而不敢肆意妄为，又哪里还有必要用督察之术呢？

　　况大臣者，非一旦而加诸上位也。天子亲政，则其为侍从者日与之亲，其任方面者①，以其实试之功能，验之于殿最而延访之，则择之已夙，而岂待既登公辅之后乎②？唯怠以废政，骄以傲人，则大臣之得失不审，于是恃纠虔之法③，以为不劳而治也。于是法密而心离，小人进而君子危，不可挽矣。

【注释】

①方面：古指一个地方的军政要职或长官。

②公辅：古时"三公""四辅"的合称，后代指宰相一类的辅政大臣。

③纠虔：纠举督正。

【译文】

　　况且大臣也不是一天之内就骤然被提上高位的。如果天子亲政，则作为侍从的臣子每天与其亲近，被委以地方的长官，其在实践中展现的功绩和能力，通过考核来加以验证，广泛访求各方对他们的意见，如此则是在充分了解他们的基础上选择任用，而哪里会等到他们已经登上宰辅之位后再去考察呢？只有当天子因懈怠而荒废了政务，自大而对人傲慢，因此无法了解大臣的得失时，才会依赖纠举督正的方法，以为这样能不劳而治。于是法网严密而人心离散，小人得到重用而君子处境危险，这就不可挽救了。

二二　隗嚣毒未及天下

　　乘乱以起兵者，类不得其死，而隗嚣独保首领以终。嚣之所为，盖非犯阴阳之忌而深天下之怨者，不亦宜乎！藉其子纯弗叛以逃，虽世其家可也。嚣之所以不终事汉者，惩于更始之败而葸以失之也。以身托人，而何容易哉，则固不容不慎；慎而过焉，遂成乎葸，于是而毁家存汉之心，不能固守而成乎逆。然而兵不越陇，而毒未及于天下，郑兴、马援、申屠刚去之而不留①，来歙刺之而不杀，隐然有名义在其心而不忘，其异于公孙述、张步、董宪之流远矣。惜哉，其不奉教于窦融耳。卑屈而臣于公孙述，则势蹙而无聊之为也。其怙终而不听光武之招②，则愧于马、窦而恐笑其不夙也。葸而成乎愚，而固不安于戕忍诡随之为③，乃以善其死而免于显戮④。天维显思、自求自取之谓也⑤。

【注释】

①郑兴：字少赣，开封(今河南开封)人。两汉之际经学家。新莽末年曾任更始政权丞相府长史，后拜凉州刺史，因遭遇叛乱而投奔隗嚣，曾谏阻隗嚣称王。建武五年(29)，郑兴向隗嚣提出随隗嚣长子隗恂东归洛阳，隗嚣最终准许他带着全家离开天水返回洛阳。光武帝时为太中大夫，以不善谶纬未受重用。后隐居不仕，卒于家中。传见《后汉书·郑兴列传》。申屠刚：字巨卿，扶风茂陵(今陕西兴平)人。新莽时期举贤良方正，因直谏王莽被罢归田里。后投奔隗嚣，劝谏隗嚣不要背叛刘秀而臣服公孙述，隗嚣不从。申屠刚于是接受光武帝征辟，后官至太中大夫。传见《后汉书·申屠刚列传》。

②怙(hù)终：有所恃而终不悔改。

③戕(qiāng)忍：残忍。

④显戮：明正典刑，陈尸示众。

⑤天维显思：语出《诗经·周颂·敬之》：“敬之敬之，天维显思，命
　　不易哉。”意谓上天的意志明白地昭显出来。

【译文】

　　乘着乱世而起兵的人，大体都不得善终，而隗嚣却唯独能保住性
命，得以善终。隗嚣的所作所为，大概并不是触犯阴阳的大忌而深受天
下怨恨的，他能得到这种结局不也是应当的吗！如果他的儿子隗纯不
背叛汉朝而逃走，则他家世袭爵位也是可以的。隗嚣之所以不始终事
奉汉朝，是因为吸取了更始帝败亡的教训，害怕再次因所投非人而失
败。把身家性命托付给别人，谈何容易，本来就不容许不谨慎；谨慎过
了头，就变成了畏缩，于是原本毁家而保存汉室的心，不能固守而成了
叛逆。然而他的军队不越出陇右之地，而其祸害没有蔓延到整个天下，
郑兴、马援、申屠刚这些人要离他而去，他也没有强行挽留，来歙想刺杀
他，他也没杀掉来歙，可见他心中隐然有名与义而没有忘记，这是他与
公孙述、张步、董宪之流差别甚远的地方。可惜啊，他没有听从窦融的
教诲。他卑躬屈膝臣服于公孙述，则是因为形势急迫、无所依恃而不得
不如此。他始终坚持割据而不听从光武帝的招降，则是愧于见到马援、
窦融而怕他们嘲笑自己不早听从他们的意见。隗嚣畏缩到了愚蠢的地
步，本来又不安心于残忍、欺诈的行为，于是得以善终而免于遭到屠戮。
这就是人们所说的天理昭昭、自作自受。

二三　不任将帅以宰辅

　　任为将帅而明于治道者，古今鲜矣，而光武独多得之。
来歙刺伤，口占遗表①，不及军事，而亟荐段襄②，曰：“理国以
得贤为本。”此岂武臣之所及哉？歙也、祭遵也、寇恂也、吴
汉也③，皆出可为能吏、入可为大臣者也。然而光武终不任
将帅以宰辅，诸将亦各安于韎韐而不欲与于鼎铉④。呜呼！

意深远矣。故三代以下，君臣交尽其美，唯东汉为盛焉。

【注释】

①占：口说，口授。遗表：古代大臣临终前所写的章表。

②段襄：光武帝时任太中大夫。

③祭遵（？—33）：字弟孙，颍川颍阳（今河南许昌）人。东汉开国功臣，"云台二十八将"之一。早年任县吏，后投奔刘秀，参与平定彭宠之乱、讨伐隗嚣。刘秀称帝后，任征虏将军，封颍阳侯。建武九年（33），在军中去世。传见《后汉书·祭遵列传》。

④韎韐（mò gé）：染成赤黄色的皮子，用作蔽膝护膝。在古代多为军人装束，故以此喻军人。鼎铉（xuàn）：台鼎。铉，鼎耳，以代鼎。鼎三足，有三公之象，故以此喻宰辅重臣。

【译文】

身任将帅而又通晓治国之道的人才，从古至今都很少，而唯独光武帝得到了很多。来歙被刺客刺伤，临死前口授遗表，不提及军事，却急切地推荐段襄，说："治国理政以得到贤人为根本。"这难道是一般武臣所能达到的吗？来歙、祭遵、寇恂、吴汉，都是出可以做能吏、入可以做大臣的人才。然而光武帝终究不任用将帅做宰辅，诸将也各自安于军职而不想跻身宰辅之列。唉！光武帝的立意太深远了。所以三代以后，君臣各尽其才、各显其美，唯有东汉为最盛。

二四　郭伋敢昌言不宜专用南阳故旧

苟为欲治之君，乐其臣之敢言者有矣，而敢言之士不数进。非徒上无能容之也，言出而君怒，怒旋踵而可息矣，左右大臣得为居间而解之①；藉其终怒不释，乃以直臣而触暴君，贬窜诛死，而义可以自安且自伸也。唯上之怒有已时，而在旁之怨不息,乘间进毁,且翘小过以败人名节,则身与名俱丧,逮及子孙族党交游而皆受其祸,则虽有骨鲠之臣,亦迟回而吝于一言。故能容敢言者非难,而能安敢言者为难也。

【注释】

①居间:处于双方之间调解或说合。

【译文】

　　如果是想治理好国家的君主,喜欢其臣子敢于直言的有不少,而敢于直言的臣子中得到重用的却不多。这不仅是因为国君不能容忍他们,直言一出而君主发怒,怒气不久就可以平息,左右的大臣必定可以居间调解;即使君主的怒气始终没有消除,以至于正直的臣子因为触怒暴君而被贬官流放甚至被杀戮,而这些臣子在道义上也足以使自己安心,并实现了自我价值。只是国君的怒气有消解的那天,君主身边人的怨恨却不容易平息,他们寻找机会向君主进谗言,并且挑正直臣子的小毛病来败坏他们的名节,则正直臣子身败名裂,连子孙、宗族、朋友都遭到牵连而身受其祸,这种情况下,即使有骨鲠之臣,也只能迟疑徘徊,而不愿多说一句话。所以能够容忍敢于直言的臣子并不难,能够使敢于直言的臣子安心才是最难的。

　　光武以支庶之余,起于南阳,与其人士周旋辛苦、百战以定天下,其专用南阳人而失天下之贤俊,虽私而抑不忘故旧之道也。且南阳将吏,功成爵定,亦未闻骄倨侈汰以乱大法①,夫岂必斥远而防制之。乃郭伋以疏远之臣②,外任州郡,慷慨而谈,无所避忌。曰:"当简天下贤俊,不宜专用南阳故旧。"孤立不惧赫奕之阀阅③,以昌言于廷,然而帝不怒也。且自邓禹以降,勋贵盈廷,未有忿疾之者,伋固早知其不足畏而言之无尤。诚若是,士恶有不言,言恶有不敢哉?诸将之贤也,帝有以镇抚之也;奖远臣以忠鲠,而化近臣于公坦,帝之恩威,于是而不可及矣。宋祖怀不平于赵普④,而雷德骧犹以鼎铛见责⑤,曲折以全直臣,而天子不能行其意。伋言之也适然,帝听之也适然,南阳勋旧闻之也适然。呜呼!是可望之三代以下哉?

【注释】

①侈汰:奢侈无度。

②郭伋(前39—47):字细侯,扶风茂陵(今陕西兴平)人。初在大司空府任职,新莽时担任上谷大尹、并州牧。更始元年(23),被更始帝刘玄征为左冯翊。后归降刘秀,历任雍州牧、尚书令、中山太守、并州牧、太中大夫等职。传见《后汉书·郭伋列传》。

③赫奕(yì):显赫。阀阅:有功勋的世家大族。

④宋祖怀不平于赵普:据《宋史·赵普列传》记载,宋太祖任赵普为相,对他信任有加。赵普为人刚毅果断,议事时常在宋太祖面前力争,使宋太祖勃然大怒。加上赵普也有不检点之处,小人也在背后说他坏话,宋太祖逐渐对赵普产生了不满。

⑤雷德骧(xiāng)犹以鼎铛见责:雷德骧(917—992),字善行,同州郃阳(今陕西合阳)人。宋太祖时期大臣。后周广顺进士。入宋,历任礼部、户部郎中、右谏议大夫等职。传见《宋史·雷德骧列传》。雷德骧为人耿直,性格急躁,常直言进谏。某次处理案件,雷德骧得知下属越过自己,讨好宰相,极为恼火,就到皇宫求见宋太祖想汇报这件事情。当时宋太祖在讲武殿和赵普议事,雷德骧不顾阻拦,闯入讲武殿,在宋太祖面前历数赵普专横、霸

道、贪婪之举。宋太祖听后大怒,说:"鼎铛犹有耳,汝不闻赵普吾之社稷臣乎!"还拿起水晶小斧,敲掉雷德骧的两颗门牙,并将其贬为商州司户参军。事见《宋史·雷德骧列传》《涑水记闻》等。后世常用"鼎铛有耳"之典比喻某人或某事影响大,凡是长耳朵的都应该听说、知道。

【译文】

光武帝刘秀作为汉朝宗室支脉的后裔,崛起于南阳,与手下的南阳人士历经千辛万苦、转战数十年才最终平定了天下,他专用南阳人而失去了天下的贤能俊秀之才,虽然显得自私却仍不失为不忘故旧之道。而且出身南阳的将领、官吏,立下大功、被封赏爵位后,也不曾听说过有骄横倨傲、奢侈无度而扰乱国家大法的,难道有必要一律斥退疏远、严加防范和制约吗? 郭伋作为与皇帝关系疏远的臣子,在外做州郡官吏,却敢慷慨陈词,没有避讳和顾忌。他说:"应当选拔任用天下的贤能俊秀之才,不应该专用与陛下有旧交情的南阳人。"他势单力孤,却完全不惧怕权势显赫的勋贵世家,在朝廷上公开直言,然而光武帝没有为此而发怒。而且自邓禹以下,满朝勋贵,也没有对他愤恨不已的,可见郭伋早就知道没有什么值得畏惧的,所以敢直言不讳。如果确实是这样,士人怎么会有不敢发言的,而又怎么会有不敢发的议论? 诸将表现出的贤德,是因为光武帝有办法镇抚他们;鼓励远臣忠正耿直,而用公平宽和感化近臣,光武帝的恩德和威势,于是就令后世望尘莫及了。宋太祖对赵普心怀不满,而雷德骧却仍然因为批评赵普而受到责备,宋太祖数落他孤陋寡闻,连有耳的鼎铛都不如,这是在委婉地保全忠诚正直的臣子,身为天子却不能按自己的心意行事。郭伋说得心安理得,光武帝听得心安理得,南阳勋贵旧臣们听说后也心安理得。唉! 这种情形是三代以后能奢望出现的吗?

二五　吴汉逼成都以取败

建武十二年^①,天下已定,所未下者,公孙述耳。三方竞进②，戆之于成都，述粮日匮，气日衰，人心日离，王元且负述而归我，此其勿庸劳师亟战而可坐收也较然矣。触其致死之心，徼幸而犹图一逞，未易当也。吴汉逼成都而取败③，必然之势矣。光武料之于千里之外而不爽，非有不测之智也，知其大者而已。

【注释】

①建武十二年：公元 36 年。

②三方竞进：指刘秀派大司马吴汉、岑彭、来歙率三路军队，分别从南、北两个方向进攻公孙述。

③吴汉逼成都而取败：建武十二年(36)，吴汉率部与公孙述的大将魏克、公孙永大战于鱼涪津，大破蜀军，遂北上进攻武阳，击溃来援救的蜀将史兴，攻下广都，前锋直逼成都。刘秀曾告诫吴汉，要其坚守广都，不与成都蜀军争锋。吴汉求胜心切，率兵二万进逼成都，结果先败于谢丰。事见《后汉书·吴汉列传》。

【译文】

建武十二年，天下已基本平定，还没有被平定的，只剩下公孙述了。光武帝派三路大军并进，将其围困在成都，公孙述的粮食储备日益匮乏，气势日益衰落，人心日益离散，连王元都背叛公孙述而归降了汉朝，这已经清楚地表明，不用劳师急战便可以轻易地收服公孙述。这种形势下，如果激起公孙述的拼死挣扎之心，使他心怀侥幸、垂死挣扎以图一逞，就不好抵挡了。吴汉率军逼近成都而遭遇失败，是势所必然的。光武帝在千里之外已经准确地预料到这个结果，并非是有不测的智慧，只是懂得大势而已。

故善审势者，取彼与我而置之心目之外，然后笼举而规恢之^①，则细微之变必察；耳目骛于可见之形^②，而内生其心，则智役于事中，而变生于意外。《诗》云："不出于颎^③。"出于颎者，其明哲无以加焉。昆阳之拒寻、邑，邯郸之蹙王郎，光武固尝以亟战得之矣，彼一时也，吴汉效之而恶得不败！

【注释】

①规恢：规划恢张。

②骛：追求，忙于。

③不出于颎（jiǒng）：语出《诗经·小雅·无将大车》："无思百忧，不出于颎。"意指不能摆脱烦躁、疑虑。

【译文】

所以善于审时度势的人，把对方与自己都置于心目之外，然后从整体上加以考量，进行长远规划，那么即使是非常细微的变化也必定能觉察到；如果耳朵和眼睛都忙于应付可见的形势，而这种认识生发于心中，那么智力都被事情本身所役使，而变故就会发生在意料之外。《诗经》中说："不出于颎。"能够摆脱烦躁、疑虑的人，其聪明贤哲就无以复加了。光武帝在昆阳抵挡王邑、王寻的大军，在邯郸围困王郎，也曾经依靠速战速决取得了胜利，但此一时，彼一时，形势发生了变化，吴汉生搬硬套地效仿光武帝以前的做法，怎能不失败呢！

二六　公孙述时蜀人士多吊诡

公孙述之廷不可仕也；虽然，述非王莽比矣，不得已而姑与周旋以待时，不亦可乎？李业、王皓、王嘉遽以死殉之^①，过矣。述之初据蜀也，犹未称帝，威亦未淫也；察其割据之雄心，虑相污陷，夫岂无自全之术哉？乃因循于田里家室之中，事至而无余地，居危乱之邦，无道以远害，畏溺而先自投于渊,介于石而见几者若此乎②?

【注释】

①李业、王皓、王嘉:皆为蜀地名士,因不愿接受公孙述征辟而自杀。

②介于石:语本《周易·豫卦》爻辞:"六二,介于石,不终日,贞吉。"被石头所阻隔。一说指人的品行中正,有如磐石坚贞不可动摇。介,间。

【译文】

公孙述的朝廷是不可以在其中任职的;虽然如此,公孙述与王莽并不是一类人,如果不得已而姑且与他周旋以等待时机,不也是可以的吗?李业、王皓、王嘉为抗拒出仕公孙述而轻率地自杀,未免有些过了。公孙述刚开始占据蜀地的时候,尚没有称帝,威势也没有泛滥膨胀;如果察觉到他有割据的雄心,忧虑被他征辟会玷污自己的名声,难道没有自我保全的办法吗?他们却在田里、家中一如既往地生活,等到事情临头就毫无余地了,生活在危险、混乱的国家,没有远离危害的正道,害怕溺水就先自投于深渊之中,被石头所阻隔而看见事物变化征兆的人会这样做吗?

谯玄荐贿以免①,则尤可丑矣。处乱世而多财,辱人贱行以祈生,殆所谓"负且乘致寇至"者与②!哀、平之季,廉耻道丧,一变而激为吊诡,蜀人尤甚焉。匹夫匹妇之谅③,恶足与龚胜絜其孤芳哉④!

【注释】

①谯玄(?—35):字君黄,巴郡阆中(今四川阆中)人。西汉末年名

士。汉成帝时曾入朝对策，被授为议郎。王莽摄政后，谯玄弃官归家。后公孙述据蜀称帝，征辟谯玄，谯玄再三推辞。公孙述威胁如不出仕，便赐以毒药。谯玄准备接受毒药，其子谯瑛泣血叩头，表示愿以千万家财赎其死罪，终于得免一死。谯玄于是隐居田野，终生不仕。传见《后汉书·谯玄列传》。荐贿：奉献财物。

②负且乘致寇至：参见卷一"二世一"条注。

③谅：固执，坚持己见。

④絜（xié）：度量，衡量。

【译文】

谯玄靠奉献财物得以幸免，则尤其是令人不齿的丑行。身处乱世却有很多钱财，他靠可耻的人格、卑贱的行为来求得生路，大概就是所谓的"卑贱者背着人家的财物，又坐上大马车炫耀，就会招致强盗来抢"吧！在汉哀帝、汉平帝统治的西汉末年，廉耻之道沦丧，一变而被激为怪异，蜀人尤其严重。匹夫匹妇的固执己见，哪里能与龚胜的洁身自好相比呢！

二七　忠臣不和非定论

晋平公喜其臣之竞①，而师旷讥其不君②。为人君者，欲其臣之竞，无以异于为人父者利其子之争也。光武之诏任延曰③："善事上官，勿失名誉。"其言若失君人之道，而意自深。延曰："忠臣不和，和臣不忠。上下雷同，非陛下之福。"《考异》曰：《延传》作"忠臣不私，私臣不忠"。按高峻《小史》作"忠臣不和，和臣不忠"，意思为长，又与上语相应，今从之。然则尊卑陵夷，相矫相讦，以兴讼狱而沮成事，抑岂天子之福乎？

【注释】

①晋平公（？—前532）：姬姓，名彪，春秋时期晋国国君。前557—

前532年在位。

②师旷：字子野，南和(今河北南和)人。春秋时晋国著名乐师。他生而无目，精音乐，善弹琴，辨音力极强。他在晋国宫廷中事奉晋悼公、晋平公，时常向他们进言劝谏，参赞国家事务。

③任延(?—68)：字长孙，南阳宛(今河南南阳宛城区)人。东汉官员。曾任更始政权会稽都尉，后被刘秀任命为九真太守、武威太守。汉明帝时期，先后任颍川太守、河内太守，病逝于任上。传见《后汉书·循吏列传》。

【译文】

晋平公喜欢他的臣子相互争斗，而师旷讥讽他不行君道。作为君主，想让自己的臣子相互争斗，无异于做父亲的把自己的孩子相互争斗看作是好事。光武帝对任延下诏书说："好好侍奉上司，不要失去名誉。"他的话似乎不符合君主统治臣民之道，但是寓意却很深刻。任延说："忠臣不应随声附和，随声附和的臣子不一定忠诚。上下雷同，这并不是陛下您的福气。"《资治通鉴考异》中说：《任延传》中作"忠臣不私，私臣不忠"。按高峻《小史》里作"忠臣不和，和臣不忠"，意味更深长，又与上面的话相对应，所以应遵从《小史》中的记载。然而如果尊卑秩序被破坏，上下级之间相互欺诈和攻讦，使得诉讼案件大幅增加，而日常事务被搁置在一边，这难道就是天子的福气吗？

夫欲使上官之履正而奉公也，但择其人而任之。夫既使居上位矣，天子无能纳诸道而制其进退，乃恃下吏之驵侩以翘其过而为异同①，于是乎相劝以傲，而事之废兴，民之利病，法之轻重，人得操之以行其意。其究也，下吏抗上官而庶民抗下吏，怨讟生②，飞语兴，毁誉无恒，讼狱蜂起，天子亦何恃以齐天下，使网在纲，有条而不紊乎③？阴阳之气不和，则灾沴生^④；臣民之心不和，则兵戎起。共、驩不和于舜、禹^⑤，管、蔡不和于周、召，如是而可以为忠臣乎？

【注释】

①驻(zhì)戾：蛮横凶暴。

②怨讟(dú)：怨恨诽谤。

③使网在纲，有条而不紊：语出《尚书·盘庚》："若网在纲，有条而不紊。"意即好像把网结在纲上，才能有条理而不紊乱。纲，提网的总绳。

④灾沴(lì)：自然灾害。

⑤共、驩(huān)：共工与驩兜的并称。据《尚书·尧典》记载，二人是当时著名的恶人，尧在舜的建议下将他们流放到偏远地区。

【译文】

想要使得上级官吏行为端正、克己奉公，只有精心地选择适宜的人，然后加以任用。如果已经让他高居于上位了，天子却不能将他纳入正道，控制他的升降赏罚，却要依赖他的下属官吏蛮横凶暴地揭发、检举他的过错，以此标示臣子之间的"异同"，于是官吏们相互比着傲慢，而政事之废兴，民众的疾苦，执法的轻重，每个人都得以操纵以实现自己的意愿。其结果就是，下级官吏对抗上司而百姓对抗下级官吏，怨恨诽谤产生，流言蜚语兴起，毁誉无常，讼狱猛增，天子又依靠什么来治理天下，使得国家事务像把网结在纲上，有条理而不紊乱呢？阴阳之气不和，则自然灾害就会产生；臣民之心不和，则战争就会爆发。共工、驩兜与舜、禹不和，管叔、蔡叔与周公、召公不和，像这样的人能算是忠臣吗？

光武叹息曰："卿言是也。"为延之说所摇与？抑姑以取其一节之亢直而善成其和衷与^①？以为治理之定论，则非矣。

【注释】

①亢直：正直刚强。和衷：和睦同心。

【译文】

光武帝叹息说："你说得很对。"这是被任延的话打动内心了吗？还是姑且取其正直刚强的节操而成全他的和睦同心呢？如果将其视为治理国家的定论，则是不正确的。

二八　公孙述修礼乐器

道非直器也，而非器则道无所丽以行①。故能守先王之道者，君子所效法而师焉者也；能守道之器者，君子所登进而资焉者也。王莽之乱，法物凋丧②，公孙述宾宾然亟修之③。其平也，益州传送其瞽师、乐器、葆车、舆辇④，汉廷始复西京之盛⑤。于此言之，述未可尽贬也。

【注释】

①丽(lí)：附丽，附着。

②法物：古代帝王用于仪仗、祭祀的器物。

③宾宾然：毕恭毕敬的样子。

④瞽(gǔ)师：盲乐师。葆车：用五彩鸟羽装饰车盖的车。舆辇：天子所乘车驾。

⑤西京：代指西汉。

【译文】

道并不仅仅是指器，但没有器则道无所附着而得以施行。所以能坚守先王之道的，是君子所应效法并向其学习的；能保存行道之器的，是君子所应该升用并且依赖的。王莽之乱时,用于仪仗、祭祀的器物失散,公孙述毕恭毕敬地紧急收集了它们。等到公孙述被平定后,益州将其盲乐师、乐器、葆车、舆辇等传送到京城洛阳,汉朝廷才恢复了西汉时礼仪的隆盛。就此而言,公孙述还不算一无是处。

述之起也非乱贼,其于汉也,抑非若隗嚣之已北面而又叛也。于一隅之地,存礼乐于残缺,备法物以昭等威①,李业、费贻、王皓、王嘉②,何为视若戎狄乱贼而拒以死邪?自述而言,无定天下之略,无安天下之功,饰其器,悯其道,徇其末,忘其本,坐以待亡,则诚愚矣。自天下而言,群竞于智名勇功,几与负爪戴角者同其竞奰③,则述存什一于千百,俾后王有所考而资以成一代之治理,不可谓无功焉。马援,倜傥之士也④,斥述为井蛙,后世因援之鄙述,而几令与孟知祥、王建齿⑤,不亦诬乎?

【注释】

①等威:与一定的身份、地位相应的威仪。

②费贻:字奉君,犍为南安(今四川乐山)人。两汉之际蜀地名士。公孙述据蜀时,他漆身为癞,佯狂避世。蜀地平定后,被刘秀征为河浦太守,政绩卓著。事见《后汉书·独行列传》。

③竞奰(bì):怒而相争。

④倜傥(tì tǎng):卓异,不同寻常。

⑤孟知祥(874—934):字保胤,邢州龙冈(今河北邢台西南)人。五代十国时期后蜀开国皇帝。孟知祥是晋王李克用的侄婿(一说女婿),在后唐深受重用,出任西川节度使。后唐明宗年间,孟知祥逐渐产生据蜀自立之心,长兴四年(933)吞并东川,尽占两川

之地。应顺元年(934)正月,孟知祥在成都称帝,建立后蜀,在位仅七个月即病逝。王建(847—918):字光图,许州舞阳(今河南舞阳)人。五代十国时期前蜀开国皇帝。王建在唐末加入忠武军,因救护唐僖宗有功,成为神策军将领。文德元年(888),王建开始攻打西川,夺下西川后被封为西川节度使。此后,王建占有两川、三峡,被唐昭宗封为蜀王。天复七年(907),唐朝灭亡,王建自立为帝,国号大蜀,史称"前蜀"。在位十二年后病逝。二人新、旧《五代史》皆有传。

【译文】

公孙述起兵,并非乱贼,他对于汉朝,也不是像隗嚣那样已经北面称臣却又反叛了。他居于一隅之地,在残破之余保存礼乐,备齐礼器以昭明与身份、地位相应的威仪,李业、费贻、王皓、王嘉这些人,为什么将他视作戎狄乱贼而以死拒绝他的征召呢?从公孙述的角度而言,他没有平定天下的大略,没有安定天下的功劳,却以礼器做装饰,迷失了正道,逐末而忘本,坐以待毙,则实在是够愚蠢的。从天下角度而言,群雄以智力、名誉、勇气、功绩相互竞争,其情形差不多像是与长着爪子、头上戴角的野兽因愤怒而相争,这种情况下,公孙述能够把成千上百的礼器保存十分之一,让后来的帝王有所参考,而赖以成就一代的良好治理,不可以说是没有功劳。马援是个卓异不凡的人,斥责公孙述是井底之蛙,后世因为马援对公孙述的鄙视,而几乎将公孙述贬低到与孟知祥、王建相提并论的地步,不也是过于诋毁了吗?

汉道中圮,而述储文物以待光武,五代涂炭,而李氏储文艺以待宋太宗[①],功俱未可没也。宋失汴梁而钟律遂亡[②],乃者南都陷而浑仪遂毁[③],使当世而有公孙述也,可勿执李、费、二王之硁硁以拒之也[④]。

【注释】

①李氏:指南唐后主李煜。

②汴梁:今河南开封。钟律:音律。

③乃者:从前,往日。南都:指南京。浑仪:中国古代一种天文观测
仪器,以浑天说为理论基础制造,由相应天球坐标系各基本圈的
环规及瞄准器构成。

④硁硁(kēng):形容浅陋固执。

【译文】

汉代国祚中途衰败,而公孙述储存文物以等待光武帝,五代生灵涂
炭,而南唐后主李煜储积文艺以等待宋太宗,其功劳都不可以埋没。北
宋丢失汴梁而音律资料亡佚,昔日南京失陷而浑仪被毁,假如当世能有
公孙述一样的人,有识之士可以不像李业、费贻、王皓、王嘉那样浅薄固
执地以死抗拒他。

二九　梁统议杀人不宜减死

　　高帝初入关,约法三章,"杀人者死",无待察其情,而壹
之以上刑①。盖天下方乱,民狎于锋刃,挟雠争利以相杀者
不可卒弭②,壹之以死而无容覆勘③,约法宽而独于此必严
焉,以止杀也。

【注释】

①上刑:重刑,死刑。

②卒(cù):同"猝",突然。弭(mǐ):止。

③覆勘:审核。

【译文】

汉高祖刚进入关中,就约法三章,其中一条是"杀人者死",不需要

审察具体的情况，而一律处以极刑。大概当时天下正大乱，民众对战争和杀戮已经司空见惯，为了报仇争利而相互残杀的风气难以在短时间内消弭，因此对杀人者一律处以死刑而不容许审核，约法虽宽而唯独这一条必须严厉，是想以此来制止百姓相互残杀。

　　王嘉当元、哀之世，轻殊死刑百一十五事①，其四十二事，手杀人者减死一等。建武中，梁统恶其轻②，请如旧章。甚矣，刑之难言也。杀人一也，而所繇杀之者异。有积忿深毒，怀贪竞势，乘便利而杀之者；有两相为敌，一彼一此，非我杀彼，则彼杀我，偶胜而杀之者；有一朝之忿，虽无杀心，拳勇有余③，要害偶中，而遂成乎杀者。斯三者，原情定罪④，岂可概之而无殊乎？然而为之法曰：察其所自杀而轻重之。则猾民伏其巧辩，讼魁曲为证佐⑤，赇吏援以游移⑥，而法大乱。甚矣，法之难言也。

【注释】

①殊死：在汉代法律中指律有明文的大逆不道罪，主要包括谋反、谋大逆、谋叛、恶逆等。此类死罪，性质严重，绝不赦免，处死方式固定为腰斩，且行刑决不待时。由于受刑时罪犯的身体被斧钺断开，故曰"殊死"。

②梁统（前5—62）：字仲宁，安定乌氏（今宁夏固原）人。性刚毅而好法律。更始政权败亡后，梁统和窦融及河西诸郡太守起兵保境，共推窦融为河西大将军，梁统任武威太守。建武五年（29），梁统被刘秀封为宣德将军。建武八年（32），参与征伐隗嚣，被封为成义侯。建武十二年（36），梁统随窦融到洛阳，以列侯奉朝请，拜太中大夫。后出任九江太守，卒于官。传见《后汉书·梁

　统列传》。

③拳勇：勇壮。

④原情：考察原由，推究本情。

⑤讼魁：即讼棍，唆使或帮助别人打官司以便自己从中取利的人。

⑥赇（qiú）吏：贪赃枉法的官吏。

【译文】

　　王嘉在汉元帝、汉哀帝时代，减轻殊死之刑一百一十五条，其中的四十二条，规定亲手杀人的减死罪一等。建武年间，梁统嫌刑罚太轻，请求恢复旧制。刑法，真的是太难说啦！杀死了人是一样的，但造成杀人的原因却各不相同。有累积愤怒、深怀歹毒之心，怀有贪念、竞逐权势，乘便利而杀人的；有双方互相为敌，一时那样，一时这样，不是我杀死对方，就是对方杀死我，偶然获胜而杀人的；有出于一时的愤怒，虽然没有杀心，但勇壮过度，失手击中要害，于是演变为杀人事件的。这三种情况，推究本情而定罪，难道可以一概而论，不加区别吗？然而，一旦制定法律规定：根据杀人的具体情节而决定判决的轻重。则刁民充分利用其巧言善辩，讼棍扭曲事实为其作证，贪官污吏再从中做手脚，法律就会大乱。法律，真是太难说了。

　　夫法一而已矣，一故不可干也，以齐天下而使钦畏者也。故杀人者死，断乎不可词费而启奸也①；乃若所以钦恤民情而使死无余憾者，则存乎用法之人耳。清问下民者②，莫要乎择刑官而任之以求情之道。《书》曰："刑故无小，赦过无大③。"故与过之分，岂徒幕外弯弓不知幕中有人而死于射之谓乎？横逆相加，操杀己之心以来，而幸胜以免于推刃，究其所以激成而迫于势者，亦过之类也；猝然之忿怒，强弱殊于形体，要害不知规避，不幸而成乎杀者，亦过之类也。

一王悬法于上,而不开以减死之科;刑官消息于心^④,而尽其情理之别。则果于杀人者,从刑故之条;而不幸杀人者,慎赦过之典。法不觖而刑以祥^⑤,存乎其人,而非可豫为制也。

【注释】

①词费:多费言辞,耗费言辞。

②清问:清审详问。

③刑故无小,赦过无大:语出《尚书·大禹谟》:"宥过无大,刑故无小。"意谓处罚故意犯罪不问罪多小,宽宥过失不论罪多大。

④消息:斟酌。

⑤觖(wěi):弯曲,歪曲。祥:善用。

【译文】

法律就是要统一,统一了才能不可冒犯,以此治理天下,必定可以使天下人敬畏法律。所以,杀人者一律处死,断然不能多费言辞而为奸邪行为大开方便之门;至于体恤民情、从而使其死而无憾的任务,则落在执法者的身上。清审详问、体察民情,没有比谨慎地选择审判官、然后以求实之道委任他们更重要的了。《尚书》中说:"处罚故意杀人不问罪多小,宽宥过失杀人不论罪多大。"故意杀人与过失杀人的区别,难道只是对在帐幕外弯弓射箭而不知道帐幕中有人因此而死于射出的箭这种情形吗? 突然被对方加以暴虐之道,对方怀着必定杀死我的决心而来,而我侥幸战胜他从而免于横死,在这种情况下杀了人,究其原因,是被形势所迫,不得不拼死保护自己,也是属于过失杀人一类;在与人交往中,突然因故发怒,双方体型强弱悬殊,出手不知道规避要害,不幸而杀了人,也属于过失杀人一类。君主将法律高悬于上,而不开减死的科目,司法官员根据情况在心中斟酌,以充分体现案件情理的区别。则存心杀人的,按照故意杀人的刑律处理;不幸杀人的,慎重地按过失杀人的刑律判决。法律不被歪曲而刑罚得以被善用,取决于执法官员,而不可以提前制定好相应律令作为防范。

　　夫法既一矣，而任用刑者之矜恕^①，则法其不行矣乎？而抑有道焉。凡断刑于死者，必决于天子之廷，于是而有失出失入之罚，以儆有司之废法。既任吏之宽恤，而又严失出以议其后，则自非仁人轻位禄而全恻隐者，不能无惕于中而轻贷人以破法^②。夫有司者，岂无故而纵有罪以自丽于罚乎？非其请托，则其荐贿，廷议持衡而二患惩，则法外之仁，可以听贤有司之求瘼^③，而何忍一人死复继之以一人乎？若曰杀人而可不死也，人将相戕而不已也，而亡虑也。虽减死而五木加之^④，犴狴拘之^⑤，流放徒隶以终其身，自非积忿深毒、怀贪竞势之凶人，亦孰乐有此而昧于一逞也乎？

【注释】

①矜恕：怜悯宽恕。

②贷（dài）：赦免，宽恕。

③瘼（mò）：此指民间疾苦。

④五木：古代束缚身体的刑具。

⑤犴狴（àn bì）：监狱。

【译文】

　　法律既然已经统一了，而听任掌管刑罚的人一味怜悯宽恕，这样法律不就难以被执行了吗？这一问题还是有办法解决的。凡是判处死刑的案件，必须在天子的朝廷上最后裁定，在这里对待轻罪重判或重罪轻判的官员，有相应的处罚，以儆戒有关部门徇私枉法。一方面许可官吏宽大体恤百姓，一方面又以严厉地对重罪轻判的处罚来约束他们，则如果官员自己不是轻视官位俸禄而必要成全恻隐之心的仁人，不可能对此不害怕,而轻率地饶恕罪犯以破坏法律。有关部门的官员,难道会无缘无故放过罪犯从而使自己受到惩罚吗?不是有人请托,就是有人行贿,如果廷议公允,则两种隐患都可以得到惩戒,如此则法律之外的仁慈,可以听任有关部门的贤德官员访求民间疾苦,而怎么能忍心一人死后又以另一人的死来作为继续呢?有人说杀人如果可以不被处死,则人们将相互残杀不已,这种担心是多余的。因为罪犯虽然被免死,但仍会被戴上束缚身体的刑具,拘禁在监狱里,被流放或作为服劳役的徒隶直到死亡,如果不是累积愤怒、深怀歹毒之心、怀有贪念、竞逐权势的凶人,谁又会为了一时的痛快而甘愿冒这种风险呢?

三〇 光武治盗以缓

治盗之法,莫善于缓;急者,未有不终之以缓者也。且盗之方发而畏捕也,强则相拒,弱则惊窜伏匿而莫测其所在。缓之而拒之气馁矣,不能久匿而复往来于其邑里族党矣[1],一夫之力擒之而有余矣,吏不畏其难获而被罪也。人孰无恶盗之情,而奚纵之?惟求之已急也,迫之以拒,骇之以匿,吏畏不获而被罪,而不敢发觉,夫然后展转浸淫而大盗以起[2],民以之死,而国因以亡。

【注释】

①邑里:乡里。

②展转:同“辗转”,中间经过许多人或地方。

【译文】

治理盗贼的办法,没有比缓治更好的了;采取急治方式的,没有不最终以缓治了结的。况且盗贼刚开始兴起时畏惧被捕,其势力强的会武力抗拒,弱的则会惊恐逃窜,悄悄隐匿起来,难以揣测其究竟在什么地方。如果采取缓治的办法,则盗贼的拼死抗拒之心日益消散,不能长久藏匿,而势必会再次在其乡里、同族亲属家中往来,这时候以一个人的力量擒获他们绰绰有余,官吏当然不会害怕因为盗贼难以捕获而受到惩处了。作为人,谁没有憎恶盗贼的感情,会轻易放纵盗贼呢? 只有当官府急不可待地追捕他们时,他们被逼得拼死抗拒,因为惊骇而藏匿,官吏害怕不能捕获他们而受到处罚,因此发现盗贼不敢声张、上报,于是盗贼就四处辗转、蔓延发展,最终成为大规模的叛乱势力,百姓因此而死亡,国家也因此而灭亡。

　　光武之法,吏虽逗留、回避、故纵者皆勿问,听以禽讨为效①。牧守令长畏懦选怯不敢捕者,皆不以为罪,只取获贼多少为殿最②。唯匿蔽者乃罪之。此不易之良法,而愚者弗能行久矣。

【注释】

①禽讨:捕捉讨伐。禽,同"擒"。

②殿最:古代考核政绩或军功,下等称为"殿",上等称为"最"。

【译文】

光武帝的法令规定,官吏在追捕盗贼时即使有逗留、回避、故意放纵盗贼等行为也一律不问罪,听任他们最终以擒获、讨伐盗贼的数量为政绩。州牧、郡守、县令、县长胆怯懦弱、不敢抓捕盗贼的,都不算罪过,只以官吏最终捕获盗贼的多少确定其政绩的大小。只有窝藏、包庇盗贼的才治罪。这是不容更改的良法,而愚蠢的人是不能长久施行此法的。

三一　南顿以上四世之庙不可除

　　张纯、朱浮议宗庙之制①,谓礼为人子事大宗降其私亲,请除春陵节侯以下四亲庙②，以先帝四庙代之。光武抑情从议，以昭穆祢元帝③，而祠其亲于章陵④，异于后世之苟私其亲者，而要未合于礼之中也。

【注释】

①张纯(？—56)：字伯仁，京兆杜陵(今陕西西安)人。光武帝时曾任侍中、太中大夫、太仆、大司空等职。敦厚谨慎，务于无为。传见《后汉书·张纯列传》。

②春陵节侯：指刘买。汉景帝刘启之孙、长沙定王刘发之子。西汉武帝元朔五年(前124)，汉武帝封刘买为春陵侯，刘买去世后谥号节侯，故称春陵节侯。他死后，其子刘熊渠继承春陵侯之位，刘熊渠是更始帝刘玄的曾祖父；另一个儿子郁林太守刘外是光武帝刘秀的曾祖父。故刘秀即位后，为刘买立祖庙祭祀。

③昭穆：古代宗法制度，宗庙中神主的排列次序为始祖居中，以下父子递为昭穆，左为昭，右为穆。祢(nǐ)：对已在宗庙中立牌位的亡父的称谓。

④章陵：在今湖北枣阳。

【译文】

张纯、朱浮议论宗庙的制度，认为按照礼制，作为人子应当敬奉大宗而降低自己私人亲属的地位，请求撤除春陵节侯以下四代先祖的祖庙，用汉宣帝、汉元帝、汉成帝、汉哀帝、汉平帝五帝四世的庙取而代之。光武帝抑制了自己的私人感情听从了他们的建议，按照昭穆次序以元帝为父，而在章陵祭祀自己的直系先祖，这与后世苟且偏爱自己直系祖先的情况是不同的，而其要义却不符合礼制规定。

为人子者，必有所受命而后出为人后，内则受命于父以往，外则受命于所后之父母而来，若哀帝之于成帝是已。故尊定陶为皇①，而自绝于成帝，非也。若内无所禀，外无所承，唯己之意与人之扳己而继人之统②，此唯天子之族子，以宗社为重，可以不辞，而要不得与受命出后者均。何也？父子之恩义，非可以己之利与臣民之推戴而薄其所生，诬所后者以无命为有命也。况乎光武之兴，自以武功讨篡逆而复宗祊③，其生也与元帝之崩不相逮，而可厚诬乎哉？成、哀、平不成乎君者也，废焉可也。元帝于昭穆为诸父，而未有失德，勿毁而列于世，得矣；以为己所后而祢之，不可也。光武之功德，足以显亲，南顿令而上④，虽非积累之泽，而原本身之所自来，则视组绀以上而尤亲⑤。尊者自尊也，亲者自亲也，人子不敢以非所得而加诸亲。故组绀之祀，得用天子之礼乐，而特不追王。则南顿以上四世之庙不可除，而但无容加以皇称而已。后世之礼，势殊道异，难执先代之相似者以为法，而贵通其意。光武之事，三代所未有也，七庙之制⑥，不必刻画以求肖成周，节侯以下与元帝以上并祀，而溢于七庙之数，亦奚不可？所难者唯祫祭耳⑦。然使各以其昭穆，君先臣后，从太祖而合食⑧，礼原义起，岂与哀帝之厚定陶、欧阳修之崇濮王、张孚敬之帝兴献⑨，同其紊大分而伤彝伦乎⑩？

【注释】

①定陶：指汉哀帝刘欣的生父定陶王刘康。

②扳：同"攀"，引，拥戴。

③宗祊(bēng)：宗庙。

④南顿令：指光武帝刘秀的父亲刘钦。因曾在西汉末年担任南顿

县令,故称"南顿令"。

⑤组绀:殷商时期周部落的领袖,古公亶父之父,周文王的曾祖父。周朝建立后,追尊古公亶父为周太王,自组绀以上的先祖则不追封为王。

⑥七庙之制:古代天子祭祀先祖的一种制度,到汉代逐渐固定下来。这一制度规定,天子祭祀先祖立七庙,包括四亲(父、祖、曾祖、高祖)庙、二祧(高祖的父和祖父)庙和始祖庙。

⑦袷(xiá)祭:古代天子诸侯所举行的集远近祖先神主于太祖庙的大合祭。

⑧太祖:创基立业的先祖。合食:合祭。

⑨欧阳修之崇濮王:欧阳修(1007—1072),字永叔,号醉翁,晚号六一居士,庐陵(今江西吉安)人。北宋政治家、文学家、史学家。官至翰林学士、枢密副使、参知政事。欧阳修是在宋代文学史上最早开创一代文风的文坛领袖,领导了北宋诗文革新运动。在史学方面,曾主修《新唐书》,并独撰《新五代史》。传见《宋史·欧阳修列传》。北宋仁宗在位久无子,以其堂兄濮王赵允让第十三子赵宗实为皇子,改名赵曙。仁宗崩,皇子赵曙即位,是为宋英宗。宋英宗即位后,围绕赵允让是作为皇叔还是皇父发生争议,被称为"濮议"。欧阳修主张宋英宗应称濮王为"皇考"。事见《宋史·欧阳修列传》。张孚敬之帝兴献:张孚敬(1475—1539),原名张璁,因避世宗名讳,被赐名孚敬。字秉用,号罗峰,永嘉(今浙江永嘉)人。因在"大礼议"中坚定支持明世宗而得到信任和重用,官至内阁首辅。传见《明史·张璁列传》。明武宗朱厚照生前无子,遗诏由堂弟朱厚熜继位。明世宗朱厚熜登基不久,便与杨廷和为首的明武宗旧臣们之间围绕以谁为世宗皇考(即宗法意义上的父考),以及世宗生父兴献王尊号的问题发生了争议和斗争,史称"大礼议"。观政进士张孚敬上书支持世宗

尊其父兴献王为皇考的主张,促成大礼议以世宗胜利而告终。事见《明史·张璁列传》。

⑩紊(wěn):乱。

【译文】

作为人子,必定要有所受命才能脱离原有父子关系而继嗣其他人,在内则受命于亲生父亲而前去继嗣,在外则受命于所要继嗣的父母而来,就像汉哀帝继承汉成帝那样。所以哀帝尊生父定陶王刘康为皇,而自绝于成帝,是错误的。如果在内没有父母允许继嗣他人的命令,在外没有来自他人的继嗣请求,只是根据自己的意愿,以及别人对自己的支持拥戴,就继承他人的香火,则唯有天子的同族兄弟之子,以宗庙社稷为重,才可以不加推辞,而其意义不能跟接受命令而出嗣他人的情况等同看待。为什么呢?因为父子之间的恩义,不可以因为自己的私利与臣民的推戴就淡薄地对待自己的生父,明明自己所继承的对象没有要求继嗣的命令,却妄称别人有此命令。何况光武帝的兴起,是自己凭借武力讨伐了篡位的逆贼而恢复了宗庙社稷,他的出生与汉元帝的驾崩相距甚远,难道可以厚诬吗?成帝、哀帝、平帝的行为不配做国君,从祖庙中将他们的排位废除是可以的。元帝在昭穆次序上是光武帝的族父,而没有失德的情况,不要毁弃其祖庙牌位,而将其列入太庙世系,是正确的;光武帝将他作为自己继嗣的对象而将其视为宗法意义上的父亲,则是不可以的。光武帝的功德,足以彰显自己的亲人,他的父亲南顿令刘钦以上,虽没有世代积累的德泽,但推究自身的由来,则像周代天子视其远祖组绀以上一样尤其亲切。尊者自尊,亲者自亲,作为人子不敢将越礼的待遇加在亲人身上。所以周代天子对组绀的祭祀,可以用天子的礼乐,只是不能追封其为王。如此则南顿令刘钦以上四代的庙不可以撤除,只是不应该追加带"皇"字的尊号。后世的礼仪,形式和道义都有所不同,难以用前代相似的事例作为效法的对象,而贵在通晓其大意。光武帝的事例,是三代所没有先例的,所以天子立七庙的制度,不必刻意模仿以求符合周朝的制度,舂陵节侯刘买以下与元帝以上的先祖一并祭祀,而超过七庙之数,又有什么不可以呢?所难的只有袷祭罢了。然而让这些先祖各以其昭穆次序排列,君先臣后,跟随太祖而接受合祭,礼法源于道义,难道会与哀帝厚待定陶王、欧阳修尊崇濮王、张璁尊奉兴献王为帝的事例一样,扰乱君臣父子之名分,败坏伦常吗?

若纯与浮之言大宗,则尤谬矣。大宗者,非天子之谓也。《礼》曰:“别子为祖,继别为宗[①]。”宗者,百世不迁;而天子之位,父死子继,兄终弟及,乃至本支绝而旁亲立,国中斩而支庶兴,初非世次相承而不可越。故天子始兴,而母弟为大宗。尊者嗣位,亲者嗣宗。宗者,一姓之独尊也,位者,天下之同尊也,天子之非大宗明矣。大宗无后,就大宗之支子以次而嗣,递相衍以百世,而昭穆不乱,故以宗为重而绝其私亲。天子不与于宗子之中者也,嗣位也,非嗣宗也,不拘于昭穆之次,孙可以嗣祖,叔父可以嗣从子者也。使汉而立大宗焉,抑唯高帝之支子相承不绝,天下虽亡而宗不圮,非王莽所得篡,而光武亦弗能嗣焉。纯与浮不考于《周礼》,合宗与位而一之,于周且悖,而况汉乎?疏漏寡闻,任气以矫时王之制,其与欧阳修、张孚敬之说,异失而同归矣。

【注释】

①别子为祖,继别为宗:语出《礼记·丧服小记》:“别子为祖,继别为宗,继祢者为小宗。”意即别子为其后裔之始祖,继承别子的嫡长子是大宗,继承别子之庶子的是小宗。别子,古代指天子、诸侯的嫡长子以外的儿子。

【译文】

至于张纯与朱浮关于大宗的言论,则尤其荒谬。所谓大宗,并不是适用于天子的称谓。《礼记·大传》中说:"别子为祖,继承别祖的为宗。"所谓宗,百代不变;而天子的位置,父亲死后儿子继承,兄长死后弟弟继承,甚至本支断绝时由旁系亲属继承,国中没有继承人而由庶支来继承,本来就不是按照世系次序相继承而不可逾越的。所以天子刚兴起的时候,其同母弟是大宗。尊者继承帝位,亲者继承宗。所谓宗,是一姓所独尊的,皇帝之位,则是天下所共同尊奉的,所以天子并非大宗,这是很明显的。大宗无后,就以大宗的支庶之子依照次序来继嗣,这样递进相衍可至于百代,而昭穆顺序不会混乱,所以继承宗的人要以宗为重而断绝其私亲。天子是不在宗子之列的,他继承的是皇帝之位,而不是继宗,所以不必拘泥于昭穆次序,孙子可以继承祖父,叔父可以继承侄子。假如汉朝皇帝是立大宗的,则也只有汉高祖的支庶子孙世代相继承而不断绝,即使天下灭亡而宗也不会被消灭,那就不是王莽所能篡夺的了,而光武帝也就不能继承帝位了。张纯与朱浮不仔细考察《周礼》,将宗与位合而为一,已经违背了周代礼制,更何况汉朝呢?他们二人孤陋寡闻,意气用事而想要更改当代帝王的制度,其观点与欧阳修、张璁的说法,错误不同而旨归相同。

三二　使阴兴受顾命

王氏之祸烈矣!光武承之,百战而刘宗始延,惩往以贻后,顾命太子而垂家法,夫岂无社稷之臣?而唯阴识、阴兴之是求[1]。识虽贤,何知其不为莽之恭?识虽不伪,能保后之外戚皆如识乎?饮堇而幸生[2],复饮以冶葛[3],卒使窦、梁、邓、何相踵以亡汉[4]。光武之明,而昏于往鉴如是者,何也?

【注释】

①阴识(？—59)：字次伯，南阳新野(今河南新野)人。东汉初年将
领、外戚，光武帝皇后阴丽华的异母兄。阴识早年随刘缤起兵反
王莽，后追随刘秀平定天下，因功封原鹿侯。刘庄被立为太子
后，阴识以代理执金吾身份辅导太子。永平元年(58)，刘庄继
位，阴识正式担任执金吾。次年因病去世。传见《后汉书·阴识
列传》。阴兴(9—47)：字君陵，南阳新野(今河南新野)人。东汉
初年将领、外戚，光武帝皇后阴丽华同母弟。阴兴随从光武帝刘
秀征伐四方，深受刘秀信赖。建武九年(33)任侍中，赐爵关内
侯。后任卫尉，与执金吾阴识共同辅导太子刘庄。建武二十三
年(47)去世，年仅三十九岁。传见《后汉书·阴兴列传》。

②董：一种野菜。

③冶葛：即野葛，毒草名。

④窦、梁、邓、何：指东汉中后期以外戚身份把持朝政的窦氏、梁氏、
邓氏、何氏外戚。

【译文】

西汉王氏外戚所造成的灾祸太严重啦！光武帝承继乱局，经过百
战才使得刘氏江山得以延续，鉴于既往的教训而将其留给后人，临终遗
命给太子而传家法，难道是没有社稷之臣吗？但他却只看重阴识、阴
兴。阴识虽然贤德，但又如何能知道他不是像王莽那样假装谦恭呢？
阴识即使不虚伪，难道能保证后世的外戚都能像阴识一样吗？刚刚靠
吃野菜而得以幸存，就又吃下有毒的野葛，最终使得窦氏、梁氏、邓氏、
何氏外戚前后相继擅权，从而使东汉灭亡。以光武帝的英明，却在借鉴
以往教训方面昏聩到如此地步，这是为什么呢？

帝之易太子也①，意所偏私而不能自克，盈廷不敢争，而
从臾之者，自郅恽之佞外无人焉②。若张湛者，且洁身引退

以寓其不满之意矣③。东海虽贤,郭况虽富而自逸④,光武不能以自信,周旋东海而优郭氏,皆曲意以求安,非果有鸤鸠之仁也⑤。于是日虑明帝之不固,而倚阴氏以为之援,故他日疾作,而使阴兴受顾命领侍中,且欲以为大司马而举国授之。

【注释】

①帝之易太子:指建武十九年(43),刘秀以皇后阴丽华长子东海王刘阳聪敏、有君主气度为由,废皇太子刘彊(已被废的郭皇后长子)为东海王,而以刘阳为皇太子。刘阳改名刘庄,即日后之汉明帝。

②郅(zhì)恽之佞:据《后汉书·郅恽列传》记载,郅恽当时受刘秀之命教太子刘彊读书。随着刘秀与郭皇后之间的关系日渐紧张,郅恽先是劝刘秀妥善处理郭皇后的问题,不要给天下人留下话柄;在郭皇后被废、刘秀更易太子意图显露之后,郅恽又劝太子刘彊向刘秀表示愿意主动让位。

③若张湛者,且洁身引退以寓其不满之意:张湛,字子孝,扶风平陵(今陕西咸阳)人。建武年间先后担任左冯翊、光禄勋等职,时常上书指出刘秀的过失。建武七年(31),张湛被刘秀拜为太子太傅。建武十七年(41),刘秀废黜皇后郭圣通,张湛推说病重不能上朝,刘秀多次慰问赏赐他。数年后病死于家中。传、事见于《后汉书·张湛列传》。

④郭况(9—59):真定(今河北正定)人。东汉初年外戚,光武帝刘秀皇后郭圣通之弟。建武元年(25),刘秀欣赏郭况小心谨慎,任命他为黄门侍郎。次年因郭圣通被立为皇后,郭况被封为绵蛮侯。郭皇后被废后,刘秀怜悯郭氏,对郭况为首的郭氏外戚赠赐

甚厚。后迁城门校尉。永平二年(59)，郭况病逝。其事见于《后
汉书·皇后纪》。

⑤鸤(shī)鸠：亦作"尸鸠"，即布谷鸟。《诗经·国风·曹风》中有一
首《鸤鸠》，对鸤鸠进行了赞美，朱熹《诗集传》云："诗人美君子之
用心，均平专一。"

【译文】

光武帝更换太子，是因为心里有所偏爱而不能自我把持，满朝大臣
都不敢劝谏，而怂恿奉承他的，除了郅恽这样的奸佞小人外没有其他
人。像张湛，尚且洁身自好地引退以暗示自己的不满之意。东海王刘
彊虽然贤德，其舅父郭况虽然富裕而性格安适，光武帝却仍不能自信，
所以以与东海王刘彊应酬周旋而优待郭氏外戚，这都是曲意笼络以求安
定，并非果真有鸤鸠那样用心平均专一的仁慈。于是他每天忧虑明帝
地位不稳固，而倚赖阴氏作为明帝的外援，所以有一天光武帝病重，竟
然让阴兴接受遗命领侍中，而且还想任命他为大司马，将整个国家的大
权授给他。

呜呼！人苟于天伦之际有私爱而任私恩，则自天子以
至于庶人，鲜不违道而开败国亡家之隙，可不慎哉！卒之帝
崩而山阳王荆果假郭况以称乱①，则帝之托阴氏以固太子之
党，亦非过虑也。虽然，虑亦过，不虑亦过；虑以免一时之
患，而贻数世之危，固不如其弗虑也。

【注释】

①山阳王荆：指山阳王刘荆(？—67)，光武皇帝刘秀第九子，生母
为皇后阴丽华。建武十五年(39)，刘荆被封为山阳公，两年后被
封为山阳王。刘秀去世后，他派人冒称东海王刘彊的舅父郭况，

写信怂恿刘彊起兵叛乱，取代汉明帝。事情败露，汉明帝顾及他是同母兄弟，只是派遣他出居河南宫。永平元年(58)，汉明帝改封刘荆为广陵王。永平十年(67)，刘荆指使巫师祭祀祝诅，事情败露后畏罪自杀。传见《后汉书·光武十王列传》。

【译文】

唉！人如果在天伦之际有所偏私而由着私人恩惠行事，则从天子到平民，很少有不违背道义而开启亡国败家的祸端的，难道可以不慎重吗！最终光武帝死后，山阳王刘荆果然假借郭况名义怂恿刘彊发动叛乱，则光武帝将国政托付给阴氏以加强太子的势力，也不算过虑。尽管如此，考虑是过错，不考虑也是过错；考虑到自己死后的情况可以免除一时的祸患，却给后世留下数代的危机，固然不如不考虑。

三三　光武知西域不足为有无

汉之通西域也，曰"断匈奴右臂"。君讳其贪利喜功之心，臣匿其徼功幸赏之实，而为之辞尔。夫西域岂足以为匈奴右臂哉？班固曰："西域诸国，各有君长，兵众分弱，无所统一，虽属匈奴，不相亲附，匈奴能得其马畜旃罽①，而不能与之进退。"此当时实征理势之言也。

【注释】

①旃罽(zhān jì)：毡、毯一类的毛织品。

【译文】

汉朝通西域，说是"斩断了匈奴的右臂"。这不过是国君掩饰其贪图利益、好大喜功之心，臣子隐匿其贪功求赏之实情的托词罢了。西域难道足以作为匈奴的右臂吗？班固说："西域诸国，各有其君王，军队和民众分散而弱小，没有统一的号令，虽然名义上隶属匈奴，实际上并不亲附匈奴，匈奴能从各国得到它们的牛马牲畜和毡、毯一类的毛织品，却不能与他们共同进退。"这是当时人根据实际形势，结合自己的耳闻目睹，所做出的准确记载。

抑考张骞、傅介子、班超之伏西域也①，所将不过数十人，屯田之卒不过数百人，而杀其王，破其国，翱翔寝处其地而莫之敢雠。若是者，曾可以为汉而制匈奴乎？可以党匈奴而病汉乎？且匈奴之犯汉也，自辽左以至朔方②，横亘数千里，皆可阑入，抑何事南绕玉门万里而窥河西？则武帝、张骞之诬也较著。光武闭关而绝之，曰："东西南北自在也。"灼见其不足为有无而决之矣。

【注释】

①伏：制服，使屈服。

②辽左：指今辽东半岛地区。

【译文】

考察张骞、傅介子、班超制服西域的事迹，他们所率领的不过几十人，屯田的士卒不过数百人，却能杀掉西域国家的君王，攻破它们的王国，在它们的国土上悠闲自在地生活，而没有谁敢向他们报仇。像这样的国家，难道可以为汉朝牵制匈奴吗？可以依附匈奴而危害汉朝吗？况且匈奴侵犯汉朝时，从辽东到朔方，东西数千里的范围内都可以作为南下入侵的突破口，又何必万里迢迢地向南绕道玉门关而觊觎河西之地呢？可见，汉武帝、张骞的说法显然是不符合实际的。光武帝关闭玉门关，断绝与西域诸国的来往，说："西域诸国愿意依附谁就依附谁，听其自便。"这是光武帝清楚地认识到西域诸国对中原王朝无足轻重后做出的决断。

夷狄而为中国害,其防之也,劳可不恤,而虑不可不周。如无能害而徼其利①,则虽无劳焉而祸且伏,虽无患焉而劳已不堪,明者审此而已矣。宋一亡于金,再亡于元,皆此物也。用夷攻夷,适足以为黠夷笑,王化贞之愚②,其流毒惨矣哉!

【注释】

①徼(yāo)其利:求利。徼,通"邀",求。

②王化贞(?—1632):字肖乾,诸城(今属山东)人。由户部主事历右参议,后因力保广宁,被任命为辽东巡抚。他在任期间,主张借用蒙古人的力量来抗衡后金。后来因指挥失误,导致在与后金的广宁之战中惨败,被朝廷缉拿,于崇祯五年(1632)被处死。传见《明史·王化贞列传》。

【译文】

夷狄长期以来都是中原王朝的重大威胁,为了防范它们,可以不顾辛劳,而考虑却不可以不周密。如果看到对方不能危害自己而贪图其好处,则即使没有劳师动众也会埋下祸患,即使没有忧患而劳顿已经不堪忍受,聪明的人自然会清楚地懂得这个道理。宋第一次被金灭亡,第二次被元灭亡,都属于此类。以夷攻夷的做法,正好足以被狡黠的蛮夷耻笑,王化贞的愚蠢,其流毒也太惨烈啦!

三四　马援贪功取厌

光武之于功臣,恩至渥也①,位以崇,身以安,名以不损,而独于马援寡恩焉,抑援自取之乎!

【注释】

①渥:丰厚。

【译文】

光武帝对于功臣,给予的恩泽够丰厚了,让他们地位尊崇,身家性命安全无虞,名声也不受损害,但唯独对马援刻薄寡恩,也许这是马援自己招致的吧!

宣力以造人之国家①,而卒逢罪遣者,或忌其强,或恶其不孙②,而援非也,为光武所厌而已矣。老氏非知道者,而身世之际有见焉。其言曰:"功成名遂身退③。"盖亦察于阴阳屈伸之数以善进退之言也。平陇下蜀,北御匈奴,南定交阯④,援未可以已乎?武豀之乱⑤,帝愍其老而不听其请往,援固请而行。天下已定,功名已著,全体肤以报亲,安禄位以戴君,奚必马革裹尸而后为愉快哉⑥!光武于是而知其不自贵也;不自贵者,明主之所厌也。夫亦曰:苟非贪俘获之利,何为老于戎马而不知戒乎?明珠之谤⑦,有自来矣。老而无厌,役人之甲兵以逞其志,诚足厌也。故身死名辱,家世几为不保,违四时衰王之数⑧,拂寒暑进退之经,好战乐杀而忘其正命⑨,是谓"逆天之道"。老氏之言,岂欺我哉?

【注释】

①宣力:尽力,效力。

②孙:通"逊",谦逊,驯服。

③功成名遂身退:语出《老子》第九章:"功成名遂身退,天之道。"意谓功成名就之后,要及时抽身而退。

④交阯:即"交趾",指今广东、广西及越南北部地区。

⑤武豀之乱:据《后汉书》记载,建武二十三年(47),位于今湖南地区的武豀少数民族部落发动叛乱,刘秀派刘尚前往征讨,结果全

军覆没。马援主动向刘秀请缨,率军前往征讨。

⑥马革裹尸:用马皮包裹尸体。指军人战死沙场。

⑦明珠之谤:据《后汉书·马援列传》记载,马援在征讨交趾时,常吃当地的薏苡,因薏苡能除瘴气,久服能轻身省欲。南方薏苡果实大,马援想作为种子,回军时,载了一车。当时人们以为这是南方土产的奇珍怪物。马援死后,有人上书诬告说马援以前从南方载回来的,都是明珠彩犀一类珍宝。刘秀听信了谗言,非常愤怒,马援的尸体因此无法得到妥善安葬。

⑧衰王:衰落与旺盛。王,通"旺"。

⑨正命:儒家以顺应于天道,得其天年而死为得"正命"。

【译文】

尽心竭力帮助别人打下江山,而最终却获罪、遭到谴责的人,或是因为君主顾忌其实力强大,或是君主厌恶其桀骜不驯,而马援不属于这两种情况,只是单纯被光武帝厌恶而已。老子并非真正懂得道的人,但他对于处世之道有一定的见解。他说:"功成名就之后,要及时抽身而退。"这大概也是考察阴阳屈伸之数所得出的、指导人善于进退的言辞。马援参与平定陇右、攻下四川,北边防御匈奴,南边平定交趾,他这个时候难道不应该停止征战、颐养天年了吗?武谿蛮族叛乱时,光武帝怜悯他年老而不许可他的主动请缨,马援坚持请命,最终成行。天下已经平定,马援自己的功名也已经很显赫,完全可以保全身体肌肤以报答父母,安于爵位俸禄以事奉君王,又何必一定要马革裹尸然后才觉得愉快呢!光武帝由此知道他不自重;不自重的人,是贤明君主所厌恶的。别人也难免会说:如果不是贪图俘获的利益,为什么要老死于军中而不知引退呢?薏苡被说成是明珠的诽谤,是有其来由的。到老也不知道厌倦,驱使别人的军队来达到自己的目的,实在是足以令人讨厌。所以马援最后身死名辱,家族也几乎为之不保,违背四季衰落与旺盛的气数,拂逆寒暑进退的规律,好战乐杀而忘记了顺应天命,这就是所谓的"逆天之道"。老子的话，难道会欺骗我们吗？

《易》之为教，立本矣，抑必趣时①。趣之为义精矣，有进而趣，时未往而先倦，非趣也；有退而趣，时已过而犹劳，非趣也。"日昃之离，不鼓缶而歌，则大耋之嗟，凶②。"援之谓与！

【注释】

①趣(qū)：趋向，归向。

②"日昃(zè)"四句：语出《周易·离卦》爻辞："日昃之离，不鼓缶而歌，则大耋之嗟，凶。"意思是夕阳西下，好比人生已入老年，这时如果不能敲着瓦器伴唱高歌地欢度晚年，就难免会有春蚕将死、蜡炬成灰的哀叹，这样必然遭遇凶险。昃，日过中午。缶，瓦盆，可作为乐器之用。耋(dié)，老年人的通称。古人称老年人为"耋年"。

【译文】

《周易》教导人要立本，同时也必须趋时，即努力与当时的形势、环境及条件相适应。趋的含义太精深了，有人过分急切地前趋，时机尚未到来自己就先疲倦了，这不是趋时；有人过分迟缓，时机已经过去而自己仍在劳顿，这也不是趋时。《周易》中说："夕阳西下，好比人生已入老年，这时如果不能敲着瓦器伴唱高歌地欢度晚年，就难免会有春蚕将死、蜡炬成灰的哀叹，这样必然遭遇凶险。"说的就是马援这种情况吧！

三五　宗均折简收群蛮

事难而易处之则败，事易而难图之亦败。易其难者，败而知其难，将改图而可有功；难其易者，非急悔而姑置焉，易者将成乎难,而祸不息矣。

【译文】

　　如果事情很难却被当作容易来处理,则必定会遭到失败;如果事情容易却将其当作难事,也会遭到失败。将难事当做易事的人,失败以后就知道事情的艰难了,将会改弦更张而可获得成功;将易事当做难事的人,如果不立即悔改而将其暂且放在一边,则易事将变为难事,而祸患将不会停息。

　　武陵蛮之叛也①,刘尚之全军偾焉②,马成继往而无功焉③,马援持之于壶头④,而兵之死者大半,援亦殒焉。及乎援已死,兵已疲,战不可,退不能,若有旦夕歼溃之势;而宗均以邑长折简而收之⑤,群蛮帖服,振旅以还,何其易也!其易也,岂待今日而始易哉? 当刘尚、马援之日,早已无难慑伏,而贪功嗜杀者不知耳。使非均也,以疲劳之众与蛮固争,蛮冒死以再覆我军,虽饥困而势已十倍矣。

【注释】

　　①武陵蛮:汉代对分布在今湘西、鄂西南等地区的少数民族的总称。

　　②刘尚之全军偾(fèn)焉:刘尚(? —47),建武初,为武威将军,参与讨伐公孙述、隗嚣等主要战役。建武十九年(43),平定越州太守任贵谋叛。二十一年(45),平定进攻益州的西南蛮夷。二十三年(47),平定南郡蛮夷叛乱。同年,在讨伐武陵蛮叛乱时,沅水一战,全军覆没,战死。事见《后汉书·光武帝纪》。偾,覆灭。

　　③马成(? —56):字君迁,南阳棘阳(今河南南阳南)人。东汉开国

功臣,"云台二十八将"之一。原是王莽政权的县吏,投奔刘秀后,久经战阵,参与消灭王郎、刘永、李宪、隗嚣、公孙述等割据势力,协助刘秀平定天下。刘秀称帝后,任扬武将军,封平舒侯,后改封全椒侯。建武二十四年(48),率军南击武陵蛮,未能建功。传见《后汉书·马成列传》。

④壶头:指壶头山,在今湖南境内。建武二十四年(48),马援率军征讨武陵蛮时,因山高势险,道路崎岖,大军被困于山下,当时天气炎热,士卒多病死。

⑤宗均以邑长折简而收之:宗均(11—76),《后汉书》载其名为"宋均",南阳安众(今河南邓州)人。建武初年为五官中郎将。跟随马援征讨武陵蛮。明帝时,被拜为尚书令,后任司隶校尉、河内太守。章帝建初元年(76)病逝。马援征讨武陵蛮病逝于军中后,形势一度危急,宋均假托皇帝命令,调伏波司马吕种任沅陵长,令其口称奉诏进入贼营招降叛军,自己率领军队紧随在吕种的后面。蛮夷都惊恐害怕,立即联合起来杀掉他们的大帅投降。宋均于是进入贼营,遣散贼兵,打发他们回归各自所在的郡县。传、事见于《后汉书·宋均列传》。

【译文】

武陵蛮叛乱,刘尚率领的讨伐军全军覆没,马成随后前往征讨也无功而返,马援在壶头山与叛军对峙,而士兵死伤者大半,马援也在此殒命。等到马援病死以后,汉军士兵已经很疲惫,想战不能战,又不能撤退,好像旦夕之间就有被击溃、歼灭的态势;而宋均假传皇帝诏命,让吕种以县长身份前往招降,众蛮夷俯首顺从,整顿队伍而回师,显得多么容易呀!其容易,难道是等到今天才变得容易吗?当刘尚、马援率军前来征讨时,使蛮夷慑服已经不难,只是贪图功劳、嗜好杀戮的人不知道罢了。假如不是宋均,而是别的将领来统军,以疲劳的军队与蛮夷拼命战斗,蛮夷冒死作战,再次使汉军覆没,则他们即使已经非常饥饿困苦,而其气势也已经十倍于以前了。

　　呜呼！一隅之乱，坐困而收之，不劳而徐定。庸臣张皇其势以摇朝廷之耳目，冒焉与不逞之虏争命，一溃再溃，助其焰以燎原，而遂成乎大乱。社稷丘墟，生民左衽①，厉阶之人②，死不偿责矣。

【注释】

　　①左衽：衣襟向左掩，是古代少数民族的服饰特点。借指中原地区沦陷，百姓被异族统治。

　　②厉阶：祸端，祸患的来由。

【译文】

　　唉！一隅之地的叛乱，本来可以通过围困使其处境艰难而将其收服，不必花费多大力气就可以缓缓平定他们。平庸的臣子夸大叛乱者的势力以动摇朝廷的耳目，轻率冒险地与存心闹事的叛贼拼死搏斗，一再溃败，促使其星星之火形成燎原之势，结果造成天下大乱的局面。社稷沦为废墟，百姓遭受异族统治，造成祸端的这些人，实在是死有余辜。

三六　内徙南单于非计

　　汉诏南单于徙居西河美稷①，人极之毁，自此始矣。非但其挟戎心以乘我也，狎与之居而渐与之安，风俗以蛊，婚姻以乱，服食以淫，五帝、三王之天下流洗解散②，而元后父母之大宝移于非类③，习焉而不见其可耻也，间有所利而不见其可畏也。技击诈谋，有时不逮，呴沫狃媟④，或以示恩，而且见其足以临我；愚民玩之，黠民资之，乃至一时之贤豪，委顺而趋新焉。迨及于千岁以后，而忘其为谁氏之族矣。臧宫、马武请北伐⑤，光武曰："吾恐季孙之忧不在颛臾⑥。"奈之何延之于萧墙之内也⑦！

【注释】

①南单于：指醢落尸逐鞮单于。建武二十四年(48)，匈奴内部为争夺王位发生动乱，匈奴贵族相互残杀，匈奴分裂成南、北二部。南部匈奴人立日逐王比为醢落尸逐鞮单于，建庭五原塞，依附东汉称臣，被刘秀安置在今河套地区。西河美稷：地名。在今内蒙古准格尔旗，光武帝刘秀时为使匈奴中郎将驻地。

②流泆(yì)：放纵，放荡。泆，通"溢"。

③元后：天子。

④呴(xǔ)沫：语出《庄子·大宗师》。喻指救助，援助。狎媟(xiè)：亲昵而近于放荡。

⑤臧宫(？—58)：字君翁，颍川郏(今河南郏县)人。东汉开国将领，"云台二十八将"之一。原为小吏，参加农民军后得以追随刘秀，屡立战功，是平定蜀地的主将之一。先后受封为成安侯、期思侯、酂侯、朗陵侯。建武二十七年(51)，臧宫和马武一起上书刘秀，建议北击匈奴，刻石纪功，刘秀不愿轻启边衅，未予采纳。永平元年(58)去世。传见《后汉书·臧宫列传》。马武(？—61)：字子张，南阳湖阳(今河南唐河)人。东汉开国将领，"云台二十八将"之一。少年时为避仇家，客居江夏。后入绿林军，为新市兵将领。更始二年(24)归顺刘秀，随其南征北战、平定四方。因功封杨虚侯。传见《后汉书·马武列传》。

⑥吾恐季孙之忧不在颛(zhuān)臾：语出《论语·季氏》："吾恐季孙之忧，不在颛臾，而在萧墙之内也。"颛臾，鲁国的属国，鲁国大夫季康子(属"三桓"之一的季孙氏家族)与鲁君矛盾极深，历代鲁

君皆欲除掉季氏,季氏恐怕鲁哀公利用颛臾的有利地势来袭击他的费邑,于是他想先下手为强,攻伐颛臾。孔子言"吾恐季孙之忧不在颛臾,而在萧墙之内也",意在说明其以礼治国、为政以德的主张,内修仁德则四方宾服,武力征伐不能解决问题。刘秀引孔子之语,意在表明自己与孔子主张相同。

⑦萧墙:古代宫室内作为屏障的矮墙。后世多以"萧墙之祸"喻指内部祸乱。

【译文】

　　光武帝诏令匈奴南单于迁徙到西河美稷居住,纲纪的毁坏,从此开始了。这不仅是因为夷狄之人怀着侵略野心时刻准备趁机侵伐我们,而且即使我们的百姓长期与他们住在一起,逐渐相安无事,而我们原本良好的风俗也会被破坏,婚姻关系被搞乱,穿衣饮食的习惯相混淆,五帝、三王建立的天下流荡解散,而天子、父母的大位也会逐渐转移到异族人手中,习以为常后就看不见他们的可耻之处了,而且还时常能从他们身上获取好处,因而感觉不到他们可怕。搏斗、诡诈和计谋方面,有时候我们不如他们,于是我们给予他们援助,与他们相亲昵而渐渐放纵,想以此显示自己的恩德,可不久就会发现,对方的实力已超过了我方;愚昧的民众轻视夷狄,狡黠的民众依赖他们获取利益,甚至一时的贤才豪杰,也会委身顺从他们,投奔新主子。等到千年以后,就会忘记自己究竟是哪一族的人了。臧宫、马武请求北伐匈奴,光武帝说:"我担心季孙氏的忧虑不在颛臾,而在萧墙之内。"可是,光武帝又为什么主动将灾祸引入萧墙之内呢!

三七　张佚桓荣不足称师儒之选

　　明帝英敏有余,而蕴藉不足①,光武选师儒而养以"六经"之教,得其理矣,然而张佚、桓荣未足以称此②。岂当时无间起之豪杰,守先王之道以待学者,可以为王者师乎? 抑有其人而光武未之能庸也③。

【注释】

①蕴藉：含蓄宽容。

②"光武"三句：事见《后汉书·桓荣列传》。张佚，建武年间曾任博士，后被光武帝刘秀拜为太子太傅。桓荣，字春卿，沛郡龙亢（今安徽怀远）人。东汉初年名儒。桓荣六十多岁时方为刘秀所赏识，被任命为议郎，入宫教授太子刘庄（汉明帝）。建武二十八年（52），升任太子少傅。明帝刘庄即位后，尊桓荣以师礼，甚见亲重。永平二年（59）受封关内侯。传见《后汉书·桓荣列传》。

③庸：任用。

【译文】

汉明帝英明敏锐有余，而含蓄宽容不足，光武帝选择儒生做他的老师，用"六经"的教诲涵养他，是合理的做法，然而张佚、桓荣却不足以担当起教导太子的重任。难道是当时没有应时而起的豪杰，坚守先王之道以等待学生来学习，足可以作为帝王的老师吗？也许是有这样的人才，可光武帝未能任用他们。

奚以知佚、荣之不称也？帝欲使阴识傅太子，张佚正色而争之，是矣。帝遂移太傅之命以授佚，自非圣人以天自处而无疑，与夫身为懿亲、休戚与俱而无容辞①，未有可受命者也。佚乃自博士超擢居之而不让，恶可以为帝王师！桓荣受少傅之车马印绶，陈之以诧诸生，施施然曰②："今日所蒙，稽古之力也，可不勉哉！"抱"君子谋道之忧"者闻斯言也③，有不汗面者乎？而足以为帝王师乎？

【注释】

①休戚：喜悦和忧虑。

②施施：得意貌。

③君子谋道之忧：语本《论语·卫灵公》："子曰：'君子谋道不谋食。耕也，馁在其中矣；学也，禄在其中矣。君子忧道不忧贫。'"

【译文】

何以知道张佚、桓荣作为太子老师不称职呢？光武帝想要让阴识担任太子太傅，教导太子，张佚态度严肃地对此进行抗争，是正确的。光武帝于是将太子太傅的职位转授给张佚，如果不是像圣人那样以"天命在我"自居而没有疑虑，或者是由于身为近亲、与太子休戚与共而不容许推辞，则没有能够在这种情况下接受任命的。张佚从博士身份被破格提拔为太子太傅却不加辞让，又怎么可以做帝王的老师呢！桓荣接受太子少傅的车马和印绶，然后将它们陈列起来，好让众儒生惊诧，洋洋自得地说："我今天所蒙受的恩泽，是依靠稽考古道的力量，你们能不努力吗！"抱有"君子谋道不谋食，忧道不忧贫"观念的人，听到他这番话，有不汗颜的吗？像他这样的人又怎么能做帝王的老师呢？

　　呜呼！师道之难也，于《蒙》之象见之①。人心之险，莫险于利禄之得失；惟以艮止之德②，遏欲以静正，不获其身，不见其人③，而后夏楚收威④，行于胄子。身教立，诚心喻，德威著，塞蒙心之贪戾，而相沐以仁让。故曰："蒙以养正，圣功也⑤。"身之不正，何以养人哉？荣与佚区区抱一经以自润，欲以动太子之敬信，俾忘势让善而宜人，讵可得乎？赖明帝之不为成帝也，非然，荣与佚之情，亦奚以愈于张禹邪？故曰："能自得师者王⑥。"光武之豫教，太子之尊师，而所得仅若此,王道之所以不兴与!

【注释】

①《蒙》之象:指《周易·蒙卦》的卦象。《蒙卦》卦象上为坎,象征水;下为艮,象征山。

②艮止:语出《周易·艮卦》之《象传》:"艮,止也。时止则止,时行则行;动静不失其时,其道光明。"意谓行止适时。

③不获其身,不见其人:语出《周易·艮卦》卦辞:"艮其背,不获其身;行其庭,不见其人,无咎。"整句话意即抑止于背后以避免被觉察,不让身体直接面向应该被抑止的私欲;譬如行走在庭院里也两两相背,互相不见对方被抑止的罪恶,没有咎害。

④夏(jiǎ)楚:古代学校两种体罚越礼犯规者的用具。后亦泛指体罚的工具。

⑤蒙以养正,圣功也:语出《周易·蒙卦》之《象传》。意谓启蒙是为了培养纯正无邪的崇高品质,是造就圣人的成功之路。

⑥能自得师者王:语出《尚书·仲虺之诰》:"能自得师者王,谓人莫己若者亡。"意谓能看到别人优点、长处,并且能够自己学习的人会兴旺。

【译文】

唉!师道的艰难,从《周易·蒙卦》的卦象就可以反映出来。人心之险,没有比利禄的得失更险的;只有以行止适时的品德,遏制欲望,恬淡平和而趋于纯正,不让身体直接面向应该被抑止的私欲,不见他人被抑止的罪恶,而后通过教具惩戒来树立老师的威严,使得正道能够施行于贵胄子弟。以言行举止为其树立规范,用诚心来使其明白道理,显明以德行威的思想,杜绝其贪戾之心的萌生,而使其相互沐浴在仁让之中。所以说:"启蒙是为了培养纯正无邪的崇高品质,是造就圣人的成功之路。"自身不正,又如何涵养别人呢? 桓荣与张佚仅仅死抱一经以使自己得到好处，却想用"敬"和"信"来打动太子，使得他忘却权势、谦让行善而讨众人的欢心，难道可能吗？幸亏明帝没有成为汉成帝那样的君王，不然，桓荣与张佚的结局，怎么可能比张禹好呢？所以说："能看到别人优点、长处，并且自己能够主动加以学习的人会兴旺。"光武帝预为教育、感化，太子尊重老师，而所得的结果仅仅如此，这大概就是王道之所以不能兴起的原因吧！

三八　退吕进薄乱之乱

以祖妣配地祇于北郊①，汉之乱典也。光武以吕后几危刘氏，改配薄后②，乱之乱者也。吕氏之德，不足以配地矣，薄后遂胜任而无歉乎？开国之君，配天而无歉者，非以其能取天下贻子孙也。宇内大乱，庶民不康，三纲沦，五典敩，天莫能复其性；暴政夺人居食，兵戎绝其生齿，地莫能遂其养；王者首出，诛恶削僭，以兵治而期于无兵，以刑治而期于无刑；饥者食，寒者衣，散之四方者逸以居，于是而得有其父子、兄弟、夫妇、朋友，以相亲而相逊；代天以奠兆民③，而相天地之不足，则臣子推崇之以配天，以是为与天通理也。母后，一姓之妣也，配祖于宗庙而私恩伸矣。位非其位也，君授之也；德非其德也，元后为民父母，母道亦君所任，非后所任也。吕后不足以配地，薄后其能堪此乎？故曰乱也。

【注释】

①祖妣(bǐ)：女性先祖。此指先祖之皇后。配地祇(qí)：指古代祭地神时以后妃袝祭。地祇，地神。

②薄后：指薄太后(前215—前155)，汉高祖刘邦的嫔妃，汉文帝生

母。传见《史记·外戚世家》《汉书·外戚传》。

③奠：稳固地安置。兆民：古称天子之民。后泛指民众、百姓。

【译文】

在北郊祭祀地神时以先祖皇后配祭，是汉代的乱典。光武帝以吕后几乎危及刘氏江山为由，改由薄太后配祭，更是乱中之乱。吕后的德行，不足以配祭地神，薄后就能胜任而无所愧疚吗？开国的君王，之所以能配祭上天而无所愧疚，并不是因为他们能夺取天下遗留给后代子孙。天下大乱，百姓不能安宁，三纲沦丧，五常败坏，上天不能恢复其本性；暴政侵夺了人们的衣食住行，战争断绝了人们的繁衍生息，地便不能实现其生养子民的功能了；这种情况下，是王者首先站出来，诛灭恶徒，削平僭越势力，以战争手段平定天下而期望天下不再有战争，以刑罚治理国家而期望天下不再有刑罚；饥饿的人得到食物，挨冻的人得到衣服，流离在四方的人能够有安逸的居所，于是他们以其父子、兄弟、夫妇、朋友，相互亲近、相互礼让；代替上天稳固地安置民众，弥补天地的不足，则臣子推崇开国之君以配祭上天，是认为开国之君的作为与上天同理。母后，不过一姓的先妣，在宗庙之中配祭先祖，私恩就得到了伸张。她的地位并非其应得的地位，是君王授予的；德行也并非是她自己的德行，天子作为百姓的父母，母道也是由君王所承担的，不是皇后所承担的。吕后不足以配祭地神，薄后难道就足以担当此任吗？所以说，这是汉代的乱典。

象之不仁，舜不得不以为弟①，丹朱之不肖，尧不得不以为子②，天伦者受之于天，非人所得而予夺者也。夫妇之道，受命于父母，而大昏行焉③；出以其道，而自夫制焉。为人子孙而逆操其进退，已不道而奚以治幽明哉④？文姜之逆也，而《春秋》书曰"夫人"⑤。僖公致成风以抑哀姜，而《春秋》书曰

"用致"⑥。吕后之罪,听后世之公论,非子孙所得黜也;薄后非高帝之伉俪⑦,非子孙所得命也。告祠高庙,退吕进薄,幸先君之无知,唯己意以取必焉。舜不能使瞽瞍之不子象,而光武能使高帝之不妻吕后哉?慕容垂追废可足浑氏,崔鸿讥其以子废母,致其子宝弑母而无忌⑧。人君垂家法以贻子孙,顺天理而人情自顺,大义自正。如谓光武借此以儆宫闱,乃东汉之祸,卒成于后族,徒为逆乱,而又奚裨邪?故曰乱之乱者也。

【注释】

①象之不仁,舜不得不以为弟:象,传说中舜的异母弟。据说他本性倨傲狠毒,对其异母兄舜不满,经常与母亲和父亲瞽(gǔ)叟想要寻机杀死舜。但舜却仍然孝友地对待三人,不敢有半点不敬。后来瞽叟、象的母亲、象陷害舜的计划暴露,舜没生三人的气,反而对三人比以前更好,三人感动,从此再也不怀害舜之心了。事见《史记·五帝本纪》。

②丹朱之不肖,尧不得不以为子:丹朱,传说中为尧的长子。相传,因为丹朱不肖,尧知道他无法胜任天下之主的位置,故而把部落联盟首领之位禅让给了舜。事见《史记·五帝本纪》。

③大昏:亦作"大婚",指天子或诸侯的婚娶。

④幽明:人与鬼神之间。

⑤文姜之逆也,而《春秋》书曰"夫人":文姜是鲁桓公夫人、齐襄公异母妹。鲁桓公死后,文姜离鲁去齐,并长期居留齐国,时人盛言文姜与其兄齐襄公有私情。《春秋·庄公元年》记载此事曰:"三月,夫人孙于齐。"仍称其为"夫人"。

⑥僖公致成风以抑哀姜,而《春秋》书曰"用致":哀姜是鲁庄公夫人,与鲁庄公之弟庆父私通,鲁庄公去世后,哀姜与庆父合谋杀

死继位的鲁闵公,遭到国人反对,被迫出逃到邾国。齐桓公责令邾国将哀姜引渡回齐国,在路上将其杀死,把尸体归还鲁国,鲁国仍以夫人之礼将其下葬。鲁僖公八年(前652),僖公在祖庙祭祀中,以其母成风(鲁庄公之妾)为庄公夫人加以祭祀,贬低了哀姜的地位。《春秋·僖公八年》中对此记载:"七月,禘于大庙,用致夫人。"《春秋穀梁传》解读为"用者,不宜用者也;致者,不宜致者也",认为《春秋》这一用词意在批评鲁僖公之举不合礼制。

⑦伉俪:正妻,配偶。

⑧"慕容垂"三句:可足浑氏是十六国时期前燕景昭帝慕容儁(一作"慕容俊")的皇后、幽帝慕容暐之母。她做皇后时,曾出诡计害死吴王慕容垂原配妻子段氏。慕容暐继位后,她又以太后之尊多次乱政,逼走慕容垂,撕毁与前秦的协议,致使燕、秦关系破裂。前燕最终亡国,可足浑氏被俘后死在敌国。后来,慕容垂建立后燕国后,追废可足浑皇后为庶人。慕容垂在位后期以段元妃为皇后,他死后,一直对段元妃不满的太子慕容宝即位,随即逼迫段元妃自杀。崔鸿批评慕容垂追废可足浑皇后是以子易母,间接为其子慕容宝逼死段元妃开了先例。

【译文】

象不仁,但舜不得不把他当作弟弟,丹朱十分不肖,可尧不得不把他当作儿子,天伦是从上天接受的,并非人所能够予夺。夫妇之道,从父母那里受命,然后举行大婚之礼;正当地休弃妻子,则是由丈夫自己决定的。作为别人的子孙却反过来决定先祖妻妾地位的进退,则自己已经不道,又怎么能够来处理人与鬼神之间的关系呢?文姜离经叛道,而《春秋》仍然称其为"夫人"。鲁僖公为成风致祭以贬抑哀姜,而《春秋》记载他"用致",暗含批评之意。吕后的罪责,应该听任后世的公论,并非子孙所能够罢黜的;薄后不是汉高祖的原配夫人,其地位并非子孙所能够任命的。光武帝在高帝庙中告祭汉高祖时,罢退吕后正妻之位而以薄后取代,这是欺负先君无知无觉,而唯独按照自己的心意武断行事、达成目的。舜不能使父亲瞽瞍不把象当做儿子,而光武帝难道能使汉高祖不以吕后为正妻吗?慕容垂即位后追废其兄的皇后可足浑氏为庶民,崔鸿讥讽他是以子废母,间接导致了他的儿子慕容宝弑杀母后而无所顾忌。君主传家法以留给子孙后代,顺应天理而人情自然能顺,大义自然能正。如果说光武帝是想借此来儆戒后宫,可是东汉的灾祸,最终来自外戚,此举除了徒然造成逆乱以外,又有什么好处呢?所以说光武帝的做法是乱中之乱。